铁路科技图书出版基金资助出版

CRH1A-A型动车组

主　编　刘　杰
副主编　王开团　王志春　赵建葵　周建烽

中国铁道出版社有限公司

2021年·北　京

内 容 简 介

CRH1A-A 型动车组以“故障导向安全”为设计原则和指导方针，采用系统集成、轻量化车体、高速转向架、交流传动技术、高速受流技术、高速制动技术、网络控制、人机工程和节能环保等世界先进技术，其设计运营速度为 250 km/h，最高试验速度为 275 km/h。

本书共十五章，对 CRH1A-A 型动车组总体和各个系统进行了全面翔实的介绍，包括总体技术、车体结构、车内设施、转向架、前端及司机室、牵引系统、辅助供电系统、网络控制系统、制动系统、旅客信息及娱乐系统、车内环境控制系统、车端连接系统、给排水及卫生系统、行车安全设备等主要系统的技术特点、功能原理和设备构造等方面的内容。

本书内容深入浅出、图文并茂、通俗易懂，既可以作为从事动车组研究设计、制造、运用、维修的铁路工程技术人员和相关专业师生的学习参考资料，也可以作为相关业务部门和关心中国高铁事业的人士学习了解动车组的科普读物。

图书在版编目(CIP)数据

CRH1A-A 型动车组 / 刘杰主编. —北京：中国铁道出版社有限公司，2021. 6
ISBN 978-7-113-27896-0

Ⅰ. ①C… Ⅱ. ①刘… Ⅲ. ①高速动车-研究 Ⅳ. ①U266

中国版本图书馆 CIP 数据核字(2021)第 068254 号

书　　名：CRH1A-A 型动车组
作　　者：刘　杰

策划编辑：王明容
责任编辑：王晓阳　　**电话：**(010) 51873421　　**电子信箱：**jiche@tdpress. com
封面设计：曾　程
责任校对：孙　玫
责任印制：高春晓

出版发行：中国铁道出版社有限公司 (100054，北京市西城区右安门西街 8 号)
网　　址：http://www. tdpress. com
印　　刷：北京建宏印刷有限公司
版　　次：2021 年 6 月第 1 版　2021 年 6 月第 1 次印刷
开　　本：787 mm×1 092 mm 1/16　**印张：**26. 75　**字数：**636 千
书　　号：ISBN 978-7-113-27896-0
定　　价：180. 00 元

编写委员会

主　　编：刘　杰

副 主 编：王开团　王志春　赵建葵　周建烽

编　　委：于百川　于　泓　王锐锋　周海廷
付兴金　曲高利　王孟荣　潘美风
张勇军　魏玉卿　吕成江　卢正竹
刘爱伶　宿　伟　武建军　张现锋
秦福运　董成印　温继超　刘晓明
吕吉玉　王海涛　任晓瑜　马　涛
闫新龙　周颖韬　孙孝博　于大坚
林晓龙　曹安斌　高　菲　姜　鹏
孙金玲　徐彦梅　宋明毅　王　亮
田晓娟　徐　莉　范春燕　田堂冰
靳　瑶　牛如岩　王金山　滕华新
冯志琦　张善安　宗　鹏　周磊明
马文军

前言

随着国民经济的迅速发展，城市和城市之间的人口流动量越来越大，对移动速度的要求越来越高。为了进一步方便大家出行，缩短城际交通时间，节约物流成本，提高客运能力，我国实施了第六次铁路大提速。这之后，和谐号CRH动车组逐渐出现在了中国铁路上，中国品牌CRH系列动车组标志着中国动车组列车技术能力引进消化再创新的突破性发展和铁路客运能力的进一步提高。动车组开行数量不断增加、开行范围不断扩大、产品体系不断完善。动车组的运营不仅让人们享有更快、更方便、更舒适的出行，也将对沿线地方社会经济发展、城乡规划的调整以及建立现代化交通枢纽起到积极作用。

为进一步满足高速铁路客运专线的运营需求，青岛四方庞巴迪铁路运输设备有限公司（简称青岛BST公司）借鉴CRH1型不锈钢动车组成熟的设计、生产和运用经验，以“故障导向安全”为设计原则和指导方针，采用系统集成、轻量化车体、高速转向架、交流传动、高速受流、高速制动、网络控制、人机工程和节能环保等世界先进技术，研制开发了CRH1A-A型动车组。CRH1A-A型动车组采用轻量化、高强度的车体设计，车体由大型中空挤压铝合金型材组焊而成，具有足够的强度和刚度；网络控制系统采用国际上最先进的TCN网络体系结构，具有很高的运用可靠性、稳定性和功能完善性；牵引系统的整体性能满足规定的加速度、轮周功率、功率因数、效率、谐波、牵引及制动特性等要求，同时最大化地降低了设备重量，提高了设备的可维护性能；车身采用流线型设计，具备优异的空气动力学性能；具有良好的抗碰撞安全性，充分保证司机和乘客的安全；采用模块化设计，工艺性好，各设备及模块的安装、调整、拆卸和更换简单方便；采用先进成熟的高速转向架，运行可靠平稳；车内设施采用人性化设计，设施功能齐全，车内密封压力技术、空调系统技术、车内外噪声控制技术等均满足相关要求，保证了旅客乘车的舒适性。CRH1A-A型动车组设计运营时速为250公里，最高试验时速为275公里，是目前国内较为先进的时速250公里高速动车组之一。首列车于2014年10月下线，分别在北京环铁、京哈线秦沈段、常吉城际、哈大客专等线路完成了相关的型式试验和线路试验，涵盖牵引性能、制动性能、速度控制系统、动力学性能、弓网受流等试验项目。2016年6月，CRH1A-A型动车组完成了总里程30万公里运用考核。CRH1A-A型动车组总体运行状态良好，受到了业内人士的一致好评。

CRH1A-A型动车组在研制开发过程中，结合国内高速铁路线路运行特点，系统地开展了高铁列车理论、计算、仿真和试验研究，围绕牵引系统、网络控制系统、制动系统、辅助供电系统、高压系统、转向架、车体和车端连接、给排水卫生及车内环境控制和司机室等关键技术取得了一系列技术创新成果，积累了丰富的设计经验。本书通过工程技术人员进一步的总结和整理，分十五章对CRH1A-A型动车组总体和各个系统进行了全面翔实的介绍，包含总体技术、车体结构、车内设施、转向架、前端及司机室、牵引系统、辅助供电系统、网络控制系统、制动系统、旅客信息及娱乐系统、车内环境控制系统、车端连接系统、给排水及卫生系统和列车运行控制系统车载设备等主要系统的技术特点、功能原理和设备构造等方面的内容。本书内容深入浅出、图文并茂、通俗易懂，既可以作为从事动车组研究设计、制造、运用、维修的铁路工程技术、管理人员及院校相关专业师生的学习参考资料，也可以作为关心中国高铁事业的人士学习了解动车组技术的科普读物。

由于编者水平及时间精力有限，书中难免存在不足之处，恳请广大读者和业内专家学者对本书提出宝贵意见，以便本书在修订时能够有所改进。

编　者

2020年10月

目录

1 绪 论

20 世纪 90 年代以来，中国开始对高速铁路的设计建造技术、高速列车、运营管理的基础理论和关键技术组织开展了大量的科学研究和技术攻关，并进行了广深铁路提速改造，修建了秦沈客运专线，实施了既有线铁路六次大提速等。和谐号 CRH 动车组对中国铁路运输能力的释放起到了重要的作用。

动车组的运营，提高了铁路客运能力，大大缩短了旅客出行时间，有效节约了运输成本，同时拉动了冶金、机械、精密仪器等其他行业的高新技术产品的发展，促进东西部地区物资交流和人员来往，有利于实现共同富裕。

为进一步满足高速铁路客运专线的运营需求，2009 年 9 月，青岛 BST 公司开始研发 60 列 250 公里速度级 8 辆编组的铝合金车体 CRH1A-A 型动车组。在研发过程中，青岛 BST 公司采用了时速 250 公里 CRH1 型不锈钢车体动车组成熟的设计、生产和运用经验和可靠的设备，以"故障导向安全"为设计原则和指导方针，采用系统集成、轻量化车体、高速转向架、交流传动、高速受流、高速制动、网络控制、人机工程和节能环保等世界先进技术，同时借鉴了 CRH380D 型动车组项目中的新技术，打造了气密、安静、乘坐舒适性高，并且适合中国铁路运用的新一代铝合金车体 CRH1A-A 型动车组。CRH1A-A 型动车组的首列车于 2014 年 10 月下线，目前 CRH1A-A 型动车组总体运行状态良好，受到了业内人士的一致好评。

1.1 CRH1A-A 型动车组的技术特点和优势

CRH1A-A 型动车组的技术特点和优势主要体现在以下几个方面。

(1)安全可靠性

CRH1A-A 型动车组基于 CRH1A-250 型动车组的成熟技术，借鉴 CRH380D 型动车组的优秀设计，使用已验证的运行和可靠性方案及技术，采用"故障导向安全"的设计理念。动力分散型设计确保动车组不会因为个别动力单元故障导致停车。

CRH1A-A 型动车组的防火安全设计可以确保车上所选材料均为阻燃性材料，符合防火标准要求，并设有烟火报警系统，一旦发生火灾，可及时报警并关断相应车厢空调及端门，避免灾情扩大。车辆满足 15 min 内列车继续运行至方便停车地段，并使车上人员安全撤离。

CRH1A-A 型动车组具有良好的抗碰撞安全性，考虑了诸如同类型车辆、货车、卡车等其他车辆及动物和其他小物体之间的碰撞工况。车钩及前端吸能防爬器均可吸收冲击动能，其中前端车钩及防爬器具有超过 2 MJ 的吸能容量。在发生被动碰撞时可有效吸收动能，防止爬车及脱轨等事故的发生，降低车辆碰撞瞬间减速度，充分保证司机和乘客的安全。

(2)节能环保

CRH1A-A 型动车组采用紧急制动监控装置冗余设计方案，紧急制动时两个子单元之间不断的信息交流可以有效避免激活纯机械摩擦安全制动。在保证安全的前提下最大可能利用再生制动并将电能反馈给电网，节能的同时还能有效减少对摩擦制动部件的损耗。

客室内照明采用 LED 最新照明科技，超长寿命，节能环保。LED 光衰 30%时，寿命约 50 000 h，约为市面上比较好的灯管寿命的 5 倍。光效超过 90 lm/W，与常用荧光灯管相比，略高于 T5 灯管，远超 T8 灯管，且灯管 360°发光，考虑反光损失，LED 灯具实际光效明显高于荧光灯。LED 灯具不含汞，废弃物处理时比荧光灯更环保。

动车组车内装饰材料在满足功能和性能要求的情况下，按照 TB/T 3139—2006 的要求进行选择。例如，所用墙板、侧墙送风道、地板、间壁、卫生间及洗脸室玻璃钢盒子间等材料甲醛释放量≤1.5 mg/L，地板布的可溶性铅≤20 mg/m^2；可溶性镉≤20 mg/m^2；发泡类卷材总有机挥发物≤35 g/m^2；非发泡类卷材总有机挥发物≤10 g/m^2，座椅及窗帘布无甲醛。

根据环保需求，动车组设计时就列出合同禁用、限用材料清单，限制动车组制造商和部件供应商对材料的选取，如果供货商使用了清单中的限用材料应提供相应的减损办法，说明这种材料的重量和处理办法，得到批准后方可使用。这些材料的选择不仅考虑了材料本身在生产、使用和废弃过程中对环境的危害，还考虑其他因素，例如禁用材料中包含无采伐合格证的木材。

车上所有污物污水全部集中收集，不会对铁路沿线造成污染。

采用遗传算法对列车外部形廓进行优化，使其具有最佳的气动外形，运行阻力小。采用内外风挡整体设计概念，进一步改善车辆的气动特性，降低气动阻力。高压设备及受电弓采用低安装面集成设计，高压设备均位于车体外轮廓内，有效地降低了受电弓区域的气动阻力和气动噪声。

(3)良好的工艺性

考虑零部件生产工艺性、车上安装良好的操作性以及批量化生产和简单化车上安装，在设计过程中尽可能采用了模块化设计，主要体现在：

侧墙板、顶板、卫生间模块化设计，实现了模具化批量生产，预组安装。模块直接上车进行最终安装，车上安装简单化。

行李架根据窗口分割进行模块化设计，最大模块化组装，不仅简化了车上安装，同时也最大化地统一了产品规格。

底架设备采用模块化预组，方便安装及检修。

(4)人性化设计

在设计中，为了提高乘客旅途舒适度，创造良好的乘车环境，在不同方面进行人性化设计考虑：

①为了满足车辆双向换端运行，座椅设计为旋转座椅，以保证乘客乘坐方向始终与车辆运行方向一致，避免因逆向乘坐而造成的不适。

②座椅布置尽可能对窗,最大程度保证乘客在乘坐时具有良好的视野。

③车内设置蹲式卫生间及坐式卫生间,以满足东西方人的不同生活习惯。

④车内设有电视,乘务员可以播放影视、新闻等以丰富乘客旅途娱乐生活。

⑤每辆车上设有开水炉,方便乘客旅途温热饮水及饮食需求。

⑥考虑残障人员需求,车内设有轮椅存放区域,同时设有无障碍卫生间。

⑦考虑旅途中婴儿护理需求,在无障碍卫生间内特意配备了婴儿护理台。

⑧为方便乘客大件行李存放,车内设有大件行李存放架。

⑨车窗上方设有半透明行李架,乘客随时可以观察到自己的行李。

⑩座椅底架上设有标准电源插座,乘客可根据需求随时为自己的电器设备充电。

⑪车内客室两端设有信息显示屏,乘客可以随时了解旅途站点、车速等信息,做好下车等准备。

⑫在设计过程中充分考虑了噪声影响因素,尽可能采取各种隔音降噪措施,保证为乘客提供安静的乘车环境。

(5)信息化水平高

CRH1A-A 型动车组采用了 TCN 网络体系结构建立列车网络控制系统,由 WTB 作为列车总线,MVB 作为车辆总线,IP 总线贯穿全列作为维护和显示屏通信总线。将信息化技术渗透到了列车每个关键系统(例如:牵引系统、制动系统、空调系统等),在运用服务功能监控、故障技术诊断等不同的技术范畴都有良好的表现,尤其在冗余型设计、人机交互界面和方便运营维护等方面都有显著的技术优势。列车可全方位实时监控列车各个关键部位的运行状态,一旦发现异常情况,及时报警并在人机界面中显示并采取安全措施确保安全运行,并可及时将列车状态传送至地面服务器,方便地面人员维护,大大地提高了动车组的运用可靠性、稳定性、功能完善性、运用服务水平和检修维护水平。

1.2 CRH1A-A 型动车组概述

1.2.1 动车组列车

CRH1A-A 型动车组列车采用细长的流线造型设计,具有满足高速运行状态下的优异的空气动力学性能,其外形如图 1.1 所示。动车组两端外形对称设计,两端均设有司机室,便于列车的双向驾驶。

图 1.1 CRH1A-A 型动车组外形

1.2.2 动车组客室

CRH1A-A型动车组根据不同旅客的乘车需求，设有一等客室（图1.2）和二等客室（图1.3），分别配置一等座椅（2+2布置）和二等座椅（2+3布置），为旅客提供温馨舒适的乘车环境。为了满足车辆双向换端运行，座椅设计为可旋转式，保证乘客乘坐方向与运行方向一致。座椅对窗布置，最大程度上给乘客提供良好的观景视野。每组座椅上均设有电源插座，方便旅客给自带电子设备充电。

图1.2 CRH1A-A型动车组一等客室

图1.3 CRH1A-A型动车组二等客室

1.2.3 动车组餐饮设施

CRH1A-A型动车组在列车中部设有餐车，主要提供快餐、快速食品、酒水、饮料等，可对食物进行加热和制冷操作。动车组餐车厨房（图1.4）布置有冷藏展示柜、冷藏箱、保温箱、储藏柜、微波炉、开水炉、洗池和灭火设备等。

1.2.4 动车组洗漱卫生设施

CRH1A-A型动车组洗漱卫生设施包括洗脸间（图1.5）、坐式卫生间（图1.6）、蹲式卫生间（图1.7）和无障碍卫生间（图1.8）。卫生间内设有坐式或蹲式便器，污物通过集便系统收集，对周围环境不产生污染。

图1.4 CRH1A-A型动车组餐车厨房

图1.5 CRH1A-A型动车组洗脸间

图 1.6 CRH1A-A 型动车组坐式卫生间

图 1.7 CRH1A-A 型动车组蹲式卫生间

1.2.5 动车组司机室

CRH1A-A 型动车组的两端各设一个司机室，如图 1.9 所示。司机室是司机的作业空间，主要布置有操纵台、司机座椅、司机室空调和照明等装置。操纵台上布置了主要操纵设备，对全列车的牵引、制动、空调、车门等系统进行控制，同时可检测列车运行信息，以保证列车的高速、准时、安全运行。

图 1.8 CRH1A-A 型动车组无障碍卫生间

图 1.9 CRH1A-A 型动车组司机室

1.3 本书的主要内容

本书共分 15 章，分别介绍了 CRH1A-A 型动车组的设计原理、基本结构、系统原理、基本功能和技术特性，详细介绍了动车组的结构、参数和试验结果等内容。本书内容深入浅出、通俗易懂，既可作为铁路工程技术人员及大专院校师生的学习参考资料，又可作为广大动车组爱好者了解高速动车组知识和技术的科普读物。

第 1 章为绪论。该章简要介绍了 CRH1A-A 型动车组的技术特点和优势、概貌以及本书各章节主要内容等。

第 2 章为总体技术。该章从总体角度介绍了 CRH1A-A 型动车组的主要运用条件、列车总体特性、列车总体布置、主要技术参数、车种车型及车辆布置，同时还综合性地介绍了工业设计、动力学性能、空气动力学性能、碰撞安全性以及模块化设计。

第 3 章为车体结构。该章介绍了 CRH1A-A 型动车组的铝合金车体结构及特点。从动车组的整体承载式铝合金车体焊接结构入手，简要论述了车体断面与车辆限界之间的关系，并介绍了车体的主要技术参数、车体结构强度设计所遵循的标准、有限元计算以及试验验证情况，同时还介绍了车下设备舱、裙板、底盖板等结构。

第 4 章为车内设施。该章主要介绍了 CRH1A-A 型动车组客室内部布置、设施配置及内装结构与材料特点，重点介绍了座椅、行李架和车窗等设备的功能及使用方法，介绍了通过台区域的主要设备布置、地板、地板支撑、间壁、顶板、机械师室、乘务员室、行包专用柜区域的布置、厨房区域的布置及餐饮设施的设置及功能，同时还介绍了外门、走廊门、风挡门、卫生间门以及安全应急设备的使用操作方法，另外还对车厢内部隔音隔热材料及性能进行了系统介绍。

第 5 章为转向架。该章主要介绍了 CRH1A-A 型动车组动车转向架和拖车转向架的结构特点及主要技术参数，重点介绍了转向架构架组成、轮对轴箱组成、一系悬挂及轴箱组成、二系悬挂装置、齿轮箱及机械传动装置、基础制动装置、安全检测装置、接地装置、轮缘润滑装置和排障撒砂装置，同时还介绍了转向架动力学性能以及相关的模拟计算、线路试验及运营试验。

第 6 章为前端及司机室。该章主要介绍了 CRH1A-A 型动车组前端及司机室的布置及所遵循的原则，介绍了司机操纵台、司机座椅、司机辅助座椅、司机安全脚踏、司机室前窗、司机室遮阳帘、司机室侧窗、司机室电器柜及司机室后墙和门等内部设备的结构和功能，同时还介绍了前照灯、风笛、雨刷系统、前端碰撞吸能防爬器和前端排障器等外部设备。

第 7 章为牵引系统。该章介绍了 CRH1A-A 型动车组牵引系统的构成，主要介绍了车顶高压设备、主变压器、交流器和牵引电机的布置、结构特点和主要技术参数，同时还介绍了牵引系统的控制原理和安全保护功能。

第 8 章为辅助供电系统。该章介绍了 CRH1A-A 型动车组辅助供电系统的构成，包括辅助用电设备和辅助电源系统，详细介绍了两个系统的组成原理、主要设备、功能和安全防护设计。

第 9 章为网络控制系统。该章介绍了 CRH1A-A 型动车组网络系统的构成和网络拓扑结构以及 TCN 网络系统部件、以太网部件，介绍了网络通信协议和中央控制单元、诊断系统、系统安全连锁、司机控制器的功能原理、动车组的走行控制模式和动车组过分相，同时介绍了牵引控制、制动控制、车门控制和空调控制功能，另外还介绍了司机、机械师和乘务员登录界面显示、故障保护显示能容及操作以及安全监控功能特点等。

第 10 章为制动系统。该章介绍了 CRH1A-A 型动车组制动系统的主要技术参数，详细介绍了制动系统各项功能及电空制动、动力制动、撒砂和防护控制原理，同时还介绍了供风系统、制动装置和防滑保护装置构成及功能原理。

第 11 章为旅客信息及娱乐系统。该章介绍了 CRH1A-A 型动车组配备的两套与旅行相关的信息系统，一套是 PIS 旅客信息系统，另一套是 ES 娱乐信息系统，主要介绍了这两套系统的功能、系统组成及网络以及组成该系统的主要部件和系统安全方面的功能设计。

第 12 章为车内环境控制系统。该章介绍了 CRH1A-A 型动车组照明系统的组成及原理、设备布置、主要部件结构与功能，还介绍了针对设备噪声、轮轨噪声和气动噪声采取的对应控制措施，同时还介绍了应急系统的组成以及应急通风、应急照明和应急逃生系统。

第 13 章为车端连接系统。该章介绍了 CRH1A-A 型动车组车端连接系统的作用和组成，包括列车前端和两车之间的车端连接，主要介绍了前端模块、前端车钩、紧急过渡车钩和中间车钩的功能、结构组成和操作方式，同时还介绍了内风挡和外风挡的技术参数及操作方法，另外还介绍了相邻两车之间和两动车组之间的电气连挂线和自动车钩及中间车钩的压缩空气连接。

第 14 章为给排水及卫生系统。该章介绍了 CRH1A-A 型动车组的组成及工作原理，介绍了饮水装置的主要技术参数、工作与控制原理和主要功能，同时介绍了排水系统的组成及各组成单元的工作原理和功能，还介绍了组成卫生系统的玻璃钢盒子间、卫生设施附件和集便系统。

第 15 章为行车安全设备。该章介绍了 CRH1A-A 型动车组行车安全设备，主要包含列车运行控制系统车载设备(ATP)、机车综合无线通信设备(CIR)及动车组司机操作分析系统车载设备(EOAS)三部分，分别介绍了设备组成、安装布置和主要技术指标等内容。

2

总体技术

2.1 概　　述

CRH1A-A 型动车组是青岛 BST 公司以 CRH1A 时速 250 km 不锈钢车体动车组的可靠技术和成熟运用经验为基础，以“故障导向安全”为设计原则和指导方针，借鉴 CRH380D 型动车组的先进技术，改进车体的气密性，优化车辆性能，提高旅客乘坐舒适度，同时根据客户对车辆操作界面、旅客界面和维护界面等的要求，研发制造的适合中国铁路运用的新一代动车组，CRH1A-A 型动车组外观如图 2.1 所示。

CRH1A-A 型动车组为 5 动 3 拖、8 辆编组动力分散型电动车组，可以根据线路的客流量变化进行灵活编组，既可以实现高密度小编组发车，又可以实现两列动车组的重联，满足长大距离的运行需要。

CRH1A-A 型动车组运营速度 250 km/h，最高试验速度 275 km/h。

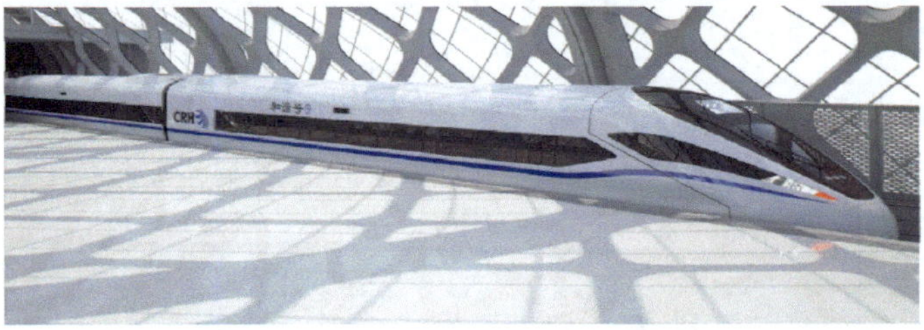

图 2.1　CRH1A-A 型动车组外观

CRH1A-A 型动车组由 3 个基本单元组成，其中基本单元 1 由 Mc1a、Tp2、M2 组成，基本单元 2 由 Ts2、Md2 组成，基本单元 3 由 M2、Tp2、Mc2a 组成。根据车辆布置，全列共分为 6 种车型，如图 2.2 所示，分别为：

Mc1a—带司机室和自动车钩的动车，一等座车

Tp2—带受电弓的拖车，二等座车

M2—动车，二等座车

Ts2—带特殊设施的拖车，二等座车

Md2—带餐车的动车，二等座车

Mc2a—带司机室和自动车钩的动车，二等座车

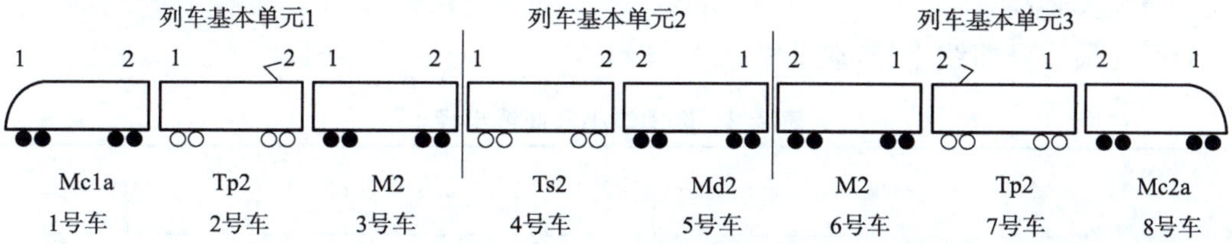

图 2.2　列车基本单元

1——一位端；2—二位端

2.2　主要运用条件

2.2.1　自然条件

(1)环境温度：−25～+40 ℃；

(2)相对湿度：≤95%(该月月平均最低温度为 25 ℃)；

(3)海拔高度：≤1 500 m；

(4)最大风速：一般年份小于 15 m/s；偶有 33 m/s；

(5)有风、沙、雨、雪天气，偶有盐雾、酸雨、沙尘暴等现象。

2.2.2　线路条件

(1)建筑限界

建筑限界符合 GB 146.2《标准轨距铁路建筑限界　第 2 部分：建筑限界》关于基本建筑限界要求。

(2)坡道

区间正线最大坡度：12‰，困难条件下：20‰。

站段联络线坡度：不大于 30‰。

(3)与设计行车速度匹配的平面曲线半径(表 2.1)

表 2.1　与设计行车速度匹配的平面曲线半径

设计行车速度 km/h	350/250	300/200	250/200	250/160
有砟轨道 m	最小 7 000	最小 5 000	最小 4 000	最小 3 500
无砟轨道 m	最小 7 000	最小 5 000	最小 4 000	最小 3 200
最大半径 m	12 000	12 000	12 000	12 000

(4)线间距

线间距　　4.2 m

(5)轨距　　1 435 mm

(6)最大超高　　　　　　170 mm

(7)最大欠超高　　　　　110 mm

(8)区间最小竖曲线半径(表 2.2)

表 2.2　区间最小竖曲线半径

速　度 km/h	$v \geqslant 300$	$300 > v \geqslant 250$	$250 > v \geqslant 160$	$160 > v$
最小竖曲线半径 m	25 000	20 000	15 000	10 000

(9)车站站台

距轨面高度　　　　　　1 250 mm

边缘距轨道中心距离　　1 750 mm

(10)轨底坡　　　　　　1∶40

(11)线路轨道谱(表 2.3～表 2.5)

表 2.3　线路轨道谱

线　别	等　级	高　低 mm	轨　向 mm	水　平 mm	三角坑 (2.4 m 基长) mm	轨　距 mm	车体振动加速度	
							垂　向 g	水　平 g
	常规维护 (1 级)	3	4	3	4	+5 −3	0.10	0.06
	紧急维修(3 级)	9	6	8	6	+8 −6	0.2	0.15
说明	1. 表中不平顺各种偏差限值为实际幅值的半峰值							
	2. 水平限值不包含曲线上按规定设置的超高值及超高顺坡值							
	3. 三角坑限值包含缓和曲线超高顺坡造成的扭曲量;基长 2.4 m							

表 2.4　200 km/h 等级轨道不平顺

线　别	等　级	高　低 mm	轨　向 mm	水　平 mm	三角坑 (2.4 m 基长) mm	轨　距 mm	车体振动加速度	
							垂　向 g	水　平 g
200 km/h 速度级 线路区段	维护验收	4	4	4	4	+4 −2	0.10	0.06
	常规维护 (1 级)	6	5	6	5	+5 −3	0.10	0.06
	舒适度 (2 级)	8	7	8	6	+6 −4	0.15	0.10
	紧急维护 (3 级)	11	8	10	8	+8 −6	0.20	0.15
	限速(4 级)	10	10	13	10	+12 −8	0.225	0.175
说明	1. 表中不平顺各种偏差限值为实际幅值的半峰值							
	2. 水平限值不包含曲线上按规定设置的超高值及超高顺坡值							
	3. 三角坑限值包含缓和曲线超高顺坡造成的扭曲量;基长 2.4 m							

表 2.5 160 km/h 等级轨道不平顺

线别	等级	高低 mm	轨向 mm	水平 mm	三角坑 (2.4 m 基长) mm	轨距 mm	车体振动加速度 垂向 g	车体振动加速度 水平 g
广州至深圳线 (140～160 km/h)	常规维护 (1 级)	6	5	6	5	+6 −4	0.10	0.06
广州至深圳线 (140～160 km/h)	舒适度 (2 级)	8	7	8	7	+8 −6	0.15	0.10
	紧急维修 (3 级)	12	10	10	10	+12 −8	0.20	0.15
现有线路上增速 (120～160 km/h)	常规维护 (1 级)	6	5	6	5	+6 −4	0.10	0.06
	舒适度 (2 级)	10	8	10	8	+10 −7	0.15	0.10
	紧急维修 (3 级)	15	12	14	12	+15 −8	0.20	0.15
说明	1. 表中不平顺各种偏差限值为实际幅值的半峰值							
	2. 水平限值不包含曲线上按规定设置的超高值及超高顺坡值							
	3. 三角坑限值包含缓和曲线超高顺坡造成的扭曲量；基长 2.4 m							

2.2.3 运输组织

(1)动车组采用 8 辆编组方式运营，2 列动车组可以重联运行。

(2)不允许通过驼峰。

(3)任何情况下均不得与货物列车混编(即使在无动力回送时)。

(4)不允许通过货场高站台。

(5)动车组两端均可操纵控制，运行时由列车前端司机室操纵控制，其他司机室均不能同时占用。

(6)单列动车组载客人数：613 人，长编动车组(两列重联)载客人数：1 226 人。

(7)动车组回送：

CRH1A-A 型动车组在无法运行的情况下，可以由机车进行救援回送，并且在限定条件下可以与各型动车组实现互相救援。

根据回送车辆和被回送车辆的配置，在功能上和操作上均有不同。

①机车回送 CRH1A-A 型动车组，使用过渡车钩连挂；

②动车组回送动车组，直接连挂或使用统型过渡车钩连挂。

a. 机车回送 CRH1A-A 型动车组

(a)当被回送动车组具备辅助供电或充足的电池供电，具有制动能力时，救援机车通过列车管压力的变化来控制被救援动车组的制动。

(b)当被回送动车组没有辅助供电且电池无法供电，TCMS 不工作，没有制动能力，被救援车辆没有任何制动，只能作为“死车”被救援。

机车回送速度见表2.6。

表2.6 机车回送速度

被牵引动车组	制动功能	正常	不正常
	限制速度 km/h	120	5

b. 动车组回送动车组

(a)当被回送动车组具备辅助供电或充足的电池供电，具有制动能力时，救援动车组通过列车管压力的变化来控制被救援动车组的制动。

(b)当被回送动车组没有辅助供电且电池无法供电，TCMS不工作，没有制动能力，被救援车辆没有任何制动；或救援动车组不能控制被救援动车组进行任何制动，只能作为“死车”被救援。

注：如果动车组能够以大于45 km/h的速度被救援，且蓄电池可用，则被救援动车组可以利用再生制动发电对电池充电。如果动车组不能够以大于45 km/h的速度被救援，或蓄电池亏电，则需要用外接三相AC 400 V电源进行连接供电。

2.2.4 供电条件

(1)供电制式：单相交流25 kV/50 Hz。

(2)接触网供电品质符合GB/T 1402—2010《轨道交通 牵引供电系统电压》要求：

①标称电压25 kV；

②长期电压27.5 kV；

③短时(不大于5 min)最高电压29 kV；

④瞬时最高电压31 kV；

⑤最低工作电压20 kV；

⑥短时(不大于1 min)最低电压17.5 kV。

(3)接触网参数符合TB 10621—2014《高速铁路设计规范》中第11.5条和《铁路技术管理规程》(铁总科技〔2014〕172号)要求：

①接触网跨距一般为60 m，最大跨距不大于65 m；

②接触线额定张力15～31 kN；

③接触线导线高度5 300～6 500 mm；

④拉出值±200 mm。

(4)过分相方式

①手动过分相方式；

②ATP控制指令自动过分相方式；

③GFX3磁钢控制指令过分相方式。

2.2.5 车辆限界

车辆限界符合GB 146.1《标准轨距铁路机车车辆限界》中的电力机车限界、《铁路技术管理规程》(铁总科技〔2014〕172 号)附图 2 客运专线铁路机车车辆限界和《高速铁路机车车辆限界暂行规定》(科技装函〔2003〕62 号)的要求。

2.2.6 通信信号

(1)通信采用无线 GSM-R(客运专线),模拟 450 MHz(既有线);

(2)车载设备主要有:

①列车自动保护系统(ATP);

②列车运行监控装置(LKJ);

③机车综合无线通信设备(CIR);

④司机操控信息分析系统车载设备(EOAS)。

2.2.7 运用服务设施

(1)检查库设三相交流 380 V/50 Hz 电源,供整备、维护、检修使用。

(2)供水设施条件:

①相距距离:最长 1 320 km;

②注水口型式符合 TB/T 1720《铁道客车及动车组给水装置》的有关规定;

③供水质量为非直接饮用水。

(3)排污设施条件:

①排污间隔:动车组每日入动车所时可排污;

②排污口型式为 2.5 英寸快速接头,符合 TB/T 3163《铁路站段真空卸污系统技术条件》要求。

2.3 主要总体特性

2.3.1 总体布置

CRH1A-A 型动车组为 8 辆编组动车组,其车辆编组顺序及设施布置基于“时速 250 km 统型动车组”要求,动车组的旅客界面、操作界面、运用界面、维护界面、制动系统和监测保护等均采用统型方案。

动车组在车辆中部设置客室,在车辆两端设置通过台,在头车和尾车的前端设置司机室;司机室与客室之间设置防火折页门,客室与通过台之间设置电动拉门,车辆两端设置电动防火拉门;车辆在靠近车端的两侧位置设置侧门,其中 1、5、8 号车每侧各设置 1 个侧门,其他车辆每侧各设置 2 个侧门;动车组在 2~4 号车和 6~7 号车一位端的顶部设置单元式客室空调,在 1、5、8 号车的二位端设置单元式客室空调,司机室设置单独的顶置单元式空调系统;高压设备分别设置在 2、7 号车二位端的车顶;车端设置气密式内风挡和橡胶外风挡。

动车组的总体布置及功能区域设置如图 2.3 所示。

动车组各车辆在列车中的编组位置和顺序、各车辆的编组方向标识(一位端和二位端)以及外门的布置如图 2.4 所示。

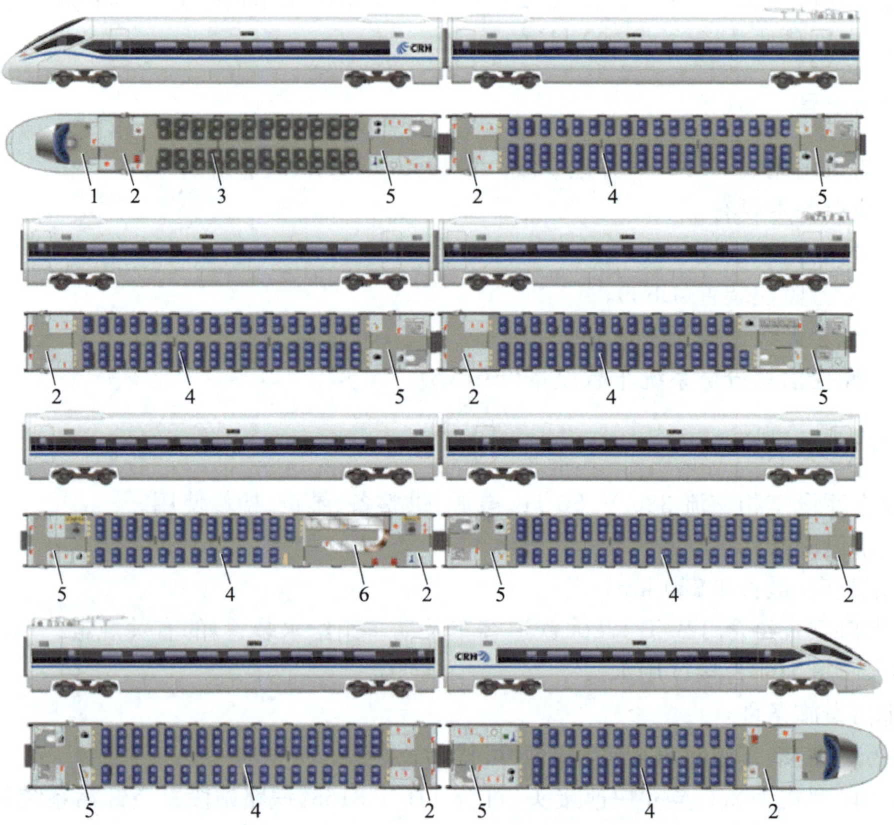

图 2.3　动车组总体布置及功能区域设置

1—司机室；2—一位端通过台；3—一等客室；4—二等客室；5—二位端通过台；6—厨房

2.3.2　主要技术特点

CRH1A-A 型动车组车体、转向架、牵引传动系统、制动系统和控制系统等均采用了先进的设计理念，继承了 CRH1 型动车组已验证的可靠性技术和成熟运行经验。

(1)采用“故障导向安全”的设计理念，具备很高的可靠性。

CRH1A-A 型动车组采用国际上先进的 TCN 网络体系结构建立列车网络控制系统，将信息化技术渗透到了列车的牵引控制、运用服务、功能监控、故障技术诊断等不同技术范畴，全方位实时监控列车各个关键部位的运行状态，一旦发现异常情况，及时报警并采取安全措施确保列车的运行安全，同时将列车状态传送到地面控制中心，大大提高了动车组的运用可靠性、稳定性和功能的完善性。CRH1A-A 型动车组采用冗余型设计，友好的操作界面、显示界面和维护界面，提高了动车组的运用水平、服务水平和检修维护水平。

(2)采用成熟的交流牵引技术，可靠性高、动力强劲、加速度大、列车启停迅速。

CRH1A-A 型动车组牵引系统包括电气牵引系统及机械牵引系统。电气牵引系统对接触网传来的交流电压进行转化，输出牵引电机所需的变压变频电压及三相负载所需的定压定频辅助电压。机械牵引系统将牵引电机输出的牵引、制动转矩通过齿轮箱、联轴节传递给动车车轮，以形成动车组的轮周牵引力、电制动力。牵引系统的整体性能满足技术合同规定

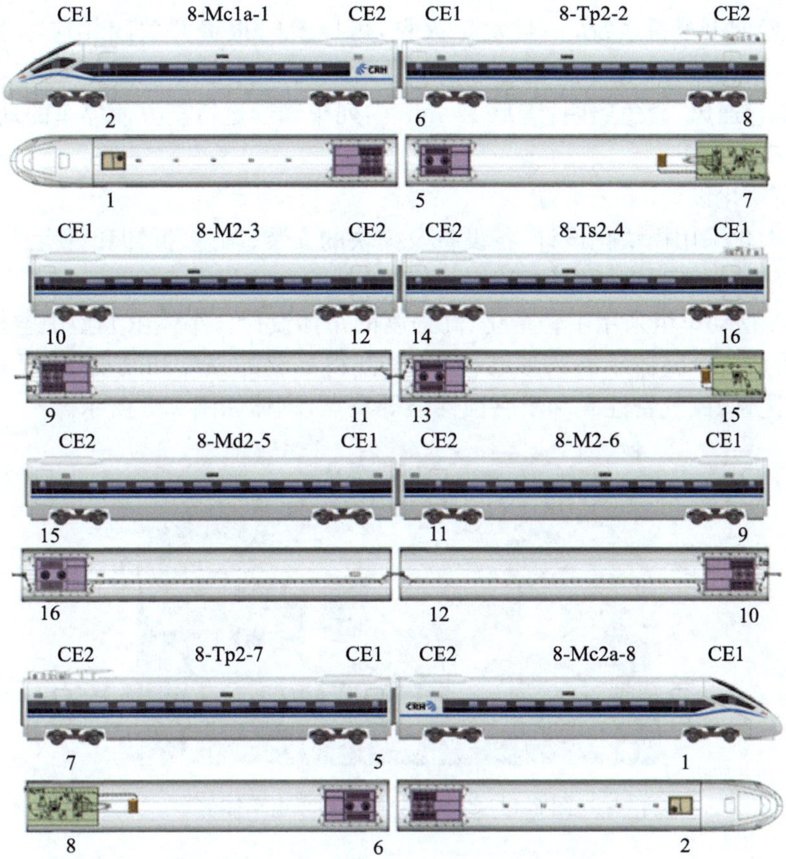

图 2.4　车辆编组方向标识及外门布置

的加速度(启动加速度、剩余加速度、平均加速度),轮周功率(最大及持续轮周功率),功率因数,效率,谐波,牵引及制动特性等要求,具备足够的牵引能力并配有完善的牵引控制系统,以实现在故障情况下最大限度发挥列车的牵引性能,维持列车正常运行。牵引系统设计及其设备布置在满足牵引功率及相关部件标准的同时,最大化降低了设备重量,提高了设备的可维护性能。

(3)采用流线型的车身设计,具备优异的空气动力学性能。

CRH1A-A 型动车组采用顺滑的整体车身设计。车头采用流线型的设计,具备合理的细长比;空调机组与车体之间设置导流罩,使其外形顺滑过渡;外门和车窗与车体外形平齐;车端采用橡胶风挡,减小车辆间隙,风挡外形与车体外形一致;底架设备舱采用封闭式设计。这种流线型的整体车身设计不仅有效降低了气动噪声,而且在最大程度上优化了列车空气动力学性能,提高了列车的牵引效率,降低了列车能耗。

(4)具有良好的抗碰撞安全性。

CRH1A-A 型动车组的车钩及前端吸能防爬器均可吸收冲击动能,其中前端车钩及防爬器具有超过 2 MJ 的吸能容量。在发生被动碰撞时可有效吸收动能,防止爬车及脱轨等事故的发生,降低车辆碰撞瞬间减速度,充分保证司机和乘客的安全。

(5)具有合理完善的安全防火理念。

动车组设置烟火报警系统，一旦发生火灾，可以及时报警并关闭相应车厢的空调及端门，避免灾情的扩大；司机室与客室之间和车辆两端均设置防火隔离墙，能有效阻断火势的蔓延；设置有紧急通风、紧急照明，满足 15 min 内列车继续运行至方便停车的地段，使车上人员能够安全撤离。

(6)采用模块化设计，工艺性好。

动车组最大化采用模块化设计，各设备及模块的安装、调整、拆卸和更换简单方便。

(7)采用轻量化、高强度的车体设计。

CRH1A-A 型动车组采用了轻量化、高强度的车体设计。车体由大型中空挤压铝合金型材组焊而成，形成一个整体承载筒形结构，能够获得足够的强度和刚度，较原来的不锈钢车体具有焊接工艺性好、气密性高和耐腐蚀性强等特点，车体如图 2.5 所示。

图 2.5　CRH1A-A 型动车组车体

(8)采用先进成熟的高速转向架，运行可靠平稳。

CRH1A-A 型动车组的转向架是在 CRH1A-250 型不锈钢车体动车组转向架的基础上进行优化设计，优化了悬挂参数，车轮材料由 ER9 改为 ER8C，增加了撒砂装置，增加了电机和齿轮箱轴承温度监控装置以及停放制动两侧缓解装置等，提高了动车组的动力学性能、操作性和维护性能，转向架如图 2.6 所示。

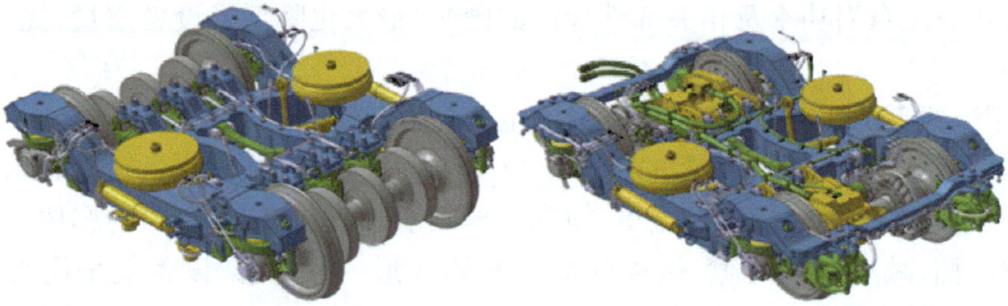

图 2.6　CRH1A-A 型动车组转向架

(9)高压系统弓网受流良好，操作安全性高。

CRH1A-A 型动车组的高压系统在既有不锈钢车体动车组高压系统的基础上进行了结构优化，将原高压母线断路器(LCBB)更换为高压隔离开关(RS)，将原带受电弓车的主变断路器(LCBT)移动至高压母线上方。两组受电弓、主断路器互为备份，高压隔离开关结构简单、运行稳定，可以实现故障单元组的安全隔离，保证动车组的持续运行，提高了动车组运行的可靠性、可用性。

(10)采用了CRH1型动车组已经广泛应用和验证的TCMS控制制动方式。

CRH1A-A型动车组的制动系统遵循故障导向安全原则，在延用CRH1型不锈钢车体动车组成熟可靠的技术基础上，结合实际运用进行优化改进，增加了紧急制动UB功能；增加了双向救援模块，在救援和被救援时都可以实现常用制动功能；增加了撒砂功能。优化后的制动系统操作具备了更好的可靠性和安全性，如图2.7所示。

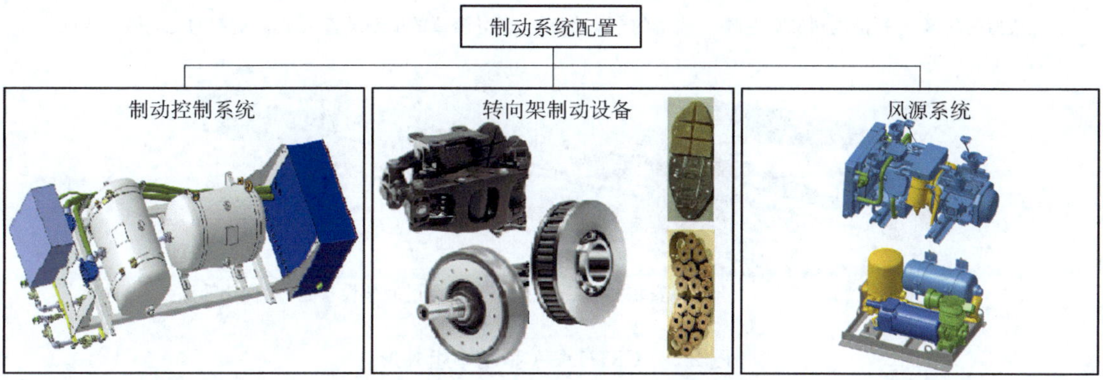

图2.7　CRH1A-A型动车组制动系统配置

(11)采用安全可靠的列车控制管理系统(TCMS系统)。

CRH1A-A型动车组的TCMS系统在CRH1型不锈钢车体动车组TCMS系统的基础上，在硬件上有了很大的提升。新TCMS系统的网关、控制器、IDU、数字模块等设备处理数据的能力更强、速度更快；新系统的MVB使用ESD+传输协议；在网络结构上增加了冗余系统，使信号的传输更加安全可靠。

(12)具备优异的空气动力学性能。

CRH1A-A型动车组基于CRH1既有多种型号动车组的外形设计经验及大量的空气动力学试验数据和计算结果，效仿CRH380D型动车组的前端外形，结合车辆运行速度要求，对动车组头形及车辆外部设备安装进行了优化设计整合。优化后的动车组具备了低空气阻力、高侧风稳定性、运行安全平稳、压力舒适度更优异的特点。

①前端采用流线型设计，使气流光滑贴壁流动并过渡到车身；尾部车身流线重新贴向端部，避免强烈气流分离。

②车窗、车门与车体平齐安装。

③减小车顶安装设备的突起高度，并设置必要的导流装置。

④高压设备与相邻车空调连续布置，使二者在不同运行方向时互为导流，减小背风侧设备阻力和空气扰动，如图2.8所示。

⑤车下设备舱采用密封式设计。

⑥车辆之间安装导流橡胶裙板。

⑦车辆之间用高压螺旋线替代之前的支架结构，能大幅降低由于车辆间突起造成的气动噪声，有效降低风阻，如图2.9所示。

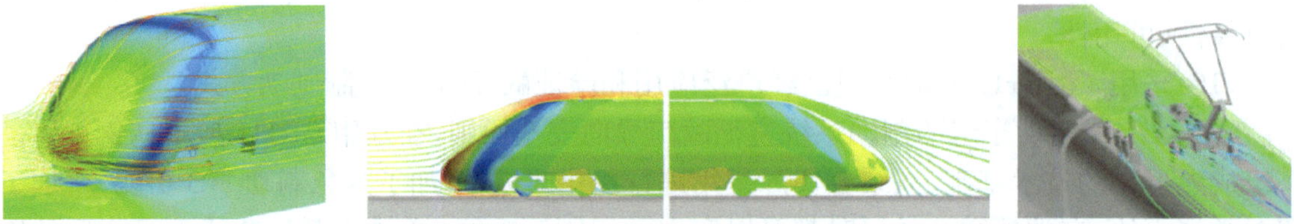

图 2.8　CRH1A-A 型动车组流线图

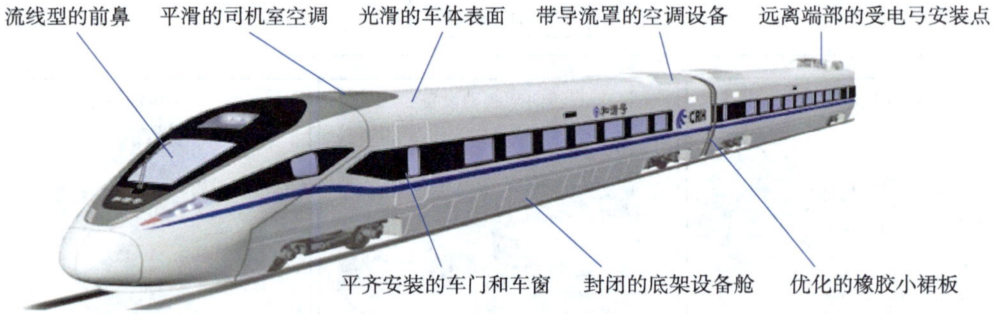

图 2.9　CRH1A-A 型动车组外形

(13)整车气密性好

CRH1A-A 型动车组继承了 CRH380D 型动车组成熟的气密性设计理念，较既有的 CRH1 型不锈钢动车组有着很大的提升。列车交会、通过隧道时，车内压力舒适度优秀。

①前端采用流线型设计，使气流光滑贴壁流动并过渡到车身；尾部车身流线重新贴向端部，避免强烈气流分离。

②车体外形的优化和前端气动外形的设计，可以有效减少会车及隧道行驶的压力波。

③车体焊缝的优化，车体上影响到气密性的焊缝全部采用满焊形式，对车外影响气密性的焊缝，全部进行 100%渗透检测。

④车体的水、电、气等管线穿口密封优化，采用法兰结构结合防水胶进行密封。

⑤基于既有项目成熟的结构，对风挡、外门进行气密性优化和改进。

⑥优化空调的安装密封，司机室空调系统，采用主动式压力保护系统，空调机组内部安装高静压的新风机。客室空调系统，采用被动式压力保护系统，使用快速动作的压力保护阀隔离新风进口以及废排进口。

2.4　列车总体布置

CRH1A-A 型动车组由 8 辆车组成，编组形式为 Mc1a＋Tp2＋M2＋Ts2＋Md2＋M2＋Tp2＋Mc2a，其中 1 号车 Mc1a 为一等座车，5 号车 Md2 为二等座车/餐车合造车，8 号车 Mc2a 为二等座车，其余车(Tp2、M2、Ts2)均为二等座车。一等座车布置可旋转座椅，采用 2＋2布置，二等座车布置可旋转座椅，采用 2＋3 布置，司机室设在 1 号车(Mc1a)和 8 号车(Mc2a)的一位端，无障碍设施设置在 4 号车(Ts2)靠近二位端的区域。

动车组全列定员 613 人，其中一等座定员 48 人，二等座定员 565 人。

CRH1A-A 型动车组总体平面布置如图 2.10 所示。

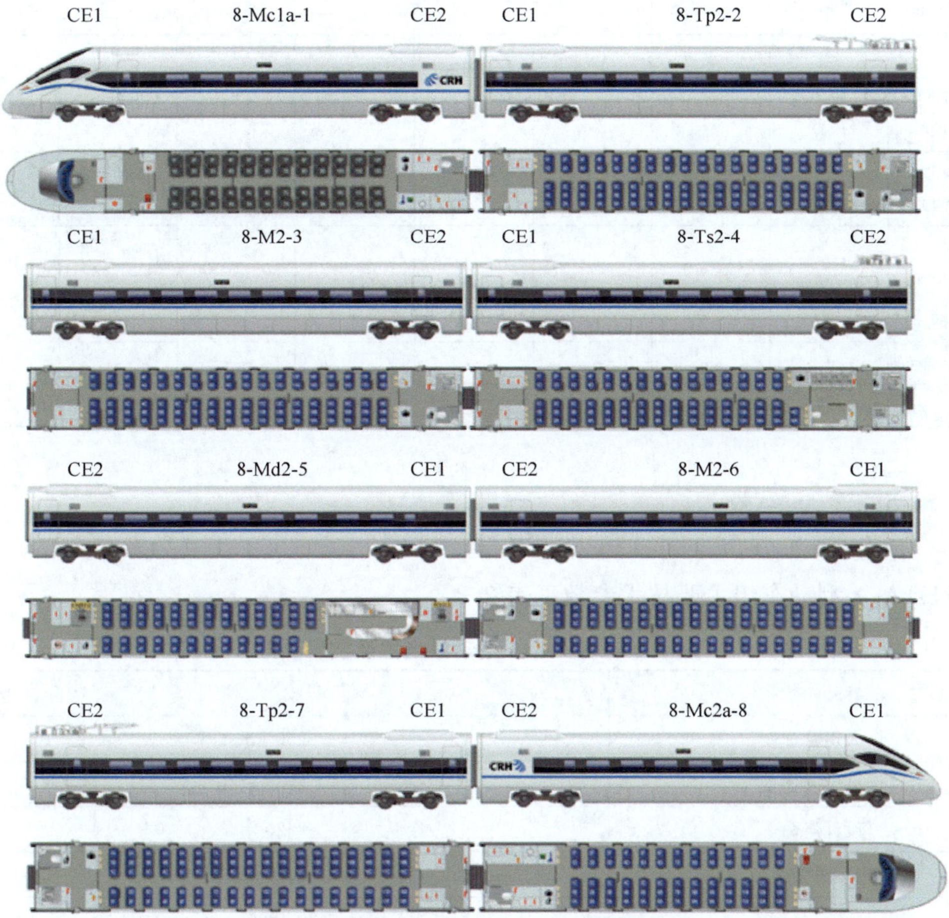

图 2.10　CRH1A-A 型动车组总体平面布置

CRH1A-A 型动车组车内设施配置见表 2.7。

表 2.7　CRH1A-A 型动车组车内设施配置

车辆顺位	1 车	2 车	3 车	4 车	5 车	6 车	7 车	8 车
车型	一等座车	二等座车	二等座车	二等座车（设无障碍设施）	二等座车/餐车	二等座车	二等座车	二等座车
定员	48	90	90	77	63	90	90	65
卫生间	1 坐	1 坐 1 蹲	1 坐 1 蹲	1 无障碍坐 1 蹲	—	1 坐 1 蹲	1 坐 1 蹲	1 坐
洗脸间	1	—	—	1	—	—	—	1
开水炉	1	1	1	1	1(厨房内)	1	1	1
外门	2	4	4	4	2	4	4	2
乘务员室	—	—	—	—	1	—	—	—

续上表

机械师室	—	—	—	—	1	—	—	—
乘务员专座	1	—	—	—	2	—	—	1
大件行李柜	1	1	1	1	—	1	1	1
高铁行包专用柜	—	—	—	5	—	—	—	—
洁具柜（带洗池）	—	—	—	—	1	—	—	—
洁具柜（带垃圾小车）	1	—	—	—		—	—	1
工具柜	1	—	—	—	1	—	—	1
客运备品柜	1	—	—	—	1	—	—	1
合计	一等座定员 48 人，二等座定员 565 人，总定员 613 人							

2.5 主要技术参数

CRH1A-A 型动车组主要技术参数见表 2.8。

表 2.8 CRH1A-A 型动车组主要技术参数

参　数	数　值
最大运营速度	250 km/h
最高试验速度	275 km/h
设计寿命	20 年
列车总定员	613 人
列车总长度	207 890 mm
头车长度	26 670 mm
中间车长度	25 650 mm
车辆高度	4 160 mm
车体宽度	3 358 mm
车内地板高度	1 250 mm
车辆定距	18 000 mm
转向架轴距	2 700 mm
车轮直径新轮/磨耗轮	915/835 mm
前端车钩中心线高度	1 000 mm
中间车钩中心线高度	895 mm
紧急车钩中心线高度	880 mm
最大轴重	16.5 t

续上表

参　数	数　值
最大轮周牵引功率	5 300 kW
持续轮周牵引功率	5 168 kW
牵引	异步电机，强迫冷却，主辅一体变流器，牵引变流器和辅助变流器共用同一水冷系统
变压器数量和额定容量	3 个，每个额定容量 2 596 kV·A
牵引逆变器箱数量	5
辅助电源	3 相 380 V/50 Hz
蓄电池系统	DC 110 V
全载荷时的启动加速度	0.6 m/s
250 km/h 时的剩余加速度	0.05 m/s
制动系统	直通电空制动系统
常用制动减速度(±5%)	0.5 m/s^2 从 250 km/h 到 200 km/h 0.7 m/s^2 从 200 km/h 到 0 km/h
最大制动距离 (最大载荷和平直轨道上)	从 250 km/h：<3 200 m
站台高度	1 250 mm
最小曲线半径： 连挂 单车 S 形曲线	 180 m 130 m (180+10+180) m

2.6 车种车型及车辆布置

CRH1A-A 型动车组平面布置根据车内设备、车顶设备和车下设备布置的不同，共分为 6 种车型，各车型的定义及其在编组中的布置位置均按照 250 km 速度级统型动车组的要求执行。

2.6.1 动车组车内设备布置

车内设备布置如图 2.11 所示。

2.6.2 动车组车下设备布置

车下设备布置如图 2.12 所示。

2.6.3 动车组车顶设备布置

车顶设备布置如图 2.13 所示。

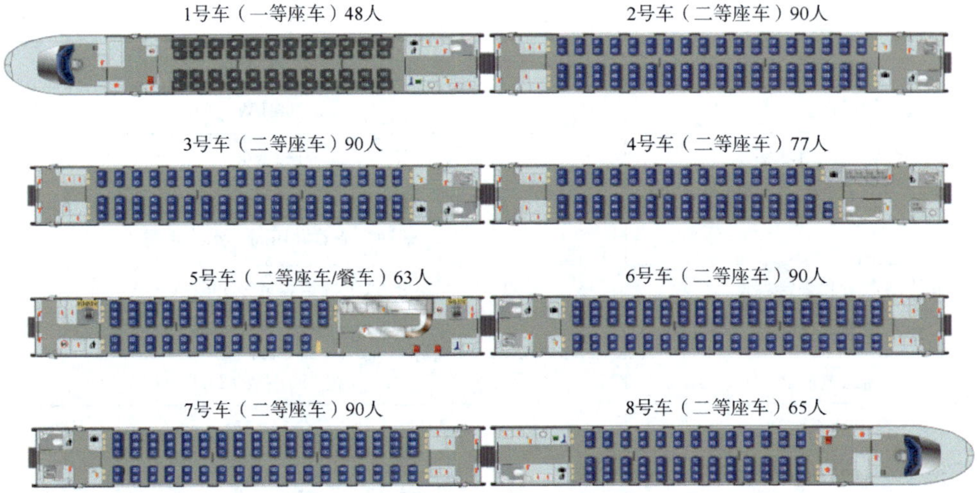

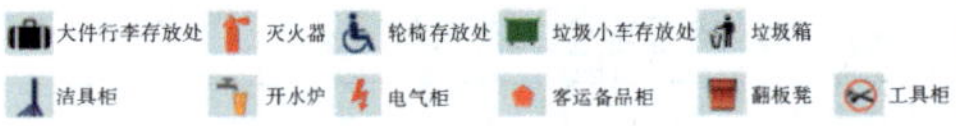

总定员：613人（一等座48人；二等座565人）								
车号	1	2	3	4	5	6	7	8
等级	一等	二等	二等	二等	二等	二等	二等	二等
定员（人）	48	90	90	77	63	90	90	65

图 2.11　车内设备布置

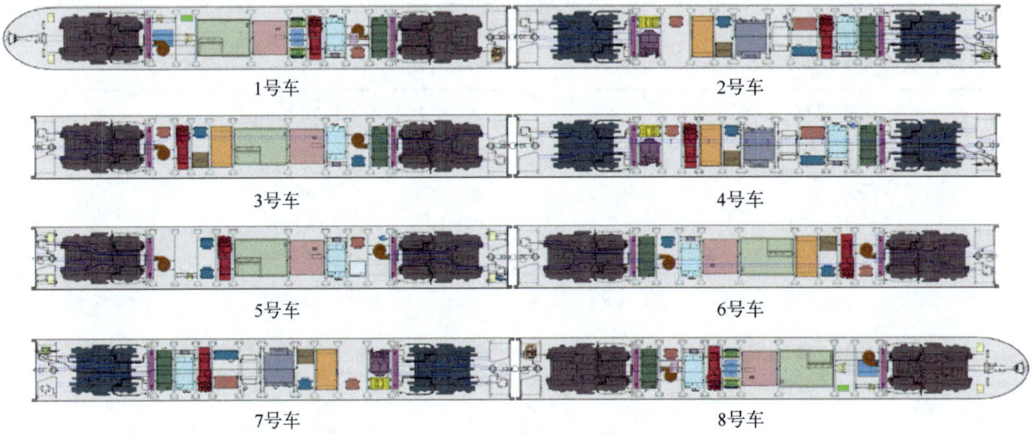

图 2.12　车下设备布置

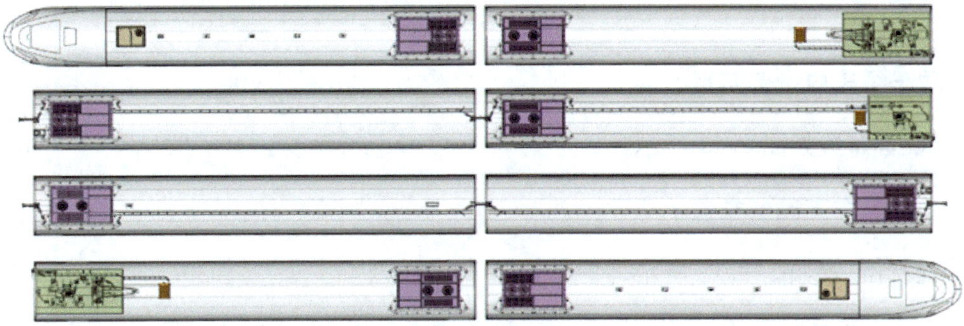

图 2.13　车顶设备布置

2.6.4 动车组各车型设备布置

(1)Mc1a 车(1 号车)平面及设备布置

Mc1a 车为一等座车，根据功能不同分为四个区域，分别为司机室区域、一位端通过台区域、一等客室区域和二位端通过台区域。各区域相对独立，并通过司机室门、客室门相互连通。一等客室区域布置 2+2 的可旋转一等座椅。车辆定员 48 人。

Mc1a 车的平面及设备布置如图 2.14 所示，各设备名称见表 2.9。

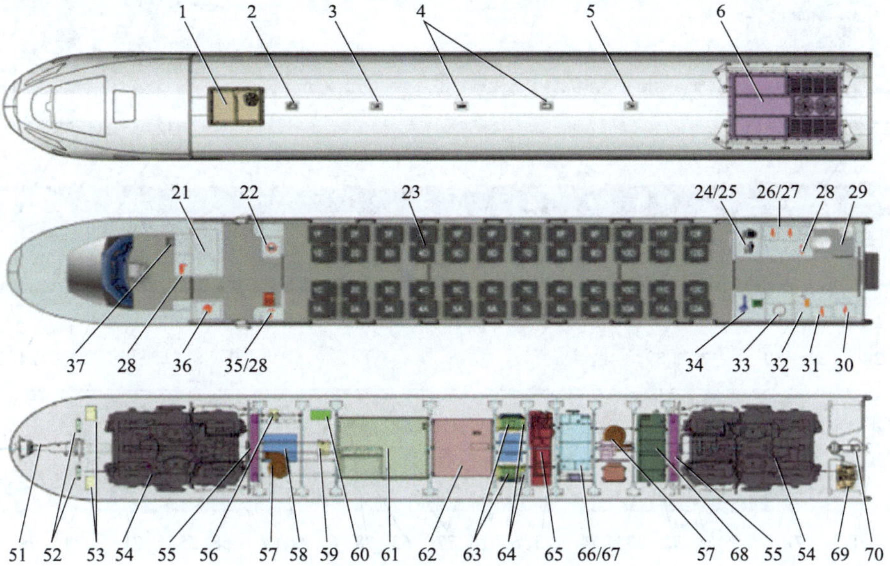

图 2.14 Mc1a 车(1 号车)平面及设备布置

表 2.9 Mc1a 车(1 号车)平面图中各设备名称

序号	名　称	序号	名　称	序号	名　称
1	司机室空调	30	AC 柜	58	BTM 天线
2	LKJ 天线	31	HVAC 柜	59	电子标签
3	WTD 天线	32	电开水炉	60	救援回送模块
4	GSM-R/GPS 天线	33	盥洗室	61	变流器箱
5	450 MHz 天线	34	洁具柜	62	滤波器箱
6	空调	35	翻板凳	63	分线箱
21	ATP	36	客运备品柜	64	CTM-S 天线
22	工具柜	37	辅助座椅	65	制动模块
23	一等座椅	51	自动车钩	66	清水箱
24	垃圾箱	52	TCR 天线	67	泵箱
25	大件行李架	53	撒砂箱	68	集污箱
26	电子柜	54	动车转向架	69	应急电缆
27	DC 柜	55	二系悬挂风缸	70	中间车钩
28	灭火器	56	撒砂控制面板		
29	坐式卫生间	57	牵引电机冷却风机		

(2)Tp2车(2、7号车)平面及设备布置

Tp2车为车顶布置有受电弓和高压设备的二等座车，根据功能不同分为三个区域，分别为一位端通过台区域、二等客室区域、二位端通过台区域，各区域相对独立，并通过客室门相互连通。客室内布置2+3可旋转二等座椅，客室端墙设置可翻转小桌。车辆定员90人。

Tp2车的平面及设备布置如图2.15所示，各设备名称见表2.10。

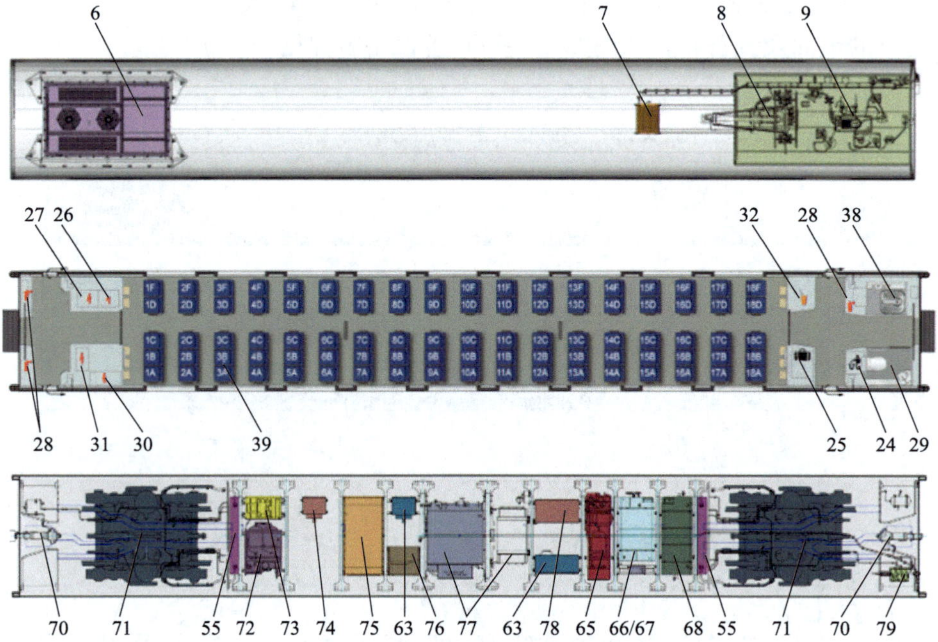

图2.15 Tp2车(2、7号车)平面及设备布置

表2.10 Tp2车(2、7号车)平面图中各设备名称

序号	名　称	序号	名　称	序号	名　称
6	空调	31	HVAC柜	71	拖车转向架
7	网侧滤波电阻	32	电开水炉	72	供风单元
8	受电弓	38	蹲式卫生间	73	主压缩机单元
9	高压设备	39	二等座椅	74	BMS控制箱
24	垃圾箱	55	二系悬挂风缸	75	蓄电池箱
25	大件行李架	63	分线箱	76	蓄电池充电器箱
26	电子柜	65	制动模块	77	变压器单元
27	DC柜	66	清水箱	78	控制箱
28	灭火器	67	泵箱	79	辅助压缩机
29	坐式卫生间	68	集污箱		
30	AC柜	70	中间车钩		

(3)M2车(3、6号车)平面及设备布置

M2车为二等座车，根据功能不同分为三个区域，分别为一位端通过台区域、二等客室区

域、二位端通过台区域,各区域相对独立,并通过客室门相互连通。客室内布置 2+3 可旋转二等座椅,客室端墙设置可翻转小桌。车辆定员 90 人。

M2 车的平面及设备布置如图 2.16 所示,各设备名称见表 2.11。

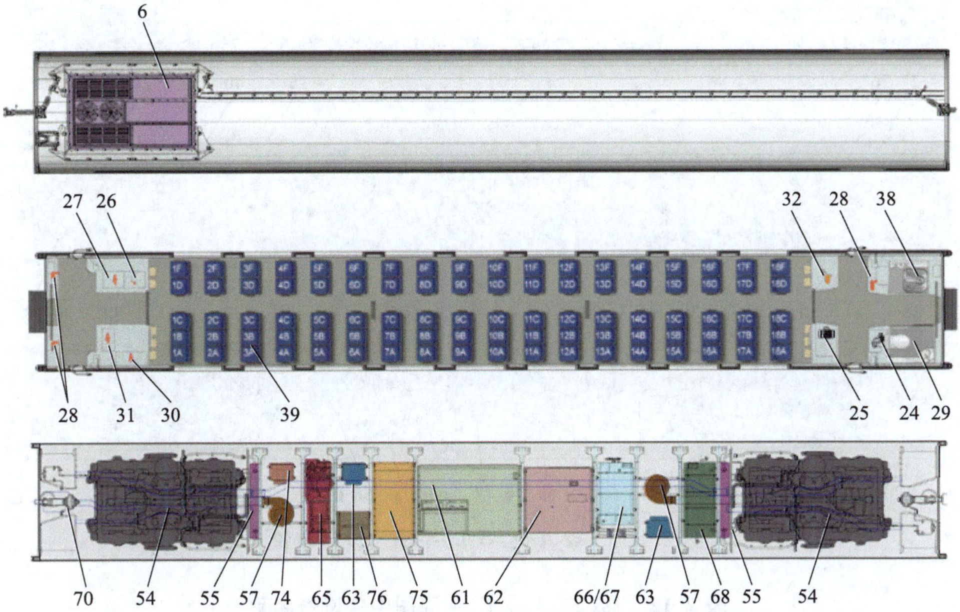

图 2.16　M2 车(3、6 号车)平面及设备布置

表 2.11　M2 车(3、6 号车)平面图中各设备名称

序号	名　称	序号	名　称	序号	名　称
6	客室空调	32	电开水炉	65	制动模块
24	垃圾箱	38	蹲式卫生间	66	清水箱
25	大件行李架	39	二等座椅	67	泵箱
26	电子柜	54	动车转向架	68	集污箱
27	DC 柜	55	二系悬挂风缸	70	中间车钩
28	灭火器	57	牵引电机冷却风机	74	BMS 控制箱
29	坐式卫生间	61	变流器箱	75	蓄电池箱
30	AC 柜	62	滤波器箱	76	蓄电池充电器箱
31	HVAC 柜	63	分线箱		

(4)Ts2 车(4 号车)平面及设备布置

Ts2 车为带有特殊设施的二等座车,根据功能不同分为三个区域,分别为一位端通过台区域、二等客室区域、二位端通过台区域,各区域相对独立,并通过客室门相互连通。客室内布置 2+3 可旋转二等座椅,客室端墙设置可翻转小桌。二位端通过台设置无障碍卫生间,客室二位端的大件行李架下方设有轮椅存放位置。二位端通过台设置 5 组高铁行包专用柜。车辆定员 77 人。

Ts2 车的平面及设备布置如图 2.17 所示,各设备名称见表 2.12。

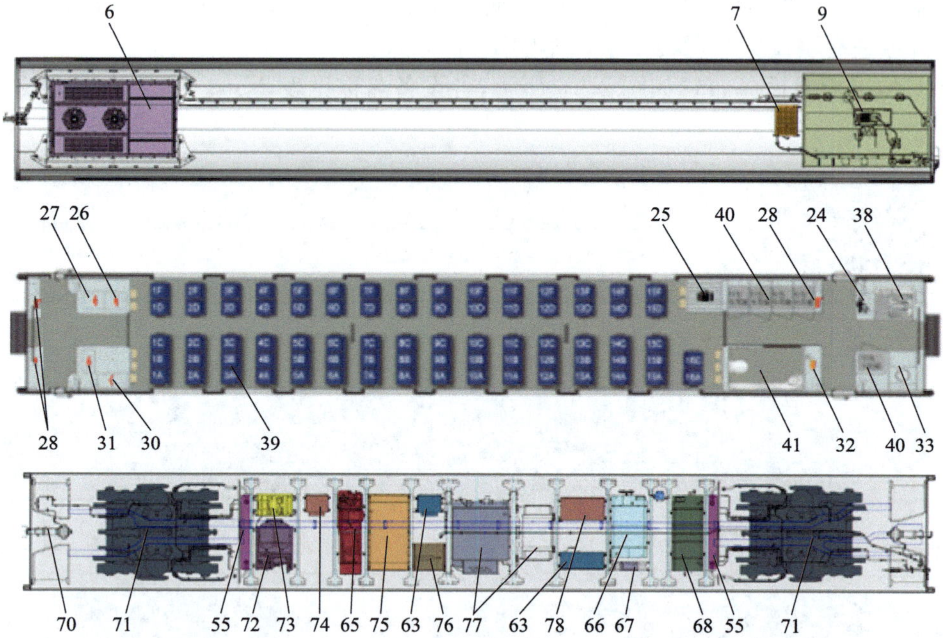

图 2.17 Ts2 车(4 号车)平面及设备布置

表 2.12 Ts2 车(4 号车)平面图中各设备名称

序号	名　称	序号	名　称	序号	名　称
6	客室空调	33	盥洗室	70	中间车钩
7	网侧滤波电阻	38	蹲式卫生间	71	拖车转向架
9	高压设备	39	二等座椅	72	供风单元
24	垃圾箱	40	行包柜	73	主压缩机单元
25	大件行李架	41	无障碍卫生间	74	BMS 控制箱
26	电子柜	55	二系悬挂风缸	75	蓄电池箱
27	DC 柜	63	分线箱	76	蓄电池充电器箱
28	灭火器	65	制动模块	77	变压器单元
30	AC 柜	66	清水箱	78	控制箱
31	HVAC 柜	67	泵箱		
32	电开水炉	68	集污箱		

(5)Md2 车(5 号车)平面及设备布置

Md2 车为餐车/二等座车合造车,根据功能不同分为 3 个区域,分别为一位端通过台区域、厨房区域、二等客室区域和二位端通过台区域。一位端通过台区域与厨房区域连通,其他区域相对独立,通过客室门相互连通。一位端通过台区域设有乘务员室,二位端通过台区域设有机械师室,客室设置 2+3 可旋转二等座椅,客室端墙设置可翻转小桌。车辆定员 63 人。

Td2 车的平面及设备布置如图 2.18 所示,各设备名称见表 2.13。

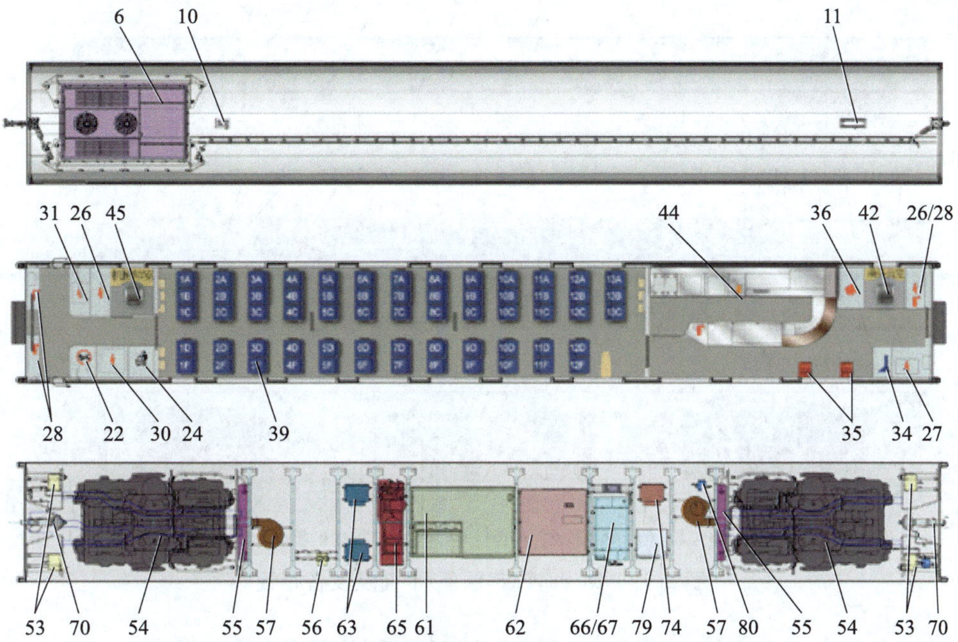

图 2.18 Td2 车(5 号车)平面及设备布置

表 2.13 Td2 车(5 号车)平面图中各设备名称

序号	名　称	序号	名　称	序号	名　称
6	客室空调	35	翻板凳	61	变流器箱
10	GPS/GSM 天线	36	客运备品柜	62	滤波器箱
11	FM 天线	39	二等座椅	63	分线箱
22	工具柜	42	乘务员室	65	制动模块
24	垃圾箱	44	厨房	66	清水箱
26	电子柜	45	机械师室	67	泵箱
27	DC 柜	53	撒砂箱	70	中间车钩
28	灭火器	54	动车转向架	74	BMS 控制箱
30	AC 柜	55	二系悬挂风缸	79	餐车变压器
31	HVAC 柜	56	撒砂控制面板	80	水封
34	洁具柜	57	牵引电机冷却风机		

(6)Mc2a 车(8 号车)平面及设备布置

Mc2a 车为二等座车，根据功能不同分为四个区域，分别为司机室区域、一位端通过台区域、二等客室区域和二位端通过台区域。各区域相对独立，并通过司机室门、客室门相互连通。客室区域布置 2＋3 可旋转二等座椅。车辆定员 65 人。

Mc2a 车的平面及设备布置如图 2.19 所示，各设备名称见表 2.14。

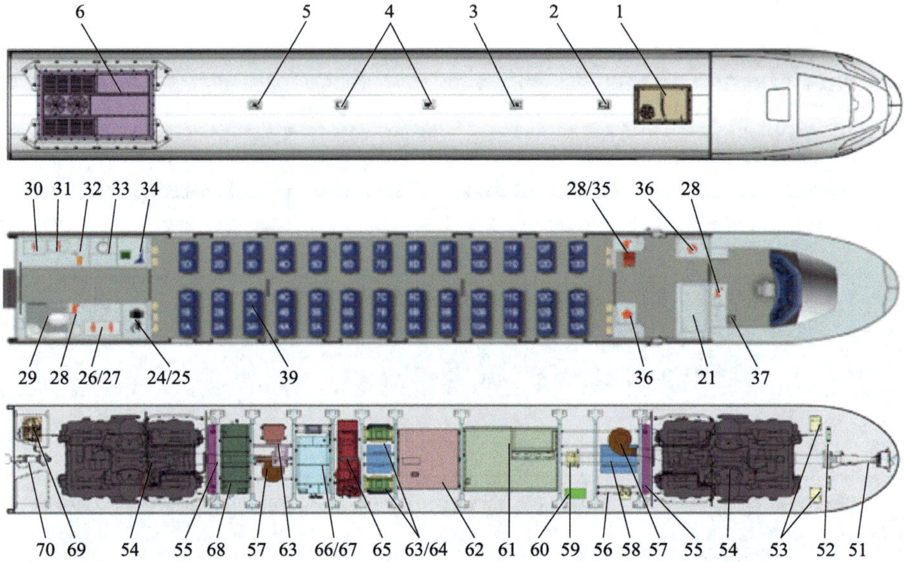

图 2.19 Mc2a 车(8 号车)平面及设备布置

表 2.14 Mc2a 车(8 号车)平面图中各设备名称

序号	名　称	序号	名　称	序号	名　称
1	司机室空调	31	HVAC 柜	58	BTM 天线
2	LKJ 天线	32	开水炉	59	电子标签
3	WTD 天线	33	盥洗室	60	救援回送模块
4	GSM-R/GPS 天线	34	洁具柜	61	变流器箱
5	450 MHz 天线	35	翻板凳	62	滤波器箱
6	客室空调	36	客运备品柜	63	分线箱
21	ATP	37	辅助座椅	64	CTM-S 天线
24	垃圾箱	51	自动车钩	65	制动模块
25	大件行李架	52	TCR 天线	66	清水箱
26	电子柜	53	撒砂箱	67	泵箱
27	DC 柜	54	动车转向架	68	集污箱
28	灭火器	55	二系悬挂风缸	69	应急电缆
29	坐式卫生间	56	撒砂控制面板	70	中间车钩
30	AC 柜	57	牵引电机冷却风机		

2.7 工业设计

2.7.1 车体设计

2.7.1.1 头型设计

CRH1A-A 型动车组头型是在 CRH380D 型动车组的优秀设计基础上,根据列车自身的速度等级要求，结合设计美学和空气动力学而打造的新一代动车组造型。

流线型的车头采用了数模优化设计，合理的细长比使车头圆滑光顺，在降低气动阻力的同时，有效减少了会车及隧道行驶的压力波，降低了气动噪声对于车内及车外噪声的影响，头型设计如图 2.20 所示。

2.7.1.2　车外涂装

CRH1A-A 型动车组的车外涂装是根据列车自身的结构特点，结合青岛 BST 公司列车家族化设计语言以及国铁集团对列车的统型规划要求进行设计。

头车涂装借鉴了国粹脸谱的概念，赋予车辆崭新的感官和视觉形象，充满浓浓的中国元素。

车身两侧的黑带将零散的侧窗串联起来，使车身的色彩元素更加简洁统一。根据车身结构走势设计的波浪形车身腰线，灵动飘逸，具有强烈的辨识度和视觉冲击力，如图 2.21 所示。

图 2.20　头型设计

2.7.2　内饰设计

2.7.2.1　设计理念解析

方与圆，是两个最基本的几何图形。古希腊毕达哥拉斯学派认为："一切立体图形中最美丽的是球形，一切平面图形中最美丽的是圆形"。"智圆行方"是传统的儒学精髓。方具有静态、部分、规则、原则性等含义；圆具有动态、整体、圆满、灵活性等含义；方与圆相辅相成，方以不变应万变，圆以万变应万变。方圆相济，才能相互和谐。

图 2.21　车外涂装

CRH1A-A 型动车组的列车内装设计融合了方圆之道的概念，通过方圆图形的协调搭配，体现出列车亦动亦静，刚柔并济的平衡之美。

2.7.2.2 整车布置

CRH1A-A 型动车组的内饰设计遵循以人为本的原则，列车规划有一等客室区、二等客室区，以及独立的餐吧区域。一等客室和二等客室分别采用 2+2 和 2+3 的座椅编排方式，以满足不同消费人群的乘坐需求，如图 2.22 所示。

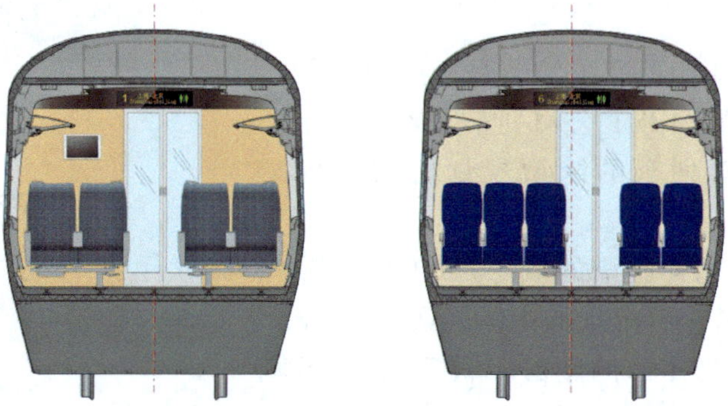

一等客室　　　　二等客室

图 2.22　客室断面图

一等客室以高级灰色调为主，通过平静柔和、大气稳重的颜色搭配，体现一等客室的高贵典雅。二等客室充分考虑了乘客的经济需求，通过对空间的合理布局，实现定员最大化。颜色搭配上采用尽量适合多数消费人群的大众色，如图 2.23 所示。

图 2.23　一、二等客室区

餐车区域的设计格局简约时尚，功能划分清晰合理，给乘客提供温馨舒适的休闲场所。厨房系统根据“冷链为主、热链为辅、常温链补充”的航空餐食配备理念，配备了合理的储藏，冷藏及加热设备，既满足了大部分乘客对食物和饮料需求，也满足了乘客对餐饮的个性化需求，如图 2.24 所示。

CRH1A-A 型动车组设有坐式、蹲式和无障碍三种卫生间。洗手盆的造型旨在最大程度上节约卫生间空间。洁白光滑的洗手盆与浅灰色装饰条相互映衬，给乘客营造清新、卫生的空间环境，如图 2.25 所示。

图 2.24　餐吧区

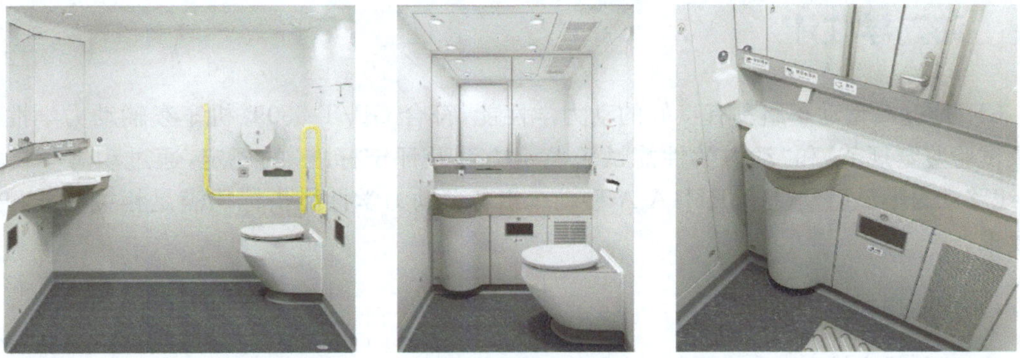

图 2.25　卫生间区域

2.7.2.3　色彩材料搭配

CRH1A-A 型动车组整车的图案设计贯穿了“方圆之道”的设计理念，通过方圆图形的协调搭配、刚柔并济，充分体现了列车的现代感及和谐美，充分继承和发扬了中国传统文化精髓，具体图案设计如图 2.26 和图 2.27 所示。

图 2.26　座椅图案设计

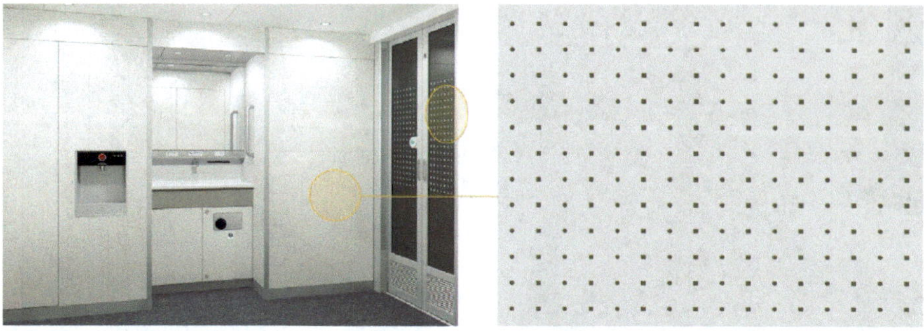

图 2.27　通过台区域图案设计

2.8　动力学性能

CRH1A-A 型动车组具有良好的动力学性能，符合 GB/T 5599《机车车辆动力学性能评定及试验鉴定规范》和“动力学性能试验鉴定方法及评定标准”的规定，通过动力学模拟计算、线路动力学试验，验证 CRH1A-A 型动车组各项动力学性能指标均满足相关标准和规定的要求。

2.8.1　性能指标

(1)运行稳定性

①脱轨系数见公式(2-1)

$$Q/P \leqslant 0.80 \tag{2-1}$$

式中，Q 为车轮作用于钢轨上的横向力；P 为作用于钢轨上的垂向力。

②轮重减载率，准静态见公式(2-2)，动态见公式(2-3)

$$\Delta P/\bar{P} \leqslant 0.65 \tag{2-2}$$

$$\Delta P/\bar{P} \leqslant 0.80 \tag{2-3}$$

式中，ΔP 为轮重减载量；$\bar{P}$ 为该轴平均静轮重。

③轮轴横向力见公式(2-4)

$$H \leqslant (10+P_0/3) \tag{2-4}$$

式中，H 为轮轴横向力；P_0 为静态轴重，单位为 kN。

④轮轨最大垂向力见公式(2-5)

$$P_{\text{lim}} \leqslant 170\ \text{kN} \tag{2-5}$$

⑤横向稳定性：在车轴正上方转向架构架处测量的横向加速度(0.5～10 Hz 滤波)不应连续 6 次超过 8～10 m/s^2。

(2)运行平稳性

客室平稳性指标：$W \leqslant 2.5$

司机室平稳性指标：$W \leqslant 2.75$

(3)运行品质

车体垂向和横向加速度均不超过 2.5 m/s^2,分析频率为 0.5～40 Hz。

2.8.2 多体动力学仿真

采用 SIMPACK 软件对 CRH1A-A 型动车组的车辆动力学性能进行仿真计算,多体动力学仿真模型如图 2.28 所示。模拟仿真了车辆在不同状态下,通过各分析线路时车辆的稳定性、平稳性及运行品质,仿真计算结果表明 CRH1A-A 型动车组各项车辆动力学性能均满足设计要求。

图 2.28 车辆多体动力学仿真模型

2.8.3 线路动力学试验

CRH1A-A 型动车组分别在北京环形线和京哈线上完成了型式试验,对运行稳定性、运行平稳性及运行品质进行线路测量和评估。其中北京环形线最高试验速度级为 160 km/h、京哈线最高试验速度级为 275 km/h。试验结果表明,CRH1A-A 型动车组的动力学性能均满足相关标准及规定的要求。

2.9 空气动力学性能

CRH1A-A 型动车组继承了多项 CRH380D 型动车组的空气动力学性能设计研发成果,具有良好的空气动力学性能:

(1)良好的气动外形。

(2)气动阻力小。

(3)侧风载荷小。

(4)气密性良好,压力舒适度优秀。

2.9.1 气动外形

CRH1A-A 型动车组气动外形具有以下特征:

(1)采用与 CRH380D 型动车组相似外形的细长前鼻端。前鼻端与前风挡平滑连接,以确保前风挡压力分布均匀,如图 2.29 所示。

图 2.29　车头气动外形

(2)与 CRH1A 型动车组相比,车间距离由 800 mm 减小至 650 mm,减小车间气动阻力。

(3)减小车顶空调突出表面的高度,并采用导流设计,减小气动阻力。

(4)受电弓与高压设备安装在低于车顶表面轮廓的平顶,位于相邻车辆空调安装位置的附近,利用空气附层的抬高,减小总体气动阻力,如图 2.30 所示。

图 2.30　受电弓与高压设备安装

2.9.2　气动阻力

车辆运行阻力见公式(2-6)

$$R=A+B\cdot v+C\cdot v^2 \tag{2-6}$$

式中,A、B、C 为系数;v 为车辆运行速度。系数 C 主要由车辆气动外形决定,$C\cdot v^2$ 为气动阻力。

CRH1A-A 型动车组在设计过程中,采用经风洞试验验证过的三维流体动力学计算得到 C 值。环境温度 15 ℃,空气密度 1.225 kg/m^3,车辆整备状态,制动工况下,CRH1A-A 型动车组 8 编组列车 C 值设计值(包含安全系数)为 0.62 $N/(km/h)^2$。

CRH1A-A 型动车组在不同运营速度下的阻力—速度曲线如图 2.31 所示。

2.9.3　侧风载荷与侧风稳定性

(1)侧风载荷

CRH1A-A 型动车组在设计初期通过流体动力学数值模拟方法计算得到各向侧风载荷系数,在车辆外形设计完成后,通过缩比风洞试验得到最终各向侧风载荷系数,风洞试验模型如图 2.32 所示,载荷系数定义见 EN 14067。

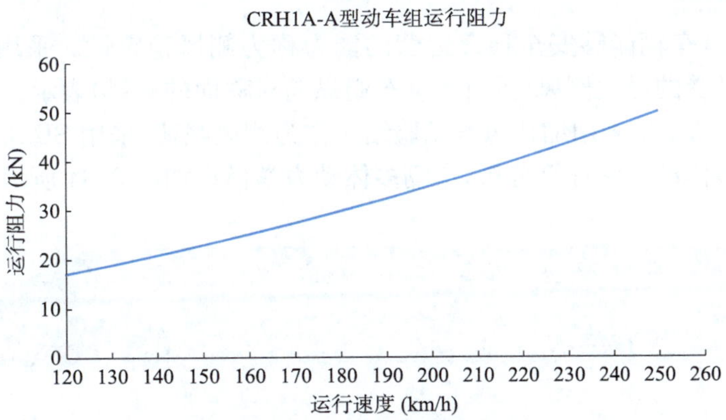

图 2.31　阻力—速度曲线

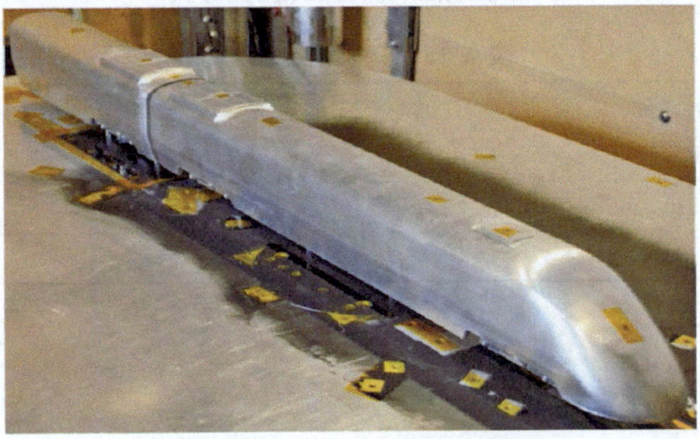

图 2.32　CRH1A-A 型动车组风洞试验模型

侧风载荷系数如图 2.33 所示。

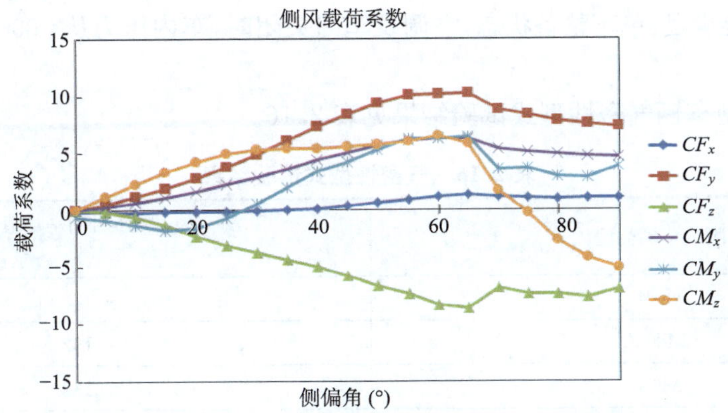

图 2.33　侧风载荷系数

CF_x—沿 x 方向气动力系数；CF_y—沿 y 向气动力系数；CF_z—沿 z 向气动力系数；

CM_x—绕 x 方向气动力矩系数；CM_y—绕 y 方向气动力矩系数；CM_z—绕 z 方向气动力矩系数

（2）侧风稳定性

在侧风影响下，车辆能够安全稳定运营的能力称为侧风稳定性。采用车辆在指定速度下稳定运营所能承受的最大侧风（垂直于动车组纵向对称面的侧风）表示。

CRH1A-A 型动车组采用缩比风洞试验结果作为侧风载荷，采用 SIMPACK 软件对车辆侧风稳定性进行多体动力学计算分析，车辆多体动力学模型如图 2.34 所示。

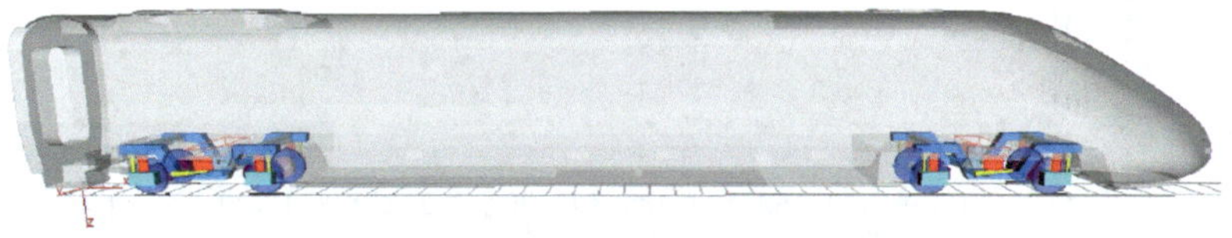

图 2.34　车辆多体动力学模型

经计算验证，CRH1A-A 型动车组侧风稳定性指标见表 2.15。

表 2.15　侧风稳定性指标

运营速度 km/h	可承受侧风 m/s
160	30
250	25

2.9.4　气密性与压力舒适度

（1）气密性要求

CRH1A-A 型动车组采用气密设计。根据静态气密性要求以及压力舒适度要求，对列车交会、列车通过隧道、列车隧道内交会等多种工况下的压力变化进行计算分析，制定车辆总体泄漏量，并制定各系统泄漏预算，逐级控制泄漏量，确保车辆气密性，最终通过试验验证。

静态气密性能满足：单车整备状态，空调及车门关闭时，车内压力从4 000 Pa降至1 000 Pa时间大于 50 s。

全部 5 种类型车辆气密性型式试验结果见表 2.16。

表 2.16　气密性型式试验结果

测试车辆类型	降压时间平均值 s
Mc01	125
Md05	162
M03	232
Ts04	175
Tp02	103

（2）压力舒适度技术要求

列车以正常运行速度通过单线隧道（隧道横截面积大于等于 58 m^2）或双线隧道（隧道横

截面积大于等于 90 m^2)，以及列车交会时，1 s 内车内压力变化最大值不大于 200 Pa 为优秀，3 s 内车内压力变化最大值不大于 800 Pa 为良好，3 s 内车内压力变化最大值不大于 1 250 Pa 为合格；车内外最大压力差不大于 4 000 Pa。

型式试验结果显示 CRH1A-A 型动车组压力舒适度为优秀，空气压力波满足要求。压力舒适度通过隧道和列车明线交会型式试验结果见表 2.17、表 2.18。

表 2.17 通过隧道型式试验结果

通过隧道速度级 km/h	车内压力变化 Pa		车内外压差最大值 Pa
	1 s 最大值	3 s 最大值	
180	150	235	1 105
200	158	175	1 329
230	86	87	1 869
250	91	110	2 261

表 2.18 列车明线交会型式试验结果

列车交会速度 km/h	车内压力变化 Pa		车内外压差 最大值 Pa
	1 s 最大值	3 s 最大值	
200/200	55	67	416
230/230	71	100	493
250/250	67	91	583

2.10 碰撞安全性

碰撞安全性能是高速动车组安全可靠性的一项重要指标。动车组碰撞安全性可以在预防事故发生的所有主动防碰撞方案均失败的情况下，为司机和乘客提供的最后安全保障。CRH1A-A 型动车组应针对实际运营过程中可能发生的四种碰撞场景进行设计，使得车辆具有优良的抗碰撞安全性，降低碰撞冲击对车体的损害，充分保障司机和乘客的人身安全。

四种碰撞场景如图 2.35 所示，分别模拟：

(1)在平直轨道上与同类型动车组发生正面碰撞；

(2)在客货两用轨道上与 80 t 重的货车发生正面碰撞；

(3)在平面交叉路口与 15 t 可变形障碍物(卡车)发生横向碰撞；

(4)与较小物体(小汽车、动物、飞行物及低矮障碍物等)发生碰撞。

上述碰撞场景下动车组应保证车体的完整性，冲击能量由吸能装置吸收，车体本身不发生明显的塑性变形，确保司机和乘客的安全空间和逃生通道的受影响；限制乘客区域的平均减速度不超过 5g，避免在碰撞瞬间造成人员的二次伤害；限制动车组出现爬车及 Z 字形碰撞响应。

(a) 与同类型动车组发生碰撞

(b) 与货车发生碰撞

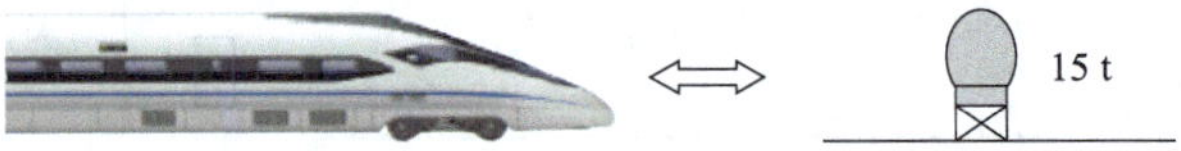

(c) 与大卡车发生碰撞

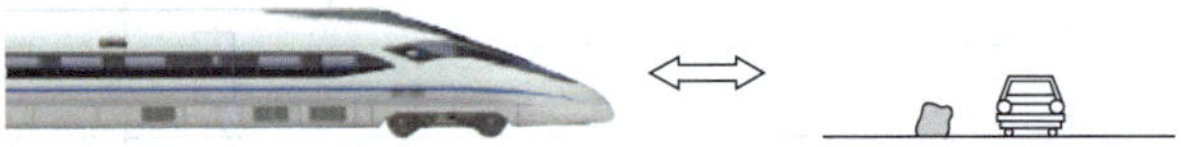

(d) 与较小物体发生碰撞

图 2.35　碰撞场景

针对上述碰撞情景和碰撞要求，CRH1A-A 型动车组采用专用吸能装置进行能量吸收的耐碰撞概念，车体在碰撞过程中不参与能量的吸收。动车组一旦发生非正常碰撞，首先专用吸能装置在纵向冲击载荷作用下，压缩变形吸收能量，将冲击动能转化为热能和塑性应变能，限制车体承受的冲击力，将车体的变形控制在很小的范围，确保司机和乘客的生存空间和逃生通道不受影响。

CRH1A-A 型动车组在头车和中间车端部均布置有吸能装置。头车前端安装有可吸能前车钩、具有防爬功能的吸能装置以及排障器，整个前端吸能装置的吸能总容量为 2 MJ，前端吸能装置的结构及其布置如图 2.36 所示。

中间车的车端安装有中间车钩，中间车钩设置有弹性缓冲器和膨胀式吸能管。每对中间车钩的吸能容量为 1 MJ。端墙上的钩尾框设计可以限制中间车钩的偏转角度，避免出现 Z 字形碰撞响应及限制爬车现象的发生。竖直式端墙结构设计，碰撞时的冲击载荷在垂向无分量，具有防爬功能。中间车钩及端墙结构如图 2.37 所示

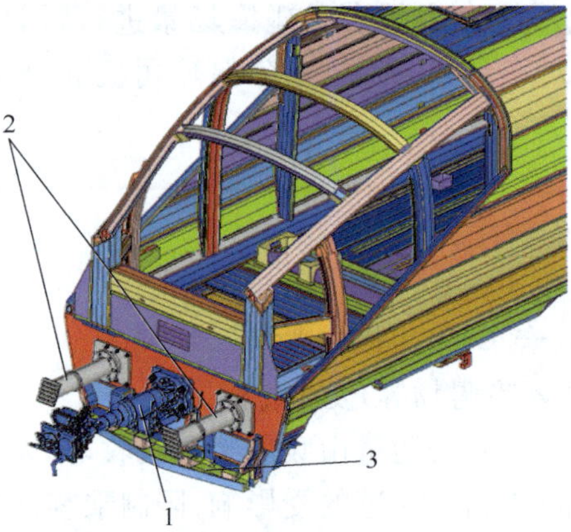

图 2.36　列车前端吸能装置结构

1—可吸能前端车钩；2—具有防爬功能的侧缓冲器；3—排障器

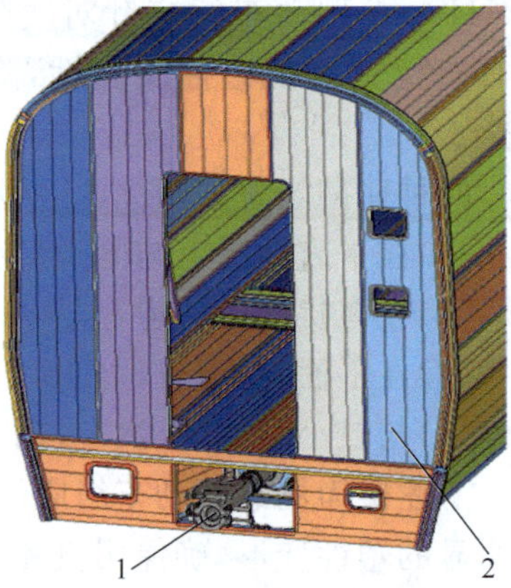

图 2.37　中间车钩及端墙结构

1—可吸能中间车钩；2—端墙

2.11 模块化设计

CRH1A-A 型动车组车下设备安装采用模块化设计，包括底架设备、安装梁、底架设备舱内线槽和管路。模块化设计节省了组装占用台位时间和空间，加快了整个生产节奏，提高了生产效率。

底架设备安装采用大模块预组装模式。安装梁放置在模块预组工装支架上，设备、线槽和管路安装在安装梁上，形成一个底架设备预组模块，在模块上完成设备之间的连接，然后将预组模块整体通过安装梁与车体连接。为了实现大模块预组装概念，除主变压器安装需要减振器外，所有设备与安装梁的安装接口一致，所有安装梁与车体的安装接口一致，如图 2.38 所示。

图 2.38　底架设备预组模块

2.12 动车组标记

为了方便乘客及工作人员了解车辆，动车组设置有标记。根据安装位置不同，动车组标记分为车外标记和车内标记。根据功能不同，动车组标记分为服务标记、工作标记、管理标记。

服务标记：为旅客导向、标明位置、指示相关服务设施所使用的标记。此类标记是向旅客公众传递信息，无需专业培训或训练即可理解。

工作标记：为工作人员标明车辆技术参数、设备位置和工作区域的标记。此类标记是向经过专业培训的工作人员传递信息。

管理类标记：标明有关管理信息的标记。此类标记向经过专业培训的工作人员传递信息。

2.12.1 标记要求

标记应采用环保型、耐久性好和耐清洗的材料制作。

标记设置应牢固可靠，不应产生倾斜、移动、卷翘和摆动等现象。标记设置后不应有造成人体任何伤害的潜在危险。

制造商铭牌应用金属制作，其内容包括制造商名称和制造年份。铭牌形式和安装位置不应对服务、工作和管理标记产生干扰。

2.12.2 车外标记

各车辆外侧及头车正面有各种标记，用来显示车型、车号、车速等基本信息，如图 2.39 所示。

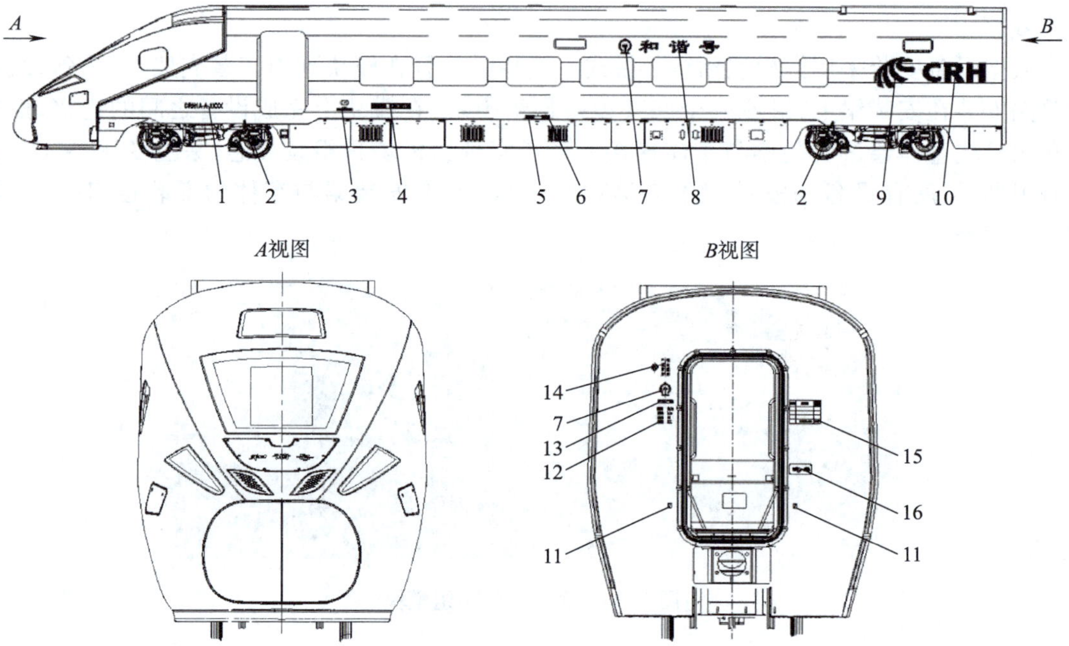

图 2.39　车辆外侧标记

1—型号和车组号；2—顶车位；3—紧急装置；4—车种车号；5—速度等级；6—列车长度；7—路徽；8—和谐号标志；9—狮子头；10—CRH 标志；11—定位；12—自重、载重、定员、换长；13—配属；14—严禁攀登；15—定检；16—制造厂铭牌

2.12.3 车内标记

2.12.3.1　动车组车内管理类标记

动车组车内管理类标记有车辆车种、编号和定员等，见表 2.19。

表 2.19　动车组车内管理类标记

标记内容	位　置	图　例
车辆车种、编号和定员	客室两端墙	ZE 157102 85

2.12.3.2　动车组车内服务类、工作类标记

动车组车内服务类标记主要有：车厢顺序号、开门按钮、座位号、卫生间、坐便器纸垫、冲洗按钮、无障碍卫生间(带婴儿床)、灭火器、废物箱、司机室、乘务员室、禁止吸烟、紧急出口、婴儿护理桌、非饮用水、饮用水、洗手液、水龙头按钮、纸巾、残疾乘客专用区域、内部通话设备、大件行李搁放处、儿童购票标准、指示箭头、紧急呼叫设施、紧急制动、禁止依靠、危险请勿动、紧急制动、逃生梯标志、遮阳帘手动开关、遮阳帘操作警告标志、过渡车钩等，主要标志

见表 2.20。

表 2.20　动车组车内服务类、工作类标记

顺号	标志内容	位　　置	图　　示
1	车辆顺序号	车内列车到站显示	车内列车到站显示
2	座位号	客室	
3	餐车	客室	
4	残疾人士专用区域	客室	
5	小桌	客室	
6	开水炉指示	客室	
7	紧急破窗	客室	
8	紧急逃生窗操作说明	客室	
9	紧急出口	客室	
10	车厢号	通过台	
11	坐式卫生间	通过台	

续上表

顺号	标志内容	位　置	图　示
12	蹲式卫生间	通过台	
13	设婴儿床的无障碍卫生间	通过台	
14	无障碍卫生间门按钮	通过台	
15	儿童购票标准	通过台	
16	厨房	通过台	
17	机械师室	通过台	
18	乘务员室	通过台	

续上表

顺号	标志内容	位　　置	图　　示
19	司机室	司机室	
20	灭火器	通过台	
21	禁止倚靠	通过台	
22	工具柜	通过台	
23	客运备品柜	通过台	
24	工具备品柜	通过台	
25	洁具柜	通过台	
26	乘务员专座	通过台	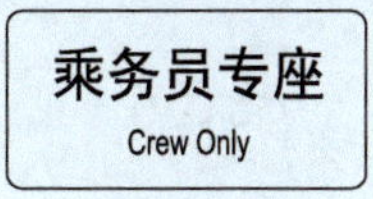
27	大件行李	通过台	

续上表

顺号	标志内容	位　　置	图　　示
28	废物箱	通过台	
29	无障碍卫生间门按钮	通过台	
30	侧门按钮	通过台	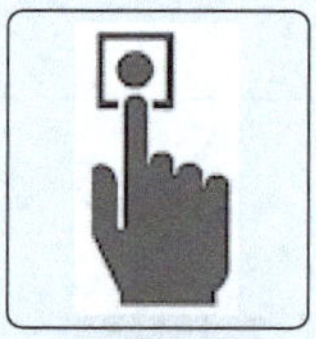
31	电源插座	通过台/客室	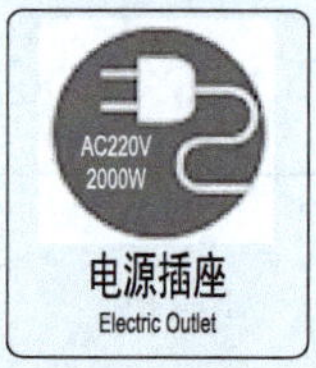
32	开水炉按钮	通过台	
33	小心夹手标识牌	通过台	
34	禁止吸烟	通过台/客室	
35	当心烫伤	通过台	

续上表

顺号	标志内容	位　置	图　示
36	紧急制动	通过台	
37	过渡车钩	通过台	
38	准备出发	通过台	
39	本地操作	通过台	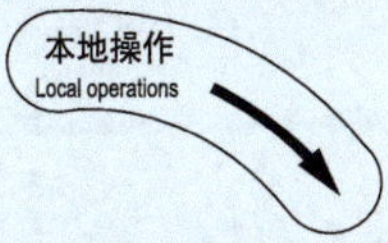
40	开门	通过台	
41	遮阳帘手动操作说明	司机室	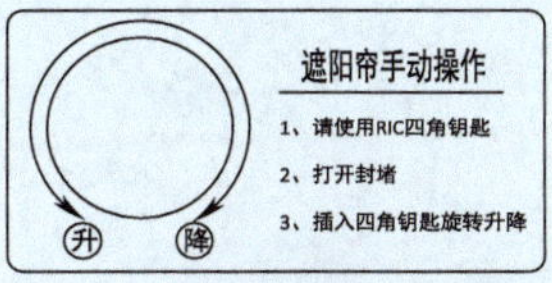
42	司机室灭火器门指示牌	司机室	

2.13 涂　　装

动车组车体焊接完成后，为满足车辆防腐性能及美观性要求，对车体内外表面进行涂装。车体表面喷涂色带，底色为白色，中间喷有蓝色及黑色腰带，如图 2.40 所示。

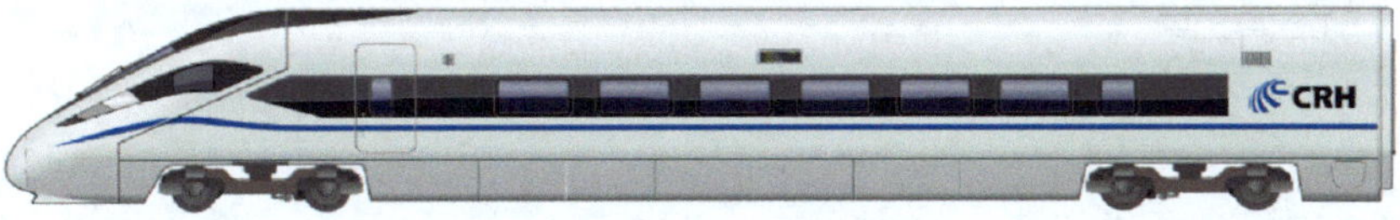

图 2.40　车体表面涂装

车体内外进行打砂前处理，以保证油漆的附着力。车体底架内表面喷涂底漆，外表面喷涂重防腐漆，以保证车辆的防腐性能。车外侧墙及端墙采用底色漆＋中涂＋色漆＋清漆的喷涂体系，同时满足了车辆的防腐性要求及美工要求。

整个涂装体系不但满足了车辆防腐及美观的需求，同时涂层所用产品通过了 DIN 5510 防火及 TB/T 3139 有毒有害物质限量的验证，保证了列车运行中乘客的舒适性及安全性。

3

车体结构

3.1 概　述

车体作为主要承载结构，承受静态载荷、动态载荷等各种载荷，对整车的安全性、舒适性、密封性有着决定性的影响。另外，车体在碰撞时需要保护乘客和司机的安全，为此，车体需要足够的强度和刚度，从降低轴重和减少运行能耗的方面考虑，须要选择重量轻的车体，所以 CRH1A-A 型动车组车体选择由铝合金型材焊接而成的轻量化车体。

CRH1A-A 型动车组车体的设计和生产符合 EN 15085《铁路应用　铁路车辆及其部件的焊接》。车体通长直焊缝采用自动化焊接，有利于保证焊缝质量，提高生产效率，其他焊缝采用手工电弧焊。车体大部分焊缝的焊接质量等级为 CPC2，焊接检验等级为 CT3，部分重要焊缝采用更高的等级。

车体的结构设计与验证符合 EN 12663:2010 中 P-Ⅱ(固定编组)的要求。车体作为主承载结构，具备足够的安全性能，保证在任何情况下具有足够的逃生可能性。当车辆与其他车辆或车端缓冲器发生碰撞时，前端车钩和司机室端部底架上的吸能防爬器，能够吸收约 2 MJ 的能量；当车辆与动物或其他小物体包括飞行物相撞时，排障器、前端结构和车窗可以提供充分的保护。整备状态下车体的本征频率不低于 10 Hz，且与转向架临界激扰频率之间保持足够间隔，确保在任何情况下，均能防止与动车组产生共振。

3.2 车体组成及特点

CRH1A-A 型动车组车体是基于 CRH380D 型高速动车组的成熟概念而设计，整个长度上设计成筒形结构，两端为端墙，构成整体承载结构。车体由底架、侧墙、车顶和端墙几个大部件构成，头车还带有特殊的司机室结构。基于模块化设计原则，车体分为两种基本类型，即：中间车体(图 3.1)和头车车体(含有司机室结构，如图 3.2 所示)。

车体采用全焊接技术，具有良好的水密性和气密性。车体满足±6 000 Pa 的气动载荷，单节车辆在整备状态下，关闭门窗及空调设备的对外开口，车内空气压力由 4 000 Pa 降至 1 000 Pa 的时间大于 50 s。

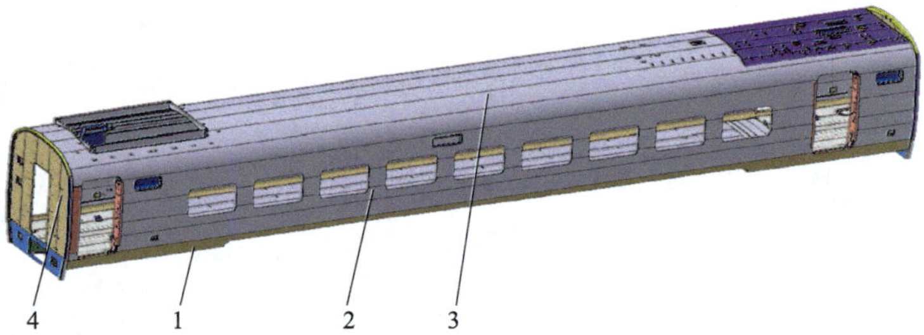

图 3.1 中间车体

1—底架；2—侧墙；3—车顶；4—端墙

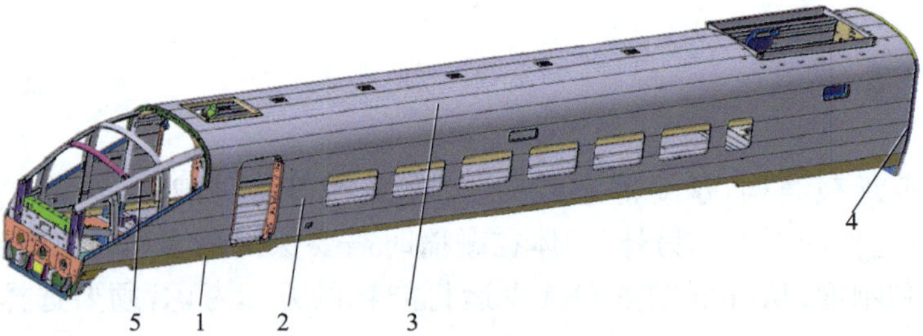

图 3.2 头车车体

1—底架；2—侧墙；3—车顶；4—端墙；5—司机室结构

车体具有如下特点：

(1)在符合动态限界的前提下，车体采用大截面、通长型材的设计方案；

(2)车体为筒形整体承载结构，在不同的车体上尽量采用相同的接口，以降低车体种类，达到模块化安装制造的效果；

(3)头车与餐车各有两个侧门，其他车四个侧门；

(4)只有头车带有司机室结构，并且车体长度与中间车不同；

(5)所有的车顶都有相同的空调开口，只有带受电弓的拖车车顶具有平顶结构；

(6)车窗开口数量根据平面布置的要求而不同。

3.2.1 底　　架

底架主要包括牵引梁、枕梁、边梁和地板，如图 3.3 所示。牵引梁位于底架两端，集成有车钩安装板等接口，牵引梁两侧通过横梁与边梁焊接在一起，后部与枕梁连接，中部与地板焊接在一起。枕梁为箱型结构，强度高，可以良好的承载各种载荷。牵引力通过牵引梁传递到枕梁，然后再传递到两侧边梁及地板，牵引梁和枕梁结构使车体可以良好地传递纵向力。

底架边梁型材集成有 C 形槽，为车下设备的安装提供统一的接口。枕内地板由 5 块型材组成，地板型材上方集成有 C 形槽，为后续地板支撑的安装提供接口。

底架结构重量大、焊接量多、焊接变形大，这些都会对底架外形产生不利影响，进而影响车体的整体尺寸和后续的设备安装，所以在适当的位置采用可调节型式的接口十分必要。枕梁与枕内地板之间采用过渡型材实现搭接结构，地板与边梁之间采用搭接结构，所以底架在长度和宽度方向上都有搭接结构，通过此结构可以吸收各种焊接变形和组装误差，保证了底架的外形尺寸。

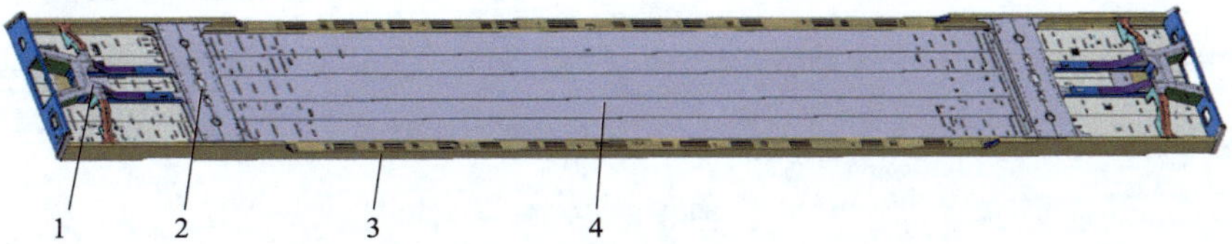

图 3.3 底架

1—牵引梁；2—枕梁；3—边梁；4—地板

3.2.2 侧 墙

侧墙主体结构由 5 块型材焊接而成，如图 3.4 所示，侧墙在相应位置设置窗口、外显开口，并为新风和废排提供安装接口，门口两侧采用立柱加强。除窗口区域的一排型材外，其余 4 排都是长大型材。如图 3.5 所示，为了避免采用通长型材加工窗口而造成的加工量大和浪费材料的情况，窗间结构使用短型材，短型材的结构设计，使每列车节省铝型材约 3 200 kg，节省 5V 焊缝约 350 m。

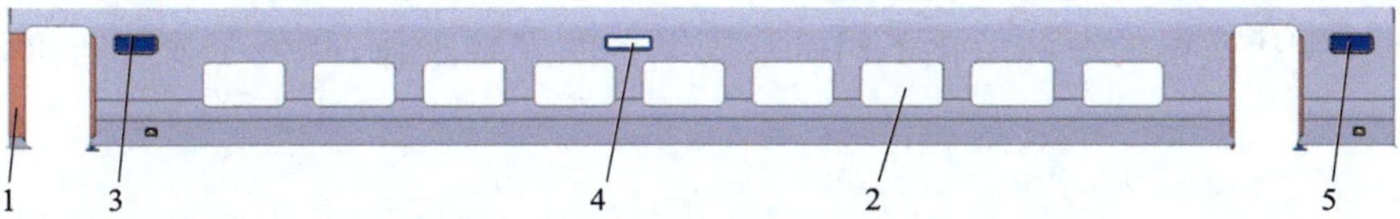

图 3.4 侧墙

1—门立柱；2—窗口；3—新风接口；4—外显开口；5—废排接口

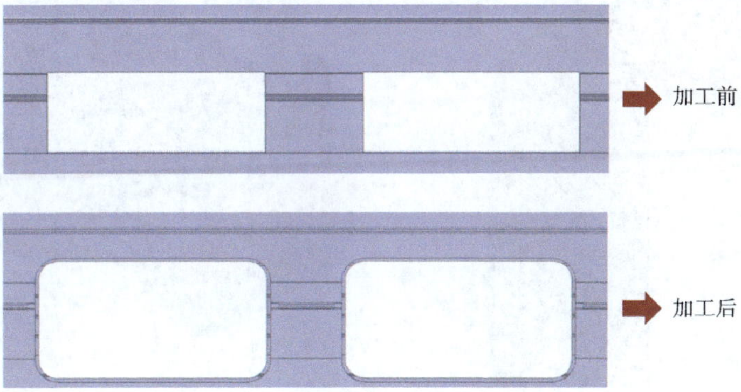

图 3.5 侧墙窗口加工前后对比

3.2.3 车 顶

车顶主体结构由 5 块型材焊接而成，如图 3.6 所示，一端开口，用于放置空调。车体的空调安装接口采用框架结构，框架由四根带 C 形槽的型材构成，并且该型材的四周带有翻边，空调安装后，橡胶条位于翻边和C形槽结构之间，保证了空调具有良好的密封性能。同时，空调框上部整体为平面结构，使空调的安装工作变得更加简便。带受电弓的车顶的另一端为平顶结构，为受电弓和高压设备提供安装平台。

图 3.6　车顶

3.2.4　端　　墙

端墙主要由3根弯梁和端墙板组成，如图3.7所示，端墙板由5块型材焊接、机加工而成。端墙上设置有端门的开口，并为内风挡和外风挡的安装提供接口。

3.2.5　司机室结构

司机室结构位于头车的前部，如图3.8所示，由各种二维折弯梁焊接构成笼型框架结构。司机室端板由铝板加工而成，为车钩和吸能装置的安装提供接口，下部焊接排障器安装座。

司机室上部的横梁为铆接结构，首先，司机室操纵台与地板、管路、线路等部件进行预组，形成司机室模块，然后将这个模块整体吊入司机室结构内部，使用铆钉将横梁铆接到司机室结构上。铆接横梁的设计简化了司机室操纵台的安装工作，降低了操作难度，提高了生产效率。

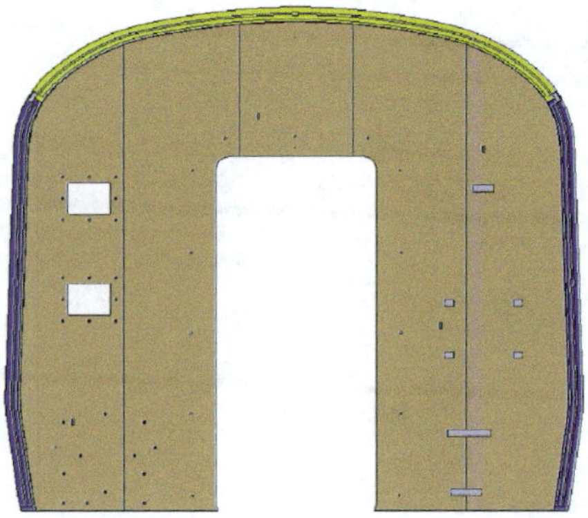

图 3.7　端墙

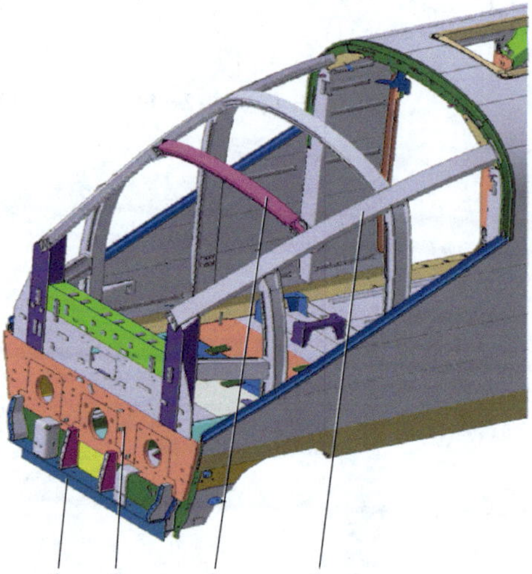

图 3.8　司机室结构

1—司机室框架；2—横梁；3—端板；4—排障器安装座

3.2.6　车体结构接头形式

车体结构的接头形式采用对接和搭接两种方式。对接形式的接头在型材上集成了焊接背板，减少了后续额外焊接辅助背板的工作量，另外对接接头为全熔透焊缝，结构受力情况好，抵抗疲劳能力强；搭接形式的接头可以良好地吸收制造误差和焊接变形，有利于保证结构的尺寸。这两种接头是经过验证的、成熟的、可靠的，如图 3.9 和 3.10 所示。

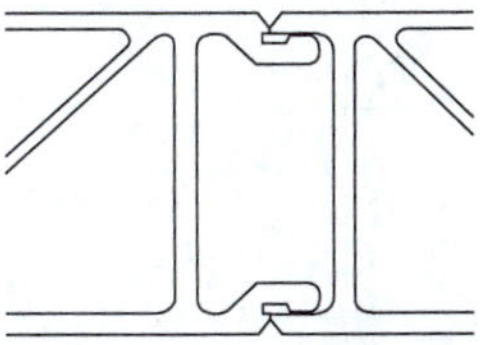

图 3.9　对接接头

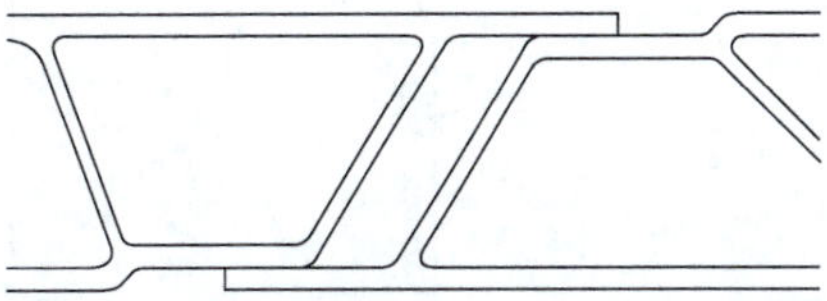

图 3.10　搭接接头

3.3　车体横断面与限界

3.3.1　车体横断面

车体断面为鼓形，在满足空气动力学和动态限界的基础上，增大了客室空间。断面型材上集成有各种 C 形槽，为其他部件的安装提供了统一的标准接口，如图 3.11 所示。

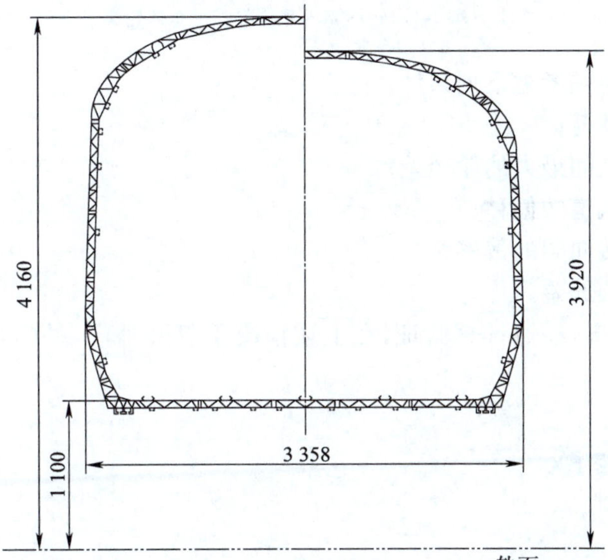

图 3.11　车体横断面

3.3.2　车辆限界

CRH1A-A 型铝合金动车组的车辆限界，满足 GB 146.1《标准轨距铁路机车车辆限界》中的电力机车限界和客运专线机车车辆限界相关规定。车体在所有的装载条件和制造公差条件下，其结构都位于车辆限界以内，同时满足动态包络线限界要求，如图 3.12 所示。

当车辆停靠在站台并且打开外门时，车辆的外门与站台之间距离最短，所以需要对这种

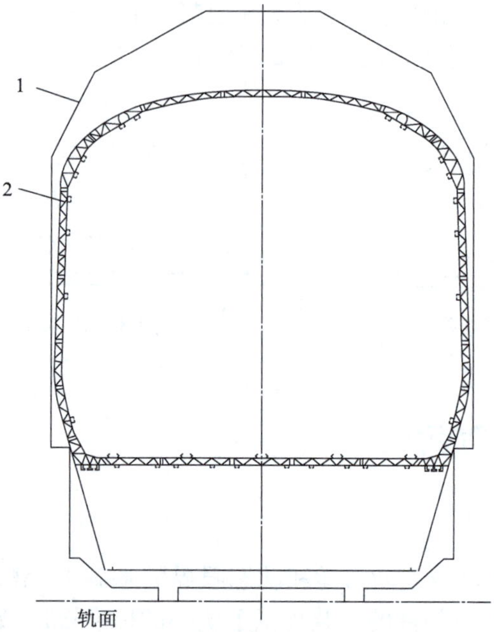

图 3.12　车辆限界和车体轮廓

1—GB 146.1—1983 车辆限界;2—车体轮廓

情况进行校核,计算时须考虑下列条件:

(1)车辆的最大载荷;

(2)两个转向架之间最大的轮径差;

(3)车轮相对于轨道的偏移;

(4)车体相对于转向架的偏移;

(5)轨道在垂向的偏差。

综合考虑上述情况,经过计算验证,在上述情况下打开外门,外门与站台之间的间隙满足要求。

3.4　主要技术参数

3.4.1　主要尺寸

车体的各种主要尺寸见表 3.1。

表 3.1　车体的各种主要尺寸

名　　称	中间车 mm	头车 mm
车体长度	25 000	24 452
车体宽度	3 358	3 358
车体高度	4 160	4 160

续上表

名　称	中间车 mm	头车 mm
转向架中心距	18 000	18 000
铝地板上表面高度(距轨面)	1 160	1 160

3.4.2 车体重量

典型车体的重量如下：Mc 车体 11.46 t，Tp 车体 11.48 t。

3.4.3 车体材料

铝合金材料比强度高、耐腐蚀、健康环保，有利于实现车体的轻量化，参考成熟产品 CRH380D、CRH1A-A 型动车组车体材料选用铝材，主要牌号如下：

(1)铝型材：EN AW-6005A-T6。

(2)铝板：EN AW-5083-H111、EN AW-6082-T6。

(3)铝管：EN AW-6060-T6。

3.5 车体结构强度

3.5.1 有限元计算

车体结构强度计算按照 EN 12663-1：2010 与供货技术条件的要求进行，包括静强度、疲劳强度、结构稳定性(屈曲)以及模态分析。

有限元计算中采用通用车体模型概念，即采用同类车辆中最恶劣的重量与载荷分布以保证计算结果的保守性。车体有限元模型主体结构采用壳单元进行划分，部分不适合采用壳单元进行划分的结构采用实体单元进行划分，由于焊缝区域材料的性能参数与母材不同，焊缝区域需要单独划分并设置不同的参数。车体内部设备可以简化为相应位置处的质量单元或者通过调整材料密度以确保车体重量分布的准确性。

车体结构强度评估包括母材评估与焊缝评估，其中焊缝的应力分布通过与焊缝单元相邻单元应力计算取得。车体结构静强度评估方法按照 EN 12663-1：2010 进行，疲劳强度按照 DVS 1608：2010 进行评估。计算结果显示车体的强度、刚度及稳定性均能满足 EN 12663、DVS 1608 以及供货技术条件的要求。

车体模态计算是在车体整备状态和自由边界条件下进行的，整备状态重量的定义满足 EN 12663-1：2010 的要求，经过计算车体的最小固有频率大于 10 Hz，能够满足相关标准与供货技术条件的要求。

3.5.2 车体强度试验

根据 EN 12663-1：2010 的要求对 Mc、Tp 以及 Md 三种车体进行了静强度试验。采用配重块模拟整备状态车体的重量分布，对于重量较大的设备(例如空调、变压器以及蓄电池箱等)采用集中质量进行模拟。根据有限元分析结果在高应力区域以及关键区域布置应变片，每车布置大约 240 通道。同时每车布置多个位移传感器用于测量车体整体位移以及车窗与车门等的变形。

试验结果显示，在 EN 12663-1:2010 规定的试验载荷工况下，所有应力测点的应力与合成应力均小于材料屈服极限。车体结构强度能够满足相关标准与供货技术条件的要求。

3.5.3　车体模态试验

车体模态试验在整备状态下进行，利用试验模态分析方法分别对 Mc、Tp 以及 Md 三种车型进行测试，测试结果显示被测车体整备状态下的最低固有频率大于 10 Hz，能够满足相关标准与供货技术条件的要求。

3.6　车下设备舱

CRH1A-A 型动车组车下设备舱为箱体结构，如图 3.13 所示，位于车体下部两转向架之间，将车下设备封闭在舱内，起到保护设备、检修、导流通风及保持通风质量的作用，因此要求设备舱必须是密闭形式。

图 3.13　车下设备舱

车下设备舱由裙板、底盖板或设备底部、端部隔板和裙板骨架组成，如图 3.14 所示。裙板位于设备舱两侧，底板位于设备舱下部，隔板位于设备舱两端头。安装梁固定到车体上；裙板骨架固定到安装梁和车体上；裙板、底板固定到裙板骨架上；隔板分别与车体、裙板骨架和安装梁连接。为较好实现设备舱密封，各部件安装间隙通过密封条和密封胶进行密封。

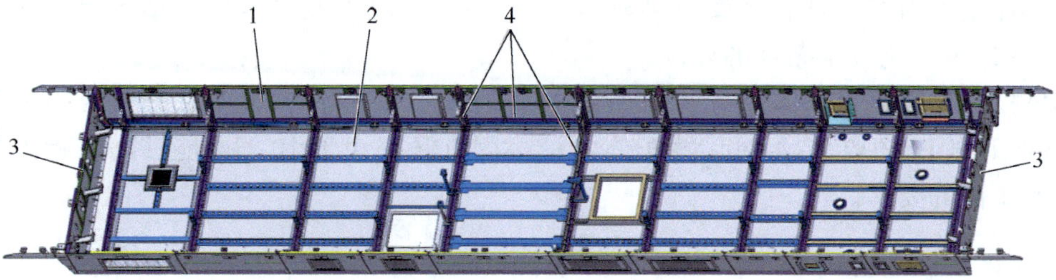

图 3.14　车下设备舱结构

1—裙板；2—底板；3—隔板；4—裙板骨架

裙板由铝合金平板及框架点焊组成。每块裙板上都有两把工作锁，一把安全锁，工作锁安装在两侧，安全锁安装在中部。裙板两侧，各安装有 1 根安全绳。每块裙板下部装有纵向止挡，裙板四周安装有橡胶条。

根据设备舱内不同的设备对通风的不同要求，裙板上设有进气口，给设备提供新风，如牵引电机冷却风机、变流器冷却风机等。设备通过自身底部散热或由设备上的排风口排风。在进气口的裙板上安装有过滤格栅，由迷宫、过滤棉组成。在格栅迷宫前面预留有增加防雪网的接口，当列车被要求在寒冷的地区行驶时，在迷宫与裙板之间可增加防冰雪网，以防止因积雪挡住进气口，而降低了设备的进气量。裙板上设有注水口、污物口、污物箱、清水箱液位观察窗和加热管状态观察窗，以便于路局的供水或吸污设备上水或吸污，以及对电加热管的状态进行观察。

裙板固定通过裙板下部的裙板折页与底板铝型材折页相铰合，当裙板打开并旋转一定角度时，裙板折页才能从下部铝型材折页中脱离。关闭裙板后，裙板上部通过裙板锁、安全锁将裙板固定到车体上。通过专用四角钥匙快速开关裙板，便于对设备检修维护。

底板由轻型中空铝型材制成。底板上设有排风口和排水孔，分别与设备排风风道和管路连接，缝隙加密封条或涂密封胶密封。底板固定到安装梁上，与安装梁共同形成一个整体承载框架。底板舱外设有防松脱结构，即在螺栓头部增加钢丝防松结构，加大底板的安全冗余。

底板采用铝质板材与型材框架焊接结构。在后续交付车辆的底板上增加了插接结构，以进一步提高安全性。在底盖板安装螺栓四周增加插接型材，挂在底盖板连接梁或裙板骨架下部型材滑槽内，保证设备维护时每一底盖板可单独拆卸。插接型材将底盖板连接螺栓隐蔽在其内部，只有型材止挡螺栓显露在外，大大减少了底盖板安装螺栓的日常检查工作量。型材底部与螺栓头之间的间隙小于螺母厚度，一旦有个别螺母失效，型材底部可以有效地阻止螺母从螺栓中脱落，从而起到防脱落功能。

隔板使用铝板材料，达到轻量化效果。安装梁采用碳钢钢板焊接组成，表面采用已成熟的热浸锌防腐处理。

3.7 主要引用标准

车体的设计和制造主要采用的标准见表 3.2。

表 3.2 车体的设计和制造主要采用标准

标准编号	标准名称
EN 15085	铁路应用　铁路车辆及其部件的焊接
EN 12663	铁路应用　铁道车辆车体的结构要求
EN 15227	铁路设施　铁路车辆车身的防撞性要求

4 车内设施

4.1 概　　述

CRH1A-A 型动车组采用 8 辆编组，平面布置如图 4.1 所示，1 号车和 8 号车为带司机室的头尾车，其中 1 号车为一等座车 Mc1a，8 号车为二等座车 Mc2a；4 号车为带特殊设施的二等座车 Ts2；5 号车为二等座车/餐车合造座车 Md2；2 号车和 7 号车是相同车型 Tp2，3 号车和 6 号车是相同车型 M2，均为普通二等座车。

车内设施及配置主要包括司机室座椅、客室座椅、行李架、内部门、厨房设备、办公桌柜和客室照明等设施，各设施分布在车内不同的区域。

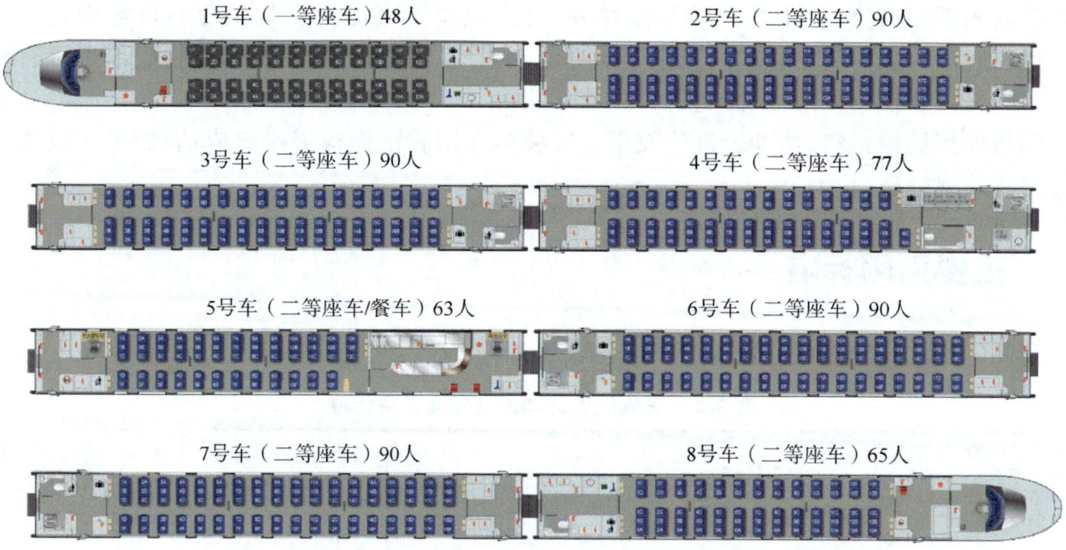

总定员：613人（一等座48人；二等座565人）								
车号	1	2	3	4	5	6	7	8
等级	一等	二等	二等	二等	二等	二等	二等	二等
定员（人）	48	90	90	77	63	90	90	65

图 4.1　平面布置

4.2 客室布置

车内设不同座椅以满足不同乘客的需求，1 号车客室设宽幅软座座椅（一等座椅），如图 4.2 所示；其余车客室设软座座椅（二等座椅），如图 4.3 所示。

（1）一等座车设置 2+2 布置的一等座椅，座椅间距为 1 070 mm；

（2）二等座车设置 2+3 布置的二等座椅，座椅间距为 983 mm。

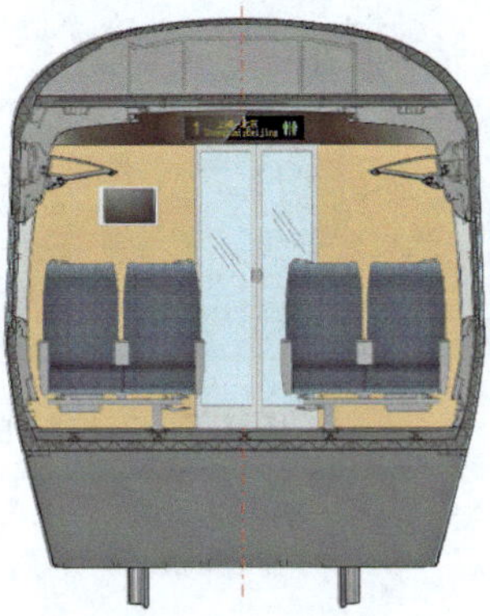

图 4.2　一等座椅

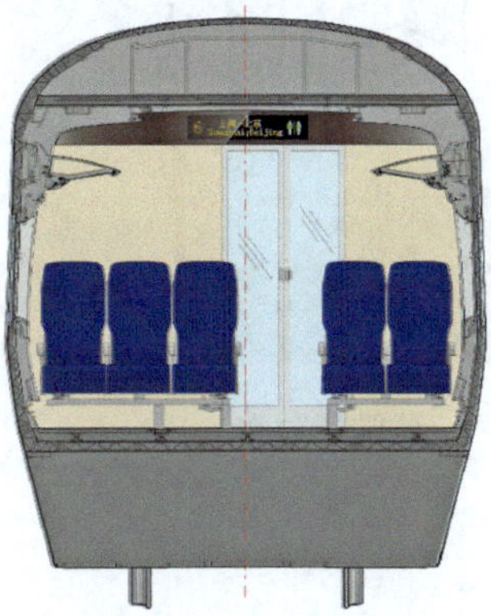

图 4.3　二等座椅

4.2.1 一等座车/头尾车

动车组 1 号车为带司机室的一等座车（图 4.4），共设一等座椅 48 个（图 4.5）。一位端通过台设在司机室和客室之间，在一位端通过台两侧设乘客上下车门，方便司机和乘客上下车。

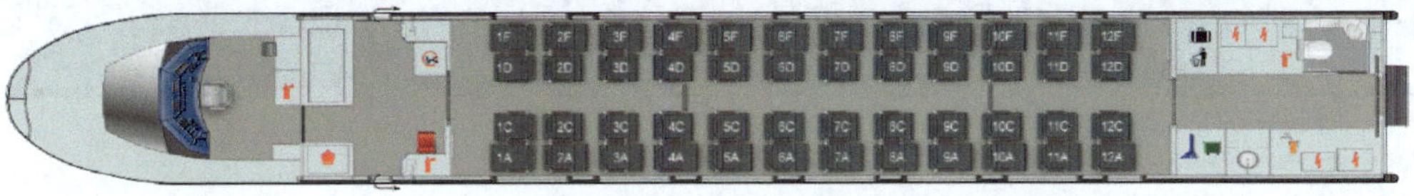

图 4.4　一等座车

图 4.5　一等座椅

为了方便乘务人员休息，在一位端通过台设乘务人员专用折叠椅，如图 4.6 所示；公共服务设施设置在二位端通过台，主要设置坐式卫生间、洗脸间、开水炉以及大件行李架，如图 4.7 所示。

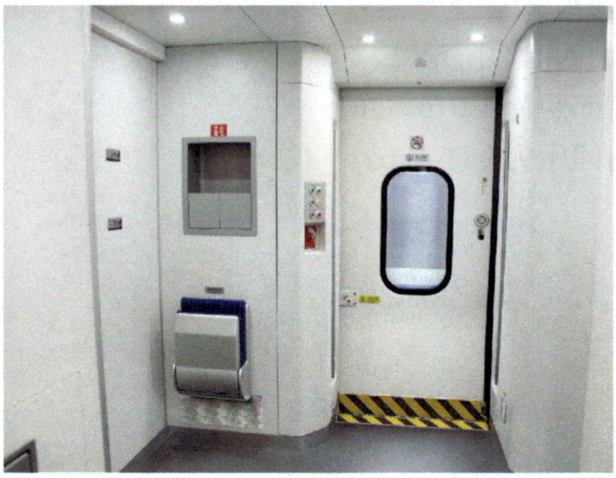

图 4.6　一位端通过台

图 4.7　二位端通过台

4.2.2　二等座车

动车组 2、3、6、7 号车为二等座车，每车设二等座 90 个，如图 4.8 所示。客室设在一、二位端通过台之间，在一二位端通过台两侧设乘客上下车门，方便乘客上下车，二等座客室如图 4.9 所示。

一位端通过台主要设置电气柜和空调柜，在端部间壁配备灭火器，如图 4.10 所示。

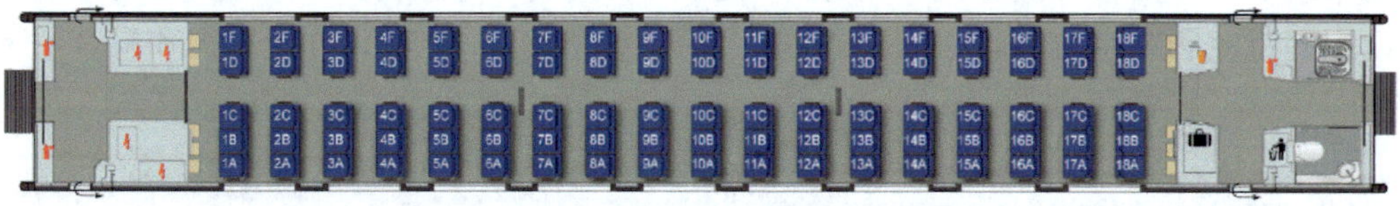

图 4.8　二等座车

图 4.9　二等座客室

图 4.10　一位端通过台

二位端通过台设置公共服务设施，主要设置蹲、坐式卫生间各一个，开水炉以及垃圾箱等公用设施；大件行李架设在二位端通过台，如图 4.11 所示。

图 4.11　二位端通过台

4.2.3　带有特殊装置的二等座车

动车组 4 号车为带有特殊装置的二等座车，设二等座 77 个，如图 4.12 所示；客室设在一、二位端通过台之间，在一二位端通过台两侧设乘客上下车门，方便乘客上下车。

一位端通过台主要设置电气柜和空调柜，在端部间壁配备灭火器。

二位端通过台设置公共服务设施，主要设置无障碍卫生间（图 4.13）、蹲式卫生间各一个、洗脸间、开水炉以及垃圾箱等公用设施，在二位端设行包间；大件行李架设在客室二位端，如图 4.14 所示。

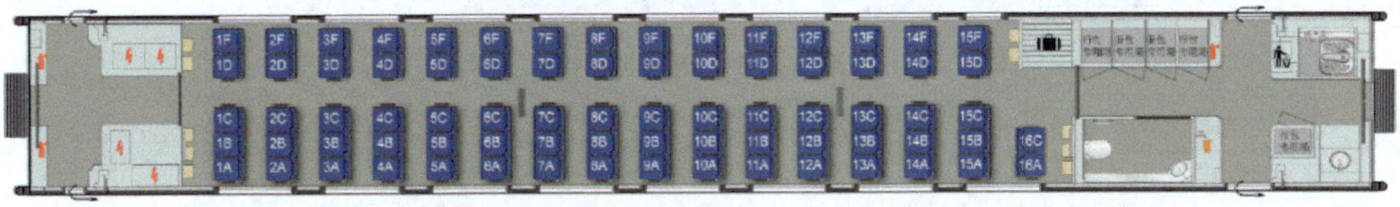

图 4.12　带有特殊装置的二等座车

图 4.13　无障碍卫生间

图 4.14　大件行李架

4.2.4　餐车二等座合造车

动车组 5 号车为餐车二等座合造车（图 4.15），设二等座 63 个；客室设在一位端厨房吧台区域和二位端通过台之间，在二位端通过台两侧设乘客上下车门，方便乘客上下车。

在一位端设置厨房吧台(图 4.16),为乘客在旅途中提供食物饮料,同时设置乘务员室(图 4.17)和乘务员专用折叠座椅;在二位端设置机械师室(图 4.18)。

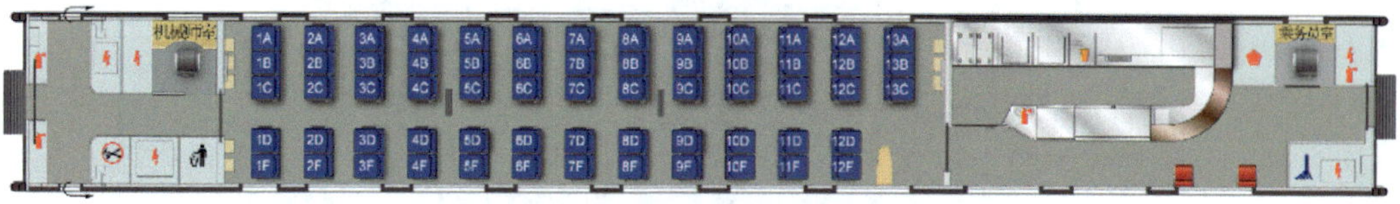

图 4.15　餐车二等座合造车

图 4.16　厨房吧台

图 4.17　乘务员室

图 4.18　机械师室

4.2.5　二等座车/头尾车

动车组 8 号车为带司机室的二等座车,设二等座 65 个,如图 4.19 所示。一位端通过台设在司机室和客室之间,在一位端通过台两侧设乘客上下车门,方便司机和乘客上下车。

一、二位端通过台设施布置同 1 号车。

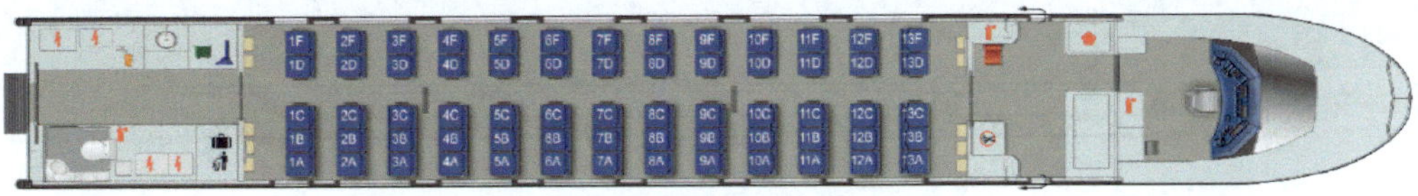

图 4.19　二等座车/头尾车

4.2.6　客室内饰结构

客室内饰结构主要是在满足中国铁路运行环境和动车组高速运行要求的同时，为乘客和乘务人员提供一个安全舒适的乘坐环境。

客室内饰结构主要由地板、侧墙板、行李架、侧顶板、中顶板和电视等组成，如图 4.20 所示，设计的主要原则为：

(1)轻量化设计；

(2)整体内饰结构采用无木骨架设计；

(3)满足环境性能和防火要求；

(4)内饰结构最大模块化设计，如侧墙板、顶板、地板等；

(5)为了保证车辆运行的舒适性，内饰结构采取隔音减振、隔热及阻断热桥等措施，保证车辆在运行中内饰结构无振动噪声；

(6)客室内饰材料易于维修和清洁，并具有良好的耐磨及抗破坏性能。

图 4.20　客室内饰结构

4.2.6.1　客室地板

客室地板(图 4.21)采用阻尼隔振浮动地板结构，具有良好的隔音减振功能；地板材料为木地板和复合木地板两种结构，主要为了适应不同区域隔音差异需求；地板布采用橡胶地板布，具有防滑、耐磨、抗撕裂、防火、防水等特性。地板设有 C 形槽，以便座椅的安装以及根据客户不同时期的要求，进行座椅布置调整。

4.2.6.2　侧墙板

侧墙板(图 4.22)采用模块化设计，通过 SMC 材料的易成型性，创意内饰侧墙板的曲面造型。将客室遮阳帘设计成卷帘结构，将其与侧墙板集成融为一体，窗帘可拉到底；同时侧墙板背部集成风道，为客室提供热风。侧墙板的窗口下沿设平窗台，宽度约为 80 mm。

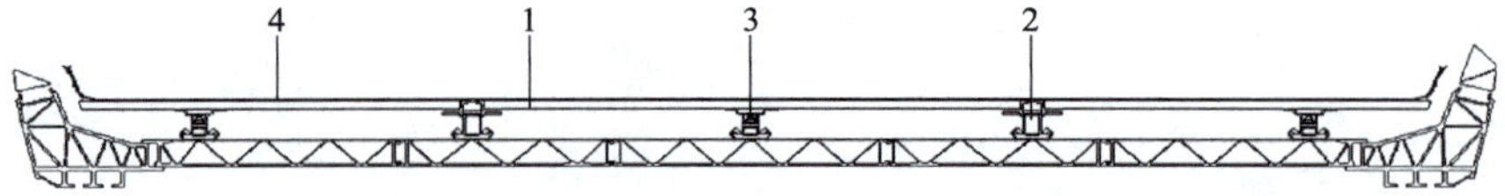

图 4.21　客室地板

1—地板；2—C形槽；3—地板支撑；4—地板布

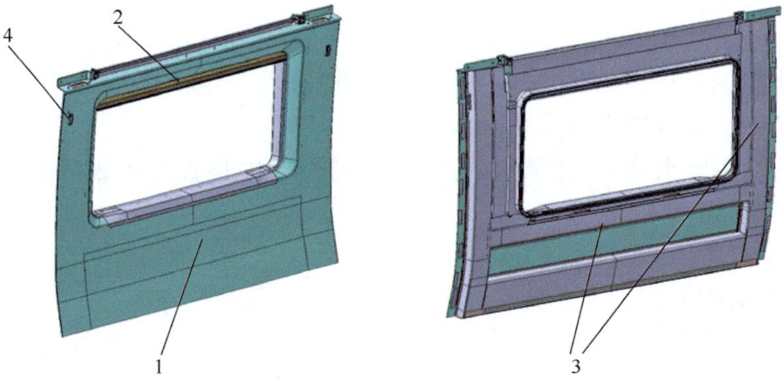

图 4.22　侧墙板

1—侧墙板；2—卷帘；3—风道；4—衣帽钩

4.2.6.3　顶板

客室顶板(图 4.23)采用易于更换的模块化设计。中顶板采用铝板压型，波浪纹造型设计，提供客室新风出口；侧顶板采用易于成型的 SMC 材料，采用圆弧造型；中顶板与侧顶板之间设置纵向隐形照明灯带。

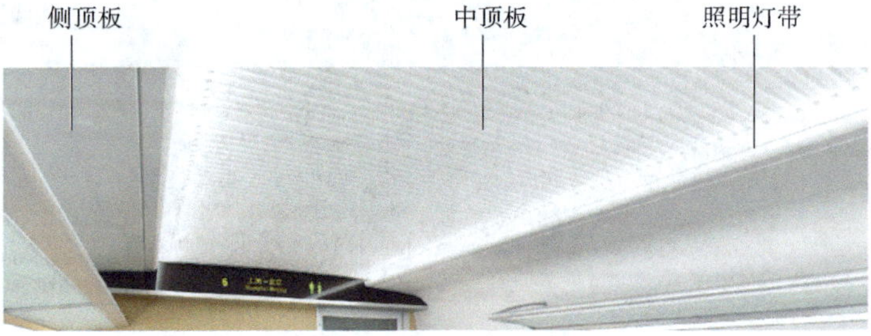

图 4.23　顶板

4.3 座　　椅

座椅按照人机工程学原理设计，保证乘客的安全和舒适性。为了保证乘客始终保持与车辆运行方向一致，避免因逆向而出现头晕、恶心等不舒适感，所有的座椅均设计为旋转座椅。

客室座椅采用地板滑槽和侧墙滑槽固定的模块化安装方式，以方便后续客户根据运营需要调整座椅等级；也可以完成一、二等座椅的互换性，座椅间距可沿列车长度方向调整。

4.3.1 一等座椅

一等客室布置 2+2 的一等座椅，缓解旋转释放拉索后能够实现座椅朝向±180°旋转，使得乘客总是可以面对车行方向乘坐。

一等座椅设有小桌板、书报袋、插座、脚踏、衣帽钩、音频控制面板等功能部件，具有朝向旋转、靠背调节等功能，如图 4.24 所示。

座椅结构、功能及尺寸：

(1)座椅总宽：(1 170±6) mm。

(2)座深：465 mm。

(3)座宽：465 mm。

(4)配置侧扶手。

(5)配置中间扶手。

(6)折叠小桌：设置在侧扶手内。

(7)座椅靠背为可调节靠背，乘客可从 8°到 30°任意调节和锁定。

(8)靠背上设有头枕。

(9)座椅靠背后面配置了杂志袋、衣帽钩等供乘客使用。

(10)在椅后装有脚踏板。

(11)底架上设置了电源插座。

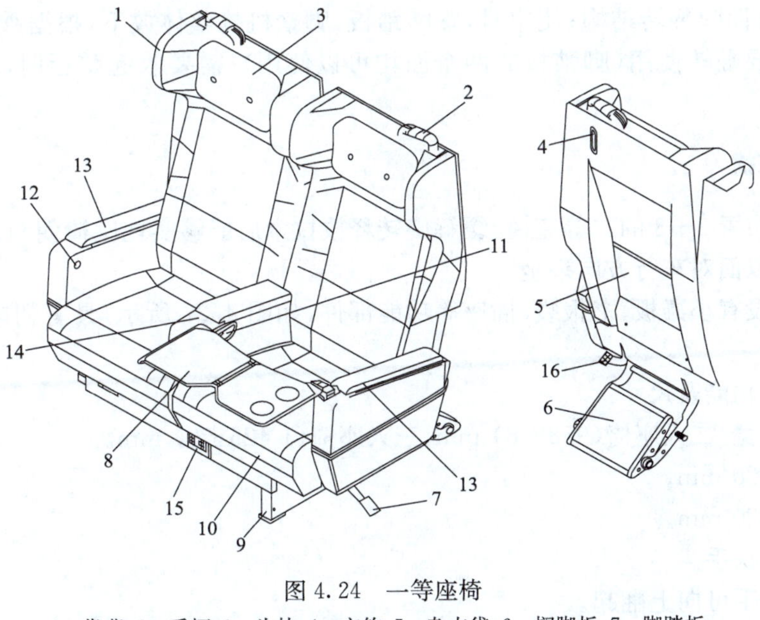

图 4.24 一等座椅

1—靠背；2—手柄；3—头枕；4—衣钩；5—杂志袋；6—搁脚板；7—脚踏板；
8—乘客扶手折叠小桌；9—底座；10—座垫；11—音频控制面板 ACP；
12—座椅靠背倾斜按钮；13—侧扶手；14—中扶手；15—电源插座；16—小踏板

旋转功能：轻踩侧脚踏板，靠背及后脚踏板会自动复位，握住座椅旋转把手，然后顺时针或逆时针旋转座椅，座椅即可旋转 180°，如图 4.25 所示。

座椅靠背角度调节功能：一等座椅按侧扶手侧面上的银色按钮，给靠背一个向后的力，靠背可以按需要的角度向后倾斜，松开按钮后锁紧，最大可达 22°。

小桌板使用功能：一等座椅小桌板在每个座椅的侧扶手内。翻开侧扶手上盖，即可拿出小桌板，如图 4.26 所示。乘客应注意标识，防止侧扶手上盖板夹手。

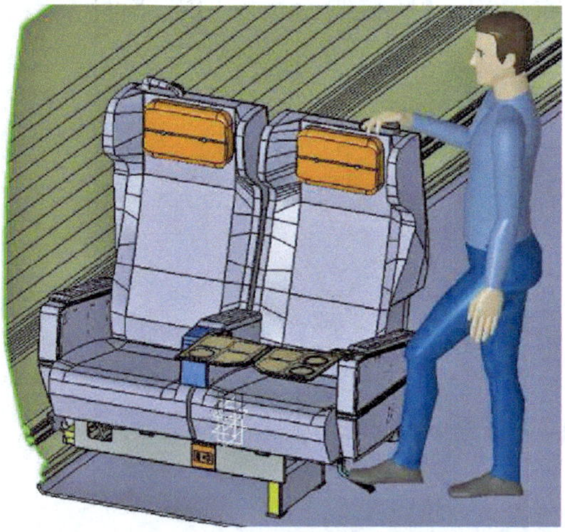

图 4.25　座椅朝向旋转

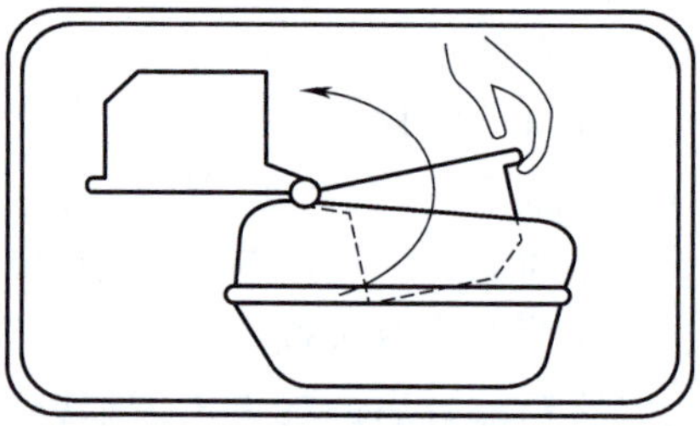

图 4.26　小桌板结构

一等座椅脚踏板使用功能：一等座椅脚踏板为二级翻转结构，脚踏机构整体翻转带限位，脚踏板为自回弹翻转结构；使用时，踩踏踏板，脚踏机构整体放下，根据乘客需求可选择脚踏板是否需要翻转使用(脚踏板的两个面均可以使用)；需要收起踏板时，轻踩回位踏板即可。

4.3.2　二等座椅

二等客室布置 2+3 的二等座椅，缓解旋转释放拉索后能够实现座椅朝向±180°旋转，使得乘客总是可以面对车行方向乘坐。

二等座椅设有小桌板、书报袋、插座等功能部件，如图 4.27 所示，具有朝向旋转、靠背调节等功能。

座椅结构、功能及尺寸：

(1)座椅总宽：二人座椅(958±6) mm，三人座椅(1 425±9) mm。

(2)座深：420 mm。

(3)座宽：420 mm。

(4)配置侧扶手。

(5)中间扶手可向上翻起。

(6)座椅靠背为可调节靠背，乘客可从 0°到 24.5°任意调节和锁定。

(7)座椅装有靠背小桌板、杂志袋等供乘客使用。

(8)座椅底架上设置电源插座。

(9)旋转功能：轻踩侧脚踏板，靠背会自动复位，握住座椅旋转把手，然后顺时针或逆时针旋转座椅，座椅即可旋转 180°。

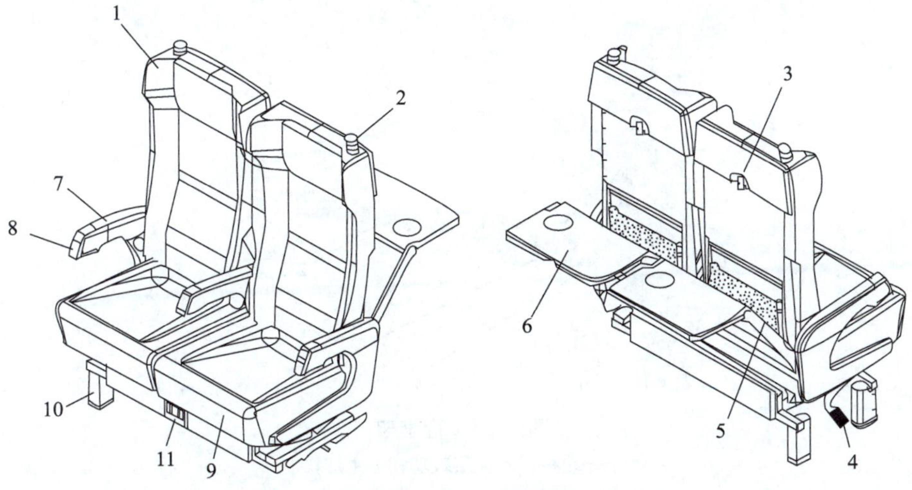

图 4.27　二等座椅

1—靠背；2—手柄/衣钩；3—小桌锁；4—脚踏板；5—杂志袋；6—乘客小桌；
7—扶手；8—座椅靠背倾斜按钮；9—座垫；10—底座；11—电源插座

(10)座椅靠背角度调节功能：二等座椅扣起设置于扶手前端的扣手(二等二人座椅扣手设置在座椅外侧扶手前端，二等三人座椅两侧座椅扣手设置在外侧扶手前端，中间座椅扣手设置在右手侧扶手前端)，给靠背一个向后的力，靠背可以按需要的角度向后倾斜，松开扣手后锁紧，最大可达 24.5°。

(11)翻转小桌板：二等座椅小桌板设置在座椅靠背后部，为翻转式桌板，旋开小桌锁，即可放下小桌板，小桌板可承载不大于 25 kg 物体。

4.4　行 李 架

车内设有行李架和大件行李架，以方便乘客存放不同的行李；行李架设在一等、二等客室的每个车窗的上方。大件行李架设在通过台区域。

行李架为铝型材框架结构，行李承载板为夹层安全玻璃结构，使得行李架有一定的通透性，使其更美观，从而提高整车美感舒适度。为了防止行李滑出，行李架前端型材设计为不对称结构，上部突起部分使得行李架前端形成防止行李滑出的台阶，同时行李架集成主照明灯。

行李架强度满足 UIC 566 及 EN 12663 标准。

行李架的安装采用上部挂接，下部与支架螺钉紧固，方便安装。拆卸行李架下部的盖板与行李架的固定螺钉，可以打开行李架下部盖板，方便侧墙板窗帘的检修，如图 4.28 所示。

大件行李架：在每车二位端通过台处设置大件行李架，如图 4.29 所示，主要用于存放较大行李，比如大规格行李包、大型号行李箱等不便于存放在车窗上方行李架的包裹行李。

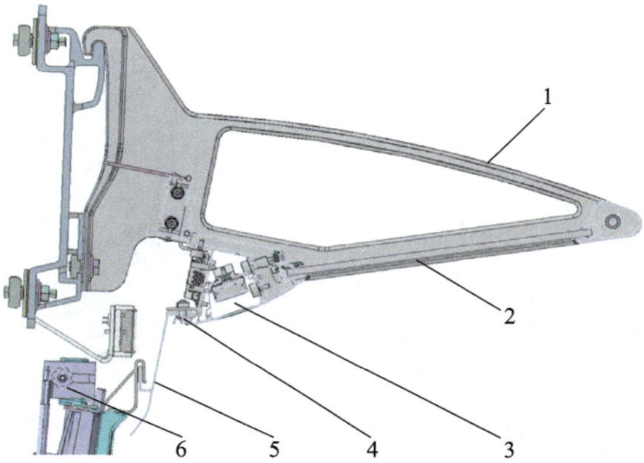

图 4.28 行李架

1—端板;2—夹层玻璃;3—主灯;

4—下部盖板固定螺钉;5—下部盖板;6—侧墙卷帘

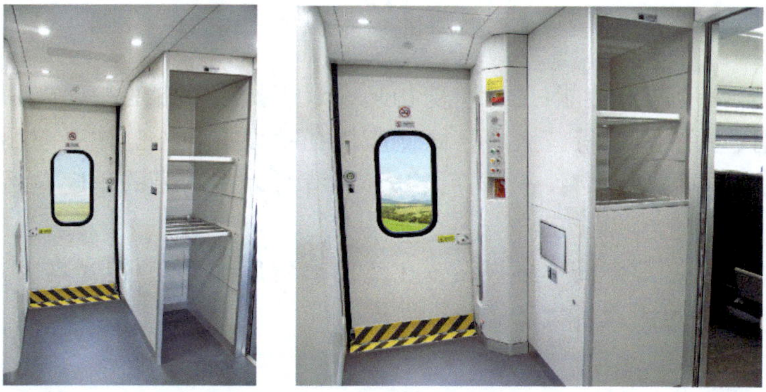

图 4.29 大件行李架

4.5 车 窗

车窗设计满足强度、气密、水密要求;中空玻璃满足 GB 18045 的相关要求,同时满足隔热、隔声的性能要求。

在客室两侧设置固定结构车窗,车窗为乘客提供宽阔视野观赏旅途沿线的人文风光,并为客室提供良好的车内采光;车窗主要分普通车窗和紧急车窗,同时紧急车窗可作为应急出口,每个客室一般不少于 4 个应急车窗。

车窗采用气密结构的固定车窗,采用整体框架机械安装,密封胶密封;车窗玻璃为夹层中空玻璃;车窗的外层玻璃与车体侧墙的连接处用密封胶平滑过渡,以减少列车运行的空气阻力,如图 4.30 所示。

4.5.1 普通车窗

普通车窗由中空安全玻璃和窗框组成。窗框采用铝型材折弯成型,车窗玻璃采用弹性胶粘接在窗框上。中空安全玻璃结构内侧采用夹层玻璃、外侧采用单层钢化玻璃，中空层充入惰性气体氩气，提高了车窗玻璃的隔音和隔热性能。外部夹层玻璃的内部边缘有一圈黑色丝网印刷，能有效阻挡紫外线对粘结剂的加速老化。车窗玻璃结构如图 4.31 所示。

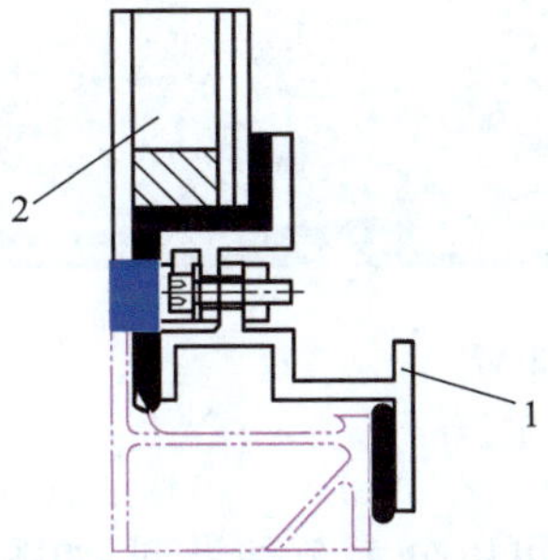

图 4.30　车窗安装结构

1—外框；2—带内框玻璃组成

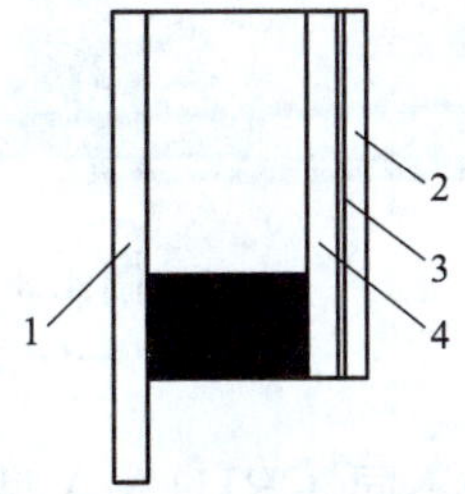

图 4.31　车窗玻璃结构

1—5 mm 钢化玻璃；2—3 mm 钢化玻璃；
3—PVB 膜；4—4 mm LOW-E 玻璃

4.5.2　紧急车窗

为了保护旅客的安全，每辆车配置 4 个紧急车窗，即每侧有两个紧急车窗出口，发生紧急情况时，乘客能够使用窗边安全锤砸破窗玻璃逃出。

紧急车窗与普通车窗的安装方式相同，其主要区别在于紧急车窗上部中间区域设有红色敲击点，红点周围是荧光增白剂圆环，即使没有照明时也可以看到位置，紧急车窗窗边附有荧光紧急逃生窗操作说明，如图 4.32 所示。

在紧急车窗旁边的侧墙板上放置安全锤。一般身体状况的人在危险逃生情况下，可以在 60 s 内打碎玻璃，然后推开玻璃进行逃生。窗户内外的人都可以对玻璃板面的敲击点进行冲击后打碎玻璃。

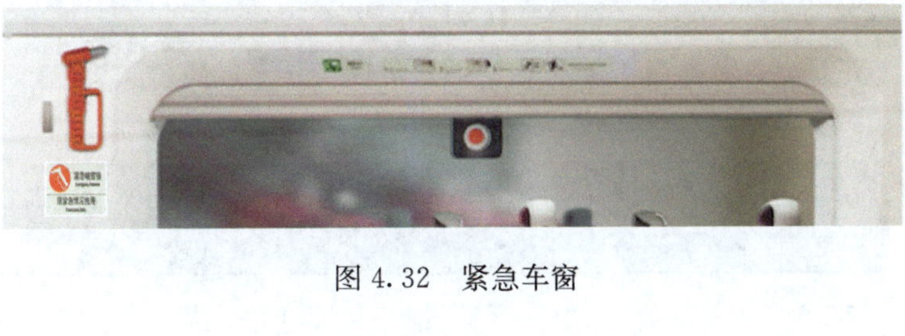

图 4.32　紧急车窗

4.6　通过台布置

动车组通过台区域指车内从客室端部拉门到车辆端部风挡之间的区域，主要用于安装车辆控制设备、供排水设备、门系统和空调系统；用于存放车辆备品和应急设备；用于设置服务设施、安全设施和司乘人员的工作区域；用于供乘客通行、休闲和上下车使用。每个车厢在车辆两端均设置通过台，分别为一位端通过台和二位端通过台，如图 4.33 所示。

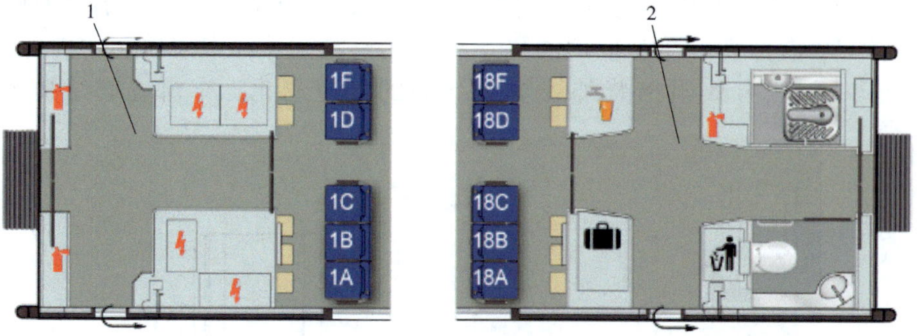

图 4.33　车厢内通过台布置

1—一位端通过台；2—二位端通过台

根据车辆布置的不同，CRH1A-A 型动车组通过台可以分为 7 种类型，如图 4.34 所示。

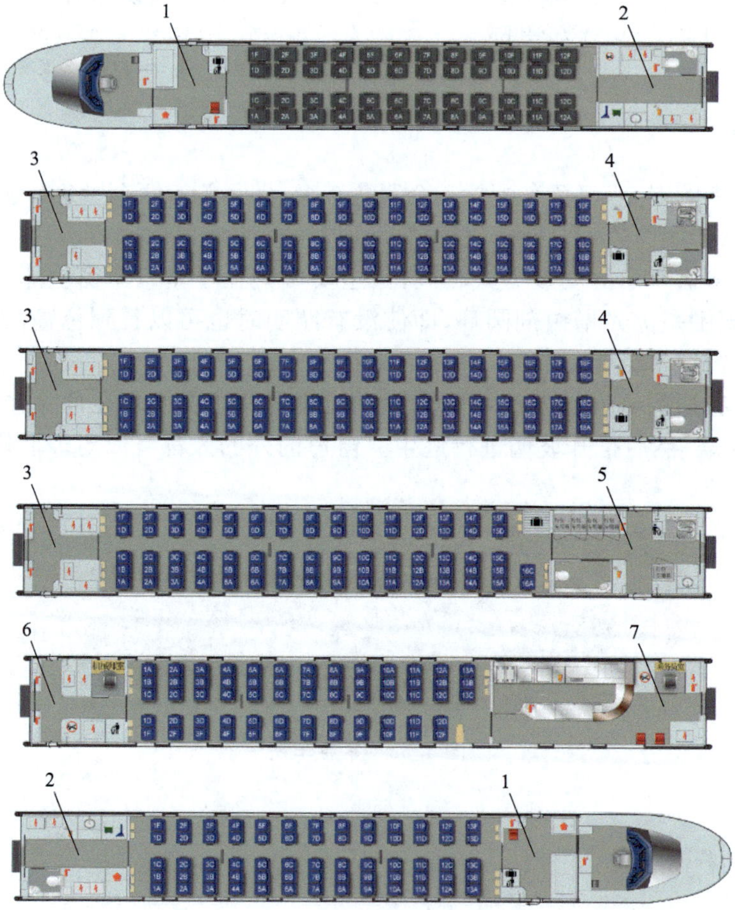

图 4.34　各车型通过台分布

1—一位端通过台 1(Mc1a,Mc2a)；2—二位端通过台 2(Mc1a,Mc2a)；

3—一位端通过台 3(Tp2,M2,Ts2)；4—二位端通过台 4(Tp2,M2)；

5—二位端通过台 5(Ts2)；6—二位端通过台 6(Md2)；7—一位端通过台 7(Md2)

4.6.1 通过台区域的主要设备布置

(1)车辆控制设备

直流电气柜、交流电气柜、电子柜、ATP 柜、高压系统控制设备。

(2)水系统设备

卫生间、洗脸间、开水炉、车内水箱。

(3)空调系统设备

空调机组、空调控制柜、压力保护装置、风道。

(4)车内服务设施

客运备品柜、工具柜、洁具柜、垃圾箱、服务台、高铁行包柜、大件行李架。

(5)安全设施

灭火器、紧急梯、绝缘杆、渡板、登顶梯、扶手。

(6)应急操作设备

外紧急解锁装置、内紧急解锁装置、紧急制动阀、紧急通信设备、停放制动缓解阀、常用制动缓解阀等。

(7)工作间

乘务员室、机械师室。

(8)内、外门系统

侧门、端门、卫生间门、机械师室门、乘务员室门、厨房门。

(9)其他内饰部件

通过台地板和地板支撑、通过台间壁、通过台顶板、车顶线槽、侧门罩板、扶手等。

4.6.2 通过台地板和地板支撑

通过台地板采用浮动安装方式,整体浮动安装在地板支撑上,如图 4.35 所示。

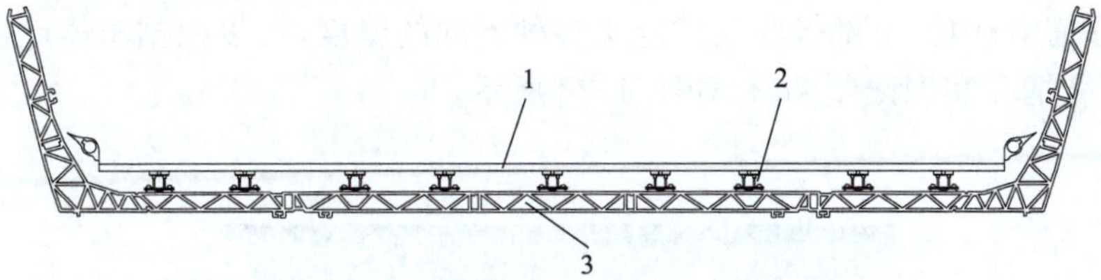

图 4.35 通过台地板及地板支撑布置

1—通过台地板;2—地板支撑;3—车体

4.6.2.1 通过台地板

通过台地板为三层复合结构,总厚度 24 mm。上层为橡胶地板布,厚度 3 mm;中层为玻璃钢夹心结构,厚度 20 mm;下层为不锈钢板,厚度 1 mm。中层玻璃钢夹心结构上下表面分别为 4 mm 的玻璃钢,芯材为 12 mm 泡沫夹心。通过台地板周边用玻璃钢封边,地板搭接处采用铝型材封边,如图 4.36 所示。

通过台地板下部复合不锈钢板,用于提高地板的隔音性能、降低车内噪声。地板上部铺

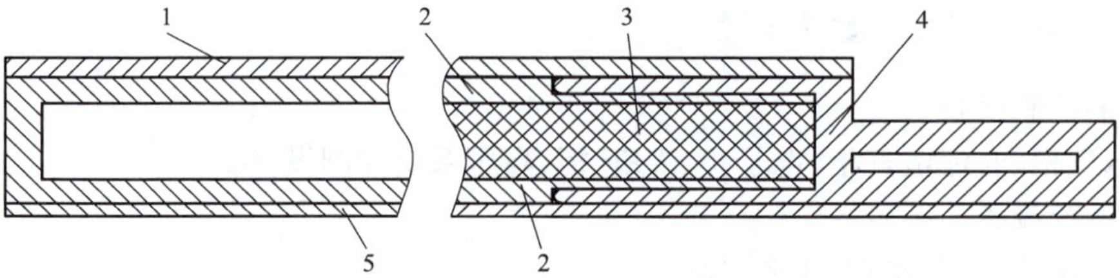

图 4.36　通过台地板截面

1—地板布；2—玻璃钢；3—泡沫夹心；4—封边型材；5—不锈钢板

装的地板布具备防滑、耐磨、防灼功能。地板周边设置铝型材翻边及挡边胶条，防止意外情况下车内的水进入地板之间，如图 4.37 所示。

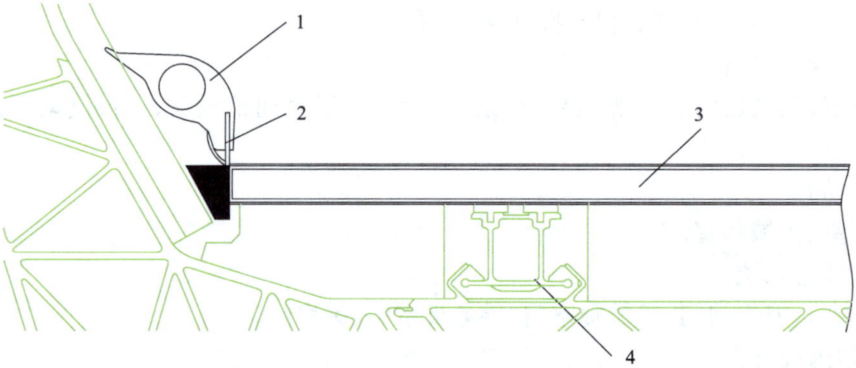

图 4.37　通过台地板结构

1—挡边胶条；2—铝型材翻边；3—通过台地板；4—地板支撑

4.6.2.2　通过台地板支撑

地板支撑由底部橡胶支撑块、中部支撑型材和上部橡胶支撑组成，嵌装在车体地板的铝型材型腔(C形槽内)内。上部橡胶支撑定义多种不同的厚度，可以根据车体地板的实际和高度尺寸及平面度情况实现误差调整，如图 4.38 所示。

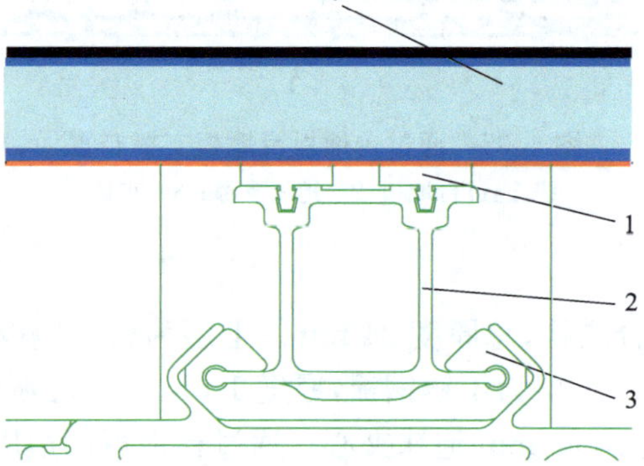

图 4.38　地板支撑结构

1—橡胶支撑；2—支撑型材；3—橡胶支撑块；4—地板

4.6.2.3 安装接口

通过台地板内根据需要嵌装加强板或螺纹座，用于安装车内设备。

通过台地板与通过台地板之间，通过台地板与客室地板之间采用搭接连接方式，并用自攻螺钉连接。通过台地板搭接区域采用铝型材封边，地板搭接后需用腻子和胶填平搭接间隙，刮平后再铺装地板布，如图 4.39 所示。

相邻通过台地板周边翻边型材对接处采用防水密封胶密封。

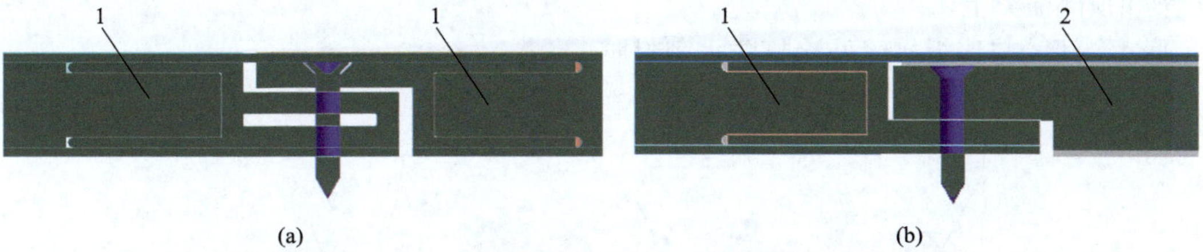

图 4.39 地板连接结构

1—通过台地板；2—客室地板

4.6.3 通过台间壁

通过台间壁包括端墙间壁、卫生间间壁、电气柜间壁、外门罩板和车内设施柜等。车内设施柜包括大件行李架、垃圾箱柜、洁具柜、工具柜、客运备品柜和高铁行包柜等，如图 4.40 所示。

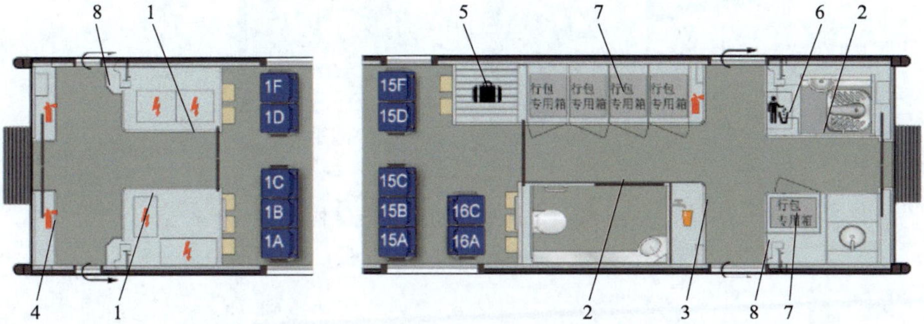

图 4.40 通过台间壁布置

1—电气柜间壁；2—卫生间间壁；3—开水炉间壁；4—端墙间壁；

5—大件行李柜；6—垃圾箱柜；7—高铁行包柜；8—外门罩板

4.6.3.1 间壁结构

通过台间壁采用铝蜂窝复合结构，芯材为铝蜂窝，两侧分别复合 0.8 mm 的铝板，内外表面粘贴 0.7 mm 的防火板，间壁总厚度 22 mm。

端墙间壁分为内端端墙间壁和外端端墙间壁，内端端墙间壁结构同其他间壁。外端端墙间壁采用铝型材和 HPL 板的插接结构，满足 E15 和 W15 的防火功能，当发生火灾时能够在 15 min 内有效杜绝烟、火的蔓延，以保障动车组运行到安全的区域。

大件行李架、洁具柜、工具柜、客运备品柜和行包柜等间壁柜体根据承载要求，在铝蜂窝复合结构内增加铝型材或骨架，表面粘贴防火板。

4.6.3.2 间壁安装

通过台间壁采用模块化的设计及安装方式，根据间壁布置设置型材立柱，型材立柱固定在地板上和顶部横梁上。间壁则通过支架、折页或连杆锁固定在型材立柱上。卫生间间壁采用插接方式固定在卫生间门框的型材内，并与顶部横梁固定。

大件行李架、洁具柜、工具柜、客运备品柜和行包柜等间壁固定在型材立柱及车体侧墙C形梁和顶部横梁上。

通过台间壁与地板接缝处涂打防水密封胶。

通过台间壁安装结构如图4.41所示。

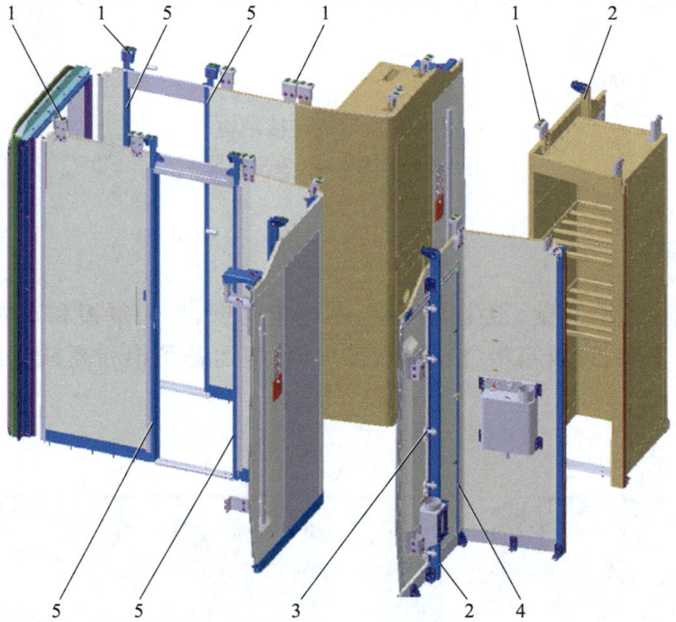

图4.41 通过台间壁安装结构

1—支架；2—立柱；3—折页；4—连杆锁；5—门框型材

4.6.4 通过台顶板

通过台顶板包括通过台区域的走廊顶板、乘务员室顶板、机械师室顶板、厨房顶板和厨房走廊顶板。

通过台走廊区域、厨房顶板和厨房走廊顶板采用12 mm铝蜂窝复合结构，背部增加骨架结构增强刚性，表面喷漆。

乘务员室和机械师室顶板采用Metawell材料，总厚度10 mm，表面喷漆。

通过台顶板结构如图4.42所示。

通过台顶板集成了空调的送风口、射灯、扬声器、烟雾收集口等。为了方便顶部设备的检修维护，通过台顶板除了局部顶板固定外，其他均采用整体检查门的设计方式，以方便顶部设备的检修维护。顶板检查门通过折页和连杆锁固定在顶部横梁上。

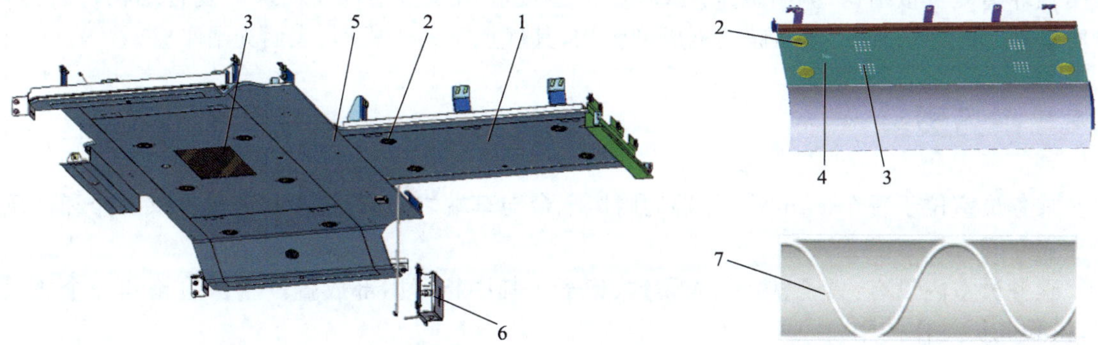

图 4.42 通过台顶板结构

1—顶板；2—射灯；3—风口；4—扬声器；
5—烟雾收集口；6—烟火控制单元；7—Metawell 材料

4.7 机械师室

机械师室位于餐车(Md2)二位端通过台区域,为随车机械师提供工作空间。

机械师室内设有:桌子、椅子、衣帽钩。

机械师室工作台面设有:烟火报警器、里程计、手持机、PIS 操作屏、照明开关、IDU 监控屏、高压监控屏、温度传感器等。机械师通过对以上设备的控制与操作完成列车的监控、通信等相关工作,如图 4.43 所示。

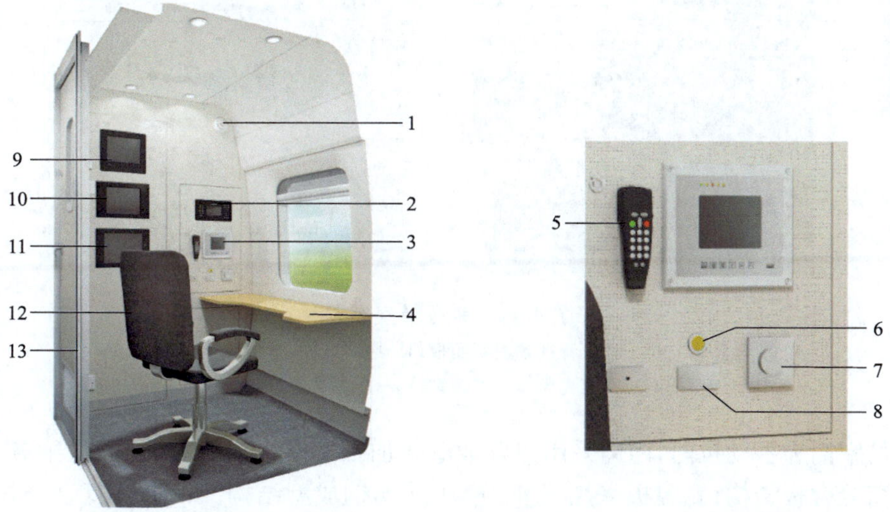

图 4.43 机械师室布置

1—烟火报警器;2—烟火报警控制屏;3—控制屏;4—小桌;5—手持机;6—照明开关;7—蜂鸣器;
8—里程计;9—PIS 操作屏;10—IDU 监控屏;11—高压监控屏;12—座椅;13—机械师室门

机械师室门为手动拉门,门扇采用铝合金框架加铝蜂窝材料的复合结构;机械师室间壁采用铝蜂窝复合板结构;侧墙板采用 SMC 模压玻璃钢成型结构。铝蜂窝复合结构,其优点是质量轻、强度高;SMC 模压玻璃钢成型结构,其优点是易于成型、表面光滑平整。

4.8 乘务员室

乘务员室位于餐车(Md2)一位端的厨房吧台与车端之间,为随车乘务员提供工作和休息的独立空间。

乘务员室内设有:桌子、椅子、衣帽钩、柜子。其中柜子内部放置一个保险箱和一个急救包,供乘务员工作使用。

乘务员室工作台面设有:烟火报警器、温度传感器、照明开关、音视频控制面板、手持机、音频输入控制盒等。乘务员通过对以上设备的控制与操作完成列车的监控、通信等相关工作,如图 4.44 所示。

图 4.44　乘务员室布置

1—保险箱;2—柜子;3—音视频控制面板;4—照明开关;5—音频输入控制盒;6—手持机;7—插座;8—麦克风;9—衣帽钩;10—乘务员室门;11—小桌;12—座椅

乘务员室门为手动拉门,门扇采用铝合金框架加铝蜂窝材料的复合结构;乘务员室间壁采用铝蜂窝复合板结构;侧墙板采用 SMC 模压玻璃钢成型结构。铝蜂窝复合结构,其优点是质量轻、强度高;SMC 模压玻璃钢成型结构,其优点是便于成型、表面光滑平整。

4.9 行包专用柜

为满足高铁快运专用箱或堆放快运袋的需求,动车组设有行包专用柜。行包专用柜设置在 4 号车的二位端通过台区域，布置如图 4.45 所示。

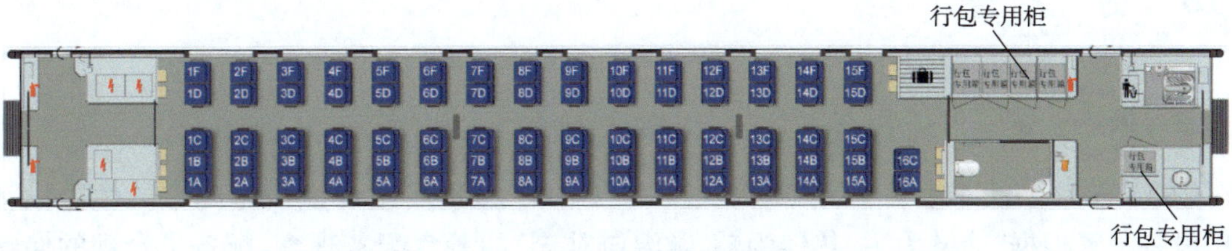

图 4.45　行包专用柜布置

行包专用柜由踢脚型材、立柱型材、柜门、侧板、背板、顶板、底板、防撞条、止挡组成。踢脚型材，距地面高度 80 mm，可以有效地防护间壁底部不被行李磕碰和清洁用水的浸蚀；前部立柱型材固定在顶部的横梁及底部的地板上，后部立柱型材固定在车体侧墙上；柜门通过折页及锁固定在前部立柱型材上，柜门上设有通用四角锁；侧板固定在前部立柱及车体侧墙上；背板采用分体结构，每个行包柜采用单独的背板，背板固定在后部立柱型材上，从柜子内部可以很方便地拆卸更换；顶板通过支架固定通过台顶部横梁及后部立柱型材上；底板也按照每个专用柜单独设计，并通过搭扣固定在底部框架上。

行包专用柜共设置有 5 个行包柜，每个行包柜可以存放 4 个高铁快运专用箱(670 mm×500 mm×410 mm)，4 个专用箱在高度方向叠放，每个行包柜在靠近门侧的顶部设置 1 个 L 形可翻转止挡(件号 1)，在各个行包柜之间分别设 3 组可翻转止挡(件号 2 和件号 3)，防止高铁快运专用箱倾倒。止挡采用不锈钢材质，止挡收起后通过碰珠结构定位，如图 4.46 所示。

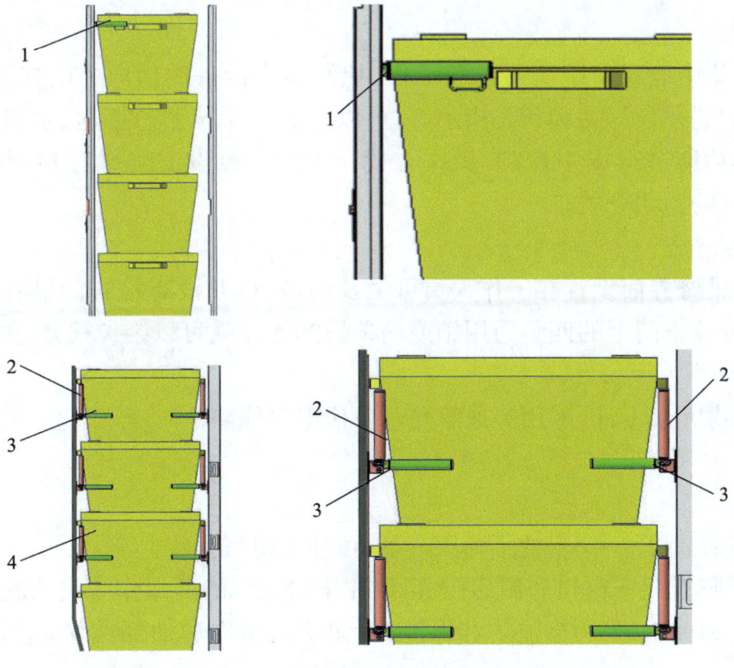

图 4.46　行包专用柜的止挡设置

1—前部翻转式止挡(打开状态)；2—侧部翻转式止挡(收起状态)；
3—侧部翻转式止挡(打开状态)；4—高铁快运专用箱

4.10 厨　　房

4.10.1 概　　述

CRH1A-A 型动车组餐车厨房系统继承了 CRH1 型动车组餐饮设施配置的优秀设计。厨房设备配置根据“冷链为主、热链为辅、常温链补充”的餐食配备理念，配备了合理的储藏，冷藏及加热设备，既满足了大部分乘客对食物和饮料需求，也满足 VIP 乘客对餐饮的个性化需求。

CRH1A-A 型动车组厨房系统本着经济可靠、性能先进、操作简单、指示齐全，易于安装维护原则来设计，具有以下特点：

(1)通用性

普遍采用在以往动车组项目中使用过的设备，性能和主体尺寸保持一致，可以实现在不同项目中的互换。

(2)实用性

选用不锈钢 SUS304 材质，保持了明亮的自然拉丝质感，与吧台和餐车内整体环境相协调。

(3)模块化

采用模块化设计，各模块独立设计、制造、装配、维护和更换，便于维修和检查，减少维修时间。

(4)可操作性

厨房电控柜集中放置系统所用电气元件，控制各个设备的供电。电控柜设置一个可视控制面板，集中放置操作开关和状态指示灯，可以对厨房系统紧急断电、水箱泵水，厨房电加热和强制通风等功能进行集中控制，操作方便。工作区域设立可单独控制的射灯，在厨房内，可以控制餐厅的照明开关。

(5)可维护性

厨房设备的维修界面设置在工作人员可触及的位置，并设有检查门，周围留有足够的检修空间，通过打开检查门上的四角通用锁或简单拆卸螺栓就可以维护检修、更换配件。

(6)可靠性

厨房设备考虑冗余设计，采用旁通管路和备份电气线路。

(7)安全性

①防火安全

a. 厨房区域放置 2 个 4 kg 的干粉灭火器，可扑灭电气火灾。

b. 厨房设有吧台服务窗口和厨房门，可以在厨房区域的两端作为应急逃离通道。

c. 食品加热和保温，采用微波炉和保温箱，无明火操作和油烟熏烤，避免由于明火引发的火灾。

d. 厨房加热保温设备严格执行可接触表面温度不超过 65 ℃；并在表面设有高温警示标签。

②电气安全

a. 厨房带电设备坚持“故障导向安全”的设计理念，各个设备设置必要的过载过流、漏电错相等安全保护，带有电加热单元的设备还同时具有可复位和不可复位的两级超温保护，以便设备工作温度过高和故障时及时自动断电。

b. 厨房电控柜面板上设立紧急断电按钮，在紧急情况下，可及时切断厨房带电设备的400 V供电，同时通知车辆监控单元。

c. 厨房区域设有温感探头，当厨房区域发生火灾时，车辆监控单元能检测到温感探头传递的信号，及时切断厨房系统的400 V供电。

d. 电缆采用低烟无卤阻燃电缆。

e. 带电设备都有带电警示，插座带有电压制式和最大功率标识。

f. 厨房带电设备的连接器和接线盒采用至少IPX4的防护等级。

g. 对于发热较大的电器设备，在设备顶部配备单独的废排风道，并在电控柜面板上额外配置增强通风按钮，保证设备散热安全。

③材料卫生安全

a. 所用的非金属材原材料满足铁标TB/T 3237—2010、TB/T 3139—2006的要求和ROHS指令。

b. 与食品直接接触的部分采用满足GB/T 3280—2011的304不锈钢要求和符合卫生标准GB 4806.1要求的食品级材料。

④运营安全

a. 所有的橱柜门和设备门都带有安全锁。

b. 厨房设备和附件均根据UIC 566与EN 12663标准设计，并进行静强度、疲劳强度试验分析，抗振动和冲击要求符合EN 61373。对电器件抗振动和冲击要求符合EN 50155和IEC 60077标准要求。

c. 厨房模块的重量通过较大接触面积，承载到地板上，避免地板局部受力过大。

4.10.2 厨房设置及功能

CRH1A-A型动车组的5号车为餐车/二等座合造车，厨房位于车辆一位端，与乘务员室相邻，如图4.47所示。厨房设有服务吧台，通过一个内端门与乘客区域隔离，既保持了厨房区域的单独性和餐食加工过程中的隐蔽性，又可作为旅客界面方便服务乘客。厨房内部分为展示售卖区、操作区和加工区。

展示售卖区为面向乘客的窗口，包括冷藏展示柜、吧台、收银机、菜单栏等。

操作区在洗池台面上，可以对餐食、饮品进行简单的处理、加工等。

加工区主要对餐饮进行加热、冷藏和保温处理，主要设备为微波炉、冷藏箱和保温箱。

从厨房内向走廊侧看，主要设备设施有收银机、电源插座、双门冷藏箱、单门保温箱、灭火器、厨房门，如图4.48所示。

从走廊侧向厨房内看，主要设备设施有电控柜、微波炉上储物柜、微波炉、电热开水器、洗池上吊柜、电源插座、冷藏展示柜、垃圾箱、空调电加热器、洗池底柜、消毒柜、微波炉底柜、小推车，如图4.49所示。

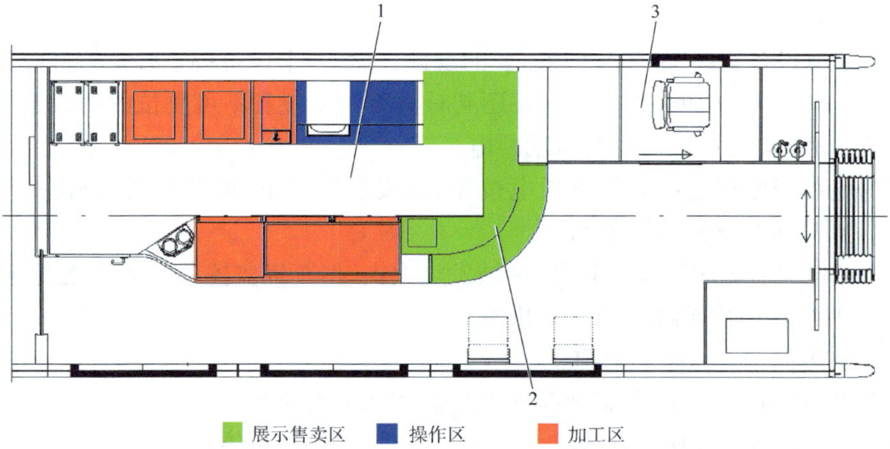

图 4.47 厨房布置

1—厨房；2—吧台；3—乘务员室

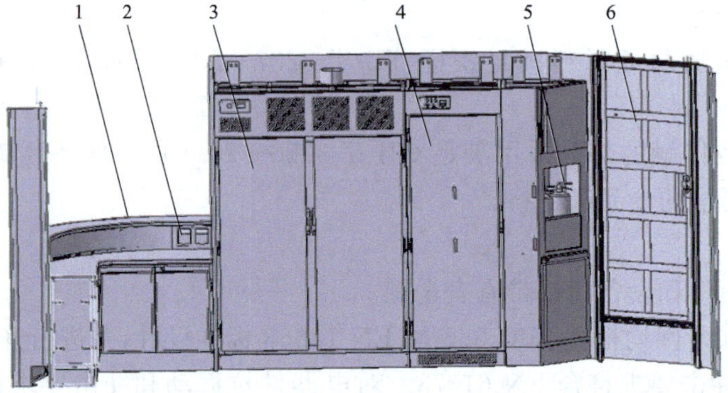

图 4.48 厨房设备(面向走廊侧)

1—吧台；2—电源插座；3—双门冷藏箱；4—单门保温箱；5—灭火器；6—厨房门

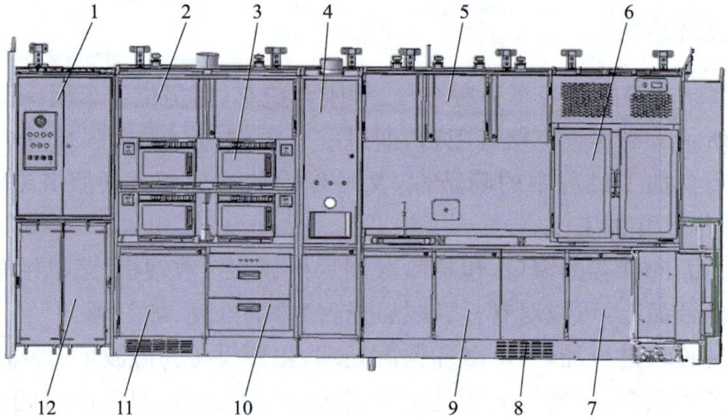

图 4.49 厨房设备(面向侧墙)

1—电控柜；2—微波炉上储物柜；3—微波炉；4—电热开水器；5—洗池上吊柜；6—冷藏展示柜；7—垃圾箱；8—空调电加热器；9—洗池底柜；10—消毒柜；11—微波炉底柜；12—小推车

4.11 外　　门

外门是乘务人员和乘客上下车的通道，头车左右各一扇，布置在靠近车厢中部通过台，餐车左右各一扇，布置在二位端通过台，其他车左右各两扇，布置在两端通过台，全列车共26扇。外门的布置如图4.50所示。

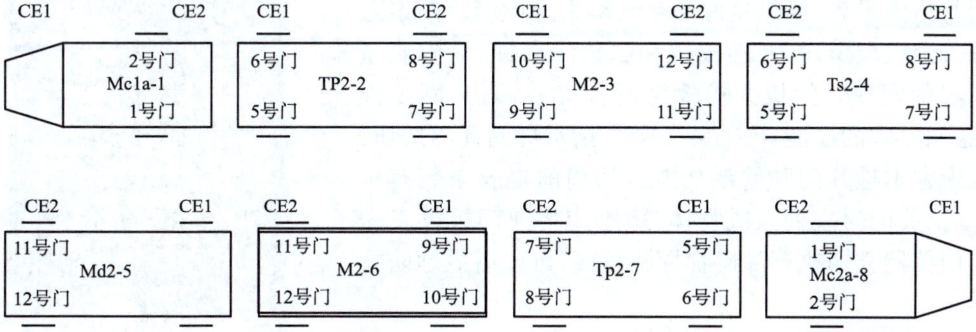

图4.50　全列车外门布置

外门为单扇电动塞拉门，车门开度为900 mm×1 950 mm。该门专为高速列车设计，其显著特点是能够承受正负6 kPa的空气压力变化。门扇周围采用压力密封式结构，能够抵挡列车在运行过程中由于进出隧道或会车产生的压力波。

为保证人员方便、安全的进出列车，外门还配备气动翻板式脚踏用于补偿车门开启时站台与车体地板之间的间隙。

4.11.1 外门组成

外门由门框、门扇、驱动机构、锁闭机构等组成，如图4.51所示。

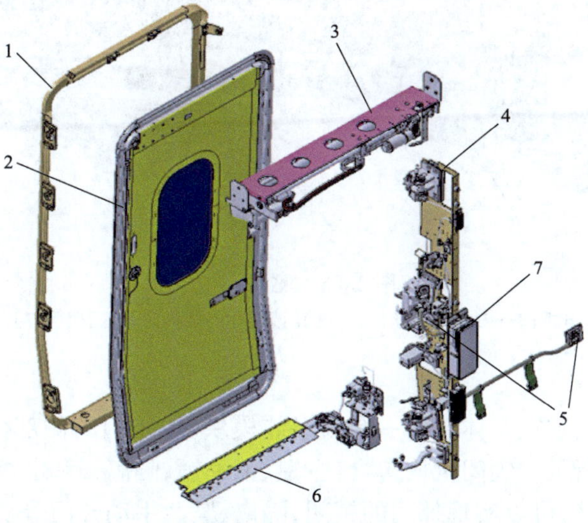

图4.51　外门组成

1—门框；2—门扇；3—驱动机构；4—锁闭机构；5—紧急解锁装置；6—翻板式脚踏；7—电子控制组件

4.11.1.1 门　　框

门框与车体结构相连接，周围通过密封胶与车体结构之间进行封闭处理，保持与车体平齐。当门扇关闭时，与门扇的胶条紧密接触以实现密封，从而满足气密性和水密性要求。

4.11.1.2 门　　扇

如图 4.52 所示，门扇与车体外轮廓相匹配，以满足关闭的门与车体平齐，提供良好的空气动力学性能。门扇上安装有安全玻璃窗户、开门按钮和四角隔离锁，周围胶条与门框实现密封。门板为铝蜂窝复合夹心结构，满足强度、保温和隔音的性能，内外各一个带指示灯的开门按钮，可实现乘客本地开门和警示功能。门扇前端胶条装有敏感边，如果关门时碰到人或物体，敏感边将向门控器发送信号。门控器立即执行障碍物探测程序，可以有效地防止挤伤乘客。

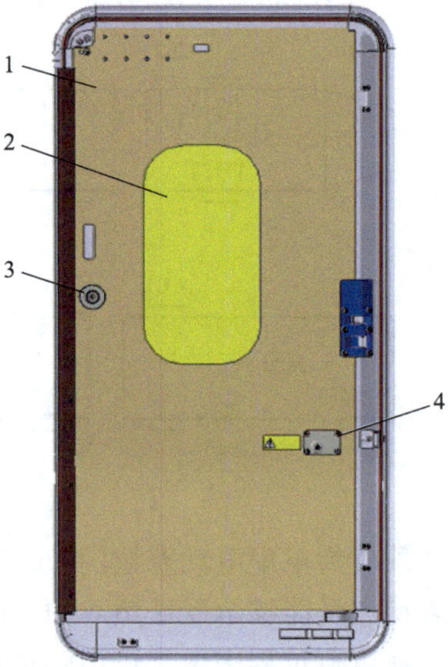

图 4.52　门扇

1—门板；2—玻璃窗户；3—开门按钮；4—隔离锁

4.11.1.3 驱动机构

外门驱动机构位于门扇上方，可以打开内装顶板进行维护，如图 4.53 所示，驱动机构以直流电机为动力，电机一端安装一个位置传感器，检测门扇运动的位置。驱动电机轴通过皮带把动力传给丝杠，再通过携门架带动门扇运动，实现开关功能。门控器控制电机两端电压正负极性来控制正反转，从而带动门扇打开和关闭。正常开关门时间为 6～8 s，在无电情况下也可手动开关门。

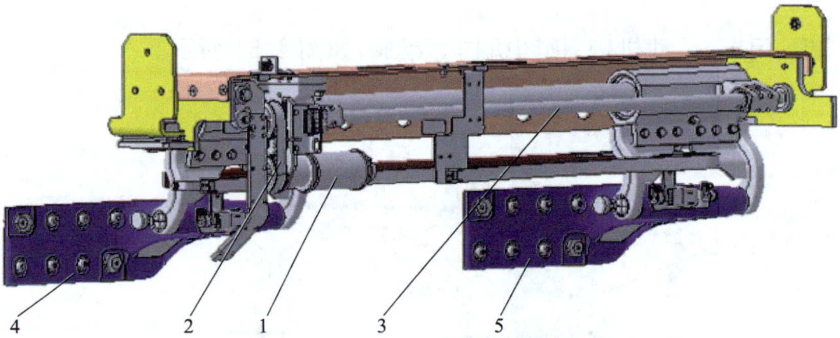

图 4.53　驱动机构

1—电机；2—皮带；3—丝杠；4—携门架(开门位)；5—携门架(关门位)

4.11.1.4 锁闭机构

外门锁闭机构是固定在车体上的一套预组装模块，位于门的侧部，通过打开内装检查门进行维护，如图 4.54 所示。锁闭机构包含：主锁、辅助锁、隔离锁和电控气动部件等，并与内、外紧急解锁装置相连接，可以实现外门的锁闭、隔离、紧急手动开门等功能。

锁闭机构采用一套主锁加两套辅助锁共同锁闭，形成加压锁闭。当驱动机构驱动门扇使主锁动作时，上、下辅助锁在气缸的作用下产生垂直于门扇向车内方向的压力，将门扇压紧到门框上实现锁闭；开门时，主锁解锁气缸动作，推开锁叉与锁扣的啮合，实现解锁动作。

当外门发生故障时，可以利用隔离锁进行隔离操作，隔离后的外门不再响应开关门指令。

4.11.1.5 紧急解锁装置

外门配备有内外紧急解锁装置，在紧急情况下人员可以通过操作内、外紧急解锁装置打开车门，快速撤离列车，如图 4.55 所示。内紧急解锁装置有盖板保护以避免车上人员误操作。

4.11.1.6 翻板式脚踏

翻板式脚踏用于补偿车门开启时站台与车体地板的间隙。踏板通过水平放置的气缸驱动，以固定踏板与活动踏板的铰接轴为中心旋转。打开后踏板面与地板面相平，与平直站台间隙小于 100 mm。踏板表面进行防滑处理并设有醒目的安全警示条，如图 4.56 所示。

4.11.1.7 电子控制组件

外门电子控制组件由 DC 110 V 电源供电，主要由门控器(DCU)、内部总线、本地操作面板、开门按钮、防挤压组件等组成，对外门系统各个部件状态进行监控。门控器(DCU)通过多功能车辆总线(MVB)与 TCMS 系统相连，实现车辆对外门系统的自动控制。当外门打开或释放状态时，列车牵引安全回路断开，并封锁牵引。

门控器具体内容见 4.12.1 章节。

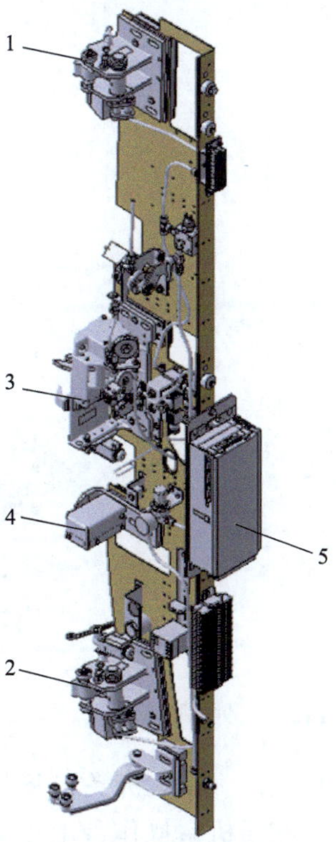

图 4.54 锁闭机构

1—上辅助锁；2—下辅助锁；3—主锁；4—隔离锁；5—门控器(DCU)

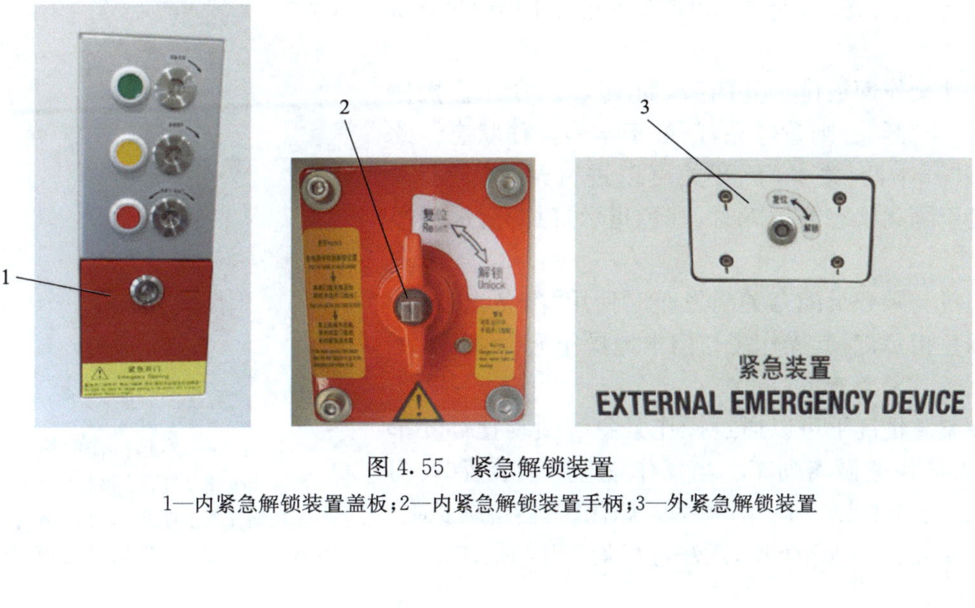

图 4.55 紧急解锁装置

1—内紧急解锁装置盖板；2—内紧急解锁装置手柄；3—外紧急解锁装置

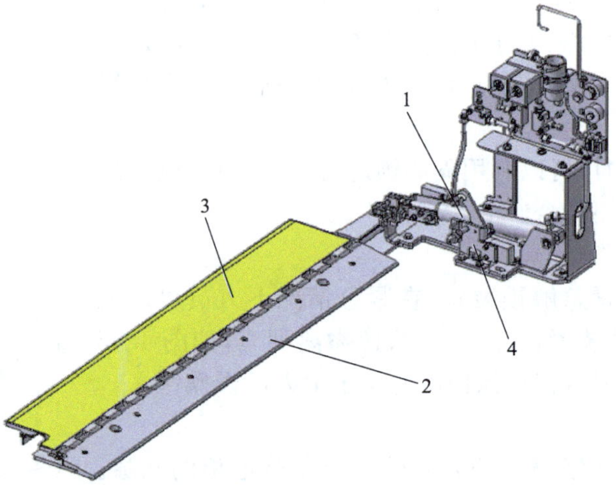

图 4.56 翻板式脚踏

1—气缸；2—固定踏板；3—活动踏板(带防滑警示条)；4—隔离锁

4.11.2 外门操作

4.11.2.1 集控开关门操作

在司机室操作台上设有“释放左/右门”按钮、“打开左/右门”按钮和“关闭左/右门”按钮。司机可以通过这些按钮实现对整列外门的集控开关门操作。开门时，通过按站台侧对应的释放门按钮，站台侧各门的门扇上开门按钮指示灯绿灯稳定点亮，然后再按站台侧对应的打开门按钮，可以打开整列站台侧的外门；关门时，通过打开门侧的关闭门按钮，可以关闭整列打开的车门，且开门按钮指示灯绿灯熄灭。

4.11.2.2 本地操作

当门完全关闭且已被释放时，门扇开门按钮指示灯绿灯稳定点亮，人员可以按压门扇上的开门按钮开门。

本地操作面板位于外门旁，如图 4.57 所示。操作“本地操作”开关，则黄灯亮，门处于本地操作状态。此时利用“开本门/关本门”开关可以进行开关门操作。当门处于隔离状态或故障时，红色指示灯灯亮，提示操作人员。

司机与乘务员配合关门发车时使用“准备出发”开关和绿色指示灯，其操作需与门本地操作配合使用。

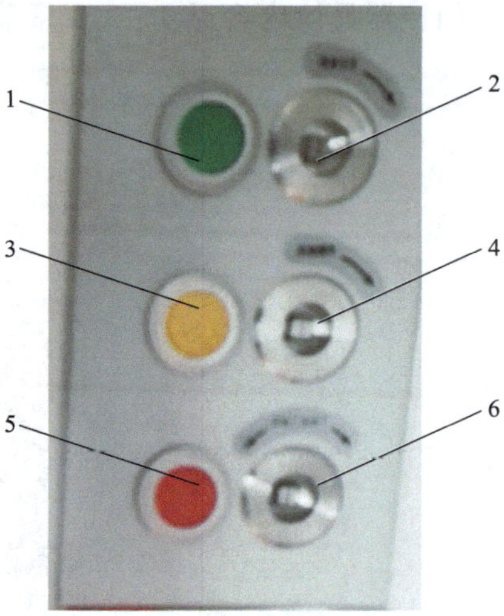

图 4.57 本地操作面板

1—准备出发指示灯；2—准备出发开关；3—本地操作指示灯；4—本地操作开关；5—故障指示灯；6—开本门/关本门开关

4.11.2.3 紧急开关门

在紧急情况下可以通过操作紧急解锁装置打开车门，让人员快速撤离列车。当操作紧急解锁装置时，门故障红色指示灯以 2 Hz 的频率闪烁，蜂鸣器持续长鸣。列车速度大于 10 km/h 时，无法进行紧急开门操作。

4.11.2.4 隔离外门和脚踏

在门扇和翻板脚踏上,分别设置隔离装置。当外门或者脚踏不能正常工作时,可以使用专用四角钥匙操作隔离装置将故障脚踏和车门的隔离。隔离的车门不再接受集控开关门命令,也不能通过紧急解锁方式打开车门。

4.11.2.5 门控器(DCU)

外门是乘务人员和乘客上下车的通道,其结构部分的介绍参见 4.12 节。外门的控制由门控器实现,门控器是一套完整的计算机控制系统,直接挂在 MVB 总线上,由 CCU-O 控制,也可由本地操作面板直接控制,其控制电路框图如图 4.58 所示。

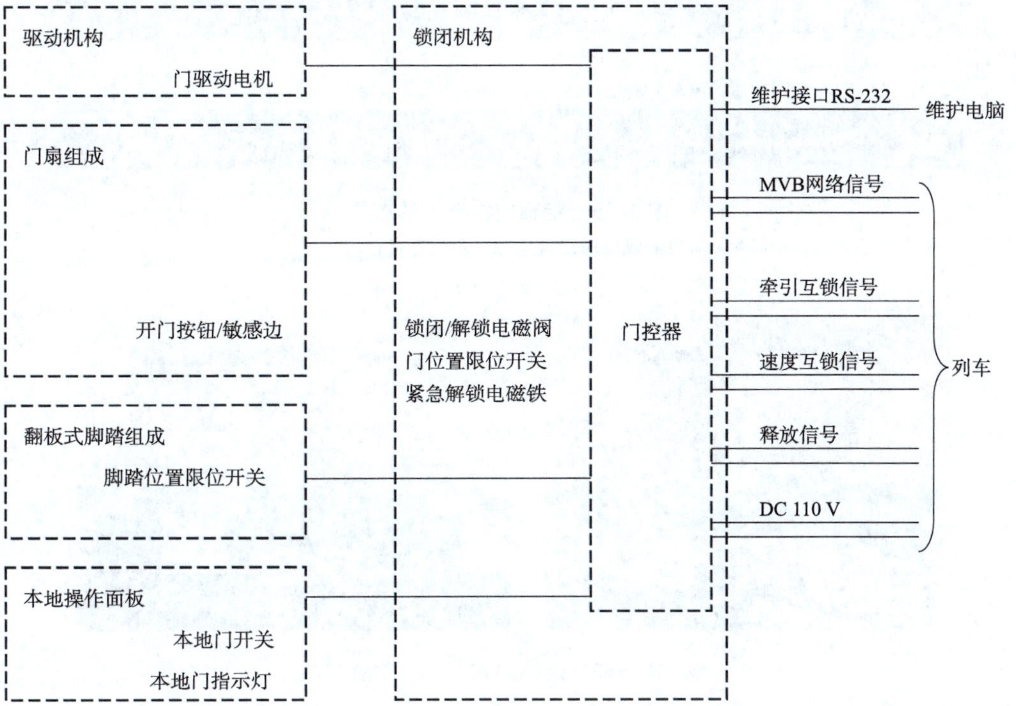

图 4.58 门系统控制电路框图

4.12 走廊门

走廊门分为单扇通过台门和双扇通过台门,位于客室端部,将客室与通过台隔开,如图 4.59 所示。主要实现功能如下:开关门功能;状态转换功能(转换开门/关门/自动);障碍物检测功能;手动操作功能。

走廊门位于客室两端,每列共有 16 套,其中 3 套为单扇门,另外 13 套为双扇门,如图 4.60 所示。

4.12.1 走廊门组成

走廊门为电动拉门,由承载驱动机构、(单扇或双扇)门扇、下导轨、门控器、状态转换器组成,以单扇门为例,如图 4.61 所示,通过门扇上的触摸按钮进行开门。

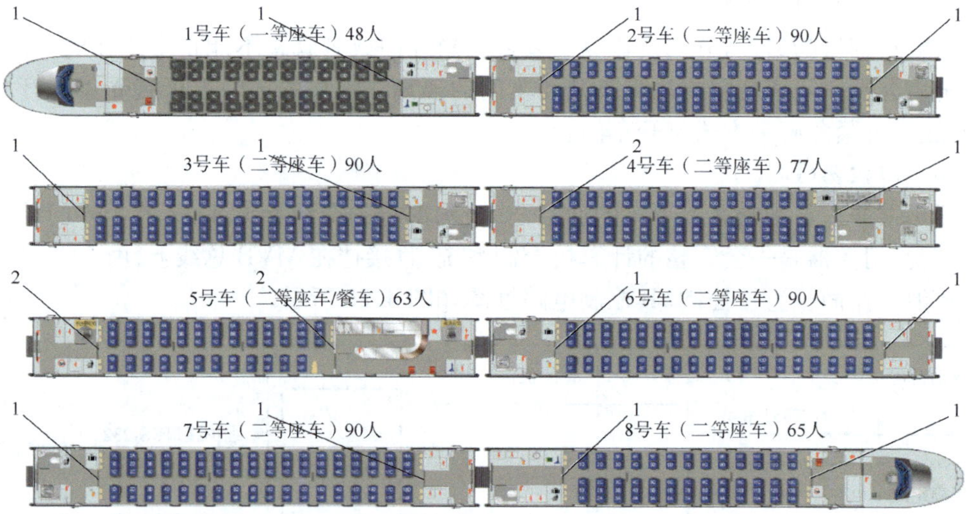

图 4.59　走廊门在车上的布置

1—双扇通过台门；2—单扇通过台门

图 4.60　走廊门在车上的位置

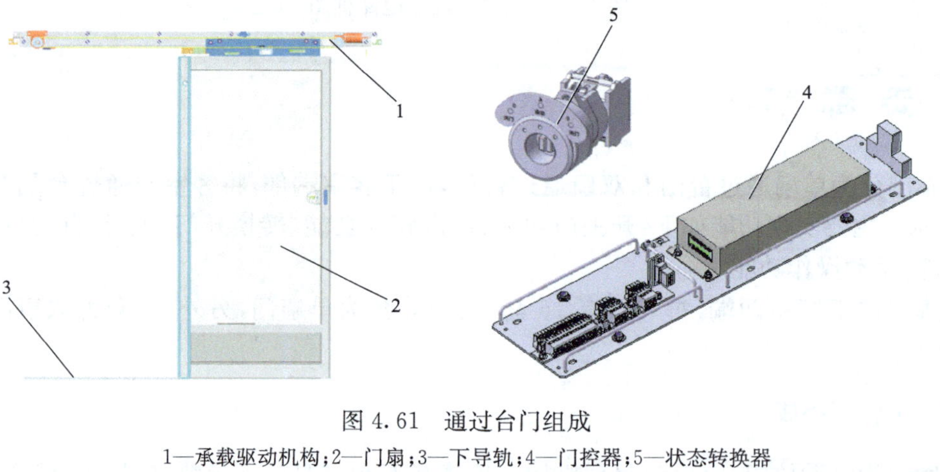

图 4.61　通过台门组成

1—承载驱动机构；2—门扇；3—下导轨；4—门控器；5—状态转换器

(1)承载驱动机构

承载驱动机构由电机、皮带轮、皮带、橡胶止挡和导轨型材组成,如图 4.62 所示。承载驱动机构用于挂载门扇,电机皮带机构按照门控器的指令驱动门扇的开、关。

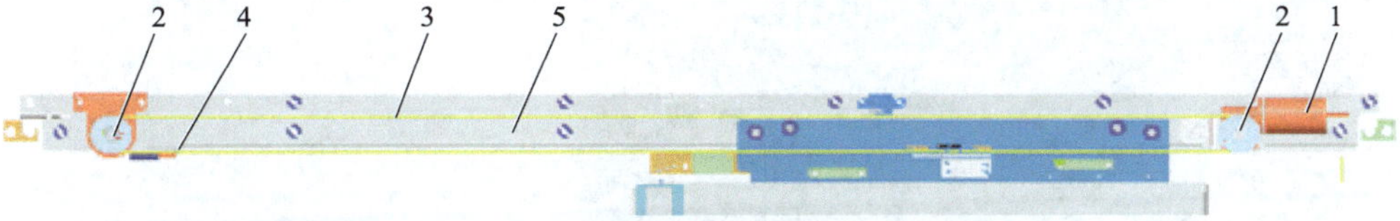

图 4.62 承载驱动机构组成

1—电机;2—皮带轮;3—皮带;4—橡胶止挡;5—导轨型材

(2)门扇

门扇为铝型材拼接骨架,内嵌大玻璃结构,能够为乘客提供良好的视野。通过门扇上的开门按钮,可实现开门操作。门扇上集成了四角锁,能够将门扇锁定在关门位。

(3)下导轨

下导轨与门扇底部的滑块相配合,使门扇能够平稳地开、关,并且有效地抑制门扇振动,如图 4.63 所示。

为使小推车、行李箱等平稳通过,下导轨采用了中间段无导向的结构,仅在两端对门扇进行限位和导向。

为不影响小推车、行李箱在车箱内顺利通过,走廊门下导轨仅在两端门采用导向结构对门扇进行限位和导向。

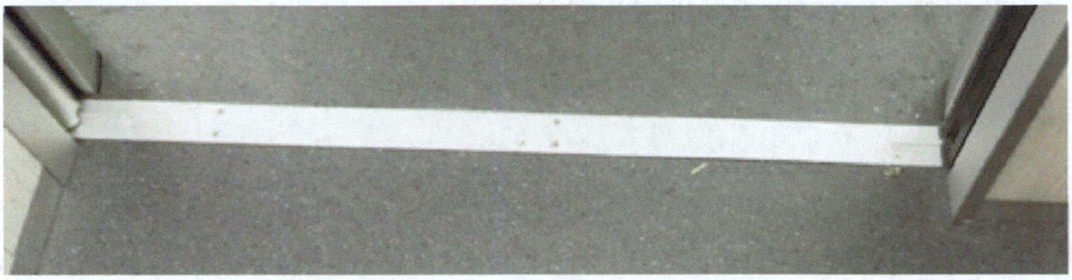

图 4.63 通过台门下导轨

(4)门控器

门控器为独立安装式结构,位于门前方的顶板之上,如图 4.64 所示。独立式安装结构便于门控器的检修、维护和更换。需要将某一内门置于手动状态时,可以关闭门控器上的电源开关。

(5)状态转换器

状态转换器安装于顶板上,四角锁外露,用于切换拉门的三个电动状态,如图 4.65 所示。

“O”—开门保持,拉门自动打开,并保持在开门位,按钮操作无效。

“A”—自动,拉门被置于此状态时,触发开门按钮可以开门。

“C”—关门保持,拉门自动关闭,并保持在关门位,按钮操作无效。

图 4.64 门控器

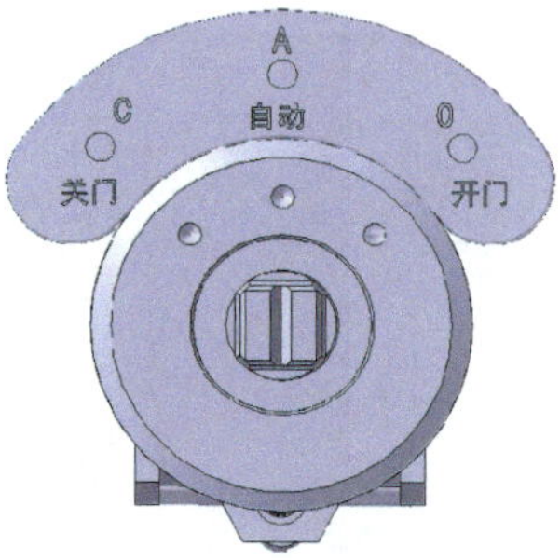

图 4.65 状态转换器

4.12.2 走廊门基本操作

风挡门基本操作如下：

(1)"自动"状态下，通过开门按钮进行开门，门扇打开等待 10 s 后，自动关闭。

(2)拉门具有障碍物检测功能，连续检测到 5 次障碍物而无法关门时，门控器报故障。(是否故障解决后才能有后面的操作)用四角钥匙操作状态转换器"A"→"O"→"A"或"A"→"C"→"A"可以清除故障。

(3)通过操作门扇上的隔离锁，能够将拉门隔离(锁定)在关门位。

(4)无电状态下，拉门可以手动进行开、关门。

4.13 风挡门

风挡门位于车体端墙处，如图 4.66 所示，每个内风挡的两端各有 1 套风挡门，整列共有 14 套风挡门。自动风挡门具有以下功能：开关门功能；障碍物检测功能；防火墙功能；机械锁门功能；手动操作功能。

图 4.66 风挡门在车上的位置

4.13.1 风挡门组成

风挡门为双开电动拉门，由承载驱动机构、门扇、下导轨、门控器、状态转换器以及防火密封件组成，通过门扇上的触摸按钮进行开门，如图 4.67 所示。发生火灾时，风挡门能够提供不少于 15 min 的火灾隔离功能。

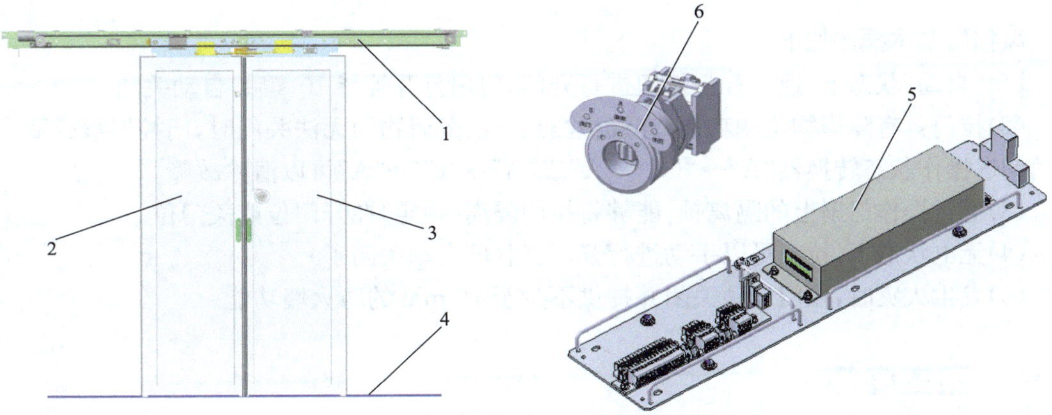

图 4.67 风挡门组成

1—承载驱动机构；2—左门扇；3—右门扇；4—下导轨；5—门控器；6—状态转换器

(1)承载驱动机构

承载驱动机构由电机、皮带轮、皮带、橡胶止挡和导轨型材组成，如图 4.68 所示。

承载驱动机构用于挂载门扇，电机皮带机构按照门控器的指令驱动门扇的开、关。

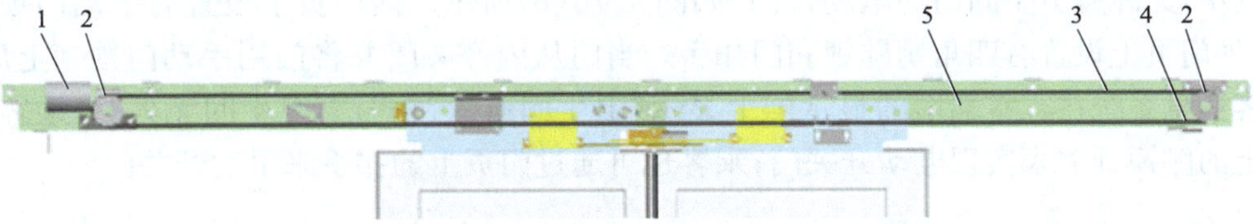

图 4.68 承载驱动机构组成

1—电机；2—皮带轮；3—皮带；4—橡胶止挡；5—上导轨型材

(2)门扇

门扇为铝型材拼接骨架，内嵌大玻璃结构，能够为乘客提供良好的视野。门扇上集成了四角锁，能够将门扇锁定在开门位或关门位。门扇的上部装有自复位装置，无电时，拉门在自复位装置的作用下自动关门。

(3)下导轨

下导轨与门扇底部的滑块相配合，使门扇能够平稳地开、关，并且有效地抑制门扇振动，如图 4.69 所示。

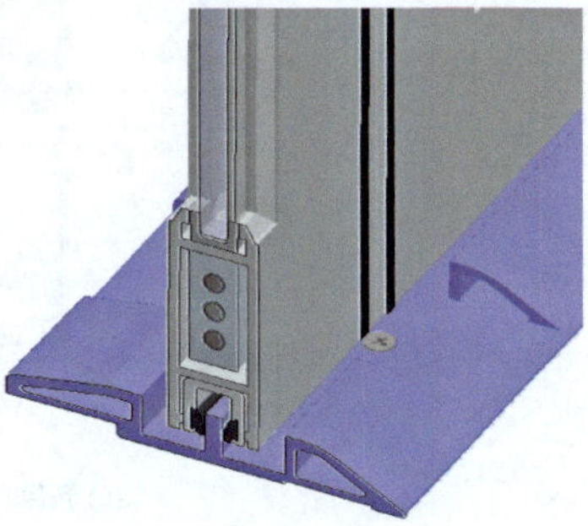

图 4.69 风挡门下导轨

(4)门控器

门控器为独立安装式结构，位于门前方的顶板之上。

4

独立式安装结构便于门控器的检修、维护和更换。需要将某一内门置于手动状态时，可以关闭门控器上的电源开关。

(5)状态转换器

风挡门的状态转换器与走廊门的相同。

4.13.2 风挡门基本操作

风挡门基本操作如下：

(1)“自动”状态下，通过开门按钮进行开门，门扇打开等待 10 s 后，自动关闭。

(2)拉门具有障碍物检测功能，连续检测到 5 次障碍物而无法关门时，门控器报故障。用四角钥匙操作状态转换器“A”→“O”→“A”或“A”→“C”→“A”可以清除故障。

(3)通过操作门扇上的隔离锁，能够将拉门隔离(锁定)在开门位或关门位。

(4)无电状态下，拉门可以手动进行开、关门(已自动关闭了)。

(5)发生火灾时，拉门自动关闭并提供不少于 15 min 的防火墙功能。

4.14 卫生间门

卫生间门分为蹲式卫生间门、坐式卫生间门和无障碍卫生间门。

其中，蹲式卫生间门、坐式卫生间门为转轴门，如图 4.70(a)所示。内门页上设置有手动门锁和开关门的把手，外门页上设置有四角钥匙锁和门把手。当门从内部关闭并将门用手动门锁锁上后，通过旅客信息系统在客室端墙的显示屏上显示“卫生间有人”信号。卫生间无人时，乘客通过门把手来开关门。

其中，无障碍卫生间门为电动拉门，如图 4.70(b)所示。内门页上设置有手动门锁和门扣手，外门页上设置有四角钥匙锁和门扣手。当门从内部关闭并将门用手动门锁锁上后，通过旅客信息系统在客室端墙的显示屏上显示“卫生间有人”信号。卫生间无人时，乘客通过间壁上的触摸开关来实现电动开关门；乘客也可通过门页上的扣手来手动开关门。

(a) 转轴门

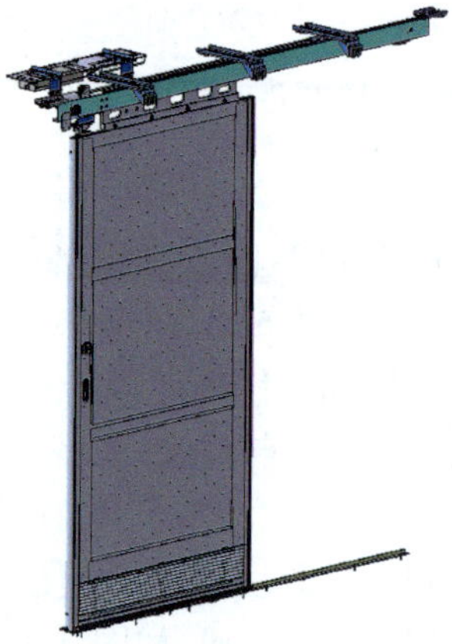
(b) 电动拉门

图 4.70 卫生间门

4.15 安全应急设备

在列车的司机室和乘客室内配备有安全应急设备,包括灭火器、破窗锤、应急梯、防护网、应急电缆、安全渡板、紧急车钩等。

4.15.1 灭 火 器

动车组的灭火器按照相关文件要求设置。灭火器布置如图 4.71 所示,每车两端的通过台各设 1 个 2 kg 干粉灭火器和 1 个 2 kg 水基型灭火器;另外,餐车厨房内设置 2 个 4 kg 干粉灭火器,司机室内设置 1 个 5 kg 二氧化碳灭火器。灭火器的安装简单可靠,其存放处有明确标识,容易找到,且灭火器易于搬动,便于紧急情况使用。

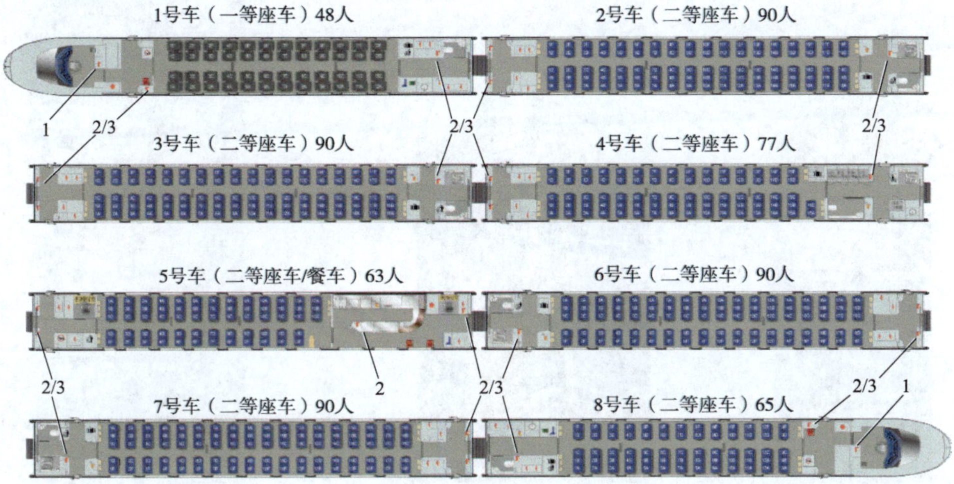

图 4.71 灭火器布置

1—二氧化碳灭火器;2—干粉灭火器;3—水基型灭火器

4.15.2 应 急 梯

应急梯按功能可分为司机逃生绳、疏散梯、登顶梯,如图 4.72 所示。其分别为:

(1)司机逃生绳:司机室有一个逃生绳,位于司机室右侧储物柜内,用于紧急情况发生时司机室门打不开,司机在破窗后离开现场。逃生绳一侧带挂钩用于环绕司机座椅底部后固定,破窗后将逃生绳甩下车,司机可以攀扶逃生绳离开。

(2)疏散梯:动车组配备有疏散用应急梯,用于列车停靠在非高站台处,将旅客从动车组安全转移到地面。当使用疏散梯时,旅客应听从工作人员指挥,有序通行,严禁拥挤。紧急情况下,疏散梯子也可以当作一个临时担架使用,最大载荷 150 kg。

主要结构尺寸如下:

收缩后外形尺寸	80 mm×450 mm×520 mm
伸长后的最大长度	2 000 mm
宽度	450 mm

节数 7+2(7 节可伸缩,底部 2 节固定)

(3)登顶梯:动车组配备登顶梯,用于紧急情况下车顶设备的检修。

主要结构尺寸如下:

收缩后外形尺寸	100 mm×490 mm×1 870 mm
伸长后的最大长度	5 040 mm
宽度	490 mm
节数	10+3(10 节可伸缩,底部 3 节固定)

4.15.3 防护网

动车组配备防护网,整列车配置 13 个,如图 4.73 所示。使用时将防护网挂在外门两侧的扶手上防止乘客跌落车下。

图 4.72 应急梯

1—司机逃生绳;2—疏散梯;3—登顶梯

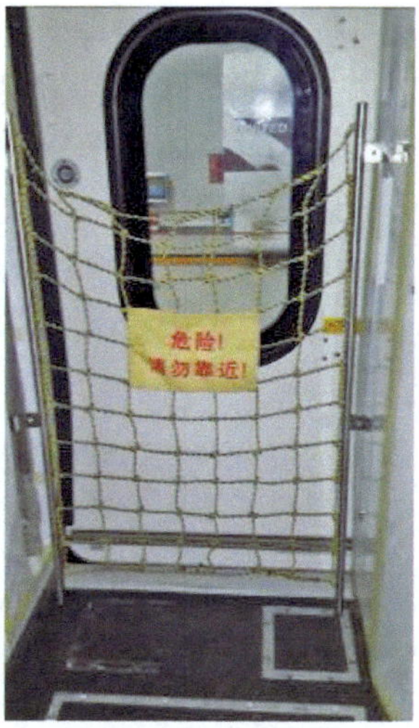

图 4.73 防护网

4.15.4 应急电缆

两个应急电缆分别布置在 1 号车、8 号车二位端的右侧设备箱内,如图 4.74 所示,使用四角钥匙打开裙板,解开弹力绳挂钩,即可取出应急电缆。

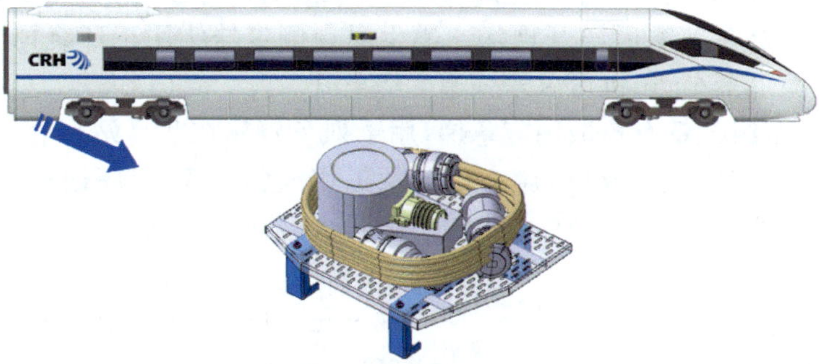

图 4.74 应急电缆

4.15.5 安全渡板

动车组配备安全渡板(每列车 2 个),如图 4.75 所示,用于将旅客从故障动车组转移至路面或相邻线路的动车组。

渡板分两体存放,使用时插接固定并可伸缩。

主要结构尺寸如下:

单体存放尺寸	142 mm×544 mm×1 700 mm
伸开后最大长度	2 450 mm
最大承载载荷	350 kg
总重量约为	25 kg

图 4.75 安全渡板

4.15.6 紧急车钩

Mc1a、Mc2a 车二位端通过台均设有 1 个紧急车钩,紧急车钩可通过小推车运送,车钩通过扎带固定在小车上,如图 4.76 所示。

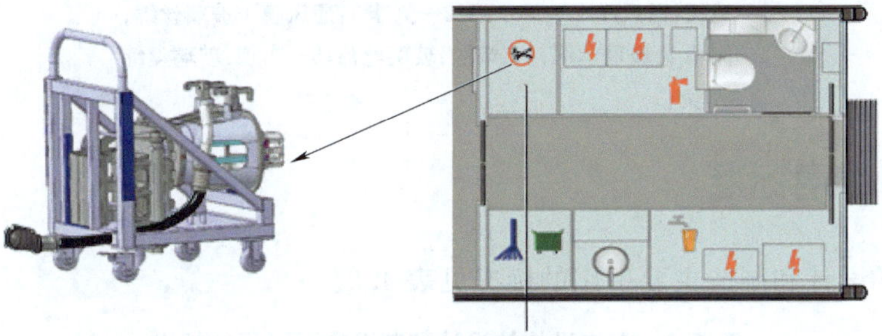

图 4.76 紧急车钩

4.16 车厢隔音隔热性能

车辆的隔音隔热性能主要靠两个途径来实现:

(1)车体结构要保证车辆具有好的气密性。

(2)在车体侧墙、端墙、车顶、车门车窗内以及上下地板之间填充性能良好的隔音隔热的材料,以提高车辆隔音隔热性能。

静止时,车辆总 K 值设计要求为 1.3W/(m^2·K)。

根据车体各部分结构的不同,填充在相应部位的保温材料也应采用不同的结构形式。例如:在车底架上的缓冲梁处,内部保温材料做成与钢结构对应位置相匹配的形状,以保证良好的保温性能;而在侧墙和端板处,安放在车体与保温材料之间的通风膜要根据车体钢结构梁的布置适当放置,以保证空气的流通和冷凝水的排出。

根据车体各部分结构的不同而采用相应类型的保温材料,客室断面隔音隔热材料布置情况如图 4.77 所示。

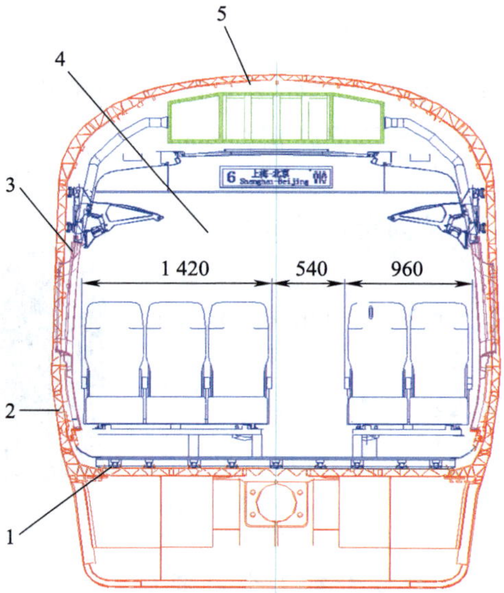

图 4.77 客室断面隔音隔热材料布置情况

1—地板:通风膜+玻璃丝绵;2—侧墙 1:通风膜+玻璃丝绵;3—侧墙 2:玻璃丝绵;4—端墙:玻璃丝棉;5—车顶:玻璃丝绵

4.17 主要引用标准

车内设施的设计和制造主要引用的标准见表 4.2。

表 4.2 车内设施的设计和制造主要引用的标准

标准编号	标准名称
EN 485	铝及铝合金 薄板、带材和板材
EN 755	铝和铝合金 挤压成形杆/棒材、管材和型材
EN 10025	热轧结构钢产品
EN 10088	不锈钢
EN 12663	铁路应用 铁道车辆车体的结构性要求
EN 13920	铝及铝合金 铁路结构用产品
DIN 1630	有特殊高要求的非合金无缝圆钢管
DIN 2353	非焊接压力连接接头
DIN 2391	精密无缝钢管
ISO 3537:1993	安全玻璃材料 机械性能试验
UIC 564-1	安全玻璃车窗
GM/RT 2457	铁道车辆车门和过道的结构性要求
UIC 561	车辆风挡布置

续上表

标准编号	标准名称
GB/T 5599	机车车辆动力学性能评定及试验鉴定规范
EN 13260	轮对产品要求
EN 13261	车轴产品要求
EN 13262	车轮产品要求
EN 13979	车轮技术验收程序,锻制和轧制轮
EN 13103	拖车车轴设计方法
EN 13104	动车车轴设计方法
IEC 60077-1	铁路适用　机车车辆的电气设备　第 1 部分:通用服务条件和基本规定
IEC 60310	铁路适用　机车车辆的车载牵引变压器和电感器
EN 50124-1	铁路适用　绝缘配合　第 1 部分:基本要求　电气和电子设备的电气间隙和爬电距离
IEC 60349-1	电气牵引　铁路和公路车辆的旋转电机　第 1 部分:除电子交流器供电的交流电动机之外的旋转电机
IEC 61373	铁路适用　机车车辆设备　振动和冲击试验
EN 50126-1	铁路适用　可靠性、可用性、可维护性和安全性(RAMS)的规范和文件　第 1 部分:基本要求
DIN 15085	铁路车辆和部件的焊接　第 3 部分:设计规定
ISO 9614-1	声学　利用声音强度测定噪声源的声音强度级　第 1 部分:分散点测量
EN 50125-1	铁路适用　设备的环境条件　第 1 部分:机车车辆的车载设备
EN 50153	铁路适用　机车车辆　与电气危险有关的保护规定
DIN 5510-1	铁路车辆的防火保护　第 1 部分:保护等级,防火措施和证明
DIN 5510-2	铁路车辆的防火保护　第 2 部分:材料和构件的燃烧特性和燃烧并发现象　分类,要求和试验方法
EN 50121-3-1	铁路适用　电磁兼容　第 3-1 部分:列车和完整车辆
EN 50121-3-2	铁路适用　电磁兼容　第 3-2 部分:机车车辆仪器
EN 50163	铁路使用　牵引系统的供电电压
IEC 60068-2-11	环境试验　第 2 部分:试验;试验 KA:盐雾
IEC 60296	电工设备用液体　用于变压器和开关设备用未使用矿物绝缘油规格
IEC 61099	电气用未使用过的合成有机酯规范
IEC 60529	外壳防护等级(IP-码)
IEC 60721-3-1	环境条件分类　第 3-1 部分:环境参数组及其严酷程度的分类分级储存
IEC 60721-3-2	环境条件分类　第 3-2 部分:环境参数组及其严酷程度的分类分级运输
IEC 61287-1	安装在铁路车辆上的功率变流器　第 1 部分:特性和试验方法
IEC 61377-1	轨道交通　铁路车辆　逆变器供电的交流电动机及其控制系统的联合试验
EN 60571	铁路车辆上的电子设备
IEC 60034-17	旋转电机　第 17 部分:变频供电的笼型感应电动机　应用指导
IEC 60349-2	铁路与道路车辆用旋转电机　第 2 部分:电子变流器供电的交流电动机
ISO 281	滚动轴承　动态荷载额定值和额定寿命

续上表

标准编号	标准名称
EN 286	压力容器
ISO 8573-1	压缩空气　第 1 部分:污染物和净化等级
EN 13452-1	铁路设施制动　轨道交通制动系统　第 1 部分:性能
EN 13452-2	铁路设施制动　轨道交通制动系统　第 2 部分:试验方法
EN 12663	铁路适用　轨道车身结构要求
EN 50125-1	铁路适用　环境条件　第 1 部分:机车车辆车载设备
EN 50128	铁路控制和保护系统软件
IEC 60417-2	设备上用的图形符号　第 2 部分:原形符号
TB/T 1720-2017	铁道客车及动车组给水装置
EN 13272	铁路应用　公共交通系统机车车辆电气照明
UIC 555	紧急照明照度
EN 50306	铁路适用　具有特殊防火性能的铁路车辆电缆　薄壁
EN 50264	铁路适用　具有特殊防火性能的铁路车辆电缆和控制电缆
EN 50382	铁路适用　具有特殊防火性能的铁路车辆用高温电力电缆
EN 50343	铁路适用　铁道机车车辆　电缆敷设的安装规则
EN 13129-1	铁路适用　主干线铁路车辆用空调系统　第 1 部分:舒适度参数
UIC 651	国际铁路联盟机车、动车、动车组和驾驶拖车的司机室设计
TB/T 3139-2006	机车车辆内装材料及室内空气有害物质限量
TB/T 3237-2010	动车组用内装材料阻燃技术条件
EN 15152	铁路适用　火车驾驶室用前挡风玻璃

5 转向架

5.1 概述

CRH1A-A 型动车组转向架由轮对、螺旋弹簧组、轴箱、H 形焊接构架、空气弹簧、抗侧滚扭杆、减振器、牵引拉杆、盘式基础制动、轴承温度监控装置、撒砂装置等组成，模块化的设计使转向架整体布局更加合理与完善。仿真分析计算让转向架在设计阶段就保证具有足够的静强度、疲劳强度、承载能力和动力学性能等。台架试验进一步验证表明设计满足运营的各项指标要求。高强度、轻量化的转向架构架，安全的轮对导向装置，合理的悬挂参数设置，成熟的基础制动装置，并设置有温度监控传感器、速度检测传感器、接地装置、排障、撒砂、轮缘润滑等其他附件使车辆在运用线路条件(包括直线、道岔、曲线及缓和曲线)下具有良好的运行安全性和运行品质，将旅客安全、迅速、平稳、舒适地送达目的地。

5.1.1 结构特点

(1)转向架采用两轴无摇枕式转向架。构架采用 H 形焊接结构，主体结构包括侧梁、横梁、端梁和纵向辅助梁等。

(2)转向架采用空心车轴，整体式车轮，轴箱轴承采用双列圆锥滚子轴承。

(3)转向架采用二级悬挂系统。一系悬挂采用转臂式定位方式，包括分体式轴箱、轴箱弹簧、垂向减振器和轴箱定位装置等。二系悬挂包括空气弹簧，抗侧滚扭杆装置，单拉杆牵引装置，减振器包括横向减振器和抗蛇行减振器。

(4)转向架驱动系统由牵引电机、联轴节和齿轮箱组成。牵引电机采用架悬式结构，齿轮箱通过过盈配合压装在车轴上，并通过球铰吊挂在构架安装座上，联轴节采用鼓形齿式联轴节。

(5)转向架基础制动采用夹钳盘式制动。动车转向架安装轮装制动盘，拖车转向架安装轴装制动盘。

(6)转向架设有轴承温度传感器，用于实时监控轴箱轴承、电机轴承和齿轮箱轴承的温度，保证列车运行安全。

(7)头车和尾车的第一个转向架设有排障装置和轮缘润滑装置，在头车、中间车和尾车转向架设有撒砂装置。

(8)在转向架上还安装有自动过分相天线、各种传感器、管路、轴端接地及电气连接等设备。

5.1.2 主要技术参数

转向架主要技术参数见表5.1。

表5.1 转向架主要技术参数

主要项点	技术参数
轴距	2 700 mm
轴径中心距	2 070 mm
踏面类型	LMD
车轮直径	915 mm(新)/835 mm(磨耗)
空气弹簧中心距	1 860 mm
轴承尺寸	130 mm×230 mm×160 mm
转向架中心距	18 m
最大设计轴重	16.5 t
最小通过曲线半径	连挂时 250 m 单车调车 150 m
动车转向架重量	约 8 300 kg
拖车转向架重量	约 6 500 kg
速度	最大运营速度 250 km/h 最大试验速度 275 km/h

5.2 转向架类型及布置

CRH1A-A型动车组每辆车都装有两个转向架,共有两种转向架类型:动车转向架和拖车转向架,其布置如图5.1所示。

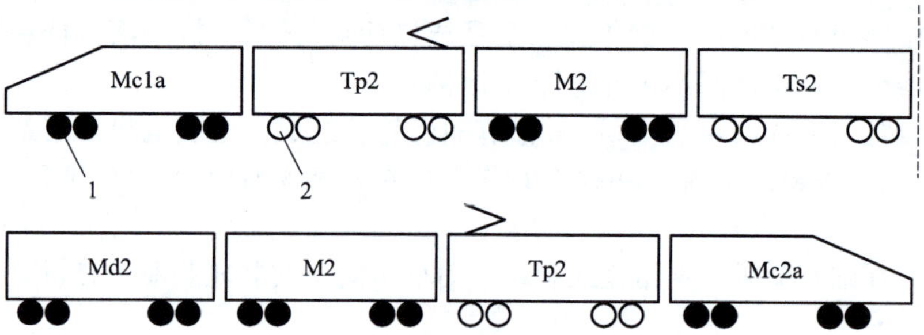

图5.1 CRH1A-A型动车组转向架布置

1—动车转向架;2—拖车转向架

CRH1A-A型动车组运行方向、转向架编号和车轴编号约定如图5.2所示。

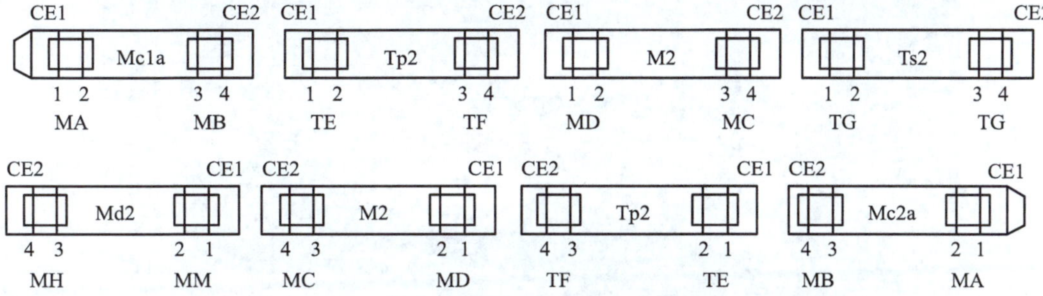

图 5.2　CRH1A-A 型动车组转向架车轴编号和位端编号

1—轮轴 1；2—轮轴 2；3—轮轴 3；4—轮轴 4；

CE1—列车一位端；CE2—列车二位端

5.2.1　动车转向架

如图 5.3 及图 5.4 所示，动车转向架布置在动车上，由构架、轮对、轴箱、一二系悬挂装置、牵引装置、基础制动装置、牵引电机、牵引齿轮箱及附件等组成，每个动车转向架有两根动力轴，牵引电机采用架悬方式。动车转向架之间的差异仅限于轴端电气设备、轨道排障器等安装部件的不同。

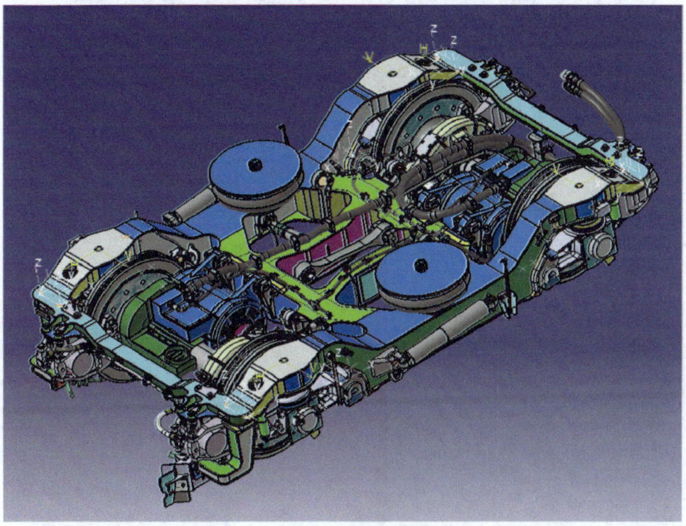

图 5.3　动车转向架三维图

5.2.2　拖车转向架

如图 5.5 及图 5.6 所示，拖车转向架布置在拖车上，由构架、轮对、轴箱、一二系悬挂装置、牵引装置、基础制动装置及附件等组成。拖车转向架之间的差异仅限于轴端电气设备等安装部件的不同。

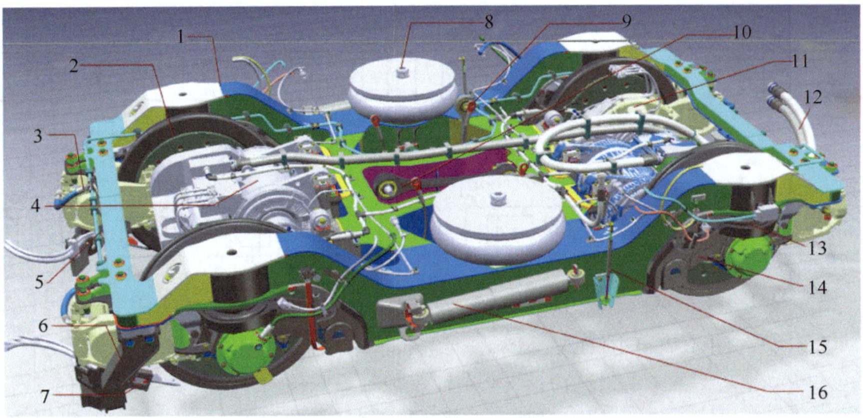

图 5.4　动车转向架构成三维图

1—构架；2—轮对；3—制动夹钳；4—牵引电机；5—管路组成；6—排障器；7—撒砂喷嘴；8—空气弹簧；9—抗侧滚扭杆；10—牵引拉杆；11—齿轮箱；12—电缆组成；13—螺旋弹簧组；14—轴箱转臂；15—高度控制阀杆；16—抗蛇行减振器

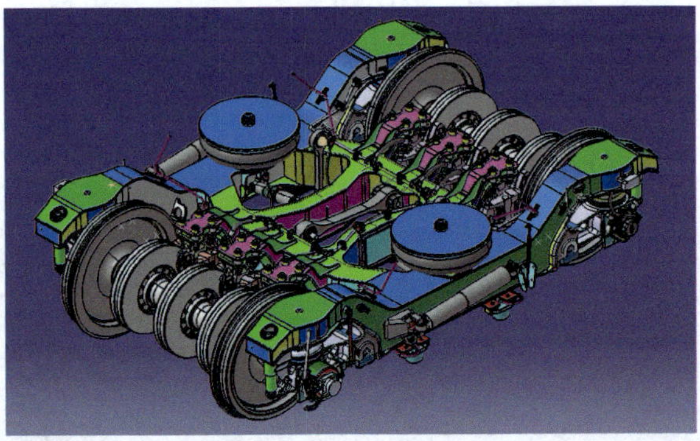

图 5.5　拖车转向架三维图

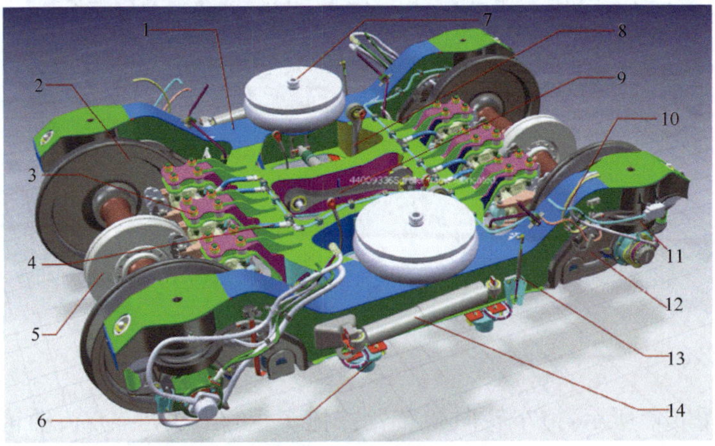

图 5.6　拖车转向架构成三维图

1—构架；2—轮对；3—制动夹钳；4—管路组成；5—轴装制动盘；6—过分相天线；7—空气弹簧；8—抗侧滚扭杆；9—牵引拉杆；10—电缆组成；11—螺旋弹簧组；12—定位转臂；13—高度控制阀杆；14—抗蛇行减振器

5.3 转向架构架组成

构架是固定转向架上各种设备的基础，同时用以传递牵引及制动力，承受垂向力。CRH1A-A 型动车组动车和拖车转向架构架均采用由铸件和钢板组焊成传统的 H 形构架。

构架由如下部件组成：

(1)两个侧梁结构，从中部到端部呈鹅颈状。侧梁是空气弹簧的支撑基础，也是抗蛇行减振器和横向减振器及轴箱转臂的安装基础。

(2)中部为箱形结构的横梁。动车转向架横梁是牵引电机和齿轮箱吊杆的安装基础；拖车转向架横梁是制动夹钳的安装基础。两种转向架的横梁均是牵引杆、二系垂向减振器、安全吊索以及抗侧滚扭杆的安装基础。

(3)构架四个端部为钢板组焊件，是一系弹簧和一系垂向减振器的安装基础。

(4)动车转向架端部设有两个端梁结构，是制动夹钳和撒砂装置的安装基础。

(5)在头车和尾车靠近端部的转向架装有排障装置和轮缘润滑装置；在头车和尾车靠近端部的转向架和中间一辆动车的两个转向架装有撒砂装置。

5.3.1 构架结构

CRH1A-A 型动车组转向架构架设计为符合 EN 13749 标准的焊接组件，主要采用 P355NL1 钢板和铸钢件 G20Mn5QT 焊接成箱形结构。动车转向架构架结构如图 5.7 所示。拖车转向架构架结构如图 5.8 所示。

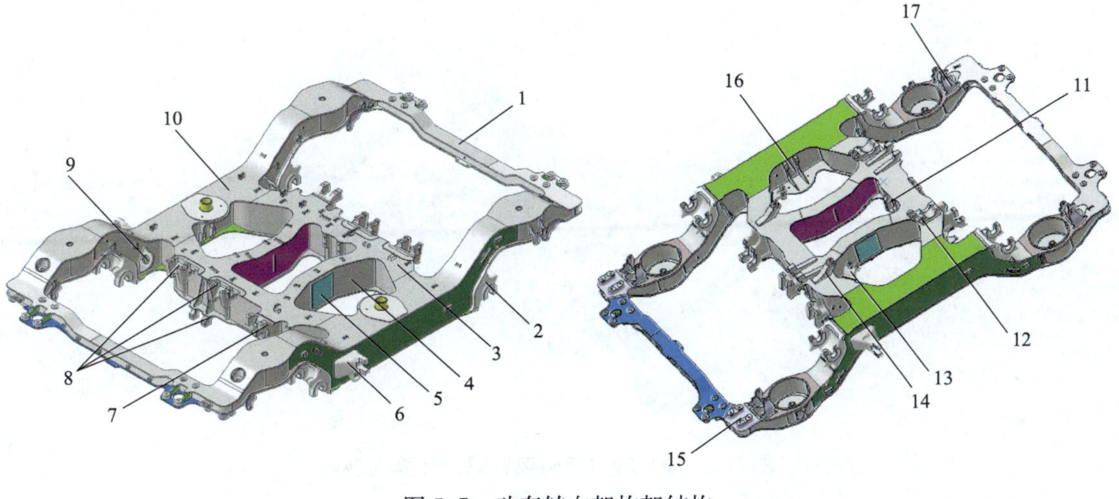

图 5.7 动车转向架构架结构

1—端梁；2—轴箱转臂支座；3—横梁；4—纵向辅助梁；5—横向止挡；6—抗蛇行减振器支座；7—齿轮箱支座；8—电机支座；9—转向架起吊吊耳；10—侧梁；11—牵引拉杆支座；12—抗侧滚扭杆支座；13—垂向减振器支座；14—安全吊缆支座；15—轨道排障器支座；16—横向减振器支座；17—轮对提吊座

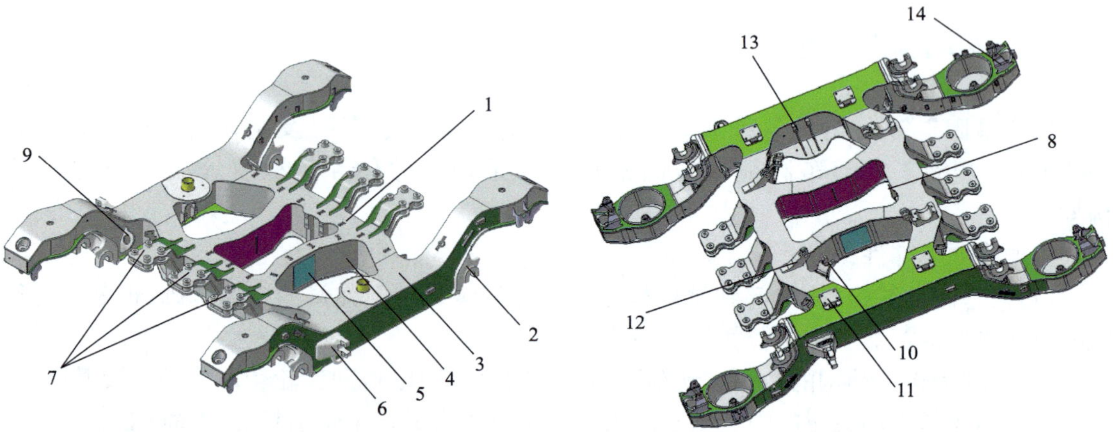

图 5.8　拖车转向架构架结构

1—横梁；2—轴箱转臂支座；3—侧梁；4—纵向辅助梁；5—横向止挡；6—抗蛇行减振器支座；
7—制动夹钳支座；8—牵引拉杆支座；9—转向架起吊吊耳；10—垂向减振器支座；
11—过分相装置支座；12—安全吊缆支座；13—横向减振器支座；14—轮对提吊座

5.3.2　仿真计算和试验验证

CRH1A-A 型动车组构架强度计算载荷工况根据 EN 13749 和 UIC 615 设置，疲劳评估按照 DVS 1612 实施，采用有限元计算和样机试验验证。

5.3.2.1　转向架构架强度计算

通过有限元模型对构架的静强度和疲劳强度进行校核。采用 HyperMesh 和 Patran 创建有限元模型，采用 Nastran 对模型进行有限元计算，构架的有限元模型如图 5.9 和图 5.10 所示。

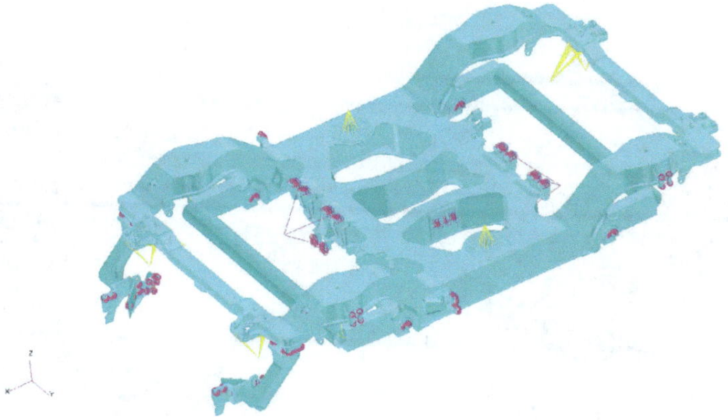

图 5.9　动车转向架构架有限元计算模型

构架静强度校核分为超常载荷、特殊超常载荷、主要运营载荷以及特殊运营载荷四种工况，在考虑转向架垂向载荷、横向载荷、纵向载荷、扭曲载荷、侧滚力对构架影响的基础上，同时考虑连接在构架上的减振器、驱动装置以及基础制动装置等对构架施加的载荷力，依据材料的屈服应力对构架的应力等级进行评估。

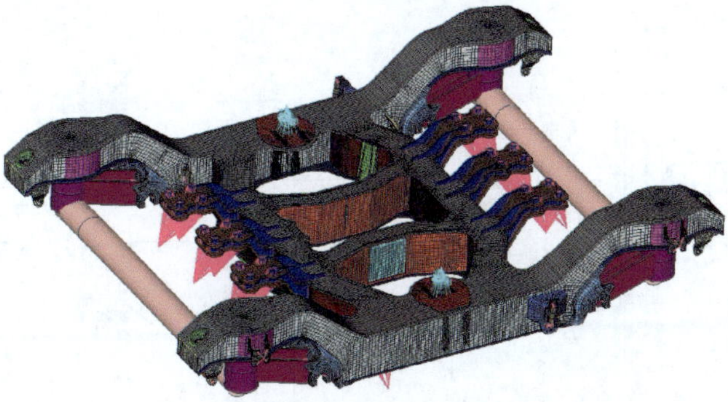

图 5.10　拖车转向架构架有限元计算模型

构架疲劳强度根据 UIC 615 中规定的载荷工况进行仿真计算，依据 DVS 1612 对构架焊缝的风险系数进行评估。

5.3.2.2　转向架构架静强度及疲劳强度试验

CRH1A-A 型动车组转向架构架分别进行了构架静强度和疲劳强度试验。

试验由四个部分组成：主要超常载荷的静强度试验、特殊超常载荷的静强度试验、模拟主要运营载荷的静强度试验、模拟特殊运营载荷的静强度试验以及疲劳试验。

通过试验检验构架在相应载荷作用下的静强度以及一定疲劳试验循环次数下的疲劳强度。转向架构架静强度及疲劳试验示意图如图 5.11 所示。

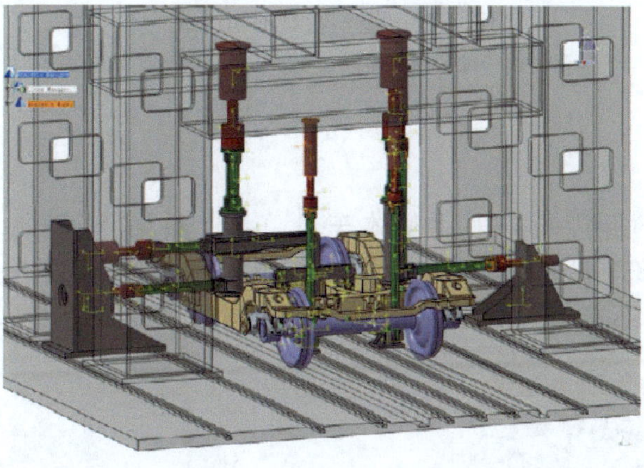

图 5.11　转向架构架静强度及疲劳试验示意图

5.4　轮对轴箱组成

轮对轴箱组成作为车辆与线路的系统界面，直接向钢轨传递重力，通过轮轨间的黏着产生牵引力或制动力，并通过车轮的回转实现车辆在钢轨上的运行。CRH1A-A 型动车组轮对轴箱组成分为两种，第一种是动车轮对轴箱组成（图 5.12），第二种是拖车轮对轴箱组成（图 5.13），主要区别是制动盘的安装位置，是否安装有齿轮箱等。

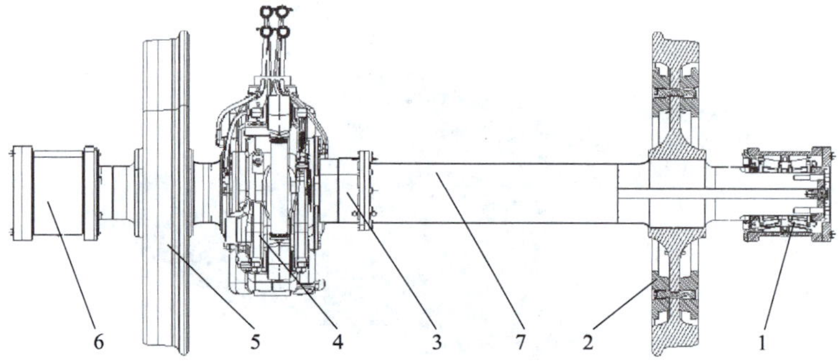

图 5.12　动车轮对轴箱组成

1—轴箱轴承；2—轮装制动盘；3—半联轴节；4—齿轮箱组成；5—车轮；6—轴箱体；7—车轴

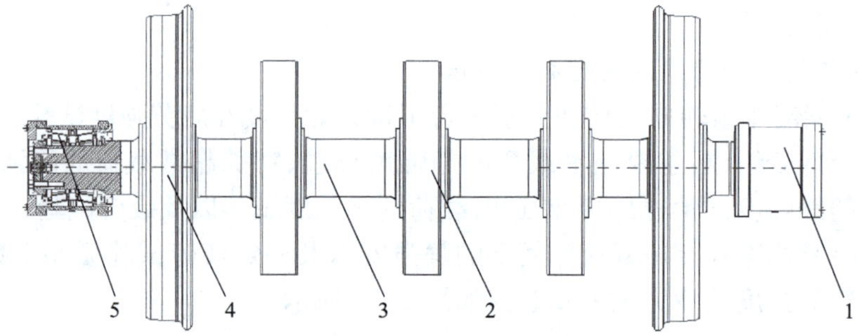

图 5.13　拖车轮对轴箱组成

1—轴箱体；2—轴装制动盘；3—车轴；4—车轮；5—轴箱轴承

5.4.1 车　　轮

CRH1A-A 型动车组转向架采用整体车轮，LMD 踏面，车轮材料 ER8C，新轮直径 915 mm，磨耗轮直径 835 mm。动车车轮上安装制动盘，辐板中部有制动盘安装孔，如图 5.14 所示；拖车车轮上不安装制动盘，如图 5.15 所示。

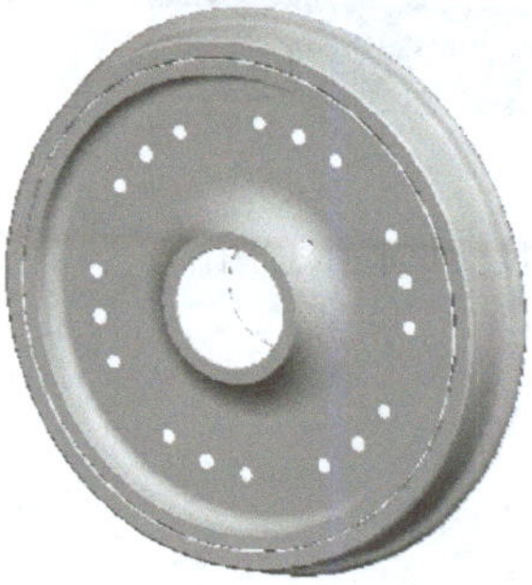

图 5.14　动车车轮

图 5.15　拖车车轮

根据标准 EN 13979-1 进行有限元分析计算，根据标准 EN 13262 对车轮进行试验验证。

5.4.2 车　　轴

CRH1A-A 型动车组车轴材质为 EN 13261 规定的 EA4T 合金钢。动车车轴如图 5.16 所示，拖车车轴如图 5.17 所示，结构设计按照 EN 13103 及 EN 13104 的规定执行，相关型式试验按照 EN 13261 规定执行。轴距为 2 700 mm，轴颈中心距为 2 070 mm，采用空心车轴，车轴中心孔为 ϕ30 mm，每个动车车轴设有一个齿轮箱安装座，每个拖车车轴设有三个制动盘安装座。

图 5.16　动车车轴

图 5.17　拖车车轴

根据标准 EN 13104 和 EN 13103 进行限元分析计算，根据标准 EN 13260 和 EN 13261 的要求对车轴进行试验验证。

5.4.3 轴箱转臂

轴箱转臂连接轮对和构架，起到传递力和振动以及轴箱定位的功能，轴箱转臂的一端通过弹性定位节点安装在转向架构架支座上，另一端通过轴承安装在车轴端部，实现对轮对纵向和横向的弹性定位，达到构架和车轴之间纵向和横向的刚度要求。CRH1A-A 型动车组轴箱转臂采用分体式铸造，如图 5.18 所示，且分体式轴箱内部安装有轴箱体，方便现场轮对更换。

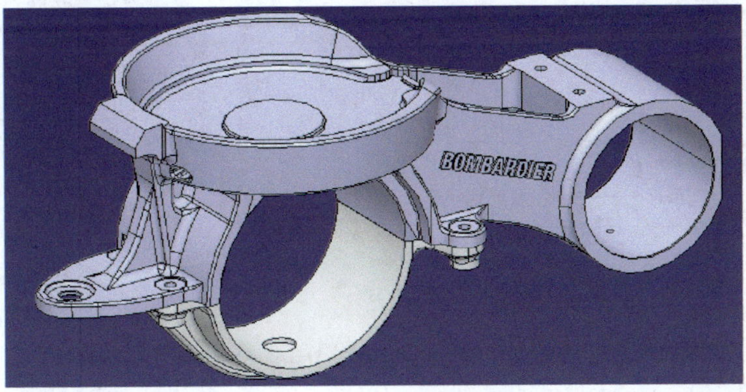

图 5.18　轴箱转臂

根据标准 EN 13749，对轴箱转臂结构的静强度和疲劳强度进行有限元计算，根据 CRH1A-A 型动车组轴箱转臂强度试验大纲对轴箱转臂进行试验验证。

5.4.4 轴箱轴承

CRH1A-A 型动车组车轴箱轴承采用的是双列圆锥滚子轴承，如图 5.19 所示。

根据标准 ISO 280 对轴箱轴承进行了寿命计算，根据标准 EN 12085 对轴箱轴承进行了型式试验验证。

5.5 一系悬挂装置

一系悬挂装置将车体力由枕梁、二系悬挂及转向架构架传递到轴箱，并提供规定的移动空间以便于轮对适应轨道的不平顺和坡弯道路况，能够使轮对返回到其规定的与轨道轴线成直角的平行位置处，因此轮对的三向定位是由一系悬挂装置决定的，三向定位刚度需要通过车辆的动力学仿真确定，CRH1A-A 型动车组转向架的一系悬挂结构设计及性能参数满足了列车高速、平稳运行及通过曲线的要求，也满足了运行的安全性要求。

一系悬挂的弹性装置有助于确保车辆的安全性能，对轮轨接触时产生的动态力和冲击噪声进行过滤，并降低轮轨接触产生的磨耗。相反，一系悬挂对来自转向架对于轨道的冲击起到减振作用，由此来降低轨道的磨损。

一系悬挂采用转臂式轴箱定位方式，一系悬挂装置在每条轮对两侧的端部，每个转向架安装四组一系悬挂装置，每组一系悬挂装置主要由螺旋钢弹簧组、剪切垫、垂向止挡、一系垂向减振器、轴箱转臂和定位节点等部件组成，如图 5.20 所示。

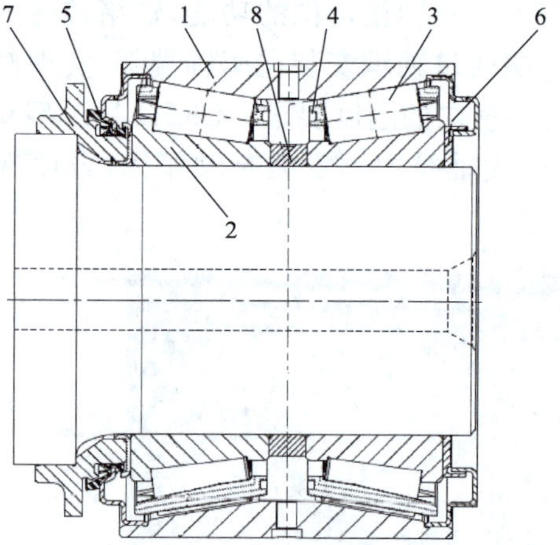

图 5.19 轴箱轴承

1—轴承外圈；2—轴承内圈；3—滚子组件；4—保持架；5—后端密封；6—前端密封；7—轴承后挡；8—中隔圈

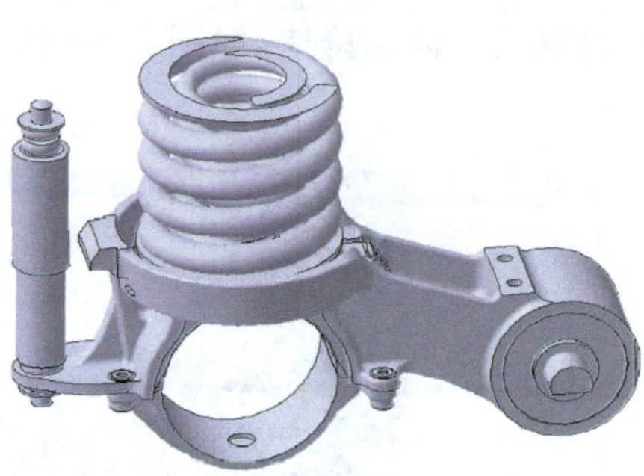

图 5.20 一系悬挂及轴箱组成

5.5.1 螺旋钢弹簧组

螺旋钢弹簧组是由两个钢弹簧反向螺旋嵌套，弹簧下端坐于剪切垫上，位于车轴正上方，上端安装在构架弹簧筒下部，主要承受构架的垂向载荷，隔离来自轨道的振动，螺旋钢弹簧组如图 5.21 所示。

5.5.2 剪切垫

剪切垫安装在轴箱上部，螺旋钢弹簧组下部，减弱来自轨道激励轮对产生的垂向载荷，并将该载荷继续向螺旋钢弹簧组、构架等部件传递。每组一系悬挂装置安装一个剪切垫，垂向止挡如图 5.22 所示。

5.5.3 垂向止挡

垂向止挡安装在剪切垫的上部，与剪切垫过盈配合，垂向止挡在高强载荷时承载受力，其作用是传递来自轴箱的力到构架上并约束垂向位移，垂向止挡如图 5.23 所示。

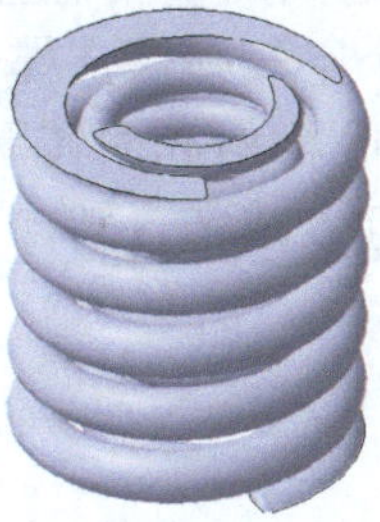

图5.21 螺旋钢弹簧组

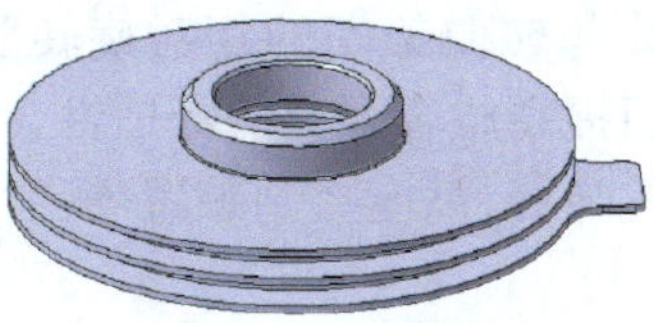

图 5.22 剪切垫

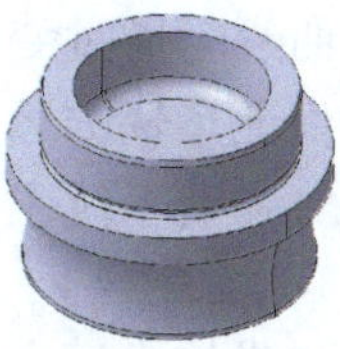

图 5.23 垂向止挡

5.5.4 一系垂向减振器

一系垂向减振器采用油压减振器，安装在轴箱转臂的外侧，位于构架与轴箱转臂之间，减缓构架与轮对之间的垂向相对运动，如图 5.24 所示。

5.5.5 轴箱转臂弹性节点

弹性定位节点实现构架与定位转臂间的柔性连接，实现对轮对纵、横向弹性定位，如图 5.25 所示。

图 5.24 一系垂向减振器

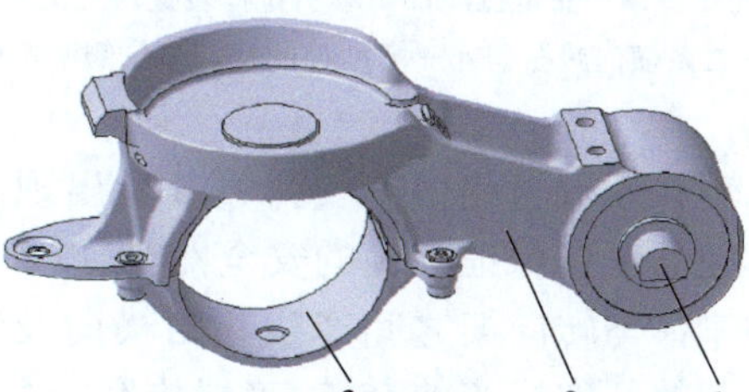

图 5.25 轴箱转臂及弹性定位节点

1—弹性定位节点；2—轴箱转臂；3—下托板

5.6 二系悬挂装置

二系悬挂装置是转向架构架与车体之间的连接装置，主要作用是传递车体与转向架间的垂向力、纵向力和横向力，使转向架与车体之间实现横向弹性连接，允许转向架相对于车体回转，以满足转向及运行性能要求。CRH1A-A 型动车组合理的悬挂参数匹配确保车辆运行稳定性和旅客乘坐舒适性。

二系悬挂装置包括空气弹簧系统、不同类型减振器、牵引拉杆装置和抗侧滚扭杆系统等主要部件，如图 5.26 所示。

5.6.1 空气弹簧系统

空气弹簧安装在车体枕梁和转向架构架之间，是车体与转向架之间的重要悬挂部件。每个转向架安装两个空气弹簧，全部车体重量由前后两个转向架四个空气弹簧支撑。空气弹簧除支撑车体重量之外，主要作用是提供转向架和车体之间的垂向、横向和回转刚度，使车辆过曲线时通过变位实现车体与转向架间的相对旋转和横移，并且衰减来自转向架构架的振动保证车辆的运行品质从而提高旅客乘坐的舒适性。

空气弹簧系统主要包括空气弹簧、高度控制装置等。

5.6.1.1 空气弹簧

空气弹簧采用大曲囊＋锥形橡胶堆辅助弹簧结构形式，进气口采用上部单进气口形式，如图 5.27 所示。

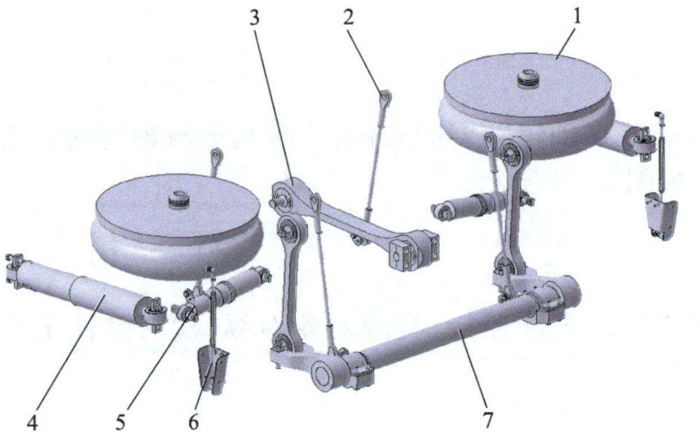

图 5.26 二系悬挂装置

1—空气弹簧；2—安全拉绳；3—牵引拉杆装置；4—抗蛇行减振器；5—二系横向减振器；6—高度控制杆；7—抗侧滚扭杆系统

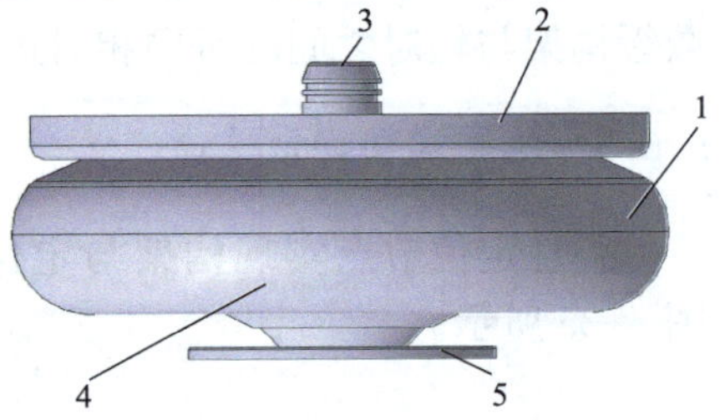

图 5.27 空气弹簧

1—气囊；2—上盖板；3—进气口；4—锥形橡胶堆；5—底板

当车辆在运行过程中空气弹簧气囊出现故障不能正常充气时，锥形橡胶堆作为辅助应急弹簧将独立工作保证车辆的安全性，支撑车体重量提供垂向刚度，安装在橡胶堆顶部的磨耗板允许车体与转向架之间产生相对横向及纵向位移，从而保证车辆仍然能够以一定的运行速度顺利执行完毕当前交路，确保旅客安全抵达目的地。

5.6.1.2 高度控制装置

高度控制装置主要作用是保证车辆在运行过程中在任何负载条件下保持车体地板相对

于转向架构架的高度始终处于某一恒定的范围内。

高度控制装置包括高度控制杆，高度控制阀和压差阀等部件，如图 5.28 所示。

高度控制阀作用是调节空气弹簧胶囊中的压缩空气(充气、放气或保持压力)，使空气弹簧上下承台面的距离保持在一定范围内。当车辆在直线上运行时，正常振动的情况下保证空气弹簧不发生进气和排气作用，当车辆通过曲线时，由于车体倾斜，使转向架两侧的高度控制阀分别产生进、排气的不同作用，从而减少车辆的倾斜，当高度控制阀出现故障时，或者拆卸转向架时，机械安全装置可以防止空气弹簧的垂向位移量。

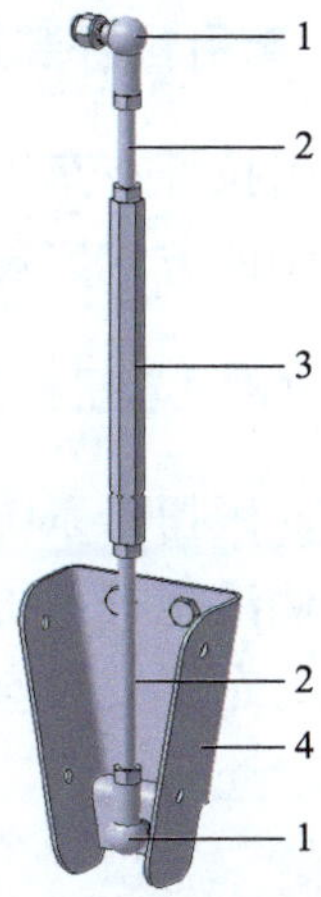

图 5.28 部分高度控制装置

1—球铰；2—螺杆；3—调节螺母；4—支架

5.6.2 减振器

二系悬挂减振器包括二系横向减振器和抗蛇行减振器。二系垂向减振器功能由空气弹簧实现，如图 5.29 所示。

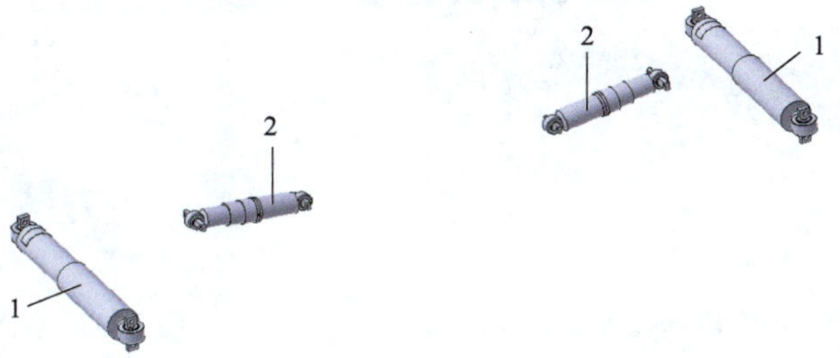

图 5.29 减振器

1—抗蛇行减振器；2—二系横向减振器

二系横向减振器采用油压减振器，位于车体横向减振器安装座与转向架构架之间，减缓车体与转向架之间的横向相对运动，如图 5.30 所示。

抗蛇行减振器采用油压减振器，位于车体抗蛇行减振器安装座与转向架构架之间，减缓转向架相对于车体之间的蛇行运动，如图 5.31 所示。

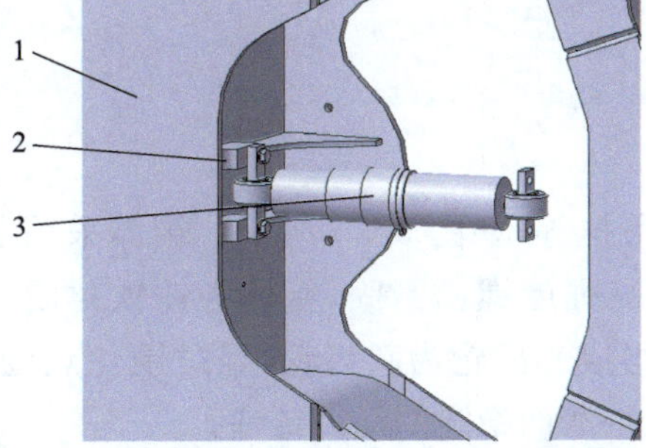

图 5.30 二系横向减振器安装示意图

1—构架；2—横向减振器支座；3—二系横向减振器

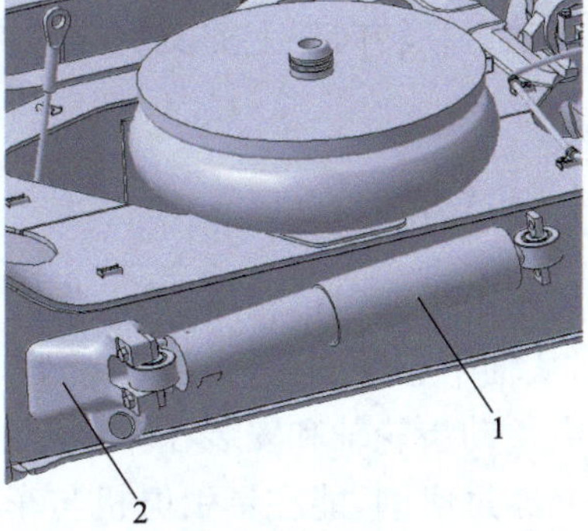

图 5.31 抗蛇行减振器安装示意图

1—抗蛇行减振器；2—安装支座

5.6.3 牵引拉杆装置

牵引拉杆在车体和转向架之间传递牵引及制动力，CRH1A-A 型动车组采用单牵引拉杆＋牵引销的方式实现转向架与车体之间的连接，如图 5.32 所示。

5.6.4 抗侧滚扭杆系统

抗侧滚扭杆系统主要用于减少车体相对构架的侧滚振动。

抗侧滚扭杆系统主要包括扭杆轴、扭转臂、连杆和橡胶轴承，扭杆轴安装在构架底部，连杆上部与车体安装座相连，如图 5.33 所示。

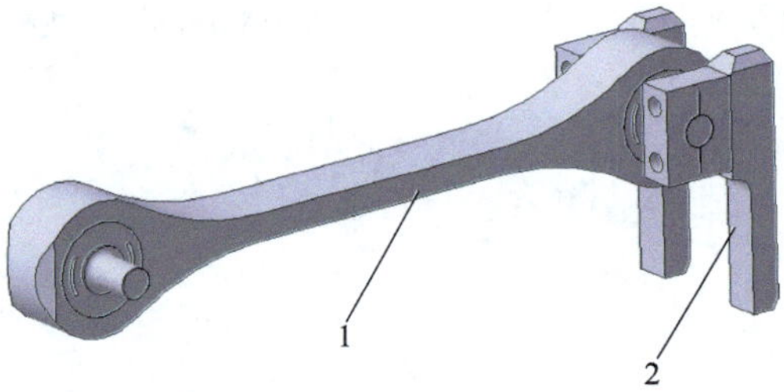

图 5.32　牵引拉杆装置

1—牵引拉杆组成；2—牵引拉杆支座

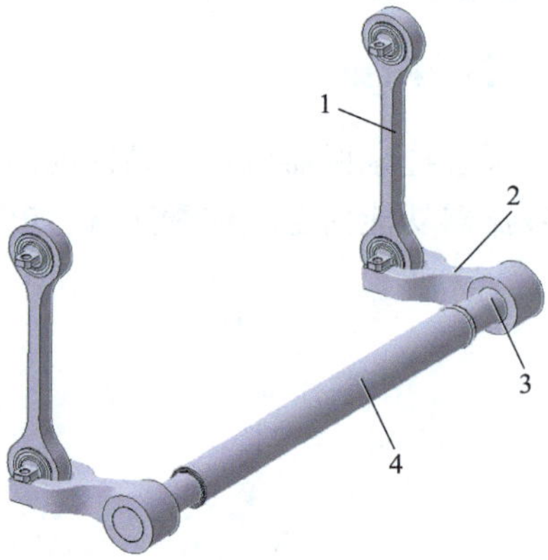

图 5.33　抗侧滚扭杆系统

1—连杆；2—转臂；3—扭杆轴；4—套筒

5.7 机械传动装置

如图 5.34 所示，动力转向架的每根动轴由一个交流电机驱动，牵引电机弹性安装在转向架构架上，电机的扭矩通过联轴节传递到车轴齿轮箱，该齿轮箱的另一端由吊杆悬挂于构架。吊杆两端采用了橡胶关节，适应各种动态和静态负荷。牵引电机与齿轮箱采用了柔性联轴节相连，由它将牵引电机的转矩传递到齿轮箱，并补偿电机和齿轮箱间的各种相对运动。电动机在转向架上的安装非常方便，所有支承点都装有橡胶衬垫，以便减少振动和扭力波动。

5.7.1 齿轮箱装置

齿轮箱组成包括箱体、传动齿轮副、球关节吊挂等，如图 5.35 所示。箱体采用上下分箱方式，从轴中心线剖分，边缘结合处采用专用的高强度螺栓紧固，箱体为铸铁材质。传动齿轮副由主动齿轮轴和安装在车轴上的从动齿轮组成。齿轮为斜齿轮，经过硬化热处理，其工作表面经过磨削，能在牵引电机与车轴之间进行平滑而稳定的动力传递。

箱体由直接安装在车轴上的圆锥轴承支承，主动齿轮轴位于齿轮箱中，由两个圆柱轴承和一个四点接触球轴承支承。从联轴节传递来的电机扭矩通过主动齿轮轴和从动齿轮之间的

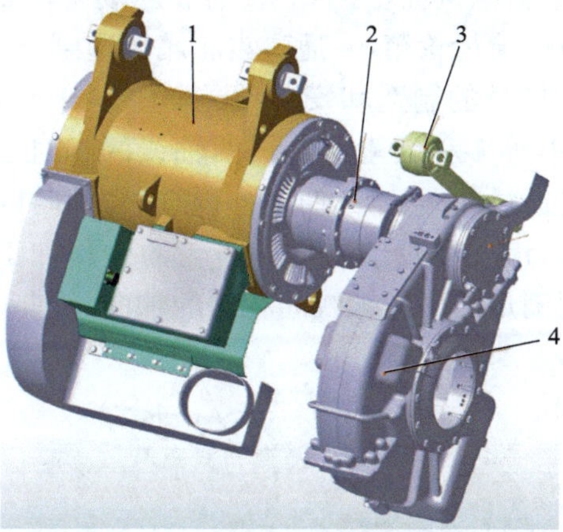

图 5.34　机械传动装置

1—牵引电动机；2—联轴节；3—齿轮箱吊杆；4—齿轮箱

啮合传动传递到车轴上。主动齿轮轴和驱动轴的贯通部位采用迷宫式密封结构，每个迷宫结构上有通向齿轮箱集油槽的回油孔。

齿轮箱下部设置有油位视窗，可以检查油位。齿轮箱底部设置有一个排油螺堵和一个注油螺堵。通过排油螺堵可放出箱体内润滑油。排油螺堵带磁性，可吸附润滑油中可能存在的铁屑。

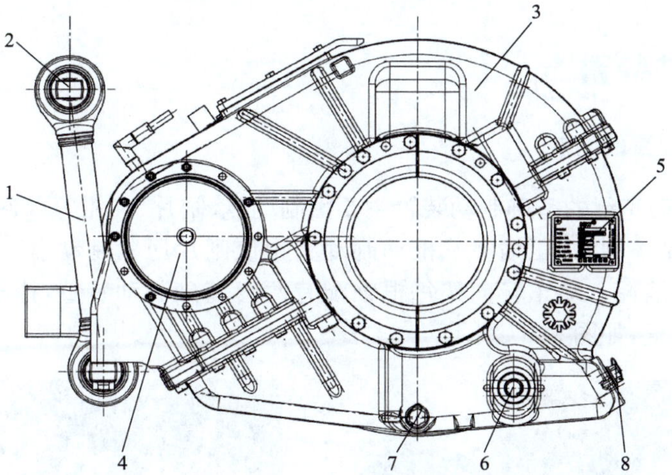

图 5.35　齿轮箱

1—齿轮箱吊杆；2—吊杆橡胶节点；3—箱体；4—联轴节；5—齿轮箱铭牌；6—油位视窗；7—排油堵；8—注油堵

5.7.2　联 轴 节

齿式联轴节是用以传递扭矩和旋转运动的一种联轴节，如图 5.36 所示。它可通过滑移运动对所联两轴线间相对的轴向、径向、角向位移实现补偿。齿式联轴节由两个半联轴节组成，其中一个半联轴节连接牵引电机轴，另半个联轴节连接齿轮箱的主动齿轮轴。牵引电机通过齿式联轴节将牵引动力传给齿轮箱，并通过齿轮箱传递到车轴，驱动轮对。

齿式联轴节不仅要补偿自身的制造和安装误差，还要补偿因载荷变化所引起的冲击和振动、温度变化以及轴承磨损等多种因素所造成两轴线的相对位移。并且还要对电动车组在运行中由于线路不平顺和通过曲线、弯道时垂向、纵向和轴向位移的进行补偿。

为了满足上述应用要求，齿式联轴节采用外齿轮的齿顶加工成球面，齿形采用鼓形齿，内齿轮齿宽加长等方式实现满足所联两轴线间相对的轴向、径向、角向位移的要求。

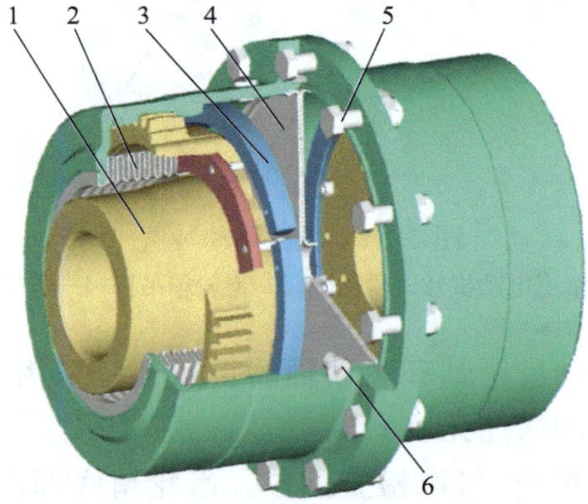

图 5.36 联轴节

1—内齿圈组件；2—波纹管；3—止挡环；4—中心板；5—联轴节紧固套件；6—油堵

5.8 基础制动装置

5.8.1 基础制动装置的构成

CRH1A-A 型动车组的基础制动装置主要由制动盘、闸片、夹钳等部件组成，采用的是盘形制动形式，属于摩擦制动，压缩空气推动制动夹钳使闸片压紧制动盘产生摩擦力，将列车的动能转换为热能消耗。动车转向架每根轴配有两套基础制动装置，拖车转向架每根轴配备三套基础制动装置，如图 5.37 所示。

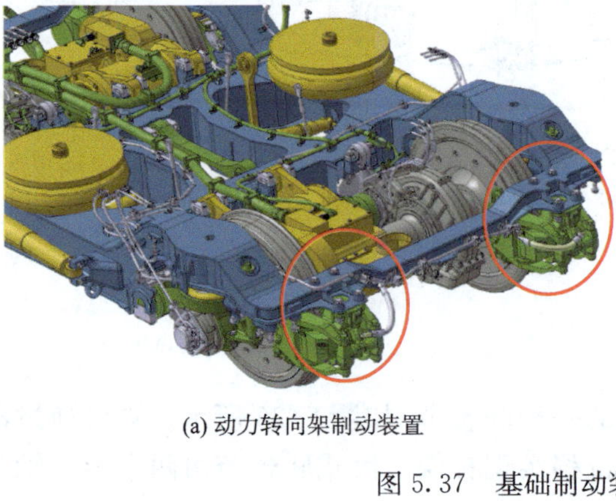

(a) 动力转向架制动装置

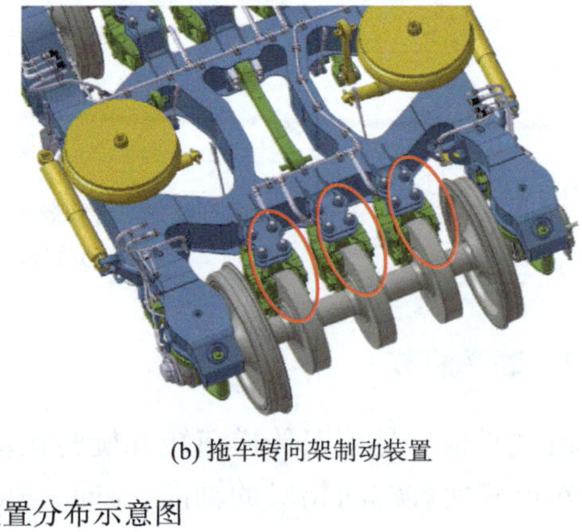

(b) 拖车转向架制动装置

图 5.37 基础制动装置分布示意图

5.8.2 制动盘

CRH1A-A 型动车组采用铸钢制动盘，制动盘包括轮装制动盘和轴装制动盘，轮装制动盘安装于动车车轮上，每根轴安装两套，通过螺栓安装于车轮腹板，如图 5.38 所示。

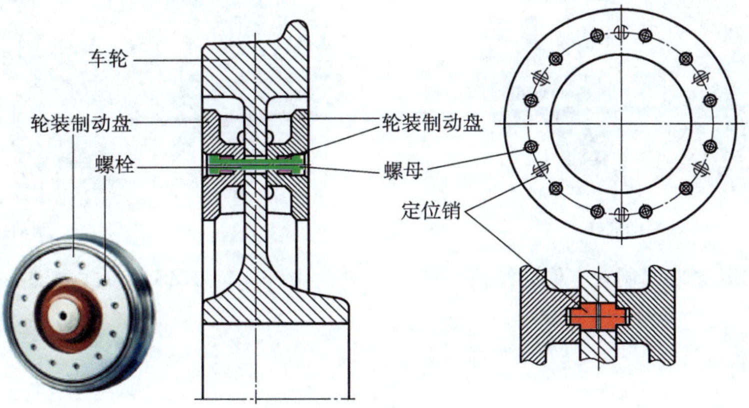

图 5.38　轮装制动盘

轴装制动盘安装于拖车车轴上，每根轴安装三套，如图 5.39 所示。

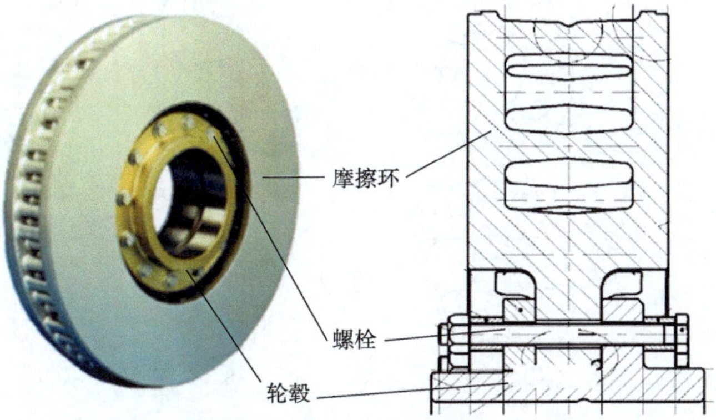

图 5.39　轴装制动盘

5.8.3 制动夹钳单元

夹钳单元为紧凑式制动卡钳，制动时通过制动缸及制动杠杆的作用，使安装在另一端的闸片夹紧制动盘；缓解时由于制动缸内的压强降低，在制动缸内缓解弹簧的作用下，闸片离开制动盘。紧凑式制动卡钳的特点主要有：安装简单；紧凑，尺寸小；重量轻；运动轻便；模块式结构；寿命周期成本少，低磁滞；改善了冬天使用；最小噪声和空气消耗等。

CRH1A-A 型动车组拖车采用 WZK 紧凑式制动卡钳，每轴 3 个，其具体的结构如图 5.40 所示。

CRH1A-A 型动车组动车采用 RZS 紧凑式制动夹钳，每轴 2 个，其具体的结构如图 5.41 所示，其中根据列车需求，RZS 型制动夹钳又分为带停放和不带停放的两种型号。

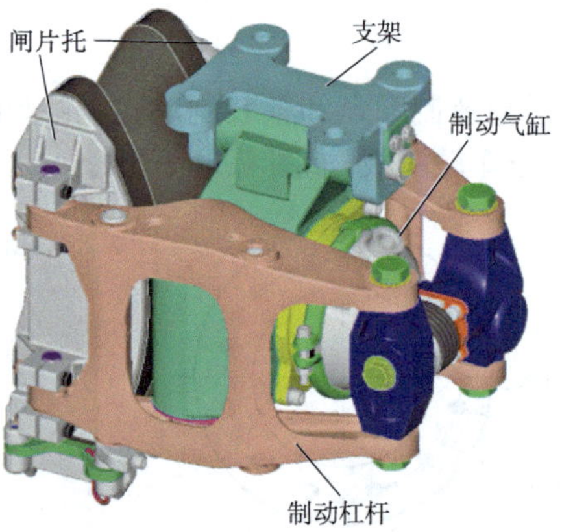

图 5.40 WZK 紧凑式制动卡钳的结构

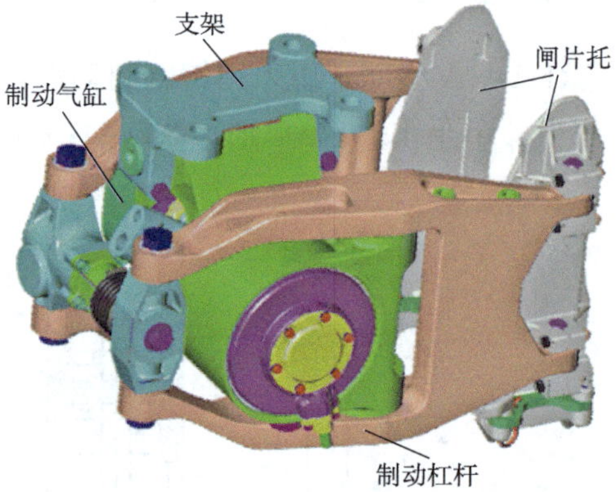

图 5.41 RZS 紧凑式制动夹钳的结构

5.8.4 闸 片

CRH1A-A 型动车组采用耐温、耐磨的燕尾型粉末冶金闸片，浮动式结构能够提高盘片接触均匀性，使制动盘各部分热负荷更加均匀，如图 5.42 所示。

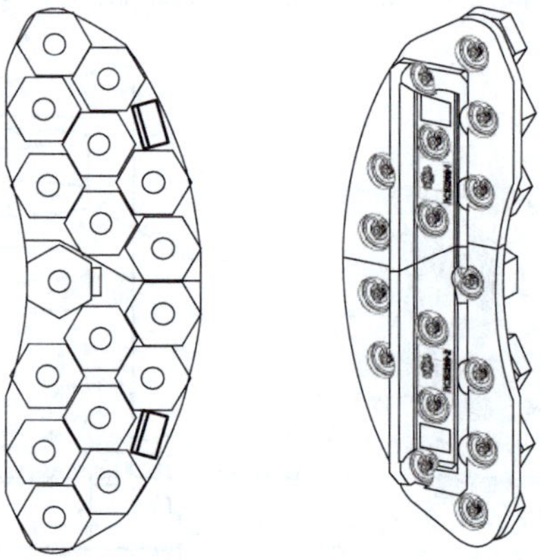

图 5.42 燕尾型粉末冶金闸片

5.9 安全检测

CRH1A-A 型动车组装有轴承温度监控系统、WSP 速度传感器、LKJ 速度传感器、ATP 速度传感器和过分相检测装置等安全检测系统。

5.9.1 温度监控传感器

CRH1A-A 型动车组每个转向架每个轴端均装有轴承温度监控传感器，温度监控系统中的传感器部件安装在转向架上，其他监控部件安装在车上，包括轴箱轴承温度监控，齿轮箱温度监控和电机温度监控，如图 5.43 所示。

在运行中实时监控轮对轴承的温度，当温度超过设定值时，车辆将自动报警或者实施紧急制动停车。

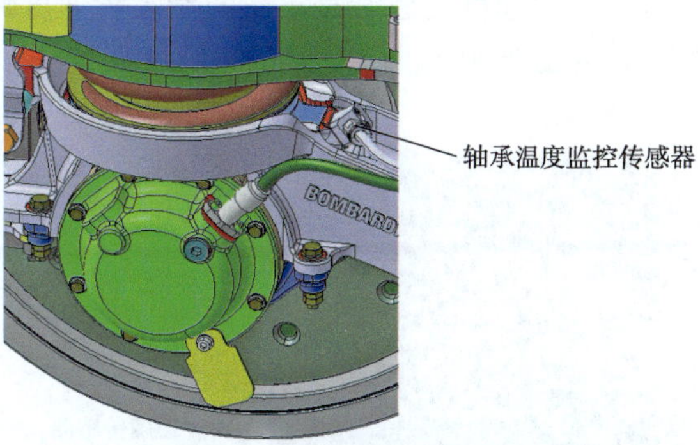

图 5.43 轴箱轴承温度监控系统(BMS)

CRH1A-A 型动车组每个动力转向架每个齿轮箱均装有四个温度监控传感器，每个牵引电机均装有两个温度监控传感器，在运行中实时监控齿轮箱和牵引电机的温度，如图 5.44 和图 5.45 所示。

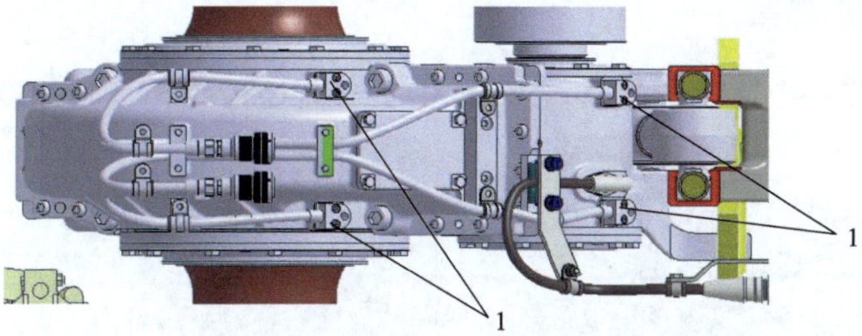

图 5.44 齿轮箱温度监控系统(BMS)

1—温度监控传感器

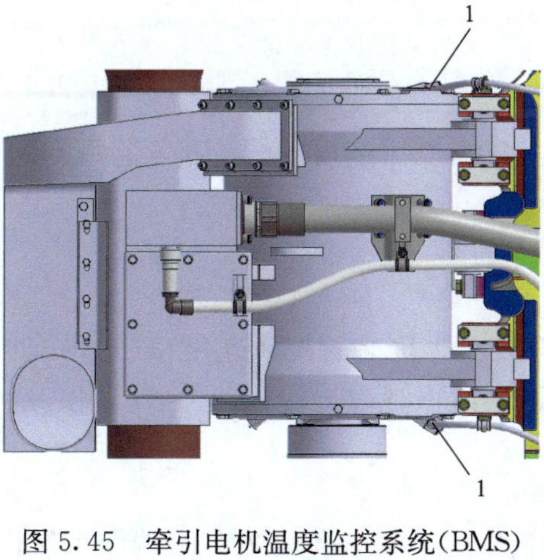

图 5.45 牵引电机温度监控系统(BMS)

1—温度监控传感器

5.9.2 WSP 速度传感器

WSP(Wheel Slide Protection)速度传感器是车轮防滑装置速度传感器,该系统是防止制动期间车轮打滑,CRH1A-A 型动车组转向架每根轴上均装有一个 WSP 速度传感器,如图 5.46 所示。

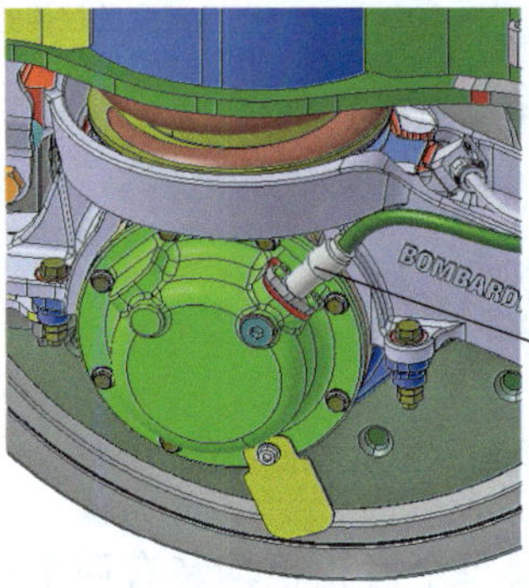

图 5.46 WSP 速度传感器

5.9.3 齿轮箱速度传感器

每个齿轮箱安装一个速度传感器,在运行中实时监控齿轮箱运转速度,如图 5.47 所示。

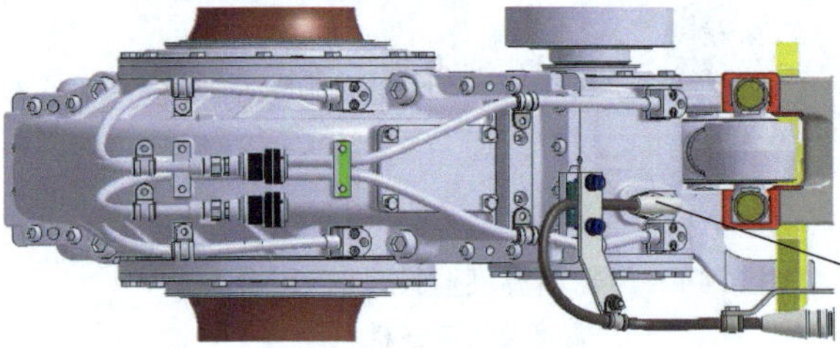

图 5.47 齿轮箱速度传感器

5.9.4 LKJ 速度传感器

LKJ 速度传感器为 LKJ 系统提供速度信号,动车组每列两个头车四个转向架均装有 LKJ 速度传感器,如图 5.48 所示。

5.9.5 ATP 速度传感器

ATP 速度传感器为列车安全保障装置提供速度信号,动车组每列车的第 2 车和第 7 车两端两个转向架装有 ATP 速度传感器,如图 5.49 所示。

5.9.6 过分相检测装置

CRH1A-A 型动车组每列车的第 2 车和第 7 车两端两个转向架上安装有过分相检测装置,每个转向架上装有两个过分相检测装置,装置安装在转向架构架侧梁底面正下方,如图 5.50 所示。

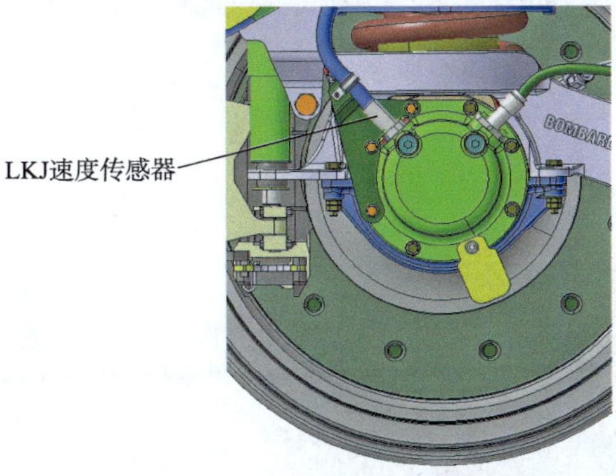

图 5.48　LKJ 速度传感器

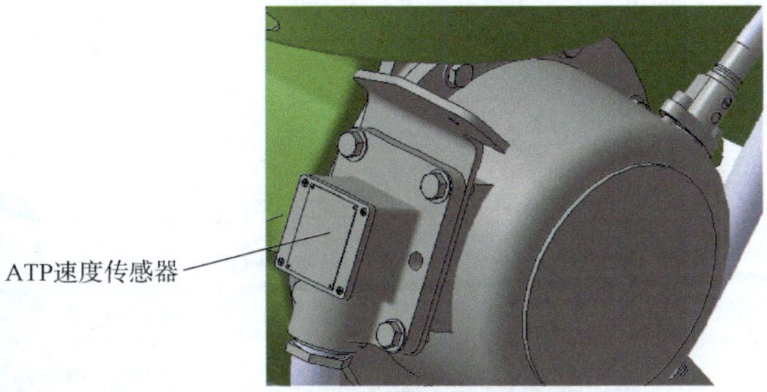

图 5.49　ATP 速度传感器

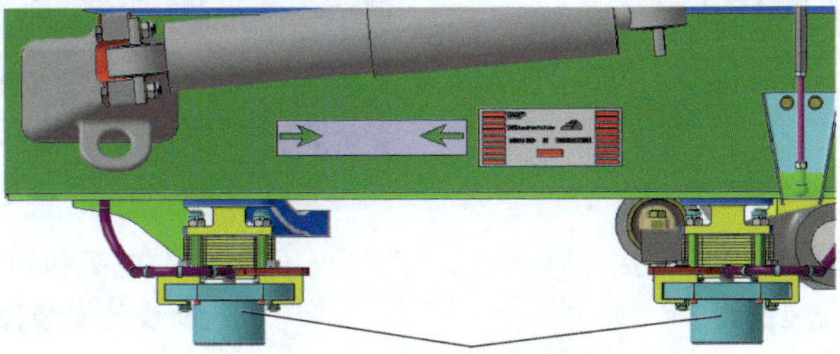

图 5.50　过分相检测装置

5.10　接地装置

接地装置主要作用是保证车上电流顺利的传向铁轨并最终流向大地。

CRH1A-A 型动车组每个转向架至少安装一个接地装置，接地装置主要功能是保证车体和铁轨之间形成连续的低电阻连接，接地装置都安装在轴端，从车体接出的电缆通过接线端子和回流电刷装置相连，电刷确保了车体和转向架与铁轨之间的良好接地，电流通过电缆、接地电刷、车轴和车轮最终流向轨道与大地相连，如图 5.51 所示。

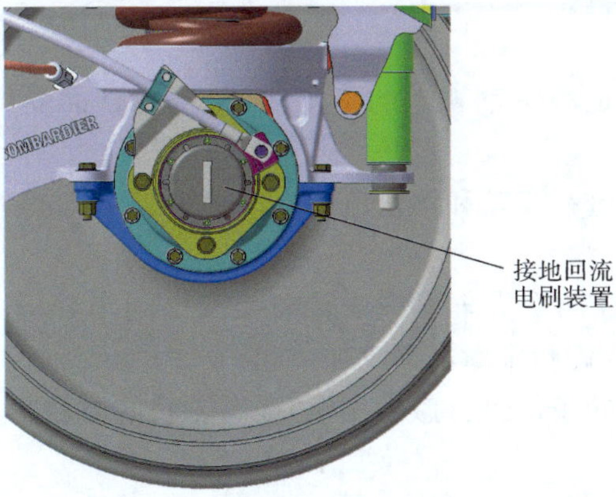

图 5.51　接地回流电刷装置安装位置

电机与构架之间，构架与轮对之间均有接地线连接，如图 5.52 和图 5.53 所示。

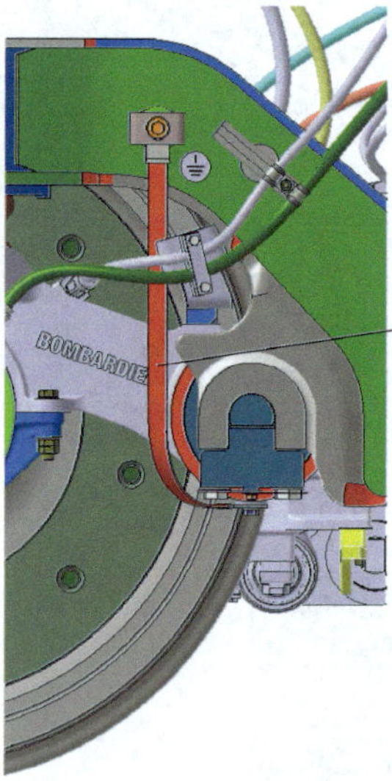

图 5.52 构架与轮对之间接地线的安装位置

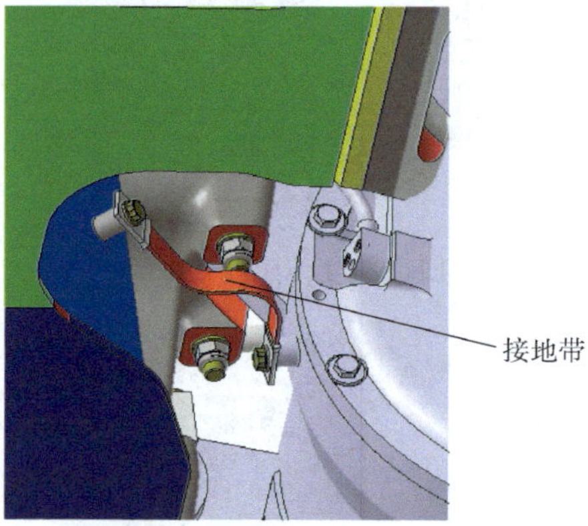

图 5.53 电机和构架之间接地线的安装位置

5.11 轮缘润滑装置

轮缘润滑装置主要作用是降低轮缘和轨道摩擦所造成的磨损和产生的噪声，可以有效地减少轮缘损耗，减少车轮旋修次数，如图 5.54 所示。

CRH1A-A 型动车组在两端头车第一个转向架第一根轴的两个车轮前方安装有轮缘润滑装置，轮缘润滑喷嘴安装在撒砂支架上，该装置按照列车的运行方向、运行速度和一定的时间间隔对轮缘进行润滑。

5.12 排障撒砂装置

排障装置的主要作用是清除钢轨上的障碍物，将车轮踏面受损和转向架出轨的风险率降到最低，如图 5.55 所示。

撒砂装置的作用是通过在车轮和钢轨轨面之间撒砂增大摩擦系数，进而增大制动效率，避免车轮打滑。

CRH1A-A 型动车组在两端头车第一个转向架及中间车(5 车)两端转向架上安装有撒砂装置，其中头车的撒砂装置和排障器集成在一起。

撒砂装置则按照设定的条件进行撒砂工作，提高轮轨的摩擦力，防止车轮打滑。

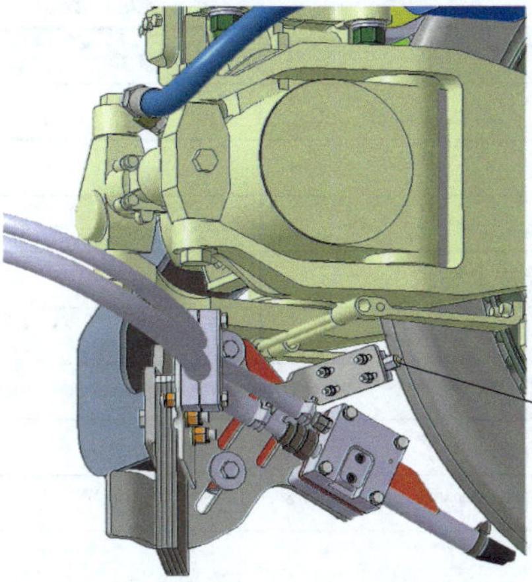

图 5.54　轮缘润滑装置

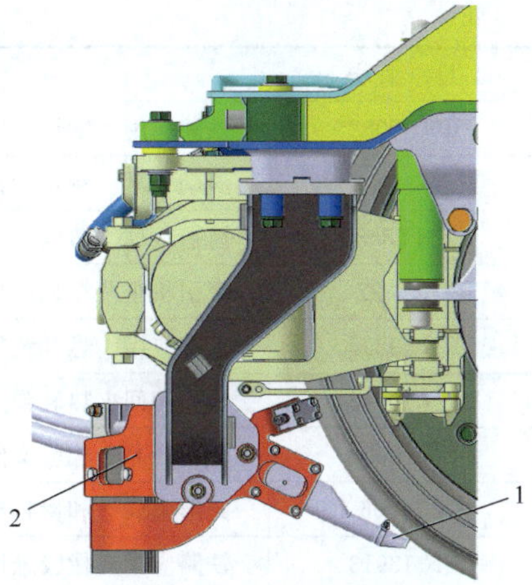

图 5.55　排障撒砂装置

1—撒砂喷嘴；2—排障器

5.13　主要引用标准

转向架的设计和制造主要引用的标准见表 5.2。

表 5.2　转向架设计和制造主要引用标准

标准编号	标准名称
EN 13749	铁路应用　轮对和行走机构　转向架结构要求的方法
EN 15085	铁路应用　铁路车辆和部件的焊接
EN 13260	铁路应用　轮对和转向架轮对　生产要求
EN 13261	铁路应用　轮对和转向架　车轴　产品要求
EN 13262	铁路应用　轮对和转向架　车轮　产品要求
EN 13103	铁路应用　轮对和转向架　非动力轴　设计方法
EN 13104	铁路应用　轮对和转向架　主动轴　设计方法
EN 13979	铁路应用　轮对和转向架　整体式车轮　技术验收程序
EN 5817	焊接　钢、镍、钛及其合金的熔化焊接头(束焊除外)　缺欠质量等级
EN 10028-3	承压用扁平钢产品　第 3 部分　正火的可焊接细晶粒钢
EN 10213	压力用铸钢件
GB/T 5599	机车车辆动力学性能评定及试验鉴定规范
EN 14363	铁路应用　测试运行的铁路车辆特性的验收　运行性能试验和稳定性试验
EN 13715	铁路机车车辆　轮对和转向架　车轮—踏面轮廓
DVS 1612	轨道车辆制造中钢材焊接的设计和疲劳强度评价
UIC 510-5	实心车轮技术认证规程
EN 12080	铁路应用　轴箱　滚动轴承
EN 12081	铁路应用　轴箱　润滑脂

续上表

标准编号	标准名称
EN 12082	铁路应用　轴箱　性能试验
ISO 281	滚动轴承　额定动载荷和额定寿命
EN 1563	铸造　球墨铸铁
UIC 822	牵引机车及车辆用热圈或冷圈螺旋压缩弹簧的供货技术要求
EN 13298	铁路应用　悬挂装置部件　钢质螺旋弹簧
EN 10089	淬火和回火热轧弹簧钢　交货技术条件
EN 10204	金属产品　检验文件类型
EN 13906-1	圆形金属丝和棒材制柱形螺旋弹簧　计算和设计　第 1 部分:压缩弹簧
EN 13913	铁路应用　橡胶悬挂部件　弹性体机械部件
VDA 621-415	汽车油漆、化妆品、电子及电器零部件:盐雾(腐蚀)试验标准
EN 13597	铁路应用　橡胶悬挂元件　空气悬挂弹簧橡胶模板
ISO 188	硫化橡胶或热塑性橡胶　加速老化和耐热试验
ISO 1431	硫化或热塑橡胶　耐臭氧性
ISO 1817	硫化橡胶　耐液体作用的测定
DIN 53504	橡胶弹性体试验
DIN ISO 815	硫化橡胶和热塑性弹性体的压缩变形的测定
DIN ISO 34	硫化橡胶或热塑性橡胶　撕裂强度的测定
DIN 53512	胶和弹性体的检验　回弹性的测定
DIN 5510	铁路车辆预防性防火
ISO 1432	硫化橡胶　低温硬化(格曼试验)测定
ISO 11345	橡胶　炭黑和炭黑/硅土分散性的评估　快速比较法
DIN ISO 8062	产品几何量技术规范(GPS)　模型配件的尺寸和几何公差
EN 13802	铁路用悬挂部件　油压减振器
ISO 2859-1	计数检查的抽样程序　第 1 部分:用合格质量标准(AQL)指标进行批检验的抽样计划
EN 50126	铁路设施　可靠性、可用性、可维修性和安全性(RAMS) 的规范和论证
UIC 541-3	制动　盘形制动及其应用　闸片批准使用的一般规定

6

前端及司机室

6.1 概　　述

CRH1A-A 型动车组设有两个相同操作功能的司机室，分别设在动车组两端的 Mc1a 和 Mc2a 车上，位置如图 6.1 所示，便于列车的双向驾驶。司机室内部为司乘人员提供了良好的人机界面、便利的操作空间和充分的瞭望条件，同时设置有基本的辅助设施，为司乘人员提供安全、可靠、健康、舒适的工作环境。

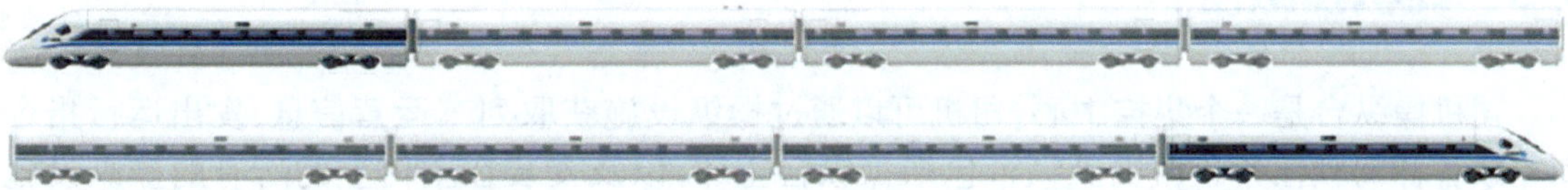

图 6.1　司机室位置

司机室内设备的布置符合人机工程原理且满足单司机操作的要求，对操作区域按功能和操作级别进行了划分，司机不必离开司机室即可操作驾驶时需要操作的设备；车辆运行时不需要操作的设备或开关没有布置在操纵台面上，而是布置到司机室电气柜中。

司机室瞭望条件符合 UIC 651 坐姿的相关要求。

6.2 司机室布置

司机室是司机的作业空间，主要布置有操纵台、司机安全脚踏、司机座椅、司机室电气柜、辅助司机座椅、照明等装置。操纵台上布置了主要操纵设备，对全列车的牵引、制动、空调、车门等系统进行控制，同时可检测列车运行信息，以保证列车高速、准时、安全运行。

司机室位于带有司机室的动车的一位端，由司机室后墙和门将司机室与其他功能区间隔开来，为司机划分出一个安全、独立、操作方便的操作空间，为维护人员提供一个易于检修操作的工作空间。司机室内装设计则是在满足使用功能与安全的基础上，为司机营造一个美观、舒适的驾驶环境。

司机室前挡风玻璃视野开阔，方便司机观察前方线路和信号。司机室的左右两侧装有固定式侧窗，以便司机观察列车两侧线路、停车标记和站台的情况。司机操纵台居中布置于司机室前部，操纵台上安装有驾驶列车和显示运行状态信息的人机界面设备，司机座椅位于操纵台正后方。靠近司机室后墙左侧为电气柜、右侧为电气柜和储物柜。司机室布置如图 6.2 所示。

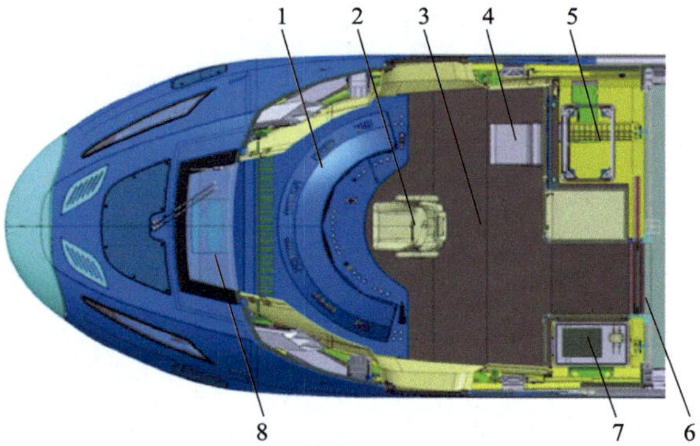

图 6.2　司机室布置

1—司机操纵台；2—司机座椅；3—司机室地板；4—司机室辅助座椅；
5—K1 电气柜和储物柜；6—司机室后墙和门；7—K2 电气柜；8—前挡风玻璃

6.3　司机操纵台

司机操纵台是一个集控中心，司机可以通过操纵设施获取列车运营信息、发出运行指令和完成各种驾驶任务。司机操纵台包括操纵台主体，以及安装在主体上的所有的操纵设施(包括司机控制器，各种按钮、开关和指示灯，仪器仪表，手持机以及显示器)。

6.3.1　操纵台结构

司机操纵台采用整体预组装的设计理念，整体分为上、下两大部分，如图 6.3 所示。上面为操纵台面，通过内部框架连接成为一个整体结构。下面分为左、中、右 3 个部分，左、右两部分都是电气柜＋盖板的结构，盖板设置旋转式检查门，方便电气柜内部设备的检修。中间部分为独立的司机安全脚踏，表面覆盖与客室相同型号的地板布，保持与地板的外观一致。

6.3.2　操纵台布局

司机操纵台设备布局分为如图 6.4 所示的以下区域：仪表盘区、台面区、台面外围扩展区。仪表盘区主要布置各系统显示设备；台面区域主要布置司控器以及行车过程中重要的操作设备；台面外围扩展区布置行车过程中不需要操作的设备。

操纵台细分为以下几个区域：

(1)仪表盘区划分为：列车无线设备区、冗余 TCMS 显示器区、主自动列车保护显示器区、主 TCMS 显示器区、备用自动列车保护显示器区和压力表区；

(2)台面区域划分为：左侧操作区、主操作区和右侧操作区；

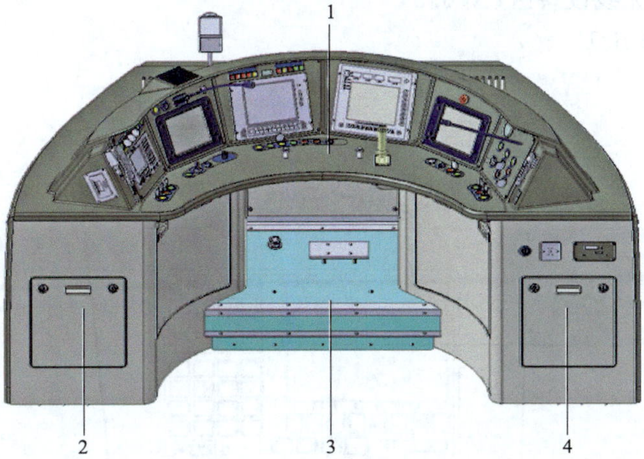

图 6.3　司机操纵台结构

1—操纵台面；2—左侧电气柜；3—司机室安全脚踏；4—右侧电气柜

(3)台面外围扩展区划分为：台面左侧外围区域、台面右侧外围区域、左侧盖板区域和右侧盖板区域。

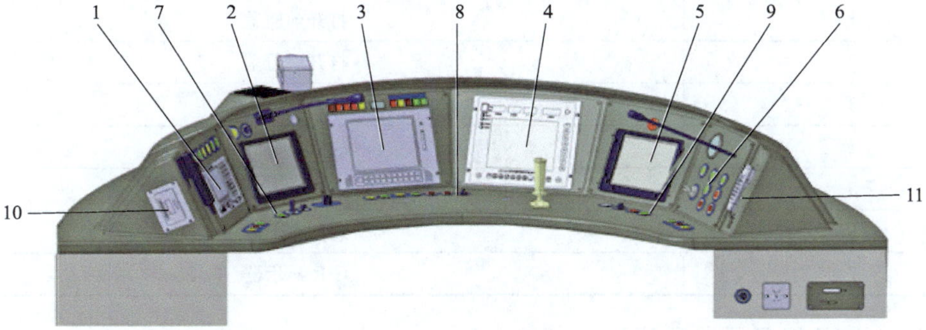

图 6.4　操纵台布局

1—按钮和列车无线设备区：遮阳帘、挡风玻璃加热、CIR 显示器等；
2—冗余 TCMS 显示器区：备用 TCMS 显示器、照明等；
3—列车自动保护系统 1：LKJ 显示器、DSD 报警、目标速度显示器等；
4—列车自动保护系统 2：ATP 显示器；
5—主 TCMS 显示器区：主 TCMS 显示器、紧急制动按钮；
6—压力计和制动区：双针压力表、停车制动、制动试验等；
7—左侧操作区：风笛、左侧门控按钮、雨刷及其他；
8—主操作区：过分相、网侧电压及其他；
9—右侧操作区：司控器、右侧门控及其他；
10—台面左侧外围区域：CIR 打印机、EOAS 前部摄像机；
11—台面右侧外围区域：PIS 手持机、脚踏电加热、插座、数据转储器

6.3.2.1　仪表盘区

仪表盘区的主自动列车保护显示器区和备用自动列车保护显示器区只安装了相应的显示器，其他区域则布置了需要操作的按钮和需要观察的指示灯。

(1)按钮和列车无线设备区(图 6.5)

各部件功能见表 6.1。

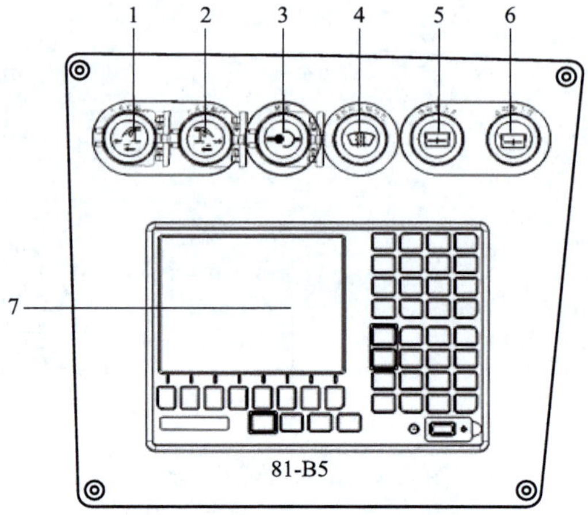

图 6.5 按钮和列车无线设备区

表 6.1 各部件功能

序号	功　能
1	打开前舱盖
2	打开后舱盖
3	请求解编
4	风挡玻璃加热
5	遮阳帘上升
6	遮阳帘下降
7	CIR 显示器

(2)冗余 TCMS 显示器区(图 6.6)

各部件功能见表 6.2。

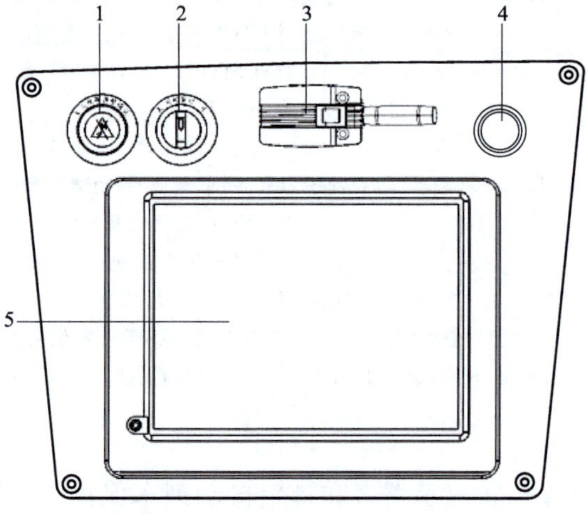

图 6.6 冗余 TCMS 显示器区

表 6.2　各部件功能

序号	功　能
1	消音 A 级错误确认
2	司机室顶灯
3	阅读灯
4	拾音器
5	IDU 显示器 2

(3)列车自动保护系统Ⅰ(图 6.7)

各部件功能见表 6.3。

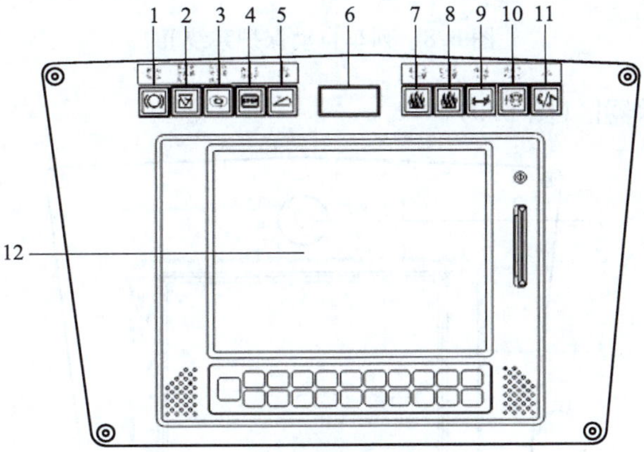

图 6.7　列车自动保护系统Ⅰ

表 6.3　各部件功能

序号	功　能
1	制动应用
2	紧急制动回路断开
3	安全制动回路断开
4	停车故障
5	DSD 报警
6	目标速度显示器
7	火警(本列)
8	火警(临列)
9	轴温报警
10	外部电源连接
11	占线
12	LKJ2000 显示器

（4）列车自动保护系统Ⅱ（图 6.8）

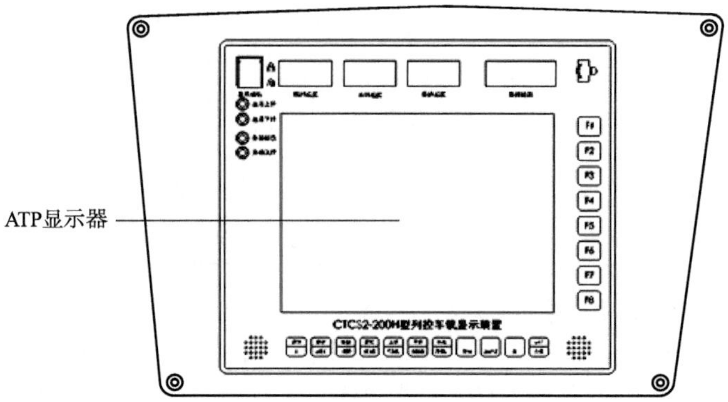

图 6.8　列车自动保护系统Ⅱ

（5）主 TCMS 显示器区（图 6.9）

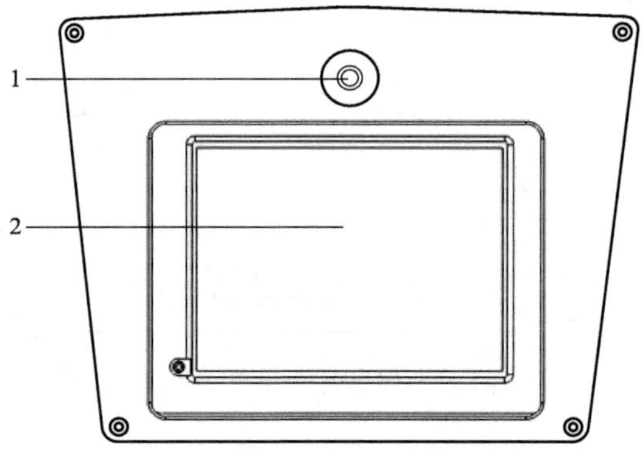

图 6.9　压力表区

1—紧急制动按钮；2—IDU 显示器 1

（6）压力计和制动区（图 6.10）

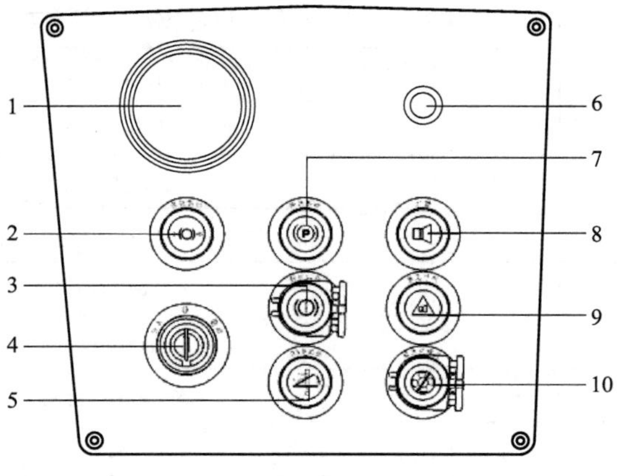

图 6.10　压力表区

1—双针压力表；2—保持制动；3—制动测试；4—司机室激活开关；5—DSD 测试；6—鹅颈麦克风；7—停车制动；8—广播；9—紧急呼叫；10—空调紧急关

6.3.2.2 台面区(图 6.11)

台面区各按钮功能见表 6.4。

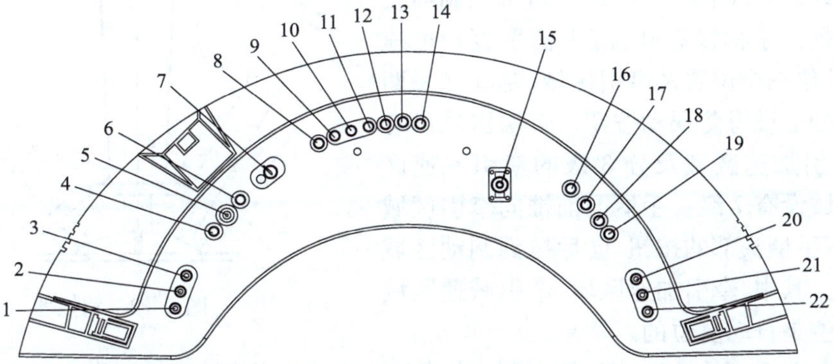

图 6.11 台面区

表 6.4 台面区各按钮功能

序号	区 域	功 能
1	左侧操作区	释放左侧门
2		打开左侧门
3		关闭左侧门
4		准备离站
5		汽笛(高/低)
6		头灯
7		雨刷选择开关
8	主操作区	司机安全设备
9		激活高压
10		停用高压
11		手动操作过分相
12		旁路牵引安全回路
13		旁路旅客紧急制动
14		撒砂
15		司控器
16	右侧操作区	操纵杆工作模式
17		速度自动调节
18		倒车
19		隧道模式
20		关闭右侧门
21		打开右侧门
22		释放右侧门

6.3.2.3 司 控 器

司控器位于操纵台面的右手侧，是司机操作列车的主要设备，如图 6.12 所示。司机控制器设置有一个手柄。手柄设有 0 位（手柄垂直）、恒速位、紧急制动位三个位置及牵引区域、制动区域两个区域。手柄上设有防误动按钮。牵引区域设有分 3 级的牵引加速区域及分 3 级的牵引减速区域。制动区域设有 7 级。手柄向前推向牵引区域时，必须按下手柄头部的按钮，向后拉到制动区域不需按按钮。其中，牵引加速区域、牵引减速区域相对于恒速位是自动复位的。

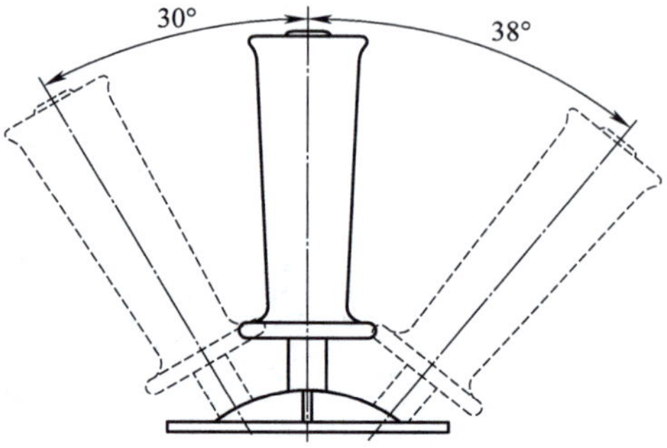

图 6.12 司控器

司机控制器手柄的转动，通过与手柄连接的两个光电格雷编码器输出牵引、制动指令，手柄转到紧急制动时，通过紧急制动开关输出紧急制动指令。

6.4 司机座椅

司机座椅是动车组司机室关键部件之一，为司机驾驶提供安全支撑和防护以及适宜的驾驶位置，它的性能优劣直接关系到司机驾驶列车的舒适性和安全性。CRH1A-A 型动车组采用单司机坐姿驾驶模式，司机座椅居中布置。司机座椅在选型时遵循了以下原则：

（1）具有足够的机构强度、刚度和寿命，能够为司机提供足够的支撑和保护；

（2）座椅应易于调节，并有充分的调节余量以满足不同身高驾驶人员的舒适性和操作方便性，获得良好的驾驶视野；

（3）座椅必须能使驾驶人员迅速离开其工作位置，因此座椅需能以限位锁定的方式停止在驾驶位置，可以通过释放锁止机构、旋转座椅来实现该目的；

（4）座椅的阻尼必须尽可能与车体阻尼相适应。

司机座椅配置有可以调节的头靠、靠背、扶手和座垫，以及高度调节模块、前/后调节调节模块和旋转调节模块等部件，通过安装底座与车体进行连接，司机座椅的结构如图 6.13 所示。司机座椅的基本功能如下：

（1）前/后调节：前后调节行程 240 mm，向前 210 mm，向后 30 mm；

（2）高度调节：调节范围为 80 mm，通过向上提拉实现；

（3）旋转调节：旋转调节可通过旋转调节手柄实现±30°，±90°，±180°，±360°调节；

（4）头靠：调节范围为 75 mm，3 级调节，无操作手柄，直接推/拉头靠进行操作；

（5）靠背：调节范围为 90°，无级调节，通过靠背调节手柄操作；

（6）扶手：可折叠至竖向位置，与靠背平行，通过滚轮操作；

（7）座垫：坐垫深度调节范围为 75 mm，通过手柄操作；

（8）体重调节：调节范围 50 kg 到 130 kg。

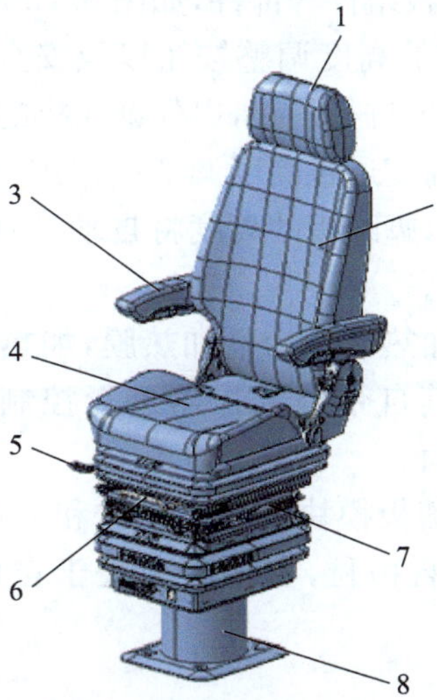

图 6.13　司机座椅结构

1—头靠;2—靠背;3—扶手;4—座垫;5—坐垫调节机构;
6—前/后调节机构;7—高度调节结构;8—底座

6.5　司机室辅助座椅

司机室辅助座椅位于司机座椅右后方,通过安装支架固定在司机室右侧电气柜上。司机室辅助座椅在不使用时可自动收起。辅助座椅收起状态如图 6.14 所示。

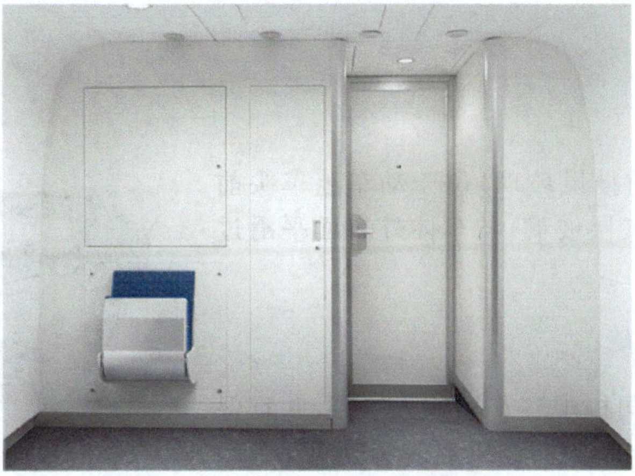
图 6.14　司机室辅助座椅收起状态

6.6　司机安全脚踏

CRH1A-A 型动车组司机安全脚踏采用模块化设计,包括脚踏板、升降托盘、导向装置、升降控制组件、触发机构和安全踏板组件等部件，如图 6.15 所示。安全踏板组件和加热原件位于脚踏板的背面，需要司机操作的高度调整按钮以及安全踏板组件的安全踏板位于脚踏的正面，脚踏板的高度可以根据需要进行调整，以保证司机的操作舒适性。

(1)高度调节功能：脚踏板的高度通过高度调节按钮进行调节，可停留在任意所需高度。升高操作，用脚踩压高度调整按钮，脚踏板的高度将自动升高；降低操作，用脚踩压高度调整按钮，另外一只脚用力下压脚踏板。

(2)电加热功能：司机脚踏的加热元件为电加热膜，加热功率为 180W，脚踏板表面的温度加热范围约为 23～30 ℃，由其自带的温控器进行控制；司机脚踏的电加热开关位于 TCMS 系统中的司机室舒适度界面。

(3)安全踏板模块功能：安全踏板模块设有自由位和下踏位两个工作位置，在两个位置为 DSD 分别提供不同的电信号；自由位，安全踏板处于自由状态；下踏位，用脚踩下安全踏板。

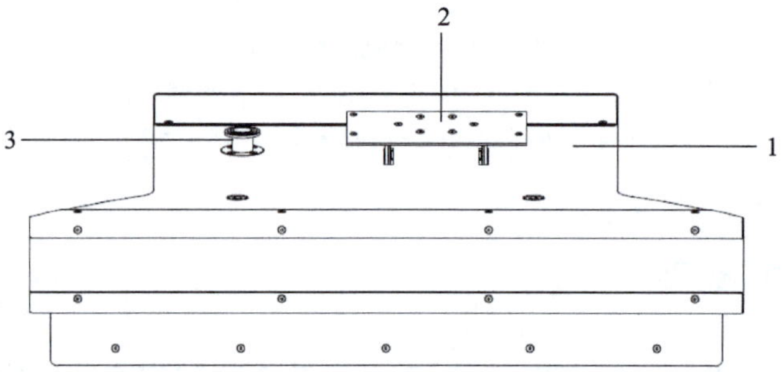

图 6.15　司机安全脚踏

1—脚踏板；2—安全踏板；3—高度调节按钮

6.7　司机室前窗

司机室前窗(即前挡风玻璃)位于动车组车头前部，采用适应曲面的夹层玻璃，与车体外表面平滑过渡，如图 6.16 所示。

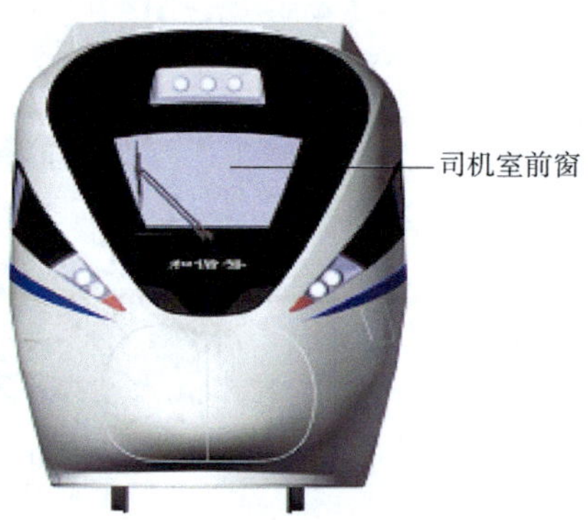

图 6.16　司机室前窗位置

6.7.1　司机室前窗功能

司机室前窗用于司机观察车辆前方区域，并且保护司机免受外部环境的影响。司机室前窗玻璃四周印有黑色丝网，可降低太阳光能量的射入，其内侧玻璃表面覆有防飞溅层，能够防止玻璃被冲击后产生飞溅对司乘人员造成伤害。

司机室前窗具备电加热功能(加热温度范围约为 15～30 ℃)，通过其自带的温控器来控制玻璃温度，以防止前窗玻璃结霜，为司机提供一个清晰的前方视野。

6.7.2 司机室前窗结构

6.7.2.1 司机室前窗玻璃结构

司机室前窗玻璃采用透明夹层安全玻璃，由内外两层化学钢化玻璃中间夹一层 PVB 胶片并在内层玻璃上覆一层防飞溅膜组成，如图 6.17 所示。

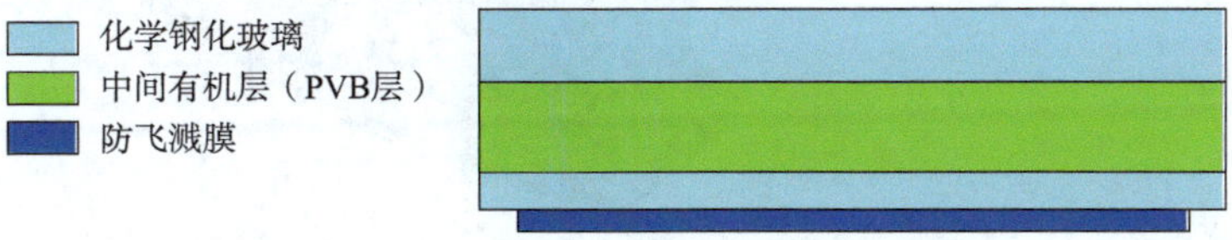

图 6.17 司机室前窗玻璃结构示意图

6.7.2.2 司机室前窗组成结构

司机室前窗为装配式前窗，采用“框架机械安装＋密封胶密封”的安装固定方式。前窗玻璃通过弹性粘接胶粘接到前窗铝合金边框上，铝合金边框上开设螺栓安装孔。

6.7.2.3 司机室前窗安装结构

司机室前窗与车体之间采用“螺栓连接＋周圈嵌入橡胶条且预置钢丝绳后施加密封胶密封”的安装方式。司机室前窗与车体的连接螺栓紧固后，在螺栓头上放置橡胶隔离片，再施加密封胶密封螺栓安装孔。

6.7.3 司机室前窗试验

6.7.3.1 力学性能试验

司机室前窗玻璃的主要力学性能试验如下：

(1)抗冲击性；

(2)散裂；

(3)鸟撞试验；

(4)抗砾石冲击性。

6.7.3.2 光学性能试验

司机室前窗玻璃的主要光学性能试验如下：

(1)透光度；

(2)副像偏离；

(3)光畸变；

(4)色度。

6.7.3.3 隔音隔热性能试验

(1)隔音性能；

(2)隔热性能。

6.7.4 司机室前窗电加热模式的选择

司机室前窗电加热功能具有加热模式，其电加热功能由位于司机操纵台上的“风挡玻璃加热”按钮控制，按钮的位置如图 6.18 所示。

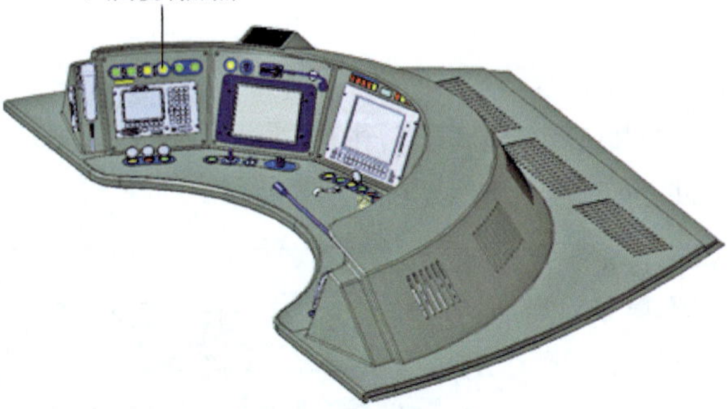

图 6.18　司机室前窗加热旋钮位置

6.8　司机室遮阳帘

司机室遮阳帘位于动车组车头前部司机室前窗下方，如图 6.19 所示。

图 6.19　司机室遮阳帘位置

6.8.1　司机室遮阳帘功能

司机室遮阳帘用于遮蔽司机室前窗玻璃，以保护司乘人员在车辆运行过程中免遭强烈的太阳光照射而引起头晕、目眩等不良情况。

6.8.2　司机室遮阳帘结构

司机室遮阳帘为单片式电动遮阳帘，由滑轨、卷帘、驱动单元、电路控制模块、限位开关等组成，如图 6.20 所示。

6.8.3　司机室遮阳帘使用操作方法

司机室遮阳帘具有上升和下降两种动作模式，由位于司机操纵台上的“遮阳帘上升”按钮和“遮阳帘下降”按钮控制，按钮位置和操作如图 6.21 和图 6.22 所示。

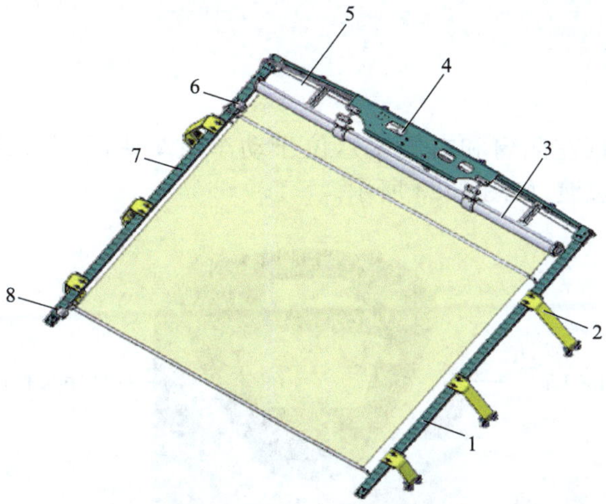

图 6.20 司机室遮阳帘结构

1—左滑轨组成;2—安装支架;3—卷帘组成;4—驱动单元;
5—钢丝绳组成;6—上限位开关;7—右滑轨组成;8—下限位开关

6.8.3.1 有电状态操作

按动"遮阳帘上升"按钮:遮阳帘上升,松手即停;

按动"遮阳帘下降"按钮:遮阳帘下降,松手即停。

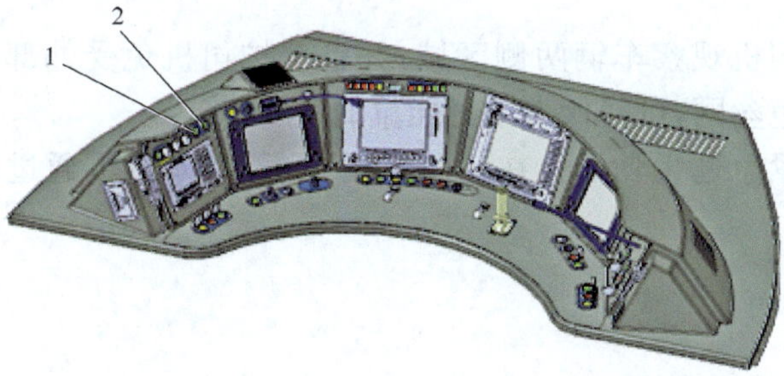

图 6.21 司机室遮阳帘操作按钮位置

1—"遮阳帘上升"按钮;2—"遮阳帘下降"按钮

6.8.3.2 无电状态操作

将四角钥匙 A 端插入"电机模块方孔"底部;

握住钥匙 B 端顺时针转动,则遮阳帘下降;逆时针转动,则遮阳帘上升。

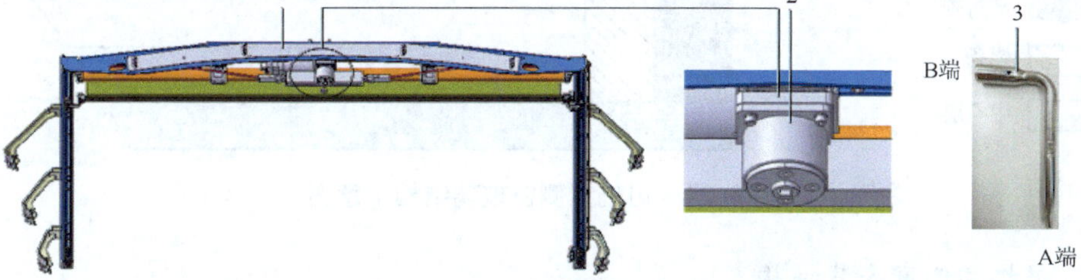

图 6.22 司机室遮阳帘无电状态操作示意图

1—司机室遮阳帘;2—电机模块方孔;3—钥匙

6.9 司机室侧窗

司机室有两个侧窗(左侧窗和右侧窗),位于动车组车头两侧,采用适应曲面的中空玻璃,与车体外表面平滑过渡,如图 6.23 所示。

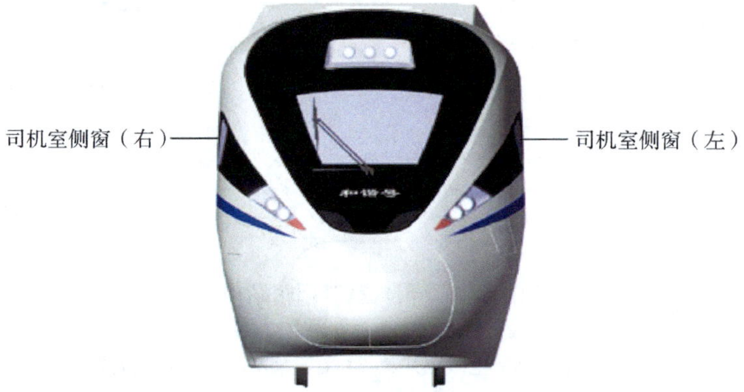

图 6.23 司机室侧窗位置

6.9.1 司机室侧窗功能

司机室侧窗用于司机观察车辆两侧区域,并且保护司机免受外部环境的影响。司机室侧窗玻璃四周印有黑色丝网,可降低太阳光能量的射入。

司机室侧窗具备紧急逃生功能。在紧急情况下,司乘人员可通过配备的安全锤敲碎窗玻璃进行逃生。

6.9.2 司机室侧窗结构

6.9.2.1 司机室侧窗玻璃结构

司机室侧窗侧窗玻璃采用中空安全玻璃,由外侧夹层玻璃(两层物理钢化玻璃中间夹一层 PVB 胶片)和内侧单片物理钢化玻璃中间夹气体层组成,如图 6.24 所示。

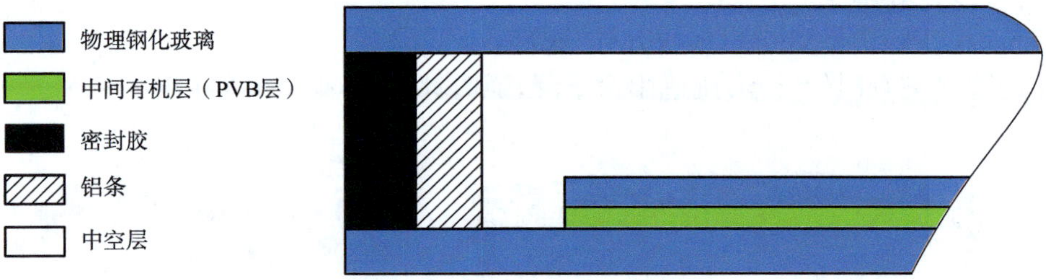

图 6.24 司机室侧窗玻璃结构示意图

6.9.2.2 司机室侧窗安装结构

司机室侧窗为固定式车窗,其与车体之间采用“弹性粘接胶粘接+周圈用密封胶密封”

的安装方式。

6.9.3 司机室侧窗试验

司机室侧窗的主要试验如下：

(1)风压疲劳试验；

(2)水汽密封耐久性试验；

(3)抗砾石冲击性试验；

(4)光畸变；

(5)隔声试验；

(6)隔热试验；

(7)逃生窗破坏性试验。

6.10 司机室电器柜

司机室内有四个电器柜，电器柜 14. K2 和 15. K1 分别置于司机室后端墙司机室门的左右两侧；11. DC、11. EC 分别置于司机室操纵台下部左右两侧，如图 6.25 所示。

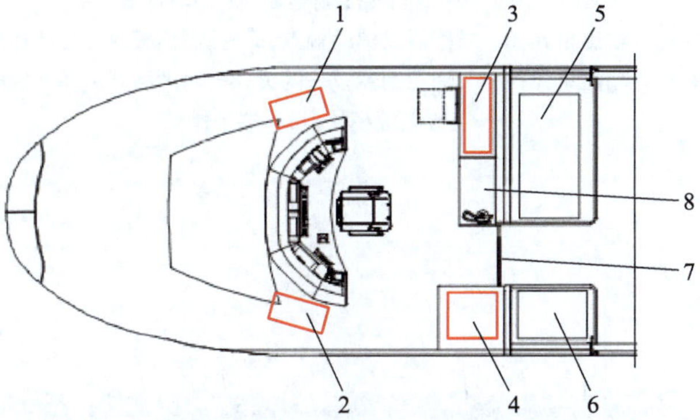

图 6.25 电器柜布置

1—11. EC 柜；2—11. DC 柜；3—15. K1 直流柜；4—14. K2 LKJ 电器柜；5—42. TP ATP 电器柜；6—客运备品柜；7—司机室门；8—司机室右侧储物柜

电器柜的功能主要是安放电器装置，右侧电器柜 15. K1 主要由 TCMS 系统设备组成，功能是负责处理和分配列车运行中各种内外数据；左侧电器柜 14. K2 主要由 LKJ 系统设备组成，功能是监测运行速度并防止超速。司机室内右侧电器柜 15. K1 柜内部电器布置情况如图 6.26 所示，15. K1 直流柜控制面板如图 6.27 所示，司机室内左侧电器柜 14. K2 柜内部电器布置情况如图 6.28 所示，司机室操纵台下部左电器柜 11. DC 柜内部电器布置情况如图 6.29 所示，司机室操纵台下部右电器柜 11. EC 柜内部电器布置情况如图 6.30 所示，司机室右侧储物柜如图 6.31 所示。

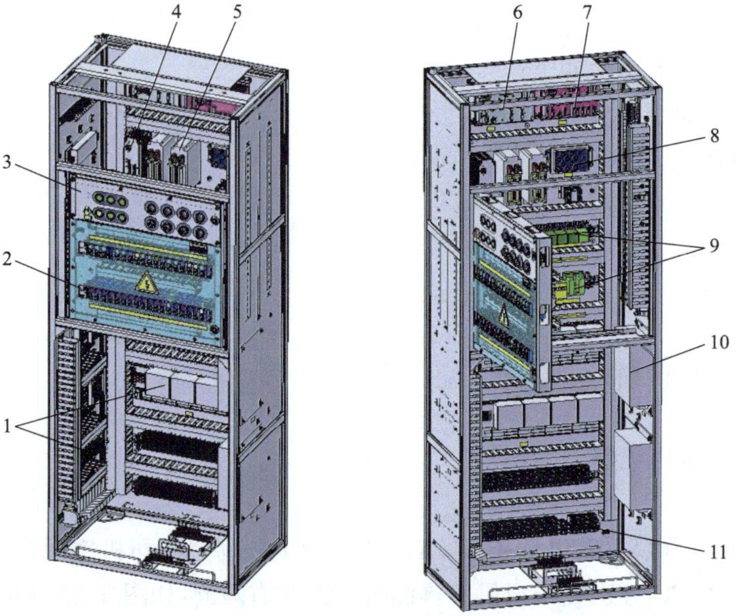

图 6.26　司机室内右侧电器柜 15.K1 柜

1—数字输入输出单元;2—断路器及辅助触点;3—控制面板;4—总线连接器;5—模拟输入输出单元;6—车辆控制器;7—网关;8—以太网开关;9—继电器;10—直流电源模块;11—端子排

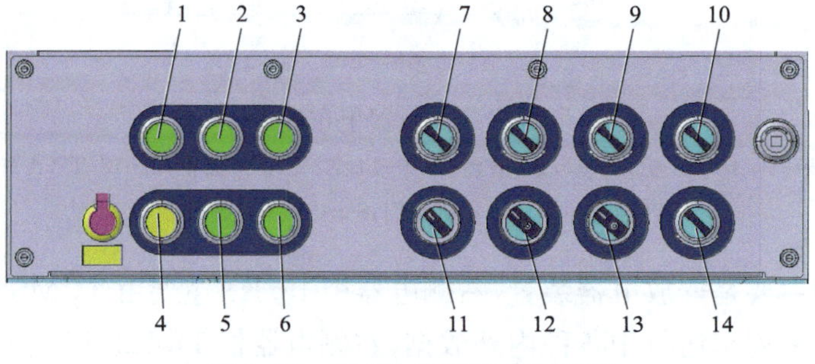

图 6.27　15.K1 直流柜控制面板

1—外部电源连接;2—蓄电池接通;3—空调开;4—辅助压缩机启动;5—蓄电池断开;6—防冻排空;7—BMS 旁路;8—EB/UB 零速互锁旁路;9—DSD 旁路;10—CCU EB 旁路;11—ATP 隔离开关;12—IDU 选择开关;13—救援模式:救援/回送;14—CCU EB 旁路

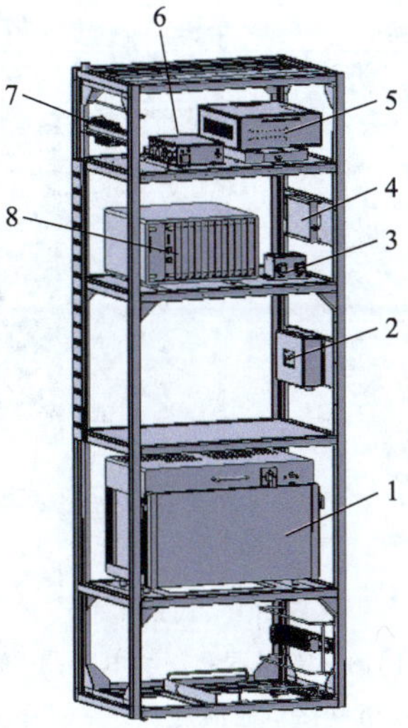

图 6.28　14. K2 LKJ 电器柜

1—LKJ2000 主机箱；2—LKJ2000 总线扩展盒；3—TAL93 通信接线盒；
4—合路器 5—TSC1 无线传输主机；6—CPS2000 主机；
7—端子排；8—TAX 安全记录仪

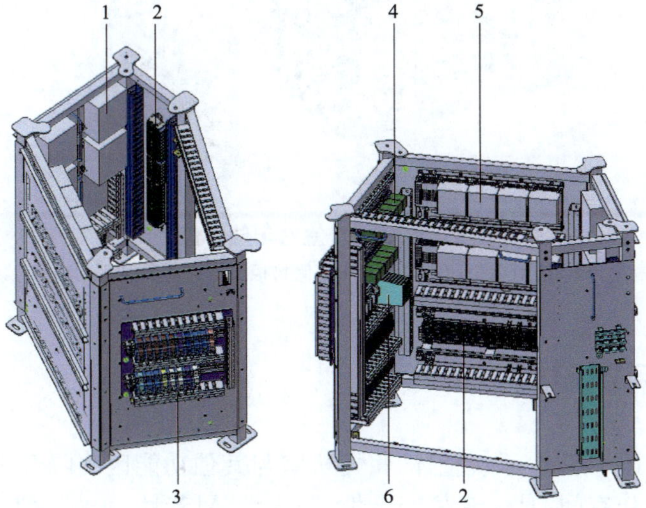

图 6.29　11. DC 柜

1—直流电源模块；2—端子排；3—断路器；4—继电器；
5—数字输入/输出模块；6—二极管模块

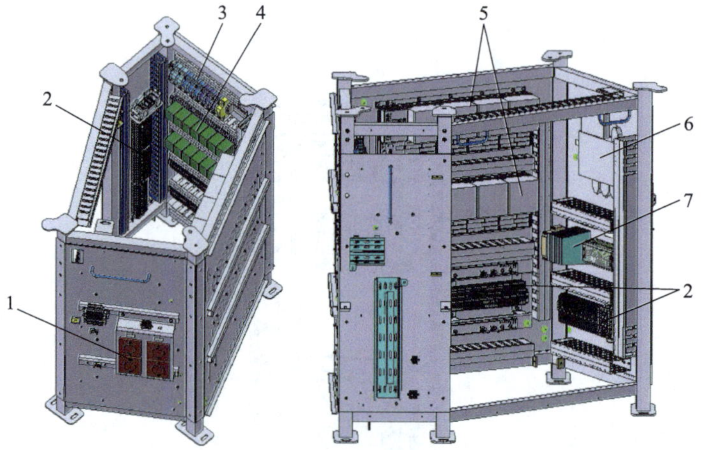

图 6.30　11. EC 柜

1—蜂鸣器；2—端子排；3—断路器；4—继电器；5—数字输入输出单元；
6—司机室接口通信盒；7—二极管模块

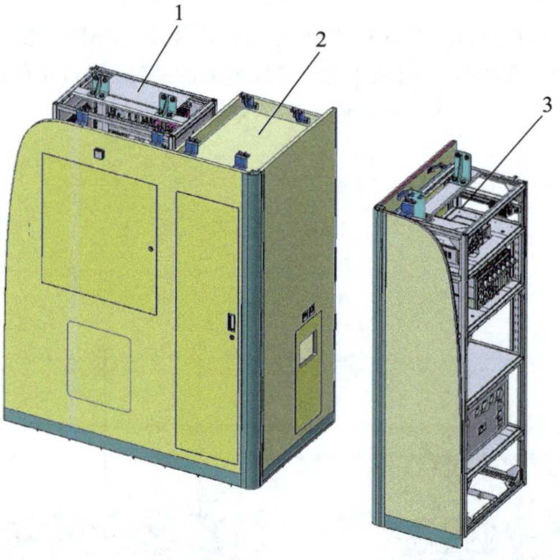

图 6.31　司机室右侧储物柜

1—15. K1 直流柜；2—司机室右侧储物柜；3—14. K2 LKJ 电器柜

6.11　司机室后墙和门

司机室后墙和门作为一个系统整体，将司机室与其他功能区间隔开来，为司机划分出一个安全的、独立的操作空间，是一套集安全性、防火性、隔音性、美观性为一体的司机室安全隔离系统，其布置如图 6.32 所示。

司机室门安装在司机室后端墙的铝型材框架上，为手动操作的单扇折页门，门板上设有观察窗，通过观察窗从司机室侧可以看到客室的情况。司机室门锁采用安全逃生锁，在司机室侧通过转动把手即可实现司机室门完全解锁；乘客侧为固定把手，只能通过专用钥匙解锁。司机室门净开度为 620 mm。

(1)司机室门常规状态为关门状态。

(2)门两侧把手是不同的,位于司机室侧的把手是活动的,向下按压可以打开司机室门;位于乘客侧的把手是固定的,需使用钥匙打开司机室门。

(3)活动门上部安装有闭门器,闭门器可以用来调节关门速度和停门位置,闭门器位置如图 6.33 所示。

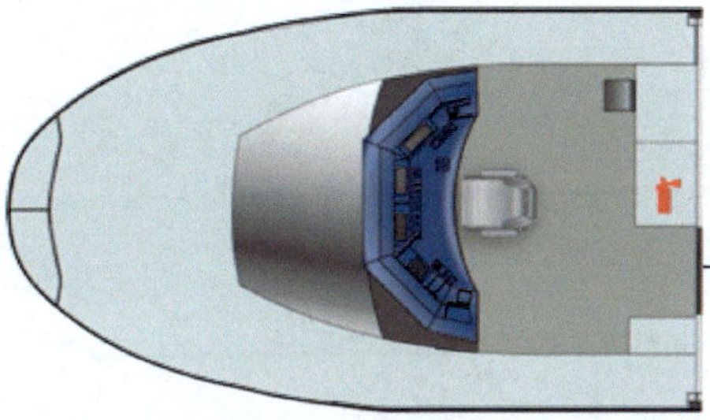

图 6.32 司机室后端墙和后门布置

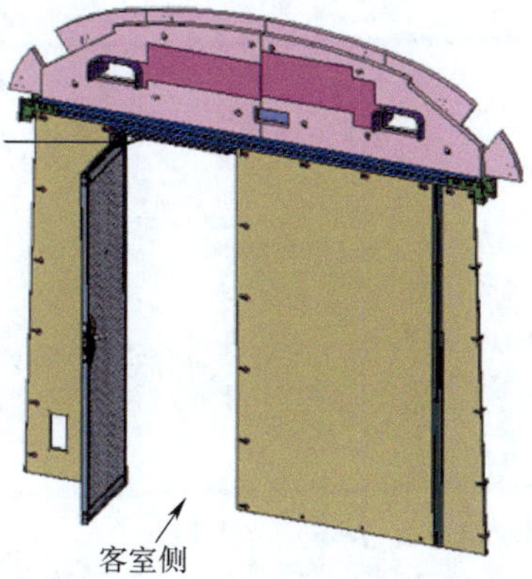

图 6.33 司机室门闭门器位置

(4)门底部装有门下密封装置,通过旋转铰链边端部的尼龙销调整门底密封间隙,直到关门后密封条下部完全接触到门槛。

(5)当门开度大于 350 mm 时,闭门器可以将司机室后门自动锁闭;在打开 80°时,闭门器可以将司机室后门保持在该位置静止。

(6)司机室门采用通用钥匙管理方案,通用钥匙可以开启同一个车型的所有司机室门。

(7)当锁芯损坏通用钥匙无法打开门锁时,可在客室侧通过紧急解锁功能实现解锁。

6.12 前照灯

司机室前照灯包括远光灯、近光灯和 LED 尾灯(图 6.34),远光灯和近光灯为氙气灯,尾灯为 LED 集成灯。氙气灯的灯泡和镇流器寿命约 3 000 h,LED 集成灯是整体免维护和整体更换的。

前照灯的运行操作具有如下特点:

司机通过操纵台上的旋钮开关来控制灯光组合,分别实现灯光的关闭、近光、混合灯光、全光四种灯光功能组合。近光模式是所有近光灯打开;混合模式是所有侧部灯以及顶部近光灯打开,此时具有较好照明效果同时又不干扰对向司机的视线;全光模式是所有前照灯打开,列车达到最佳照明效果。

连挂状态的两列列车,其连挂端的司机室所有前照灯被系统自动设定为不能打开。

尾灯由车辆 TCMS 控制同时点亮或者熄灭,无需人工干预。如果司机室未激活,但蓄电池电源已接通,列车两端红色尾灯被打开并闪烁。

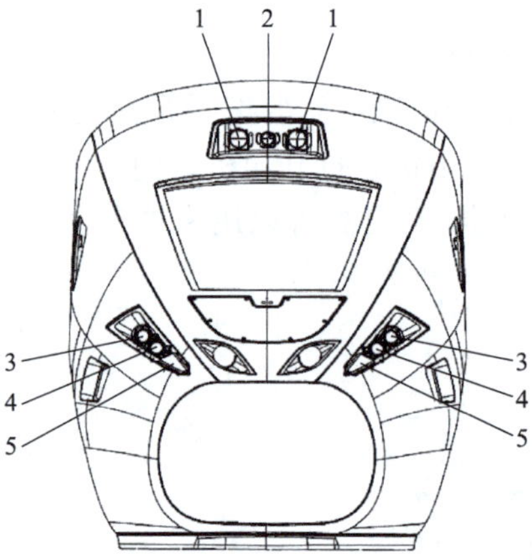

图 6.34 前照灯

1—顶部远光灯；2—顶部近光灯；3—侧部远光灯；4—侧部近光灯；5—侧部尾灯

6.13 风　笛

CRH1A-A 型动车组风笛是辅助司机进行安全提醒的一种安全功能装置，安装在车头前舱上部两侧区域，左侧为高音风笛，右侧为低音风笛，如图 6.35 所示。

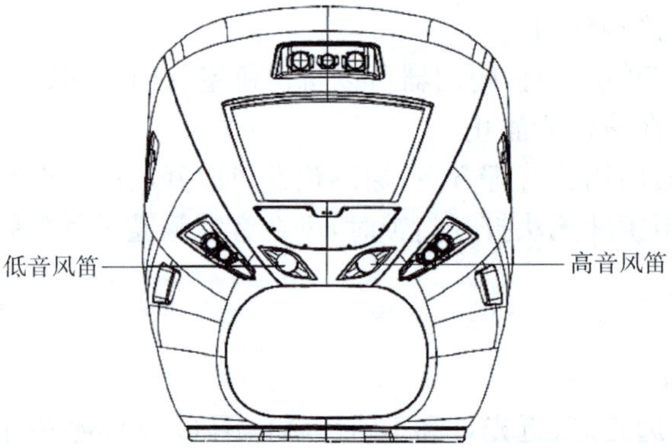

图 6.35 风笛

CRH1A-A 型动车组风笛系统主要由高音风笛、低音风笛、控制面板、供风管路及风笛开关组成，风笛开关位于司机室操纵台上。

6.14 刮雨器系统

司机室设有刮雨器系统，如图 6.36 所示。刮雨器系统用于风挡玻璃清洁，其主要目的是保持风挡玻璃上不会积存雨雪，并清理风挡玻璃上的污物（如昆虫等），可使列车司机在各种天气条件下看清车辆外面的信号。

通过司机操纵台上的 1 个刮雨器开关（图 6.37）可以对刮雨器进行操作：

(1)清洗：当需要进行冲洗前风挡玻璃时，可通过按下开关来实现；

(2)高速：当选择开关置此位时刮雨器以规定的快速连续动作；

(3)低速：当选择开关置此位时刮雨器以规定的慢速连续动作；

(4)长延时、短延时：当选择开关置此位时刮雨器以规定的速度连续动作；

(5)停止：当选择开关置此位时刮雨器停止工作。

图 6.36 刮雨器系统

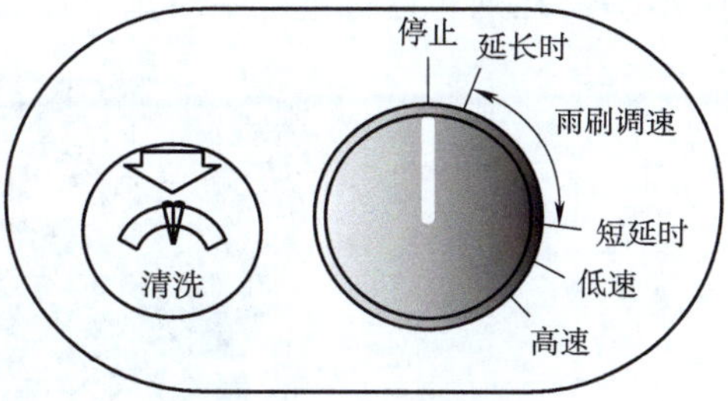

图 6.37 刮雨器开关

6.15 前端碰撞吸能防爬装置

CRH1A-A 型动车组前端碰撞吸能防爬装置为刨削式吸能装置，端部设有防爬齿，左右对称安装于车头前舱区域，分布在前端车钩两侧，如图 6.38 所示。

前端碰撞吸能防爬装置是车辆主要的能量缓冲装置之一，其主要功能是在车辆发生碰撞时吸收规定的能量，为撞击列车单元提供垂向补偿，以抵抗列车撞击时引起的垂向力，防止列车末端发生上冲现象。

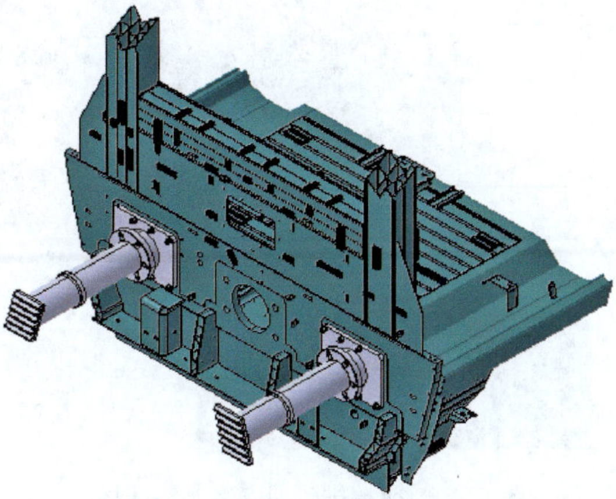

图 6.38 前端碰撞吸能防爬装置安装示意图

CRH1A-A 型动车组前端单个吸能装置的性能参数如下：

(1)缓冲载荷：900 kN；

(2)吸能行程：485 mm；

(3)吸收容量：436 kJ。

6.16 前端排障器

CRH1A-A 型动车组前端排障器通过螺栓安装在车头下部，在满足车辆限界要求下，排障器为整车车底最低设备，而且排障器为金属焊接结构，能够避免车外物体（如小石头或者小动物等）在列车运行过程中对车下设备造成冲击，如图 6.39 所示。

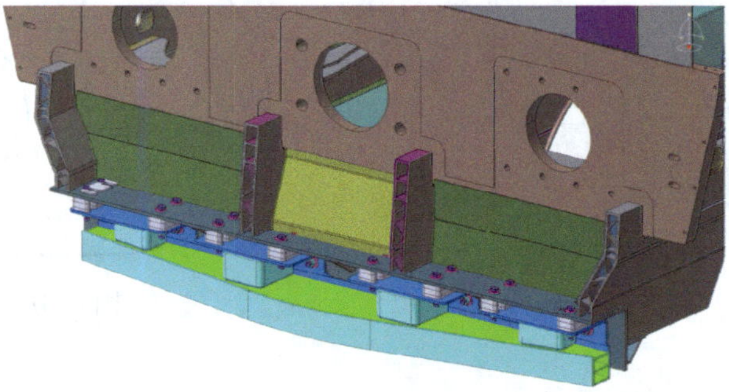

图 6.39 前端排障器

CRH1A-A 型动车组前端排障器底面距离轨道平面高度要求为（159±7.5）mm。

CRH1A-A 型动车组在运营过程中，由于车轮磨损等原因会导致排障器的高度降低，因此排障器具有高度调整的功能。当列车运营一定周期后，需对排障器高度进行检测，每当车轮磨损 10 mm 时，可通过将排障器固定板上方的高度调整垫片移动到固定板下方，来实现排障器高度上调 10 mm，如图 6.40 所示。

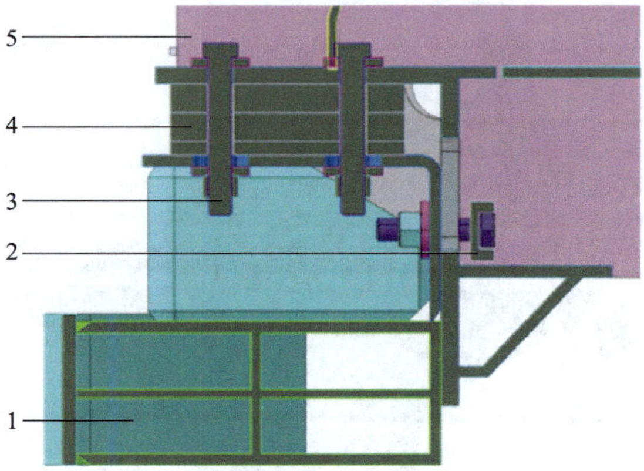

图 6.40 前端排障器安装调整结构

1—排障器；2—防转块；3—紧固件；4—高度调整垫片；5—车体钢结构

6.17 主要引用标准

前端及司机室设计和制造主要采用的标准见表 6.5。

表 6.5 前端及司机室设计和制造主要引用标准

标准编号	标准名称
GB/T 10000	中国成年人人体尺寸
GB 14681.2	机车船舶用电加温玻璃 第 2 部分:机车电加温玻璃
GB 15763.2	建筑用安全玻璃 第 2 部分:钢化玻璃
GB 18045	铁道车辆用安全玻璃
TB/T 1451	机车、动车组前窗玻璃
TB/T 3051.2	机车、动车用电笛、风笛 第 2 部分:风笛
GB/T 11944	中空玻璃
GB/T 19889	声学 建筑和建筑构件隔声测量
TB/T 3138	机车车辆用材料阻燃技术要求
TB/T 3139	机车车辆内装材料及室内空气有害物质限量
TB/T 3237	动车组用内装材料阻燃技术条件
TB/T 3263	动车组乘客座椅
TB/T 3458	动车组前端开闭机构
TJ/CL 300	动车组前端开闭机构暂行技术条件
EN 45545	铁路应用 铁路车辆的防火保护
EN 50124-1	铁路应用 绝缘配合 第 1 部分:基本要求 所有电气和电子设备空隙和蠕变距离
EN 15152	铁路应用 列车司机室前挡风玻璃
UIC 651	机车、车辆、动车和带有控制台的拖车的司机室布置
UIC 566	客车车体及其零部件的载荷
IEC 61373	铁路应用 铁路车辆设备冲击和振动试验
TSI(2008/232/CE)	关于泛欧高速铁路系统的铁路车辆子系统的互通性技术规范的委员会决议
DIN 5510-2	铁路车辆防火保护 第 2 部分 材料、部件的燃烧特性及伴生现象等级划分、要求和测试方法

6

7

牵引系统

本章主要介绍了 CRH1A-A 型动车组的牵引系统，首先对牵引传动系统进行了概述，然后介绍了牵引传动的主要部件，包括主电路的构成、高压部件、牵引电机、牵引变流器等等，最后介绍了动车组的牵引控制。

7.1 概　　述

动车组的编组基于“单元”，即列车基本单元（TBU）的概念。一列 CRH1A-A 型动车组的编组及牵引设备的列车布置（图 7.1）由 3 个 TBU 共 8 辆车组成，动力配置为 5M+3T，即：Mc1a+Tp2+M2+Ts2+Md2+M2+Tp2+Mc2a，8 节车共有 20 个驱动轴，占车轴总数的 5/8。其中 TBU1（Mc1a+Tp2+M2）和 TBU2（M2+Tp2+Mc2a）结构对称，由两动一拖构成，TBU3（Ts2+Md2）由一动一拖构成。根据客流需要，可将两列动车组编挂成一列，共 16 辆车。

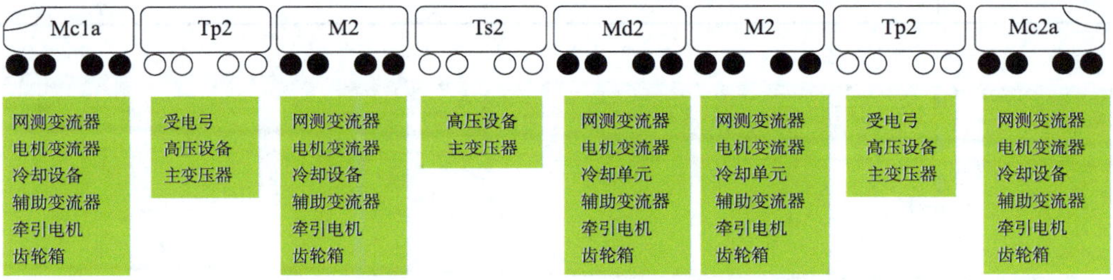

图 7.1　列车基本单元及牵引系统部件位置

CRH1A-A 型动车组属于交—直—交传动的电力牵引列车。其中，列车牵引运行是将电能转换成机械能，其牵引传动系统的能量变换与传递的途径如图 7.2 黑色箭头所示进行，受电弓从接触网接受 25 kV/50 Hz 的高压交流电能，经过主变压器降成 900 V/50 Hz 交流电，降压后的交流电经网侧变流器转换成 DC 1 650 V 直流电能，该直流电再由牵引变流器转换成频率可变、电压可变的三相交流电送给牵引电机，将电能转换成机械能。而再生制动运行是将机械能转换成电能，其能量变换与传递的途径如图 7.2 白色箭头所示。

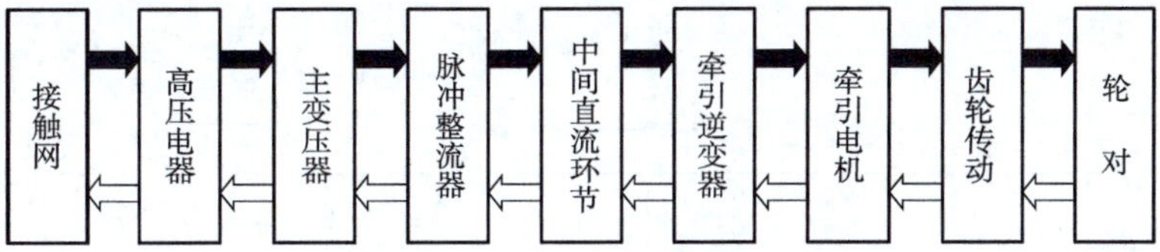

图 7.2　CRH1A-A 型动车组的牵引主回路框图

CRH1A-A 型动车组的牵引主回路主要由以下电器设备组成:受电弓、主断路器、主变压器、网侧变流器、电机变流器及三相异步牵引电机等。主回路的能量转换过程受 CRH1A-A 型动车组的以 MITRAC 通用计算机为核心的控制系统控制,如图 7.3 所示。MITRAC 计算机系统以摩托罗拉 68000 微处理器为基础,该系统的机械设计和电气设计适应温度范围均是－40～70 ℃,并能承受强烈振动冲击的牵引环境。

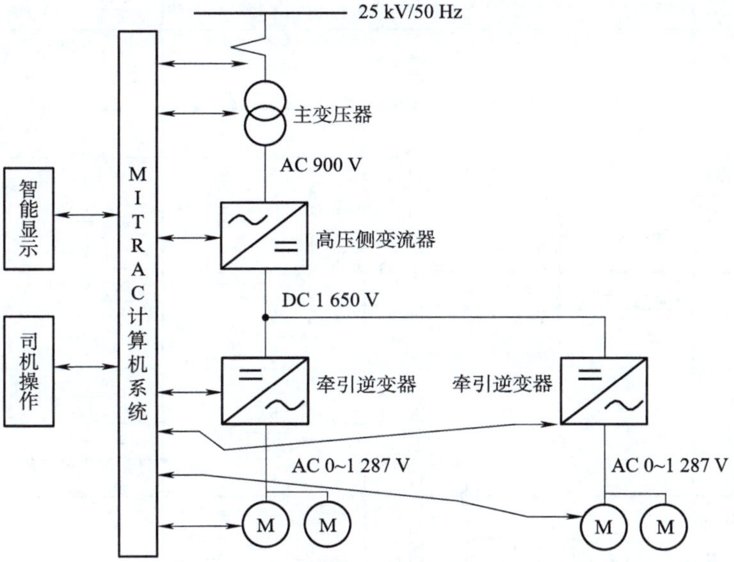

图 7.3　牵引传动及计算机控制系统示意图

整个动车组由一套称作 TCMS(Train Control and Management System,列车控制与管理系统)的高智能的分布式计算机系统来控制和管理。TCMS 接受司机的指令信息,经过转换与运算以后发给主回路系统实施能量转换过程,控制列车运行;TCMS 还检测列车运行的实际状态信息,对该状态信息进行处理和判断,一方面帮助司机、乘务人员和维护人员了解列车的运行情况,另一方面对出现的异常情况进行报警和应急处理。关于 TCMS 的组成和控制过程在相应的章节还要详述。

7.2　牵引传动系统主电路的构成

图 7.4 为 CRH1A-A 型动车组的牵引传动系统主电路图,对应上述的三个基本列车单元,动车组有 3 个相对独立的主电路,下面以 TBU1 为例对其电路结构进行简要说明:受电

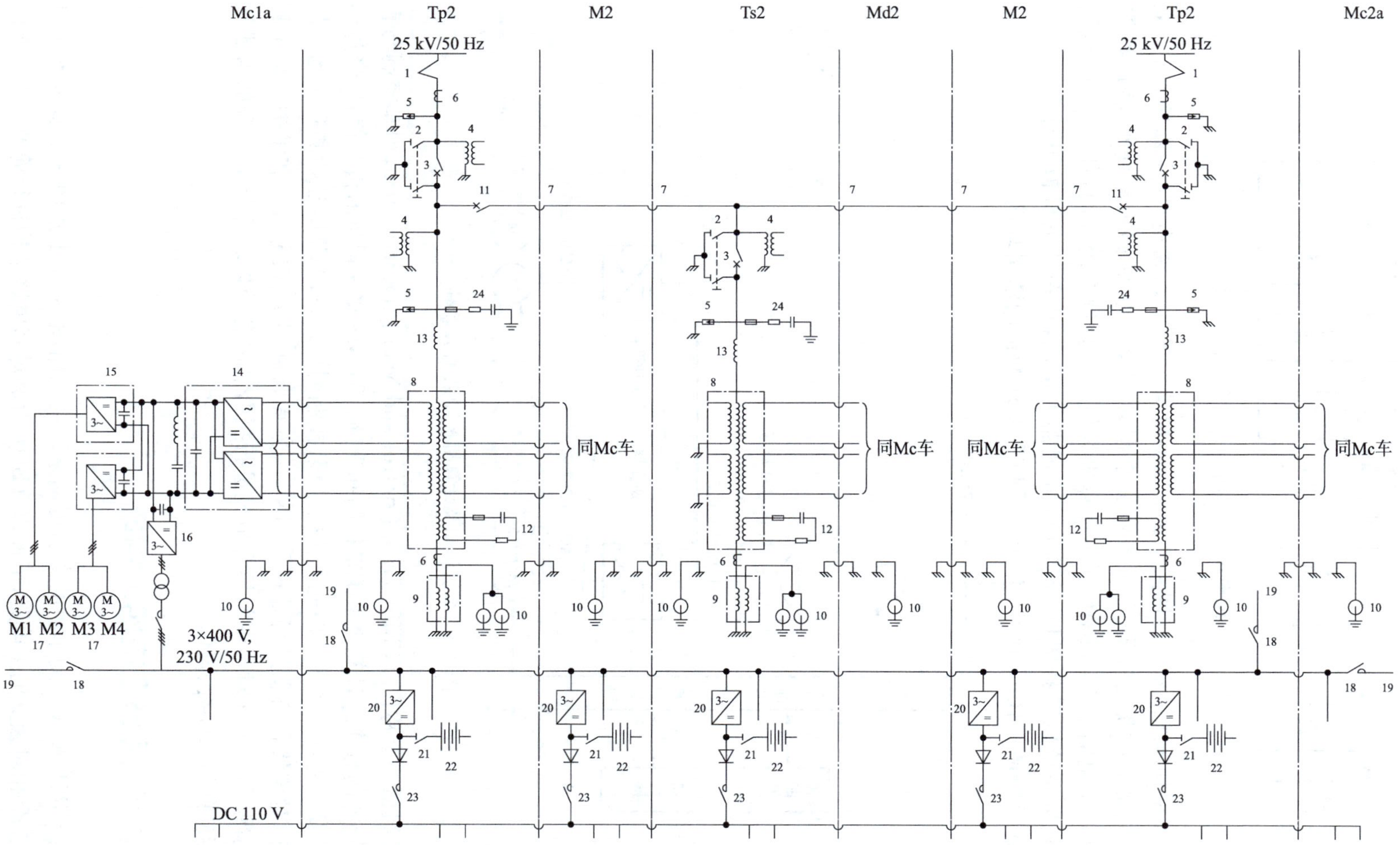

图7.4　牵引系统主电路原理简图

1—受电弓；2—接地开关；3—主断路器；4—电压互感器；5—避雷器；6—电流互感器；7—高压跨接线；8—主变压器；9—接地变压器；10—接地碳刷；11—高压隔离开关；12—网侧谐波滤波器；13—瞬态电抗器；14—网侧变流器；15—电机变流器；16—辅助变流器；17—牵引电机；18—外接三相电源接触器；19—外接三相电源插座；20—蓄电池充电机；21—蓄电池开关；22—蓄电池；23—蓄电池接触器；24—RC滤波器（仅保留机械接口）

弓位于 Tp1 车顶，通过高压设备将高压电引至高压母线，再从高压母线接到主变压器(位于 Tp1 车的底架)初级绕组，主变压器的次级绕组同时将交流电压供给位于 Mc1 和 M1 车底架的变流器箱中的变流器单元，Mc1(或 M1)的变流器单元输出频率可变、电压可变的三相交流电以架控的方式对 2 个转向架上的 4 台牵引电机进行控制。此外，变流器箱还通过辅助变流器提供辅助电力系统电源，供列车照明、空调、蓄电池充电等用途。

正常工作时只有一个受电弓升起，3 个主变压器均从高压母线上取电，供给 5 台动车的 5 个变流器单元。一个变流器箱有一个网侧变流器模块 LCM(Line Converter Module)、两个电机变流器模块 MCM(Motor Convertor Module)和一个辅助变流器模块 ACM(Auxiliary Convertor Module)。在牵引工况下，LCM 将高压交流电整流成为直流环节电压，MCM 将直流环节电压逆变成为频率可变、电压可变的三相交流电供给牵引电机。每个动车转向架有两个轴，每轴一个牵引电动机，一个电机变流器给一个转向架上的两台牵引电机并联供电。

7.3 车顶高压设备

车顶高压设备主要用于将接触网的电能传递给动车组牵引、辅助等系统中的各项负载，并在实现良好受流的同时，抑制系统过电压，避免对本车负载及接触网上的其他设备产生有害的干扰。CRH1A-A 型动车组的车顶高压设备主要包括接受电能的受电弓，支撑受电弓的绝缘子，防雷击的避雷器，起开关作用的主断路器和高压隔离开关，测量用的电压互感器、电流互感器，实现电能传输的高压电缆及附件、车间跨接线，还有瞬态电感等。

7.3.1 高压设备布置

CRH1A-A 型动车组高压系统的结构是以现有的 CRH1A-250 型不锈钢动车组和 CRH380D 型动车组为基础设计的；借鉴 CRH380D 型动车组的设计概念，用高压隔离开关替代现有的 CRH1A-250 型不锈钢动车组中使用的网侧断路器，来连接 2 车和 7 车之间的高压总线，在提高系统可靠性的同时，减少使用维护成本。CRH1A-A 型动车组 Tp2/7 车高压设备拓扑结构示意图如图 7.5 所示。

CRH1A-A 型动车组 2、7 车的车顶高压设备的布置如图 7.6 所示。

7.3.2 受电弓

受电弓是从接触网集取电流的装置，将接触网传送过来的能量引入动车组，为动车组提供电能，其供电的持续性和可靠性将直接影响高速列车运行和电气驱动系统的性能。因此，受电弓的主要功能是在高速运行条件下保持与接触网的良好接触，保证良好的受流质量。

7.3.2.1 受电弓结构

CRH1A-A 型动车组一列车有两个受电弓，分别位于两个 Tp 车，受电弓采用 DSA250 型受电弓，是一种单臂双滑板受电弓，其结构如图 7.7 所示。该受电弓使用压缩空气驱动升弓装置(气囊)升弓，气动升弓装置安装在底架上，通过钢丝绳作用于下臂。上臂和弓头部分使用轻型铝合金制作而成。两条碳滑板安装在弓头支撑上，滑板通过与接触线接触，从接触网

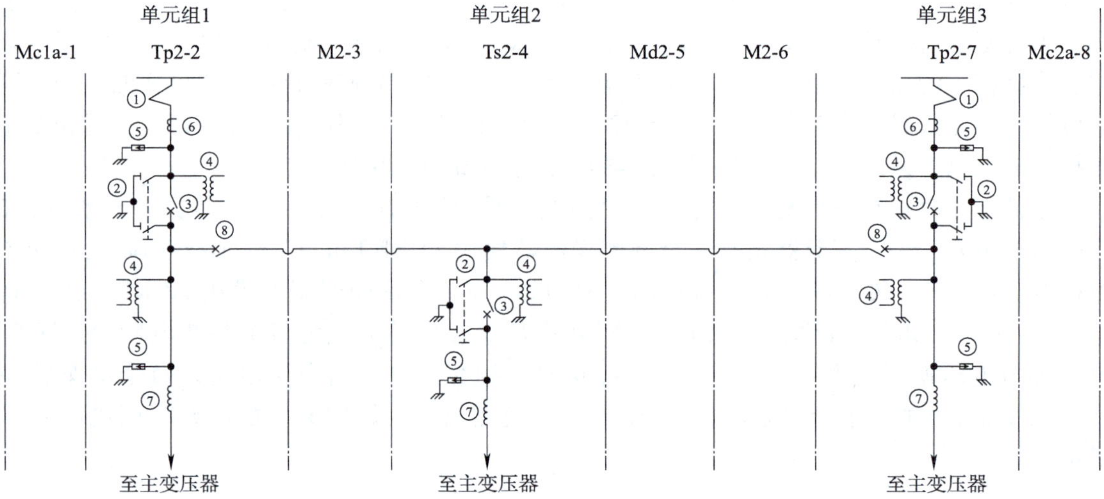

图 7.5 CRH1A-A 型动车组 Tp2/7 车高压设备拓扑结构示意图

1—受电弓；2—接地开关；3—主断路器；4—电压互感器；5—避雷器；6—电流互感器；
7—瞬态电抗器；8—高压隔离开关

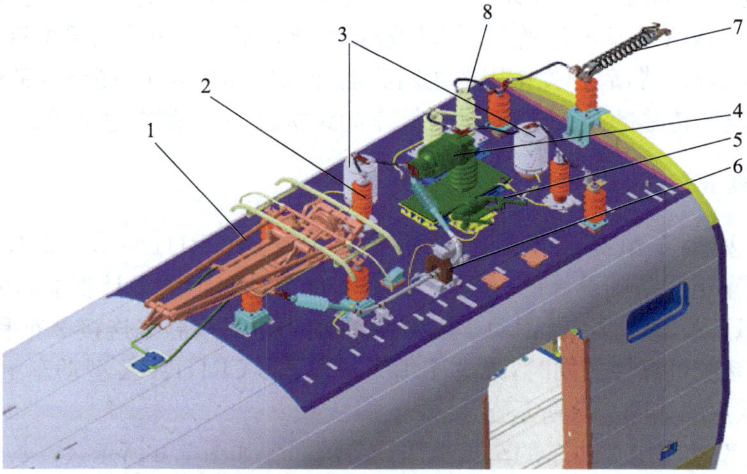

图 7.6 车顶高压设备布置结构示意图

1—受电弓；2—避雷器；3—电压互感器；4—主断路器；5—接地开关；
6—电流互感器；7—车接高压跳线；8—高压隔离开关

获取能量用于驱动牵引系统工作，使动车组行走；弓头支撑垂悬在 4 个拉簧下方，这种结构使滑板在机车运行方向上移动灵活，而且能够吸收该方向上的冲击，达到保护滑板的目的。

受电弓通过三个绝缘子实现与车体的连接，并实现受电弓与车体间足够的电气间隙和爬电距离。绝缘子外绝缘采用优质高温硫化硅橡胶材料，表面光洁度高，具有良好的憎水性、憎水迁移性、耐老化特点；外形符合空气动力学原理，具有良好的自洁作用和抗风阻破坏作用。绝缘子的外形如图 7.8 所示。

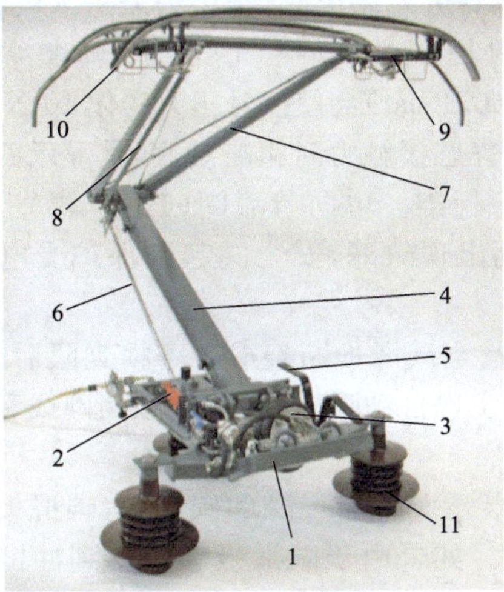

图 7.7 受电弓结构

1—底架组装；2—阻尼器；3—升弓装置；4—下臂组装；
5—弓装配；6—下导杆；7—上臂组装；8—上导杆；
9—弓头组装；10—碳滑板；11—绝缘子

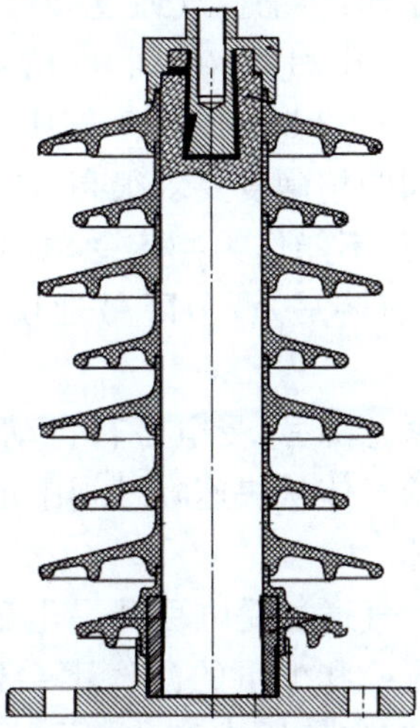

图 7.8 受电弓支撑绝缘子外形

7.3.2.2 工作原理

DSA250 型受电弓采用被动控制，动态接触压力可以通过调整弓头翼片来对不同速度等级的机车进行调节。受电弓控制回路结构如图 7.9 所示。

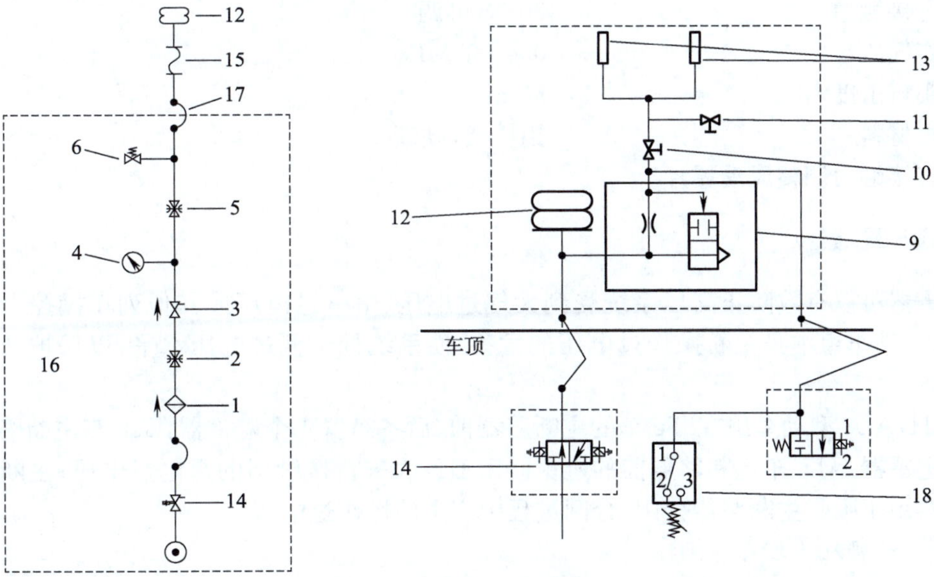

图 7.9 受电弓控制回路结构

1—空气过滤器；2—单向节流阀(升弓)；3—精密调压阀；4—压力表；5—单向节流阀(降弓)；6—安全阀；
9—关闭阀(ADD)；10—快速降弓阀(ADD)；11—试验阀(ADD)；12—气阀驱动装置；13—碳滑板；
14—升弓电磁阀；15—绝缘管；16—控制阀板；17—顶部输出端；18—压力开关

工作原理:压缩空气通过升弓电磁阀由过滤器进入调压阀,经压力表进入气囊,驱动受电弓升起。升弓电磁阀由司机室启动,调压阀调节空气压力,调整精确度为±2 kPa(±0.02 bar)。由于气压每变化10 kPa(0.1 bar)会使接触压力变化10 N,因此受电弓对调压阀的精确度要求很高,压力表用于调整静态接触力时粗略观察,其显示的数值仅起到参考作用,不能作为判定受电弓接触力的唯一标准。单向节流阀(升弓)调节升弓速度,单向节流阀(降弓)调节降弓速度。如果调压阀出现故障,安全阀起到保护受电弓气路的作用。

自动紧急降弓:受电弓有自动紧急降弓装置,当碳滑板断裂或者磨损到限后,会导致升弓装置中的气体从快速降弓阀中迅速排出,从而实现自动降弓,防止接触网网线和受电弓进一步的损坏。

压缩空气通过受电弓升弓电磁阀进入升弓装置和带有气腔的碳滑板,碳滑板在允许范围内的小裂缝和少量的漏气不会影响正常使用。如果由于碳滑板碳条受到冲击而损坏泄漏,导致压缩空气压力变化,压力开关会产生一个电信号并传输给TCMS网络控制系统,TCMS网络控制系统将发出主断路器打开命令,这种方式就避免了在下降的过程中电弧对网线和受电弓的损坏。同时,升弓电磁阀得到来自机车控制系统"受电弓降下"的信号切断压缩空气的供应。

主要技术参数:

单臂、气囊驱动

额定电流	750 A
控制电压	DC 77～137.5 V
静态接触力	70 N,可调
工作气压	0.4～1 MPa
弓头自由度	60 mm
滑板材料	铝托架,硬碳

动态接触力调整风动翼片

7.3.3 避雷器

避雷器可以有效防止高压系统受到大气过电压、雷电过电压或其他列车操控引起的过电压,以及动车组本身主断操作过电压的危害,使系统处于低过电压水平,以保护列车高压牵引设备。

CRH1A-A型动车组在Tp车的主断路器前、后各布置1个避雷器,Ts2车主断路器后布置1个避雷器。Tp车主断路器前的避雷器用于吸收来自接触网的雷电过电压;主断路器后的避雷器用于吸收主断路器分闸、合闸过程中产生的操作过电压。

7.3.3.1 结构及原理

目前动车组使用的避雷器均是金属氧化物避雷器,其结构是将若干片氧化锌阀片压紧密封在外护套内。氧化锌阀片具有良好的非线性压敏电阻特性,在正常的工作电压下电阻值很大,相当于绝缘状态;但在冲击电压作用下,阀片呈低阻状态,相当于短路状态,可以泄放大量电流。当高于其压敏电压值的电压撤销后,阀片又恢复了高阻状态。避雷器借阀片的压敏特性将动车组高压系统的电压控制在安全范围内,从而保护了电气设备的安全。金属氧化物电阻固有特性曲线及避雷器结构示意图如图 7.10 所示。

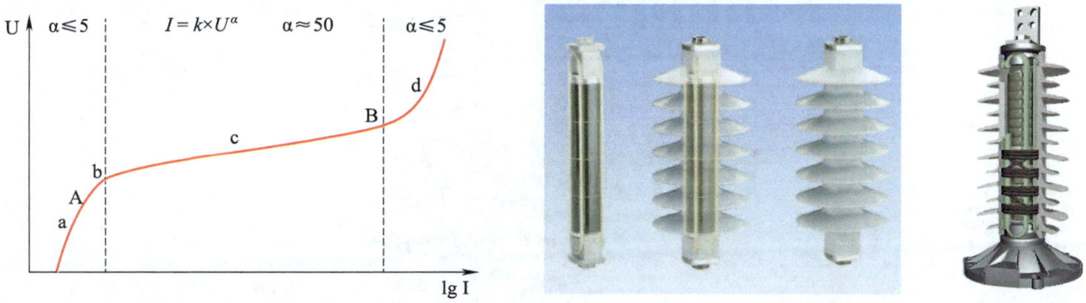

(a) 金属氧化物电阻固有特性曲线 (b) 避雷器结构

图 7.10 金属氧化物电阻固有特性曲线及避雷器结构示意图

7.3.3.2 主要技术参数

避雷器主要参数如下：

标准	IEC 60099-4
接触网瞬时最小电压	17.5 kV(最长 1 min)
接触器最大瞬时电压	31 kV(最长 5 min)
残压 8/20 μs	89.8 kV(20 kA)
额定放电电流	20 kA
爬电距离	1 287 mm
短路电流	65 kA
材料	硅橡胶

7.3.4 主断路器

主断路器用于受电弓升起时接通、分断动车组主电路与接触网之间的连接，并实现过载、短路等故障情况下的可靠分断。主断路器配装的接地开关可以将高压回路接地，确保在对高压系统进行维护时的安全。CRH1A-A 型动车组在主断路器的输出端还设置了一个瞬态电感，用于抑制主断路器打开、闭合操作时的操作过电压对牵引系统和辅助系统等设备的冲击。

7.3.4.1 结　　构

CRH1A-A 型动车组的主断路器为 BVAC N99F1 型电控气动真空断路器，集成电动接地开关。主断路器结构示意图如图 7.11 所示。

7.3.4.2 工作原理

BVAC N99F1 型真空断路器使用压缩空气驱动。主断路器工作原理如图 7.12 所示。

闭合：当主断路器处于分闸状态需要合闸时，动车组合闸指令通过控制线路使电磁阀线圈得电，控制电磁阀阀芯动作，接通合闸气路，储风缸内压缩空气通过电磁阀进入压力气缸，驱动活塞运动，恢复弹簧压缩，真空开关管内主触头闭合，主断路器闭合。

保持：主断路器闭合后，保持线圈得电，保持主断路器闭合状态，电磁阀线圈失电，压力气缸内的空气排出。

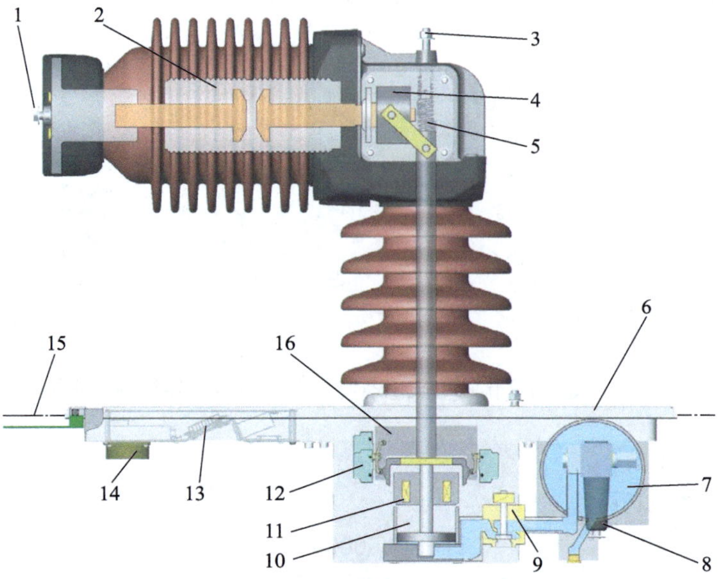

图 7.11　主断路器结构示意图

1—高压连接端；2—真空开关管；3—高压连接端；4—触头压力机构；5—稳定机构；6—底板；
7—储风缸；8—调压阀；9—电磁阀；10—压力气缸；11—保持线圈；12—辅助触点；
13—控制单元；14—低压连接器；15—车架安装平面；16—快速脱扣机构

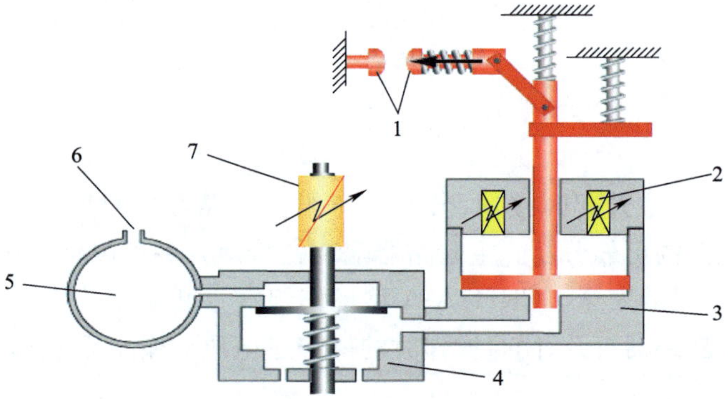

图 7.12　主断路器工作原理

1—高压主触头；2—保持线圈；3—压力气缸；4—电磁阀；5—储风缸；
6—进气口；7—电磁阀线圈

断开：动车组需要主断断开时，保持线圈失电，复位弹簧推动驱动杆快速动作，将真空开关管内的动、静触头断开，真空灭弧室灭弧，主断路器断开。

主断路器集成的接地开关采用手动控制。

7.3.4.3　主要技术参数

主断路器的主要参数：

额定电流	1 000 A
工频耐受电压	75 kV

雷电冲击耐受电压	185 kV
短路电流	25 kA,1 s
寿命	250 000 次
控制电源	DC 110 V
电气间隙	376 mm
爬电距离	>1 200 mm

接地开关的主要参数：

短路电流	20 kA,1 s
寿命	20 000 次
电气间隙	374 mm

7.3.5 高压隔离开关

高压隔离开关用于接通、分断 25 kV 高压母线，以快速隔离故障高压、牵引设备。如当某个 Tp 车的主变压器或高压设备(如受电弓、高压部件)出现故障时，可以通过打开隔离开关来实现故障单元组的电气隔离，使无故障半列车的高压牵引系统可以正常使用，保证动车组的可用性。

7.3.5.1 结构及原理

CRH1A-A 型动车组的高压隔离开关通过由电路控制的气动机构推动旋转闸刀来实现隔离开关的分合操作的，当闸刀顺时针或逆时针转动大约 60°后，完成主电路的接通或隔离，其具体结构如图 7.13 所示。

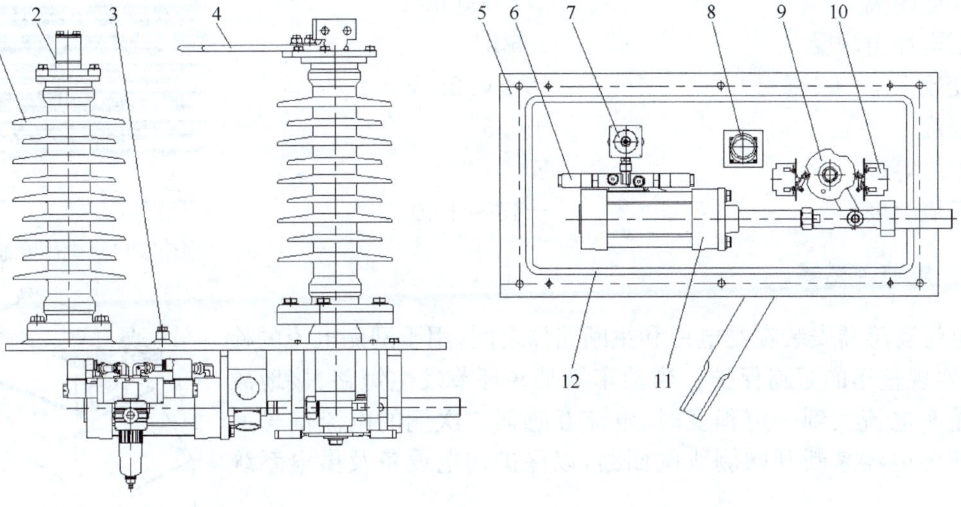

图 7.13 高压隔离开关结构示意图

1—绝缘子；2—簧片；3—接地螺柱；4—闸刀；5—底板；6—电磁阀；7—过滤阀；8—电连接器；9—凸轮；10—辅助连锁开关；11—气缸；12—密封圈

高压隔离开关不同于主断路器，高压隔离开关没有真空包等灭弧装置，仅通过闸刀的通断来实现两端高压部分的连接和断开。因此，高压隔离开关不能带载动作，只有动车组在降弓状态下才能进行通断动作。

7.3.5.2 主要技术参数

额定电流	750 A
控制电压	DC 77 ～ 137.5 V
短路耐受电流	20 kA,1 s
工作气压	0.4 ～ 1 MPa
工作温度	−40～+70 ℃
闸刀旋转角度	60°
机械寿命	20 000 次
标准	IEC 60077

7.3.6 电压互感器

CRH1A-A 型动车组 Tp 车的主断路器前、后各布置1 个电压互感器，Ts2 车主断路器前布置 1 个电压互感器。Tp 车主断路器前的电压互感器用于检测网侧电压是否在合适范围内，以闭合主断路器。Tp 车主断路器后的电压互器及 Ts2 车的电压互感器用于电压测量及分断主断路器。

7.3.6.1 结构及原理

电压互感器外壳使用环氧树脂整体浇筑成型，将感应线圈严密包裹在内，保证内部高低压侧之间的电气绝缘及高压接线端子对高压设备箱箱体的外绝缘，如图 7.14 所示。

图 7.14 电压互感器

7.3.6.2 主要技术参数

爬电距离	>1 000 mm
雷电冲击耐受	185 kV
变比	25 kV/25 V
精度	±0.5
绝缘等级	E
环境温度	−40～+40 ℃

7.3.7 电流互感器

电流互感器安装在受电弓和主断路器之间，用于网侧电流的检测，以实现整车的短路保护。当动车组某些环节发生短路、接地故障或整车电流大到一定程度时，电流互感器二次侧的电流信号通过过流继电器来断开网侧跳闸回路，以保护用电设备及供电系统安全。

7.3.7.1 结构及原理

CRH1A-A 型动车组使用穿心式电流互感器，感应线圈外壳为环氧树脂浇筑，如图 7.15 所示。该电流互感器穿接于高压电缆上，靠高压电缆的绝缘来实现高低压隔离。

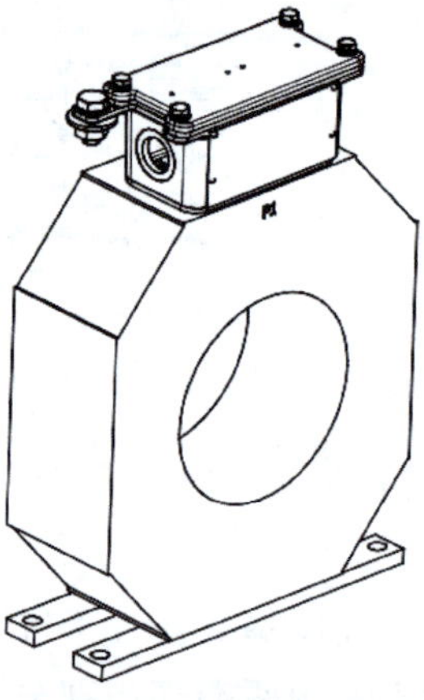

图 7.15 电流互感器

7.3.7.2 主要技术参数

设备最高电压	0.8 kV

变比	800/5
精度	±0.5
绝缘等级	E
环境温度	−40～+75 ℃
保护等级	IP65

7.3.8 高压电缆及附件

高压电缆是高压供电系统中的重要组成部分，用于实现各用电设备间电能的安全传导。受电弓将接触网上的 25 kV 高压电接收下来后，即通过高压电缆传递到本单元组内的主变压器，并通过高压电缆组成的高压母线，将电能传递到其他单元组的用电设备。

由于高压电缆传输的是 25 kV 高压电源，线芯断点处对地有很强的电场强度，为实现高压电缆与用电设备的安全连接，需要使用高压电缆附件均匀高压电缆断点处的电场强度，避免形成电场强度集中点，并通过高压电缆附件的机械结构实现与其他设备的连接。

7.3.8.1 结构及原理

CRH1A-A 型动车组的高压电缆使用铜质线芯，电缆线径均使用 70 mm^2，高压电缆的内部结构如图 7.16 所示。

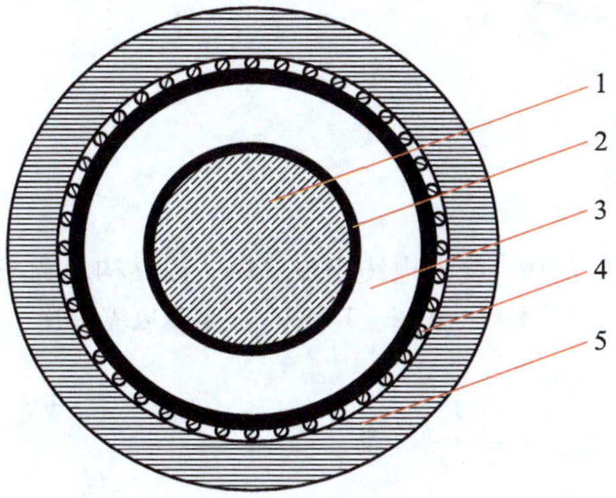

图 7.16 高压电缆内部结构示意图

1—铜质线芯；2—导体屏蔽层；3—绝缘层；4—绝缘屏蔽层；5—外护套

CRH1A-A 型动车组整车的高压电缆分布结构如图 7.17 所示，共有 3 种高压电缆组成。

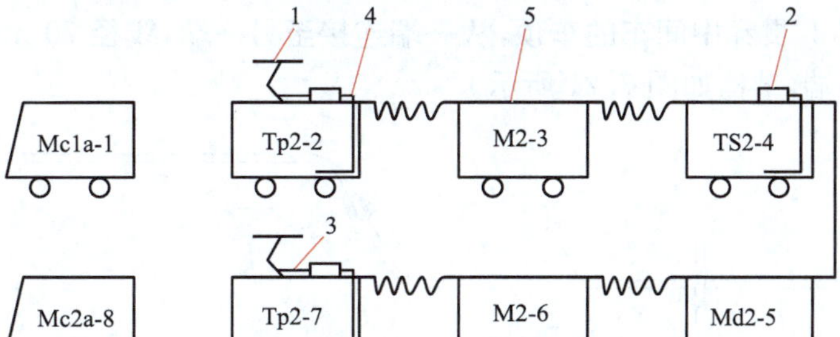

图 7.17 电缆组成分布结构

1—受电弓；2—车顶高压设备；3—高压电缆组成 1；4—高压电缆组成 2；5—高压电缆组成 3

高压电缆组成 1:连接受电弓和车顶主断路器,线径 70 mm^2,两端分别装配有一个高压电缆终端,结构如图 7.18 所示。

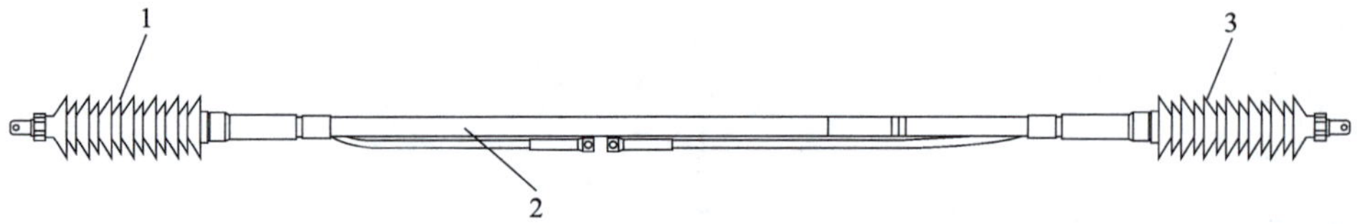

图 7.18　高压电缆组成 1 结构示意图

1—高压电缆终端 1;2—高压电缆;3—高压电缆终端 2

高压电缆组成 2:连接主断路器和主变压器,线径 70 mm^2,分两段,第一段两端分别装配有一个高压电缆终端和一个 T 形头,如图 7.19 所示;第二段两端各有一个 T 形头,结构如图 7.20 所示。

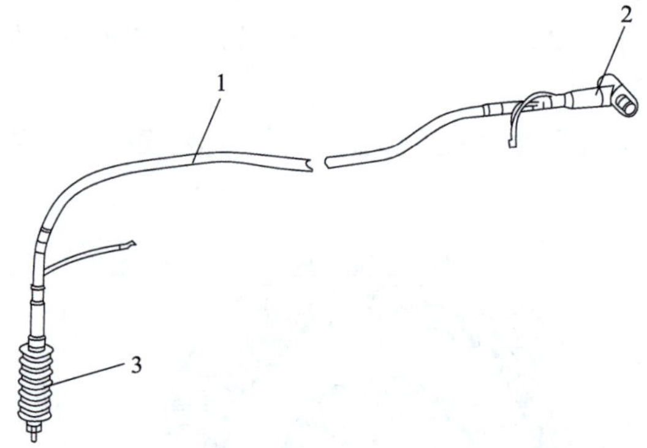

图 7.19　高压电缆组成 2 第一段结构示意图

1—高压电缆;2—T 形头;3—高压电缆终端

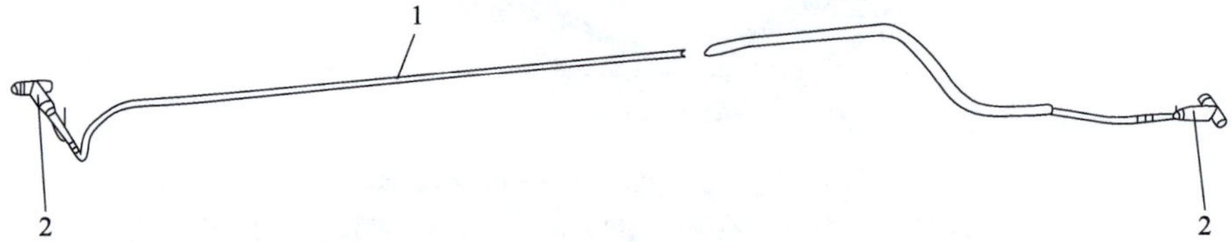

图 7.20　高压电缆组成 2 第二段结构示意图

1—高压电缆;2—T 形头

高压电缆组成 3:贯穿中间车的车顶,从一端连接至另一端,线径 70 mm^2,两端分别装配有一个高压电缆终端,结构如图 7.21 所示。

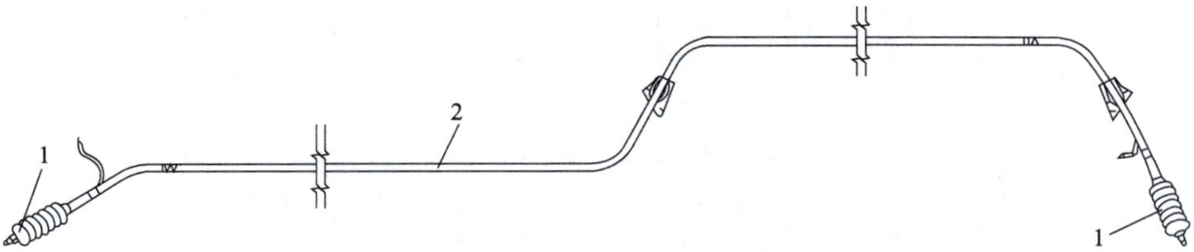

图 7.21　高压电缆组成 3 结构示意图

1—高压电缆终端;2—高压电缆

7.3.8.2 主要技术参数

组装完成的高压电缆组成的技术参数如下：

爬电距离	≥1 320 mm
雷电冲击耐受	≥200 kV
工频耐受	≥85 kV
材料	聚烯烃

7.3.9 车间跨接线

动车组在运行过程中会通过各种不同转弯半径、高低起伏的弯道，相邻两节车厢的端墙处会有频繁、剧烈的相对运动，这就需要疲劳特性好的高压电缆来实现高压母线在车间的连接。

7.3.9.1 结构及原理

CRH1A-A 型动车组的车间跨接线采用螺旋形电缆结构，具有运行噪声低、安装结构简单等特点，保证了动车组运行的安全性和可靠性，其安装结构如图 7.22 所示。

图 7.22 车间跨接线安装结构

7.3.9.2 主要技术参数

高压跨接线主要参数如下：

外护套材料	热塑性橡胶
放电试验电压	DC 3 000 V
环境温度	−30～+80 ℃
额定电流	368 A，40 ℃

7.4 牵引变压器

7.4.1 概　　述

牵引变压器也叫主变压器，位于拖车的底架上(图 7.23)，其作用是将电网电压转换成适当的工作电压以供网侧变流器使用，此外，牵引变压器具有滤波、保护等手段，为列车提供安全、可靠、高质量的电力。CRH1A-A 型动车组全列共有三台主变压器，分别位于 Tp2-2 车、Ts2-4 车、Tp2-7 车的底架设备舱。Tp2 车的主变压器为相邻两个动车的网侧变流器供电，Ts2 车的主变压器中为中间单元组一个动车的网侧变流器供电。

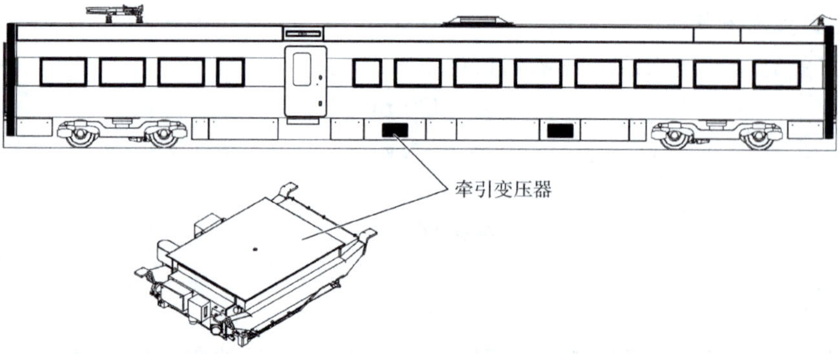

图 7.23 Tp2 车的牵引变压器

主变压器总电路如图 7.24 所示，外形如图 7.25 所示，主要包括：一个原边绕组、四个次边牵引绕组和一个次边滤波器绕组。主变压器把接触网高电压变为牵引系统和高压滤波器适用的电压。滤波器绕组与熔丝、滤波电阻和滤波电容一起构成了网侧谐波过滤器，其作用是吸收瞬时网侧谐波。主变压器带有接地变压器，可为电力回流提供一条电流通路，防止电流通过轮对轴承，使轴承发热。图 7.24 中还显示了主变压器的油泵、冷却风扇和变压器中被监控的参数如温度、流量、压力、液位等。

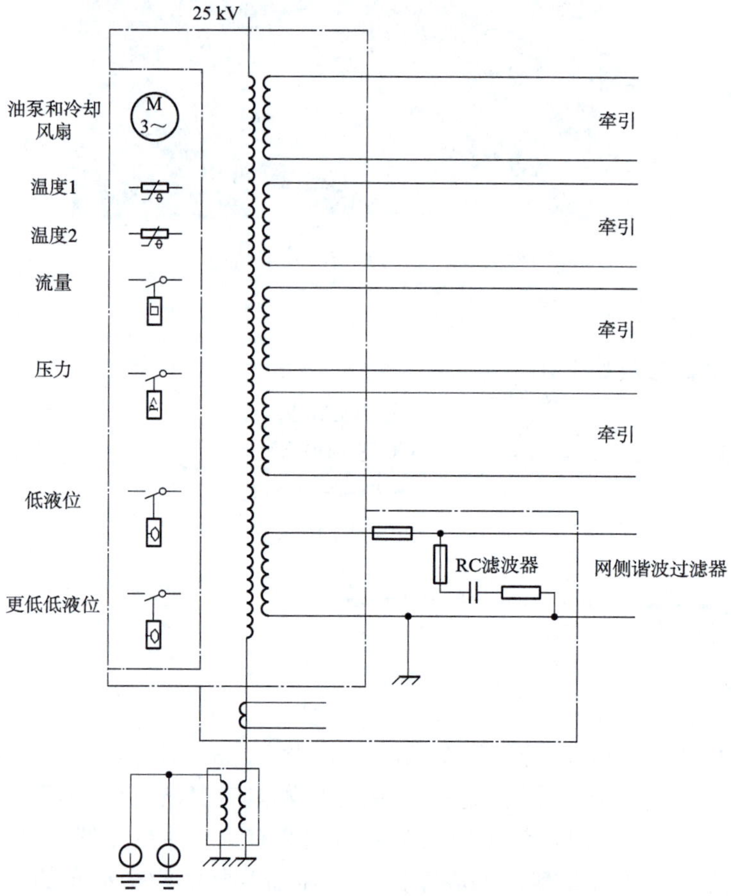

图 7.24 牵引变压器总电路图

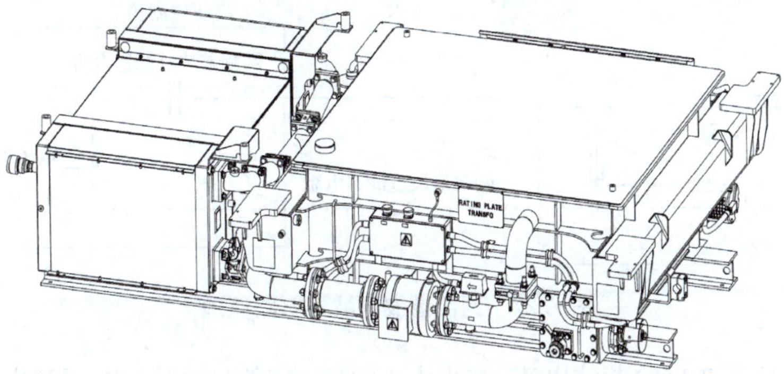

图 7.25 牵引变压器外形

主变压器的冷却系统如图 7.26 所示，矿物油强迫循环冷却方式，其冷却原理如下：变压器工作损耗使变压器油加热膨胀，热油进入膨胀罐，膨胀罐中的热油被泵入热交换器后被冷却，冷却后的油经过回油管返回到主油箱，两个热交换器由外部冷却风扇进行强迫风冷。

热交换器、风扇和外部滤网一起位于冷却装置中，两个热交换器由一台风机电机驱动的两个风扇轮冷却，外部空气通过过滤器后由风扇吸入。

风机电机的接触器通过 DX 装置由 TCMS 控制，有低速/高速两挡运行模式，由电机保护断路器保护。油泵电机的接触器通过 DX 装置由 TCMS 控制，并受电机保护断路器保护。

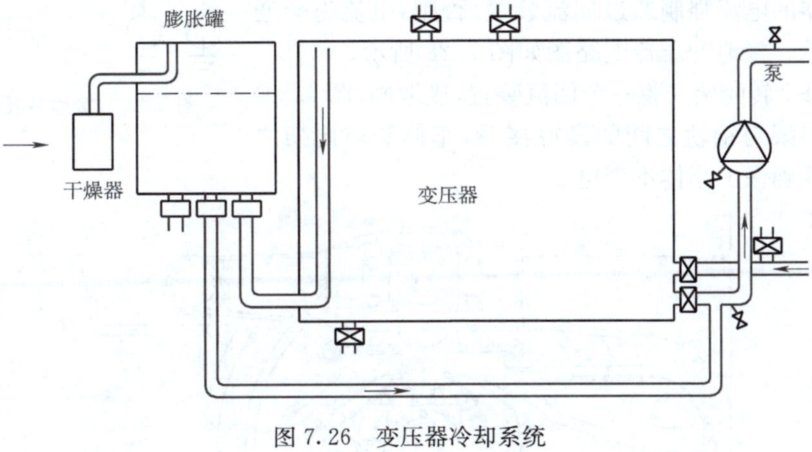

图 7.26 变压器冷却系统

7.4.2 牵引变压器的特点和技术参数

7.4.2.1 特　　点

牵引变压器除上面提到的主功能以外，还有两个特殊的功能。

(1)网侧谐波滤波器

网侧谐波滤波器的电路原理如图 7.27 所示，其作用是：

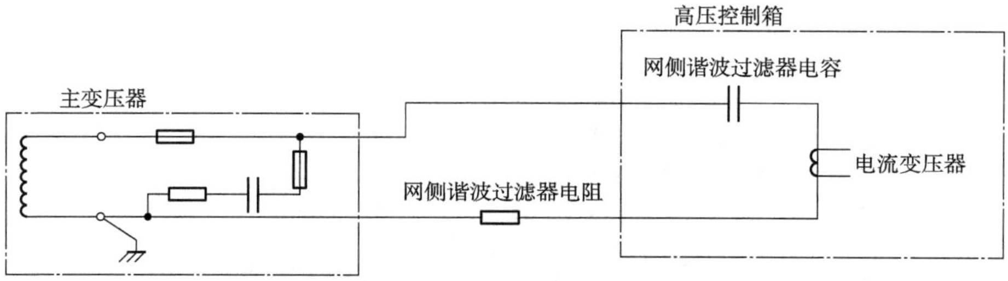

图 7.27　网侧谐波滤波器电路原理

①削弱列车运行产生的谐波电流，减小由 LCB 工作产生的瞬变电压和电磁干扰；

②从网侧看为列车提供适当的阻抗，以减少列车可能引发的接触网谐振；

③保证与接触网线路上的其他列车电气兼容；

④保证实现网侧变流器控制的稳定条件。

网侧谐波滤波器的部件包括：

①作为滤波器功能部件的电容和电阻，滤波器电阻安装在拖车顶部，滤波器电容和电流互感器安装在底架主变压器旁边的高压控制箱内；

②用于滤波器监控的电流互感器；

③用于保护主变压器网侧谐波滤波器绕组的熔断器。

(2)接地变压器

接地变压器可看作是具有 1∶1 变比的电压互感器，主变压器的原边电流 I_1 必然产生与其相等的次级电流 I_2，从而使主变压器的电流强制通过回流装置；否则，电流将会通过轮轴的轴承。接地变压器电路图如图 7.28 所示。

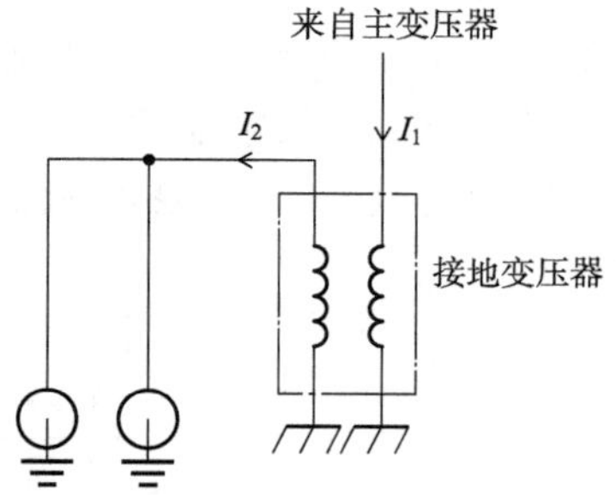

图 7.28　接地变压器电路图

拖车的每个转向架安装一个回流装置，接地刷(图 7.29)能够确保转向架与钢轨之间的良好接触，车体和转向架之间的接地装置确保了车体不带电。

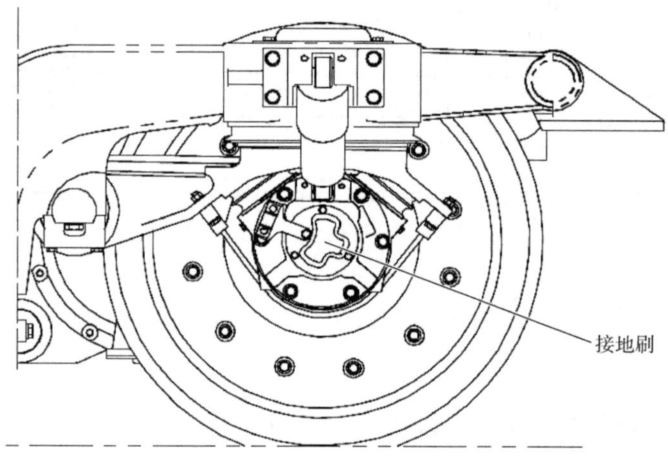

图 7.29　接地刷

7.4.2.2 变压器安装接口尺寸(图 7.30)

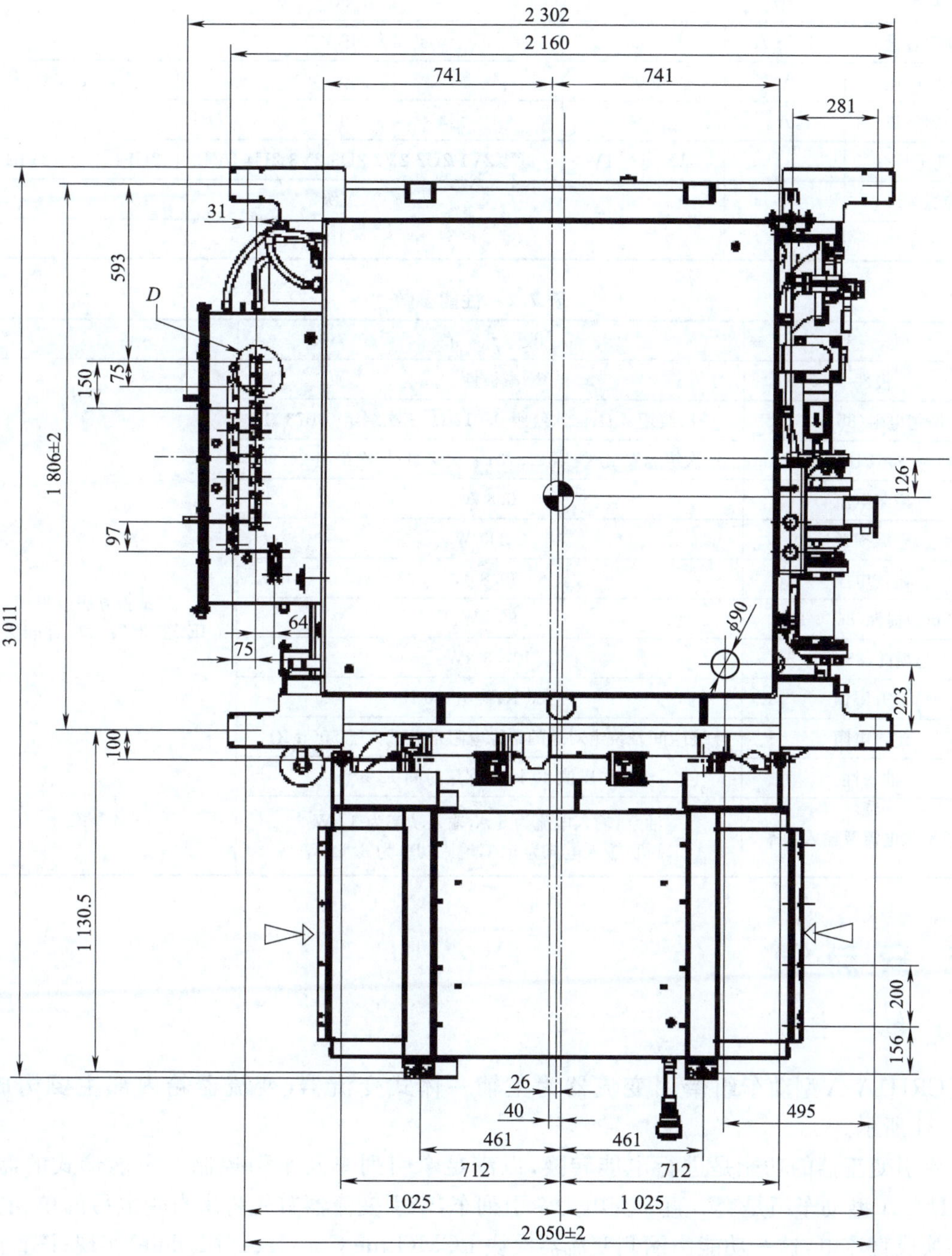

图 7.30 变压器安装接口尺寸

7.4.2.3 主要技术参数

主变压器主要参数见表 7.1～表 7.2。

表 7.1 额定值

项　目	单位	一次绕组		二次绕组	三次绕组	
频率	Hz	50				
额定容量	kV·A	2 596		4×649	158	
额定电压	V	25 000		4×900	1 000	
额定电流	A	104		4×720	158	
端子号		1U	1V	2U1 2V1 2U2 2V2 2U3 2V3 2U4 2V4	2UF1	2VF1
绝缘等级		A 级				
重量	kg	4 100				

表 7.2 性能参数

项　　目	设 计 值	备　　注
极性	减极性	试验方法按照 IEC 60310:2004 标准执行
绕组电阻(85 ℃)	一次绕组 5 Ω;二次绕组 0.012 Ω;三次绕组 0.073 Ω	
变压比	一次绕组/二次绕组 27.73;一次绕组/三次绕组 24.90	
空载电流	0.8 A	
空载损耗	2 200 W	
阻抗电压	39.8%	
负载损耗(85 ℃)	90 kW	
总损耗(85 ℃)	107.3 kW	
温升限值	油:65 K;绕组:80 K	
绝缘电阻	绕组间及绕组对地的绝缘电阻常温下大于 500 MΩ	
油密性	加压值 40 kPa,保压时间 12 h	
辅机输入电流及输入功率	油泵:输入电流为 5 A,输入功率为 3 kW 风机:输入电流为 5 A,输入功率为 3.1 kW	

7.5 变 流 器

7.5.1 概　　述

CRH1A-A 型动车组牵引变流器为主辅一体式变流器,变流器箱内部主要构成如图 7.31 所示。

牵引变流器的功能是进行电能转换,以满足牵引列车及牵引控制对电能形式的需要。CRH1A-A 型动车组是交—直—交电力牵引列车,牵引变流器首先将来自受电弓的单相交流电转换成直流电,这一功能由网侧变流器模块 LCM(Line Converter Module)实现;该直流电又被电机变流器模块 MCM(Motor Converter Module)转换成三相交流电供给三相交流异步牵引电动机,通过对 LCM 和 MCM 的控制实现列车的牵引、调速及制动主功能。

牵引变流器(Traction Converter)包含两个主要部分:网侧变流器模块 LCM 和电机变流器模块 MCM。变流器箱 CB 布置于每一个动车的底架上,箱内包括一个网侧变流器模块

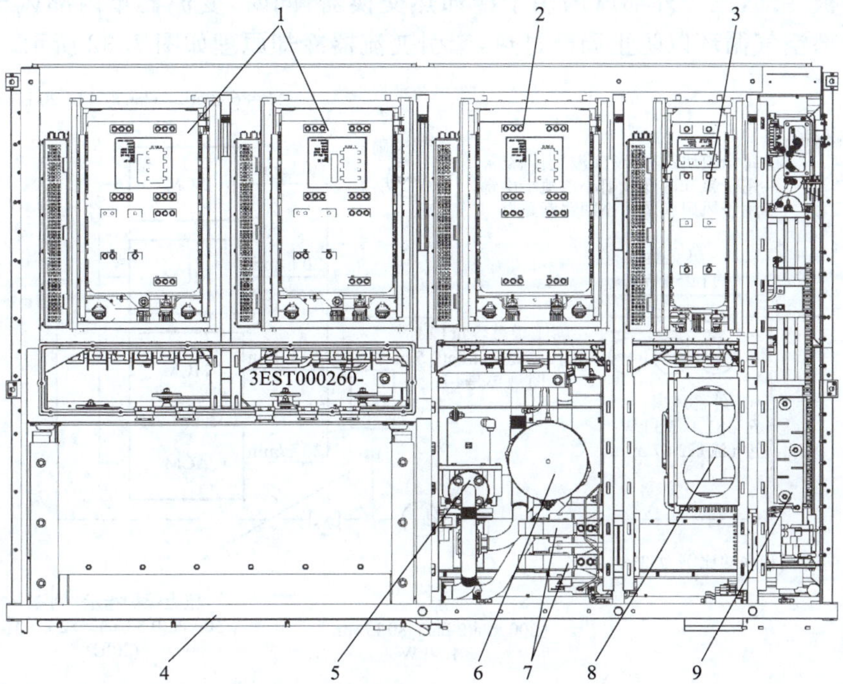

图 7.31 变流器箱主要组成

1—电机变流器；2—网侧变流器；3—辅助变流器；4—冷却模块；
5—水泵；6—膨胀箱；7—牵引接触器；8—内部风机；9—接地装置

LCM、两个电机变流器模块 MCM、和一个辅助逆变器模块 ACM（Auxiliary Converter Module），箱内有独立的冷却装置，用于对箱内的所有模块及发热电路元件进行有效冷却。变流模块都带有相对独立的驱动控制单元 DCU（Drive Control Unit），能独立完成对变流器模块的控制。变流器箱与滤波器箱相邻安装，滤波器箱主要包含直流环节滤波装置、ACM 三相输出电路变压和滤波装置等，其箱体均是阳极氧化铝材料，不易腐蚀。

CRH1A-A 型动车组的一个电机变流器模块 MCM 是同一转向架上的两台并联的三相异步牵引电机的变频调速电源，列车牵引/制动的实现都是通过对牵引变流器的控制实现的。牵引变流器的功率器件为 IGBT（绝缘栅双极晶体管），控制装置以微处理器为核心，可方便灵活地实现电能转换与控制保护。

7.5.2 冷却系统

冷却系统是变流器箱的一个重要部分。列车在牵引和电制动时候的电能转换都是通过变流器转换和传输的，能量转换过程的能量损失以热量形式出现，主要表现为大功率 IGBT 器件及电路元件（如电抗器、辅助变压器等）发热，由于其自身散热能力很小，因此冷却系统显得非常重要，没有冷却，变流器是无法工作的。一旦冷却系统出现故障或变流器温度过高，变流器进行相应的保护，同时通过 MVB 总线向 TCMS 发出故障诊断信息，由 TCMS 进行相应故障代码和变流器故障状态显示。

牵引变流器的冷却方式为水冷和风冷，冷却液通过水泵强制循环，循环水流经外部的热交换器时被冷却，三个外部风扇用于冷却热交换器；同时，变流器箱内部风扇用于强迫变流器箱内部空气循环以防止局部过热，牵引变流器冷却原理如图 7.32 所示。

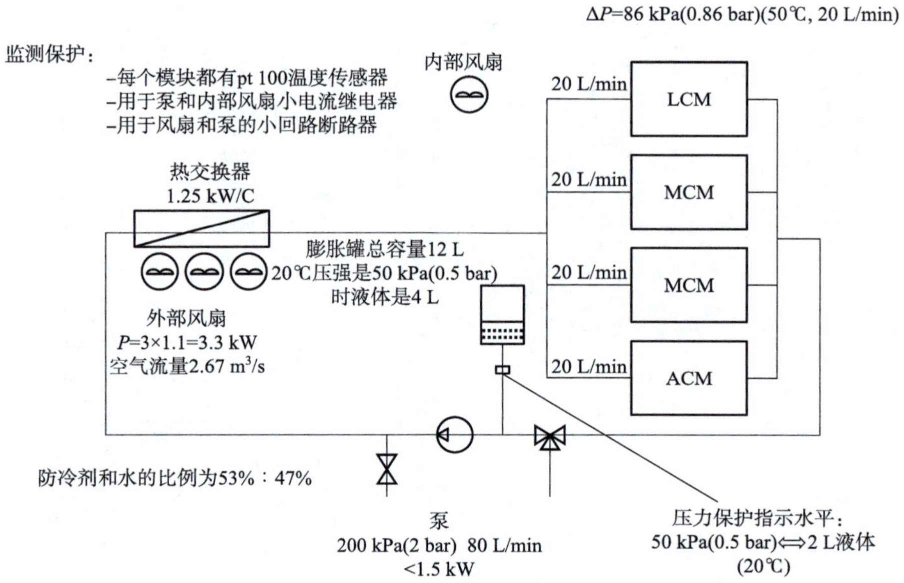

图 7.32　牵引变流器冷却原理图

7.5.3 变流器箱电路

7.5.3.1 电路框图

变流器箱电路图如图 7.33 所示，主变压器的两个次级绕组接入变流器箱后，通过充电接触器、充电电阻和牵引接触器，与网侧变流器输入端实现电气连接，网侧变流器输出直流电压；该直流环节并接三路负载，分别为图 7.33 中的 MCM1、MCM2 和 ACM；MCM1 在其输入端检测输入直流电压，如果出现过电压，则控制斩波器闭合，通过过压电阻耗能来降低直流环节电压；MCM2 与 MCM1 的电路完全一样，各向两台牵引电机供电；ACM 将直流环节电压逆变成三相对称交流电，为辅助系统供电；直流环节电压和 ACM 输出的三相电压直接连接到滤波器箱，以减小直流环节电压畸变，及对 ACM 三相输出电进行隔离降压和滤波。

控制和冷却部分的电路图如图 7.34 所示，蓄电池的 DC 110 V 电压为控制部分提供电源，控制部分与外部系统的联系是通过 MVB 总线实现的；三台外部风扇电机、一台内部风扇电机和一台水泵电机由辅助三相电源母线供电，除接触器控制其启动、停机以外，还有短路、过载保护的电机保护断路器，这五台电机的控制通过数字 I/O 单元实现，其中内部风扇电机为双速电机；LCM 有两路开关量输入通道(DI1、DI3)检测牵引接触器和充电接触器的状态，两路开关量输出通道(DO6、DO4)控制牵引接触器和充电接触器的通断，LCM 的三路模拟量输入通道(AI05、AI23、AI24)分别输入变流器箱温度、网侧电压和网侧电流，接地故障指示也输入到 LCM 中；图 7.34 中的五台电机的控制是通过右下部的 DX 单元实现的。

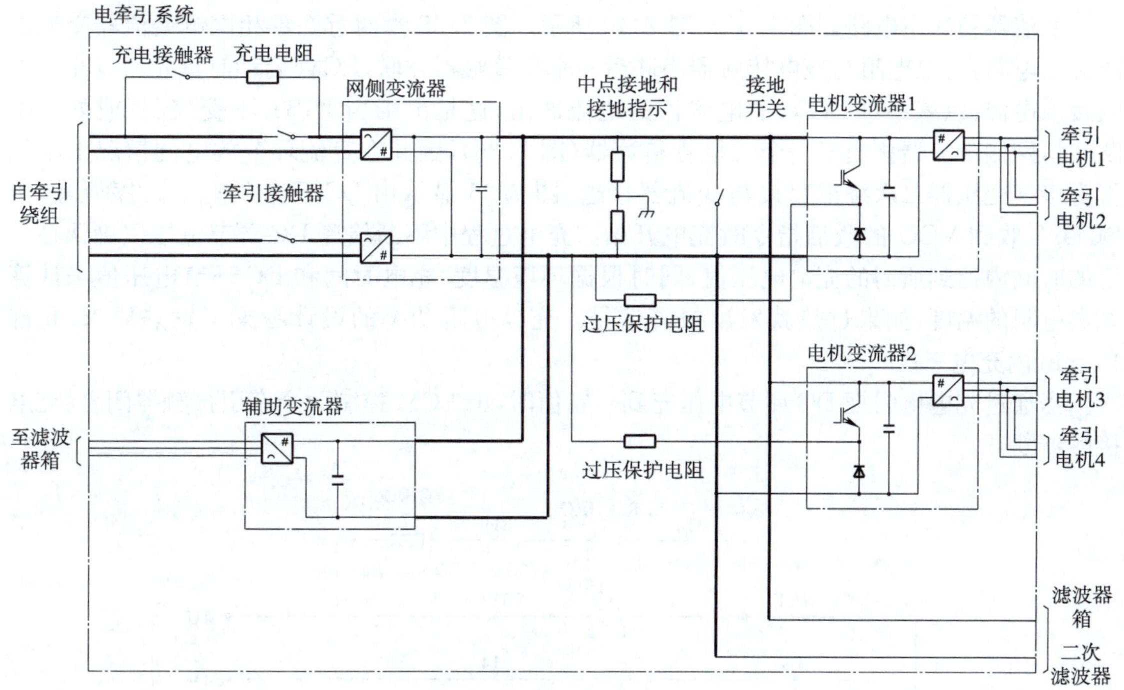

图 7.33 变流器箱电路图

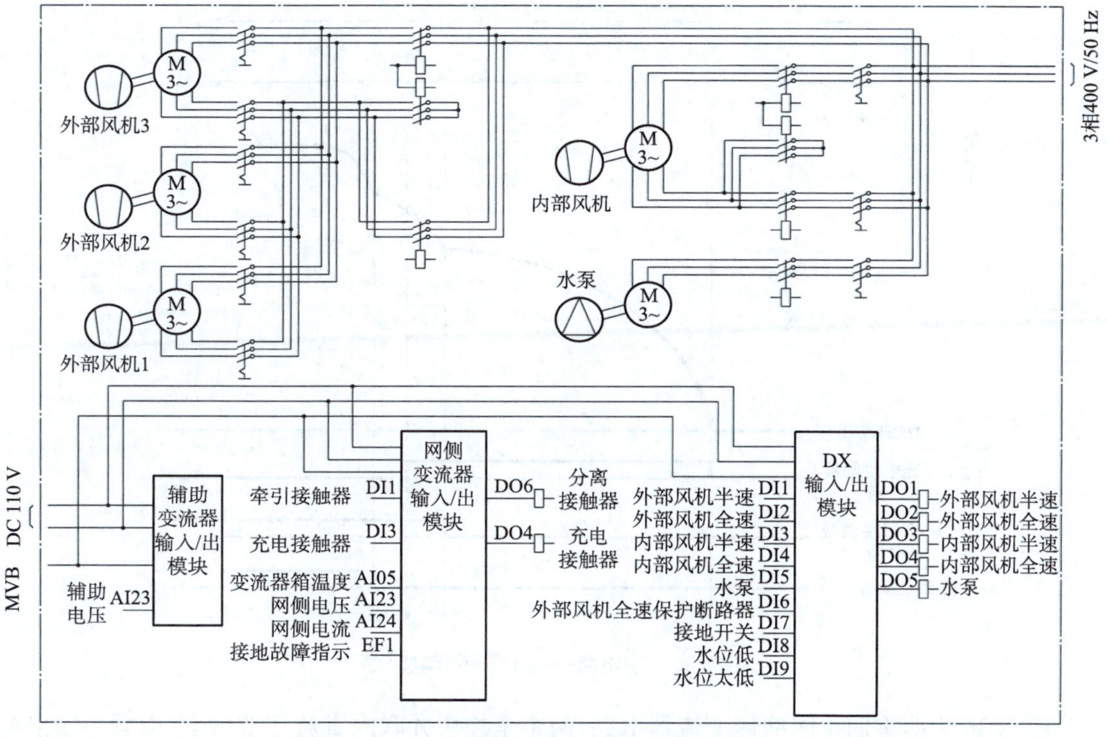

图 7.34 变流器箱控制和冷却部分的电路图

7.5.3.2　主电路图

变流器箱的主电路如图 7.35～图 7.40 所示。图 7.35 为两重四象相网侧变流器交流电源接入电路，充电电阻与充电接触器串联后与牵引接触器并联，LCM 启动时首先通过充电电阻接入电源，以减小对 DC 环节电容器的电流冲击，这是由于当 IGBT 不受控制(或处于阻断)时，网侧变流器相当于一个二极管整流器(图 7.36)，因此在直流环节放电的情况下不能将直接把变压器二次绕组直接与变流器接通，图 7.35 显示出 DC 环节的充电时序原理，当 DCU/L 收到 VCU 的激活指令时充电开始。充电过程中不断检测 DC 环节电压以确认在一定的时间内达到所需的充电电压值，同时根据环境温度、充电时间和 DC 环节电压值来计算充电电阻的温度，如果过热就发出报警信号。充电电阻功率的设计考虑了发热要求，允许 15 min 内充电三次。

当通过充电电阻把 DC 环节电压充到一定值时，由 LCM 控制两个牵引接触器闭合、充电接触器断开。

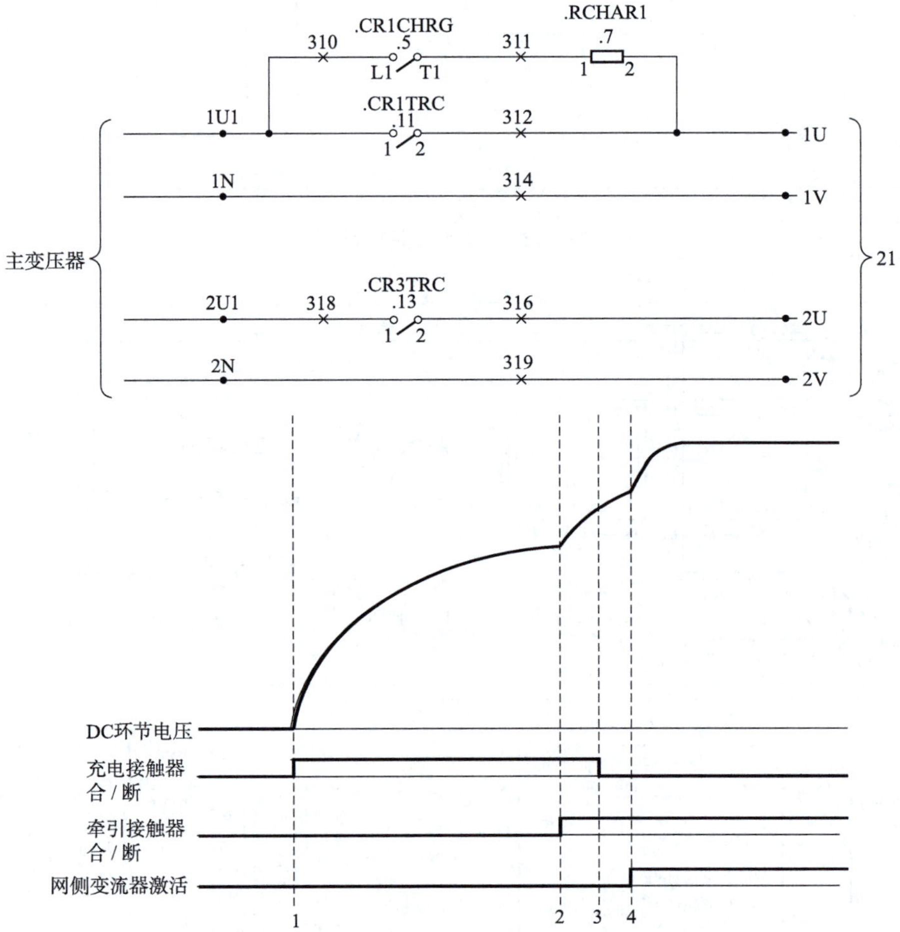

图 7.35　主电路一和 DC 环节电时序

图 7.36 为两重四象限网侧变流器电路，两个全控桥并联向直流环节供电，以减小输出电压畸变，LCM 电路的输出有电压传感器和直流环节滤波电阻和电容。

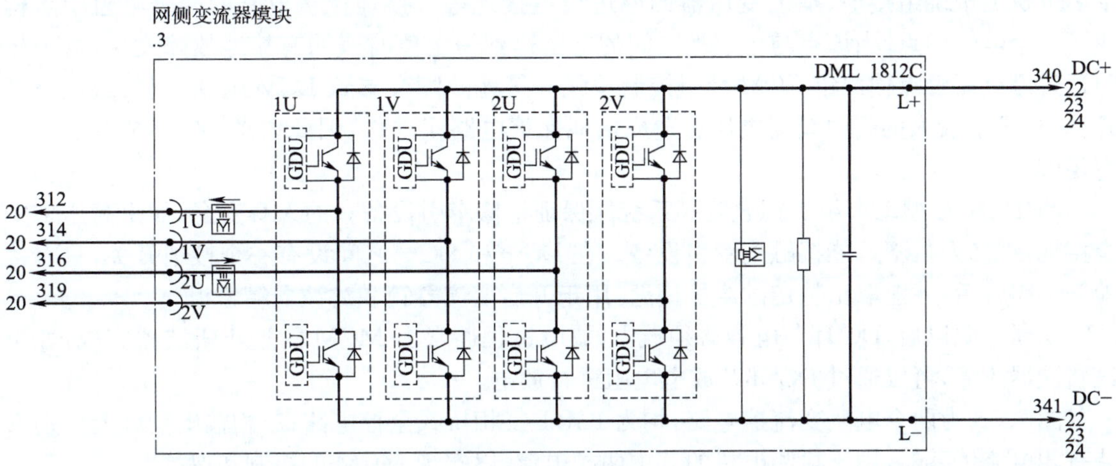

图 7.36　主电路二

图 7.37 为直流环节电路(图中未画出四个变流器中的四个 DC 环节电容器和二次谐波滤波器),其作用一方面作为四个变流器(LCM、ACM 和两个 MCM)的直流电源,另一方面起到能量缓冲作用,该电路能够提供稳定的 DC 电压和对地电压。

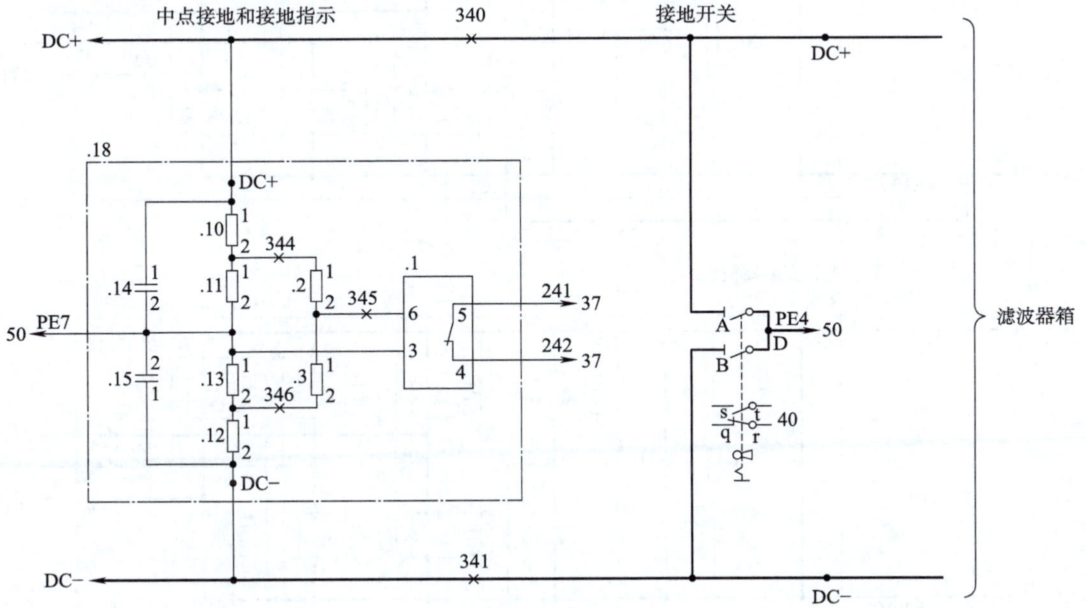

图 7.37　主电路三

中点接地电路由四个电阻串联后与两个电容并联形成,取其中间电位点接地,这样做可以限制 DC 环节电压值,当 DC 环节充满电时,其对地电压为一半,此外中点接地还提供了快速检测接地故障的途径。

接地保护电路由两个串联电阻和过电流检测装置组成,连接到中点接地电路的四个电阻中间,该电路可探测 DC 环节的任何接地故障,包括工作过程中主变压器的牵引绕组接地、牵引电机定子绕组接地、辅助变压器的原边绕组接地等。接地保护电路的两个电阻中点构成了一个电气中点，当该点与中点地之间的电压达到一定值时表明有接地故障发生，这一故障通过继电器触点输出给 LCM 牵引控制单元。接地故障会导致 LCM 阻断，其负载电路断开。DC 环节较大的瞬时畸变电压会造成接地保护电路误动作，因此要求 DC 环节的滤波电容足够大。

CRH1A-A 型动车组的钥匙互锁系统能保证检修牵引设备时的人身安全，如果高压未安全接地，维修人员不可能接触到牵引设备。在 DC＋和 DC－之间设有一个接地开关，只有接地开关闭合后，才能取出特定的维护钥匙，用于开启变流器箱和滤波器箱盖板。

切断电源以后，DC 环节电容必须放电，放电过程通常由 MCM 的过压斩波器完成，如果该斩波器故障，可以通过 DC 环节放电电阻进行放电。

图 7.38 为两个电机变流器电路，均为 IGBT 三相桥式全控电路；三相输出铜牌上分别安装有相电流传感器，用于检测电机的其中两相电流，以实现 MCM 的控制和保护。

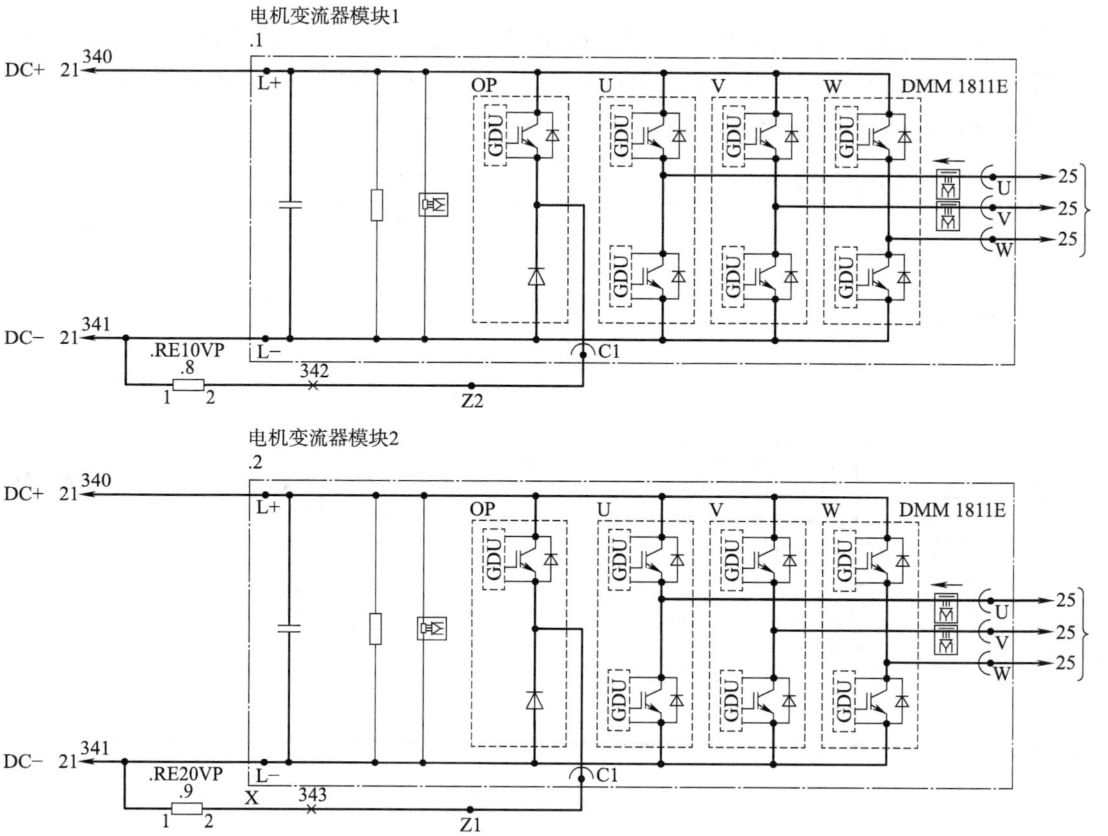

图 7.38　主电路四

MCM 有输入电压测量传感器，以防直流环节过电压。当电压超过一定值（>1 900 V）时就启动过电压斩波器，将电能消耗在过压电阻（OVR）上，DC 环节电压降低到一定值（<1 840 V）时关断斩波器；MCM 同时监控过压保护电路的热负载，计算 OVR 上的温升，保证工作在正常温度。

MCM 也有直流环节电阻和电容。

图 7.39 为辅助变流器电路，也是 IGBT 三相桥式全控电路，其电路形式与 MCM 主电路相似，只是少了过电压斩波保护电路。ACM 输出对称三相四线制电压。

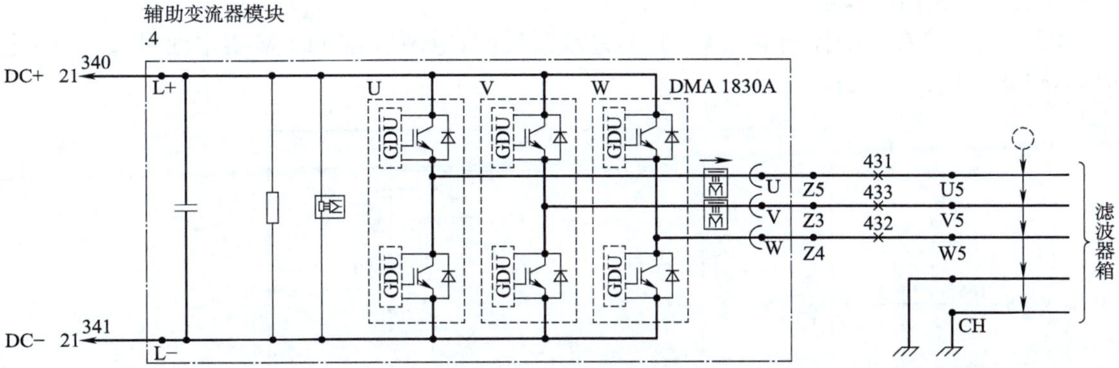

图 7.39　主电路五

图 7.40 示出一个动车上的四台牵引电机，MCM 输出的可变电压、可变频率的三相四线制变频电源同时对一个转向架上的两台牵引电机进行控制，在牵引电机内部装有定子绕组温度传感器。

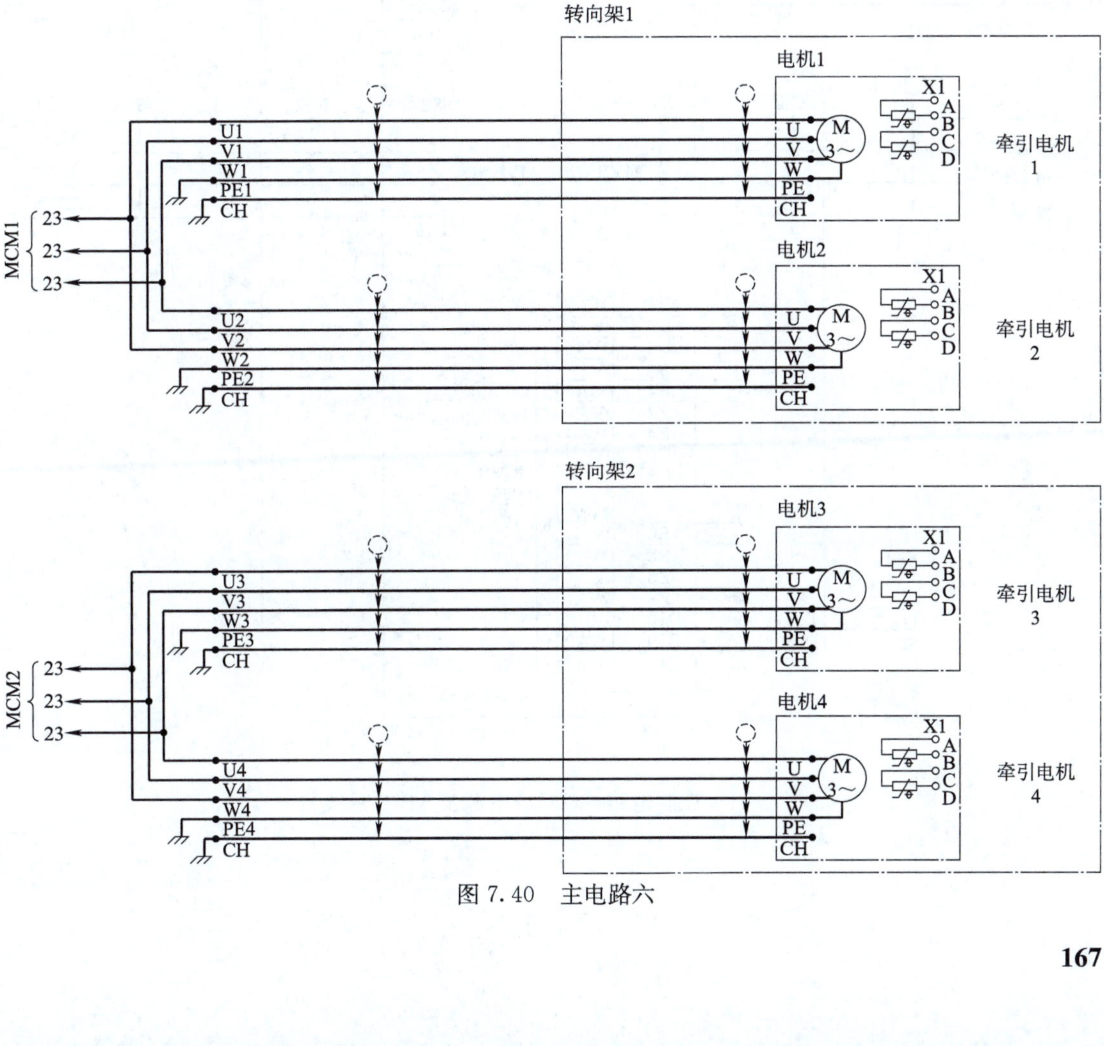

图 7.40　主电路六

7.5.3.3 控制电路图

变流器箱内部的各变流器均具有独立功能的控制模块与控制系统，关于其系统构成与控制参见相关章节。下面将各变流器看成是一个功能块，说明其供电、MVB 总线连接等，主要说明变流器箱内冷却系统的电气控制。

图 7.41 为 LCM 的控制电源及 MVB 总线接线图，电源取自 110 V 蓄电池母线，图中的 MVB 设备地址设为 41H。

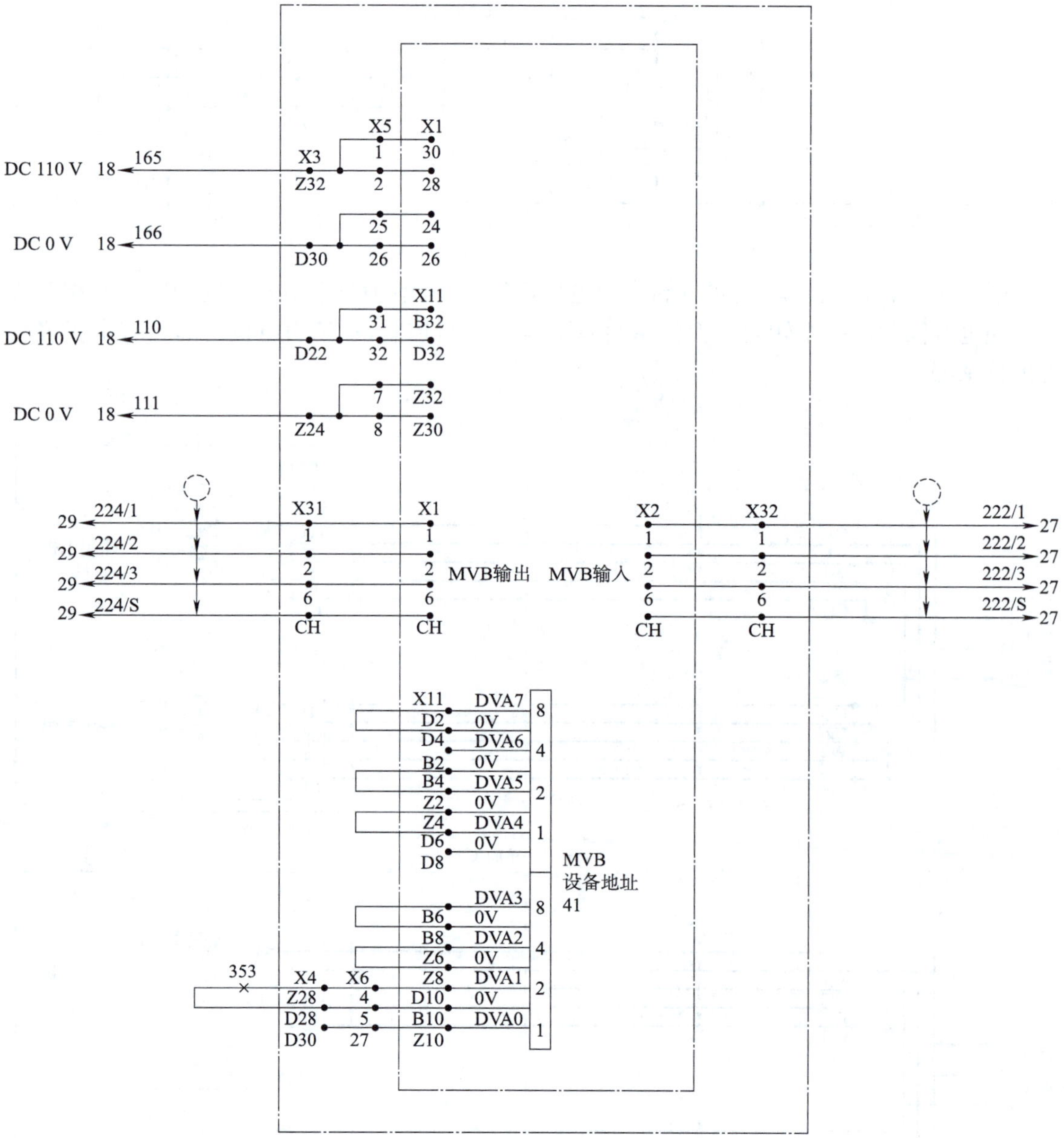

图 7.41 控制电路一（LCM 电源及 MVB 总线）

图 7.42 为 MCM1 的控制电源及 MVB 总线接线图，电源取自 110 V 蓄电池母线，图中的 MVB 设备地址设为 49H。

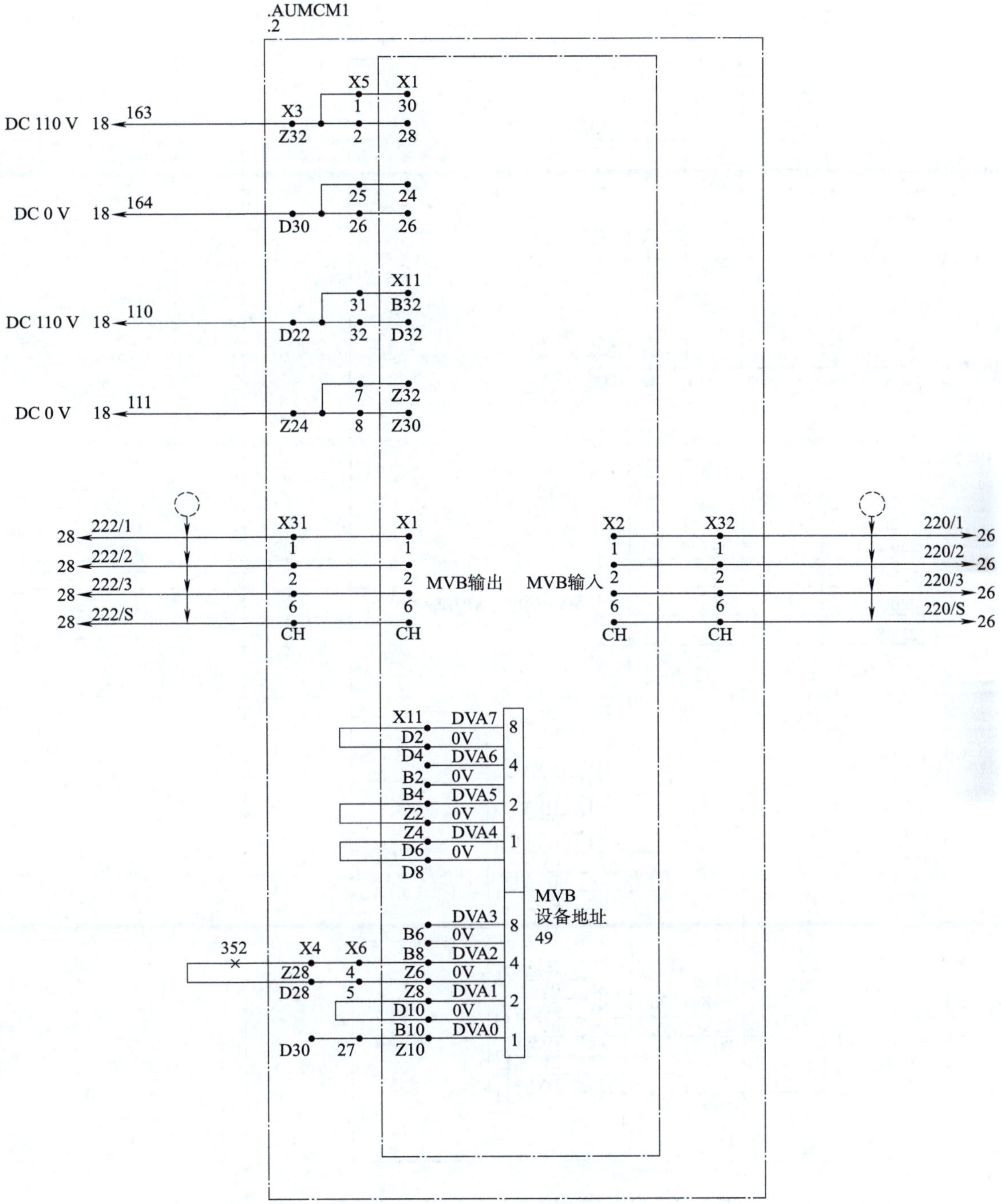

图 7.42 控制电路二（MCM1 电源及 MVB 总线）

图 7.43 为 MCM2 的控制电源及 MVB 总线接线图，电源取自 110 V 蓄电池母线，图中的 MVB 设备地址设为 4CH。

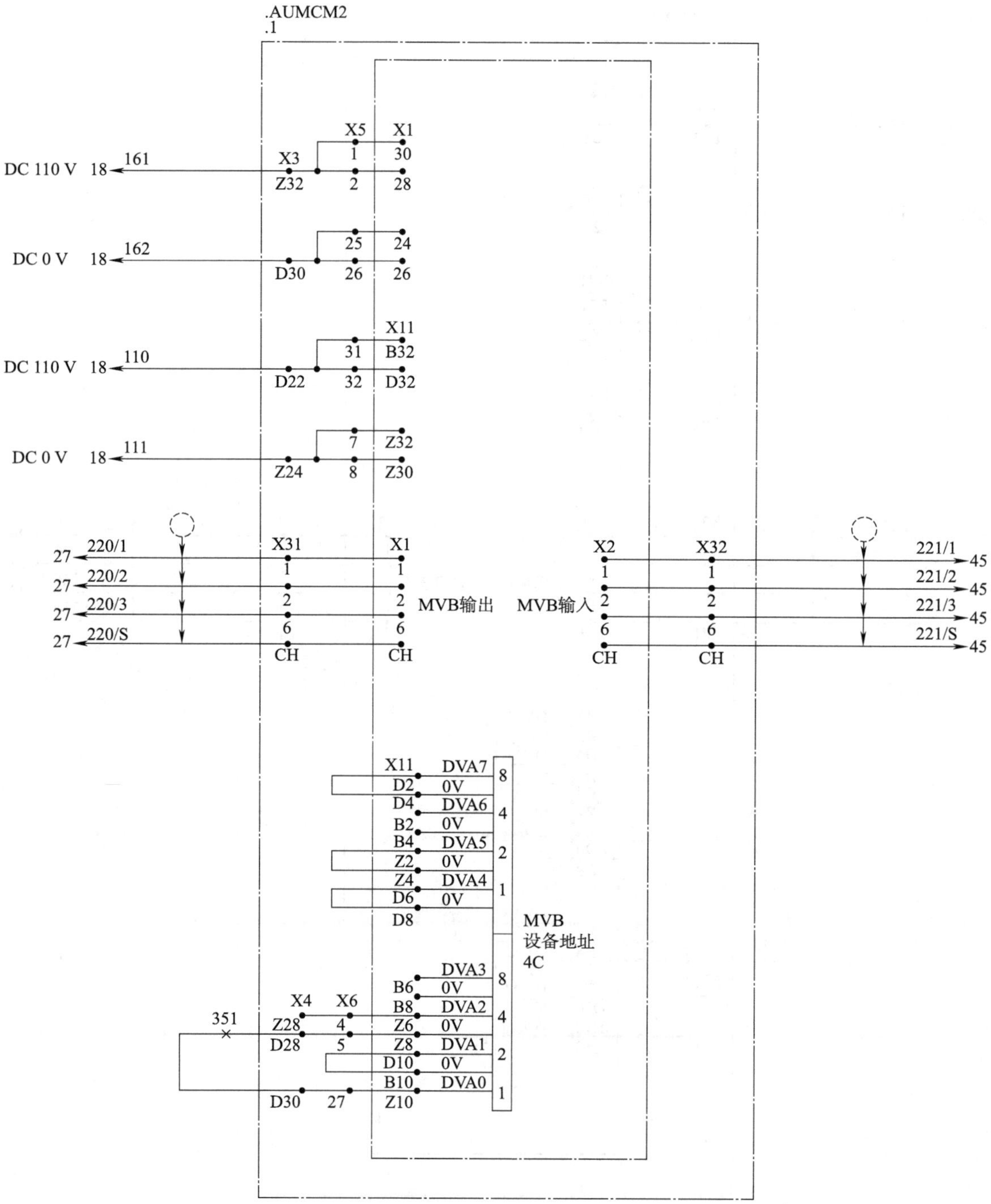

图 7.43　控制电路三（MCM2 电源及 MVB 总线）

图 7.44 为 ACM 的控制电源及 MVB 总线接线图，电源取自 110 V 蓄电池母线，图中的 MVB 设备地址设为 51H。

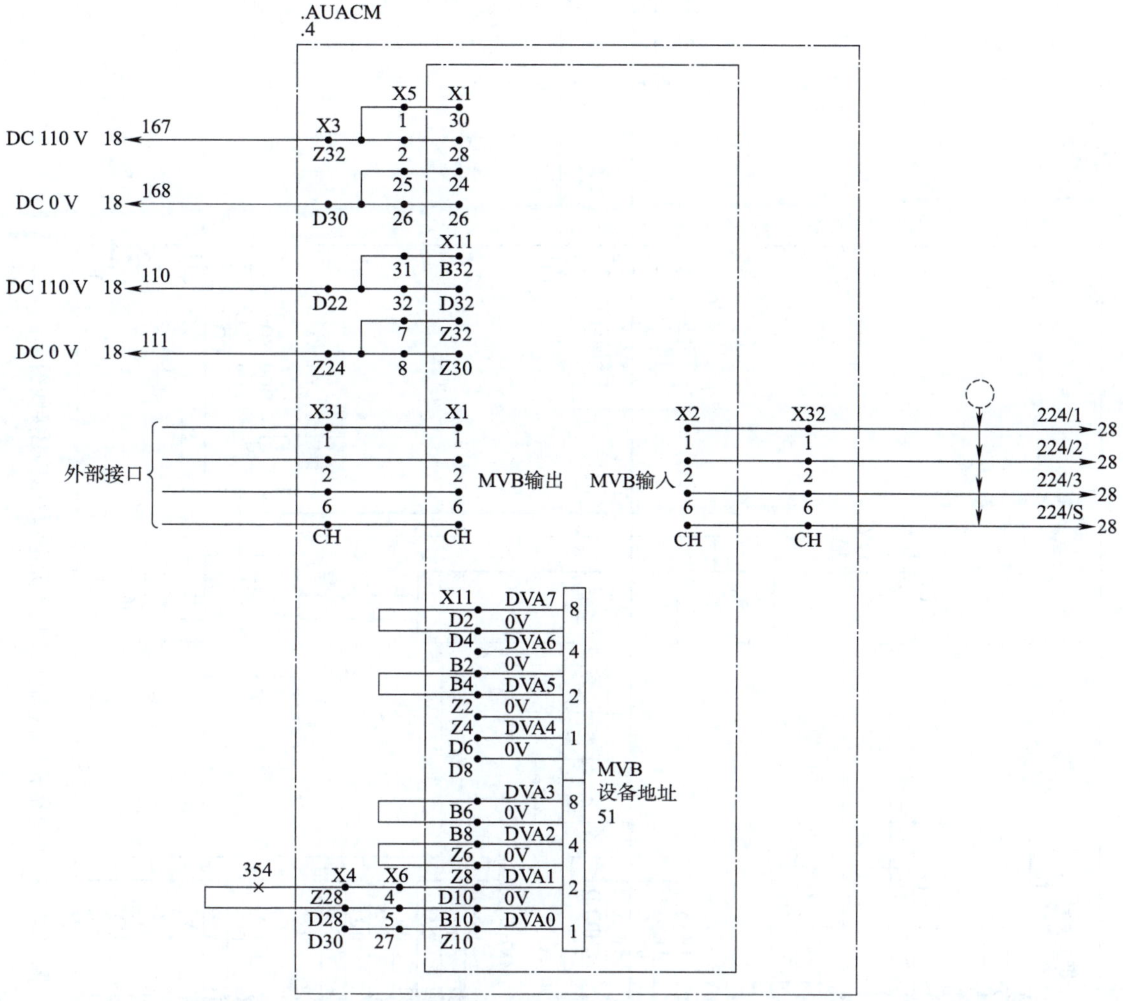

图 7.44　控制电路四（ACM 电源及 MVB 总线）

图 7.45 为数字输入输出单元的控制电源及 MVB 总线接线，电源取自 110 V 蓄电池母线，图中的 MVB 设备地址设为 43H，图 7.46 为其数字输入输出接线图。

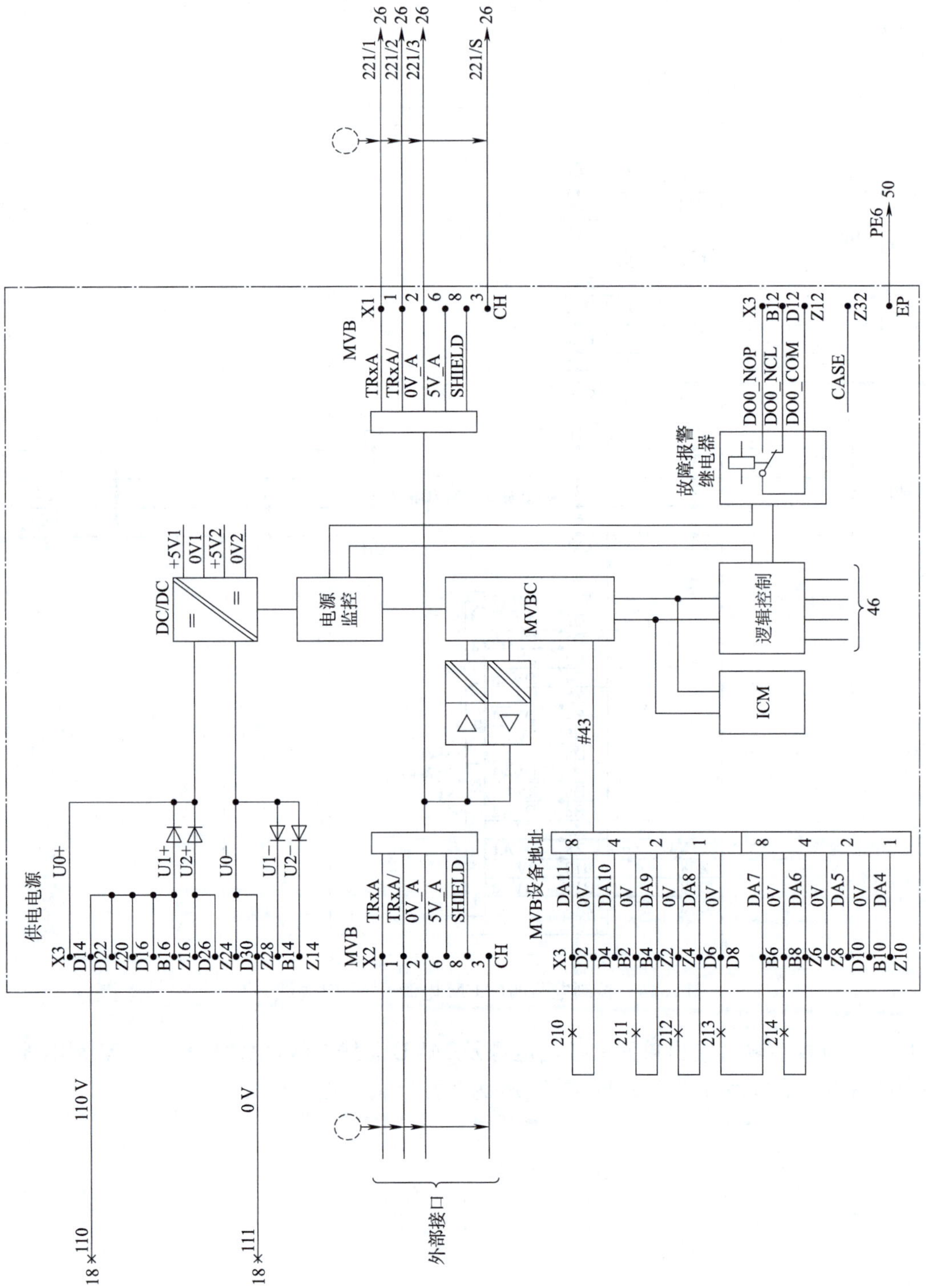

图 7.45　控制电路五(数字输入输出单元电源及MVB接线图)

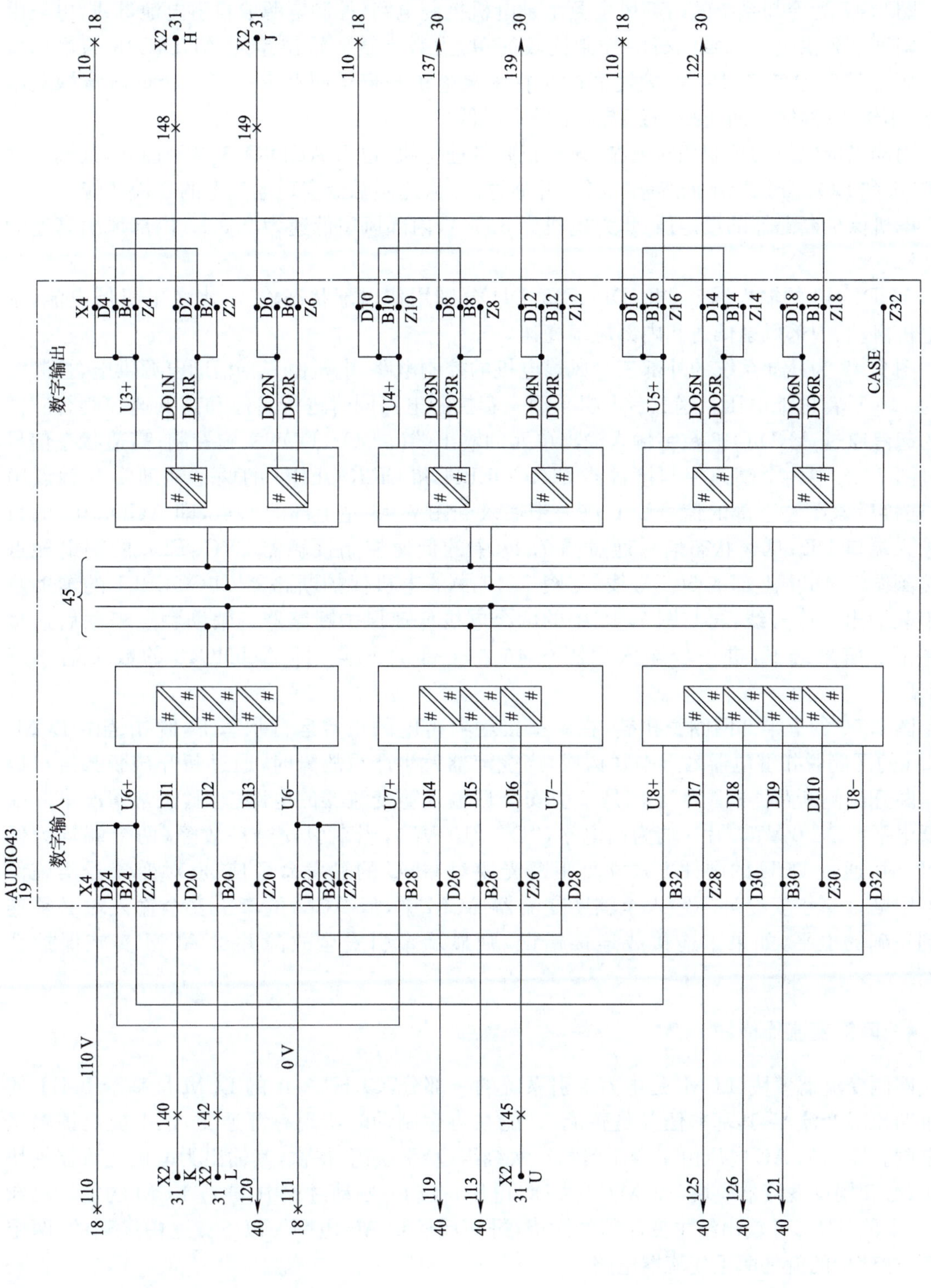

图7.46 控制电路六(数字输入输出单元的I/O接线图)

图 7.47 为冷却系统的内部风扇及水泵电机控制电路,控制电源取自蓄电池母线,电机由三相辅助电源供电。水泵电机的控制比较简单,由数字输入输出单元 AUDIO43 的输出口 DO5 通过接触器来控制启停,要注意的是在水泵电机的定子回路串接了一个低电流探测继电器,用作保护功能,防止冷却系统流量异常过低。

内部风扇电机的控制相对复杂,该电机是双速电机,也由 AUDIO43 单元控制,其输出端口 DO3 和 DO4 分别控制低/高速运行,并通过高/低速接触器实现电气上的联锁功能。

电机保护断路器的设定值:水泵电机为 3.5 A,内部风扇低速为 0.8 A,内部风扇高速为 3.3 A。

AUDIO43 的输入端口 DI9、DI5、DI3、DI4 分别用作以下状态输入:水泵电机低电流、水泵电机启动、内部风扇低速和内部风扇高速。

图 7.48 为冷却系统的外部三台风扇电机的控制电路,电机由三相辅助电源供电,控制线路为 110 V 蓄电池电压。这三台电机采用一套控制电路同时进行启停和高低速控制,高/低速的起停通过 AUDIO43 数字输入输出单元的输出端口 DO2、DO1 实施控制;高速状态信号通过图 7.48 中两个高速控制接触器 CR1COEBH 和 CR2COEBH 的两个辅助常开触点串联,连接后该图左下部的信号线 L 进一步输入到图 7.46 左上部的 L 点,即 AUDIO43 的数字输入端口 DI2;低速状态信号通过图 7.47 中的低速控制接触器 CRCOEBL 的辅助触点连接到图 7.48 中上部的 505 号线,与图 7.49 中的电机保护断路器 CBCOEBL1 的辅助触点串联输出 508 号线,再与图 7.48 中的两个电机低速保护断路器的辅助触点串联后连接到左下部信号线 K,进一步输入到图 7.46 左上部的 K 点,即 AUDIO43 的数字输入端口 DI1。

图 7.50 的上半部网侧脱扣链,在牵引接触器得电的正常运行状态下,脱扣链由 LCM、MCM 的网侧脱扣继电器触点串联构成,当变流器发生严重故障时,通过断开该脱扣链可以迅速断开网侧断路器。图的下部是牵引安全环输入至变流器的电路框图,正常情况下一端为低电平("DC 0 V"),另一端为高电平("DC 110 V"),当牵引安全环故障(两个端均为低电平)时,通过 DCU 的硬件方式立刻阻断光缆对 GDU 的触发命令信号,对变流器实施保护性阻断。牵引安全环不输入至辅助变流器 ACM 中,但 ACM 的牵引安全输入端必须连接到正确的电平,如果未连接或连接错误,则显示牵引安全故障并对 ACM 实施保护性阻断。

7.5.4 网侧变流器模块 LCM

网侧变流器模块(LCM)是电力牵引系统的一部分,CRH1A-A 的 LCM 是基于 IGBT 的两重四象限变流器,其基本任务是整流,并能在再生制动时实现有源逆变,把电能反馈输送到电网。输入的 AC 电压由主变压器的二次绕组(牵引绕组)提供,其输出为电机变流器模块(MCM)和辅助变流器模块(ACM)提供 DC 电压;在动力制动过程中,通过 LCM 的能量反向传输,电能从 LCM 输出给主变压器的次级,进而反送到 AC 电网。以下叙述中提到的"两个网侧电路"指的就是两重变流器电路。

7.5.4.1 LCM 结构

LCM 是具有独立功能的计算机控制系统,通过测量 LCM 的温度、电流和电压等参数实现其变流功能和自动保护功能。

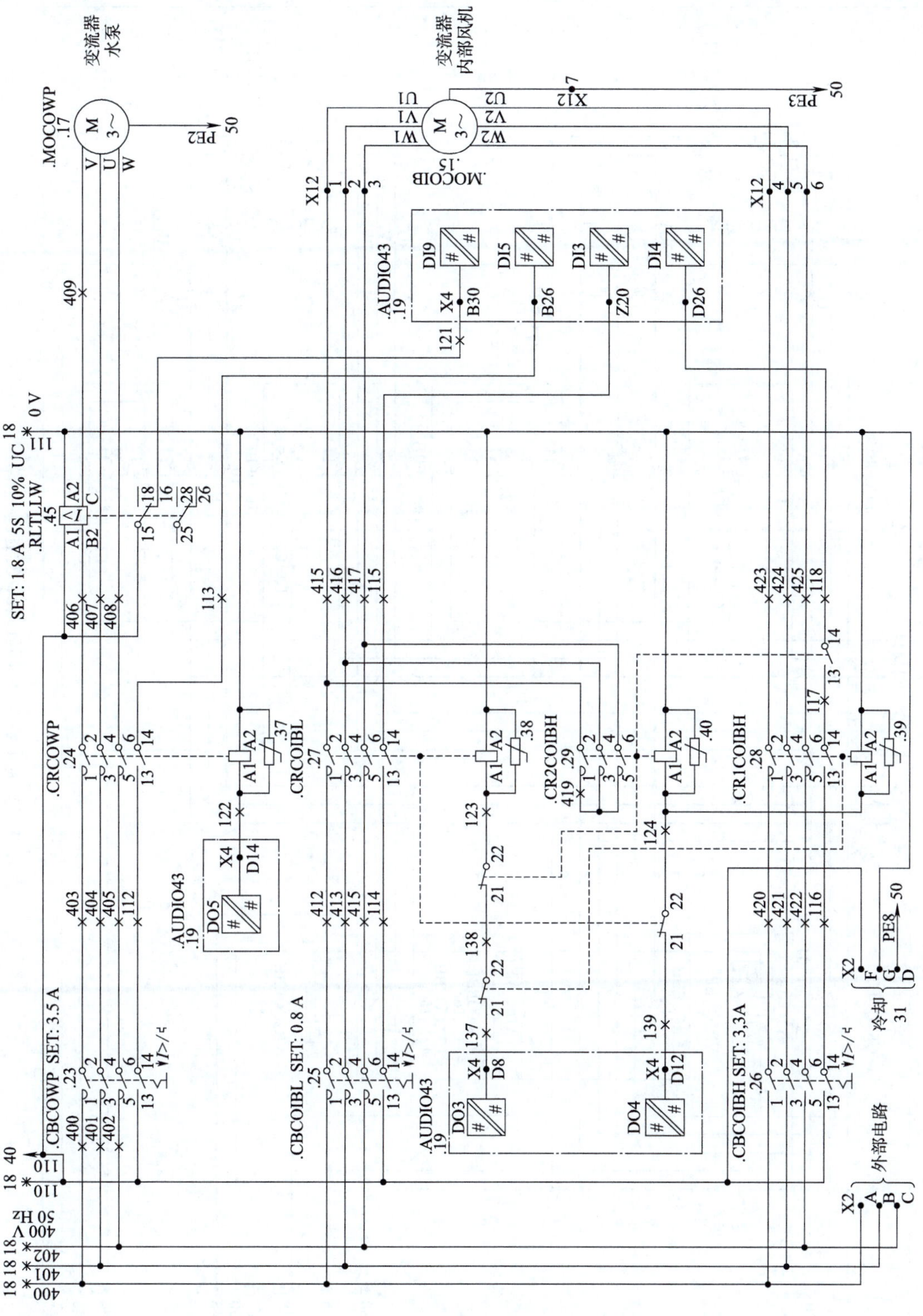

图 7.47 控制电路七(内部风扇及水泵电机控制电路)

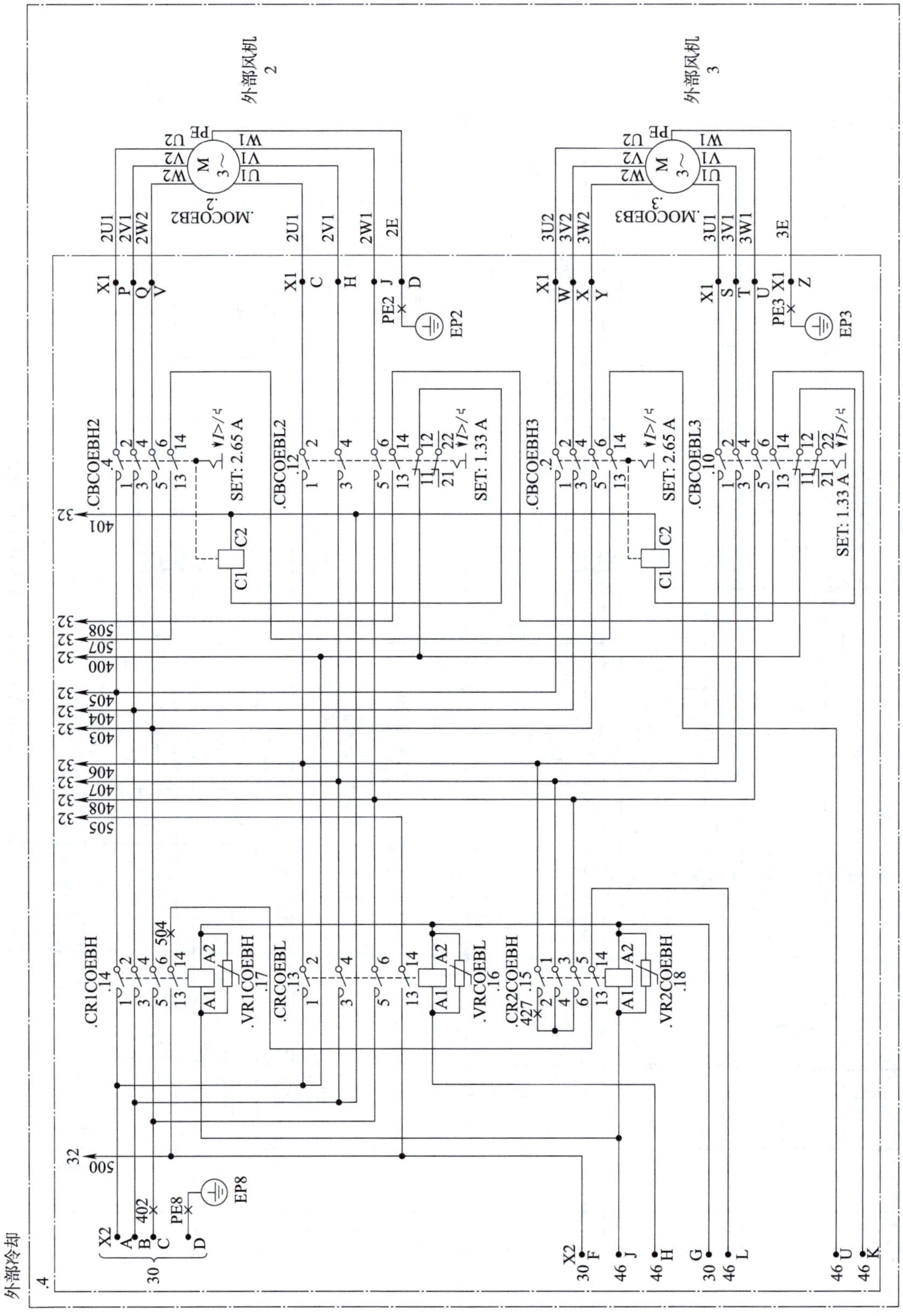

图 7.48 控制电路八(外部风扇2、3的控制电路)

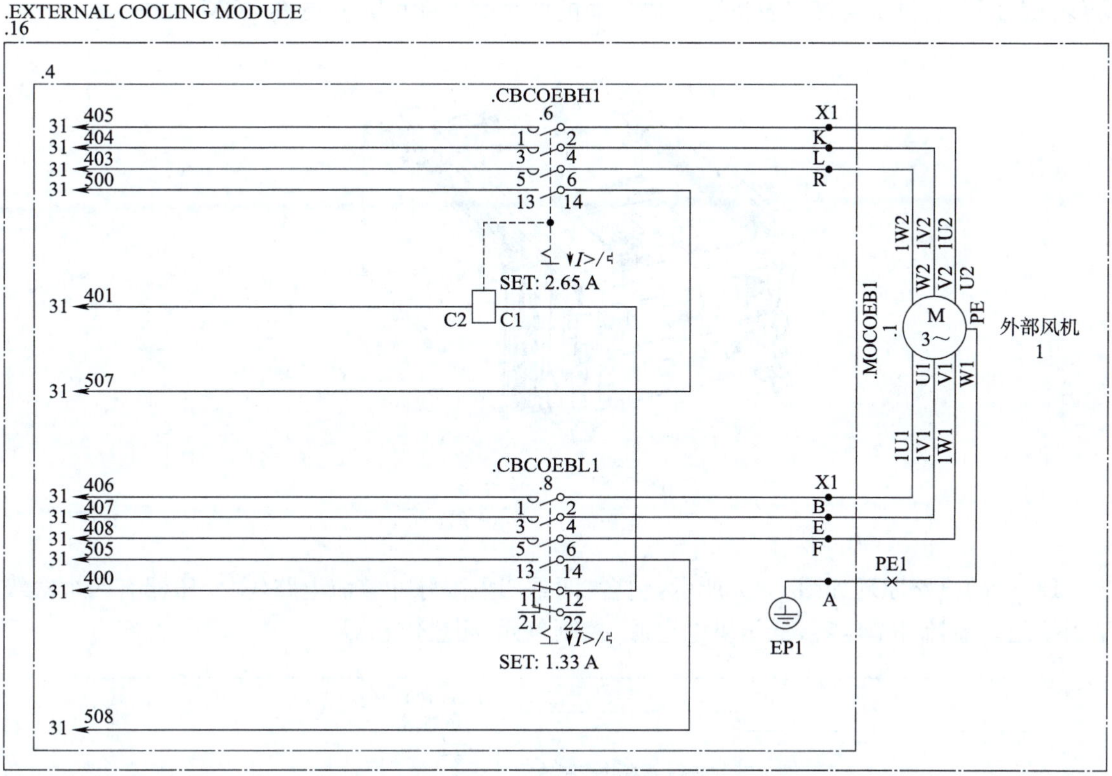

图 7.49　控制电路九(外部风扇 1 的控制电路)

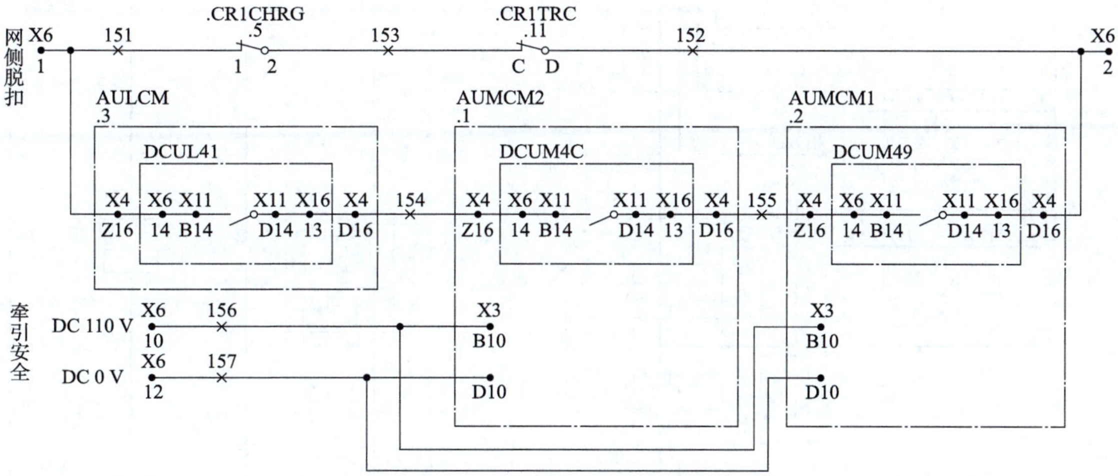

图 7.50　变流器箱相关的牵引安全电路

从结构上看，LCM 可分为两部分(图 7.51)：主电路部分，即电气装置的电源部分；控制电路部分，即控制单元和低电压系统的电子箱。电子箱安装在模块的右侧，断开 DC+和DC−母线、信号电缆、供水连接以及拆下模块前面的两个螺丝就可方便更换 LCM 模块。

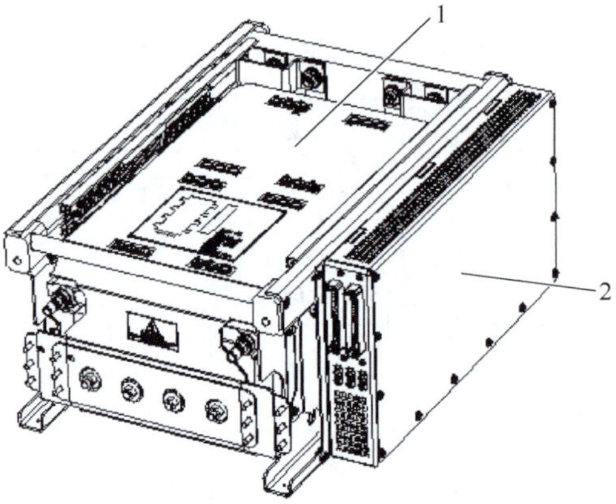

图 7.51　LCM 外形

1—电源部分；2—电子箱

LCM 的电路原理如图 7.52 所示，包含：两重四象限脉冲整流电路(主变压器有两个次级牵引绕组)、直流环节电容、低压供电电源、控制单元、测量传感器。

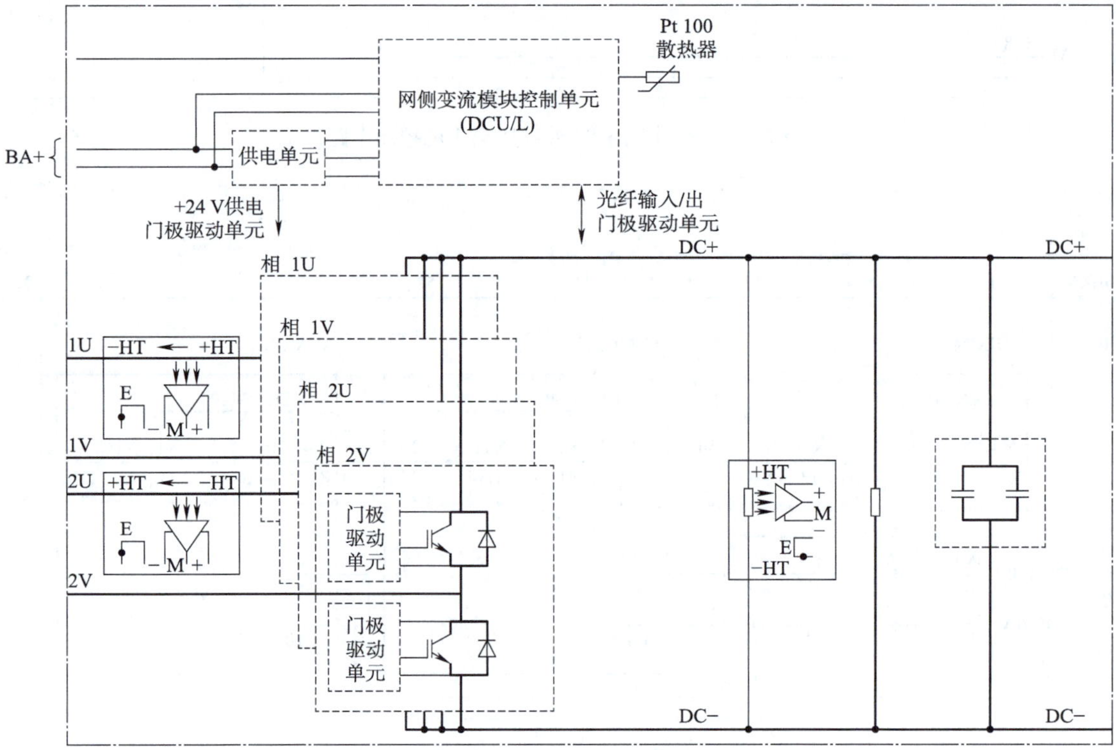

图 7.52　LCM 电路原理

图 7.53 给出变流器 1U 相的电路原理图，是一相 IGBT 桥，与 1V 相的 IGBT 桥一起构成一个 LCM 网侧电路。上 IGBT 功率元件 TSIGBT1UU 由上门极驱动单元 GDU1UU 来驱动，门极驱动单元由＋24 V 供电，其数字控制与反馈信号通过光缆连接到驱动控制单元 DCU/L，光缆信号接口如图 7.54 所示。

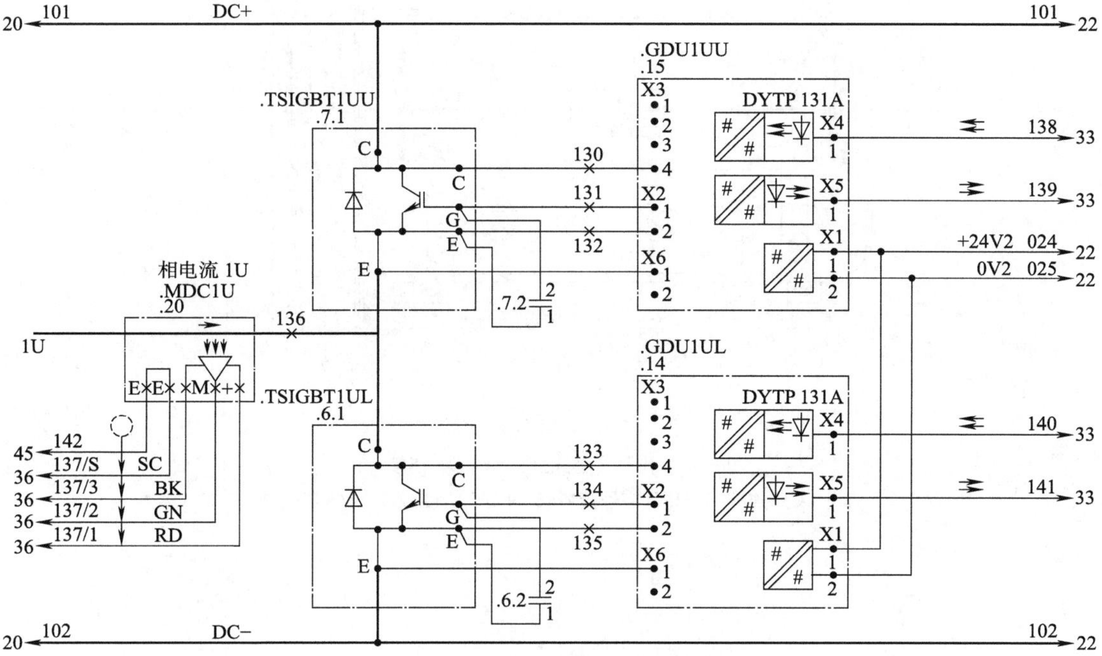

图 7.53　LCM 的 1U 相电路原理

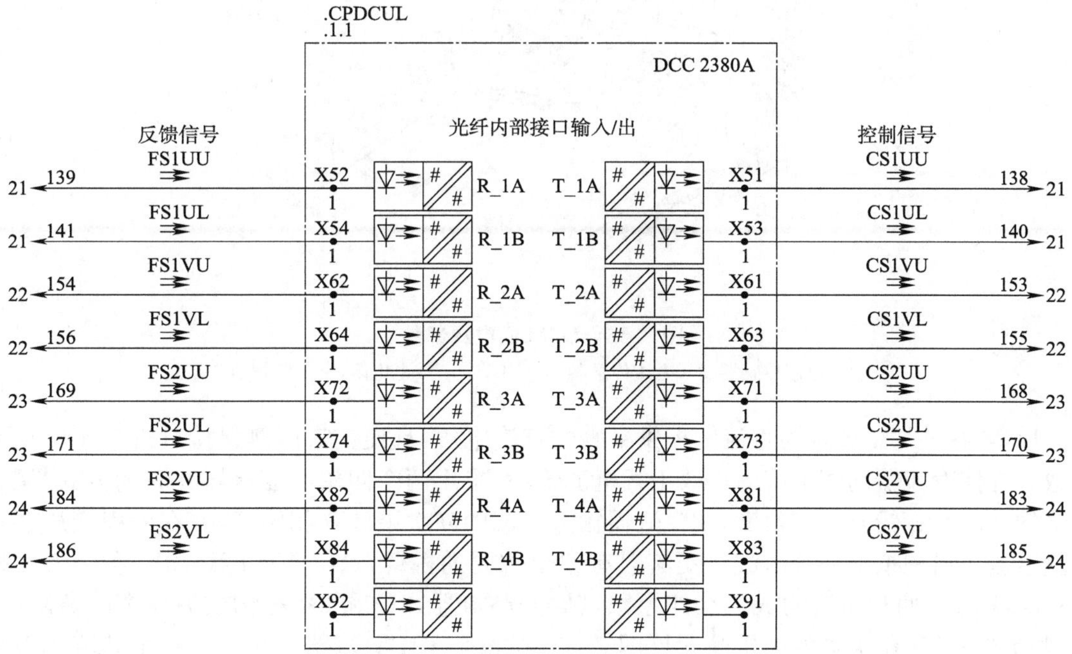

图 7.54　DCU/L 与 LCM 各门极驱动单元之间的光信号连接

为了对 LCM 有一个直观的印象，图 7.55～图 7.58 给出 LCM 的连接接口、电源部件外形和电子控制部件的外形图。

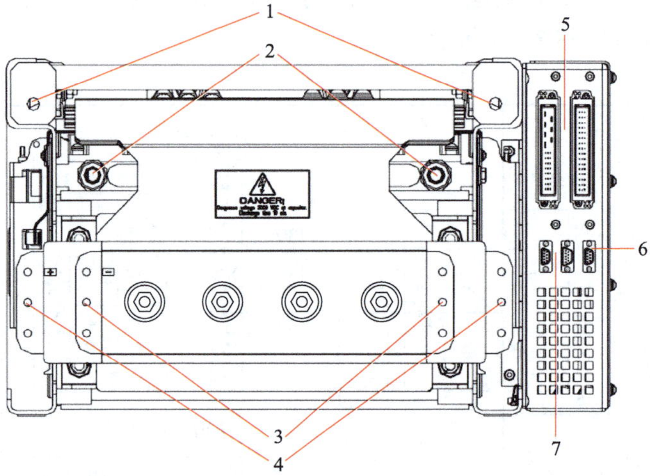

图 7.55　LCM 的连接接口

1—安装孔；2—水连接接口；3—DC-连接；
4—DC+连接；5—I/O 信号接口；6—RS-232 接口；7—MVB 接口

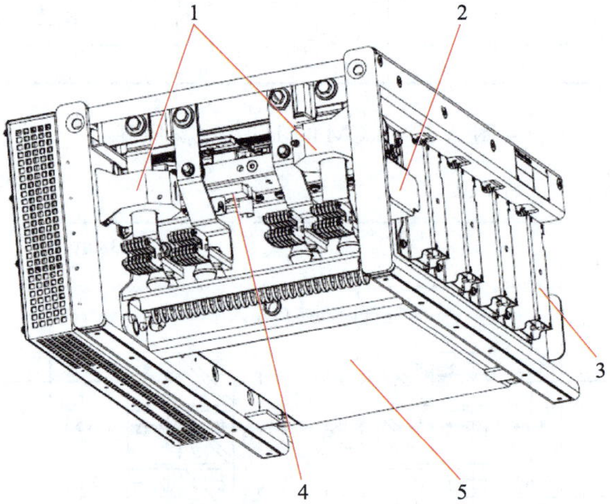

图 7.56　LCM 的电源部件

1—电流传感器；2—电压传感器；3—GDU；4—放电电阻；5—DC-电容

LCM 在使用中要求为直流侧提供平直的直流电压，且使交流网侧保持接近于 1 的功率因数。为使变流器网侧电流的等效干扰电流最小，采用两个四象限变流器并联的方式，调制信号的载波互相错开一定角度，使变流器输入电流的高次谐波互相错开，并在牵引变压器一次侧电流总量中抵消部分谐波。变流器有四个相同的桥臂，1U、1V 和 2U、2V，称为四相桥臂；1U 和 1V 两相桥臂构成一个四象限（脉冲）整流器，2U 和 2V 相构成另一个四象限（脉冲）整流器；两重整流器的连接简图见图 7.59，在每个 IGBT 两端反并联了一个续流二极管为开关换流过程提供电流通路。

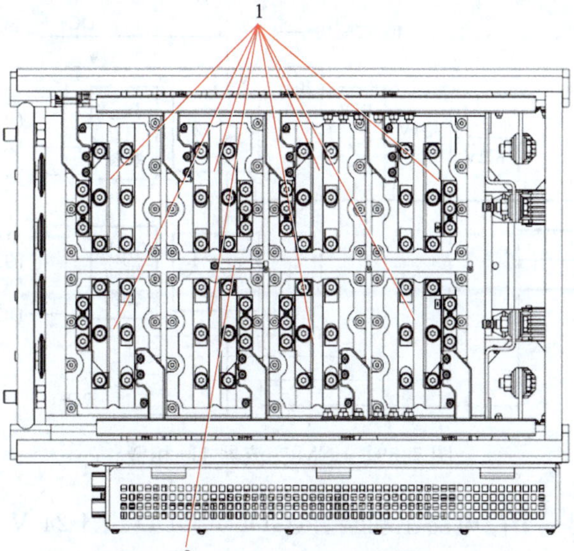

图 7.57 LCM 的功率部分(内部)

1—IGBT;2—PT100(散热器)

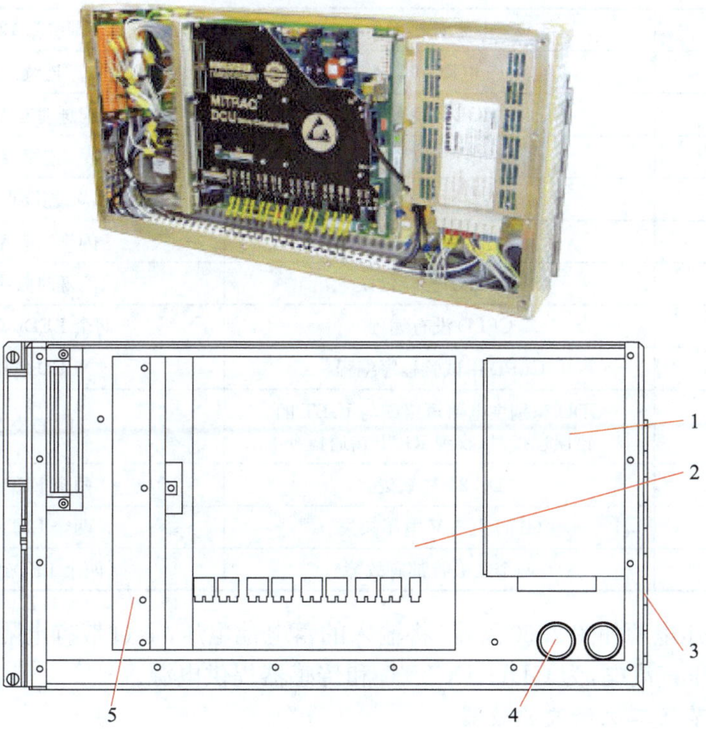

图 7.58 LCM 取下外壳的电子箱

1—110 V 电源;2—牵引驱动单元 DCU/L;3—铰链;
4—电缆线接头;5—连接器支架

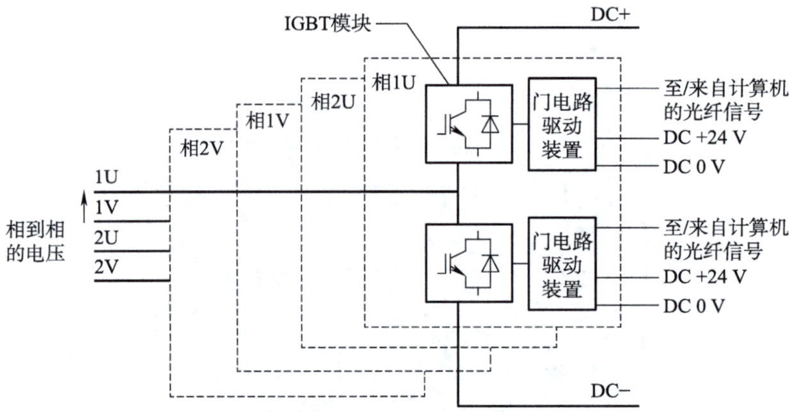

图 7.59　LCM 变流器 1U 相臂

每个 IGBT 模块配一个门电路驱动装置(GDU),GDU 由＋24 V 供电,靠近 IGBT 安装以尽量减小门电路引线电感。为了将控制部分与高压部分隔离开来,控制单元 DCU/L 与 GDU 之间通过光缆连接,GDU 按照 DCU/L 的指令控制 IGBT 接通或断开,GDU 还能够检测相间短路。GDU 的状态由两个发光二极管指示见表 7.3。

表 7.3　GDU 的状态 LED 指示

LED 颜色	GDU 状态或事件	LED 状态
绿色	电源 OK	连续点亮时
绿色	IGBT 接通	闪烁时频率为 1 Hz
红色	电源故障	连续点亮时
红色	门电路发射极端子短路	连续点亮时
红色	主电路短路	闪烁时频率为 1 Hz
红色	与 IGBT 连接错误	闪烁时频率为 1 Hz
绿色和红色	CPLD 没有编程	两个 LEDs 都连续点亮
绿色和红色	CLPD 用试验程序编程	LEDs 同时闪烁
绿色和红色	GDU 识别主电路短路或与 IGBT 的错误连接时,收到 IGBT 接通指令	LED 交替闪烁
绿色和红色	DC 24 V 缺失	两个 LEDs 都熄灭
绿色和红色	GDU 上 5 V 电压缺失	两个 LEDs 都熄灭
绿色和红色	两个二极管都有故障	两个 LEDs 都熄灭

LCM 带有低压电源如图 7.60 所示,将输入的蓄电池电压,通过带有电隔离功能的DC/DC 变流器转换成低压直流电,为 GDU、DCU/L 和传感器提供电源。

7.5.4.2　DC 环节及二次谐波滤波器

LCM 中的 DC 环节对变流器的能量转换过程非常关键,是一个能量缓冲器,是变流器的无功功率源,起滤波及稳定 DC 环节电压的作用,要限制 DC 环节电压的波动在允许范围内,电容量必须足够大。该电容器包括两个并联的薄膜电容器,共同包在同一个壳体中。DC 环节电阻与电容相并联,在故障情况下,通过该电阻对电容放电,直到电容电压低于 50 V。

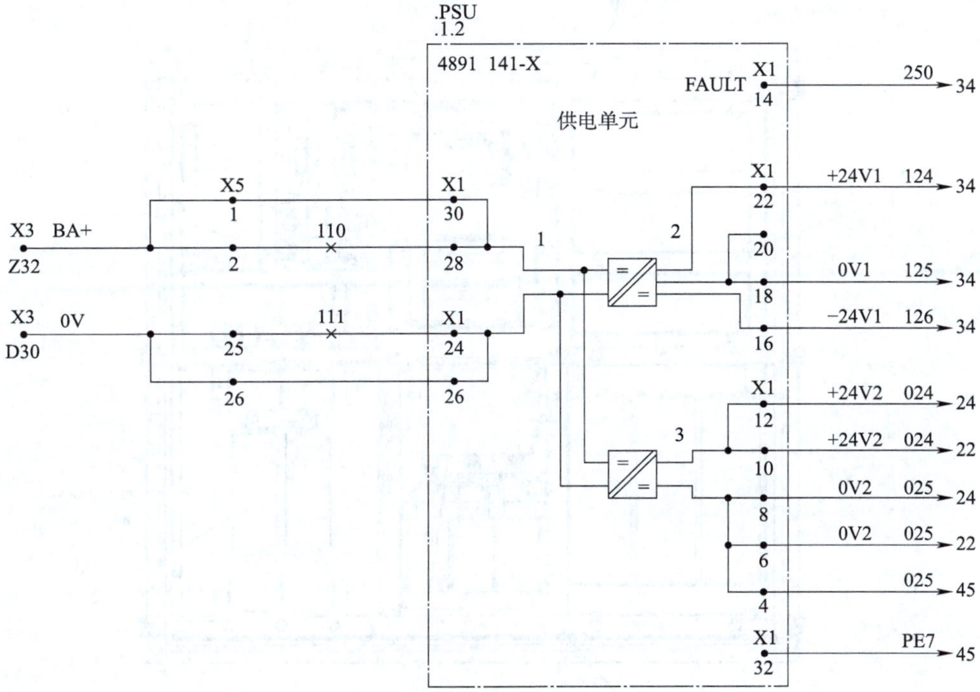

图 7.60 低压电源

1—输入电池电压;2—驱动单元及传感器供电;3—GDU 供电

LCM 的 DC 环节电容器与其他变流器(两个 MCM、一个 ACM)的 DC 环节电容器一起对 DC 环节起到滤波作用,保证变流器的精确控制。

DC 环节还连接一个二次谐波滤波器,包括四个电容和串联的一个电感(图 7.61),电感电容的串联谐振频率与电源的二次谐波频率调成一致,可以减小来自网侧或 LCM 对 DC 环节电压波动的影响,从而减小牵引电机的转矩脉动。二次谐波滤波器放置在滤波器箱中(见图 7.62),通过电缆连接到变流器箱的 DC 环节。滤波器箱与变流器箱相邻安装在动车底架。

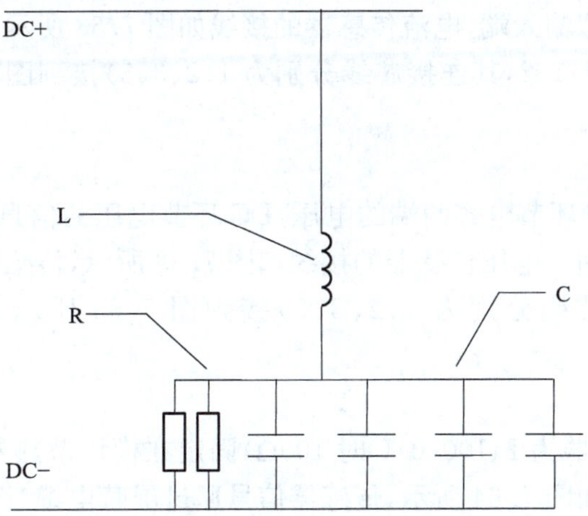

图 7.61 直流环节二次滤波电路

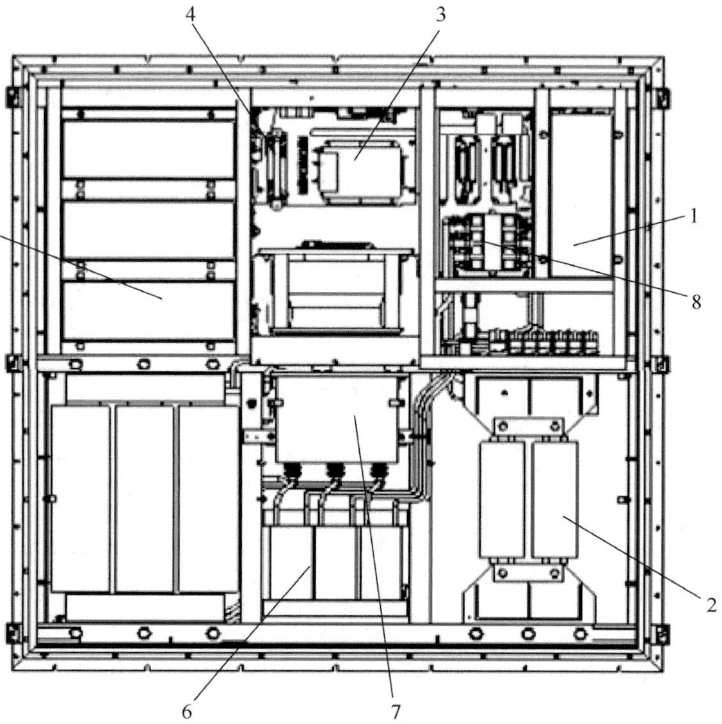

图 7.62　滤波器箱构成

1—二次谐波电容；2—二次谐波电感；3—预充电单元；4—泄放电阻；
5—三相变压器；6—三相电感；7—三相电容；8—三相接触器

7.5.4.3　测量传感器

(1)电流传感器

LCM 中有两个电流传感器，测量连接到主变压器输入侧的两重整流器的相电流：1U 和 2U 相电流，参见图 7.36 所示电路的左边部分电流传感器。

电流测量传感器由 DCU/L 提供 DC 24 V 电源，采用霍尔元件，能测量 AC 和 DC 电流，测量值接入计算机的模拟输入端，电流传感器的接线如图 7.63 所示，传感器信号通过屏蔽电缆(图 7.63 中线号为 137、152，其连接芯线分别为 1、2、3、5)接到图 7.63 所示 DCU/L 的模拟量输入端 AIO1、AIO2。

(2)电压传感器

电压传感器测量 DC 环节电容两端的电压，DC 环节电压的信息被不断发送到 DCU/L，在变流器控制算法中使用。电压传感器的接线如图 7.63 所示，传感器信号通过屏蔽电缆(图中线号为 115，其连接芯线分别为 1、2、3、5)接到图 7.63 所示 DCU/L 的模拟量输入端 AIO3。

(3)温度传感器

LCM 中的温度传感器为 Pt100(0 ℃时 100Ω)固定在模块散热器上，用于测量散热器温度。温度传感器的接线如图 7.64 所示，传感器信号通过屏蔽电缆(图 7.64 中线号为 266，其连接芯线分别为 1、2、3、4、5)接到图 7.64 所示 DCU/L 的模拟量输入端 AIO6。

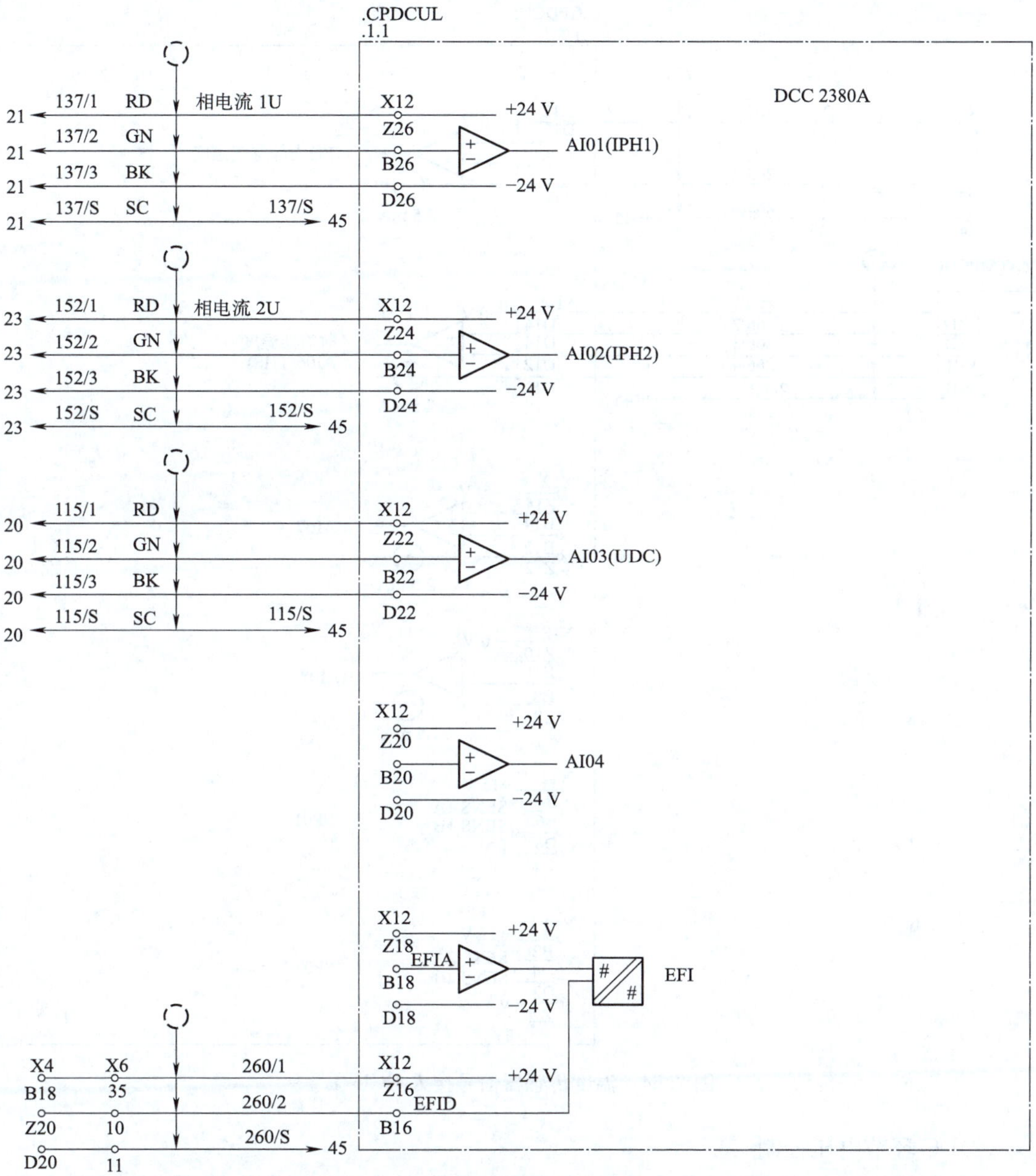

图 7.63　模拟量传感器信号与 DCU/L 的连接

7.5.4.4　驱动控制单元 DCU/L

驱动控制单元 DCU/L 用于监督和控制 LCM 功能，该计算机是车辆分布式控制系统的一部分，通过多功能车辆总线(MVB)连接到牵引控制单元 PCU。DCU/L 控制和监视的功能如下：

(1)网侧电流控制

LCM 具有控制网侧电流的功能，如果网侧电流超过最大允许值，LCM 会向 PCU 请求限制输出功率，降低 DC 环节电压，使 MCM 的功率减少，从而减小网侧电流。

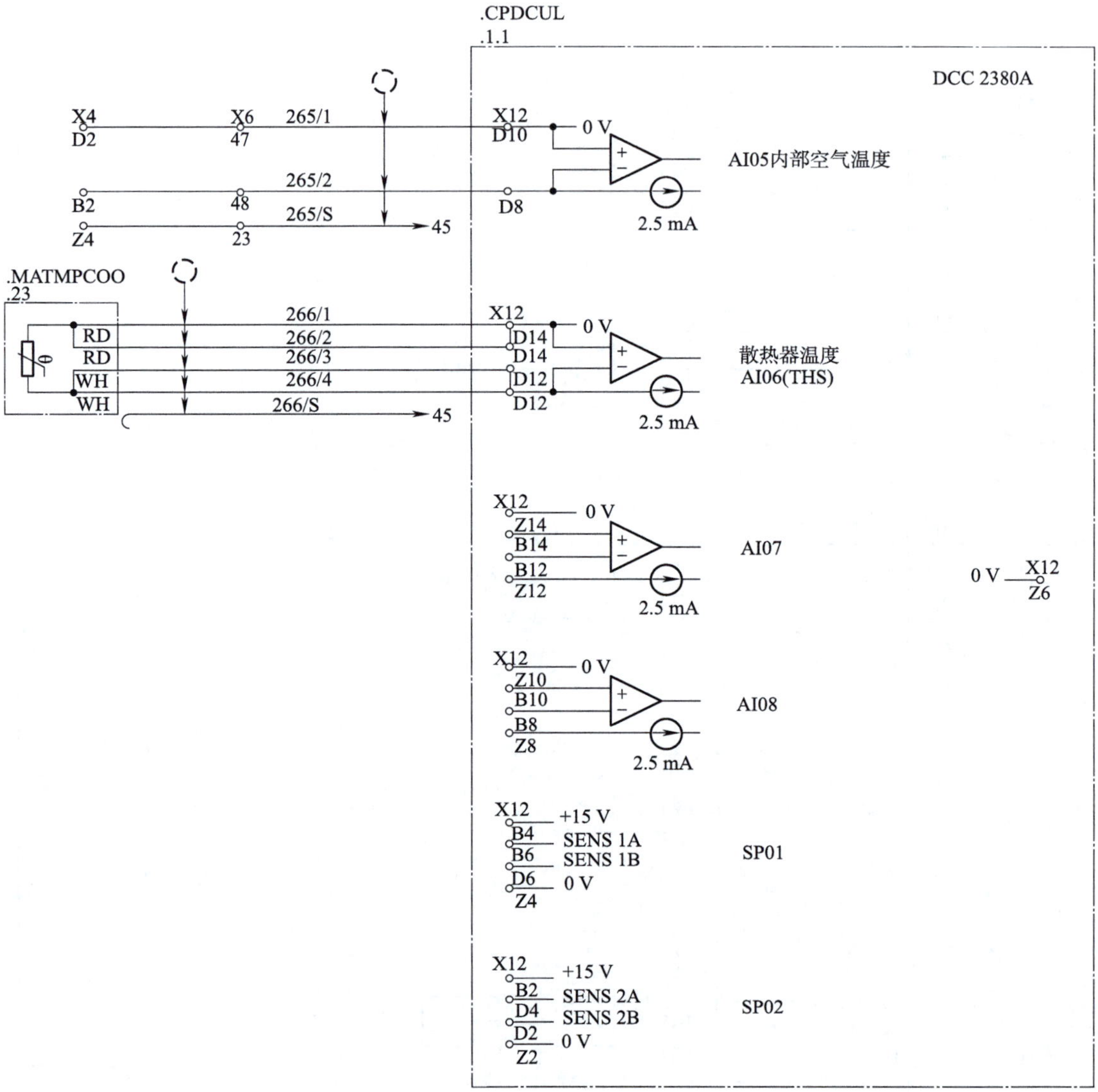

图 7.64　温度传感器信号接入 DCU/L

(2)DC 环节电压控制

正常运行过程中,DCU/L 监控 DC 环节电压,在输出功率急剧变化及故障情况下,MCM 中的 OVP 将会限制 DC 环节电压,保护系统不过电压,严重情况下(如非常高或非常低电压时),DCU/L 会激活保护性关断。

(3)过电流保护

DCU/L 对每相输出电流有过电流保护功能,如相间短路产生的过相电流。保护功能是通过检测 1U 相和 2U 相电流值,由计算机硬件迅速响应实现的。通过检测 IGBT 的集一射电流来监控短路电流,当发生短路时,IGBT 迅速安全地截止,输出功率立刻减小。GDU 中也有短路检测与保护,既可保护 IGBT 导通前的短路电流,也可保护 IGBT 导通期间的短路电流,在电源短路和对地短路时保护动作非常快。

(4)过热保护

在散热器上装有 Pt100 温度传感器，如果温度超过设定值(图 7.65 中的 A 值，可编程修改)，LCM 的输出功率就会受到限制；如果测量温度在预设值 A 与 $A+4$ ℃之间超过 15 min 以上，就显示故障，变流器关闭；只有温度下降到 $A-10$ ℃以下时，变流器才会重新启动。

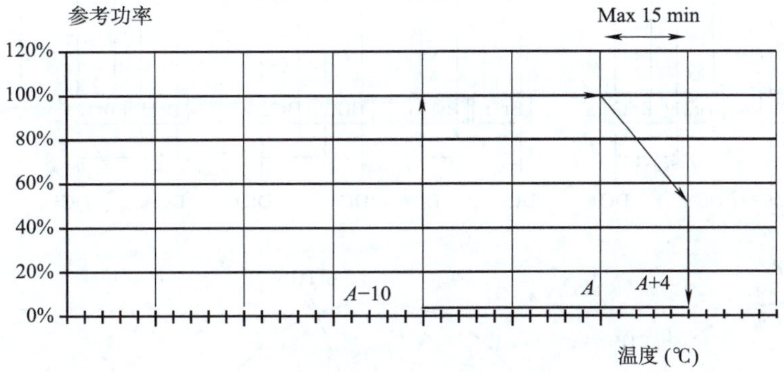

图 7.65 散热器温度过高时减小输出功率

(5)诊断

DCU/L 有自测功能，LCM 有故障诊断和追踪功能，这些在线功能可以保护系统、减小维护和停机时间。故障信息被发送到 TCMS，有些严重故障会造成 LCM 关断。

DCU/L 既是软件也是硬件，DCU/L 负责 LCM 与外部控制系统的通信，与控制单元之间通过 MVB 传输输入输出信号，DCU/L 与 GDU 之间的信号通过光缆传输，在 DCU/L 上安装了一块光缆电路板，板上电压信号被转换成光信号(光脉冲)与光缆相连，在光缆的另一端，光信号又转换成电压信号，减小了电磁干扰。

通过 RS-232 接口，DCU/L 可连接到基于 PC 机的便携式检测试验装置，通过 PC 机软件进行诊断和故障追踪。该装置由 PC 机和 8-通道记录板组成，PC 机可读出 DCU/L 的状态和参数值，利用故障指示和信号做进一步的分析诊断。

7.5.4.5 LCM 的控制方式与谐波抑制

网侧变流器是全数字控制方式，由驱动控制单元 DCU/L 进行全面的监视与控制。LCM 功率器件的开/关时间比的控制方式为频率恒定的脉冲宽度调制法，即所谓的定频调宽方式；其输出控制采用瞬时值法，为得到每相输出的瞬时电压，优化控制算法，GDU 将 IGBT 的电压通过光缆反馈给 DCU/L，计算机能够快速得到 GDU 和 IGBT 的当前状态。这对控制器的瞬时响应特性和快速响应短路故障均有好处。

下面说明 LCM 的 PWM 控制方式，图 7.66 为牵引变压器、网侧变流器桥和网侧谐波滤波器电路简图及脉冲移相模式，一号变压器的变流器 LCM1 的变流器桥 Br11 对应有 1U 相和 1V 相桥臂，其触发脉冲错开 180°，见脉冲分配图中一号变压器中的桥 Br11P 和 Br11M，LCM1 的桥 Br12P 与 Br11P 错开 90°；一号变压器中的第二个变流器 LCM2 的两个变流器桥 Br21 和 Br22 也与 LCM1 一样，错开 90°；LCM1 和 LCM2 相综合后，Br21P 与 Br11P 相差 54°。同样，图中还画出了二号、三号变压器中的 LCM 脉冲分配的情况，最终三个变压器五个 LCM 综合后的脉冲相移为 18°，如图 7.67 所示。

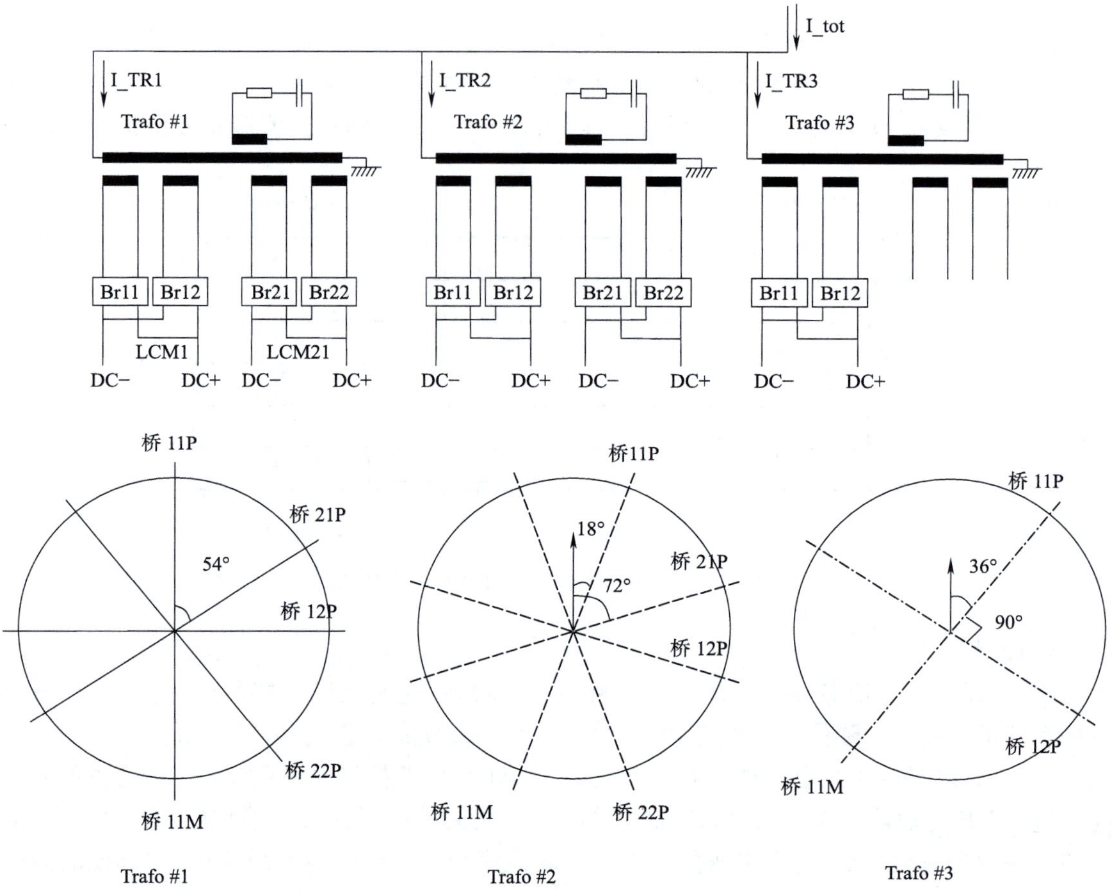

图 7.66　牵引供电电路简图和 IGBT 触发脉冲相移

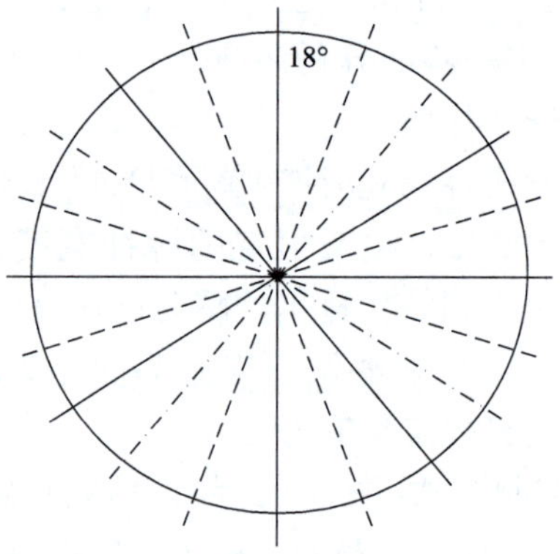

图 7.67　五个牵引系统触发脉冲错开 18 度等相移

IGBT 的 PWM 开关频率为 450 Hz，因此每个桥将会产生频率 900 Hz、1 800 Hz、2 700 Hz、3 600 Hz 等为中心的边频谐波。一个牵引系统的两重变流器按移相调制模式控制，其 IGBT 的开或关将会交错开来，理想情况下在网侧 900 Hz、2 700 Hz 频率附近的谐波会相互抵消，因此,最低次的谐波就是分布在 1 800 Hz 中心的边频,如 1 650 Hz、1 750 Hz、1 850 Hz、1 950 Hz 等。

CRH1A-A 型动车组的五个独立的牵引系统可进一步按移相调制模式进行控制,相互错开触发,这样 1 800 Hz 和 3 600 Hz 两边的谐波就会在网侧相互抵消(图 7.68),因此最低谐波频率变为 5×1 800 Hz=9 000 Hz 的边频,其振幅已非常低了。

但实际上由于系统容差,低次谐波不可能完全抵消。

图 7.68 所示为移相调制控制模式下,网侧电流谐波抵消后,得到的最佳效果的电压波形。

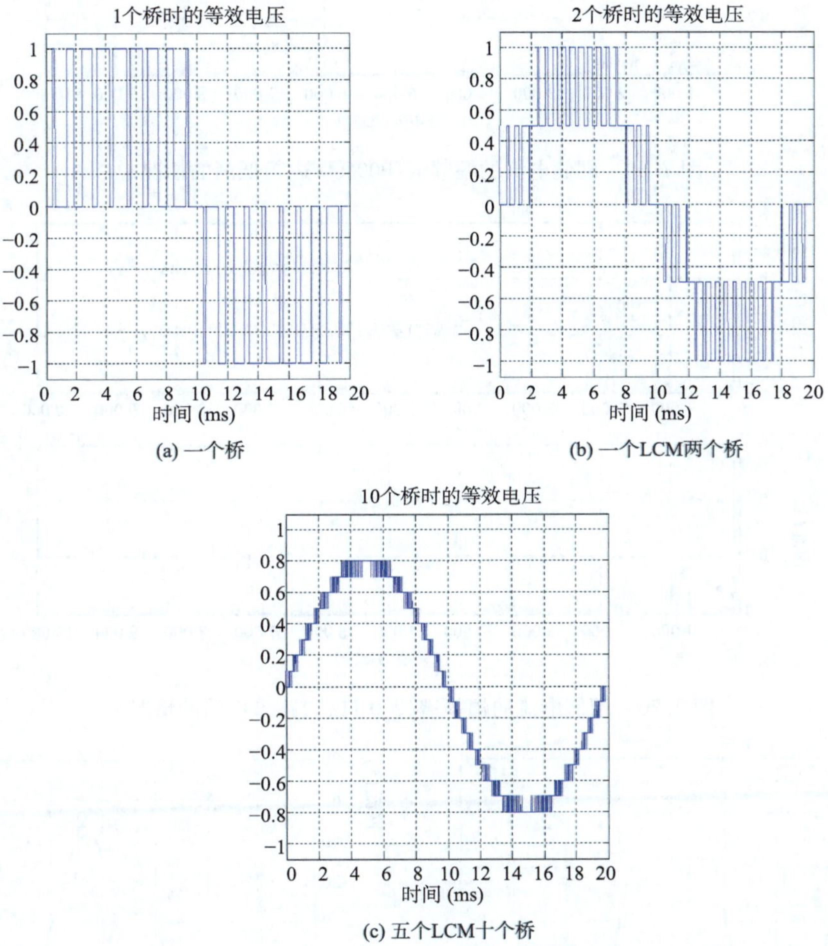

图 7.68 移相调制控制下的等效 LCM 的交流电压波形

图 7.69 给出了一个牵引系统的两重四象限变流器工作及五个牵引系统同时工作时,网侧电流的幅频谱。但由于系统参数的不平衡,如变压器的阻抗容差,900 Hz 中心两边的谐波不会完全抵消,如图 7.70。

所有牵引系统均激活时的网侧电流波形如图 7.71 所示。如果一个牵引系统停止工作,在理想的移相交替模式中就会出现间隙,1 800 Hz 附近的谐波成分不会完全抵消,此时网侧电流的幅频谱如图 7.72 所示,电流波形如图 7.73 所示。

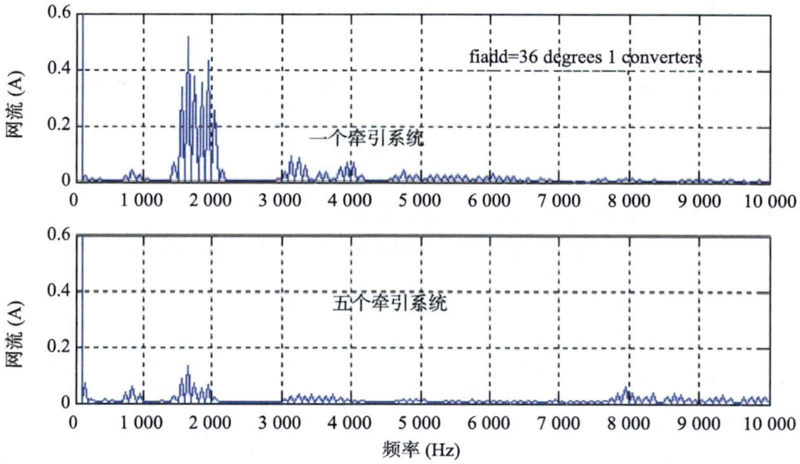

图 7.69　网侧电流的幅频谱(900 Hz 边频抵消的情况)

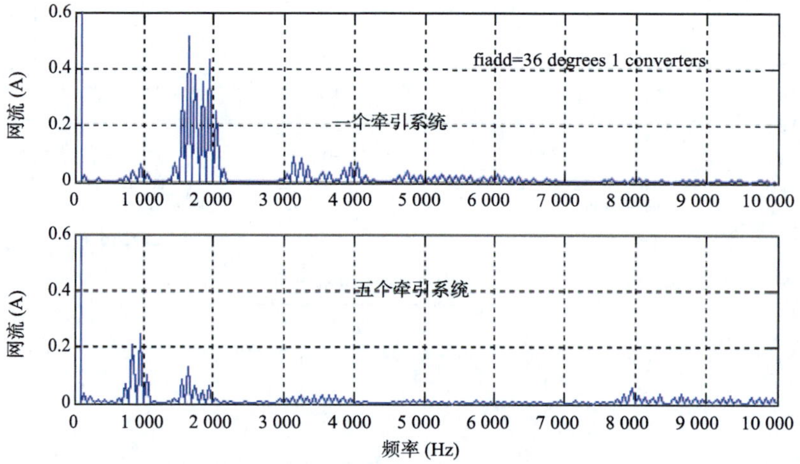

图 7.70　网侧电流的幅频谱(900 Hz 边频未抵消的情况)

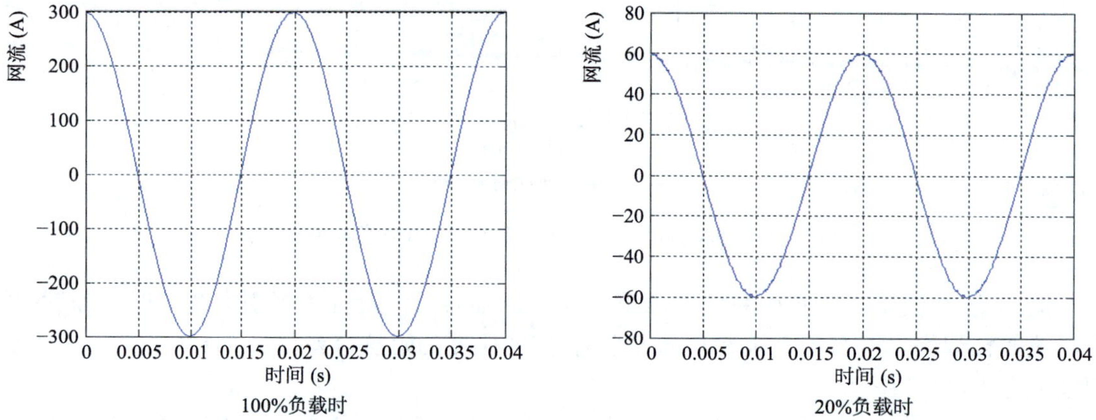

图 7.71　所有牵引系统均激活时的网侧电流波形

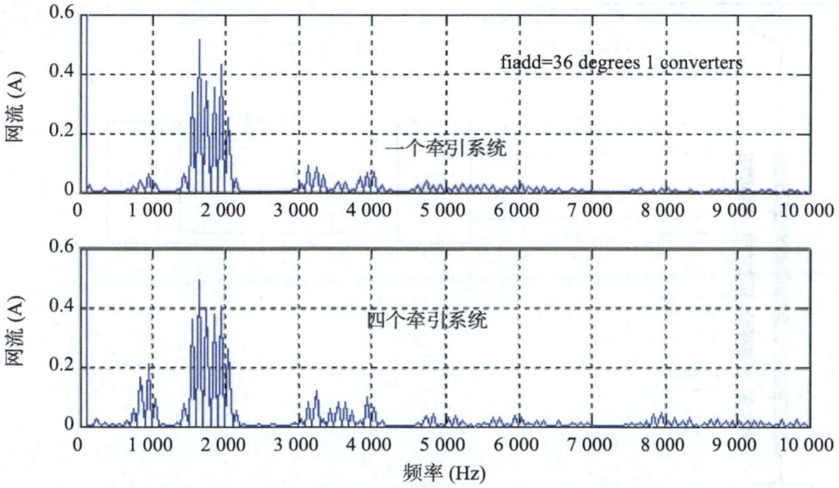

图 7.72 一个牵引系统停止工作时的网侧电流的幅频谱

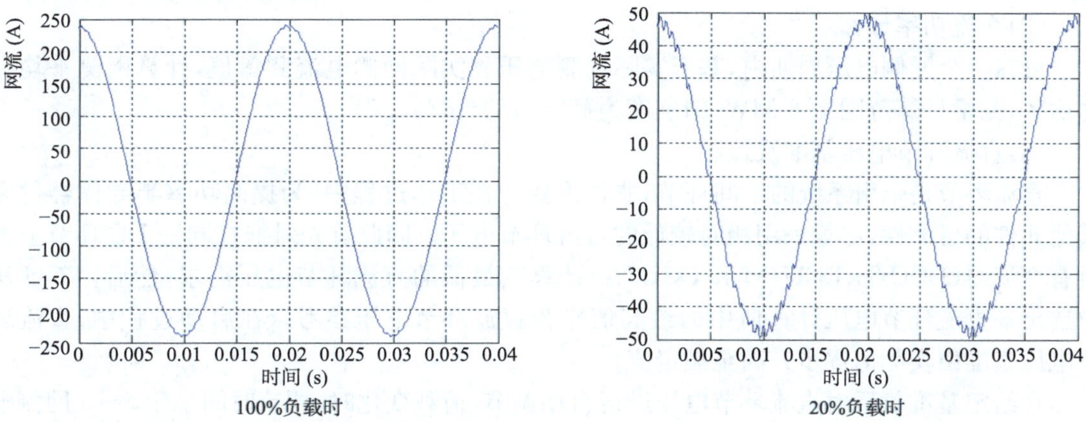

图 7.73 一个牵引系统停止工作时的网侧电流波形

电机变流器 MCM 的调制模式与电机转速有关，其电流频谱成分会有频率偏移，也会进入中间谐波频段，从而增加 DC 环节电压纹波，如图 7.74 所示。DC 环节的这些中频成分会受 LCM 开关的交叉调制，成为交流侧的中频谐波电压源。交流侧的中频谐波电压将通过每个牵引系统在网侧产生中频谐波电流。在敏感频率区(如 1 650～2 650 Hz 范围)中频电流成分不大。

7.5.4.6 DCU/L 的功能及特点

网侧变流器控制可用图 7.75 来表达，输入端是网侧交流电压，通过各种控制要求及限制，最终保持输出稳定的直流电压，都是在 DCU/L 的监控下完成的。

(1)交流网侧频率计算

系统工作时，通过采样电压互感器数据，可以计算出接触网的电压频率(16.7 Hz，25 Hz，50 Hz 或 60 Hz)，支持系统选择，测量范围 15～66 Hz(系统选择后额定值的+10%)，稳态下的精确度为± 0.1 Hz。

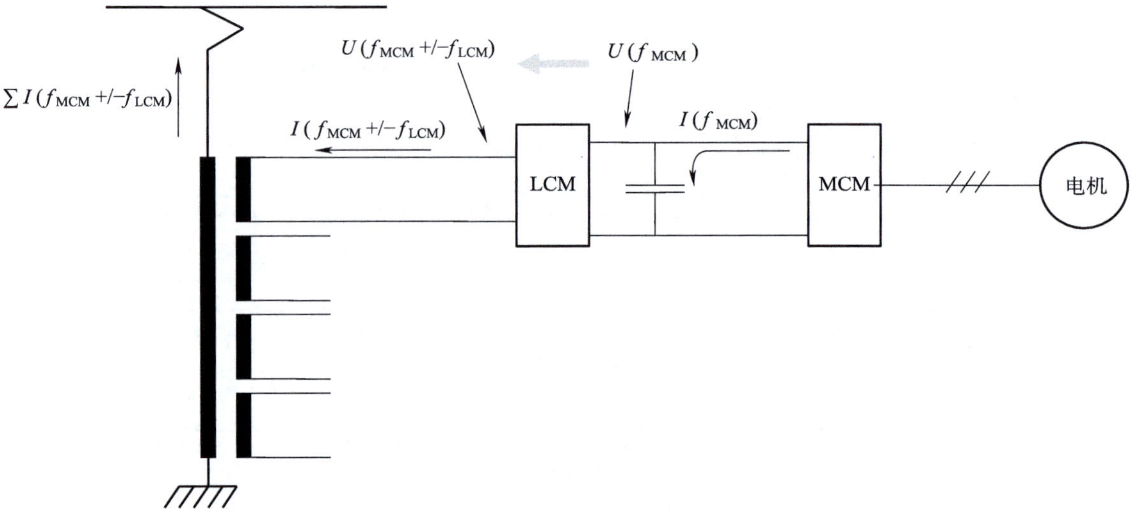

图 7.74　由 MCM 开关产生的中间谐波成分

(2)交流功率计算

可在一个网侧电压周期内，基于实际网侧电压和实际网侧电流测量值，计算网侧平均有功功率，测量计算范围± 6 MW，精确度为额定值的±5％ 。

(3)直流环节电压基准及控制

直流环节是牵引系统的中间环节，非常重要。在工作过程中，为提高功率半导体器件和其他元件的可靠性，尽量采用相对较低的直流环节电压。因此首先对挂在同一 DC 环节上的所有变流器(DCU/L、DCU/M 和 DCU/A)计算其最低的直流环节电压需求；然后，VCU 从中选出各直流环节电压计算值中的最高值作为直流环节电压参考。在启动过程中，直流环节电压基准由实际值逐步升高至额定值。

在给定基准值后对直流环节电压进行自动调节，荷载变化时，调节时间小于 3～5 网侧电压周期，调节器的稳定精度是期望值的±5％。

(4)开环无功网侧电流控制

根据滤波器阻抗和实际网侧电压对变压器滤波器绕组的容性电流进行补偿。

(5)交流网侧干扰电流抑制

对交流网侧，DCU/L 可选择性地抑制网侧谐波和非谐波有功电流干扰，具有以下特点：

①最多可以削弱网侧电流中的三个奇谐波。

a. 选择性地抑制网侧电流中的三次、五次和七次谐波。

b. 通过抑制，单个谐波电流的波动小于稳定状态下额定电流值的 10％。

②最多可以削弱网侧电流中的二个偶次谐波。

a. 其中一个是网侧电流中的六次谐波(在 16.7 Hz 系统下大约为 100 Hz)，另一个偶次谐波可以选择。

b. 通过抑制，持续时间超过 300 ms 的偶次谐波电流在受电弓中不会超过 2 A(有效值)。

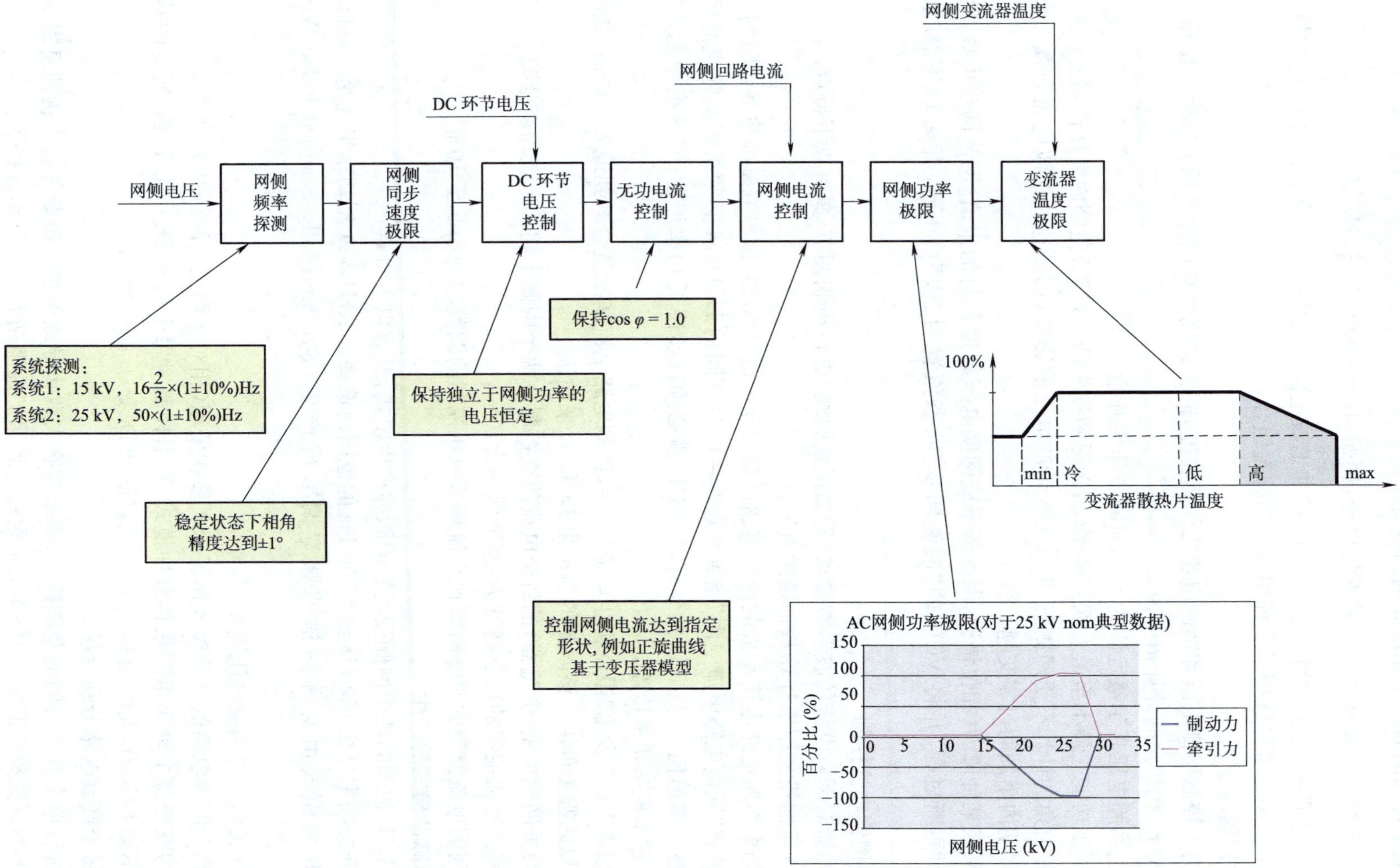

图 7.75　网侧变流器控制框图

③最多可以削弱两个非谐波网侧电流

a. 选择性地抑制两个非谐波网侧电流，例如，42 Hz 和 $83\times\frac{1}{3}$ Hz 等。

b. 通过抑制，持续时间超过 300 ms 的非谐波电流在受电弓中不会超过 2 A(有效值)。

c. 通过参数可以选择以上任何需要的抑制组合。

(6)网侧同步

①为了控制网侧电压和网侧电流之间相位差，需要精确计算网侧电压的实际相位角。

稳态下，相位角的计算精度为±1。

②在网侧电压高于额定值的 50%时同步作用开始。

③同步功能在最小至最大网侧频率(名义网侧频率的±10%)范围内发挥作用。

④相位角的计算不受网侧三、五和七次谐波电压的影响，即便这些谐波电压导致一个网侧电压周期内附加的过零交越。

如果因某种原因(相位错误、网侧频率或网侧电压超过各自的限值)网侧同步失败，则启动保护性阻断过程，并将 VCU 的“网侧同步”状态值置为“假”(false)，直到 DCU/L 重新同步。

(7)网侧电流控制

该功能对网侧电流的波形按要求(例如正弦曲线)进行控制调节，具有以下特点：

①变压器模型用于计算基本励磁电压。

②如果网侧电路电流基准的绝对值超过最大允许值(RMS)，该电流基准将受到限制。

③并将“网侧电路电流受限”指令发送至 VCU(不同的 DCU/M 必须根据实际直流环节电压调整功率消耗)。只要该指令有效，VCU 就必须逐步降低功率传输；当该指令无效时，VCU 才逐步提高功率传输。

④如果 VCU 发出“限制再生电流”指令，网侧电路电流基准就会减到最大允许值(RMS)的 1%，以此避免再生。该限制的启动由 DCU/L 来确认。

⑤两重网侧电路(变流器)的每个电流独立控制→两个网侧电路的电流均衡分配。

⑥网侧电流控制的稳态精度为：基准值的±10%。

⑦网侧电流控制的调整时间比直流环节电压控制的调整时间小 5 至 10 倍。

(8)脉冲模式的产生

DCU/L 控制的两个网侧变流器的脉冲产生模式，具有以下特点：

①开关频率可在 150 Hz 至 1 500 Hz 的范围内选择(CRH1A-A 型动车组选用 450 Hz)。

②开关模式由对称扫描的脉宽调节器产生(Symmetrically Scanned Pulse Width Modulator)。

③开关模式与网侧电压同步。

④两个网侧电路的开关模式作了 180°移相处理(相对于网侧电路的开关频率)。

⑤为获得整个动车组的最佳脉冲模式，牵引控制对每个活动 DCU/L 计算“所需的脉冲相移”(不同 DCU/L 间的相移= 180° 除以活动 DCU/L 的个数)。

⑥每个网侧电路分别启动。

⑦进行单个开关时间的范围检查，如果检查失败将导致保护性阻断并有干扰消息提示。

⑧平均开关频率监测，如果检出问题将导致保护性阻断并有干扰消息提示。

(9)电网中断和受电弓弹起处理

如果受电弓弹起,电源连接中断,在牵引模式下,直流环节失去电源,电压将会降低(在制动模式下,直流环节电压将会升高),网侧变流器控制系统试图通过改变变压器励磁的方式进行补偿,从而导致励磁电压相对网侧电压来讲其幅值和相位完全错位。因此,供电恢复后就会有过电流的危险。因此:

①受电弓弹起时,立即启动保护性阻断程序,同时将“受电弓弹起”状态信息发送到牵引控制。

②网侧中断时,立即开启保护性阻断程序。

③检测电网中断和受电弓弹起所需的时间取决于当时的网侧功率,在四分之一到两个网侧电压周期之间。

④当受电弓重新恢复接触时“受电弓弹起”状态信息失效,DCU/L 准备好重启;VCU 复位一再置位“开始运行”指令来实现对 DCU/L 的重启。

(10)网侧功率限制

牵引控制系统对实际网侧功率按图 7.76 所示函数进行限制。

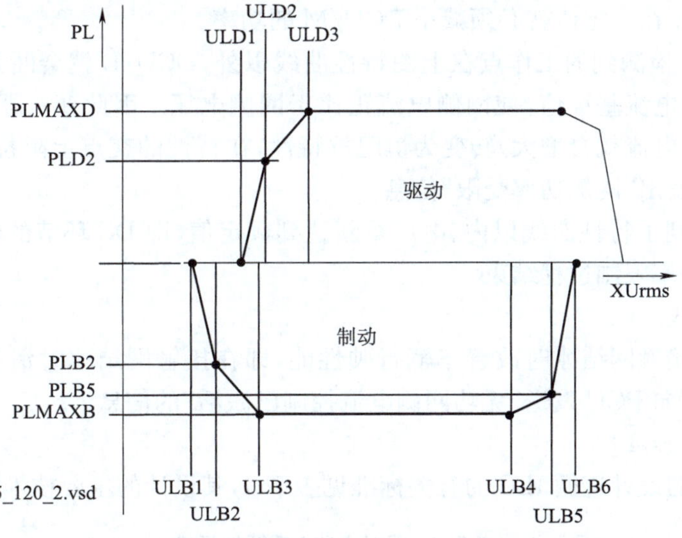

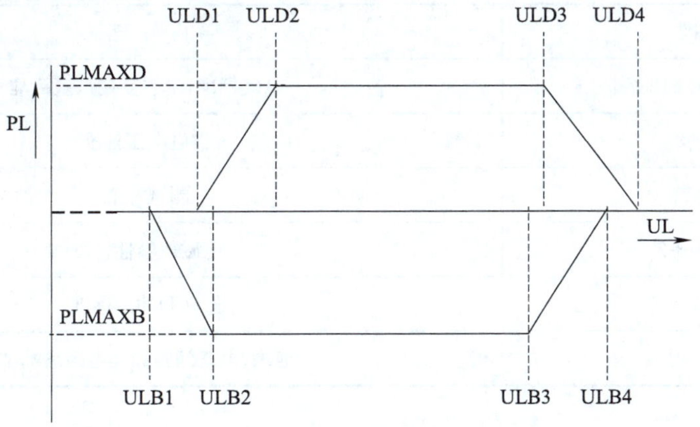

图 7.76　DCU/L 网侧功率限制

牵引控制对网侧功率的限制相对较慢，但对大多数工作点来说是足够快的。图 7.76 中用粗线强调 DCU/L 中快速网侧功率限制的部分。在牵引模式下仅当网侧电压下降到 ULD1～ULD3 范围时，需要快速响应；在制动模式下，当网侧电压上升到 ULB4～ULB6 范围时也需要快速响应。网侧频率为 50 Hz 或 60 Hz 的长接触网线是一种特殊情况，因为这种情况下即使制动时也可能会因线路感抗而使网侧电压快速下降，因此在电压范围 ULB1 ～ULB3 区间，也还需要快速网侧功率限制。

快速网侧功率限制由各自的 DCU/L 实现，具有以下特点：

①在牵引模式下网侧电压下跌至 ULD1～ULD3 区间，实际网侧功率就超过最大允许值，此时 DCU/L 开始启动网侧电流限制，并发送“网侧功率受限”状态信号至牵引控制系统。由于网侧电流受到限制，直流环节电压就会下降，因此为了维持直流环节电压在一定值就必须减小 DCU/M 的功率。

②在制动模式下网侧电压上升至 ULB4～ULB6 区间，或下跌至 ULB1～ULB3 区间，实际网侧功率就超过最大允许值，此时 DCU/L 开始启动网侧电流限制，并将“网侧功率受限”状态信号发送至牵引控制系统。由于网侧电流受到限制，直流环节电压就会上升，因此为了维持直流环节电压在一定值就必须减小 DCU/M 的功率。

③如果 DCU 检测到的工作点在上图特性曲线以外，DCU/L 就会断开直流环节电压的控制环，计算网侧电流基准值，使网侧电流正比于网侧电压。因此变流器由恒功率特性(减少网侧电压，网侧电流就会增大)转变为恒阻抗特性，在特性的交点上阻抗值是固定的，这时向牵引控制系统发出“网侧功率受限”信息。

当网侧功率到了特性曲线以内、电压重新达到额定值，即 DC 环节的输入和输出功率达到平衡时，网侧功率限制过程结束。

(11)冰雪模式

该功能可在接触网结冰时改善车辆行驶性能，即在接触网结冰时消耗无功功率。当结冰功能被激活时，向 PCU 发送“无功网侧电流控制已激活”的信息。

7.5.4.7 参数及标准

网侧变流器的设计遵循 IEC 的有关标准见表 7.4，其设计的主要技术数据见表 7.5。

表 7.4 设计 LCM 遵循的标准

标　　准	内　　容
IEC 60077，IEC 61287-1	电气标准，牵引变流试验标准
EN 50163	供电电压标准
IEC 61133	测试标准
EN 50121-3-2	电磁兼容性标准
IEC 61373	振动和冲击标准
EN 50124-1	绝缘、电气间隙和爬电距离标准

表 7.5 LCM 的主要技术数据

类　　型		数　　值
输入数据	电压	AC 860～920 V
	最大电压	AC 1 254 V
	频率	50 Hz
	电池额定电压	DC 110 V
	输入相电流(I_{rms})	800 A
输出数据	DC 环节额定电压	DC 1 650 V
尺寸和重量	高度×长度×深度	350 mm×616 mm×829.5 mm
	重量	125 kg
部件	薄膜电容	4 mF
	放电电阻	33 kΩ
	DC 环节放电时间	10 min
温度	环境温度	－40～＋40 ℃
	换热箱工作激活温度	＋76 ℃
	换热箱的最高温度	＋80 ℃
绝缘试验	1 500 V 系统的输入到接地之间	5 200 Vrms,50 Hz,60 s
开关频率	开关频率	450 Hz

7.5.5　网侧变流器监督与保护

7.5.5.1　概　　述

牵引系统受到自动网侧断路器的保护，在出现重大故障时切断牵引系统的交流电源。为排除外界干扰、或其他临时性故障对列车运行的影响，大多数故障情况都允许在一定时间段内检测到一定数量的重复发生，例如 30 min 内某种故障发生三次。如果在一定时间段内故障发生的次数超出规定值(例如上述的三次)，变流器即被永久性隔离，必须在车间维修之后手动复位。实际故障状态和故障历史记录将储存在 TCMS 的列车诊断系统中。为避免变流器损坏，变流器出现严重故障时必须立即停止工作。所有需要变流器停止工作的故障将激活以下几种保护模式，按优先级升高的次序排列，见表 7.6。

表 7.6　保护模式描述

保护模式	描　　述
软阻断	逐步减小转矩基准最后阻断变流器，但网侧变流器保持激活状态
保护性阻断	立即阻断变流器，将转矩基准设为零。(交流)网侧变流器保持激活状态；(直流)保持分离接触器闭合
软关机	将转矩基准逐步减小一直到零，阻断所有连到同一直流环节的变流器，断开分离接触器。网侧断路器保持闭合状态
保护性关闭	通过安装在 DCU 板上的网侧脱扣继电器分断网侧断路器，阻断所有变流器，断开分离接触器，直流环节放电。发现严重故障时需要执行保护性关闭，例如直流环节过压时。保护性关闭的要求首先被发送至 PCU，然后由 PCU 断开网侧断路器，并将保护性关闭指令发送至其他连到同一网侧断路器的牵引系统。只有当故障的牵引系统的分离接触器被断开以后，才允许重新合上该网侧断路器

续上表

保护模式	描　述
隔离	隔离表示变流器无法再次激活。如果故障状态在一定时间内不消失，或故障发生频率过高，就需要隔离网侧变流器。对于被隔离的变流器，必须由维护人员检查和复位。故障复位之后，可以通过 PCU 指令重新启动网侧变流器

7.5.5.2　MVB 通信监测

每个发至 DCU/L 的 MVB 过程数据报文都包含一个计数值，该值在每个数据传输周期都会累加计数；DCU/L 检查这个计数值（看门狗计数器），在规定的数据传输周期数之后该计数值没有增加时，就表明 MVB 通信出现故障，DCU/L 会忽略掉这个数据报文（所有数据置为零）。

由于 MVB 初始化故障、MVB 的读写故障、或看门狗计数器故障时，将导致 LCM 保护性关闭。

7.5.5.3　直流环节过压保护

通常情况下，DCU/M 通过打开和关闭制动斩波器可将直流环节电压保持在有效范围内；但如果直流环节电压持续升高，并超过最大允许值时，DCU/L 发出保护性关闭指令；如果在 30 min 内发现了三次这种故障，就要求隔离变流器，隔离状态可在收到故障复位信号之后得到清除。

7.5.5.4　直流环节欠压保护

直流环节充电之后该功能有效，如果在 LCM 运行期间直流环节电压低于规定值，就命令 LCM 保护性关闭。

7.5.5.5　直流环节电压传感器监测

通过直流环节电容器两端的电压由电压传感器测量，该电压值被持续发送至 DCU/L，该值用于变流器控制算法，也用于触发保护性动作。

DCU/L 对电压传感器的数据连续不断地进行有效性检查，同一牵引控制系统内的变流器的 DC 环节电压测量数据通过比较可以排除故障传感器，直流环节电压的测量故障可导致保护性关闭。如果在 30 min 内发现了三次这种故障，就要求隔离变流器，隔离状态可在收到故障复位信号之后得到清除。

7.5.5.6　网侧电压传感器监测

对网侧电压传感器的数据也连续不断地进行有效性检查，其测量故障也将导致保护性关闭。如果在 30 min 内发现了三次这种故障，就要求隔离变流器，隔离状态可在收到故障复位信号之后得到清除。

7.5.5.7　网侧电流传感器监测

对网侧电流传感器的数据也连续不断地进行有效性检查，其测量故障也将导致保护性关闭。如果在 30 min 内发现了三次这种故障，就要求隔离变流器，隔离状态可在收到故障复位信号之后得到清除。

此外，当网侧变流器功率很大，而网侧功率却低于 20 kW 时，网侧电流测量值被视为故障，该故障将导致保护性关机。

7.5.5.8　网侧电流监测

该功能保护网侧变流器的功率元件 IGBT，如果任一网侧电路（因为是二重四象限变流器，所以有两个整流桥路，即两个网侧电路）中的电流达到过电流限值，就命令 LCM 保护性关闭。如果在 30 min 内发现了三次这种故障，就要求隔离变流器，隔离状态可在收到故障复位信号之后得到清除。

如果两个网侧电路的电流差值很大，大于“最大电流差值”的时间超过“最大差值时间”（例如一个网侧电流传感器断线时的情况），就命令保护性关闭。

7.5.5.9　网侧电路电流传感器监测

对网侧电路电流传感器数据进行连续的有效性检查，电流测量值的故障将导致保护性关闭。如果在 30 min 内发现了三次这种故障，就要求隔离变流器，隔离状态可在收到故障复位信号之后得到清除。

7.5.5.10　网侧频率监测

如果网侧频率超过其允许限值（参数），启动保护性阻断，并显示“网侧频率故障”。

7.5.5.11　二次谐波环节监测

二次谐波环节故障（例如该环节的连接断开）将导致直流环节电压出现大的二次谐波畸变，这样过压斩波器可能会周期性的激活，产生网侧电流畸变。

直流环节滤波输出电压中的二次谐波纹波成分超过最大允许值，则表明二次谐波环节故障，需要命令 LCM 保护性关闭。

7.5.5.12　主变压器次级绕组监测

主变压器的次级绕组短路时会从网侧吸取很大的无功电流，如果最大无功电流超过规定的时间，就需要命令 LCM 保护性关闭。当网侧断路器接通瞬时由于变压器具有较高的磁化电流，此时不进行该监测。

7.5.5.13　充电接触器监测

充电接触器监测是为保证每次充电接触器的动作均按指令进行开闭，如果接触器不能正确关闭（或在无打开指令情况下打开），就需要对 LCM 进行软关闭；如果接触器不能正确打开（或在无闭合指令情况下闭合），应进行保护性关闭。如果在 30 min 内发现了三次这种故障，就要求隔离变流器，隔离状态可在收到故障复位信号之后得到清除。

7.5.5.14　分离接触器监测

分离接触器监测是为保证每次分离接触器的动作均按指令进行开闭，如果接触器不能正确关闭（或在无打开指令情况下打开），就需要对 LCM 进行软关闭；如果接触器不能正确打开（或在无闭合指令情况下闭合），应进行保护性关闭。如果在 30 min 内发现了三次这种故障，就要求隔离变流器，隔离状态可在收到故障复位信号之后得到清除。

7.5.5.15　直流环节充电监测

充电接触器闭合后，直流环节电压没有在规定的时间内上升（例如直流环节出现短路的情况），就需要断开充电接触器并进行求保护性关闭。如果在 30 min 内发现了三次这种故障，就要求隔离变流器，隔离状态可在收到故障复位信号之后得到清除。

7.5.5.16　直流环节放电监测

断开分离接触器，制动斩波器激活一段时间，直流环节放电；放电时间结束，再经过一段时间延时，对直流环节电压与“零直流环节电压”做比较；如果直流环节电压高于“零直流环节电压”，则认为有故障，并命令 LCM 保护性关闭。如果在 30 min 内发现了三次这种故障，就要求隔离变流器，隔离状态可在收到故障复位信号之后得到清除。

7.5.5.17 网侧变流器开关(频率)监测

监测 IGBT 开关时间,故障出现时,发出保护性阻断指令。

如果在 30 min 内发现了三次这种故障,就要求隔离变流器,隔离状态可在收到故障复位信号之后得到清除。

同时监测每个网侧电路的平均开关频率,出现故障时,要求保护性阻断,并显示“开关频率故障”信息。

7.5.5.18 IGBT 反馈监测

如果反馈监测与指令一致,这可能是主电路故障引起,此时要求保护性阻断。如果在 30 min 内发现了三次这种故障,就要求隔离变流器,隔离状态可在收到故障复位信号之后得到清除。

7.5.5.19 接地故障检测

通过检测电阻的电势差来检测中点接地故障,如果两个电阻上的电压不同,则意味着有故障发生。

7.5.5.20 充电电阻温度监测

在发出充电指令时充电电阻的温度估值高于允许限值“最大充电温度”时,则禁止充电,并显示充电电阻过热故障。

充电过程电阻功率的计算:

$$p=i^2 * R$$

式中 p——电阻器功率消耗;

i——通过电阻器的电流;

R——充电电阻器的电阻值。

冷却的计算在允许最高环境温度下进行且不考虑风扇。

重复充电时充电电阻器的温度估算如图 7.77 所示。

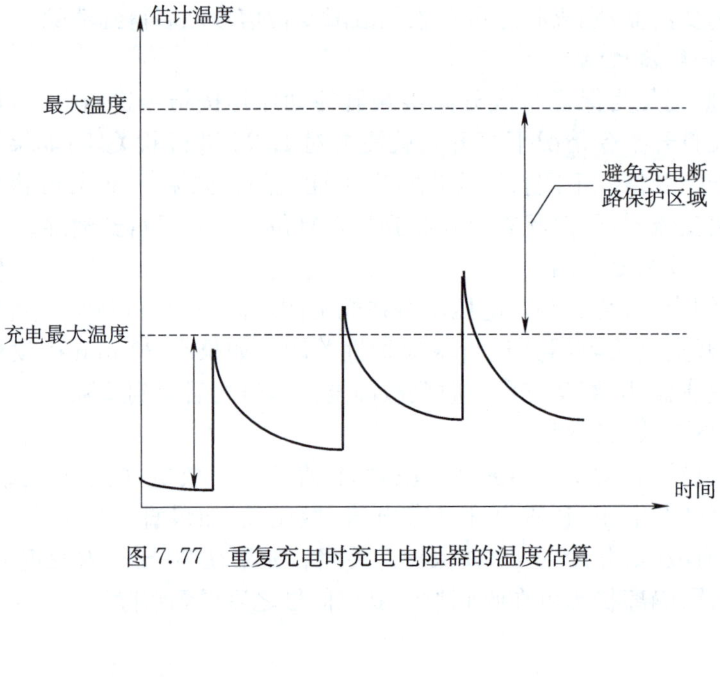

图 7.77 重复充电时充电电阻器的温度估算

7.5.5.21 网侧变流器温度监测

变流器散热器温度：一般情况下，温度监测是基于散热器温度传感器的检测温度，当散热器高温时网侧电路电流受限(图 7.78)；如果散热器温度测量值无效，则可采用同一变流器箱的其他散热器温度的最高值，但此时最高的温度标准要降低一些，具体做法是在其他散热器温度的最高测量值上增加一个常值。

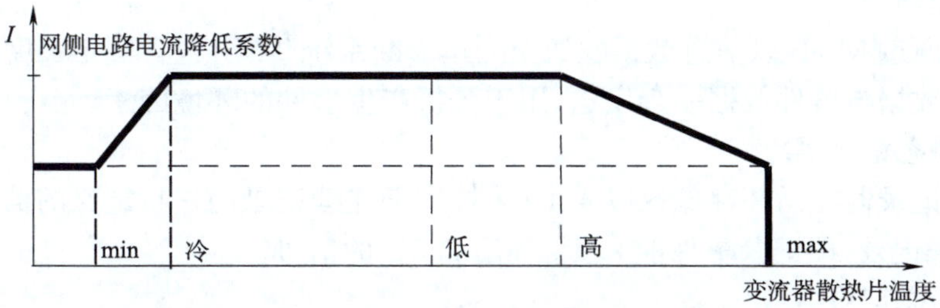

图 7.78 变流器散热器高温时降低网侧电路电流

(1)当散热器高温时，网侧电路电流按上图进行削减，并显示散热器高温信息。

(2)当散热器温度超过最高限值时，显示故障，同时网侧变流器因软阻断；当温度降至低温值以下时，重新激活变流器。如果在 30 min 内发现了三次这种故障，就要求隔离变流器，隔离状态可在收到故障复位信号之后得到清除。

(3)温度传感器监测：

如果传感器输出的温度值超出范围－50～＋100 ℃，就判定温度传感器有故障，其检测出的温度值无效，此时应启动高速风扇。

7.5.5.22 DCU/L 控制板监测

(1)DCU/L 硬件故障

在 DCU/L 启动初始化时运行硬件自检程序，在正常运行过程中也经常进行自检。自检包括基本检测和 DCU/L 的硬件功能监测，例如 FPGA 下载、DSP 启动和执行、数字输入/输出、模拟输入/输出、内部电源等。

如果在 30 min 内发现了三次故障，就要求隔离变流器，隔离状态可在收到故障复位信号之后得到清除。

(2)MCU 过载

DCU/L 控制板上的 MCU 处理器具有四项周期性的实时任务，如果这些任务之一没有在下一个循环开始前完成，就判断 MCU 存在过载故障，故障本身不会产生任何保护性措施。但是，MCU 的程序执行要受硬件停机功能的监测，当任务循环没有更新时就会断开网侧脱扣继电器。

(3)DCU/L 状态机监测

对 DCU/L 软件运行中的状态机进行监测，如果两个或两个以上的状态同时被置位，则判定有故障，该故障会导致保护性关闭指令。

7.5.5.23 牵引安全监测

有两个硬件“牵引安全”输入连接至 DCU/L，如果两个输入均失电(0 V)，直接向 GDU 下达关闭指令，不受软件的影响。

LCM 中无牵引安全功能，其“牵引安全”输入端必须接“高”电平。否则，将会导致变流器保护性阻断，并显示牵引安全故障。

诊断 66：牵引安全故障

7.5.6 网侧变流器诊断

(1)事件处理

每个事件通过 MVB 以信息数据发送至列车诊断系统 TDS，包含固定长度的事件前后历史数据的环境数据与事件数据一起发送，用于分析产生事件的环境因素。

(2)标准瞬态记录器

标准瞬态记录器在循环存储区以 4 ms 采样周期连续记录用户自定义的信号 5 s，按事前触发的 50% 来记录，即记录事件前 2.5 s 和后 2.5 s 的信号。

(3)固定瞬态记录器

对每个事件，固定瞬态记录器以 4 ms 采样周期记录 8 个算术信号和 16 个数字信号共计 5 s，按事前触发的 60% 来记录，记录有 60%的预触发时间，即记录事件前 2.4 s 和后 1.6 s 的信号。存储区最多可存放 12 个事件。

7.5.7 电机变流器模块 MCM

电机变流器将直流环节电压转换成可变电压、可变频率的三相变频电源供电牵引电机，直接实现三相异步牵引电机的运行控制。在动力制动时 MCM 又可将牵引电机发出的三相电转变成直流电，实现功率逆向传递。在功率转换过程中，MCM 还具有故障检测和保护的功能。MCM 挂在牵引 MVB 总线上，是列车控制系统的执行者，具有网络通信功能。

7.5.7.1 MCM 结构

电机变流器 MCM 模块与 LCM 的外形结构相似，也包含两大部件，LCM 外形如图 7.79 所示：

(1)电源部件；

(2)安装在电源部件右侧的电子箱。

MCM 的电路结构如图 7.80 所示，主要包括三相桥式逆变器、DC 电容器、过电压斩波器、测量传感器、散热器组成。

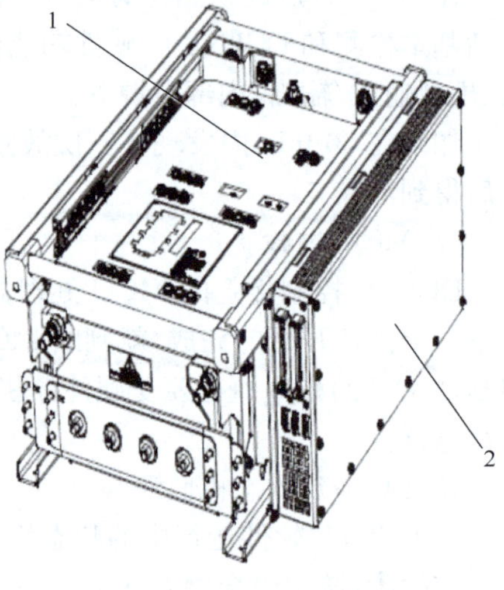

图 7.79 LCM 外形

1—电源部分；2—电子箱

MCM 变流器也是基于 IGBT 功率元件，其 U 相电路如图 7.81 所示，门电路驱动单元 GDU 根据 DCU/M 的指令接通或断开 IGBT；GDU 由低压 24V 供电，尽量靠近 IGBT 放置，使门电路尽可能短；DCU/M 的开关指令通过光纤传输和光电耦合连接到 GDU 上，实现高低压系统的电气隔离；GDU 具有信息反馈功能，可将 IGBT 的电流值检出并送到 DCU/M，快速响应短路故障，也可作为计算牵引电机的定子电压的依据。GDU 的两个 LED 信号灯可直观显示其工作状态，其指示含义见表 7.7。

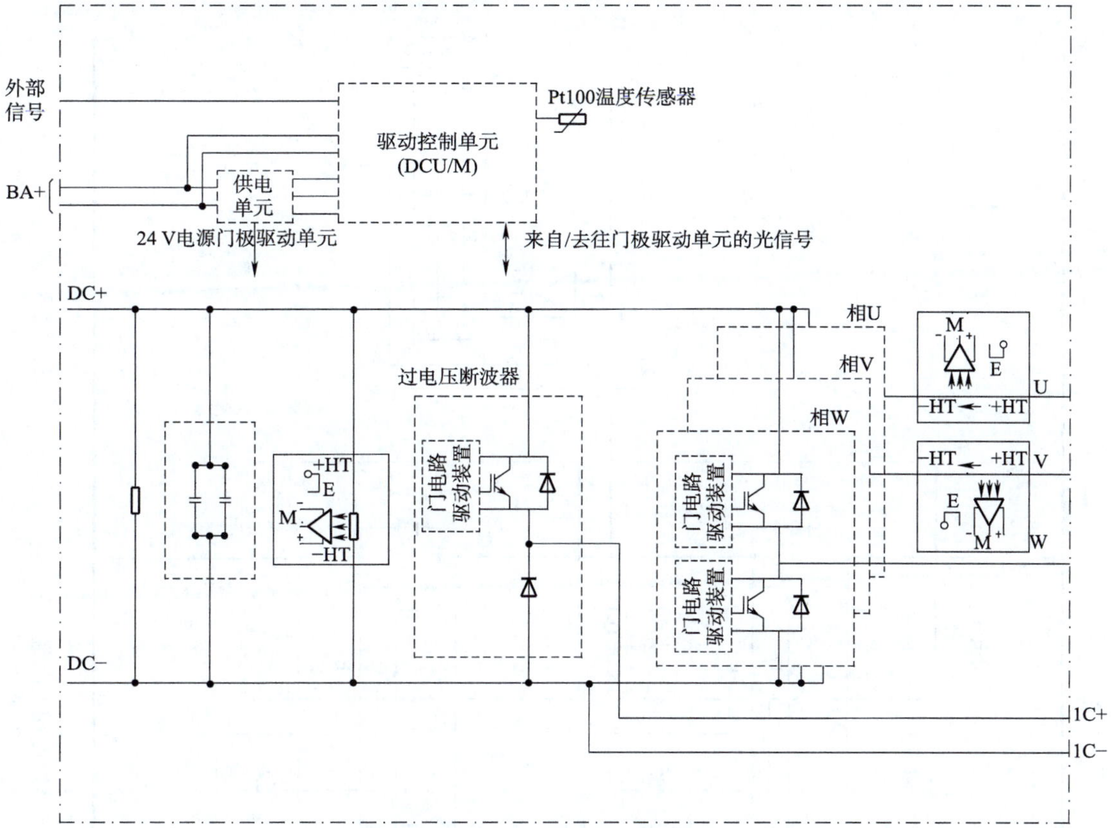

图 7.80　MCM 电路结构

表 7.7　MCM 门控驱动单元 GDU 的 LED 指示含义

LED 颜色	GDU 状态或事件	LED 行为
绿色	电源 OK	连续点亮时
绿色	IGBT 接通	频率 1 Hz 闪烁时
红色	电源故障	连续点亮时
红色	门电路发射极端子短路	连续点亮时
红色	主电路短路	1 Hz 频率闪烁时
红色	与 IGBT 连接错误	1 Hz 频率闪烁时
绿色和红色	CPLD 没有编程	两个 LEDs 都连续点亮
绿色和红色	CLPD 以试验程序编程	LEDs 同时闪烁
绿色和红色	GDU 识别主回路短路或与 IGBT 的错误连接时，收到 IGBT 接通指令	LED 交替闪烁
绿色和红色	DC 24 V 缺失	两个 LEDs 都熄灭
绿色和红色	GDU 上 5 V 电压缺失	两个 LEDs 都熄灭
绿色和红色	两个二极管都有故障	两个 LEDs 都熄灭

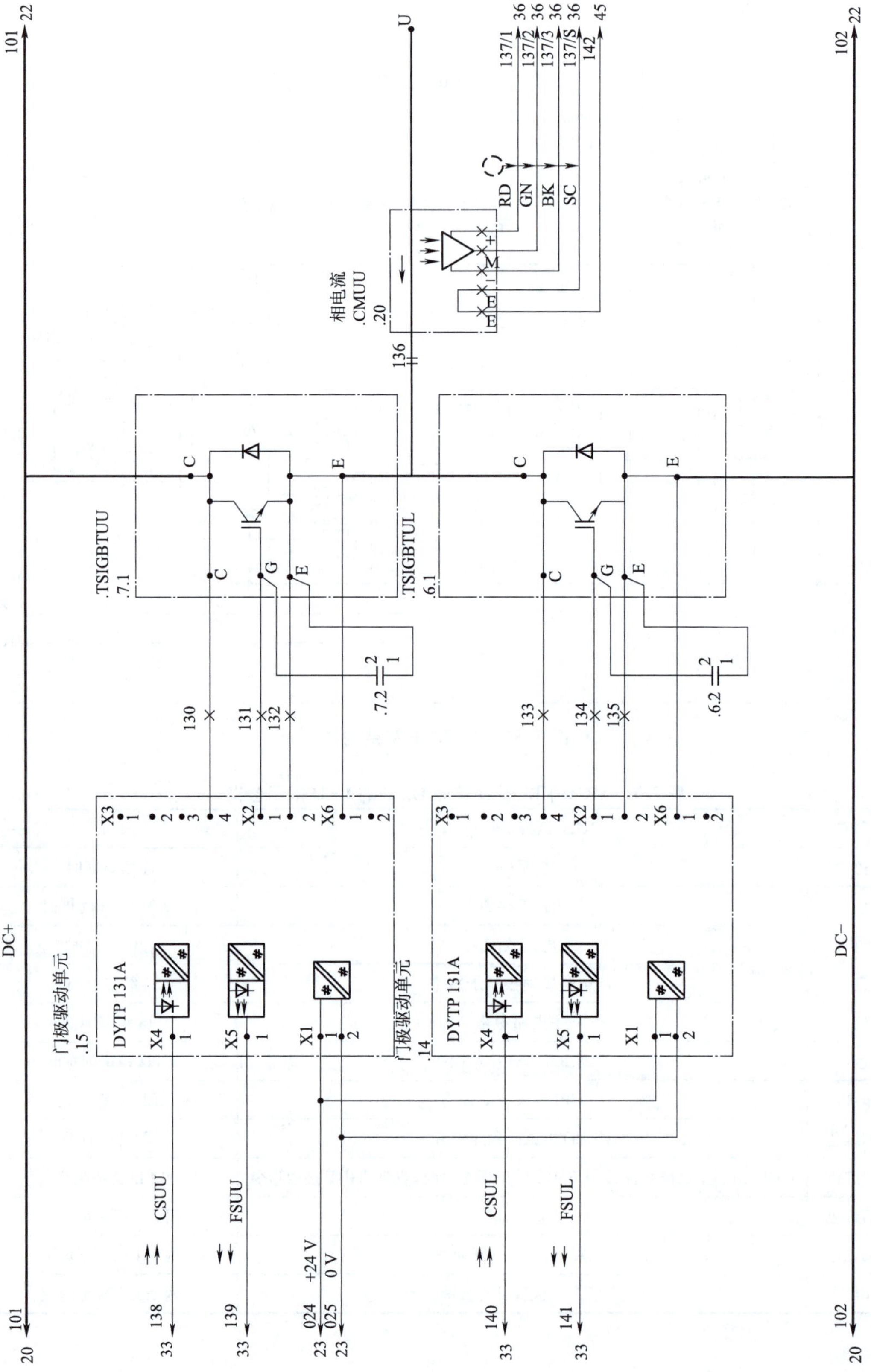

图 7.81　MCM的U相主电路

控制单元 DCU/M 对电机变流器进行全面和独立的控制与监视，为实现这一功能，需要实时测量的工作参数如下：

输出的相电流，用于控制和保护；

直流环节电压，用于保护；

电机变流器温度，用于保护；

电机温度，用于保护；

电机转速，用于控制和保护。

牵引安全功能能够减小在不需要的情况下产生牵引力的危险，如果两个端子输入均为低电平时，直接阻塞了发往 GDU 的光信号，电机变流器被阻塞。

7.5.7.2 DC 环节

DC 环节是交流电力牵引系统的中间环节，额定值为 DC 1 650 V。直流环节滤波器是一个能量缓冲器，可稳定直流环节电压以保证直流环节的电压波动维持在允许的限度以内，使变流器得到准确控制。直流环节的电器元件有电容器和放电电阻器，其自然放电时间常数为 10 min。

(1)电容器

两个并联的薄膜电容器包在同一个壳体中构成滤波稳压电容，其电容为 4 mF。

(2)放电电阻器

与电容器并联，当发生故障，控制系统要求阻塞或关闭 LCM 时，要求直流环节放电，这时放电电阻器对电容器放电，使电容器电压低于 50 V。

(3)过电压斩波器

过电压斩波器用于在直流环节电压过高时进行过电压保护，斩波器与安装在电机变流器模块之外的过电压电阻器相连。直流环节电压监控的原理如下：

过电压保护可防止 MCM 受瞬变电压的危害，该功能可在牵引、制动及电制动取消等各种工作模式下启动。当发生过电压时，激活斩波器，电能消耗在过压电阻中，直流环节电压开始下降；当电压值达到过压下限时，斩波器停止工作。这样可将直流环节保持在高低电压限制之间。斩波器根据过电压情况按起停模式工作。

如果斩波器持续工作也无法使直流环节电压下降，其值仍超过过电压值时，将显示直流环节过电压故障信息，并命令变流器保护性关闭。直流环节电压监控如图 7.82 所示。

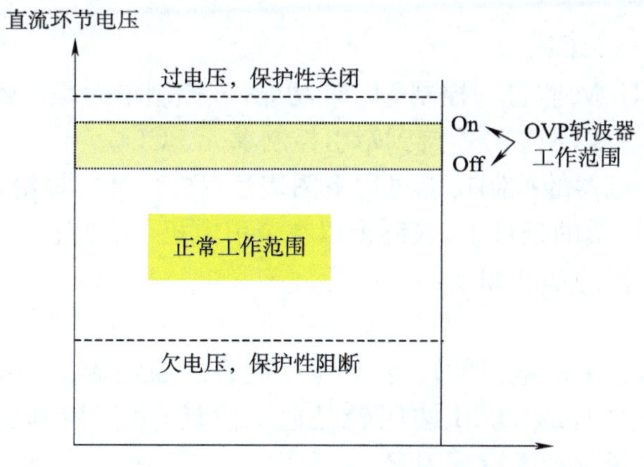

图 7.82 直流环节电压监控

7.5.7.3 测量传感器

(1)电流传感器

MCM有两个基于霍尔元件的电流传感器，测量U相和V相的电流，按三相电流之和为零可在DCU/M中连续计算出W相电流，可用于过电流保护。

GDU检测IGBT模块的集射级电流，当发生短路时快速可靠关闭IGBT。这种保护非常迅速，无论是功率电路中的短路还是对地短路，无论是发生在IGBT开通之前，还是在导通过程中都能起作用。

(2)电压传感器

MCM测量直流环节电压值，该测量值一方面用于变流器控制算法，另一方面用于过压保护。

(3)温度传感器

在MCM电源部件的散热器上安装有Pt100(0 ℃时为100 Ω)温度传感器，如果温度太高，MCM的输出功率会受限(图7.83)。图中A点高温值可通过程序调整，当温度达到该值时显示高温信息；当温度持续在A与$A+5$ ℃之间超过15 min以上，显示故障，变流器失活；只有温度下降到$A-10$ ℃以下时，变流器才会重新激活。

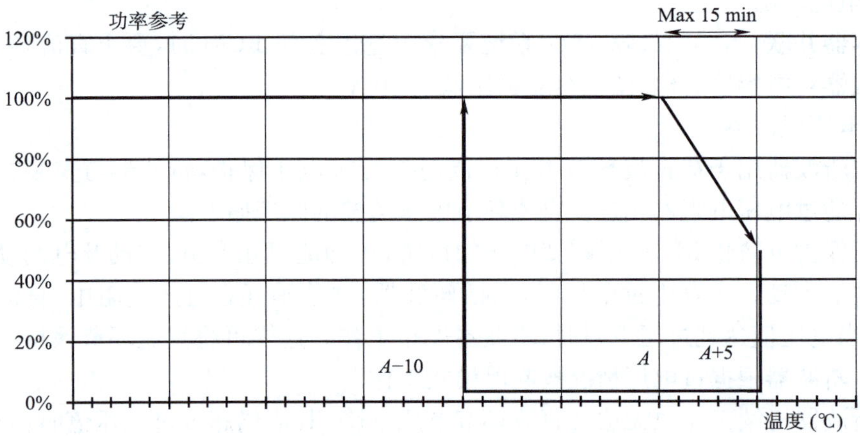

图7.83 散热器温度太高时MCM输出功率减小

7.5.7.4 驱动控制单元MCM

驱动控制单元DCU/M监督和控制MCM功能，该控制单元是车辆分布式控制系统的一部分，通过多功能车辆总线(MVB)连接到牵引控制单元PCU。

DCU/M对电机变流器的控制功能可用下图表达(图7.84)，将给定的牵引/制动力输入基准，在考虑各种限制因素的条件下，最终得以在牵引电机上实现。

DCU/M控制和监视的功能如下：

(1)转矩控制

DCU/M控制和监视牵引电机的转矩，列车控制系统通过MVB给DCU/M提供转矩基准的载重补偿和颠簸限制，DCU/M按照轮径值和空转/滑行控制要求来调节转矩基准。DCU/M对转矩基准的限制考虑以下因素：

①电机或MCM温度

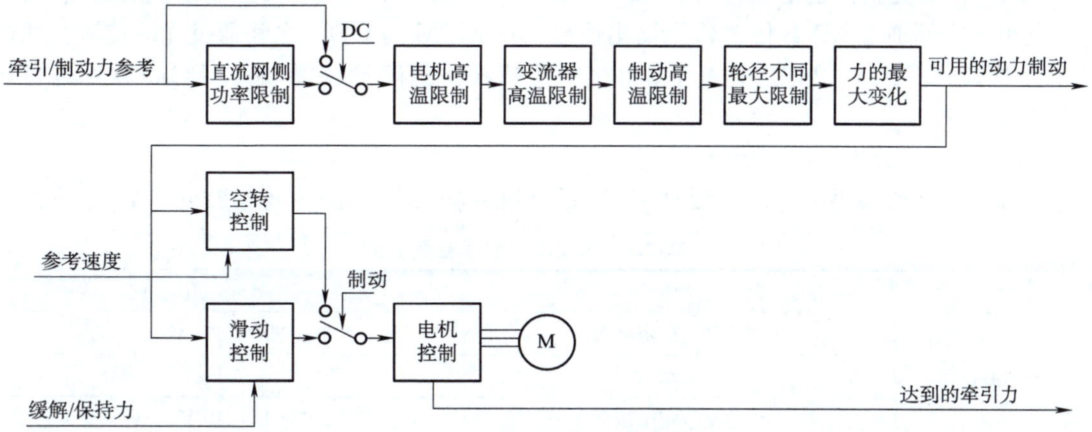

图 7.84 电机变流器控制框图

②DC 环节电压

③网侧电流

利用 PWM 方法进行转矩控制，控制依据相电流、DC 环节电压的测量值和每分钟转速计算值，通过控制电压基准(即相电压的幅值、频率和相位角)可实现转矩控制。

(2)转速测量

首先用速度传感器测量每个轴的每分钟转速，DCU/M 通过 MVB 总线将测量的轴速值传送给车辆控制单元，车辆控制单元计算真实列车速度然后返回给所有的 DCU/M，进一步用于防空转/滑行控制和轮径校准。计算列车速度还需轮径和齿轮传动比等参数。在转矩控制中总使用电机平均转速。

(3)防空转/滑行控制

防空转/滑行控制可使列车运行(牵引或制动)能够利用最大轮轨黏附力限制，DCU/M 检测所有动力轴转速以探测空转/滑行，当发生空转/滑行时迅速减小转矩基准。

(4)过分相区时维持 DC 环节电压

当列车运行中探测到供电中断(例如过分相区)时，转矩基准暂时被微制动所取代，MCM 将电能反送回网侧滤波电容。一旦供电恢复，MCM 不需要重新激活就能获得所需的转矩值。供电中断期间，辅助电力系统也不会发生电源功率下降的情况。

(5)过电流保护

参见 7.5.7.3 节的(1)电流传感器与过流保护。

(6)优化电磁兼容

网侧电流谐波、电磁兼容性是电力牵引系统中的一个重要而又复杂的问题，尤其是在开关频率较低的情况下。相电流中的 DC 成分会产生牵引电机中的脉动转矩，脉动转矩的功率消耗反映到 DC 环节就是功率波动。DCU/M 的 DC 控制可以减小 DC 环节的功率波动，减小电机电流的 DC 成分，增加网侧电流的电磁兼容性。

(7)诊断

DCU/M 有自测功能，可对 LCM 进行故障诊断和追踪，这些在线功能可以保护系统、减小维护和停机时间。故障信息被发送到列车控制系统，有些严重故障会造成 MCM 关断。

DCU/M既是软件也是硬件,同LCM,DCU/M负责MCM与外部控制系统的通信,与牵引控制单元之间通过MVB传输输入输出信号。在MCM与GDU之间通过光缆传输。通过RS-232接口,DCU/M可连接到基于PC机的便携式检测试验装置,通过PC机软件进行诊断和故障追踪。

7.5.7.5　参数及标准

设计MCM所遵循的标准与设计LCM的标准一样,MCM的主要参数见表7.8。

表7.8　MCM的主要参数

类　型		数　值
输入数据	直流环节额定电压	DC 1 650 V
	频率	50 Hz
	电池额定电压	DC 110 V
输出数据	过电压保护激活值	DC 1 900 V
	过电压保护解除值	DC 1 840 V
	直流环节欠电压激活值(保护性阻断)	200 V
	相电压(基础驱动时)	0～1 287 V
	输出相位电压,基础制动	0～1 287 V
	输出相电流最大值	800 A
	输出频率	0～152 Hz
尺寸和重量	高度×长度×深度	350 mm×616 mm×8 295 mm
	重量	123 kg
温度	环境温度	−40～+40℃
	换热箱工作激活温度	76℃
	换热箱的最高温度	80℃
绝缘试验	1 500 V系统的输入到接地之间	5 200 V,50 Hz,60 s
开关频率	开关频率	1 kHz

7.5.8　DCU/M对电机的控制

7.5.8.1　矢量控制

DCU/M控制和监测异步牵引电机所产生的转矩,在电机控制中,连接到同一电机变流器的两台并联电机被等效为一台异步牵引电机,两台电机的总电流以及两台电机的平均速度,被看作是等效异步牵引电机的电流与转速,用于牵引控制。

我们知道,将参考坐标固定于定子磁通矢量上,加在电机上的电压矢量可分为相互独立的两部分:一个平行于定子磁通矢量,另一个垂直于定子磁通矢量。前一个影响定子磁通矢量的长度,后一个则决定磁通旋转速度,进而决定电机转矩。

牵引电机的矢量控制原理如图7.85所示,决定牵引电机运行状态的是加在其上的交流电压的频率和幅值,将需要的电压矢量分解成对应于磁通大小和转矩的两个分量,这两个分量值作为磁场转矩控制器的输入量,电机的实际磁场及转矩分量通过测量值和电机数学模型(或观测器)实时计算出来作为磁场转矩控制器的反馈量,经过磁场转矩控制器的运算后输出一个电压矢量基准(包括电压的幅值、频率和相位),用该基准矢量对 PWM 进行控制,生成变流器功率器件 IGBT 的触发控制脉冲,从而实现完整的电机闭环控制。

电机磁场和转矩反馈值的计算需要精确的数学模型(或观测器),模型本身基于以下容易获得的测量值:电机的两个相电流、直流环节电压、电机温度和轴速。

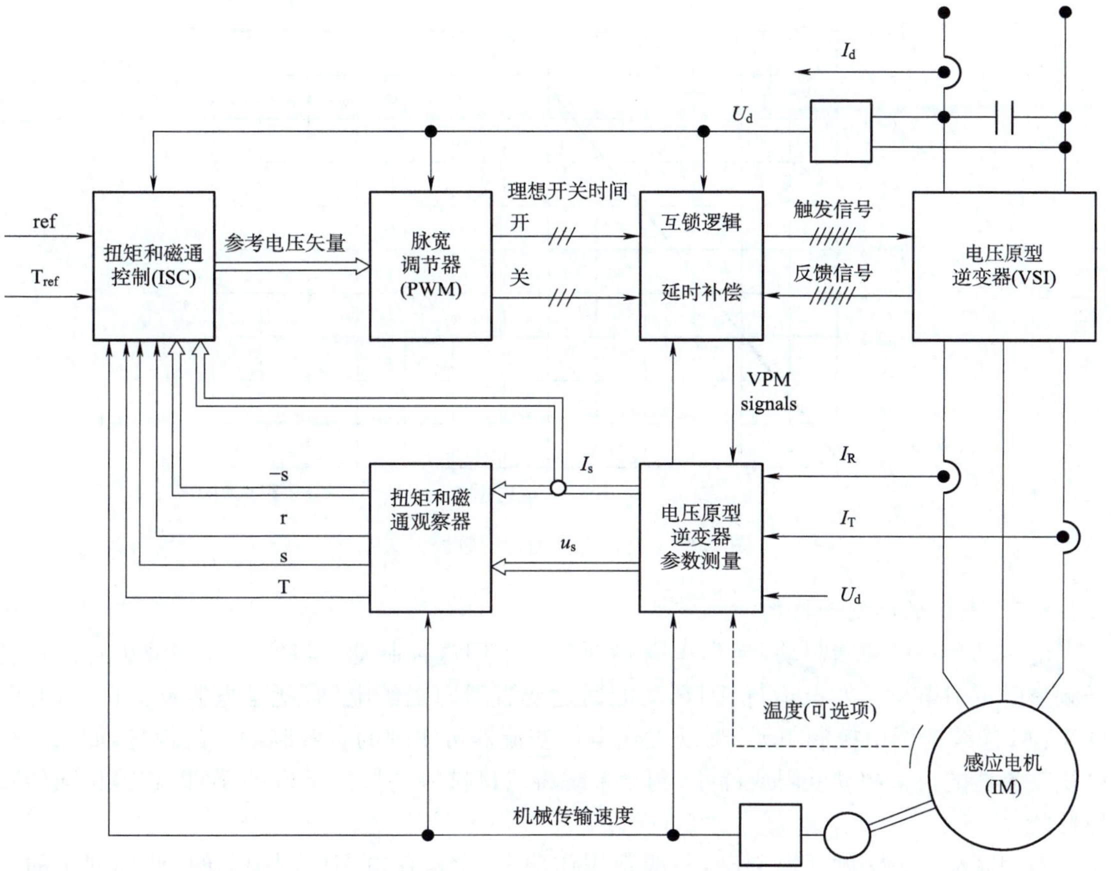

图 7.85 磁场转矩控制原理

7.5.8.2 脉冲模式产生

电机可变电压变频的控制是由 PWM 算法实现的,CRH1A-A 型动车组的 PWM 脉冲模式的生成采用空间矢量调制法 SVM(Space Vector Modulation)。在 MCM 的整个输出范围均采用这种调制法,能够对电机进行平稳的控制,减小电机损耗。

PWM 方法实现了有效的电机控制,IGBT 的开关频率反映出 PWM 产生理想电机电流的能力,频率越高,电机电流脉动越小和电机损耗也越小,但开关频率越高,电机变流器的损耗越大。MCM 的开关频率为 1 kHz。

给定 DC 环节电压时,普通 PWM 控制输出电压幅值的极限是最大输出电压的 90%。为达到最大输出电压的 100%,充分利用 DC 环节电压,使用过调制法,从 PWM 平稳切换到方波。

电机暂停期间,给电机输入一个直流电流以产生恒定强度的磁场。之后,定子频率从零赫兹开始上升。电机定子频率决定列车速度，普通 PWM 控制下，即从零频到基频，电机的电压频率比为常数；当定子频率超过基频时，电机电压保持不变。在 PWM 控制下牵引电机的电压与定子频率之间的关系如图 7.86 所示。

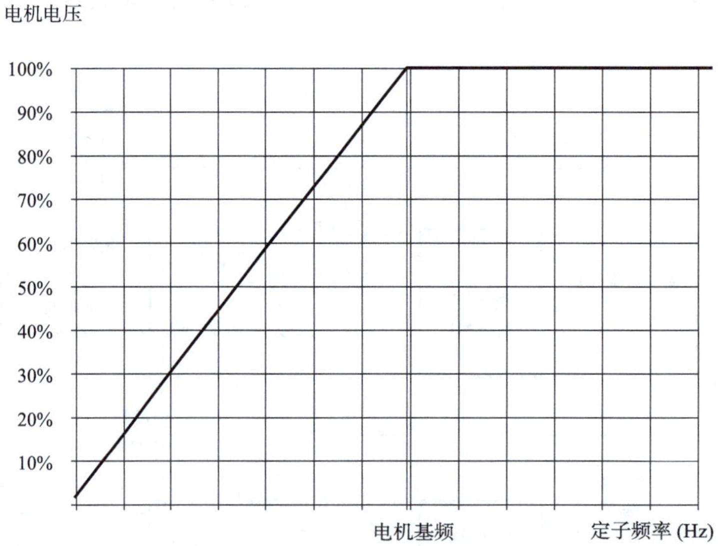

图 7.86　电机电压与定子频率的关系

7.5.8.3　电机的电制动控制

电制动是一种回馈制动，当列车需要刹车时采用这种制动。将定子频率减小到低于转子频率时牵引电机作发电运行，列车动能通过变流器回送给电网，就是电制动。在此期间，DCU/M 连续向牵引控制单元 PCU 发送电机变流器可实现的有效制动力的信息，如果一个电机变流器的再生制动受限或停止，制动系统将以机械制动形式予以补偿，以获得相同的减速性能。

备用制动也是一种回馈制动，一般不用作刹车，而是在电网电源中断时，使用列车的动能发电，仅保持直流环节电压。当检测到电源中断时，转矩基准立即被微制动取代，由于是制动模式，电机变流器产生逆的功率流，将电能反送给直流环节电容器。这样做的好处一是 MCM 不必在每次电源中断之后重新激活，二是由于辅助变流器直接从直流环节获取电能，MCM 在电源中断时给直流环节供电，辅助用电系统就不会因供电中断而失去电源。

7.5.8.4　轴速测量

安装在电机齿轮箱一侧的速度传感器用于检测轴速，所有动轴上的速度传感器输出四分之一相移的两相脉冲串，如图 7.87 示，脉冲的频率表示轴速，相移的方向(超前或滞后)代表了转动方向。

DCU/M 通过 MVB 和 PCU 向车辆控制单元(TCMS)提供各个动轴的转速信息，TCMS 计算所有轴的平均轴速，并考虑轮径和齿轮传动比计算列车运行(线)速度，反过来又将车辆速度送给所有 DCU/M 用于空转/滑行控制。在转矩控制中，始终采用平均轴速。

7.5.8.5　防空转/滑行控制

防空转/滑行控制系统提供在不同轮轨条件下有效黏着力的高利用率。该系统通过检

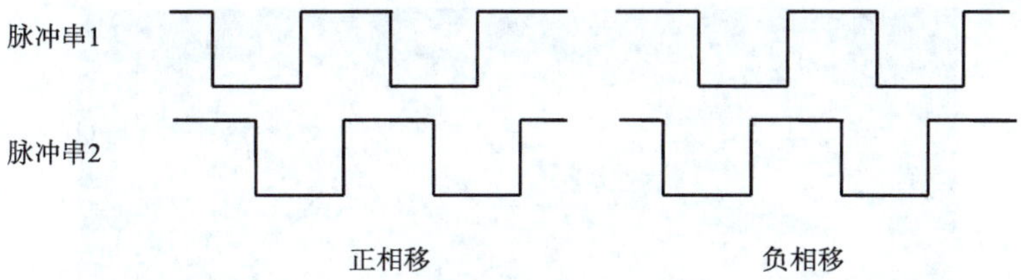

图 7.87　来自速度传感器的脉冲串

测动轴的速度来判断牵引运行下的空转和动力制动运行模式下的滑动，当发现空转或滑行时，减小电机变流器控制的转矩基准，直至空转或滑行消失。

图 7.88 描述了空转/滑行控制系统结构，空转速度基准和实际空转速度的差送给 P-控制器，短时间的优化运算后，P-控制器输出最大转矩基准，然后送给磁场转矩控制系统。发生空转/滑行的信息被送到 PCU 和 TCMS，用于制动控制系统，以减小发生滑行的转向架的空气制动力，优化动力制动，获得最大粘着限制的制动力。

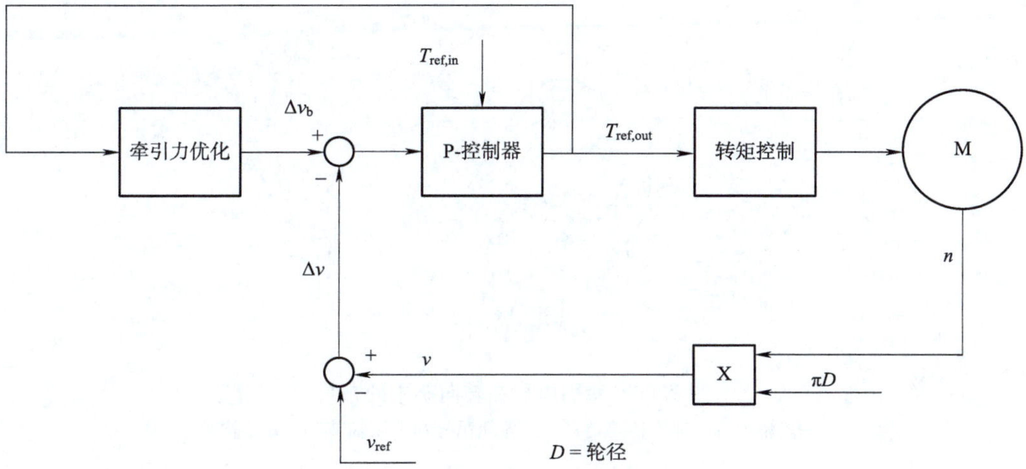

图 7.88　空转/滑动控制系统结构

7.6　牵引电机

7.6.1　牵引电机概述

CRH1A-A 型动车组的牵引电机采用的是三相异步电动机，型号为 MJC 220-4，动车的每个转向架安装两台这样的电机（图 7.89），采用电气并联的方式由一个电机变流器供电。牵引电机安装在转向架构架上，通过一个齿轮联轴节和一个单减速齿轮箱把电机转轴与转向架轮轴相连接（图 7.90）。联轴节的作用是从牵引电机向齿轮箱传送动力，齿轮箱将动力由联轴节传到轮轴，牵引电机是进行能量转换的装置，在牵引模式下将电能转换成机械能，在制动模式下则将机械能转换成电能。牵引电机的运行由电机变流器计算机实时监控。与牵引电机运行相关的列车数据见表 7.9。

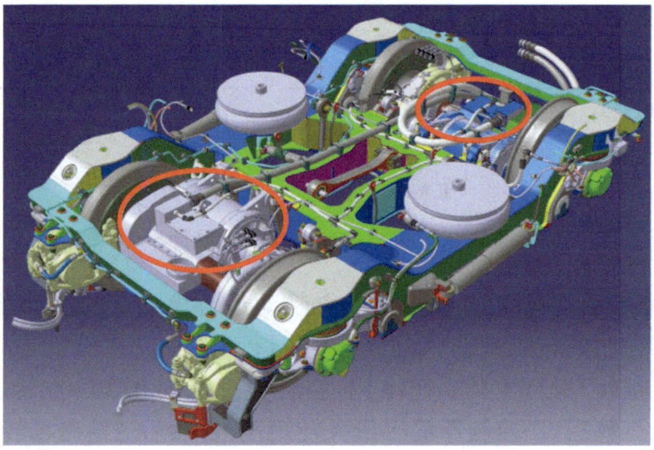

图 7.89　牵引电机在转向架中的布置

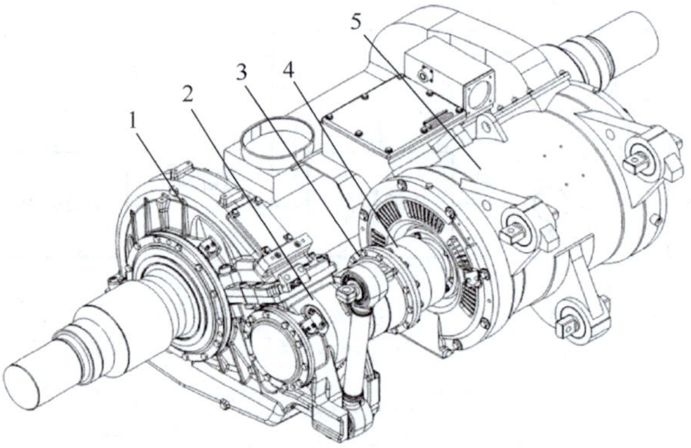

图 7.90　牵引电机在转向架中的布置

1—齿轮箱；2—速度传感器；3—齿轮箱吊杆；4—联轴节；5—牵引电机

表 7.9　与牵引电机相关的列车参数

列车参数	数　值
最大运行速度	250 km/h
最大试验速度	275 km/h
新车轮直径	915 mm
磨耗轮直径	835 mm
最大牵引轮周功率	5 500 kW
最大制动轮周功率	7 000 kW
最小使用寿命	25 年
年平均运行距离	400 000 km
齿轮箱齿轮比	3.27∶1
轨距	1 435 mm

7.6.2 牵引电机的结构

7.6.2.1 概 述

牵引电机主要由以下几部分组成:定子架包含定子绕组、带有鼠笼式绕组的转子、轴承、端罩、接线盒等。定子为牵引电机的固定部分,内含转子。定子由定子外壳、定子叠片组和一个定子绕组构成。定子外壳采用坚固的设计,该设计可最大限度地降低噪声、振动和杂散磁场。转子为鼠笼式。从整个外形来看,它是安装在芯轴上一个圆柱体。转子芯为叠片设计以降低转子铁耗。CRH1A-A 型动车组牵引电机外形如图 7.91 所示。

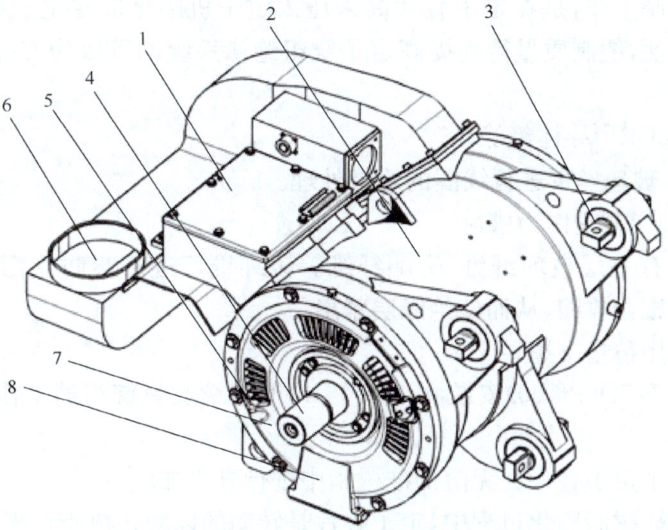

图 7.91 牵引电机外形

1—接线盒;2—定子外壳;3—橡胶轴套(3 个);4—轴芯;
5—驱动端注油嘴;6—进风口;7—驱动端端盖;8—驱动端废油室

7.6.2.2 定 子

(1)定子铁芯

定子有一个坚固的机座,在其中压入经预先绕线和预先绝缘处理的迭层铁芯。定子铁芯采用绝缘的高导磁率电工钢片叠成所需形状后夹压而成,经绕线后压入坚固的机座,定子铁芯、定子绕组和定子架如图 7.92 所示。

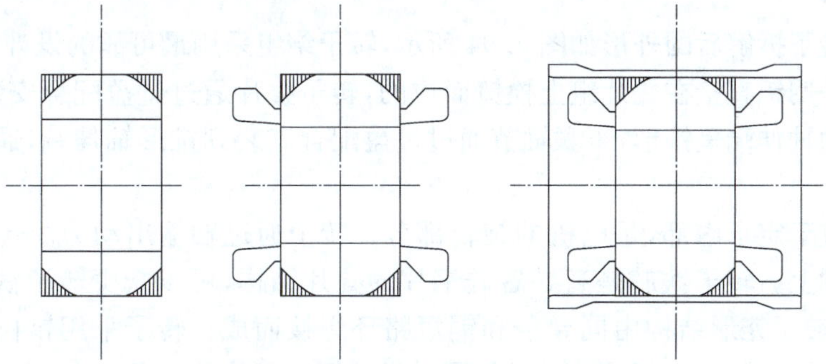

图 7.92 定子铁芯、定子绕组和定子架

7

电机采用这样的定子结构设计有以下优点：

①电机的独立部件少。

②带壳体的设计减少漏磁场。

③定子架涂漆时不会影响表面的绝缘处理(浸渍树脂)与处理时的温度要求。

④当需要重绕时,可方便地将原来的整个铁芯取出并压入新铁芯。

⑤定子叠片是采用绝缘的高导磁率电工钢片堆叠成所需形状后加以焊接或夹压而制成的。

(2)定子绕组

定子绕组的绕制工作,是在定子叠片尚未压入定子机座之前在定子叠片上进行的。这使绕制工作更加方便,绕制质量得到提高定子绕组绝缘系统的等级为C/200,具有以下技术特点：

①采用KaptonCR™导体绝缘。

②采用samica玻璃丝带进行线圈的绝缘处理。

③采用Kapton™薄膜作为槽衬。

④线圈端部加有一层玻璃纤维/聚酯纤维。该纤维可进一步防止污物和湿气的侵入。在浸渍处理中该纤维会收缩,从而使绝缘层紧凑。

⑤线圈端部采用毡垫支撑。

⑥直接把两个RTD(Pt100)安装在绕组上,以便连续测量绕组的工作温度。一个使用,一个备用。

⑦有绕组的整个定子叠片在无溶剂硅树脂中进行真空加压浸渍。

⑧在定子上的硅树脂固化过程中,定子叠片是转动的以防止树脂在固化之前漏出。

有两个温度传感器(Pt100)装在电机驱动端一侧突出的定子绕组上。通常使用其中一个传感器持续地测量定子绕组的温度,另一个传感器处于激活状态以便当使用中的传感器故障时进行替换。

(3)定子架

定子机座采用球墨铸铁制作,坚实牢固,可减低噪声和振动。定子机座和转子的外形如图7.93所示。该设计的优化目标是材料体积最小,从而减小电机的杂散磁场。经过绕线和浸渍处理后的定子叠片被压入定子架,这样可使定子叠片的绕线和定子架的制作同时进行。

7.6.2.3 转子

牵引电机转子拆解后的外形如图7.94所示,转子绕组采用最可靠的设计方式,即转子笼(包括散热片)是用铝直接在叠片组上模铸而成的,转子叠片通过过盈配合安装在电机轴上。电机转轴的驱动轴伸端呈锥形,半联轴节通过过盈配合安装到锥形轴伸端,通过注油可拆卸半联轴节。

电机转子位于定子内部,是电机的旋转部分。转子通过轴输出动力。转子通过过盈配合安装在转子轴上。转子铁芯是高导磁硅钢片的叠片结构,可以减少转子铁芯的损耗。转子是笼形结构,转子笼形结构由同导条和铜短路环焊接而成。转子采用错位叠片和异性导条结构,可以有效地减少电流的谐波损耗,同时降低振动和脉动转矩。

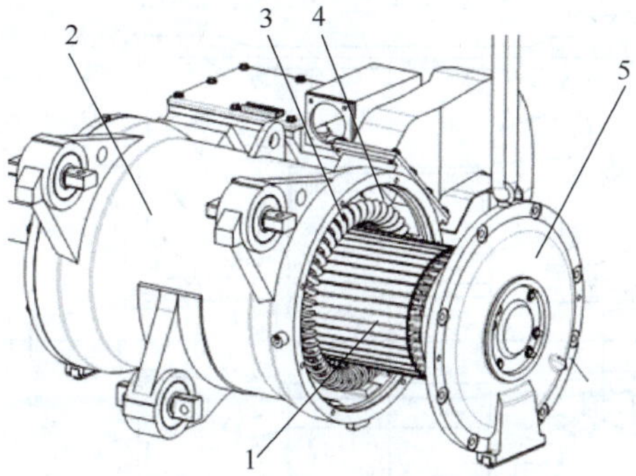

图 7.93 电机定子机座和转子的外形

1—转子;2—定子架;3—定子绕组;
4—定子叠片组;5—非驱动端端盖

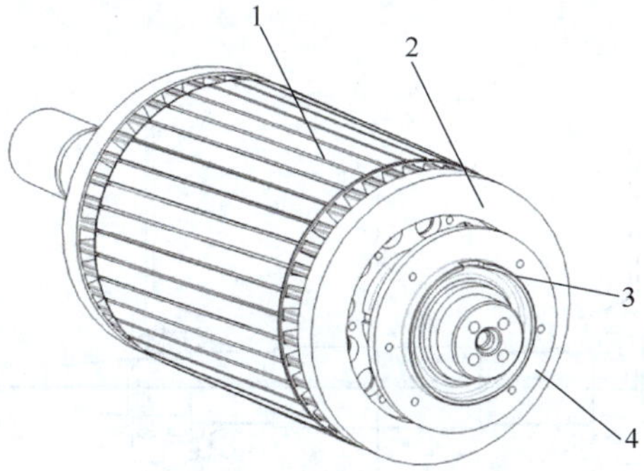

图 7.94 转子拆解后外形

1—转子;2—导电环;
3—润滑脂入口;4—轴承盖

7.6.2.4 轴承

电机上装有抗摩轴承,驱动端轴承是一个滚柱轴承,允许热膨胀引起的轴向位移,非驱动端轴承采用滚珠轴承,以便使转子在轴向定位。轴承箱上有加脂嘴,以便在电机安装在转向架上的情况下,能定量地给电机加注润滑脂。轴承箱上还配备一个密封袋,用来盛装用过的润滑脂。该口袋能装下两次轴承大修之间所排出的所有过多的润滑脂。必要时,可在电机安装在转向架上的情况下,可在维修坑打开密封袋,排除其中的废润滑脂或过量的润滑脂。带轴承的电机轴芯如图 7.95 所示。

轴承有绝缘保护层。保护层包含氧化铝,被喷涂在轴承上,这个瓷质的保护层具有很高的机械强度,并且非常薄,从而不影响轴承与轴承箱之间的热传递。设计中采用了标准的尺寸和公差。可阻断牵引变流器控制时共模干扰电压形成的轴电流,有效防止轴承的电腐蚀而影响轴承使用寿命。

7.6.2.5 速度传感器

速度传感器安装在齿轮箱输入端的小齿轮轴上。它的作用是测量牵引电机的转速以及探测旋转方向。测量信号由电机变流器控制器(DCU/M)接收用于监控。速度传感器通过电缆连接至 DCU/M。

7.6.2.6 温度传感器

温度传感器埋在牵引电机的定子绕组内用以监控定子绕组温度。牵引控制单元根据定子绕组温度、参考力矩及列车速度控制牵引电机冷却风机的转速。同时,在牵引电机驱动端和非驱动端轴承处也设有温度传感器,通过监测轴承温度时时监控轴承的状态。

7.6.2.7 通风

牵引电机为强制通风冷却,由一个外部风机供风。冷却与转子的旋转速度成正比。冷却风由进风格栅上的入气口进入电机,然后被导向到产生热量的部件上,例如,定子线圈突出部分,定子叠片,转子绕组和轴承。牵引电机通风冷却空气流动(图 7.96),空气进入驱动端电机顶部的开口。然后气流分成 3 路,流经 3 个不同的通路:流经转子叠片通路、流经转子和定子之间的气隙,以及流经定子叠片和定子机壳之间的通路。因此,冷却空气流靠近产生损耗的部件,如定子线圈突出部位、定子叠片、转子绕组和轴承。

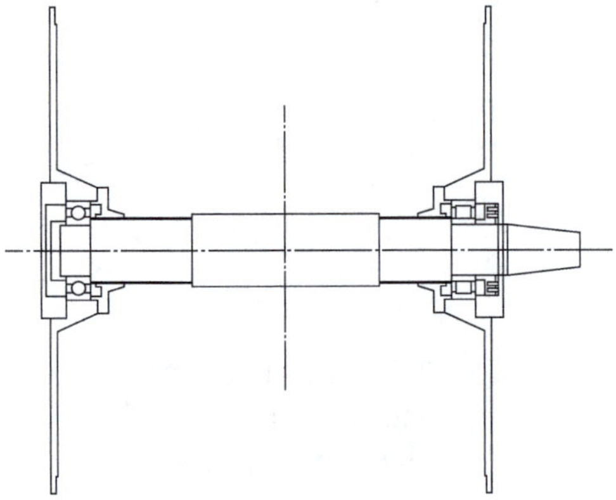

图 7.95　带轴承的电机轴芯

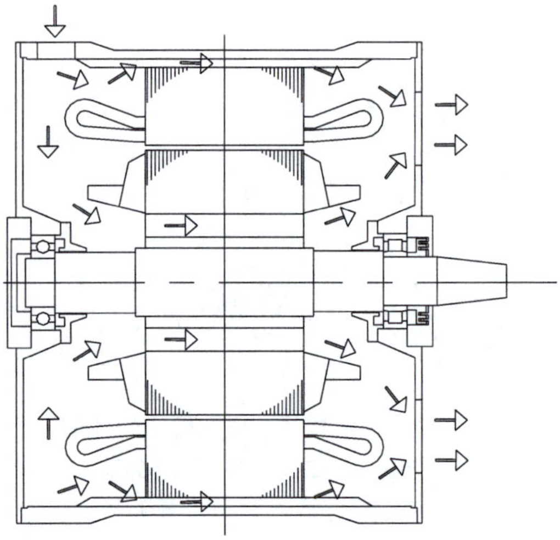

图 7.96　牵引电机通风冷却空气流动

7.6.3　牵引电机的特点和技术参数

7.6.3.1　牵引电机的特点概述

牵引电机设计的主要目标：利用率高，维修间隔时间长，低级噪声和振动，适用性高，采用成熟的设计。为达到这一目标，CRH1A-A 型动车组的牵引电机在设计中采取特殊措施，牵引电机具有如下技术特点：

(1)最大限度地减少电机零部件，从而减少终端用户的维修工作量，提高电机的可靠性。

(2)电机与电机逆变器配套优化设计，以最大限度地减小脉动转矩、电机损耗及运行噪声。

(3)电机轴/齿轮轴与轮轴平行安装，电机在三个位置通过弹性固接件悬挂在转向架构架上，电机轴通过弹性齿轮联轴器耦合到齿轮箱，以补偿电机和齿轮箱之间的径向和轴向运动。

(4)电机在转向架上的所有支承点都装有橡胶衬垫，以减少振动和扭转摆动。

7.6.3.2　电机的接口尺寸

(1)机械接口

电机齿轮箱的轴与轮轴平行安装，三点弹性紧固在转向架上悬挂起来，电机通过齿形弹性联轴节与齿轮箱耦合在一起，齿轮箱抱在轮轴上并通过反应杆悬挂在转向架上。牵引电机机械接口尺寸如图 7.97 所示。

(2)电气接口

牵引电机的电气联接说明如下，其中电机端子标识和旋转方向标识遵照 IEC 60034-8 标准。

①电力接线盒

接线盒内有三个接线端子(每相一个)通过螺栓和接线片与三相电力电缆连接，每相最大电缆 70 mm^2；接线盒内还有一个接地端子，螺栓连接，最大电缆 35 mm^2；为了能直接从电机连到转向架，在定子外面还有一个不锈钢接地端子，用 M10 螺栓连接，最大接地电缆 50 mm^2，该端子按 IEC 60445 标准以“FB”标识。

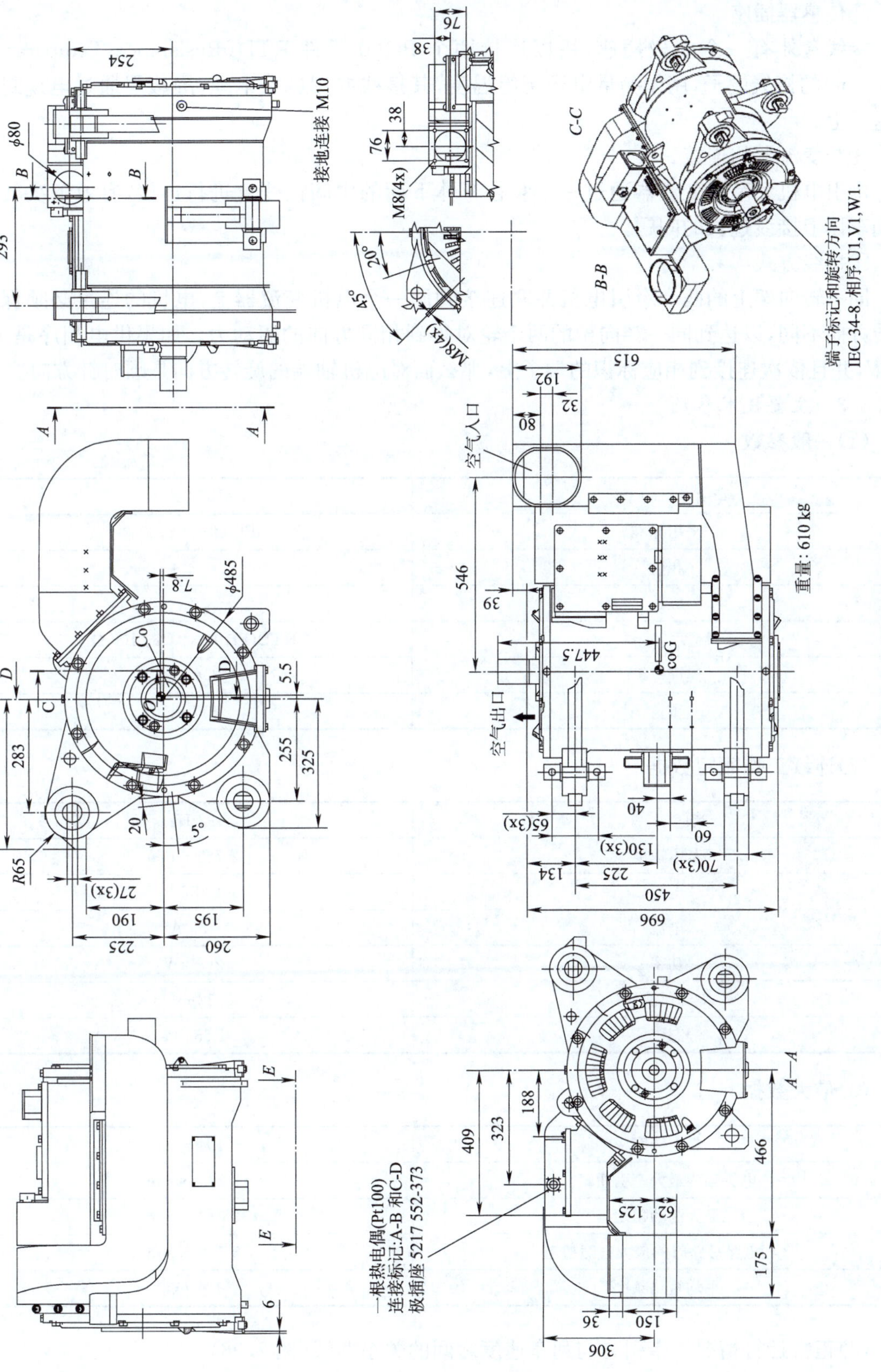

图7.97 牵引电机机械接口尺寸

②传感器插座

接线盒外有一个 8 极插座，用以连接两个 Pt100 元件 RTD(Resistance Temperature Detector)的接线端子，用作测量定子绕组温度，其接线要用屏蔽电缆，屏蔽层通过电缆封连到盒子上。

③与变流器的连接

牵引电机和牵引变流器通过一个装在车体下面的中间接线盒进行连接，有效解决转向架到车体上接线过长的问题。

④接线方式

同一转向架上的两个牵引电机并联连接到同一个电机变流器上，电机的连接必须保证旋转方向不同，以达到同一转向架的两个轮对得到相同方向的驱动力。如果供电相序是 U、V、W，并且依次连接到相应标识的端子上，那么面对电机轴端的旋转方向是顺时针方向。

7.6.3.3 主要技术参数

(1)一般参数

牵引电机的型号	MJC 220-4
采用标准	IEC 60349-2,2010
相数	3
极数	4
温度传感器	RTD(Pt100),0℃时 100 Ω
温度等级	C/200
重量	617 kg

(2)连续工作额定数据

频　率	92 Hz
基本速度	2 735 r/min
电压	1 287 V
电流	155 A
功率	265 kW
冷却风流速	0.32 m^3/s
静态风压	1 650 Pa

(3)最大数据

最大转度	5 194 r/min
电机轴的最大牵引扭矩	2 295 N·m
最大制动扭矩	2 080 N·m
3 相电路短路时的最大气隙扭矩	5 506 N·m
平均短路频次	1 次/年

(4)正常运行情况下牵引力与列车速度之间的关系曲线(图 7.98)

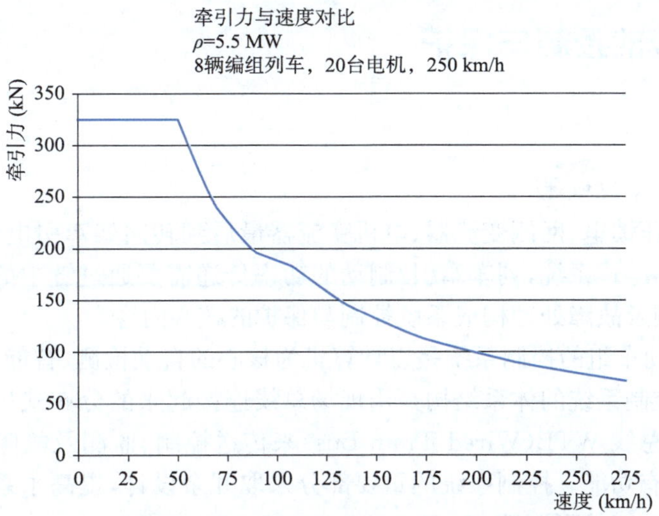

图 7.98　牵引力与列车速度之间的关系曲线

(5)正常运行情况下制动力与列车速度之间的关系曲线(图 7.99)

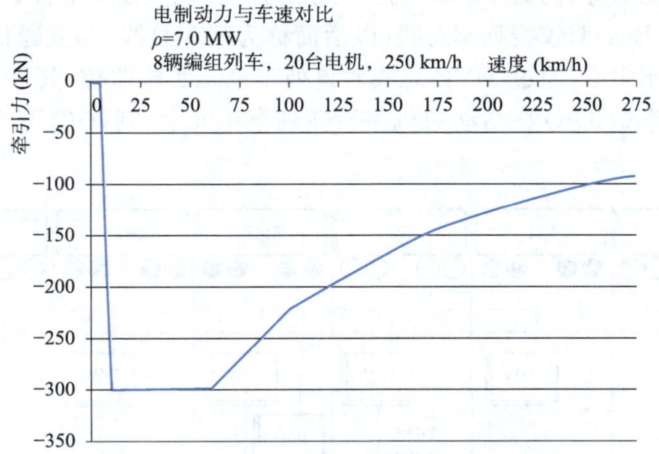

图 7.99　制动力与列车速度之间的关系曲线

7.6.3.4　牵引电机的故障及保护

牵引电机具有如下保护功能，通过电气保护装置由电机变流器驱动控制单元(DCU/M)的控制：

(1)通过在设置在电机定子和直流环节的接地故障保护装置，监测和保护牵引电机和直流环节的接地故障。

(2)通过在定子绕组中加装温度传感器实现电机过温保护。

(3)通过在驱动端和非驱动端轴承加装温度传感器实现电机轴承温度时时监控和过温保护。

(4)电机具有过负荷保护装置(转矩限制)，并通过设置在齿轮箱的速度传感器实现电机空转、滑行和过速保护。

7.7 牵引系统的控制与保护

7.7.1 系统概述

7.7.1.1 列车控制系统概述

牵引系统从高压馈电、网侧变流器、电机变流器最后到转向架牵引电机传动系统和轮轨接触，是一个串行的链式系统，列车牵引/制动的功率传递需要通过链中的各个环节，对各环节的控制、状态监测及故障处理构成系统控制与保护的核心内容。

CRH1A-A型动车组的控制系统是以计算机为核心的自动检测、智能显示和自动控制的高度自动化系统，控制系统的体系结构是用现场总线连接起来的分布式控制系统，通过贯穿列车的双绞线列车总线WTB(Wired Train Bus)来传送控制、监测及故障诊断等信息，可控制并监控列车的所有功能。控制系统的重要部分采取冗余设计，提高了系统可靠性，排除了单一故障影响系统功能的可能性。

CRH1A-A型动车组的整个列车控制与管理系统的软硬件统称为TCMS(Train Control and Management System)，与列车基本单元相对应，车辆控制(VC，Vehicle Control)系统也分成三个相对独立的部分，构成TCMS的三个相对独立的子系统(图7.100)。它们之间通过WTB(Wired Train Bus)双绞线列车总线(以后简称为列车总线)相互通信。CCU-O是一个列车基本单元的控制中心，通过MVB总线对该列车单元实施监控，其人机界面在智能显示单元IDU上；如果该CCU-O在活动司机室所在列车单元上，则该CCU-O也是整列车的控制中心。

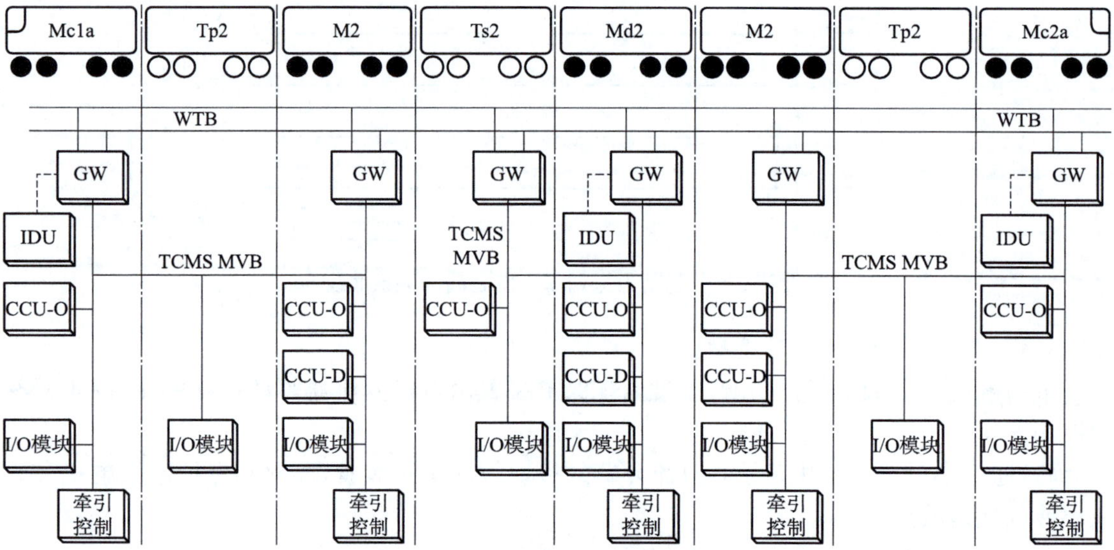

图7.100 牵引控制系统网络拓扑图

7.7.1.2 牵引控制系统概述

牵引控制系统可以看成是MVB总线上的一个单元，一个动车有一套牵引控制系统，受所在列车基本单元 CCU-O 的监控。牵引控制系统包括 PCU、DCU/L、DCU/M、DCU/A、DX、AX，其核心部件是牵引控制单元 PCU，它的作用一方面是对牵引控制中的其他单元进行监控，另一方面代表牵引控制系统与车辆控制单元 CCU-O 通信。牵引控制系统本身又是一个基于 MVB 总线的分布式的控制系统。

图 7.101 较为详细地给出了 Mc1 车的控制系统配置，中央控制单元是 CCU-O，它是 Mc1 车所在列车基本单元 TBU1 的控制中心，当司机钥匙激活 Mc1 车后，它也是整列 CRH1A-A 型动车组的控制中心。图中的其他主要单元简要说明如下：

(1)IDU 可根据用户的级别(如驾驶人员、车组人员或维修人员)通过液晶触摸屏浏览显示列车各方面的信息；

(2)各种 MIO 和 AX，分别为数字输入/输出和模拟输入/输出单元，对应驾驶台的手动输入信号、各种自动检测的传感信号等，是列车控制不可缺少的；

(3)HVAC 为列车空调、室内环境控制单元；

(4)GW 为网关，双绞线列车总线 WTB 的通信管理，用于各列车基本单元(TBU)之间传递信息；

(5)BCU(Brake Control Unit)制动控制单元；

(6)DCU(exterior Door Control Unit)列车外门控制单元；

(7)DCU/x 是牵引控制单元的子系统。

以上这些单元除 IDU 外都直接连接到 MVB 总线上，通过总线与 CCU-O 之间传输命令与状态信息；而 IDU 通过以太电缆连接到 CCU-D，进而连接到 MVB 总线上。在其他相关章节都会对各个系统进行详细介绍，下面主要介绍牵引控制(PC，Propulsion Control)单元。

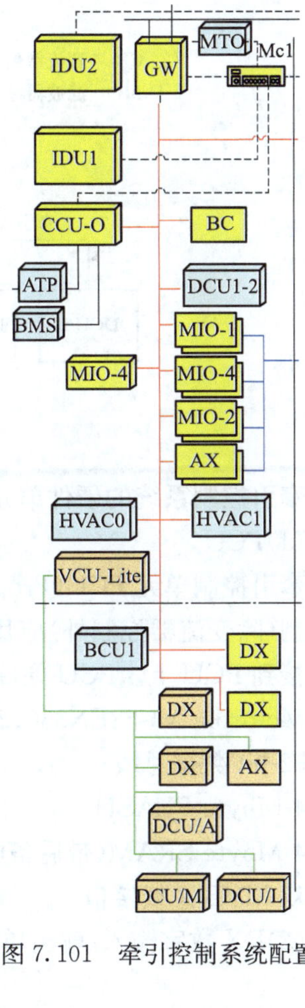

图 7.101　牵引控制系统配置

7.7.2　牵引系统控制

牵引控制(Propulsion Control)是车辆控制(VC)系统中相对独立的一个子系统，它挂在列车基本单元 TBU 内部的 MVB(Multifunctional Vehicle Bus)总线上，通过 MVB 总线接受司机室的控制命令，也通过 MVB 总线传送车辆运行信息到主控计算机做进一步的处理和显示。每辆动车包含一个牵引控制系统，每列车包含五个牵引控制系统，在分布式控制系统中的位置如图 7.100 所示。牵引控制系统控制主牵引功能，协调网侧变流器、辅助变流器和电机变流器的运行。

7.7.2.1　硬件结构

图 7.102 所示表达了牵引控制单元为中心的动车牵引控制的硬件结构，通过牵引控制内部的 MVB 总线与下一级功能单元相连，如电机变流器 MCM、辅助变流器 ACM 等，这是低一层的 MVB 总线，这里称之为牵引 MVB 总线。也就是说牵引控制单元(PCU)有两个 MVB 总线接口，一个是

牵引 MVB,用于牵引控制本身(图 7.102 的下部),另一个是车辆 MVB,用于与车辆控制单元(CCU-O)通信(图 7.102 的上部),牵引控制的 MVB 接口地址设置为 40,车辆控制接口的 MVB 地址根据具体位置在动车 Mc1 和 Mc2 内设为 86,在动车 M2 和 Md2 内设为 87,图中各单元上的数字均为对应单元在牵引 MVB 上的十六进制地址。与牵引 MVB 相连接的网络控制硬件单元见表 7.10。

表 7.10　与牵引 MVB 相连接的单元

单元名称	功　能
牵引控制单元	用于 PCU 的处理器单元
网侧变流控制模块 DCU/L	用于网侧变流器的控制
辅助变流控制模块 DCU/A	用于辅助变流器控制
电机侧变流控制模块 MCM	用于电机变流器控制
模拟量输入/出单元	用于滤波器箱、二次谐波滤波器电感和辅助变压器的温度测量
数字量输入/出单元	用于滤波器箱冷却和辅助负载接触器控制
数字量输入/出单元	用于变流器冷却控制

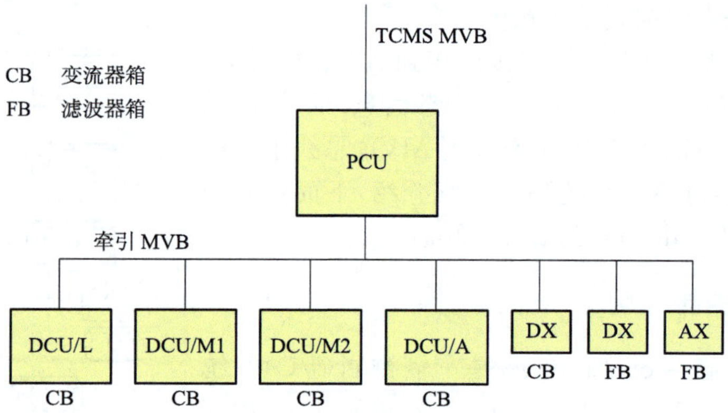

图 7.102　牵引控制系统内部拓扑图

牵引控制系统的硬件单元简介如下:

(1)PCU

牵引控制单元 PCU(Propulsion Control Unit)是一个通用处理单元(VCUlite),内置牵引控制(除变流器控制外)应用程序。PCU 不带 I/O,MITRAC I/O 专用单元通过 MVB 总线连接到 PCU 上。PCU 硬件的主要参数如下:

Motorola MC68EN360,25 MHz 处理器

32-bit 数据总线

4 Mbyte FLASH

4 Mbyte SRAM(带后备电池)

双 MVB 总线接口

(2)DX 数字输入/输出单元

集成数字输入/输出单元 10 路输入，6 路输出，分为 3 个独立输入输出组，其地址由接线决定。

(3)AX 模拟输入/输出单元

集成模拟输入/输出单元，非智能，不须下载程序，有 4 路输入 2 路输出：

4 路模拟输入信号为：±DC 10 V，±20 mA 或 Pt100

2 路模拟输出信号：±DC 10 V 或±20 mA，通过光耦连接

(4)BCC/I 电池充电器单元

独立功能的电池充电控制器，配有必要的输入/输出、计算资源、软件和外部传感器，完成电池的充电控制。硬件配置：

Motorola MC68362 微处理器

2～16 Mbit FEPROM

2～8 Mbit RAM(带后备电池)

电流、电压和温度等模拟测量值输入

(5)DCU/x 驱动控制单元

独立功能的网侧变流器、电机变流器和辅助变流器控制器，配有必要的输入/输出、计算资源、软件和外部传感器，完成电池的充电控制。硬件配置：

Motorola MC68360，25 MHz 微处理器

DSP56302 数字信号处理器

FPGA XC4013

32-bit 数据总线

4 Mbyte FLASH

0.5 MByte Fast SRAM

2.0 MByte SRAM(带后备电池)

5 路数字输入(1 组)，额定电压 DC 24～110 V

7 路数字输出(2 组)，额定电压 DC 24～110 V

电流、电压和温度测量值的 12 路模拟输入

4 个速度传感器输入

PCU 是牵引控制的核心，通过 MVB 总线实施对网侧变流器 DCU/L、电机变流器 DCU/M、充电器 BCC/I 等的监控，变流器 DCU/x、充电器 BCC/I 等均是具有高度自治功能的智能单元，能够独立实现 PCU 的控制指令并自动将状态信息传送到牵引 MVB 总线上。

司机对列车的控制是通过司机操作台实现的，主司机室的 TC CCU 通过 MVB 收到司机操作台上的 I/O 单元的信息，传递到其他需要该信息的系统，由各系统完成司机操作意图。下面给出一种实例情况，假如司机开车要离开一个车站朝下一站运行，司机把主控制器(Master Controller)接通(移到电源)，计算机系统响应这一操作的过程是：主控制器连接到数字输入单元(DX-单元)，其数值被读为牵引/制动基准，主 TC CCU 通过 MVB 总线读到这个数字输入，并重新计算牵引/制动基准；接着将每个车的基准值通过 WTB 分配到其本地 TC CCU；在其他本地 TC CCU 中，根据该参考值计算出力矩基准；本地力矩基准通过 MVB 传输到本车 PCU 单元；在 PCU 中重新计算力矩基准并传给牵引(电机)变流器控制单元 DCU/M 生成所需的转矩，牵引列车完成司机的意图。MC 车上信号传输如图 7.103 所示。

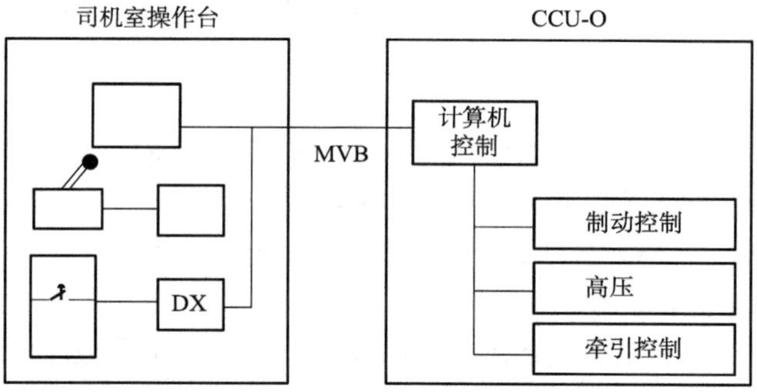

图 7.103　司机台上的信号传输

牵引系统工作的前提是高压系统将网侧断路器合上，高压电引入变流器箱。牵引系统的控制是 PCU 通过 MVB 总线对挂在其上的单元进行命令、状态的读写实现的。例如上面司机准备开往下一车站，这时就需要通过 PCU 按照牵引力基准值发出启动网侧变流器 DCU/L 的指令，网侧变流器启动后就向直流环节充电，建立直流环节电压；此后 PCU 就按照计算出来的牵引力基准值启动电机变流器，从而实现实际牵引力牵引列车运行。

7.7.2.2　PCU 系统软件

PCU 应用软件的设计使用特别开发的高级图形编程语言，即可编程控制语言(Programmable Control Language)，该语言基于图形符号(即元素 Element)创建逻辑框图，描述程序运行过程，每个元素对应某种标准化的功能，例如调节器等。应用程序采用模块化设计，每个模块代表一个功能相对独立的子系统，例如牵引控制或制动控制，程序模块又分成程序块(Blocks)，每个程序块代表某一列车功能，例如操作网侧断路器等，这些程序块连接起来就构成了应用程序。

7.7.2.3　PCU 的接口

从图 7.102 可以看出，PCU 通过 MVB 对各子系统(LCM、MCM、ACM)进行监控，这些子系统均是独立的智能模块，独立完成相应的功能，各子系统与牵引控制(PCU)之间的通信流量并不大，主要的通信内容包括控制信号、状态信号和故障报警信号。

正如 PCU 与其子系统的关系一样，其子系统尽管具有很高的智能，但并不完全独立，还是受 PCU 的监督与控制；牵引控制系统也不是完全独立的，它是车辆 MVB 的一个环节，受到 CCU-O 的监督与控制，是车辆控制系统的一个重要的有机组成部分，从功能上来讲，牵引控制与车辆控制系统中的以下系统关系密切，这里称之为功能接口：

①列车运行；

②高压电；

③辅助电源；

④列车诊断(CCU-D)

从信号的输入/输出方面看，PCU 与 CCU-O 的主要信号接口如下：

(1)输入至 PCU 的信号

①网侧断路器闭合；

②网侧变流器启动使能；

③电机变流器启动使能；

④车辆的驱动方向；

⑤牵引/制动力基准；

⑥电制动力基准；

⑦列车重量校正系数；

⑧车辆速度；

⑨牵引安全环路。

(2)PCU 的输出信号

①网侧变流器、辅助变流器和电机变流器运行状态；

②实际牵引/制动力；

③最大可用电制动力；

④轴速度；

⑤空转/滑动指示；

⑥故障指示。

正常工作过程中 PCU 无人机接口，下面的人机接口指的是 PCU 的工作状态直接受制于司机的操作，主要包括：

①闭合网侧断路器。高压系统闭合/打开网侧断路器之后，网侧变流器(LCM)启动，直流环节充电。

②辅助电源母线。当检测到直流环节电压时，辅助变流器(ACM)被自动激活。ACM 被同步到辅助电压母线，PCU 通过 DX 单元闭合辅助负载接触器。

③驱动方向。车辆控制提供列车运行方向信号。

④牵引/制动控制器。当需要牵引动力时电机变流器被自动激活。

⑤回送模式。驾驶台发出回送模式指令，以便电机变流器向辅助电源供电，列车处于再生制动(Backup braking)状态。

⑥IDU。用于显示列车诊断系统提供的列车状态数据、车辆数据和事件信息。

7.7.2.4 PCU 的配置及运行自检

PCU 是牵引控制的核心，通过 MVB 总线实施对网侧变流器 DCU/L、电机变流器 DCU/M、充电器 BCC/I 等的控制来实现列车牵引的主功能。

(1)PCU 的自检与通信监督

①自检

PCU 对其内部电子系统进行自检，如果有故障发生，PCU 会停止程序执行，与该 PCU 的通信就会因此而中断，对应牵引 MVB 上的通信也会中断。PCU 内部自检的功能包括：

a. 开机时检测 RAM 和 PROM 内存。

b. 程序执行时计算 PROM 中应用程序的检查和(Checksum)。

一旦检查出错误，就会中断 PCU 的程序运行，输出到牵引单元上的信号均设置为 0，该动车的牵引功能信号全部设为 0，该车的其他网络控制模块功能还继续执行。CCU-O 将会报告与 PCU 的通信故障。

②MVB 通信监测

a. 牵引 MVB

PCU 自动生成 MVB 通信监控计数器(Watchdog Counter),从－32 768 至 32 767 连续计数,计数值达到 32 767 时,会自动从－32 768 重新计起。PCU 发送到 DCU/x 和 BCC/I 的数据报文都包含计数值,DCU/x 和 BCC/I 就是根据收到报文中的计数值来监测 MVB 通信状态,如果报文中的计数值不变,即计数停止,说明 MVB 有通信故障,见表 7.11。

表 7.11　牵引 MVB 通信故障

故障文本	故障代码	故障等级
"DCU/L MVB 通信故障"	4001	4
"DCU/M1 MVB 通信故障"	4002	4
"DCU/M2 MVB 通信故障"	4003	4
"DCU/A MVB 通信故障"	4004	4
"BCC/I MVB 通信故障"	4076	4
"牵引 MVB 通信故障"	4091	4

DCU/x 在发送给 PCU 的报文中也包含相应的计数值,也同样是为了判断 MVB 通信是否正常。

如果牵引 MVB 失去通信功能,所有输出到 I/O 或 DCU/x 单元的信号全部置为零,故障显示会反映出通信故障的单元,或者全局 MVB 通信故障。该车的外部控制系统仍按预定义继续工作。

如果全部 I/O 和 DCU/x 单元的牵引 MVB 通信均失去,不再显示各个单元的通信故障,只显示整个 MVB 通信故障的信息。

30 min 内出现 3 次故障,则显示永久故障,直至 PCU 重新初始化或故障复位。

b. 车辆 MVB

来自 CCU-O 单元的数字信号从字(Word)格式扩展为对应每一个输入输出通道的位(bit)格式;发往 CCU-O 单元的相应信号从位(bit)格式压缩到字(Word)格式。在 PCU 软件中将 TCMS 的输入输出模拟信号缩放成合适的 SI 单位等级。

如果 PCU 失去了与 CCU-O 的通信,则输入至 CCU-O 的信号全部为 0,此时阻塞牵引。如果 CCU-O 也失去与 PCU 的 MVB 通信,CCU-O 报告与 PCU 的通信故障。

30 min 内出现 3 次故障,则显示永久故障,直至 PCU 重新初始化或故障复位。事件消息如下:

故障文本:车辆 MVB 通信故障

故障代码:4092

故障等级:4

(2)PCU 三个等级的任务循环

PCU 计算机对挂在牵引 MVB 总线上的单元进行控制和监督(即 PCU 计算机的任务),根据任务的等级分为三类任务循环,定义如下:

①T2-16 ms,用于快速功能,例如牵引/制动基准

②T3-64 ms,用于常用(无特殊要求)功能

③T4-512 ms,用于监控和故障显示

此外还有一个虚循环,用以测量 PCU 的总负荷,该循环由命令参数默认关闭。

PCU 设置看门狗(Watchdog counters)以监督任务循环的执行时间 T2,T3 和 T4,如果任务超时过载,PCU 会自动重启,并发出事件消息。如果三次因超时过载自动重启,PCU 会进入测试模式,直到 PCU 关电/开电重新启动。事件消息如下:

故障文本:任务超载

故障代码:4090

故障等级:4

(3)MVB 的数据类型

通过车辆 MVB,PCU 和 CCU-O 之间传输监控数据;通过牵引 MVB,传输动车单元的监控数据,PCU 管理牵引 MVB。最多有两个 PCU 单元连接到同一车辆 MVB 总线,PCU 只和车辆 MVB 总线上 CCU-O 通信,不直接和其他 PCU 或车辆 MVB 总线的输入/输出单元通信。

MVB 传输三类数据:

①过程数据 Process Data

过程数据由一数据源向多个接收者发送,用逻辑地址标识接收单元。总线管理员(MVB 上 PCU)通过呼叫数据源的逻辑地址请求从其发送数据,数据源响应请示并把所要的数据放在 MVB 上供所有单元接收,提交逻辑地址的单元接收数据放入自己的缓冲区,覆盖缓冲区原来的数据。过程数据周期性(定期)发送。过程数据的特点是短促而紧急、数据传输时间必须是确定的、通常用来表示高速列车状态的数据,如列车速度等。

②消息数据 Message Data

每个数据源有两个消息数据队列(发送队列和接收队列),数据源把信息数据发往一个或一组目标单元,目标单元收到后插入自己的接收队列。信息数据在需要时发送。消息数据的特点是零星发送的、在时间上较不紧迫但可能是较长的数据。

③监督数据 Supervisory Data

监控数据用于监控单元状态、检测设备状态、传输命令、开启总线等功能,有些是周期性(定期)发送,有些在需要时发送。

(4)I/O 单元监督

从 DX 单元到 PCU 的数字信号由字格式扩展为每个单独输入输出通道的二进制格式,发往 DX 单元的信号由二进制格式压缩成字格式。在 PCU 软件中将 AX 和 PWM 的模拟输入输出信号缩放成合适的 SI 单位等级。

I/O 单元功能由 PCU 和 I/O 单元两重监督,I/O 单元内部电路(不包括输入/输出光耦)有单元自检(开机时自检,运行时使用看门狗机制)。当 PCU 检测到 I/O 单元故障时,对其输入默认为 0,对其输出强迫为 0。当 I/O 单元自检到内部错误或与控制单元的通信中断(检测时间 1 s)时,就切断停机警告(Stall Alarm)继电器,并由硬件关闭输出,停机警告继电器断电,切断与故障 I/O 单元的连接。CCU-D 生成每个 I/O 单元的故障显示。

I/O 单元 MVB 故障时,显示 MVB 通信故障,该单元断电或内部程序停止执行:

故障文本:I/O××通信故障(××为 MVB 地址)

故障代码:见表 7.12

故障等级:4

当 I/O 单元故障、I/O 单元能够通信且能够报告故障状态时,显示 I/O 单元故障:

故障文本：I/O××故障(××为 MVB 地址)

故障代码：见表 7.12

故障等级：4

表 7.12　牵引 MVB 通信故障代码

故障代码	MITRAC 监督单元	故障文字
4093	DX unit 43	DX 43 通信故障
4094	DX unit 43	DX 43 单元故障
4095	DX unit 44	DX 44 通信故障
4096	DX unit 44	DX 44 单元故障
4097	AX unit 45	AX 45 通信故障
4098	AX unit 45	AX 45 单元故障

7.7.2.5　PCU 的控制功能

牵引控制包括以下功能：

①系统选择

②直流环节的充电

③变流器的启动

④变流器的切除(Cut-out)、软关机(Soft Shutdown)、保护性关机(Protective Shutdown)和隔离(Isolation)

⑤列车驱动方向

⑥牵引力和电制动力基准

⑦牵引力和电制动极限

⑧相位移设定值计算

⑨功率平衡监控

⑩直流环节电压测量监控

⑪接地故障监控

⑫牵引安全监控

⑬轮径校准

⑭车辆速度计算

⑮变流器冷却控制和监控

⑯滤波器箱冷却控制和监控

⑰牵引电机冷却控制和监控

牵引控制相关的最重要的车辆参数如下：

最大牵引力基准值	325 kN
最大制动力基准值	325 kN
最大运行速度	250 km/h
最小列车载重校正系数	89.7%
牵引时最大列车载重校正系数	100%
制动时最大列车载重校正系数	100%
牵引力/制动力基准的最大变化率(增加率)	50%/s

牵引力/制动力基准的最大变化率(降低率)　100%/s
轮径校准
最小轮径　835 mm
最大轮径　915 mm
高的轮径差　7 mm
过高的轮径差(软阻断)　10 mm
高的轮径差转矩降低　0%
无效轮径值转矩降低　50%

7.7.2.6 PCU 的控制指令

如前所述牵引控制的主功能是通过协调网侧变流器、电机变流器和辅助变流器的运行来实现的,下面介绍几个 PCU 重要的控制命令。

(1)牵引系统运行状态监督

牵引控制是通过牵引 MVB 总线进行的,PCU 对各单元的状况进行检查,以判断其运行状态、是否故障等。实现的方法是从 PCU 到 DCU/x 双向发送自由计数的看门狗计数器值(Free Running Watchdog Counter),如果 DCU/x 的任一个计数器中断,就说明有通信故障,对相应的 DCU/x 进行保护性关机(Protective Shutdown),直流环节被禁止供电(Inhibited to Charge);如果 30min 内有三次这样的故障出现,就对牵引系统采取隔离措施,直到故障复位或者 PCU 重初始化。具体参见 7.7.2.4 节 PCU 的自检与通信监督。

(2)充电与激活指令

牵引控制单元首先向 DCU/L 发出控制命令,启动网侧变流器和对直流环节充电。如果没有出现故障,变流器也没有切除(cut-out),那么根据以下不同的 MVB 信号指令,网侧变流器处于直流环节放电、直流环节充电、或变流器运行中的某一种状态。

命令:网侧变流器充电使能

命令:网侧变流器启动使能

牵引控制单元命令与网侧变流器状态对应见表 7.13。

表 7.13 牵引控制单元命令与网侧变流器状态对应

LCM 充电使能	LCM 启动使能	描　述
0	0	LCM 停止,直流环节放电; 指定直流环节放电
1	1	直流环节充电,启动 LCM; 指定变流器运行
1	0	停止 LCM,但只要直流环节电压达到正常限值内就可保持 DC 环节充电状态; 指定直流环节充电

MVB 指令信号控制网侧变流器切除(cut-out):

命令:切除网侧变流器(cut-out line converter)

牵引控制必须通过向 DCU/M 发送命令来启动电机变流器。如果没有出现故障,电机变流器也没有切除(cut-out),那么根据以下不同的 MVB 信号指令,电机变流器处于直流环节放电、直流环节充电、或变流器运行中的某一种状态:

命令:电机变流器充电使能(enable charge motor converter)

命令:电机变流器启动使能(enable start of motor converter)

牵引控制单元命令与电机变流器状态对应见表 7.14

表 7.14　牵引控制单元命令与电机变流器状态对应

MCM 充电使能	MCM 启动使能	变流器状态
0	0	电机变流器立即停止,直流环节放电; 指定直流环节放电
0	1	如果电机变流器在运行中,允许直流环节保持充电,只要车速足以进行再生制动,就激活电机变流器。否则,对直流环节放电
1	0	如果电机变流器在运行中,当扭矩基准下降到零时,停止电机变流器。指定直流环节充电
1	1	等待直流环节充电,电机变流器启动; 指定变流器运行

当通过 MVB 发出电机变流器中断信号,指令:中断电机变流器(Cut-out Motor Converter)时,就停止电机变流器运行。

牵引控制必须明确选择需要的牵引方向,牵引方向总是相对于每个电机变流器的安装来定义,如果电机变流器的安装与首车(leading car)的方向一致,那么电机变流器的前进驱动方向就与列车的前进驱动方向一致;如果同时选择前进和后退方向,就执行保护性阻断;如果前进和后退方向均未选择,扭矩基准就置为零,不显示故障。牵引控制 PCU 向 DCU/M 发出需要的牵引方向,但是牵引方向的改变命令仅在速度足够低(一般小于 5 km/h)时才能接受。

驱动方向必须给定,即必须设定前进或后退。如果前进或后退方向均未设定,就停止电机变流器。如果前进和后退驱动方向均被同时设定,也停止电机变流器,同时显示驱动方向错误。

关于牵引/制动力基准的有关限制请参阅有关章节。

(3)网侧变流器运行状态

网侧变流器运行状态的定义是由称作"Current state in startup/shutdown sequence"(启动/关闭过程的当前状态)的信号来规定,该信号的取值范围为 1～31,与列车运行相关的信号状态见表 7.15。

表 7.15　网侧变流器运行状态

信号	描　述
4	直流环节放电,DC link discharged
6	直流环节充电,DC link charged
9	正常工作,In normal operation
27	软关闭,Soft shutdown
29	(保护)性关机,Protective shutdown
31	隔离,Isolated

注:所谓"直流环节放电"就是要撤销对直流环节的供电,撤销供电后直流环节的电压因为电容器的存在并不会立刻消失,而是通过泄放电阻放掉,放电时间取决于放电时间常数的设计;所谓"直流环节充电"正好相反,就是要建立直流环节电压,但由于电容的存在,直流环节电压的建立需要一定的时间。

(4)建立直流环节电压

在高压系统控制网侧断路器(LCB,Line Circuit Breaker)闭合后,网侧变流器 LCM 自动激活,直流环节(DC-Link)得到直流电压。如果高压系统要断开 LCB,在断开前一秒钟先要切断网侧变流器 LCM,直流环节放电。LCM 的关闭延迟时间为 700 ms,LCM 的启动同步时间窗为 2 500 ms。

LCM 的启动与直流环节电压的建立应遵循:

①在回送模式下,网侧变流器被禁止,直流环节电压通过预充电单元建立。

②下列任一条件满足,牵引控制(PC)将会禁止建立直流环节电压:

a. MCM 过压保护电阻温度过热;

b. 变流器的 MVB 通信故障;

c. 没有检测和选择高压电网频率系统(50 Hz 或 60 Hz);

d. 网侧变流器被隔离;

e. 功率平衡故障(被破坏);

f. 网侧变流器接地故障;

g. 变流器箱冷却系统故障;

h. 直流环节电压校准故障。

③连接到同一网侧断路器的两个网侧变流器应该按顺序启动,这样可以减小建立 DC 环节电压带来的电流冲击。其方法是从 CCU-O 主站向各 CCU-O 从站发送一个对称的方波信号(2.5 s 高电平,2.5 s 低电平),第一个动车在启动同步脉冲的上升沿启动,第二个动车在启动同步脉冲的下降沿启动。

(5)启动 MCM

当所有车门关闭、司机工作台激活、主控制器置于启动位置时,电机变流器可以由列车操作系统(Train Operation system)命令启动。这一过程应遵循:

①下列任一条件满足,牵引控制(PC)将会禁止启动电机变流器 MCM:

a. 电机变流器直流环节电压测量故障;

b. 电机变流器接地故障;

c. 轮径差异太大;

d. 牵引电机冷却故障;

e. 牵引安全环路未建立;

f. 电机变流器系统选择故障。

②下列任一条件满足,电机变流器一般由列车操作系统(Train Operation System)命令停止:

a. 列车在停车状态,且大约 2 s 没有开车命令;

b. 列车在停车状态,且未做好开车准备;

c. 牵引安全环路断电的所有情况下。

③如果运行时 LCM 的启动命令置低("0"),就断开 LCB,此时由于直流环节电压降低而开启回馈制动,一个电机变流器 MCM 回馈电能给直流环节以保持直流环节电压,但当速度太低不能产生足够能量维持直流环节电压时,MCM 会自动关闭。

④在同一直流环节上,仅允许一个 MCM 激活回馈电能用作维持稳定的直流环节电压,

一般使用MCM1，仅当MCM1被隔离或切断时使用MCM2。

⑤如果LCM的启动命令置低（“0”），而没有命令回馈制动，则关闭MCM。

⑥在回送模式下，MCM被激活回馈电能。

（6）变流器切除

为了维护目的，每一变流器可通过指令参数或指令选择开关（Option）由牵引控制关断。当网侧变流器不可能给直流电环节充电时，也会被关断。这时显示变流器关断故障信息见表7.16。

表7.16 变流器关断故障信息

故障文本	故障代码	故障等级
“LCM1切除”	4275/4375	6
“MCM1切除”	4475/4575	6
“MCM2切除”	4675/4775	6
“ACM切除”	5475/5575	6

（7）激活ACM

在直流环节充电到辅助变流器工作电压范围时，自动启动辅助变流器。在以下情况下，禁止启动辅助变流器：

①辅助变流器直流环节电压测量故障；

②辅助变流器接地故障；

③滤波器箱超温；

④用于辅助电压母线测量断路器处于断开状态；

⑤CCU-O发出禁止启动辅助变流器指令。

每一动车有一个辅助变流器，这些辅助变流器通过负载接触器连接到公共辅助电压母线。ACM启动时，DCU/A发出闭合相应的负载接触器命令，辅助负载接触器闭合动作由PCU指令通过DX实现。

辅助变流器的启动需要相互协调，辅助电压母线空闲时允许先启动一个ACM，此后辅助电压母线就成为活动状态，启动其他ACM时就需要同步。这一过程由CCU-O控制，CCU-O将应该先启动的ACM的“Disable start of idle auxiliary converter”（“禁止辅助变流器空闲启动”）的信号线置“低”。

“辅助变流器空闲启动”（“Idle start of auxiliary converter”）信号为“真”（“TRUE”）表示启动ACM时三相辅助电压母线是空闲的。（即没有ACM显示出有活动的三相电压母线，且本地辅助负载电压为时）

“辅助变流器空闲启动”（“Idle start of auxiliary converter”）信号为“假”（“FALSE”）表示启动ACM时三相辅助电压母线有电。

故障文本：“辅助电压总线测量断路器断开”

故障代码：4075

故障等级：4

注：辅助负载母线空闲值的电压值为35 V及以下。

7.7.2.7 牵引力和制动力基准

来自列车运行控制的牵引/制动力基准根据图 7.104 进行标尺计算与限幅，正牵引/制动力基准，作为牵引力基准处理；而负牵引/制动力基准，作为制动力基准处理。在牵引基准和制动基准处理中分别使用不同的标尺函数，这是因为在电制动不足的情况下会增加空气制动。

在以下情况下，牵引/制动力基准被置为零：

LCM 没有激活；

MCM 没有激活；

保护性关机；

受电弓离线；

牵引安全环路未激活；

车辆速度值无效。

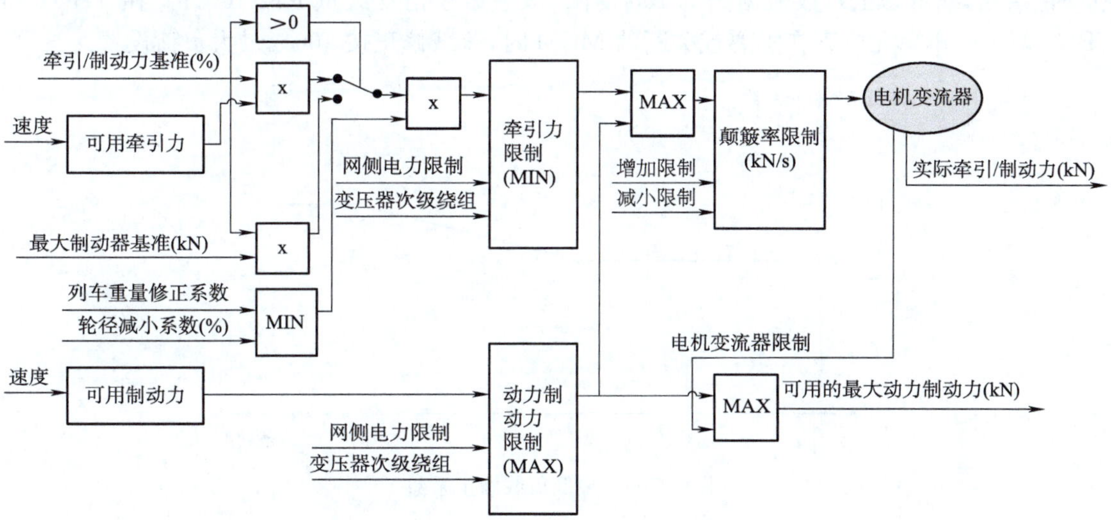

图 7.104 牵引力和制动力基准标尺及限幅计算

(1)牵引力基准

在牵引模式下，最大可用牵引力取决于速度。0～100%的牵引力基准对应于作为车辆速度函数的 0～100%可用牵引力。当司机改变动力要求时，会得到一个响应值。标尺计算举例如图 7.105 所示。

(2)制动力基准

在制动模式，总的可用制动力是恒定的，不像牵引模式那样与速度相关。在高速情况下电制动力(Dynamic Brake Effort)减小时，自动加入空气制动(Pneumatic Brake)以保持总制动力在恒定的高水平上。只要要求没有限制，就没有必要按车辆速度减小电制动力基准。

按 0～100%的比例计算制动力基准，其中的 100%对应于包括电制动和空气制动的最大制动力基准(kN)。

(3)载重修正

牵引/制动力基准按照载重修正系数(0～100%)有所减小，牵引/制动力基准应乘以载

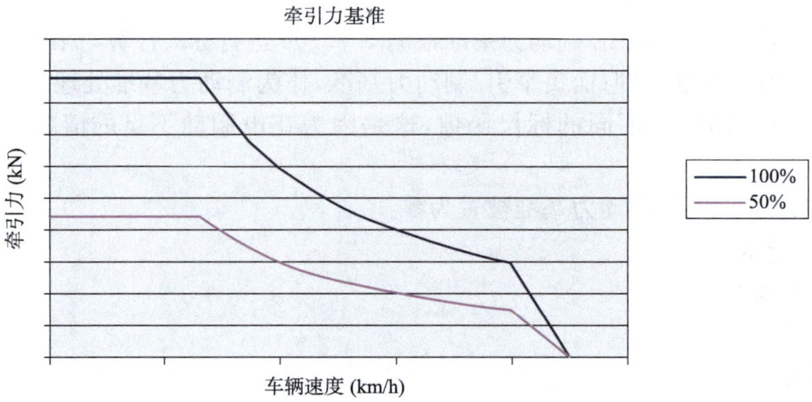

图 7.105　作为车辆速度函数的牵引力基准的举例

重修正系数，载重修正系数根据图 7.106 受限，该系数在正常载重下取 100%。在 TBU1 和 TBU2 两个三车单元内存在隔离或关断的 MCM 时，负载修正按 100%最大负荷设置。

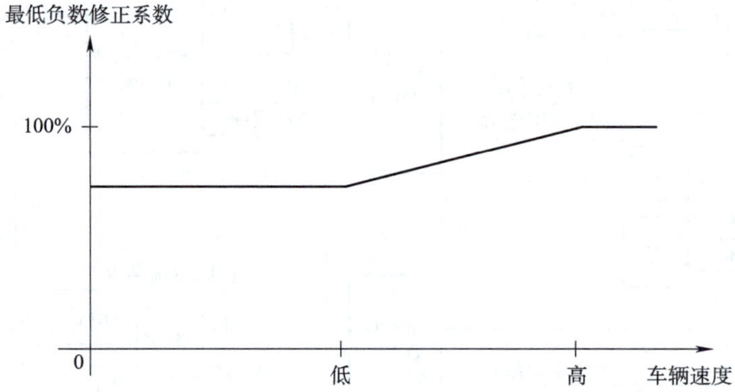

图 7.106　最低负载修正系数

(4)轮径修正

牵引/制动力基准在轮径差异大时有所减小。

基本参数：

轮径差异大	7 mm
轮径差异太大	10 mm
轮径差异大时的减小值	0%
轮径差异太大的减小值	100%
最大允许的轮径	915 mm
最小允许轮径	835 mm
缺省轮径	915 mm

轮径值的计算：

车轮转速根据车轮的旋转频率和已校准的轮径值来计算，每一轴的车轮转速被发送至 CCU-O 计算列车速度，计算的列车速度又发送回到 PCU 和 DCU/M，用于：

①计算车速对牵引/制动力的限制；

②空转/滑行检测。

一个轴的轮径值通过对校准的车辆速度和由轴转速计算的车辆速度之间的差值求积分得到，其原理如图 7.107 所示，当轮径值 d 为实际值时，它与轴的转速 f_{axle} 之积得到的速度 v_{axle} 应该就是车辆的校准速度，如果两者有差异，积分值就会不断积累，直到差值为零为止，因此这是一个无差系统，最后能得到准确的轮径值。其中校准的车辆速度 v_{cal} 由 CCU-O 算得到。

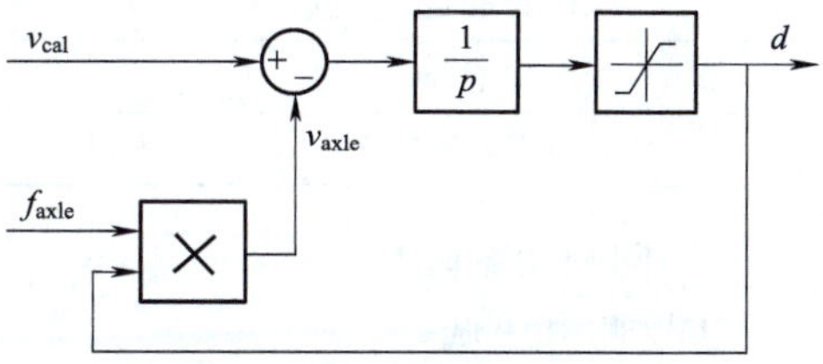

图 7.107　轮径值计算原理

各个轴的轮径单独计算，以下条件均满足时开始积分运算：

①有 CCU-O 校准轮径的命令；

②轴的速度是有效的。计算的轮径值，即积分器的输出，被保存在有后备电池的内存区。如果计算的轮径在限制范围之内，就设定有效；新软件下载之后，这个轮径值设定为缺省值(参数)。轮径差异的故障信息见表 7.17。

表 7.17　轮径差异的故障信息

故障文本	故障代码	故障等级
MCM1 轮径差异大	4068	4
MCM2 轮径差异大	4069	4
MCM1 轮径差异太大	4070	4
MCM2 轮径差异太大	4071	4

牵引/制动力的轮径差异修正系数按图 7.108 给出。车轮直径差太大时，MCM1 或 MCM2 被阻断。

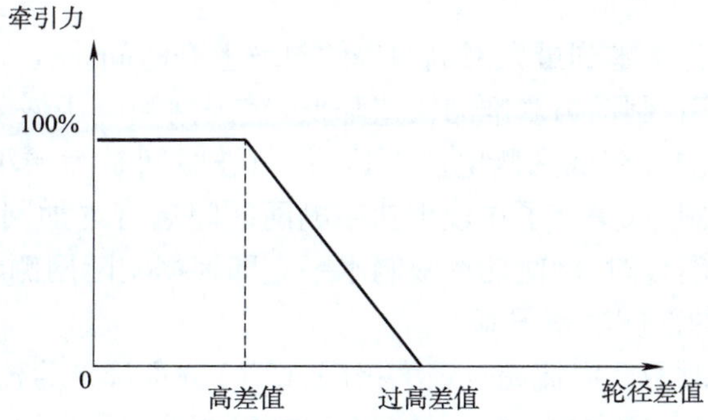

图 7.108　牵引/制动力按轮径差异修正

如果一个转向架上的一个或两个轴的轮径值无效(越限)，则牵引/制动力减少到 50%，并有故障信息显示，见表 7.18。

表 7.18　轮径值无效的故障信息

故障文本	故障代码	故障等级
MCM1 轮径不合格	4172	4
MCM2 轮径不合格	4173	4
轮径校准启动	4174	6

(5)网侧功率限制

①网侧电压低

在开车运行期间，通过限制网侧电压的拉低值，以使网侧电流不超限。最大的拉低/回馈的功率是网侧电压的函数如图 7.109 所示。

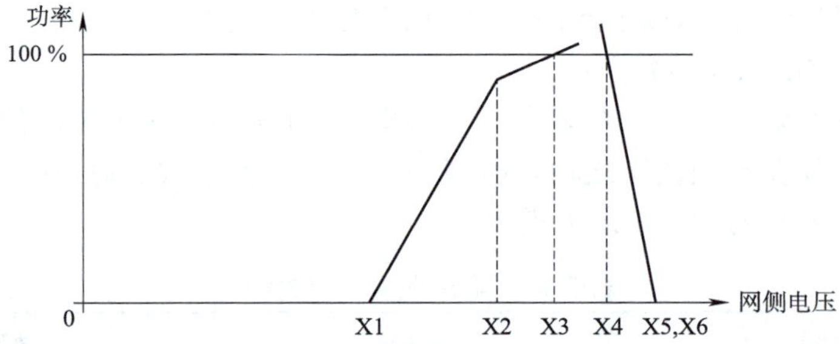

图 7.109　不同网侧电压下的最大网侧功率

当网侧电压低于标称网侧电压时，网侧功率限制值缓慢斜坡增加，以使在较小功率电网区间能够得到平滑特性。斜坡上升时间定义为

$$\mathrm{Max}[t_{\min}, k * (U_{90\%\mathrm{of\,nom}} - U_{\mathrm{line}})]$$

式中　$t_{\min}$——在标称网侧电压下的最小斜坡上升时间，1 对应 1 s；

k——标尺因子；

$U_{90\%\mathrm{of\,nom}}$——公称网侧电压；

U_{line}——网侧电压，1 对应 10 V。

斜坡上升时间定义为从零到最大网侧功率的斜坡上升时间。

网侧电压低导致牵引/制动力基准的快速降低，直到网侧电压恢复正常后，牵引/制动基准可按正常函数缓慢增加。在低网侧电压下运行，斜坡时间是为减小或增加作为实际网侧电压函数的网侧功率限制，这是为了在较小功率电网区间运行增加网侧功率时，稳定网侧电压。当交流网侧断路器闭合时，网侧功率限制水平立即根据实际网侧电压设定。

②牵引时 DCU/x 的网侧功率限制

如果网侧电流或瞬时网侧电流超过最大极限，LCM 立即降低直流环节电压，结果 DCU/M 功率减小。DCU/L 或 DCU/M，向牵引控制发送"网侧功率限制"信号，牵引控制就减小牵引/制动力，直到信号"网侧功率限制"为低电平。因此 DCU/L 具有控制网侧电流的功能。

网侧变流器向 PCU 发送最大网侧变流器功率，PCU 因此降低牵引力基准以避免超过电流限制。这可在对直流环节电压影响最小的同时，产生平滑和可控制的转矩减小。

在受电弓离线和网侧功率丢失的情况下，DCU/L 将向牵引控制发送"网侧功率被限制"信息。这意味着，直流环节电压由于不良网侧接触或网侧电压的快速降低而降低。这将导致牵引/制动基准的降低，直到“网侧功率被限制”信号再次变低。之后，牵引/制动基准可按正常函数(与低网侧电压相同)缓慢上升。

驱动和制动下网侧功率限制参数：

动车组牵引(在轨道上)最大网侧功率	5 500 kW
动车组制动(在轨道上)最大网侧功率	7 000 kW
在正常网侧电压下的网侧功率斜坡上升时间限制	20 s
低电压下的斜坡下降时间	5 s
极低电压下的斜坡下降时间	2 s
激活电压依赖斜坡函数	TRUE
低电压下的网侧功率限制的斜坡上升时间	20 s
快速降低的激活电压	19 kV
在低电压下快速降低值	20%

③变压器次级绕组电流限制

根据主变压器的次级绕组的最大允许功率限制牵引和制动力基准。

(6)IGBT 温度循环限制

工作在定子频率较低时，对 IGBT 来说由于电流大、开关切换时间长，工作条件恶化，因此牵引力基准在列车从静止开始启动时被限制到 50%。但在牵引命令设定 2 s 后，如果没有达到 5 km 时速，则去掉限制。

低速时的牵引力限制	50%
低速值(V_{min})	5 km/h
到 V_{min} 时的最大加速时间	2 s

(7)牵引/制动力极限

牵引/制动力基准受以下条件的最大允许极限的限制：

载重限制

网侧电功率限制

变压器次级绕组功率限制

另外，牵引力也会因电机变流器温度、牵引电机温度等条件在电机变流器的实际控制过程中受限。

最大的可用电制动力，由作为车辆速度函数的可用制动力决定，如图 7.110 所示，100%曲线对应于受车辆速度影响的最大可用电制动力。最大的可用电制动力受限于：

网侧电功率限制。

变压器次级绕组功率限制。

同牵引力一样，制动力也会受电机变流器温度、牵引电机温度等条件的限制。

(8)牵引/制动力受速度变化率(颠簸率)的限制

牵引/制动力基准的变化率被限制：

①以便当主控制器从牵引到制动快速过渡，或牵引/制动基准由于列车状态改变而快速变化时，列车能够平稳运行；

②以限制牵引和制动力的实际变化率，减少电磁干扰；

③以限制牵引和制动力变化率，减少通过较低功率接触网时的网侧电压干扰。

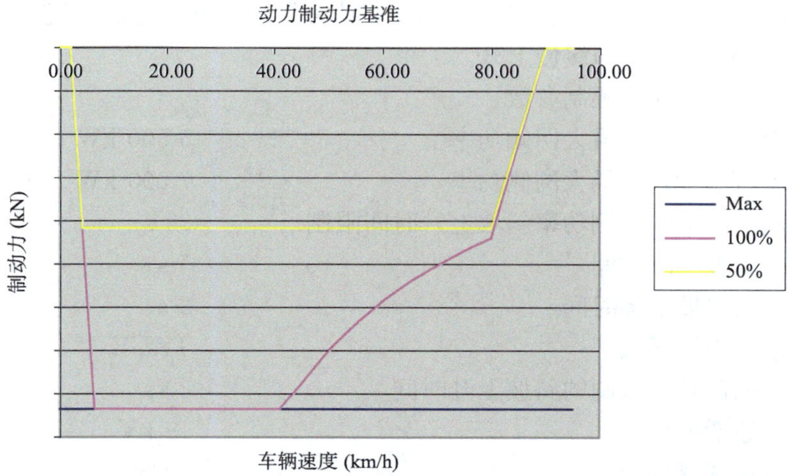

图 7.110　作为车辆速度函数的最大电制动力基准的举例

需要的牵引/制动力与列车的加速度/减速度成正比，牵引/制动力变化率的限制，其结果是列车不能比最大允许的加速度变化更快，如图 7.111 所示。

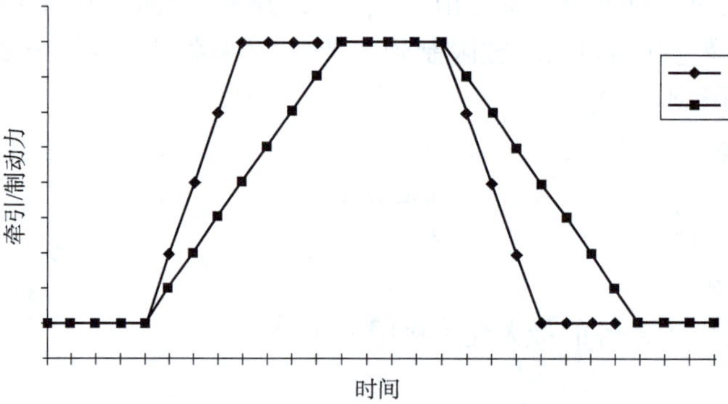

图 7.111　牵引/制动力的变化率限制

(9)实际牵引/制动力

实际牵引/制动力是计算出来的电动机控制的牵引/制动力，这个信号一般显示在驾驶台上。最大可用电制动力，是上述牵引控制和电机变流器控制的限幅值下的实际最大可用电制动力，这个信号一般用于制动系统预先加入空气制动。

7.7.2.8　驱动方向

根据驱动方向的要求和动车转向架的实际安装来确定驱动方向，PCU 的控制参数"相对于列车的方向，对转向架的驱动方向，MCM"的取值决定了转向架的驱动方向，该参数取"真"(TRUE)表明向 DCU/M 设置了相同的驱动方向，具体驱动方向如图 7.112 所示。

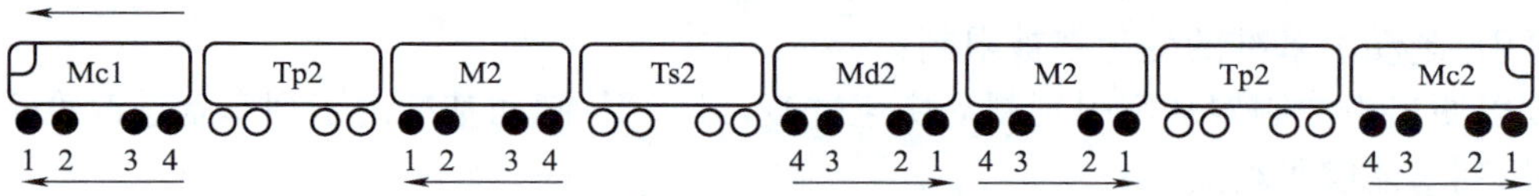

图 7.112　转向架的驱动方向

CCU-O 确定的驱动方向如下：

车辆	活动司机室在 Mc1	活动司机室在 Mc2
Mc1	向前	向后
M2	向前	向后
Md2	向后	向前
M2	向后	向前
Mc2	向后	向前

在图 7.112 所示情况下，参数的取值为：

相对于列车的方向，对转向架的驱动方向，MCM1：真。

相对于列车的方向，对转向架的驱动方向，MCM2：假。

7.7.2.9　LCM 触发移相计算

以下叙述中，动车组单元指的就是列车基本单元 TBU，简称为单元；列车（Train）指的是一个八车动车组或两个动车组连挂成的一列车；车辆（Car）指的是单元中的每一辆车。

根据列车中基本单元的数量，列车基本单元的位置、单元中网侧变流器的数量、单元中已激活网侧变流器的个数及单元中网侧变流器的位置加上按照车号及列车中基本单元的数量评估的一定偏移量来计算每一网侧变流器触发相移的设定值，其目的是均匀分配列车内所有网侧变流器的触发相移，使对电网的谐波干扰减到最少。

相位移设定值＝[(Pc－1)/Nc＋(Pl－1)/(Nc＊Nl)＋(Pu－1)/(Nc＊Nl＊Nu)]＊180

式中　Pu——单元位置；

Pc——单元中车辆的位置；

Pl——车辆中网侧变流器的位置；

Nu——列车中动车组单元的连挂个数；

Nc——动车组单元中带网侧变流器的车辆的个数；

Nl——车辆上网侧变流器的数量。

7.7.2.10　功率平衡监控

计算变流器箱内输入功率和输出功率的差值，如果在一定时间内该差值过大，则启动软关机，30 min 内出现三次这样的故障就会导致系统禁止充电。

故障正文：“功率平衡故障”

故障代码：4005

故障等级：4

具体参数如下：

功率平衡监控检测值	400 kW
功率平衡监控复位值	300 kW
大的功率差允许的最长时间	1 s

7.7.2.11　直流环节电压测量监控

牵引控制系统计算连接到同一直流环节的所有变流器的直流环节电压测量信号的平均值，如果在一定时间内（最长 1 000 ms），其中某一个测量值与平均值的差超过规定值（最大

100 V)，就阻断该故障变流器，该变流器的直流电压反馈信号在计算平均值时不再使用。30 min 内发生三次这样的故障导致故障变流器的隔离，直到故障复位或 PCU 重新初始化。

故障正文："LCM 直流环节测量故障"

故障代码：4064

故障等级：4

故障正文："MCM1 直流环节测量故障"

故障代码：4065

故障等级：4

故障正文："MCM2 直流环节测量故障"

故障代码：4066

故障等级：4

故障正文："ACM 直流环节测量故障"

故障代码：4067

故障等级：4

至少两个变流器，其中至少一个电机变流器必须具有有效的直流环节电压测量值，因为至少要有一个有效的过电压保护(OVP)。否则，就显示故障并指令软关机。

故障正文："直流环节测量故障"

故障代码：4106

故障等级：4

7.7.2.12　接地故障监控

在接地故障指示中，如果可能，需要确定故障的位置并断开接地故障。因为系统是具有高阻抗的中点接地系统，单个接地故障不会导致大电流，但元件上的电压应力(Voltage Stress)将增加。根据接地故障探测的原理，(从直流环节看)变流器二次侧的接地故障只有当功率器件触发时才能探测到。

系统运行时的指示如图 7.113 所示。

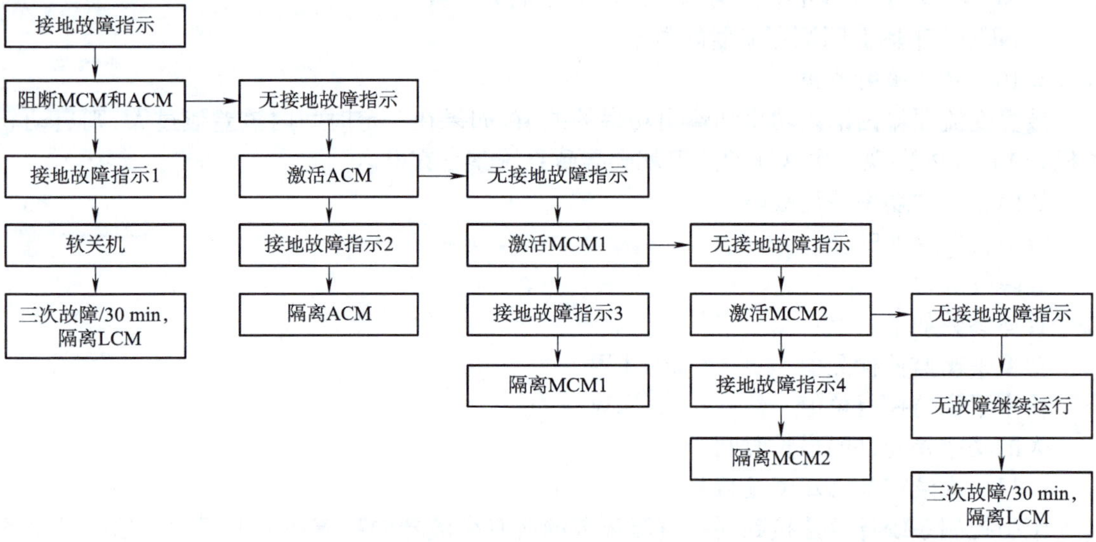

图 7.113　系统运行时的指示

在变流器箱内在 30 min 内发生三次故障，导致向 LCM 发出隔离指令。

故障正文："变流器箱接地故障"

故障代码：4125

故障等级：4

MCM 或 ACM 在 30 min 内发生三个故障，导致向相应故障变流器发出隔离指令。

故障正文："ACM 接地故障"

故障号：4126

故障类别：4

故障正文："MCM1 接地故障"

故障代码：4127

故障等级：4

故障正文："MCM2 接地故障"

故障代码：4128

故障等级：4

7.7.2.13 变流器箱接地开关监控

当变流器箱接地开关处于"接地位置"（低电平信号）且有效位置高时，禁止给直流环节充电。

当变流器箱接地开关处于"接地位置"（低电平信号）、有效位置高、受电弓升起时，显示故障。

故障正文："变流器箱接地刀开关在接地位置"

故障代码：4007

故障等级：6

7.7.2.14 牵引安全监控

当牵引安全环路置低电平时，电机变流器被阻断，牵引力/制动力基准值设置到零。来自 TCMS 的牵引安全环路的状态与来自电机变流器的牵引安全使能信号比较，如果状态不同的时间超过 3 s，则显示牵引安全回路故障。

故障正文："牵引安全回路故障"

故障代码：4008

故障等级：4

参数：牵引安全事件的延迟时间为 3 s

7.7.2.15 主变压器次级绕组监控

如果主变压器的次级绕组存在短路，将从网侧造成较大的无功电流。如果最大无功电流超过一定时间，则采取保护性关闭断主断保护。如果 30 min 内出现 2 次故障指示，LCB 被永久封锁。

故障正文："变压器二次绕组短路"

故障代码：4009

故障等级：4

7.7.2.16 救援牵引模式

当列车由其他车救援牵引且无电源时，由 CCU-O 使能救援牵引模式。当救援模式被使能、变流器准备好充电且车速高到足以在电机变流器使能再生制动时，激活救援牵引模式。如果救援牵引模式的条件置低，或车速太低不能实施再生制动，关闭救援牵引模式。救援牵引模式使能的同时，禁止网侧变流器启动。如果在充电之前 DC/DC 变流器还没有就绪，则禁止充电。

启动救援牵引模式时，变流器按以下程序启动：

(1)通过预充电单元给直流环节充电至超过 DC 380 V。

(2)如果电机变流器 1 未隔离或关闭，就选为活动电机变流器，否则选择电机变流器 2。

(3)当充电关闭且直流环节电压超过 DC 380 V 时，选中的活动电机变流器被启动为再生制动模式。

(4)当直流环节电压升高到正常电平时，按正常方式启动辅助变流器。

监控预充电装置接触器的反馈信号，以确保每次预充电指令的执行。接触器不能闭合时不能充电，没有其他保护措施。

故障正文：“预充电接触器反馈故障”

故障代码：4077

故障等级：4

预充电单元温度过高或者电源故障时有输出显示，此时无法给直流环节充电，没有其他保护性措施。只要救援牵引模式被使能，当供电恢复或温度恢复正常时，预充电单元又重新自动启动。

故障正文：“预充电过热或供电故障”

故障代码：4078

故障等级：4

如果直流环节在 2 s 内没有充电至 300 V，就禁止充电，直到取消救援牵引模式后再一次启动救援牵引模式。

故障文本：“预充电装置充电故障”

故障代码：4079

故障等级：4

从第一次充电开始的 5 min 监控时间内，不允许 3 次以上的充电尝试。在 5 min 以后，监控时间复位，可以再尝试充电。

故障正文：“预充电单元充电尝试次数过多”

故障代码：4080

故障等级：4

救援模式的主要参数如下：

车辆的再生制动激活速度	45 km/h
车辆的再生制动失活速度	30 km/h
预充电单元直流环节充电电压值	DC 380×(1+5%) V

启动 MCM 的最小直流环节电压水平　　DC 300 V
预充电装置充电超时时间　　2 s
三次充电尝试超时时间　　5 min

7.7.2.17　变流器箱空气温度测量

两个 Pt100 元件用来测量变流器内部空气温度，当温度值中至少有一个在有效的高/低温度范围内时，测量被认为是有效的。在两个测量都无效的情况下，变流器内部冷却风扇设置到高速。将传感器的测量值同时送到 DCU/L 和 DCU/A 以起到冗余作用，取 DCU/L 和 DCU/A 的最大的有效测量值作为变流器的内部空气温度。为补偿两个传感器因在变流器箱内的不同位置引起的正常差值，还加了一个偏置值。

如果 DCU/L MVB 通信正常，但 DCU/L 变流器箱内部空气温度测量值不在有效高/低温度范围内，则显示故障。

故障正文："DCU/L 变流器箱空气温度测量故障"
故障代码：4047
故障等级：4

如果 DCU/A MVB 通信正常，但 DCU/A 变流器箱内部空气温度测量值不在有效高/低温度范围内，则显示故障。

故障正文："DCU/A 变流器箱空气温度测量故障"
故障代码：4049
故障等级：4
主要参数：
DCU/L 变流器箱内部空气温度测量所补偿的偏置值 0℃
DCU/A 变流器箱内部空气温度测量所补偿的偏置值 0℃
显示传感器合理温度范围最大值 98℃
显示传感器合理温度范围最大值－48℃

7.7.2.18　变流器箱冷却控制

变流器箱的冷却结构如图 7.114 所示，有内部通过强迫水循环进行冷却，内部风扇加速内部冷却水管的热交换，外部风扇加快外部散热器的散热效果。当三相母线有电，任一变流器延迟 60 s 启动完成后，按顺序和确定的延迟时间启动风扇；水泵总处于运行状态。风扇的控制逻辑按图 7.115 所示，根据实际温度来控制。

主要参数：
在变流器启动后变流器冷却延迟关闭时间　　60 s
最短风扇运行时间（半速时）　　10 s
最短风扇运行时间（全速时）　　10 s
从接通（ON）指令到接触器接通指示的最长时间　　3 s
从关闭（OFF）指令到接触器关闭指示的最长时间　　3 s
内部风扇半速到全速指令间隔时间　　3 s
内部风扇全速到半速指令间隔时间　　10 s
外部风扇半速到全速指令间隔时间　　3 s
外部风扇全速到半速指令间隔时间　　10 s

空气温度过高下限值 t_{high2}	60℃
内部空气温度过高上限值 t_{high1}	70℃
内部风扇通电延迟	1 000 ms
外风扇通电延迟	500 ms

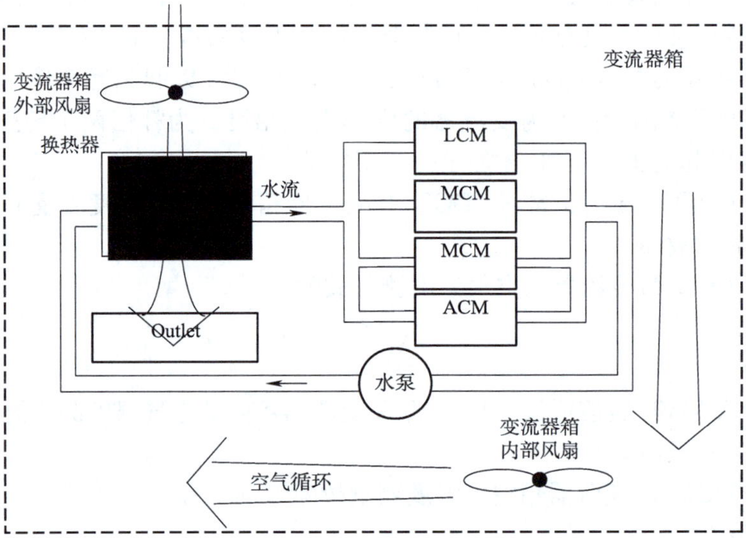

图 7.114　变流器箱冷却结构

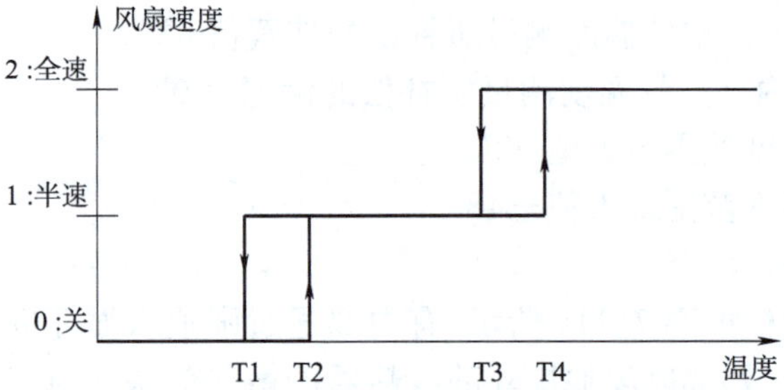

图 7.115　变流器箱内/外风扇的控制逻辑

变流器箱外部风扇和内部风扇的控制温度见表 7.19 和表 7.20。

表 7.19　变流器箱外部风扇的控制温度

热交换器温度(最大)		
	温度(℃)	
等级	v<10 km/h 或 10→20 km/h	v>20 km/h 或 20→10 km/h
T1	0	0
T2	15	15
T3	50	40
T4	55	50

表 7.20 变流器箱内部风扇的控制温度

内部空气温度	
等级	温度℃
T1	−10
T2	0
T3	35
T4	40

(1)变流器箱温度监控

如果内部空气温度达到最高温度值,表明风扇有问题,变流器箱内可能存在局部高温,这将导致软关机。当温度低于 t_{high2} 时,故障清除。如果在 60 min 内发生 3 次故障,则 DCU/L 被隔离。

故障正文:"变流器箱空气温度过高"

故障代码:4148

故障等级:4

(2)水系统

冷却系统故障时,只要系统内有水流就足够监控变流器内温度;如果没有水流,变流器内可能产生局部过热点。变流器箱水系统监控见表 7.21。

表 7.21 变流器箱水系统监控

低水位	水位太低(水泵电机低流监控)	指令	水泵控制反馈	状　态
0	0	1	1	正常
1	0	1	1	故障正文:"变流器箱水位低" 故障代码:4041 故障等级:4
1	1	1	×	故障正文:"变流器箱低水太低" 故障代码:4042 故障等级:4 软关机。30 min 内发生 3 次故障时,禁止给直流环节充电
1	1	1	×	故障正文:"变流器箱水泵欠电流" 故障代码:4043 故障等级:4 软关机。30 min 内 3 次故障时禁止直流环节充电
×	×	1	0	正文:"水泵接触器闭合故障" 故障代码:4045 故障等级:4 软关机。30 min 内 3 次故障时禁止直流环节充电
×	×	0	1	正文:"水泵接触器断开故障" 故障代码:4046 故障等级:4

(3)DCU/X温度传感器故障

任何变流器的散热器温度传感器发生故障时，外部风扇全速运转。

(4)无三相电压

在以下无三相电压时的情况下，命令软关机：

①当启动任何变流器，在规定的延迟时间(参数)内，检测不到三相电压时；

②在(任何)变流器运行期间，规定的延迟时间(参数)内，检测不到三相电压时。

故障正文："无三相电压"

故障代码：4029

故障等级：4

在30 min内发生三次故障时，禁止给直流环节充电，直到故障复位或PCU重新初始化。

(5)输入/输出单元故障

输入/输出单元发生故障，即变流器冷却控制和三相电压探测没有有效的输入/输出信号时，命令软关机并禁止给直流环节充电。

7.7.2.19 滤波器箱冷却风扇控制

滤波器箱用变流器箱冷却用的一部分外部空气进行表面冷却。变流器箱大约10%的外部空气来自滤波器箱一端的进风口。其空气循环原理如图7.116所示。

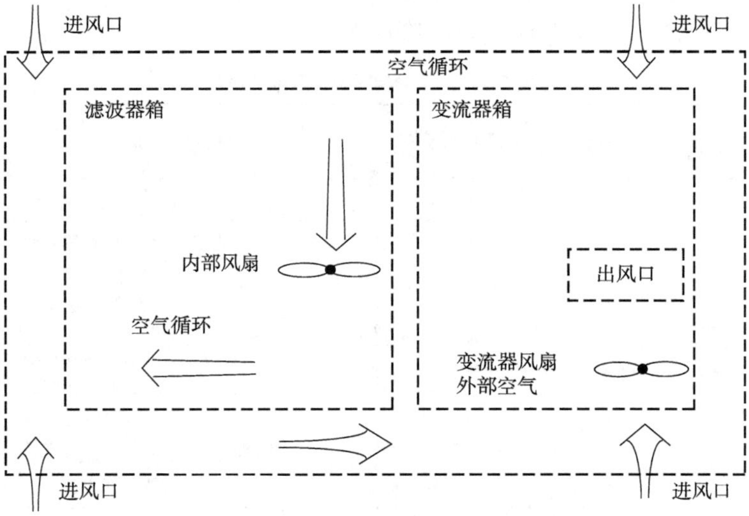

图7.116 滤波器箱空气循环原理

如果LCM、MCM1或MCM2其中之一激活，且三相母线有电后，经过规定的时间延迟，风扇启动。风扇速度控制如图7.117所示，其中滤波器箱内部风扇控制参数见表7.22，如果滤波器箱内部空气温度更高，启动变流器箱外部风扇高速，见表7.23。

另外，滤波器箱风扇在以下条件下启动：

辅助变压器高温

辅助电压三相滤波器高的负荷等级

滤波器箱的滤波器电感高温

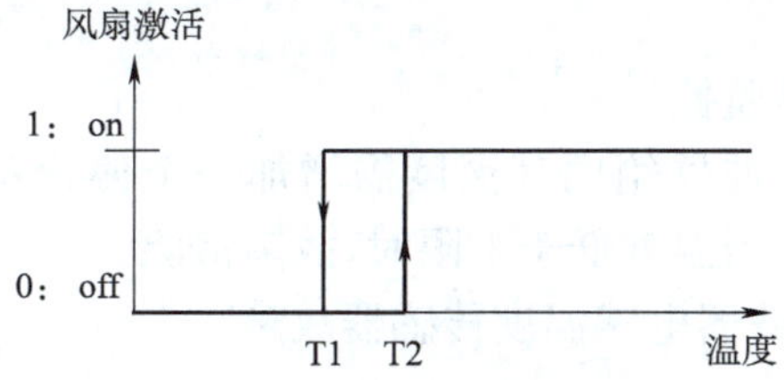

图 7.117 风扇转速的控制

表 7.22 滤波器箱内部风扇控制

滤波器箱内部空气温度	
等级	温度(℃)
T1	−10
T2	0

表 7.23 变流器箱外部风扇控制

滤波器箱内部空气温度	
等级	温度(℃)
T1	55
T2	60

(1)温度监控

如果内部空气温度达到最高温度值 t_{high1}，表明风扇有问题，滤波器箱内可能存在局部高温。这将导致阻断辅助变流器。当温度低于 t_{high2} 时，故障清除。

如果在 60 min 内发生 3 次故障，则永久封锁辅助变流器直到故障复位。

故障正文："滤波器箱空气过热"

故障代码：4081

故障等级：4

在温度传感器故障时，两个滤波器箱风扇都全速运转。

故障正文："滤波器箱温度传感器故障"

故障代码：4082

故障等级：4

(2)滤波器箱风扇监控

如果滤波器箱风扇接触器断开，但是接触器反馈信号仍然是"高"，则显示故障。

故障正文："滤波器箱风机接触器断开故障"

故障代码：4083

故障等级：4

如果滤波器箱风扇接触器接通，但是接触器反馈信号没有置"高"，则命令软关机。接触器闭合时，故障清除。

如果在 60 min 内发生 3 次故障，则禁止给直流环节充电直到故障复位。

故障正文："滤波器箱风机接触器闭合故障"

故障代码：4084

故障等级：4

(3)二次谐波滤波器电感监控

如果温度值不合理，则滤波器箱内部温度需增加一个偏置系数以模拟实际温度直到恢复正常，命令风扇全速运行。当温度低于下限时，故障清除。

故障正文："二次谐波滤波器电感温度传感器故障"

故障代码：4185

故障等级：4

如果温度过高，则命令软关机。当温度低于下限时，故障清除。如果在 60 min 内发生 3 次故障，则禁止给直流环节充电直到故障复位。

故障正文："二次谐波滤波感应器超温"

故障代码：4186

故障等级：4

滤波器箱冷却风扇控制的主要参数：

风扇接通最少时间	10 s
接触器接通(ON)指令到接通显示的最长时间	2 s
接触器关闭(OFF)指令到关闭显示的最长时间	2 s
空气温度过高上限，$t_{high,1}$	70 ℃
空气温度过高下限，$t_{high,2}$	65 ℃
滤波器电感高温上限	140 ℃
滤波器电感高温下限	135 ℃
滤波器电感温度过高上限	150 ℃
滤波器电感温度过高下限	145 ℃
滤波器箱内部空气温度附加偏移值	100 ℃
传感器高温故障	250 ℃
传感器低温故障	−50 ℃
内部风扇通电延迟	2 s

7.7.2.20 牵引电机冷却风扇控制

三相电压母线有电 1.5 s 以后，允许启动风扇，牵引电机冷却风扇速度控制按图 7.117，其温度参数值见表 7.24 当温度传感器故障时，风扇全速运转。

由牵引电机温度控制的风机半速、全速控制状态如图 7.118 所示，控制参数见表 7.24。

表 7.24 电机风扇的控制

电机的温度		
	温度(℃)	
等级	$v<10$ km/h 或 10→20 km/h	$v\geq20$ km/h 或 20→10 km/h
T1	90	−40
T2	120	−40
T3	150	130
T4	180	160

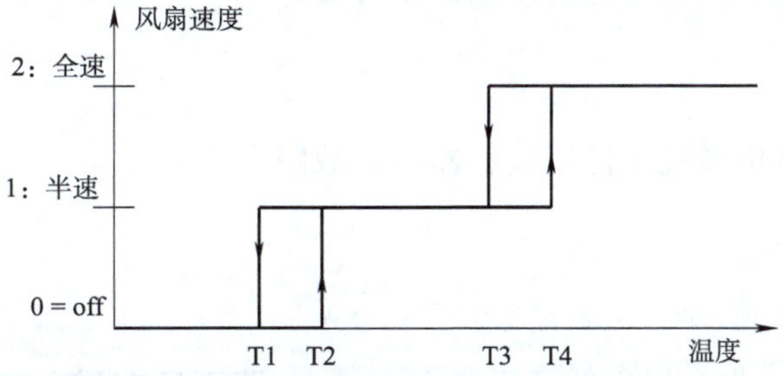

图 7.118 电机温度控制的风机半速、全速运转状态

其主要参数为：

风扇最小接通(ON)时间(半速)	10 s
风扇最小接通(ON)时间(全速)	10 s
接通(ON)指令与接触器接通显示的最长时间间隔	2 s
关闭(OFF)指令与接触器关闭显示的最长时间间隔	2 s
半速到全速指令之间的时间间隔	3 s
全速到半速指令之间的时间间隔	5 s
牵引电机风扇通电延迟	1.5 s

牵引电机风机监控及故障指示：

故障正文："牵引电机风机 1 低速接触器断开故障"

故障代码：4050

故障等级：4

故障正文："牵引电机风机 1 高速接触器断开故障"

故障代码：4051

故障等级：4

故障正文："牵引电机风机 1 低速接触器闭合故障"

故障代码：4052

故障等级：4

故障正文："牵引电机风机 1 高速接触器闭合故障"

故障代码：4053

故障等级：4

故障正文："牵引电机风机 1 高速和低速故障"

故障代码：4054

故障等级：4

故障正文："牵引电机风机 2 低速接触器断开故障"

故障代码：4055

故障等级：4

故障正文："牵引电机风机 2 高速接触器断开故障"

故障代码：4056

故障等级：4

故障正文:"牵引电机风机 2 低速接触器闭合故障"
故障代码:4057
故障等级:4
故障正文:"牵引电机风机 1 低速接触器闭合故障"
故障代码:4052
故障等级:4

7.7.2.21 传感器校准

当变流器在 60 min 内已经启动运行至少 30 min,降下所有受电弓时,允许校准 DCU/A 的相电流传感器。

传感器校准的主要参数:

变流器启动的最少时间	30 min
变流器运行和受电弓架降下之间的最长时间	30 min
允许校准信号	真

7.7.2.22 DCU 的电池备份信号

为能够在本地 DCU 备用电池没有使用或不工作时全功能操作变流器,由电池备份的 DCU/x 信号要发送到 PCU,这包括:

充电电阻器温度
OVP 电阻器温度

7.7.2.23 数据表达

下列数据换算成 SI 单位制进行数据记录:

信号	信号名称	比例
变流器状态		
LCM 运行状态	STATEL	1=1
MCM1 运行状态	STATEM1	1=1
MCM2 运行状态	STATEM2	1=1
ACM 运行状态	STATEA	1=1
高电压		
受电弓升起	PAN	Boolean
LCB 闭合	LCB	Boolean
充电接触器闭合	CC	Boolean
分离接触器 1 闭合	SC1	Boolean
分离接触器 2 闭合	SC2	Boolean
辅助负载接触器闭合	ALC	Boolean

预充电单元功率正常	PCOK	Boolean
预充电接触器闭合	PCC	Boolean
预充电单元启动	PCACT	Boolean
网侧电压	UL	1=10 VRMS
网侧电流	IL	1=1 ARMS
网侧功率因数	COSP	1 000=1
网侧电路 1 电流	ILC1	1=1 ARMS
网侧电路 2 电流	ILC2	1=1 ARMS
直流环节 DC 电压	UDC	1=1 V
蓄电池充电器		
蓄电池母线电压	UB	1=1 V
蓄电池母线电流	IB	1=1 A
蓄电池充电器电流	IBC	1=1 A
牵引		
牵引/制动力基准值	TBREF	1=1%
MCM1 牵引/制动力基准值	TBREF1	100=1 kN
MCM2 牵引/制动力基准值	TBREF2	100=1 kN
MCM1 实现的牵引力/制动力	TBACH1	100=1 kN
MCM2 实现的牵引力/制动力	TBACH2	100=1 kN
列车重量校正因子	TWCORR	1=1%
前进	FORWARD	Boolean
后退	BACKWARD	Boolean
轮径		
轴 1 轮径	DIAM1	10=1 mm
轴 2 轮径	DIAM2	10=1 mm
轴 3 轮径	DIAM3	10=1 mm
轴 4 轮径	DIAM4	10=1 mm
车辆速度		

车辆速度	SPEED	100=1 km/h
轴 1 速度	SPEED1	100=1 km/h
轴 2 速度	SPEED2	100=1 km/h
轴 3 速度	SPEED3	100=1 km/h
轴 4 速度	SPEED4	100=1 km/h
变流器功率		
网侧功率	POWCAR	1=1 kW
LCM 功率	POWL	1=1 kW
MCM1 功率	POWM1	1=1 kW
MCM2 功率	POWM2	1=1 kW
ACM 功率	POWA	1=1 kW
变流器冷却		
变流器箱内部风扇低速	IFLO	Boolean
变流器箱内部风扇高速	IFHI	Boolean
变流器箱外部风扇低速	EFLO	Boolean
变流器箱外部风扇高速	EFHI	Boolean
变流器箱水泵	WATP	Boolean
滤波器箱内部风扇	FF	Boolean
变流器箱空气温度	TAIR	1=1 ℃
DCU/L 的变流器箱空气温度	TAIRL	1=1 ℃
DCU/A 的变流器箱空气温度	TAIRA	1=1 ℃
变流器箱空气温度	TAIR	1=1 ℃
LCM 散热器温度	THSL	1=1 ℃
MCM1 散热器温度	THSM1	1=1 ℃
MCM2 散热器温度	THSM2	1=1 ℃
ACM 散热器温度	THSA	1=1 ℃
BCM 散热器温度	THSB	1=1 ℃
充电电阻器温度	TCHRES	1=1 ℃

滤波器箱内部空气温度	TFILT	1=1 ℃
辅助变压器温度	TAUXT	1=1 ℃
牵引电机冷却		
电机风扇 1 低速	MF1LO	Boolean
电机风扇 1 高速	MF1HI	Boolean
电机风扇 2 低速	MF2LO	Boolean
电机风扇 2 高速	MF2HI	Boolean
电机 1 温度	TMOT1	1=1 ℃
电机 2 温度	TMOT2	1=1 ℃
电机 3 温度	TMOT3	1=1 ℃
电机 4 温度	TMOT4	1=1 ℃

7.7.3 牵引系统保护

牵引系统保护有两个方面，一是在没有作好牵引准备时，或停车制动、紧急刹车时，联锁装置起作用，不能牵引列车运行；二是在设备、电器等发生不正常状况时迅速使其进入安全状态，以保护设备使用安全。具体实现方法就是联锁、阻断、关闭、隔离、跳闸等手段。

7.7.3.1 牵引安全环路置“低”

牵引安全环路置“低”意味着直接通过硬件方式，而不需要通过任何的计算机或软件，就可阻断电机变流器，从而截断牵引电机的动力源。在以下状态下牵引安全环置“低”：

司机室没有激活

ATP 紧急刹车

乘车门打开

停车制动有效

将牵引安全环的状态与电机变流器的牵引使能信号进行对比，如果这两个信号的状态出现超过 3 s 的差异，说明牵引安全环为低，此时显示牵引安全环故障信息(表 7.25)，阻断电机变流器，并将牵引/制动力基准设置为零。

表 7.25 牵引安全环故障信息

故障文本	故障代码	故障等级
“牵引安全回路故障”	4008	4

7.7.3.2 网侧回路跳闸

在严重故障情况下切断电源以保护牵引系统，切断电源由电磁操作的网侧断路器实施。例如，DCU/x 之一发生严重故障，则直流侧交流断路器直接跳闸，而不需要计算机或软件控制。来自 CCU-O 的脱扣指令通过每个 DCU/x 的网侧脱扣继电器连接到断路器上，当

DCU/x 的供电切断或由于某种原因应用程序停止执行，则网侧脱扣继电器断开并导致网侧断路器断开。

此外，变流器内严重故障也会断开网侧脱扣继电器，见保护关机部分。

7.7.3.3　保护性处理

为避免变流器损坏，同时为降低可能的故障干扰，提高列车运行效率，激活变流器故障保护的五个优先等级见表 7.26，其优先级逐级升高。

表 7.26　安全保护模式

保护模式	描　述
软阻断(Soft blocking)	均匀减小转矩基准，阻断变流器。网侧变流器保持激活状态
保护性阻断(Protective blocking)	保护性阻断顺序：立即阻断变流器，将转矩基准设定为零。网侧变流器保持激活状态，(直流)隔离接触器保持闭合
软关闭(Soft shutdown)	均匀减小转矩基准至零，阻断所有连接到同一直流环节连接的变流器，断开隔离接触器(Separation Contact)。网侧断路器保持闭合。软关机对网侧断路器或连接到网侧断路器的其他系统没任何有影响
保护性关闭(Protective shutdown)	通过安装在 DCU 板上的网侧脱扣继电器断开网侧断路器，阻断所有变流器，断开隔离接触器，将直流环节放电。在发现严重故障(如直流环节过压)时，请求保护性关机。 保护性关机的请求信号发送至 CCU-O，CCU-O 断开网侧断路器并将保护性关机指令发送至其他连接到同一网侧断路器的牵引系统。 在故障的牵引系统的隔离接触器被断开后，允许网侧断路器重新合上
隔离(Isolated)	隔离意味着变流器不能再激活，如果故障在一定时间内不消失，或故障频繁发生(例如 30 min 内出现 3 次)，(网侧)变流就要被隔离。被隔离的变流器应该由维护人员进行检查和复位。故障复位后，可以通过 PCU 控制重新启动网侧变流器

下面说明引起保护性处理的故障原因。

(1)软阻断

列车运行时发生下面任一情况，采取软阻断措施：

①当检测到轮对的轮径差太大(如 10 mm)；

②当检测到牵引电机转速太高；

③空转/滑行超过速度极限 10 s 以上；

④牵引电机温度过高超过一定时间(如 15 s)；

⑤电机变流器温度过高超过一定时间(如 15 s)；

⑥网侧变流器温度过高超过一定时间(如 15 s)。

(2)保护性阻断

如果发生下面任一情况，采取保护性阻断：

①在直流环节电压监控(Supervision)中如果直流环节欠电压(如小于 200 V)；

②如果同时选择了前进和后退方向；

③当 DCU/M 检测到有过相电流发生时；

④对 IGBT 的控制开关频率过高(大于 3.3 kHz)或过低(小于 50 Hz)，或控制 IBGT 的 PWM 调制模式无效，或牵引电机三相电压极性测量故障时；

⑤电机速度传感器故障或速度传感器电源故障时；

⑥牵引电机温度过高时；

⑦牵引安全输入为“0”时 PCU 命令开启电机变流器；

⑧存在以下机械故障时：转子锁定、电机相序错误、耦合热套松动；

⑨电网频率超过允许值时；

⑩如果 IGBT 的反馈监控对指令不反应，这可能是主电路故障；

⑪受电弓离线、网侧供电中断时。

(3)软关机

软关机对网侧断路器或连接到网侧断路器的其他系统没任何有影响，满足以下任一条件时，牵引系统命令软关机：

①DCU/L 变流器故障；

②DCU/M 变流器故障；

③DCU/A 变流器故障；

④与牵引系统使用的输入/输出单元的 MVB 通信故障。

⑤变流器接地故障；

⑥变流器箱冷却故障；

⑦系统选择故障；

⑧功率平衡故障；

⑨连接电压测量故障。

软关机指的是执行以下程序：

①在 DCU/M 中牵引力基准逐渐降至零；

②同一直流环节上的变流器停止工作；

③充电接触器和分离接触器通过 DCU/L 断开。

软关机对网侧断路器或连接到网侧断路器的其他系统没任何影响。

(4)保护性关闭

为了防止变流器损坏，保护性关闭指令尽可能快地停止变流器运行，使系统进入安全状态。当以下任一情况发生时，牵引系统发出保护性关闭指令：

①DCU/L 变流器保护性关闭故障；

②DCU/M 变流器保护性关闭故障；

③DCU/A 变流器保护性关闭故障；

④来自高电压系统的保护性关闭；

⑤变压器次级绕组故障。

保护性关闭指的是执行以下程序：

①保护性关闭程序尽可能快速地停止变流器运行，并使系统进入安全状态；

②通过网侧脱扣链(DCU/x)断开网侧断路器；

③通过高电压系统(VCU)断开网侧断路器；

④通过 DCU/L 断开充电和分离接触器；

⑤DCU/L 向 MCM 发送直流环节放电请求。

当收到 LCB 的断开确认时，从某个 DCU/x 发给 CCU-O 的保护性关闭指令被复位。就是说如果某 DCU/x 发生永久性故障，充电接触器(CC)和分离接触器(SC)成功断开后，网侧脱扣链重新连通，其他变流器系统可保持运行。如图 7.119 所示，网侧脱扣链通过充电接触器(CC)和分离接触器(SC)的常闭触点形成旁路。

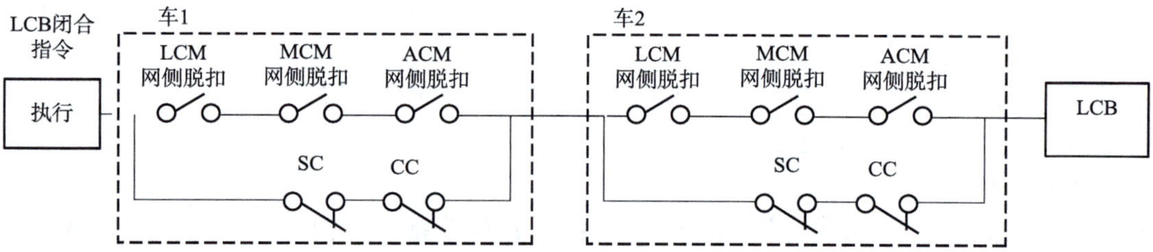

图 7.119 网侧脱扣链通过充电接触器和分离接触器的常闭触点形成旁路

(5)变流器隔离

如果在规定的时间内发生太多故障,DCU/x 或牵引控制系统要求变流器隔离。如果网侧变流器被隔离,就不能给直流环节充电,变流器隔离后也不能重新启动,仅可由维护人员通过 IDU 指令"主控复位"进行复位。故障排除后,可通过正常启动程序启动变流器。

变流器隔离的故障信息见表 7.27。

表 7.27 变流器隔离故障信息

故障文本	故障代码	故障等级
"LCM1 被隔离"	4018	4
"MCM1 被隔离"	4019	4
"MCM2 被隔离"	4020	4
"ACM 被隔离"	4021	4

如果变流器没有被隔离,但在启动指令发出后 60 s 内因任何原因未启动,则报告故障。在重新启动 PCU 或者启动相应的变流器时,故障指示复位。变流器启动故障信息见表 7.28。

表 7.28 变流器启动故障信息

故障文本	故障代码	故障等级
"LCM1 未按指令启动"	4010	4
"MCM1 未按指令启动"	4011	4
"MCM1 未按指令启动"	4012	4
"ACM 未按指令启动"	4013	4

(6)过压保护 OVP(Over Voltage Protection)隔离

如果电机变流器 1 由于直流环节电压测量故障被隔离或阻断,则 OVP1 被隔离。同样如果电机变流器 2 由于直流环节电压测量故障被隔离或阻断,则 OVP2 被隔离。

如果由于直流环节电压测量故障,两个电机变流器都被隔离或阻断,则禁止给直流环节充电,同时启动两个 OVP。

(7)变流器切断(Converter Cut-out)

为维护目的,每一变流器都可通过牵引控制指令的参数或开关选项来切断。例如不可能给直流环节充电时,可切断网侧变流器。变流器切除信息见表 7.29。

表 7.29 变流器切除信息

故障文本	故障代码	故障等级
"LCM1 切除"	4375	6
"MCM1 切除"	4475	6
"MCM2 切除"	4575	6
"ACM 切除"	5475	6

7.7.4 牵引系统诊断

7.7.4.1 事件处理

DCU/x 装有强大的诊断和故障跟踪系统，以便把维护和停机时间减到最低限度。为了防止损坏设备，一些故障将导致关闭 LCM、MCM 和 ACM，称为"故障事件"，"故障事件"通过 MVB 作为消息数据发送到列车诊断系统(CCU-D)，同时发送的还有固定长度的、事件发生前和发生后的历史环境数据，用以分析发生故障事件时的环境条件。

"故障事件数据"用来保存不同原因的故障事件，例如，控制系统的干扰或达到指定状态值的一些信息。故障事件数据处理可描述为三个步骤：事件检测、事件收集和事件保存。在最后一步，事件信息完成并发到 CCU-D 数据库(ODBS)。

7

事件的过程标识和事件标识一起构成唯一的"故障代码"，每个事件的唯一故障代码定义如下：

<故障代码>=<过程标识><错误标识>

(<Error code>=<Error code process id><error id>)

<过程标识>=0..199

<错误标识>=0..999

例如，错误标识 11，故障代码=4211

(1)牵引总括事件(Propulsion summary event)

当 DCU/x 发生任一事件时，10 s 内会触发普通牵引总括事件。该事件可以通过来自 CCU-O 的标准 CCU-D 环境数据进行牵引事件的统计跟踪。

(2)过程

牵引系统分为过程和子系统，过程对应于产生事件的系统，有五个事件就对应有五个过程，事件在每个系统中指定。过程标识定义见表 7.30。

表 7.30 过程标识定义

过 程	车 辆	ODBS 过程名称	过程标识	事件偏移	子系统
牵引	Mc1,Mc2,M3	PCU1	40	4000	牵引
牵引	M1,M2	PCU2	41	4100	牵引
网侧变流器	Mc1,Mc2,M3	LCM1	42	4200	牵引
网侧变流器	M1,M2	LCM2	43	4300	牵引
电机变流器	Mc1,Mc2,M3	MCM1	44	4400	牵引

续上表

过　程	车　辆	ODBS 过程名称	过程标识	事件偏移	子系统
电机变流器	Mc1,Mc2,M3	MCM2	45	4500	牵引
电机变流器	M1,M2	MCM3	46	4600	牵引
电机变流器	M1,M2	MCM4	47	4700	牵引
辅助变流器	Mc1,Mc2,M3	ACM1	54	5400	辅助
辅助变流器	M1,M2	ACM2	55	5500	辅助

7.7.4.2　环境数据

事件前后的历史环境数据和事件一起保存起来,每个系统或系统的一部分定义两个环境数据组(典型情况),这两个环境数据组的重点分别在控制和温度两个方面,此外就是总括事件。

7.7.4.2.1　环境状态字

环境状态字是一个 16 位二进制的打包状态字,包含在环境数据组中。

(1)环境状态字 1 的数据见表 7.31。

表 7.31　环境状态字 1 的数据

位	类型	信　号
1	Boolean	检测出空转/滑行,MCM1
2	Boolean	检测出空转/滑行,MCM2
3	Boolean	激活紧急制动
4	Boolean	来自 VCU 的保护性关闭
5	Boolean	受电弓升起
6	Boolean	LCB 合闭
7	Boolean	3 相总线激活
8	Boolean	辅助负载接触器闭合
9	Boolean	充电接触器闭合
10	Boolean	分离接触器(Separation Contactor)闭合
11	Boolean	变电器准备好被充电
12	Boolean	使 LCM 可以由 VCU 激活
13	Boolean	LCM 被激活
14	Boolean	使 MCM 可以由 VCU 激活
15	Boolean	MCM1 被激活
16	Boolean	MCM2 被激活

(2)环境状态字 2 的数据见表 7.32。

表 7.32　环境状态字 2 的数据

位	类型	信　号
1	Boolean	检测出空转/滑行,MCM1
2	Boolean	检测出空转/滑行,MCM2

续上表

位	类型	信　号
3	Boolean	激活紧急制动
4	Boolean	来自 VCU 的保护性关闭
5	Boolean	受电弓升起
6	Boolean	LCB 合闭
7	Boolean	3 相总线激活
8	Boolean	辅助负载接触器闭合
9	Boolean	充电接触器闭合
10	Boolean	分离接触器(Separation Contactor)闭合
11	Boolean	DCU/L 在运行中
12	Boolean	DCU/M1 在运行中
13	Boolean	DCU/M2 在运行中
14	Boolean	DCU/A 在运行中
15	Boolean	电池接触器闭合
16	Boolean	BCM 被激活/充电

(3)环境状态字 3 的数据见表 7.33。

表 7.33　环境状态字 3 的数据

位	类型	信　号
1	Boolean	有效位:DX43
2	Boolean	有效位:DX44
3	Boolean	有效位:AX45
4	Boolean	通信正常,DCU/L
5	Boolean	通信正常,DCU/M1
6	Boolean	通信正常,DCU/M2
7	Boolean	通信正常,DCU/A
8	Boolean	通信正常,DCU/B

7.7.4.2.2　环境数据组

(1)公共数据

表 7.34 中的数据为(除牵引总括事件之外的)所有环境数据组的公用数据。

表 7.34　公共数据

字	类型	单位	信　号
1	模拟	km/h	车辆速度
2	模拟	V	网侧电压
3	模拟	V	辅助总线电压
4	模拟	V	DC 环节电压
5	模拟	kN	MCM1 的实际牵引/制动力
6	模拟	kN	MCM2 的实际牵引/制动力

(2)牵引总括事件

用于牵引总括事件的环境数据组(表 7.35)

采样等级:500 ms

事件前历史采样:8

事件后历史采样:2

表 7.35 公共数据

字	类型	单位	信　号
1～6	模拟		来自 VCU 的 TDS 环境数据字 1～6
7	模拟	V	网侧电压
8	模拟	V	辅助总线电压
9	模拟	V	DC 环接电压
10	模拟	kN	MCM1 的实际牵引/制动力
11	模拟	kN	MCM2 的实际牵引/制动力
12	模拟		环境状态字 1
13	模拟		DCU/L 运行状态
14	模拟		DCU/M1 运行状态
15	模拟		DCU/M2 运行状态
16	模拟		DCU/A 运行状态

(3)计算机和通信

用于计算机和通信控制的环境数据组(表 7.36)

采样等级:50 ms

事件前历史采样:70

事件后历史采样:10

表 7.36 计算机和通信

字	类型	单位	信　号
1～6			公共数据
7	打包		环境状态字 2
8	打包		环境状态字 3
9	模拟	1/1	来自 PCU 的自由运行的看门狗计数器
10	模拟	1/1	来自 DCU/L 的自由运行的看门狗计数器
11	模拟	1/1	来自 DCU/M1 的自由运行的看门狗计数器
12	模拟	1/1	来自 DCU/M2 的自由运行的看门狗计数器
13	模拟	1/1	来自 DCU/A 的自由运行的看门狗计数器
14	模拟	1/1	来自 BCC/I 的自由运行的看门狗计数器
15	模拟	1/1	DX 43 状态字
16	模拟	1/1	DX 44 状态字

(4)牵引控制

用于牵引控制的环境数据组(不包括变流器通信故障)(表 7.37)

采样等级:100 ms

事件前历史采样:80

事件后历史采样:20

表 7.37 牵引控制

字	类型	单位	信　号
1~6			公共数据
7	打包		环境状态字 1
8	模拟	%	来自 VCU 的牵引和制动力基准
9	模拟	kN	到 MCM 的牵引和制动力基准
10	模拟	V	电池电压
11	模拟		DCU/L 运行状态
12	模拟		DCU/M1 运行状态
13	模拟		DCU/M2 运行状态
14	模拟		DCU/A 运行状态
15	模拟	℃	最大的变流器散热器温度
16	模拟	%	重量校正系数

(5)牵引冷却控制

用于牵引冷却控制的环境数据组(表 7.38)

采样等级:500 ms

事件前历史采样:8

事件后历史采样:2

表 7.38 牵引冷却控制

字	Bit	类型	单位	信　号
1~7		模拟	1=1 degC	公共数据
8		模拟	1=1 degC	最大变流器散热温度 1
9		模拟	1=1 degC	最大变流器散热温度 2
10		模拟	1=1 degC	最大内部空气温度 1
11		模拟	1=1 degC	最大内部空气温度 2
12		模拟	1=1 degC	二次谐波电感温度
13		模拟	1=1 degC	辅助变压器温度
14		模拟	1=1 degC	外门温度
15	1	Boolean		变压器风扇 1.1 低速激活
15	2	Boolean		变压器风扇 1.1 高速激活
15	3	Boolean		变压器风扇 1.2 低速激活

(6)LCM控制

用于网侧变流器控制的环境数据组(表7.39)

采样等级:100 ms

事件前历史采样:80

事件后历史采样:20

表7.39 LCM控制

字	类型	单位	信　号
1～6			公共数据
7	打包		环境状态字1
8	模拟	A	网侧电流1
9	模拟	A	网侧电流2
10	模拟	V	电池电压
11	模拟		DCU/L运行状态
12	模拟		DCU/M1运行状态
13	模拟		DCU/M2运行状态
14	模拟		DCU/A运行状态
15	模拟	℃	最大变流器散热器温度
16	模拟	kW	网侧变流器功率

(7)LCM冷却控制

用于网侧变流器冷却控制的环境数据组(表7.40)

采样等级:500 ms

事件前历史采样:8

事件后历史采样:2

表7.40 LCM冷却控制

字	类型	单位	信　号
1～6			公共数据
7	打包		环境状态字1
8	模拟	℃	LCM散热器温度
9	模拟	℃	MCM1散热器温度
10	模拟	℃	MCM2散热器温度
11	模拟	℃	ACM散热器温度
12	模拟	℃	变流器箱最高内部空气温度
13	模拟		DCU/L运行状态
14	模拟	kW	网侧变流器功率

(8)MCM 控制

用于电机变流器控制的环境数据组(表 7.41)

采样等级:100 ms

事件前历史采样:80

事件后历史采样:20

表 7.41 MCM 控制

字	类型	单位	信　号
1~6			公共数据
7	打包		环境状态字 1
8	模拟	%	来自 VCU 的牵引和制动力基准
9	模拟	kN	到 MCM 牵引和制动力基准
10	模拟	V	电池电压
11	模拟		DCU/L 运行状态
12	模拟		DCU/M1 运行状态
13	模拟		DCU/M2 运行状态
14	模拟		DCU/A 运行状态
15	模拟	℃	最大变流器散热器温度
16	模拟	A	电机电流

(9)MCM 冷却控制

用于电机变流器冷却控制的环境数据组(表 7.42)

采样等级:500 ms

事件前历史采样:8

事件后历史采样:2

表 7.42 MCM 冷却控制

字	类型	单位	信　号
1~6			公共数据
8	模拟	℃	LCM 散热器温度
9	模拟	℃	MCM1 散热器温度
10	模拟	℃	MCM2 散热器温度
11	模拟	℃	DCU/M 运行状态
12	模拟	℃	变流器箱最高内部空气温度
13	模拟	℃	牵引电机 1 温度
14	模拟	℃	牵引电机 2 温度
15	模拟	℃	牵引电机 3 温度
16	模拟	℃	牵引电机 4 温度

(10)ACM控制

用于辅助变流器控制的环境数据组(表7.43)

采样等级:100 ms

事件前历史采样:80

事件后历史采样:20

表7.43 ACM控制

字	类型	单位	信　号
1～6			公共数据
7	打包		环境状态字1
8	模拟	kW	辅助功率
9	模拟		—
10	模拟	V	电池电压
11	模拟		DCU/L运行状态
12	模拟		DCU/M1运行状态
13	模拟		DCU/M2运行状态
14	模拟		DCU/A运行状态
15	模拟	℃	最大变流器散热器温度

(11)ACM冷却控制

用于辅助变流器冷却控制的环境数据组(表7.44)

采样等级:500 ms

事件前历史采样:8

事件后历史采样:2

表7.44 ACM冷却控制

字	类型	单位	信　号
1～6			公共数据
8	模拟	℃	LCM散热器温度
9	模拟	℃	MCM1散热器温度
10	模拟	℃	MCM2散热器温度
11	模拟	℃	ACM散热器温度
12	模拟	℃	变流器箱最高内部空气温度
13	模拟		DCU/A运行状态
14	模拟	kW	辅助功率
15	模拟	℃	辅助变压器温度

7.7.4.2.3 瞬时记录器

标准瞬间记录器按50 ms采样周期对用户定义的信号连续采样40 s,将采集数据放在循环内存记录区,按此50%预触发记录,即记录实际事件触发瞬间记录器之前的20 s信号和之后的 20 s 信号。标准瞬间记录器可以记录多达 8 个信号。用户通过 TRACSOS+显示器来定义命令触发条件和记录的信号。

7.8 主要引用标准

牵引系统设计和制造主要引用的标准见表 7.45。

表 7.45 牵引系统设计和制造主要引用标准

标准编号	标准名称
GB/T 1402	轨道交通 牵引供电系统电压
GB/T 21413.1	铁路交通 机车车辆电气设备 第 1 部分:一般使用条件和通用规则
GB/T 24338.3	轨道交通 电磁兼容 第 3-1 部分:机车车辆 列车和整车
GB/T 24338.4	轨道交通 电磁兼容 第 3-2 部分:机车车辆 设备
GB/T 21562	轨道交通 可靠性、可用性、可维修性和安全性规范及示例
GB/T 4208	外壳防护等级(IP 代码)
GB/T 25120	轨道交通 机车车辆牵引变压器和电抗器
GB/T 25119	轨道交通 机车车辆电子装置
GB/T 25122.1	轨道交通 机车车辆用电力变流器 第 1 部分:特性和试验方法
GB/T 25123.2	电力牵引 轨道机车车辆和公路车辆用旋转电机 第 2 部分:电子变流器供电的交流电动机
GB/T 25117	轨道交通 机车车辆 牵引系统组合试验方法
IEC 61373	铁路应用 机车车辆设备冲击和振动试验
IEC 60349-2	电力牵引 轨道机车车辆和公路车辆用旋转电机 第 2 部分:电子变流器供电的交流电动机
EN 50153	铁路应用 机车车辆电气隐患防护规定

8

辅助供电系统

8.1 概　　述

辅助供电系统是列车运行不可缺少的系统组成，是维护列车许多重要功能和提供旅客舒适性等服务所必需的系统设计，比如供电给制动系统、照明系统、空调系统、旅客插座等。

辅助供电系统的任务是将230/400 V交流电分配到列车内的三相负载中，电力来源是辅助逆变器模块ACM或外部三相电源插座。充电机从三相总线取电，并转换成DC 110 V直流电压，给蓄电池和其他直流负载供电。辅助用电设备包括HVAC(采暖、通风、空调)系统、空压机、风机、电池充电模块及车辆控制、照明灯等装置。

CRH1A-A型动车组的辅助供电系统包括辅助直流系统和辅助交流系统。

辅助供电系统主要由辅助逆变器、三相外部电源连接接触器、充电机和蓄电池构成。辅助电源系统从网侧变流器的1 650 V的直流输出接受电能，通过辅助变流器逆变为固定频率和振幅的三相交流电压，再通过辅助变压器和交流滤波器输出给三相交流辅助电源母线400 V/50 Hz交流电压，然后再通过三相母线分配给不同的负载，如图8.1所示。

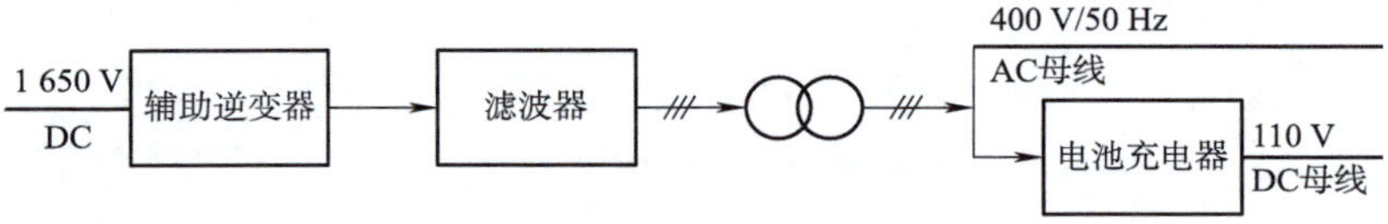

图8.1　辅助供电系统拓扑图

8.1.1 辅助供电方式

由于工况需求，辅助交流供电系统存在三种基本的供电模式，使三相交流母线/总线获得合格的供电电源，保证相应负载用电需求。

(1)普通运行模式

普通运行模式下，该系统由VCU控制启动。当牵引系统正常启动时，ACM获得合格的直流环节电压。在此模式下，允许第一个ACM启动，当被检测到能输出合格电压和频率的电源后，此ACM被允许闭合与三相总线之间的负载接触器，给公共三相交流母线供电。当公共三相交流母线由该辅助变流器供电之后，其他 ACM 逐一的将其电压幅值、频率和相位同步到三相交流母线电压，然后闭合各自的三相负载接触器同步给三相总线供电。

(2)回送运行模式

回送模式下，由于网侧变流器被断开，由蓄电池短暂供电的预充电单元使牵引电机作为发电机获得励磁，电机变流器(MCM)能够不间断的输出合格的直流环节电压。因此辅助变流器能够持续地将直流环节的电能转换为三相辅助电压(400 V/50 Hz)，充电器工作，并为蓄电池充电。一旦牵引电机完成励磁，直流环节供电，预充电单元就自动关闭。

(3)地面电源供电模式

三相交流母线将从地面电源获得电能，经相序检测的三相母线得电、三相接触器闭合后，蓄电池充电器立即自动启动，VCU 单元对蓄电池的充电器进行监控。地面供电模式下，只允许有一个外供电电源，所有的辅助变流器均不允许被启动，也与高压供电系统安全互锁。

在地面电源供电模式下，除蓄电池充电机被允许供电外，仅有部分负载被允许启动，如空调系统、空气压缩机、电伴热。在 CRH1A-A 型动车组的设计中，为满足地面工况车内环境舒适度需求，相应增大了外供电容量，除自动的通风模式外，可在 IDU 上手动选择半冷模式。

8.1.2 辅助供电系统构成

辅助供电系统主要的功能单元：

(1)交流部分：辅助逆变器、三相变压器、三相滤波器、接地故障指示、三相外部电源连接接触器、三相外部电源相序监测逻辑。

(2)直流部分：蓄电池充电器、蓄电池、用于电源总线分配的接触器。

(3)两条贯穿整列车的公共电源母线：一是辅助逆变器并联供电的公共三相交流母线；另一条是蓄电池充电器并联连接的公共蓄电池电压母线。

辅助交流供电系统拓扑图 8.2 所示。CRH1A-A 型动车组上设有 4 台辅助变流器，隔离接触器设在 Ts2 车。

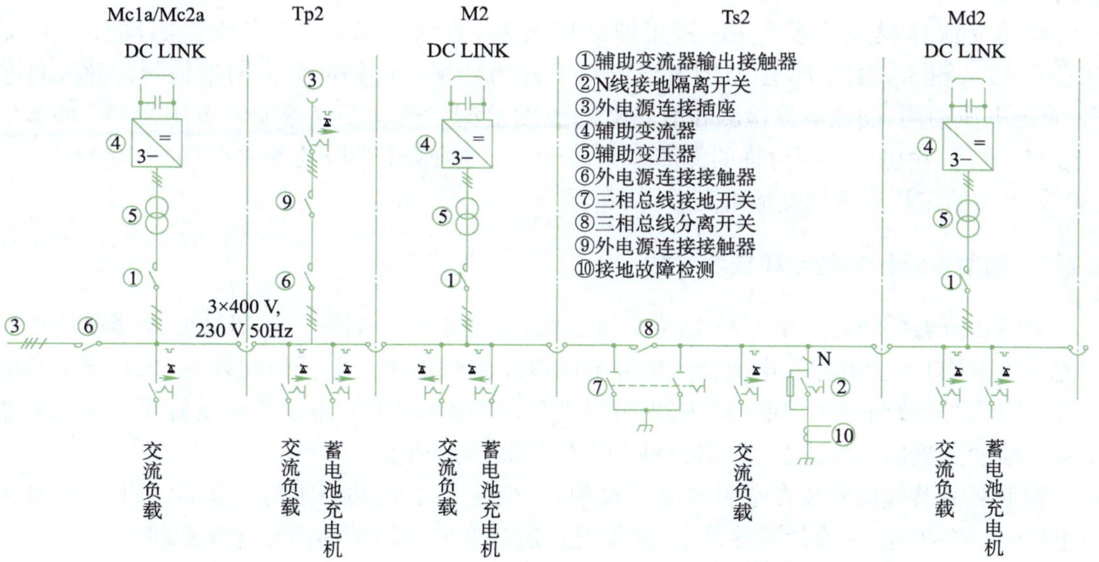

图 8.2 辅助交流供电系统拓扑图

辅助交流系统具有冗余性功能，并具有相互支援功能，在某台ACM装置故障或不工作时，不影响动车组正常运行。在一个或一个以上的ACM故障或不工作时，可根据需要切除部分次要负载。

辅助交流系统采用TT接地方式，且实时监测接地电流，当接地电流过大时辅助交流系统的接地将由TT系统变成IT系统，以维持列车的正常运行。

CRH1A-A型动车组辅助直流供电系统设有5组蓄电池和5台充电机，一组蓄电池对应一台充电机。每台充电机只能给对应的蓄电池进行一对一的充电。

充电机与蓄电池之间设置有蓄电池隔离开关，其既可切断充电电流也可在蓄电池放电时切断放电电流。蓄电池接触器1(BC1)、蓄电池接触器2(BC2)、蓄电池接触器3(BC3)用于蓄电池放电时的负载管理控制。

5组充电机蓄电池互为冗余，当其中一台或二台充电机故障时不影响全车直流负载的供电；当三台及以上充电机故障时，列车仍可继续运行，但切除了部分次要负载，如显示屏，电视等。

司机室设有5组DC 110 V/DC 24 V开关电源并联供电，一组出现故障，不影响24 V供电。

辅助直流系统采用TT接地系统：在4车负线电源侧直接接地，确保正线的任何一点接地均可被及时监测到。

8.2 辅助变流器(ACM)

8.2.1 辅助变流器概述

辅助变流器模块的功能是将直流环节电压转换成固定频率和幅值的三相交流电压，三相交流电压经变压和滤波之后向辅助供电系统供电，负载包括蓄电池充电器、空调和空气压缩机等设备，组成如图8.3所示。

辅助变流器模块主要包括：三相辅助变流器、直流环节、辅助变流器驱动控制单元(DCU/A)。图8.3的上部是电子控制部分，下部为功率主电路部分。图中检测传感元件包括：直流电压检测、交流电流检测和散热器的温度检测。辅助变流器输入电压为DC环节的1 650 V电压，输出为三相对称的交流970V/50 Hz电压，经变压及滤波后得到50 Hz，400/230 V对称的三相四线制交流电压。

8.2.2 辅助变流器的特点和技术参数

辅助变流器模块是一个完整的逆变器模块，自带电子控制部件。辅助变流器模块的功率元件为IGBT，三相电压、电流及直流环节的电压测量值送入电子控制设备，来自驱动控制单元DCU的光缆将开关控制信号输入至门极驱动装置(GDU)，电子控制设备由蓄电池系统供电。辅助变流器模块通过MVB总线与车辆控制单元通信。

辅助变流器模块安装在牵引变流器箱中，与变流器单元共用水冷设备，IGBT元件和放电电阻安装在接地、水冷却散热器上，其他设备通过变流器箱中的循环空气冷却。

辅助变流器的技术数据见表8.1。

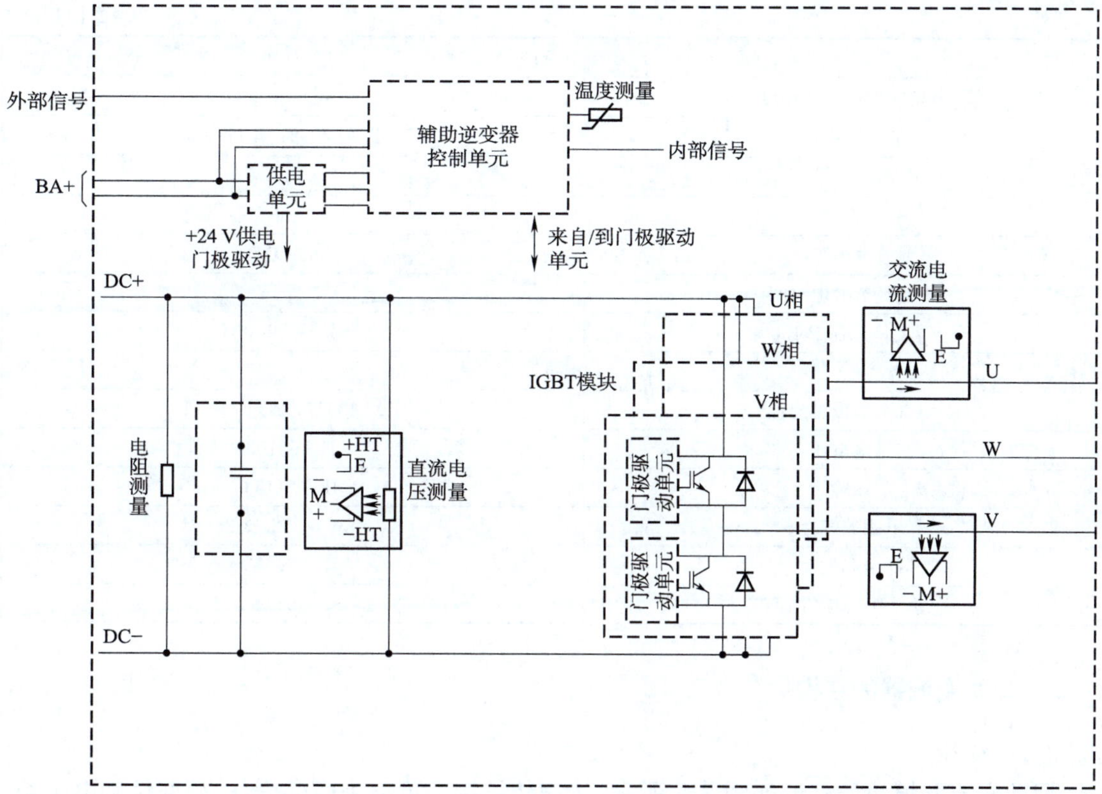

图 8.3 辅助变流器电路组成

表 8.1 辅助变流器的技术参数

输入数据	
额定输入电压	DC 1 650 V
按降低的 V/f 比率的输入电压	<DC 1 485 V
蓄电池电压	DC 110 V
额定供电下每相的输出数据	
输出电压	AC 876×(1±10%)V
频率	50×(1±1%) Hz
谐波含量	≤10%
输出功率(持续)	160 kV·A,cos φ=0.8
最大输出功率	190 kV·A,cos φ=0.8*
绝缘试验电压	
1 500 V 系统(对地)	交流 5 500 Vrms,50 Hz,60 s
机械结构	
高度、长度、深度	350 mm×410 mm×829.5 mm
重量	80 kg
外壳等级	IP00,IEC 529

续上表

环境条件	
额定输出的环境温度	−40～+70℃
冲击和振动	IEC TC9/WG21 第 11 次草案
元件	
电容器	2 mF
放电电阻	33 kΩ
直流环节放电时间	10 min
温度传感器 Pt100	−40～+100℃
标准	
电气牵引设备规程	IEC 60077,IEC 61287-1
供电电压	EN 50163
试验	IEC 61133
电磁兼容性	EN 50 121-3-2
冲击和振动	IEC 61373
绝缘、间隙和爬电距离	EN 50124-1

8.2.3 辅助变流器的结构

8.2.3.1 概述

辅助变流器模块的外形如图 8.4 所示，从安装结构上可分为两部分：电源部件和电子箱，电源部件对应主电路部分，电子箱对应控制电路部分。辅助变流器与外部的电气连接如下：直流输入通过前面的 DC 轨道连接到叠层、低感集电轨，集电轨也用作直流环节电容器与 IGBT 模块之间的电气连接，IGBT 模块的脉宽调制型控制方式要求连接轨的低感特性；交流输出通过辅助电力系统的电源电缆，连接到模块背面的滑动触点；控制信号经由模块前面的两个插入连接器传输到模块，电子箱的连接插件有：控制信号、两个 MVB 连接器和一个与驱动控制单元通信的 RS-232 接口。

电子箱的布置如图 8.5 所示，为保证良好散热，整体上是敞开的，部分电路采用屏蔽措施以避免电源电路和驱动控制单元之间的电磁干扰。

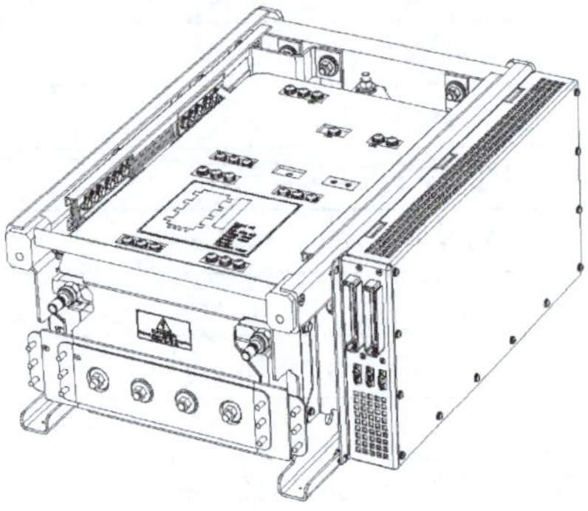

图 8.4 辅助变流器外形

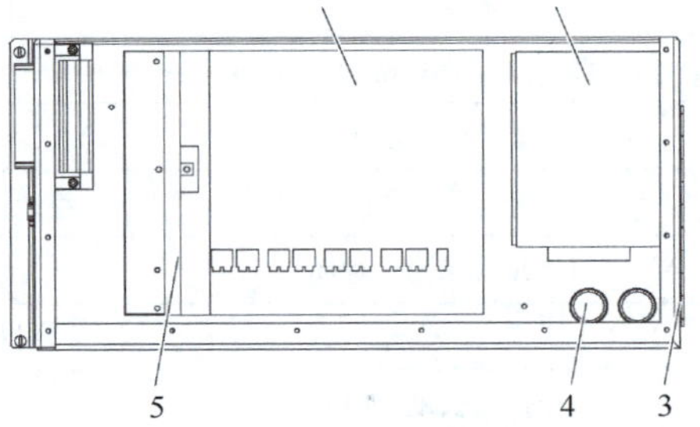

图 8.5 电子箱布置

1—驱动控制单元(DCV/A)；2—供电单元；3—铰链；4—电缆引线；5—(DCV/A)的端子接头座

驱动控制单元如图 8.6 所示，由三个电路板：主板、扩展卡和光板组成。光板安装在主板上，所有光发射器和接收器均位于光板上，驱动控制单元整个安装在金属基板上，金属基板保证了强度并提供了接地点。为了便于维护，板设计成能滑入端子接头座中。所有电气端子位于端子接头座。

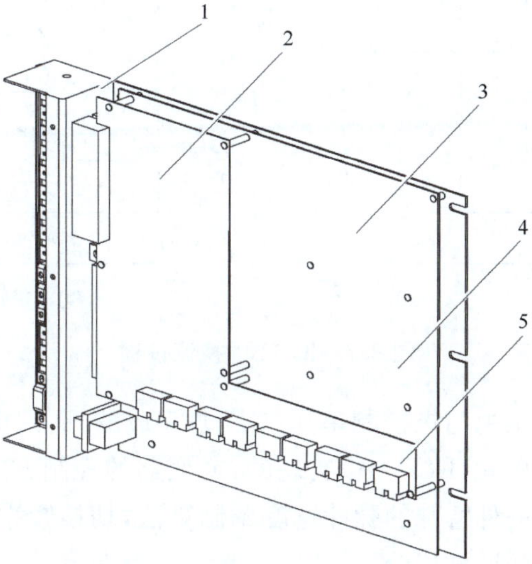

图 8.6 驱动控制单元

1—端子接头座；2—DCU 扩展卡；3—DCU 处理板；4—基板；5—光板

8.2.3.2 功率模块

辅助变流器的功率元件是 IGBT，每个 IGBT 元件配一个门极驱动单元(GDU)，每相两个 IGBT 构成一个 IGBT 模块，门极控制单元(GDU)的控制电压信号控制 IGBT 的导通或阻断。IGBT 的高频开断便在输出(U、V 和 W)上得到电位 DC＋和 DC－的高频切换，从而产生受控的 AC 交变电压。与 IGBT 元件反并联的二极管起续流作用。

功率元器件的安装情况：IGBT 模块直接以螺丝拧紧到散热器上以进行有效的冷却，为保证 IGBT 模块和散热器间接触良好，安装时模块元件涂有导热膏。门驱动单元周围是保护性塑料外壳，防止垃圾和灰尘落在板上。直流环节电容器用八个螺丝安装在散热器下的框架上。为了获得更好的冷却，放电电阻直接以螺丝拧到散热器的背面上，放电电阻经由低感集电轨连接到直流环节上。放电电阻与直流环节电容器并联，如果正常放电程序中发生故障，则放电电阻将直流环节电容器放电到低于 50 V。

下面以 U 相为例说明一下 IGBT 的换流过程，如图 8.7 所示。

图 8.7(a)是换流前的情况，来自驱动控制单元(DCU/A)的光信号 3 使 IGBT(1)导通，IGBT(2)阻断，电流通过 IGBT(1)从 DC＋流向负载，U 相电位为 DC＋；在换流时，来自驱动控制单元的光信号 3 控制 IGBT(1)阻断，触发 IGBT(2)导通，这时负载电流将经过 IGBT(2)的续流二极管构成回路，此时加在 U 相的电压为 DC－。当负载电流过零时，反向电流将从负载经过 IGBT(2)导通。当需要再次换流时，来自驱动控制单元的光信号 3 会阻断 IGBT(2)而触发 IGBT(1)导通，反向电流的换流过程会通过 IGBT(1)的续流二相管完成。

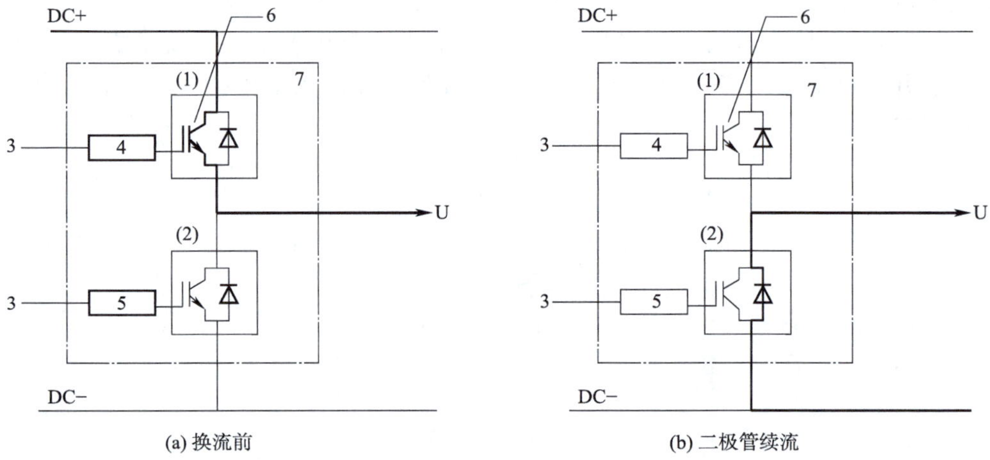

图 8.7　IGBT 的换流过程

功率模块的换流驱动是由门极控制单元(GDU)完成的，而门极控制单元的控制是由辅助变流器模块的驱动控制单元(DCU/A)实现的，逆变器的控制方式采用脉宽调制(PWM)，CRH1 的辅助变流器采用一种特殊的脉冲宽度调制算法，切换频率使用随机重叠频率法，最大限度地降低了输出交流的谐波成分。

驱动控制单元(DCU/A)是车辆分布式计算机系统的一部分，监控辅助变流器模块的大部分功能。也就是说，辅助变流器模块是在驱动控制单元控制下的独立的单元模块，不依赖外部计算机，仅需要少数几个输入和输出信号。驱动控制单元是牵引控制 MVB 总线的一个单元，受 PCU 的控制。

8.2.3.3　冷却系统

辅助变流器虽然是一个独立的模块，但它被安装在牵引变流器箱内，与牵引变流器共用一套冷却系统，即在箱内安装散热水管，在箱外安装强制水循环泵和具有冷却风扇的热交换器；在箱内安装风扇加速内部热交换。因为辅助变流器箱安装在牵引变流器箱内，在牵引变流器箱内的强迫循环空气保证了足够的空气流量，因此所以辅助变流器模块没有安装冷却风扇。

辅助变流器在安装时采取以下冷却措施：

(1)功率模块 IGBT 时直接用螺丝拧紧到散热器上，为保证 IGBT 模块和散热器间接触良好，安装时模块元件涂有导热膏。

(2)直流环节电容器用八个螺丝安装在散热器下的框架上。

(3)放电电阻也直接用螺丝拧到散热器的背面上。

(4)驱动单元除防尘用的保护性塑料外壳外，敞开式安装，以加强箱内风扇的冷却效果。

8.2.3.4　电器部件

(1)三相滤波器

在 ACM 的输出端连接三相滤波器以削弱逆变器的谐波输出。滤波器包括三相滤波电感和三相滤波电容(△连接)，如图 8.8 所示。

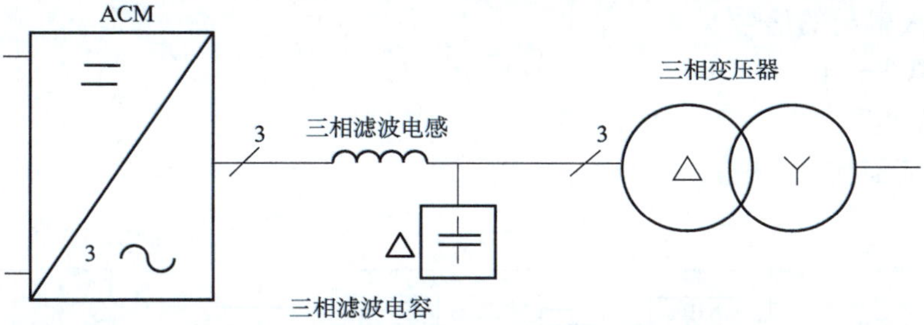

图 8.8 三相过滤器和周围设备电路简图

滤波后的输出电压失真小，除滤波作用外，三相电容还起无功功率补偿作用，补偿变压器及其他感性负载的无功损失。

(2)三相变压器

三相变压器为△-Y 接线，其作用如下：

①将原边的三相电压转换成合适的次级三相电压，为辅助三相配电系统提供电源；

②对牵引系统和辅助系统之间进行电气隔离；

③为单相交流负载提供零点。

(3)电压互感器

电压互感器测量三相辅助供电电压的幅值，将测量值送给 DCU/A 以控制三相辅助供电系统电压为一恒定值。电压互感器连在三相隔离接触器之后，这样可在三相辅助电网已由其他 ACM 供电时再适当地合上本 ACM 的三相隔离接触器。

(4)三相隔离接触器

这是一个四极的接触器，用于接通/分断三相辅助电源(ACM)与三相辅助配电系统之间的三相四线制(含零线)连接，也可以在三相辅助电源(ACM)发生故障时隔离与配电系统之间的联系。

(5)预充电单元

预充电单元由蓄电池供电，通过熔断器与直流环节相联。其作用如 8.1.1 节介绍回送模式时所述，在牵引电机作发电运行时为电机提供最初的励磁，当牵引电机发出来的电足以自举启动时，切除预充电单元

要启动 8.1.3.6 节的由牵引电机发电回送模式，牵引电机必须励磁，这时“预充电单元”向直流环节馈送 DC 400 V 电压几秒钟的时间就足以通过电机变流器将牵引电机励磁，预充电装置断开，电机作发电运行向直流环节馈电。

8.2.4 辅助变流器控制

辅助变流器是挂在牵引 MVB 总线上的设备，辅助变流器的 DCU/A 控制计算机与 MVB 总线相接，其结构框图如图 8.9 所示，与其他牵引 MVB 总线设备一样，DCU/A 具有独立完整的变流器控制功能，通过 MVB 总线的输入输出信息主要有：

输入至 DCUM 的信号：

去激活指令

断开负载接触器请求

额定辅助总线频率

从 DCU/A 输出的信号：

ACM 总线有电

DC-环节电压

辅助变流器功率

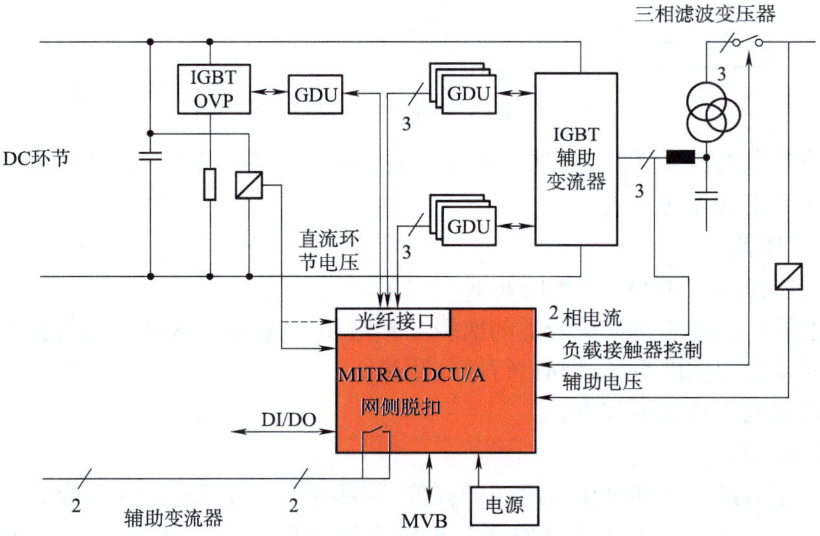

图 8.9　辅助变流器系统框图

ACM 控制的几个重要参数如下：

直流环节电压监测：

直流环节过电压值(保护性关闭)	2 100 V
直流环节欠电压值(保护性阻塞)	800 V

辅助变流器过载保护：

辅助变流器最大极限电流值(短时，小于 3 s)	204 A

辅助负载电压频率控制：

额定频率	50 Hz

8.3　辅助用电设备

CRH1A-A 型动车组的主要辅助用电设备的类型、分布、设备台套数及用电参数见表 8.2。

表 8.2　辅助用电设备参数

辅助用电设备	位置及台数									参　数	
	Mc2a	Tp2	M2	Md2	Ts2	M2	Tp2	Mc1a	台数	单台功率 kW	功率因数
防冻											
加热：前窗	1							1	1	1.4	1

续上表

辅助用电设备	位置及台数									参数	
	Mc2a	Tp2	M2	Md2	Ts2	M2	Tp2	Mc1a	台数	单台功率 kW	功率因数
防冻											
加热;DSD 踏板	1							1	1	0.14	1
加热;雨刷电机	1							1	1	0.1	1
水系统											
污物箱加热器	1	1	1	1	0	1	1	1	8	2.4	1
清水箱加热器	1	1	1	1	1	1	1	1	8	1.8	1
上下水;电伴热	1	1	1	1	1	1	1	1	8	1.6	1
开水炉	1	1	1	1	1	1	1	1	8	4.5	1
厨房设备											
厨房;微波炉				4					4	2.8	0.8
厨房;咖啡机				1					1	2	1
厨房;保温箱				1					1	1.8	1
厨房;备用插座				1					1	2	1
厨房;备用插座				1					1	3	1
厨房;双开门冰箱				1					1	1.3	0.8
厨房;冷藏展示柜				1					1	0.65	0.8
厨房;消毒柜				1					1	1.2	1
厨房;电气柜				1					1	0.1	1
蓄电池充电器											
蓄电池充电器	1		1	1		1		1	5	6.2	0.8
蓄电池充电器冷却+控制	1		1	1		1		1	5	0.1	0.85
空调设备											
客室;空器冷却压缩机	2	2	2	2	2	2	2	2	16	12	0.75
客室;冷凝器风扇	2	2	2	2	2	2	2	2	16	1.2	0.75
客室;进风风机	1	1	1	1	1	1	1	1	8	4	0.8
客室;废排风机	1	1	1	1	1	1	1	1	8	0.75	0.8
客室;电加热	1	1	1	1	1	1	1	1	8	37	1
空气压缩机											
空气压缩机;电机		1			1		1		3	8.5	0.8
空气压缩机;空气干燥设备		1			1		1		3	0.1	1

8.4 充电机

8.4.1 概　　述

CRH1A-A 型动车组上设有 5 台充电机，2、3、4、6、7 车各设置 1 台。充电机安装在 Tp、M、T 车的底架上。

充电机的任务是把 AC 400 V/50 Hz 电源系统或来自外接电源的三相电压转变成额定 DC 110 V 电压。具体如下：

(1)有 AC 400 V 输入时将 AC 400 V 转变为 DC 110 V，5 台充电机并联给列车直流负载供电，主要直流负载有照明、制动、TCMS 控制系统、牵引和辅助变流器的控制系统、旅客信息系统、娱乐系统、水系统等。

(2)充电机按照限压限流温度补偿曲线给蓄电池在线充电。

(3)保证了低压和高压直接的电气隔离。

外接供电时充电机降功率输出。

8.4.2 充电机的特点和技术参数

充电机将来自辅助变流器的 3AC 380 V/50 Hz 的电源转换为额定 110 V 直流输出，充电机的主要参数如下：

输入电压	3 AC 400×(1±10%) V，50 Hz
输出电压	DC 110×$(1^{+25\%}_{-30\%})$V
输出电压纹波因数	≤5%
输出功率	22 kW
工作效率	≥90%
通信方式	MVB
密封等级	IP54
冷却方式	强迫风冷

8.4.3 组成及原理

充电机是一个静止的变流装置，其原理是将三相交流电压转变成直流电压，用来向蓄电池充电，并为直流母线提供电能，为其他直流负载供电。

输入整流器首先对三相输入电压整流，中间直流环节滤波器对中间直流环节电压中的谐波进行抑制。逆变器由 IGBT 全桥和容性分压器构成。高频变压器连接 IGBT 全桥中点和分压器中点。任一时刻，只有 1 个 IGBT 导通。两 IGBT 交替工作，将变频矩形交流电压加在变压器原边上。带中间抽头的次边输出电压经再次整流，最后再经 LC 滤波器进行平波(滤波)处理。

充电机组件主要由如下器件构成：输入整流器、直流环节滤波器(电感和电容)、IGBT 变流器、高频变压器、输出整流器(两个二极管)、蓄电池滤波器(感应和电容)、控制单元 BCC/I、冷却风扇。具体部件如图 8.10 和图 8.11 所示。

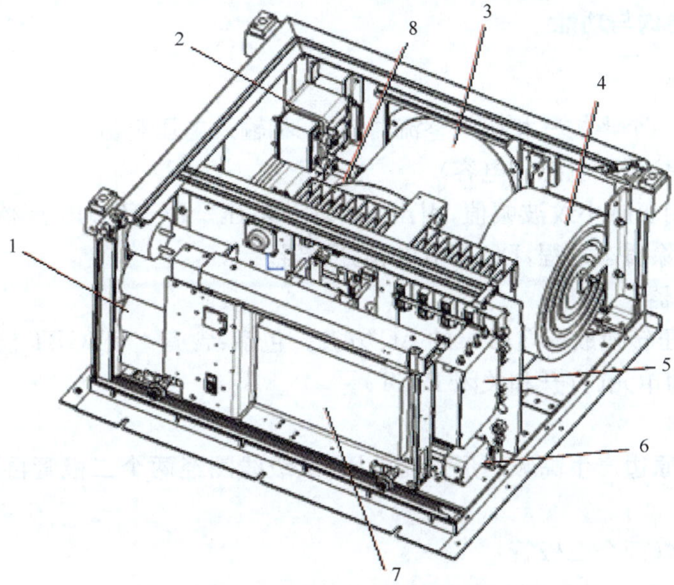

图 8.10　电池充电模块(无盖)

1—中间直流环节电容;2—电池滤波器电感;3—风扇;4—中间直流环节电感;
5—三相 EMC 滤波器;6—DC EMC 滤波器;7—BBC/I;8—高频变压器

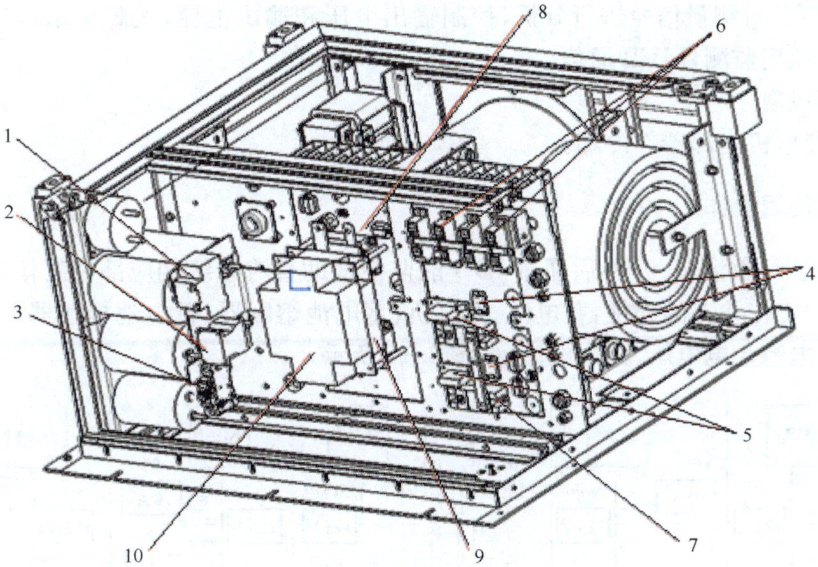

图 8.11　电池充电模块(无盖,无主控板单元组件)

1—电机保护断路器;2—风扇接触器;3—微型断路器;4—吸收电阻;5—吸收电容;
6—晶闸管-二极管模块;7—超快速二极管;8—IGBT;9—电压板;10—驱动板

8.4.4 主要部件结构与功能

(1)输入整流器

输入整流器是一个半控三相桥式整流器,对三相输入电压整流。

(2)直流环节滤波器(电感和电容)

DC 环节电感用于减小纹波幅值,引出 DC 环节电压。DC 环节电容器,使 DC 环节电压稳定,能量缓冲,消除瞬态过程,DC 环节电容分压器。

(3)IGBT 变流器

把 DC 环节电压转换成 5.5 kHz 的 AC 方波。包括:含有 4 个 IGBT 模块的 IGBT 全桥;过电压保护;门驱动单元(打开和关闭 IBGT)。

(4)高频变压器

在高频变压器原边产生高频矩形交变电压,次级线圈经两个二极管再次整流,输出直流电压。

(5)输出整流器(两个二极管)

减小纹波幅值。

(6)蓄电池滤波器(感应和电容)

平滑 DC 输出电压,减小输出纹波,包括:电感,140 μH;电容,6.8 mF;一个保护连接到电容上的电缆的微型断路器。

(7)控制单元 BCC/I

IGBT 控制,对测量信号进行分析,控制输出电压和输出电流,故障显示,与软启动整流控制板通信,风扇监测,MVB 通信。

(8)冷却风扇

用于给充电机内部器件冷却。

8.4.5 基本使用操作

正常模式下,激活车、升弓后通过 IDU 能监控辅助直流系统相应部件工作状态、各输出参数。可查看工作状态的部件:蓄电池、充电机、蓄电池熔断器、蓄电池接触器、二极管;可查看的参数:蓄电池充电电压、充电电流,如图 8.12 所示。

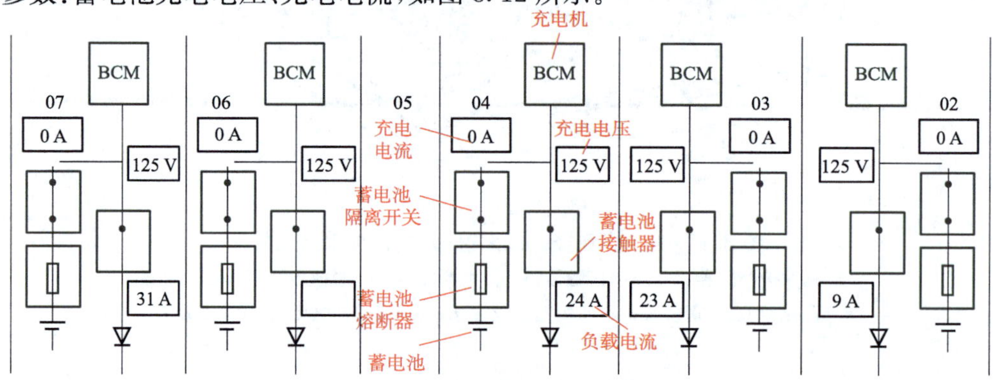

图 8.12 辅助直流系统 IDU 显示

8.5 蓄电池

8.5.1 概 述

CRH1A-A 型动车组一列车共有 5 组蓄电池，分别装在 5 个蓄电池箱内，蓄电池箱位于 Tp、M、T 车的底架上。

蓄电池的任务：无三相交流输入时蓄电池放电，蓄电池能满足应急通风及其他应急供电维持 120 min，应急照明满足 180 min 放电的需求。

8.5.2 蓄电池主要技术参数

蓄电池类型：镍镉碱性蓄电池

蓄电池容量：中倍率 200 Ah

单体标称电压：1.2 V

每组蓄电池单体数量：82 节

系统标称电压：98.4 V

温度传感器：Pt100

蓄电池注液形式：集中注液

蓄电池充电采用限流限压温度补偿充电曲线，如图 8.13 所示。

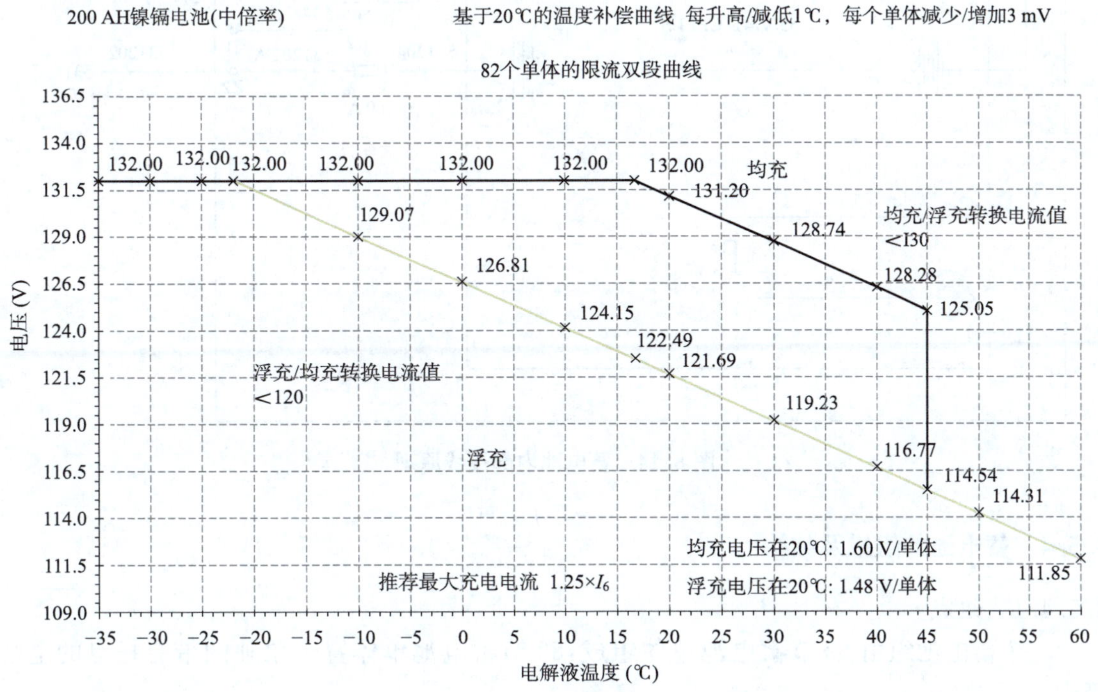

图 8.13 充电曲线

8.5.3 蓄电池内部原理

蓄电池内部接线原理如图 8.14 所示。

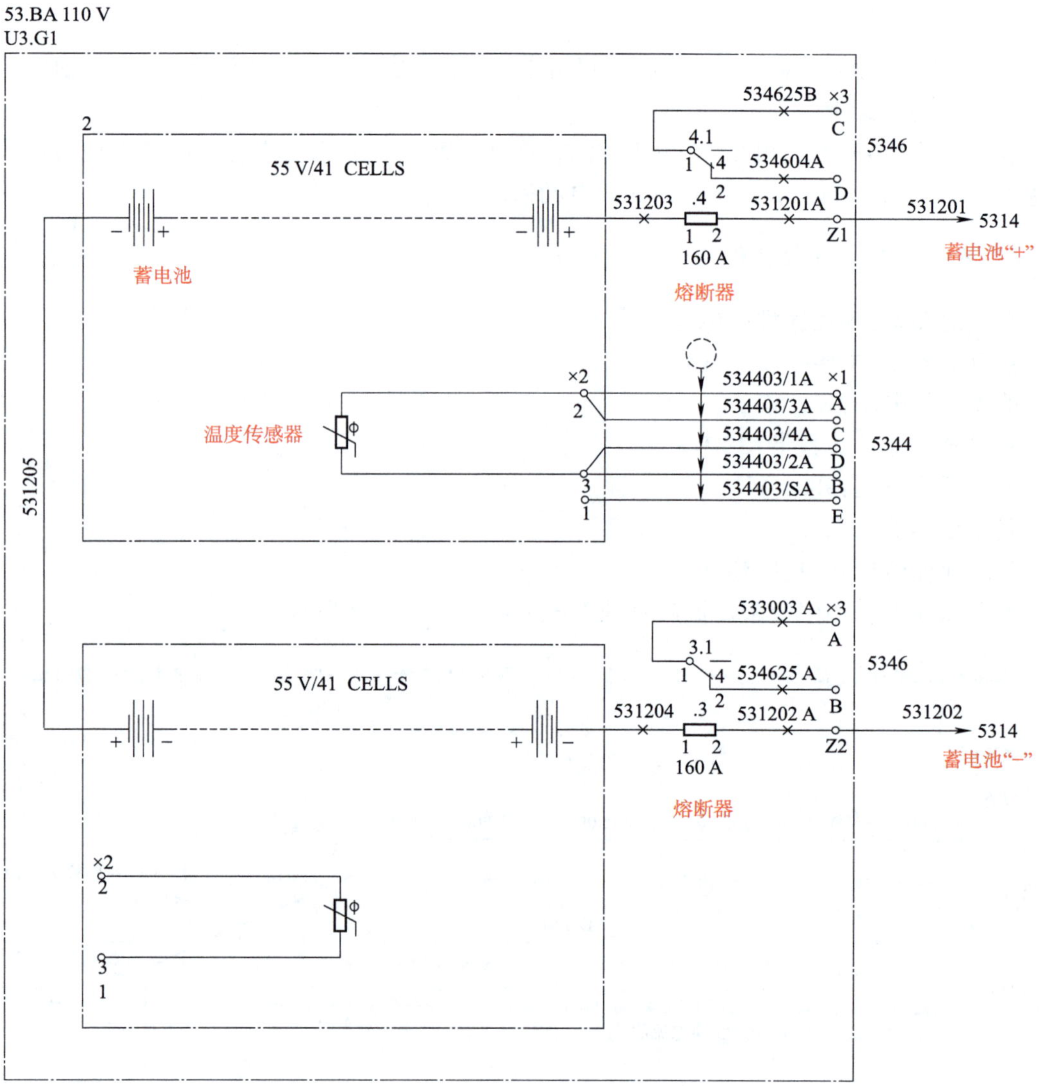

图 8.14　蓄电池内部接线原理

8.5.4 蓄电池的组成及结构

8.5.4.1 组成

一个蓄电池组由 82 节蓄电池单体组成，82 节蓄电池单体置于单独的带有托盘的电池箱中。

蓄电池组件主要由蓄电池箱、蓄电池单体、温度传感器、熔断器、蓄电池安装配套组件、电缆及端子等组成，一个蓄电池箱内的蓄电池连接称为一个蓄电池组，一个蓄电池组有两个模块，每个模块里有 41 个电池单体，两个模块之间串联在一起，电池额定电压为 110 V，如图 8.15 所示。

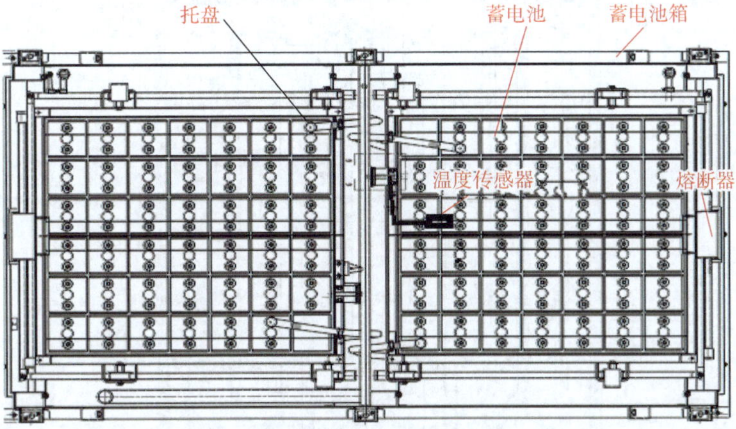

图 8.15 蓄电池组成

在车载 3 相 AC 400 V 供电正常时通过充电机为蓄电池充电，3 相 AC 400 V 供电故障紧急情况时可通过蓄电池向车上一些必要的负载继续提供不间断直流电源。

8.5.4.2 主要部件结构

(1)蓄电池箱

蓄电池箱用于安装蓄电池，它设有 2 个托盘，左右各一个，托盘与箱体间为滚轮形式，便于从列车侧面对蓄电池进行维护。蓄电池箱体上设有通风孔，用于蓄电池充放电过程中所产生的气体的排出，如图 8.16 所示。

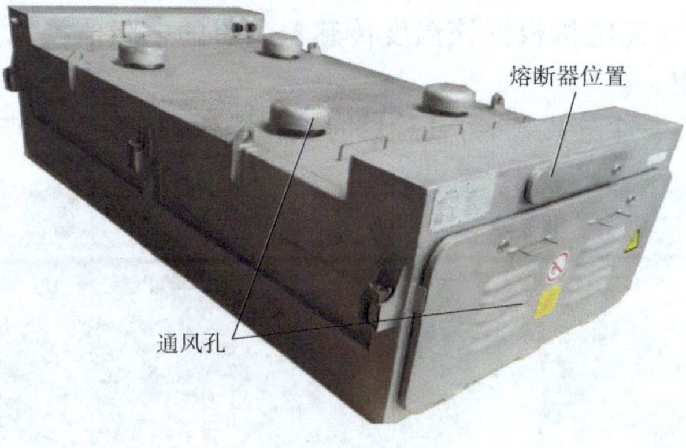

图 8.16 蓄电池箱

(2)托盘

托盘为不锈钢材质，底部设有可用于液体排出的通孔，内部无格栅。两个托盘可分别从车侧拉出进行检修和维护。

(3)蓄电池安装配套组件

蓄电池安装配套组件有注液管路、注液接头、固定片、隔板等，如图 8.17 所示。

注液管路、注液接头用于集中注液；固定片用于连接各蓄电池单体；隔板用于紧固各蓄电池单体，防止蓄电池松动。

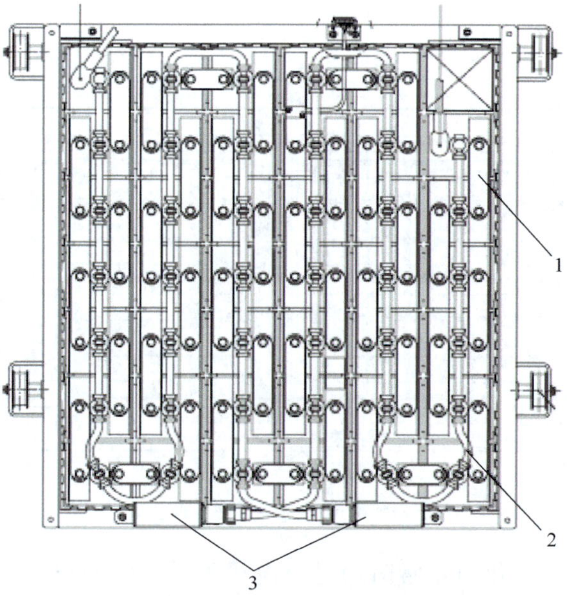

图 8.17　蓄电池安装配套组件

1—固定片；2—注液管路；3—注液接头

(4)注液系统

蓄电池为集中注液方式，每 20 个蓄电池单体采用一个注液管路。

(5)温度传感器

蓄电池箱内设有 2 个 Pt100 型温度传感器，用于测量蓄电池温度，其中只有一个温度传感器工作，另一个备用。充电机根据该温度传感器测得的电阻值换算成相应温度值并根据该温度值给蓄电池充电。

温度传感器还设有一个连接器，方便检修时断开操作，如图 8.18 所示。

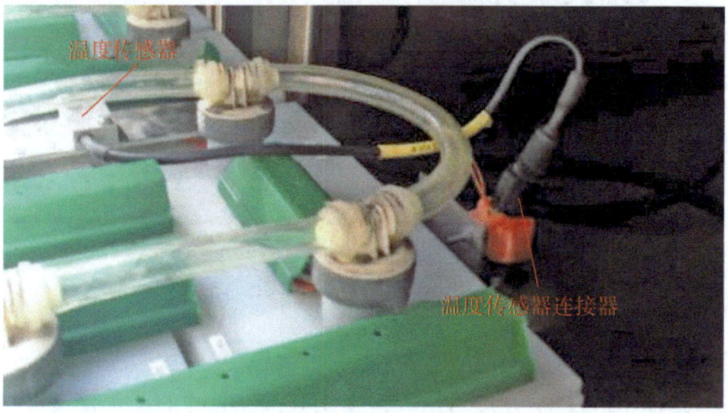

图 8.18　蓄电池温度传感器及其连接器

(6)熔断器

熔断器连接在蓄电池正、负极输出端，用于短路、过流保护，熔断器上设有微动开关，用于指示熔断器的状态。熔断器安装在蓄电池箱上部的箱子内，如图 8.19 所示。

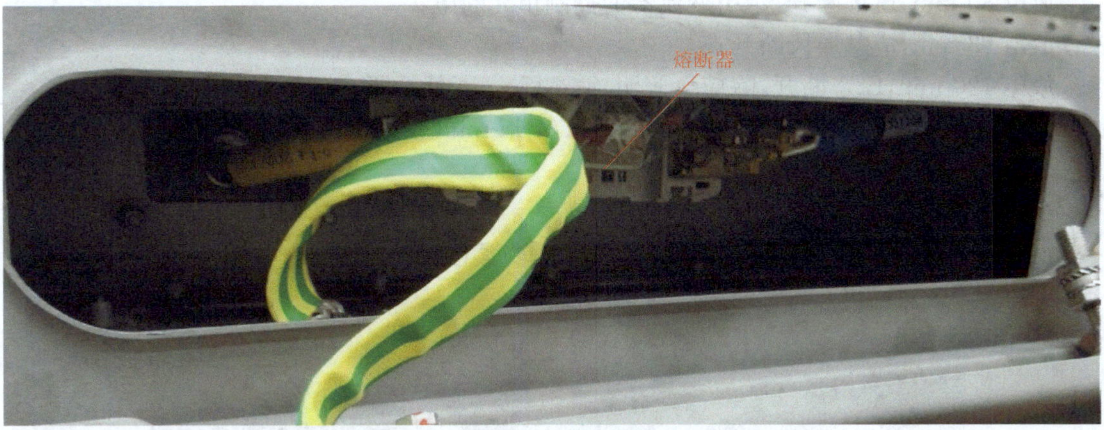

图 8.19　蓄电池熔断器

8.5.5　蓄电池的充电控制

有三相交流输入情况下充电机通过检测到的蓄电池温度对蓄电池进行温度补偿充电。蓄电池充电采用限流限压温度补偿双段充电曲线。双段充电曲线满足了对蓄电池的充电时间短且充电过程耗水少的需求。充电限流值为 40 A，当充电电流减小至 6.7 A 时充电电压由升压充电电压降为浮充电压。

充电过程中充电机对蓄电池有过温保护功能，即当充电机检测到蓄电池温度超过一定值时将停止给蓄电池充电。同时当检测不到蓄电池温度时，充电机将按蓄电池最低的充电电压值给蓄电池进行充电，以避免蓄电池温度过高。

8.5.6　蓄电池的放电控制

无三相交流输入时蓄电池放电，蓄电池能满足应急通风及其他应急供电维持 120 min，应急照明满足 180 min 放电的需求。蓄电池放电时由 TCMS 来控制，TCMS 根据放电时间以及蓄电池电压值控制通过控制相应接触器(BC1、BC2、BC3)来断开相应负载。各蓄电池接触器的具体信息见表 8.3。

表 8.3　蓄电池接触器参数

蓄电池接触器	数量	布　置	功　能	控制逻辑
蓄电池接触器 1(BC1)	5 个	2/3/4/6/7	控制整个直流母线供电	放电 120 min 或蓄电池电压低于欠压保护值时断开
蓄电池接触器 2(BC2)	8 个	每个车 1 个	旅客信息显示屏、DC/AC 逆变器等供电	放电 2 min 后断开
蓄电池接触器 3(BC3)	5 个	仅 M 车有	牵引变流器的控制计算机供电	放电 30 min 后断开

蓄电池的放电各时间段的功率及工作中的负载如下表所示：

放电 2 min 10 s，BC2 断开，旅客信息系统、普通照明等大功率负载断电；

放电 3 min，应急通风启动；

放电 30 min，BC3 断开，牵引变流器的控制单元断电；

放电 93 min，应急通风断开；

放电 120 min，BC1 断开，除应急照明、TCMS-mini 外的所有负载均断电；

放电 180 min，应急照明断电，此时仅剩 TCMS-mini 系统工作。

8.5.7 基本使用操作

司机室内电气柜上设有“蓄电池接通”按钮和“蓄电池断开”按钮，如图 8.20 所示。

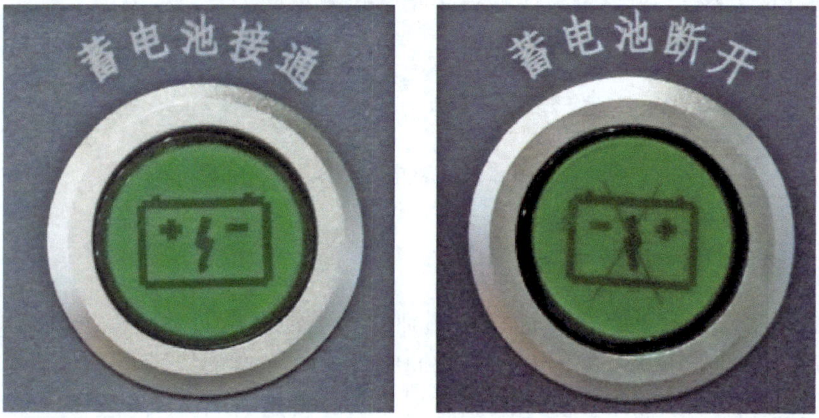

图 8.20 蓄电池接通、断开按钮

(1)蓄电池接通

蓄电池接通即为闭合 BC1，以下任一种方式均能闭合 BCB。

①司机钥匙打到激活位，BC1 闭合，蓄电池开始供电。

②在特殊情况下，也可以通过操作驾驶室右侧电气柜内的“蓄电池接通”按钮来闭合 BC1。

(2)蓄电池断电

①降弓。

②司机钥匙打到去激活位。

③操作驾驶室右侧电气柜内的“蓄电池断开”按钮并至少保持 3 s。

(3)蓄电池系统的完全断开：

通过断开车下直流分线箱内的隔离开关可以完全断开蓄电池。

(4)蓄电池系统的监控

正常模式下，激活车、升弓后通过 IDU 能监控辅助直流系统相应部件工作状态、各输出参数。可通过该界面查看蓄电池、充电机、蓄电池接触器、蓄电池熔断器等的工作状态，也可查看相关的参数：蓄电池充电电压、充电电流。

其中，当充电电流为正值时蓄电池在充电，充电电流为负值时蓄电池在放电。并能通过故障记录查看相应故障。

8.6 地面电源

地面电源是指来自车外轨道旁的地面 3×380V/50 Hz 三相电源系统，列车在静态工况的给车内三相总线的供电系统。使用地面电源的工况一般为蓄电池电源耗尽或在车间特殊的检修时使用。

根据 CRH1A-A 型动车组的设计，在每个 TP 车，均安装一个可与地面电源相连的供电连接器。这两个可侧面供电的连接器，在 8 编组车辆的整车中分对角线安装，分别安装在列车的左侧和右侧。整车侧供电连接器位置示意如图 8.21 所示的红点。

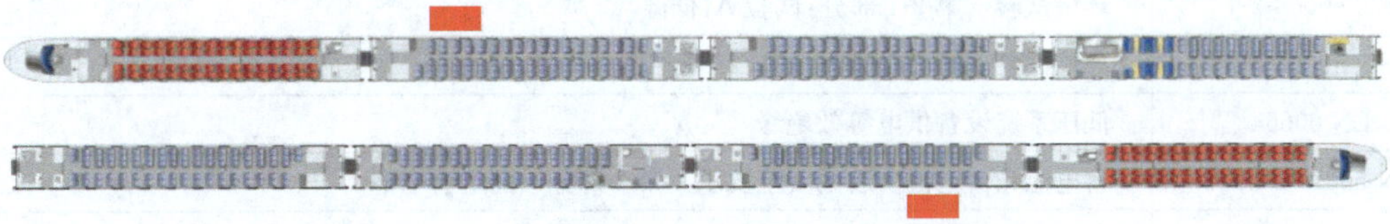

图 8.21　整车侧供电连接器位置示意

所用侧供电连接器型号为 DL4AC500/425，系统设计额定容量为 330 A。

在侧供电模式下，通过专用电缆连接地面电源和列车侧供电连接器，可给三相总线供电。侧供电时，根据 CRH1A-A 型动车组的互锁设计，仅允许一个侧供电接入点给列车供电，同时，此种供电模式下，将封锁所有辅助变流器(ACM)。

8.7 主要引用标准

辅助供电系统主要引用标准见表 8.4。

表 8.4　辅助供电系统主要引用标准

标准编号	标 准 名 称
GB/T 2423.1	电工电子产品环境试验　第 2 部分:试验方法　试验 A:低温
GB/T 2423.2	电工电子产品环境试验　第 2 部分:试验方法　试验 B:高温
GB/T 2423.4	电工电子产品环境试验　第 2 部分:试验方法　试验 Db:交变湿热(12 h+12 h 循环)
GB/T 4208	外壳防护等级(IP 代码)
GB/T 21413.1	轨道交通　机车车辆电气设备　第 1 部分:一般使用条件和通用规则
GB/T 21413.2	铁路应用　机车车辆电气设备　第 2 部分:电工器件　通用规则
GB/T 21414	铁路应用　机车车辆　电气隐患防护的规定
DIN VDE 0100 410	低压电气装置　第 4-41 部分:安全防护　电击防护
EN 50121-3-1	轨道交通　电磁兼容　第 3-1 部分:机车车辆　列车和整车
EN 50121-3-2	轨道交通　电磁兼容　第 3-2 部分:机车车辆　设备
EN 50125-1	铁路应用　设备环境条件　第 1 部分: 车载安装设备
EN 50126	铁路应用　轨道交通　可靠性、可用性、可维修性和安全性规范及示例

续上表

标准编号	标 准 名 称
EN 50128	铁路应用 铁路控制和保护系统软件
EN 50153	铁路应用 机车车辆 电气隐患防护的规定
EN 50155	轨道交通 机车车辆用电子装置
EN 50163	铁路应用 牵引系统供电电压
EN 50215	铁路应用 机车车辆制成后投入使用前的试验
EN 50261	铁路应用 电子装置的安装
EN 50343	铁路应用 机车车辆布线规则
EN 60068-2-1	环境试验 第2-1部分:试验A:低温
EN 60068-2-2	环境试验 第2-2部分:试验B:干热
EN 60664	低压系统设备供电等效绝缘
EN 50272-2-2011	蓄电池和蓄电池安装的安全要求 第2部分 固定蓄电池
IEC 61373	机车车辆设备—冲击和振动试验
IEC 60038	标准电压
IEC 61287-1	铁路应用 车载功率变流器 第1部分:特征和试验方法
IEC 61375	铁路电子设备 列车通信网络(TCN)
IEC 61377-3	铁路应用 机车车辆 第3部分:间接变流器供电的交流电动机及其控制系统的综合试验
IEC 61881	电力电子电容器
IEC 60623	含碱性或其他非酸性电解质的蓄电池和蓄电池组方形排气式镉镍单体蓄电池
DIN 5510-2:2009	轨道车辆防火措施 第2部分 材料和构件的燃烧特性和燃烧并发热现象 分类、要求和测试方法

9

网络控制系统

9.1 概　　述

CRH1A-A 型动车组列车网络控制管理系统(TCMS)采用分布式设计结构，该分布式结构按照动车组单元组的划分规则，分为三个 MVB 网段，每个单元组为一个 MVB 网段，MVB 总线将网段内的所有设备串联起来，并由 TCMS 中央控制单元进行统一管理；每个 MVB 网段由 HMI 显示屏、中央控制单元 CCUO、列车故障诊断单元 CCUD、网关 GW、列车远程无线传输设备 MCG、MVB 中继器、数字量和模拟量输入输出模块、以太网交换机和子系统控制模块等网络设备组成，用于实现列车控制、列车故障诊断、列车状态监控、事件记录、人机交互等功能；CRH1A-A 型动车组对关键部件进行了冗余设计，避免单点设备故障对动车组正常运行产生影响；单元组之间采用 WTB 通信，用于实现乘客门开关集中控制、牵引功能和制动功能指令的传递发出，与状态反馈等。CRH1A-A 型动车组还设计有以太网通信网络，用于对列车网络 IP 设备进行访问、列车维护、软件下载、故障追踪和部分消息数据的传递。

9.2 网络拓扑结构

CRH1A-A 型动车组由三个单元组构成，网络拓扑结构(图 9.1)按照动车组单元组的划分规则分为三个 MVB 网段，一个 MVB 网段对应一个单元组；每个 MVB 网段之间通过 WTB 连接；以太网网络贯通全列，连接 TCMS 主要的智能设备。

在图 9.1 中，MVB 总线(红色线表示，牵引系统 MVB 网线用绿色线表示)将单元组内所有设备连接在一起，形成一个 MVB 网段；每个 MVB 网段内都包含有 TCMS 设备(图中黄色图框所示，包括：GW，IDU，CCUO，CCUD，IP-CS8，MIO，AX，MCG 等)和子系统设备(图中青色图框所示，包括：外门，空调，制动，DSD，火灾，PIS 等)，牵引系统设备用棕色图框表示。

CRH1A-A 型动车组每个单元组 MVB 网段内都设置有网关，网关与网关之间通过两根 WTB 总线(WTB A/B 互为冗余)连接，网关负责 MVB 信号和 WTB 信号之间的转换，用以实现单元组之间的通信。

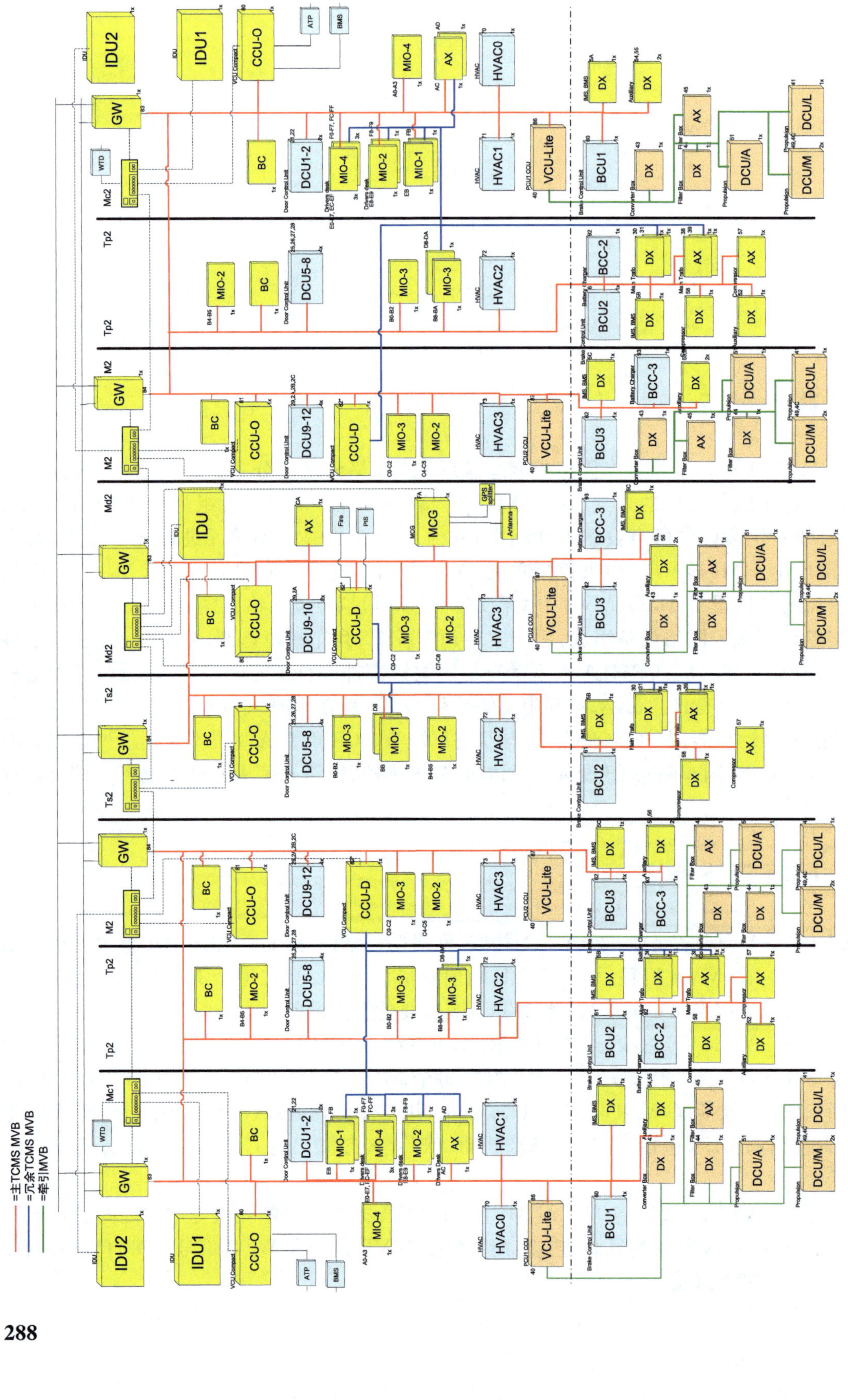
=主TCMS MVB
=冗余TCMS MVB
=牵引MVB
Mc2
Tp2
M2
Md2
Ts2
Mc1
IDU2
IDU1
IDU
CCU-O
CCU-D
GW
WTD
ATP
BMS
BC
DCU1-2
DCU5-8
DCU9-12
DCU9-10
MIO-1
MIO-2
MIO-3
MIO-4
AX
DX
HVAC0
HVAC1
HVAC2
HVAC3
VCU-Lite
BCU1
BCU2
BCU3
BCC-2
BCC-3
DCU/A
DCU/L
DCU/M
MCG
Antenna
GPS splitter
Fire
PIS

图 9.1　网络拓扑结构图

CRH1A-A 型动车组对主要的网络设备都做了冗余设计，冗余设计目的是避免单点网络设备故障，对列车运行造成影响；对影响司机操作的 MIO 模块和 HMI 显示屏在司机室内都做了冗余设计，避免单点设备故障，导致列车无法操作；对影响列车控制的 TCMS 网络智能设备也做了冗余设计，例如，双中央控制单元 CCUO 和双 GW，避免单点设备故障，导致单元组通信丢失；同时对重要子系统的控制也采用了冗余设计概念，例如，高压系统，避免因网络设备单点故障，导致受电弓无法升起等故障。

CRH1A-A 型动车组还设计有以太网通信网络，以太网线路将所有网络控制系统智能 IP 设备连接起来，如图 9.2 所示，用以达到在任一以太网端口可对整列所有 IP 设备进行访问的设计目的；通过以太网网络可实现对列车子系统设备运行状态的监控、远程访问、故障数据下载和车载软件更新等功能，方便工作人员对车辆进行维护和故障诊断，提高工作效率。

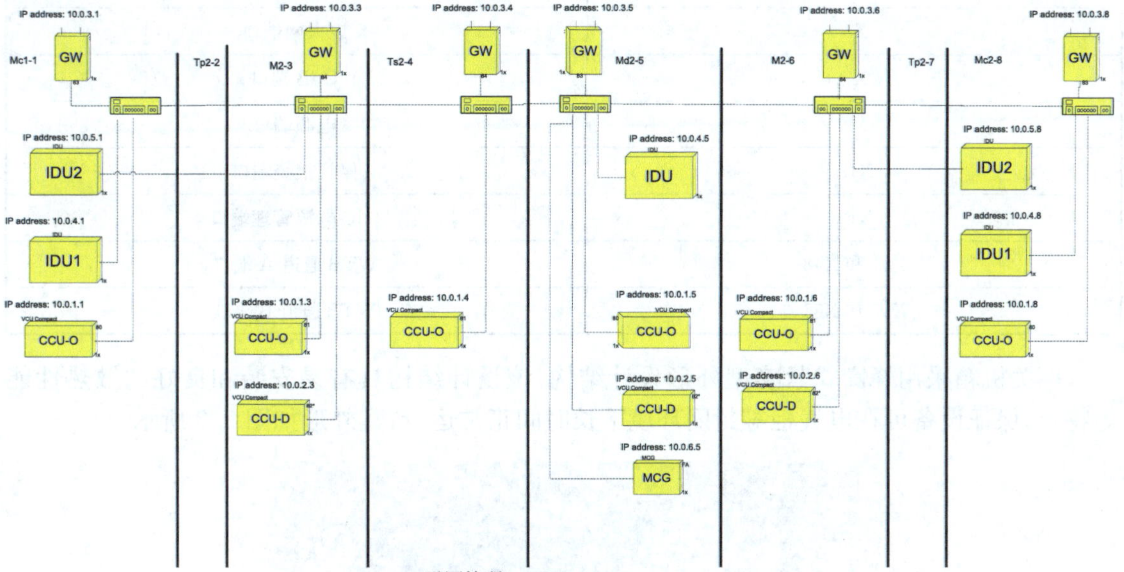

子网掩码：255.255.0.0

图 9.2　以太网通信拓扑图

CRH1A-A 型动车组，除上述通信方式外，还对转向架监控系统、乘客信息系统和烟火探测系统采用 RS-485 串口通信方式。

综上 CRH1A-A 型动车组网络拓扑结构具有成熟稳定、科学合理、先进可靠、经济适用等特点；冗余设计，使列车运行稳定可靠，间接提高了经济效益；以太网设计使列车维护和故障诊断简单快捷，极大地提高了工作效率，间接提高了经济效益；TCMS 网络通信系统采用 MVB、WTB、以太网和串口等通信方式，具有很强的通信兼容能力，实现了通信功能多样化、复杂化，可用适用于复杂系统通信功能设计和具有兼容不同系统功能等特性。

9.3　网络系统部件

CRH1A-A 型动车组网络系统部件有：网关 GW、中央控制单元 CCUO、人机界面 HMI、列车故障诊断单元CCUD、以太网交换机IP-CS8、数字输入输出模块MIO和DX、模拟量输入输出模块AX、远程无线传输设备MCG、多频段GPS天线和GPS分路器。

CRH1A-A型动车组网络系统部件主要功能作用和硬件特性介绍如下：

(1)网关GW：CRH1A-A型动车组每个单元组设计有两个网关，一个为主控网关，一个为热备冗余网关；网关负责MVB信号和WTB信号之间的转换，用以实现单元组之间的通信，端口信息见表9.1。

表9.1　GW端口信息

连接器端口	描　述
X1和X2	MVB端口
X3	地址插端口
X4	服务端口
X5	以太网端口
X7	USB端口
X9	电源端口
X18	停机报警端口
X19	UIC电源管理端口
X41和X42	WTB通道A端口
X51和X52	WTB通道B端口

网关机箱采用蜂窝式紧凑型外形设计结构，该设计结构具有易安装和良好的散热性能等特点，保证设备可在电气柜等封闭环境下长时间正常运行，其外形如图9.3所示。

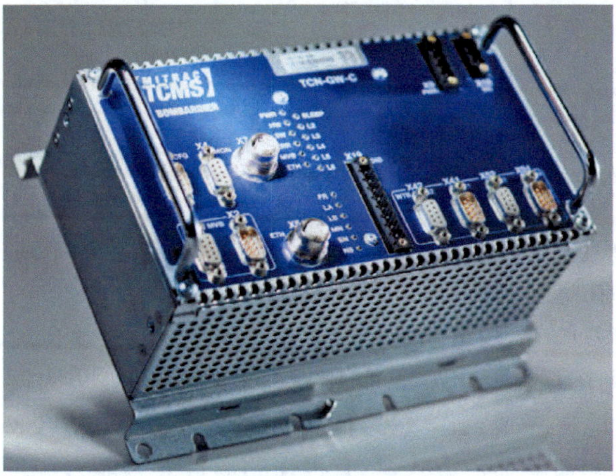

图9.3　GW外形图

(2)中央控制单元CCUO：CRH1A-A型动车组每个单元组设计有两个中央控制单元CCUO，一个为主控单元，一个为热备冗余单元；中央控制单元CCUO是列车控制的核心单元，负责控制和处理列车各系统功能，实现列车控制，端口信息见表9.2。

表 9.2　CCUO 端口信息

连接器端口	描　述
X1 和 X2	MVB 端口
X3	地址插端口
X4	服务端口
X5	以太网端口
X7	USB 端口
X9	电源端口
X11	串口 A
X12	串口 B
X13	串口 C
X14	串口 D
X18	停机报警端口

CCUO 机箱也采用了蜂窝式紧凑型外形设计结构，该设计结构具有易安装和良好的散热性能等特点，保证设备可在电气柜等封闭环境下长时间正常运行，其外形如图 9.4 所示。

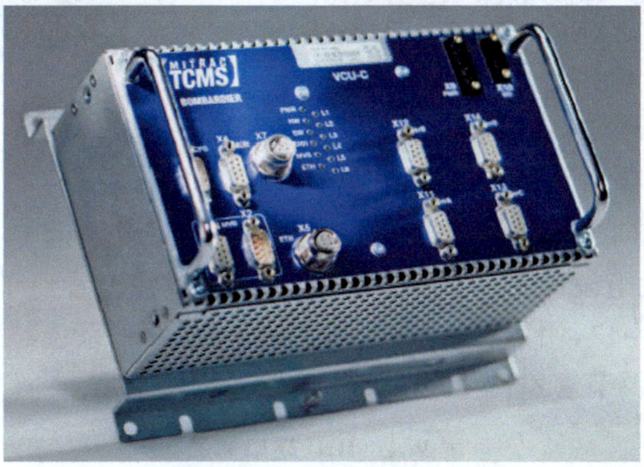

图 9.4　CCUO 外形

(3)列车诊断单元 CCUD：CRH1A-A 型动车组每个单元组设计有一个列车故障诊断单元 CCUD，用于存储列车故障数据；除存储列车故障诊断数据外，CCUD 还负责处理乘客信息系统和烟火探测系统等信息，端口信息见表 9.3。

表 9.3　CCUO 端口信息

连接器端口	描　述
X1 和 X2	MVB1 端口
X3	地址插端口
X4	服务端口
X5	以太网端口
X7	USB 端口

续上表

连接器端口	描　　述
X9	电源端口
X11	串口 A
X12	串口 B
X18	停机报警端口
X21 和 X22	MVB2 端口

CCUD 机箱也采用了蜂窝式紧凑型外形设计结构，该设计结构具有易安装和良好的散热性能等特点，保证设备可在电气柜等封闭环境下长时间正常运行，其外形如图 9.5 所示。

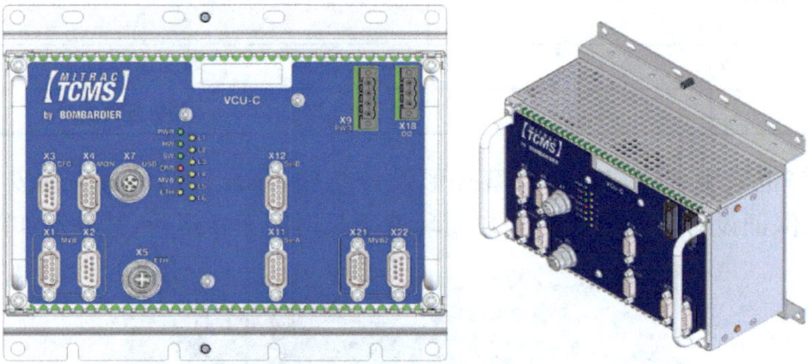

图 9.5　CCUD 外形

(4)人机界面 HMI：CRH1A-A 型动车组端部单元组设计有两个 HMI 屏，用于司机查看列车状态信息；中间单元组设计有一个 HMI 屏，用于机械师查看列车状态信息；HMI 屏负责将列车状态信息呈现给用户，用户可以通过 HMI 屏查看列车系统状态信息和施加部分控制指令，例如通过 HMI 屏调节客室温度等。端口信息见表 9.4。

表 9.4　IDU 端口信息

连接器端口	描　　述
X1	电源端口
X2	以太网端口
X3	以太网端口
X4	视频端口
X5	串行端口
X7	确认按钮端口
X8	USB 端口
X9	USB 端口

HMI 正面图如图 9.6 所示。

(5)IP-CS8：负责以太网数据的传输和以太网信号的中继。

端口信息见表 9.5。

图 9.6 HMI 正面

表 9.5 IDU 端口信息

连接器端口	描述
X1	电源端口
X2～X9	以太网端口

IP-CS8 以太网路由器密封等级 IP65，供电范围 DC 24～110 V，其外形图如图 9.7 所示。

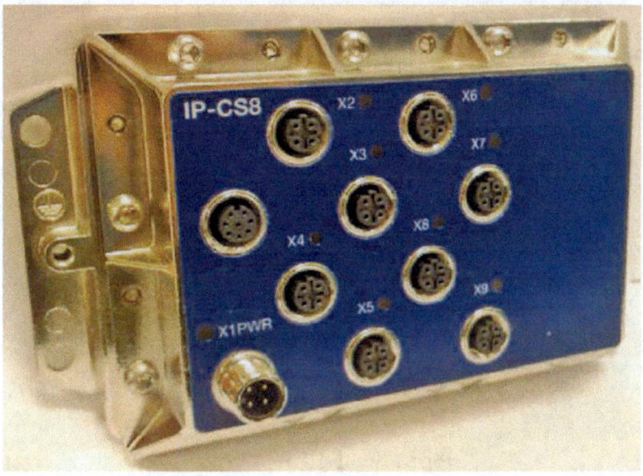

图 9.7 以太网交换机外形

(6)MIO 模块：由两部分组成，一部分为控制模块，负责 MVB 通信和 MVB 地址设置；一部分是由可扩展的数字量输入输出模块组成，根据功能需要，可扩展为 N 个数字量模块，每个数字量模块有 12 个数字输入通道和 6 个数字输出通道。靠近控制模块的为基址模块，其他为扩展模块，模块之间通过内部电路进行控制和通信；目前有 4 个类型供设计选择，分别为 MIO-1、MIO-2、MIO-3 和 MIO-4 四个类型的模块。

端口信息见表 9.6。

表 9.6 MIO 端口信息

连接器端口	描述
X1 和 X2	MVB 端口
X3	电源端口
X4	停机报警端口

续上表

连接器端口	描　述
X11/X21/X31/X41	数字输入通道1
X12/X22/X32/X42	数字输入通道2
X13/X23/X33/X43	数字输入通道电源
X14/X24/X34/X44	数字输入通道电源
X15/X25/X35/X45	数字输出通道

采用集成式模块化设计外形，具有良好的散热性能和易安装性能，如图9.8所示。

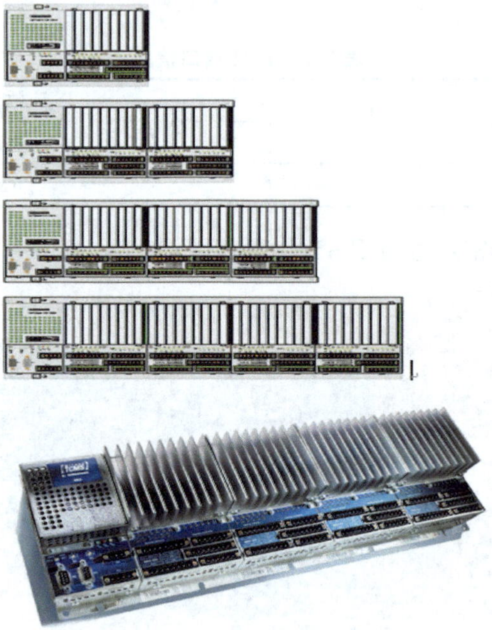

图9.8　MIO-4外形

(7)模拟量输入输出模块AX：负责采集列车温度、压力等模拟量信号并转换为MVB信号，传递给列车中央控制单元CCUO。

端口信息见表9.7。

表9.7　AX端口信息

连接器端口	描　述
X1和X2	MVB端口
X3	电源端口
X4	模拟输入和输出端口

外壳采用皱褶式设计外观，具有良好的散热性能和抗干扰性；模块化设计，易于产品的安装，如图9.9所示。

(8)数字输入输出模块DX：负责将开关量信号转换为数字量信号，并通过MVB总线传递给中央控制单元，中央控制单元通过DX模块的输出通道对设备进行控制。

端口信息见表 9.8。

表 9.8　DX 端口信息

连接器端口	描　述
X1 和 X2	MVB 端口
X3	电源端口
X4	数字量输入和输出端口

外壳采用皱褶式设计外观，具有良好的散热性能和抗干扰性；模块化设计，易于产品的安装，如图 9.10 所示。

图 9.9　AX 外形

图 9.10　DX 外形

(9)远程无线传输设备 MCG：列车故障诊断单元 CCUD 负责将数据库内的故障数据传递给 MCG，MCG 收到数据后定期将故障数据通过 GPRS 技术传输到地面服务器，供地面人员分析列车发生的故障；MCG 通过多频段 GPS 天线，接收 GPS 信号，用于列车所处位置的计算，用于列车时钟和其他功能的校核。

端口信息见表 9.9。

表 9.9　MCG 端口信息

连接器端口	描　述
X1	MVB 端口
X2	MVB 端口
X3	地址插端口
X4	服务端口
X5	以太网端口

续上表

连接器端口	描　述
X6	以太网端口
X7	USB 端口
X9	电源端口
X12	串行端口
X15	串行端口
X18	停机报警端口
X19	数字输入端口
X71	WLAN 端口
X72	GSM 端口
X73	GPS 端口

MCG 机箱也采用了蜂窝式紧凑型外形设计结构，该设计结构具有良好的散热性能，保证设备可在电气柜等封闭环境下长时间正常运行，如图 9.11 所示。

图 9.11　MCG 外形

(10)多频段 GPS 天线及其附件(GPS 天线、GPS 分路器)：负责接受 GPS 数据和发射 GSM 数据，通过与 MCG 的配合使用来使 TCMS 系统接收到 GPS 数据，发送出故障诊断数据到地面服务器。

端口信息见表 9.10。

表 9.10　多频段天线及其附件端口信息

设备名称	端口描述
多频段天线	GSM 和 GPS 端口
GPS 分路器	GPS 端口

多频段天线外形继承了上一代产品的设计，在保证功能情况下同样保证了良好的空气动力学性能，如图 9.12 所示。

GPS 分路器外形继承了上一代产品的设计，在保证功能情况下同样保证了良好的散热性能，如图 9.13 所示。

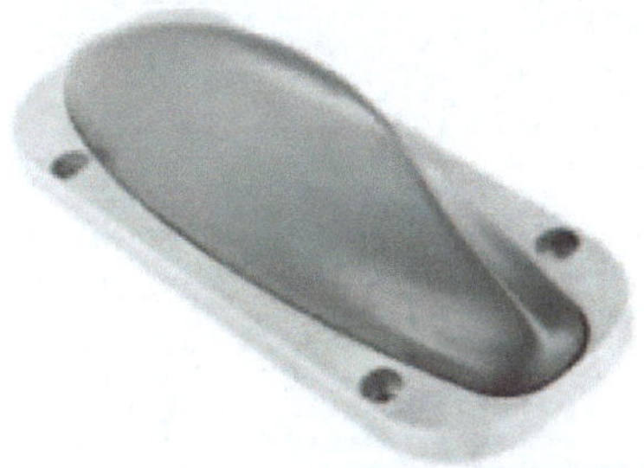

图 9.12　多频段天线外形

图 9.13　GPS 分路器外形

9.4　诊断系统

CRH1A-A 型动车组设置有列车故障诊断系统，此系统是为监控和记录动车组运行状态以及车载系统工作状态而设计的一种故障诊断监听手段，主要用来提示司机和机械师当前动车组的运行状态，对影响列车运行安全的事件自动进行牵引封锁、施加紧急制动和故障警示等，并为动车组故障查找提供依据，为快速排除故障提供帮助。

CRH1A-A 型动车组故障诊断代码按故障优先权等级，共分为 6 个等级，见表 9.11。

表 9.11　诊断代码分类

种　类	定　义
1	信息类
2	A 类警报
3	B 类警报
4	故障
5	手工输入的故障
6	事件

信息：当司机操作失误并需要采取措施时显示操作错误信息，如图 9.14 所示，例如列车紧急制动时将司机手柄放到牵引位置，会出现“牵引封锁”。这类事件仅在已激活的司机室显示，显示在白色的当前菜单信息显示区域，同时显示的还有故障信息和所需采取的补救措施。此信息会一直显示到采取了必要的纠正措施后才自动消失，同时事件会记录在故障数据库中。

A 类警报：表示严重的需要司机关注的事件。这类事件只在激活司机室的主 IDU 上显示。此类故障显示在白色的当前菜单信息显示区域，显示有故障信息和所需采取的补救措施，如图 9.15 所示。

此时蜂鸣器会连续报警，直到事件得到确认或司机操控台上的静音按钮按下。不对事件确认就无法进入另一个菜单操作。当不止一个 A 类警报处于活动状态时，先显示最早的未经确认的事件；当该 A 类警报确认后，就会显示紧接着的第二个未经确认的 A 类警报，以此类推。

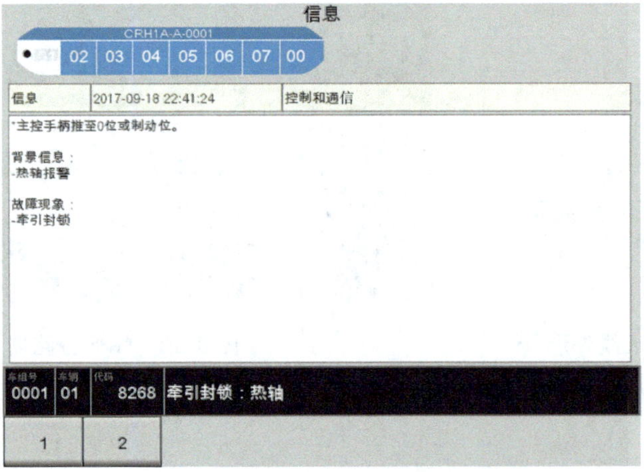

图 9.14 信息类(操作错误)显示

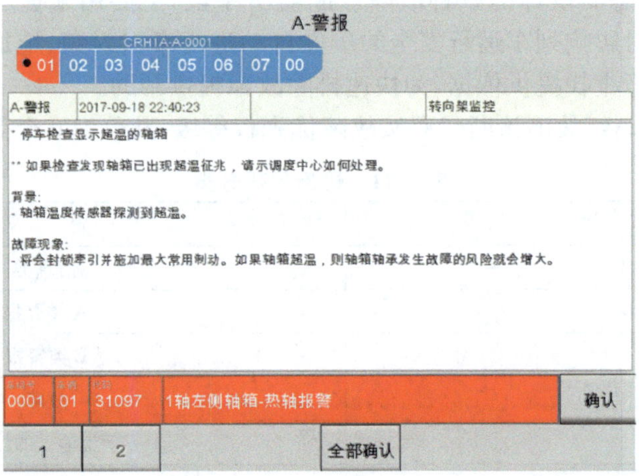

图 9.15 A 类报警故障显示

B 类警报：是表示不需要司机立刻关注，但该让司机知道的事件及警报。B 类警报显示在 IDU 菜单的警报信息显示区，蜂鸣器不鸣叫。B 类警报通过警报信息显示区右侧的确认按钮确认，如图 9.16 所示。

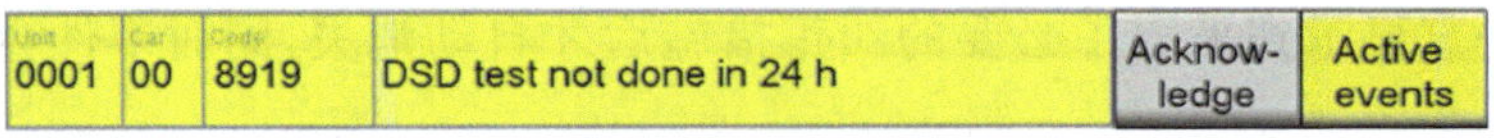

图 9.16 B 类警报事件显示

故障：是指司机不需知道但维护人员感兴趣的事件，对这些没有声音报警也没有显示报警，它们储存在故障数据库中。

手工输入故障：是指一些列车无法自动判断的故障，但是需要车辆维护人员进行维修，可以通过手动输入的方式将故障输入故障数据库，此类故障将在 IDU 上显示出来，方便维护人员维修。例如：乘客座椅损坏。输入界面，如图 9.17、图 9.18 所示。

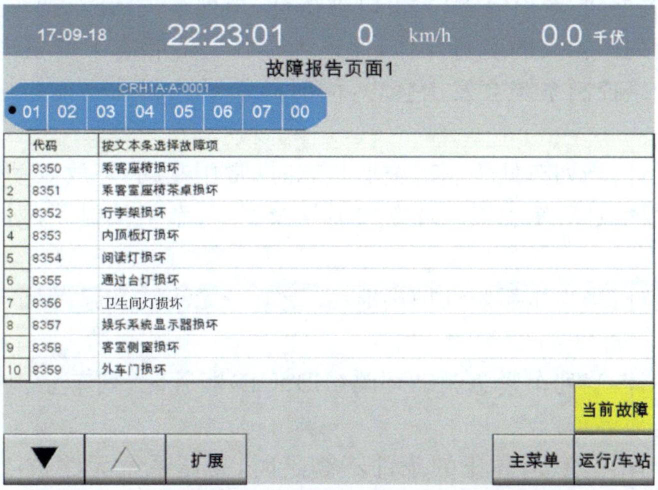

图 9.17　手动输入故障页面 1

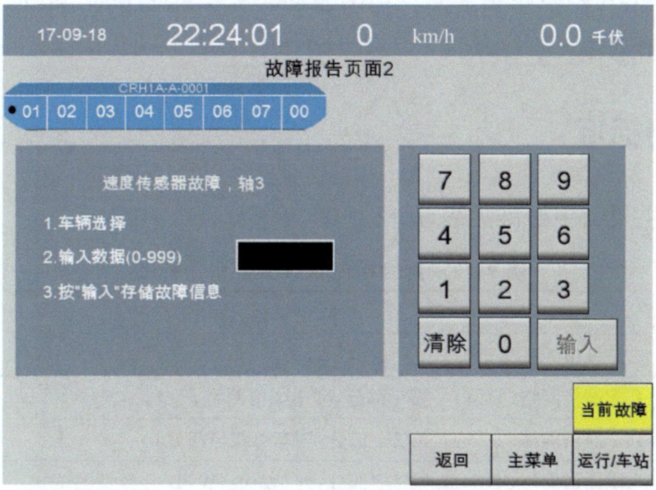

图 9.18　手动输入故障页面 2

事件：是指一些列车操作的记录，通过这些记录可以了解列车正常的操作过程，并可以通过 IDU 查看这些记录。例如：按下升弓按钮记录，司机钥匙激活记录等。

9.5　系统安全联锁

TCMS 对一些重要的设备或者功能采用联锁设计，以保证列车运行的安全性和可靠性，主要有以下几类：

（1）动车组设置有“CCUO 失速继电器”串入到紧急制动环路中，用于当 TCMS 网络控制失效时，触发紧急制动停车，例如：当单元组两个 CCUO 都故障时，会触发紧急制动施加，保证列车运行安全。

（2）司机钥匙联锁设计：通过司机钥匙对列车进行联锁控制，当司机钥匙激活时，列车的主要功能(升弓,开关外门,牵引等等)才可以被执行,当列车失活时,列车处于待机或等待关机的状态,不能进行列车相关的运行操作,保证列车在失活状态下的安全性;当两个司机室同时激活时,列车网络控制系统会发出警告,同时施加紧急制动停车并封锁牵引,保证列车运行安全。

(3)牵引联锁设计:当列车处于制动施加状态时(常用制动、停放制动或紧急制动施加),外门未关闭,司机手柄故障,牵引安全环路失活等情况下,牵引被封锁,列车不能施加牵引无法动车。

(4)接地联锁设计:当高压系统维护接地后,受电弓无法被升起,保证了维护人员在维护时的人身安全。

(5)制动联锁设计:当列车紧急制动环路(EB、UB)断开时,列车立刻执行相应的紧急制动,保证列车能安全地停车。

(6)高压联锁设计:当激活高压的条件不满足时,高压系统无法被激活,受电弓无法升起,此功能保证了车下高压设备的工作安全,不会扩大设备故障。

(7)测试联锁设计:当执行列车测试功能(手柄测试,制动测试,牵引测试)时,列车会进入相应的联锁模式,不会在这些测试的过程中导致列车不正常的行动,例如:当牵引测试时,列车不允许进行牵引动作。

9.6 主要引用标准

网络控制系统主要引用标准见表9.12。

表9.12 网络控制系统主要引用标准

标准编号	标 准 名 称
EN 50155	铁路设施 铁道车辆上使用的电子设备
IEC 61375-1	列车通信网络(TCN) 第1部分:列车通信网络
IEC 61375-2-1	列车通信网络(TCN) 第2-1部分:列车总线(WTB)
IEC 61375-2-2	列车通信网络(TCN) 第2-2部分:列车总线(WTB)一致性测试
IEC 61375-3-1	列车通信网络(TCN) 第3-1部分:多功能车辆总线(MVB)
IEC 61375-3-2	列车通信网络(TCN) 第3-2部分:多功能车辆总线(MVB)一致性测试
IEC 61375-3-4	列车通信网络(TCN) 第3-4部分:以太网组成的网络(ECN)

10

制动系统

10.1 概 述

CRH1A-A型动车组制动系统是采用微机控制的直通式电空制动系统，包括空气制动和动力（再生）制动，制动系统由制动控制系统（含防滑功能及检测不旋转轴功能）、基础制动装置、供风系统三大部分组成。

制动控制系统采用复合制动模式，动车采用动力（再生）制动和空气制动复合，拖车采用空气制动。制动控制装置由TCMS控制，TCMS与每辆车上的制动控制装置通信，并控制制动力的分配：优先使用动力（再生）制动，如其制动力不够，用空气制动进行补充，以减轻空气制动负荷、尽可能减少机械部件的磨损；但在低速区域动力（再生）制动停止工作或电制动故障时，实施空气制动，制动系统按故障导向安全原则设计。

基础制动装置为盘形制动，在拖车转向架的车轴上或者是在动车转向架的车轮辐板上，装有制动盘，盘的两侧是装配有浮动式粉末冶金闸片的制动夹钳，通过压缩空气使闸片“夹紧”制动盘产生摩擦来实现制动。

供风系统为动车组的风动设备（制动、空簧、门、卫生间等）提供合格空气质量的压缩空气。CRH1A-A型动车组还配备辅助供风系统，以用总风不足时启动给受电弓提供所需风源，保证受电弓升起，使列车获得高压供电。

10.2 主要技术参数

主要技术参数见表10.1。

表10.1 主要技术参数

项 点		参 数
总风压力		850～1 000 kPa
供电电源	制动控制系统及辅助压缩机	DC 110 V
	主供风系统	3相交流400 V/50 Hz
冲动限制	常用制动和紧急制动EB	≤0.75 m/s^3

续上表

项　　点		参　　数
制动距离	250 km/h	≤3 200 m
	200 km/h	≤2 000 m
	160 km/h	≤1 400 m
	120 km/h	≤800 m
制动响应时间	常用制动和紧急制动 EB	≤3 s
	紧急制动 UB	≤2.3 s
停放制动满足动车组在定员载荷下停放在 30‰坡度上不溜逸，并具有不小于 1.2 倍的安全系数		

10.3　制动系统功能

CRH1A-A 型动车组制动系统具有常用制动、紧急制动 EB、紧急制动 UB、乘客紧急制动、停放制动、保持制动、除冰制动、车轮滑行保护 WSP、车轮不旋转检测 DNRA、撒砂控制、升弓供风控制、主空压机控制等功能。

10.3.1　常用制动

常用制动是动车组常用的制动控制方式，用于正常的调速或停车，常用制动级位设 1～7 级，最大常用制动减速度设计值为 0.8 m/s^2。制动系统根据司机控制器(图 10.1)、列车运行控制系统等给出的制动指令按速度模式曲线控制方式实施制动控制，制动系统能使空气制动随时与再生制动进行自动配合，实现空电复合制动，优先采用再生制动，再生制动力不足时，由空气制动补充。

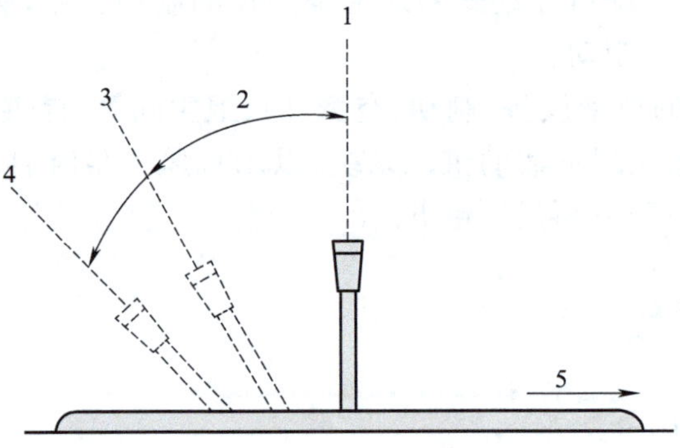

图 10.1　主控手柄制动控制级位示意图

1—零(0)位；2—制动级别 1～7 位；3—最大常用制动位(制动级别 7 位)；4—紧急制动 EB；5—运行方向

常用制动具有空重车载荷调整功能，按载重来调节制动力，另外常用制动还具有列车冲击限制。

10.3.2 紧急制动 EB

紧急制动 EB 是在制动系统设备正常情况下实施的紧急制动，能使空气制动随时与再生制动进行自动配合，实现空电复合制动，充分利用再生制动。

当司机控制器在紧急制动 EB 位、乘客触发乘客紧急制动设施、列车非静止条件下停放制动意外施加、总风压力低、BMS 轴温检测系统和司机警惕装置触发紧急制动请求等条件下，制动系统实施紧急制动 EB。司机制动手柄发出紧急制动指令解除后，可以缓解紧急制动 EB。其他紧急制动指令触发的紧急制动 EB，在列车完全停止前不允许缓解制动（零速联锁）。

10.3.3 紧急制动 UB

紧急制动 UB 是在紧急制动安全环路失电时控制紧急制动电磁阀实施的紧急制动，紧急制动电磁阀由贯穿全列的紧急制动（UB）回路控制，一旦回路失电，该电磁阀将失电，自动施加纯空气的紧急制动。在列车分离、紧急制动 UB 安全环路断开或失电、列车失电、按下司机室紧急制动按钮、紧急制动 EB 制动力不足、ATP 紧急制动请求等情况下，列车都将实施紧急制动 UB，且在列车完全停止前不允许缓解制动（零速连锁）。

10.3.4 乘客紧急制动

乘客紧急制动功能，CRH1A-A 动车组每节车的通过台设置乘客手动紧急制动设施，拉动乘客紧急制动设施，将在司机室中产生声光报警信号并可显示具体车辆位置，启动旅客信息系统的双工通信功能，同时列车自动触发最大常用制动，10 s 后触发紧急制动，司机可通过操纵台按钮旁路此功能，自主选择合适地点停车。

10.3.5 保持制动

保持制动功能，保持制动力可保证定员载荷状态的动车组在 30‰坡道上静置和启动而不溜逸，司机室内设置自复位形式的保持制动缓解按钮，按下保持制动缓解按钮期间缓解保持制动。

10.3.6 停放制动

停放制动功能，可确保动车组定员载荷时在 30‰坡道上不溜逸。停放制动装置采用弹簧储能方式，充风缓解，司机通过停放制动按钮（施加/缓解）控制停放制动电磁阀动作，实现停放制动缸的排风（施加）或充风（缓解）。停放制动装置的车轴两侧均设手动缓解装置，通过手动缓解装置可以紧急缓解该停放制动。制动系统具有停放制动监控功能，在列车运行速度超过 5 km/h 意外施加停放制动时，动车组将自动实施紧急制动停车。

10.3.7 除冰制动

除冰制动功能，在冰雪天气，司机可以通过 IDU 上的除冰制动按钮施加除冰制动，产生小的制动力，通过摩擦制动力的实施将制动盘和制动闸片很快加热，防止冰雪覆盖制动盘影响制动性能。

10.3.8 车轮滑行保护 WSP

当制动系统给转向架轮轴上的制动盘施加制动力时，摩擦力迅速增加，轮周速度迅速减小，车速亦会减小。一旦制动力过大轮子就会被逐渐锁死（“抱死”），从而轮周速度与车速将出现速度差，就会产生“蠕滑”，速度差的绝对值与列车速度的比值称为蠕滑率。如果制动力太高，轮子被锁死（“抱死”），蠕滑就会变为滑行。滑动摩擦下的制动力会比正常黏着行车时减小四倍，不但急剧减小了制动力又增加了制动距离，不利于停车。除此之外车轮高速滑行会导致轮对的踏面和轨面互相擦伤，滑行距离越长擦伤深度越大，可能造成车轮不易恢复转动的严重后果。所以，高速动车组对制动过程中可能出现的滑行必须进行有效的控制。

车轮滑行保护系统简称防滑系统，对每个轮轴进行车轮防滑控制，以避免制动过程中造成车轮抱死或擦伤，并优化轮轨间的黏着系数。防滑系统符合 UIC 541-05 的要求，对除停放制动和保持制动外的所有制动模式有效。防滑系统通过分别解读来自每个车轴的速度信号和制动力，判断车轮是否在允许的蠕滑范围内，施加或者缓解相应制动力，最大化利用轮轨间的黏着系数。

10.3.9 车轮不旋转检测 DNRA

车轮不旋转检测系统简称 DNRA，与防滑系统相互独立，CRH1A-A 型动车组是通过临车 BCU 进行监控。DNRA 系统符合 UIC 541-05 的设计要求，通过解读来自每个车轴的速度信号，判断动车组在运行过程中是否存在轴抱死故障。如果动车组在运行过程中检测到不旋转轴，则制动控制单元 BCU 会报给 TCMS，TCMS 会在 IDU 上输出 A 类报警，警示司机立即根据情况采取相应措施。司机可以在司机室操纵相关手柄或按扭，使用常用或紧急制动，在合适的地点停车，停车后对发生故障的轮对进行检查。

10.3.10 撒砂控制

撒砂控制系统，用于改善恶劣天气条件下的轨道黏着系数。常用制动时列车检测到深度滑行信号或紧急制动时列车检测到滑行信号，撒砂系统自动激活开始撒砂。司机操纵台设置有手动撒砂开关，也可由司机主动触发撒砂功能。撒砂量由计算机依据动车组速度自动进行调整，在速度高时，撒砂量较大，在速度低时，撒砂量较小。

10.3.11 升弓供风控制

升弓供风控制功能，用于实现主风压低且无三相电源的情况下，向受电弓提供压缩空气，受电弓的选择和辅助风源的控制由列车控制系统 TCMS 来实现。

10.3.12 主空压机控制

主空压机控制的功能，TCMS 对全列车空压机启动和停止进行统一控制管理，确保总风工作在 850～1 000 kPa 的正常压力范围之内。

当主风压力低于 850 kPa 时，启动一台主空压机；

当主风压力低于 800 kPa 时，启动两台主空压机；

当主风压力低于 750 kPa 时，启动三台主空压机；

当主风压力达到1 000 kPa时，停止所有主空压机。

10.3.13 救援回送

CRH1A-A型动车组每头车各设置BP救援装置进行动车组救援控制。

动车组救援时将司机控制器的常用7N和紧急制动EB指令通过BP救援装置转换为列车管信号，控制被救援动车组；

动车组被救援时，将救援车的列车管压力信号转换为电气指令控制被救援动车组的制动。

10.4 制动控制原理

CRH1A-A型动车组制动系统采用单管直通式电空制动系统与动力（再生）制动系统，动力（再生）制动是优先使用的一种制动方式，当其制动能力不足时，由空气制动来补充。制动力计算分配管理统一由列车控制管理系统（TCMS）控制，制动控制设备（EBCU）和牵引控制设备（PCU）执行，TCMS与各系统通过网络进行通信，传递制动指令并得到反馈信息，TCMS根据制动指令、车重等参数计算出制动力，再根据列车实际情况进行制动力分配，通过WTB、MVB发送到EBCU、PCU，如图10.2所示。

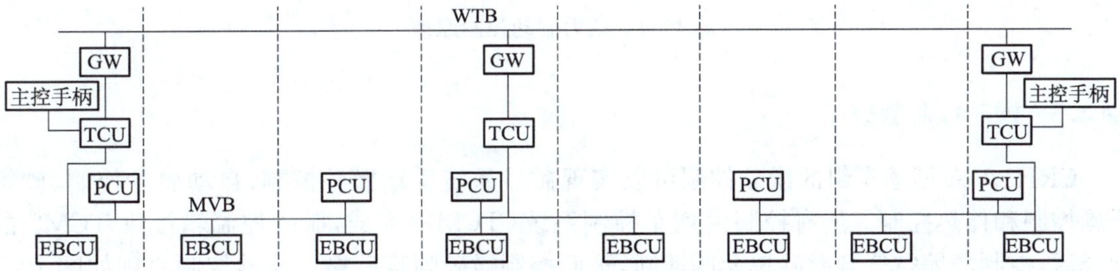

图10.2 制动系统控制框图

TCU—列车控制设备；GW—网关；PCU—牵引控制设备；EBCU—制动控制设备

10.4.1 电空制动控制原理

CRH1A-A型动车组制动力由列车控制管理系统TCMS计算并进行分配，制动控制单元（BCU）接到制动指令后，输出相应的制动缸压力，由制动夹钳装置转换成制动盘与闸片之间的摩擦力，从而产生制动力，将列车的动能转换为热能消散到大气中。电空制动控制原理如图10.3所示。

10.4.2 动力制动控制原理

CRH1A-A型动车组制动力由列车控制管理系统TCMS计算并进行分配，在常用制动、紧急制动EB的时候，优先使用动力制动。动力制动是将列车牵引电机作为发电机，将列车的动能转换为电能的一种制动方式。动力制动由TCMS将指令传送给牵引控制单元（PCU），通过牵引控制单元（PCU）控制电机变流模块实现动力再生制动。动力制动控制原

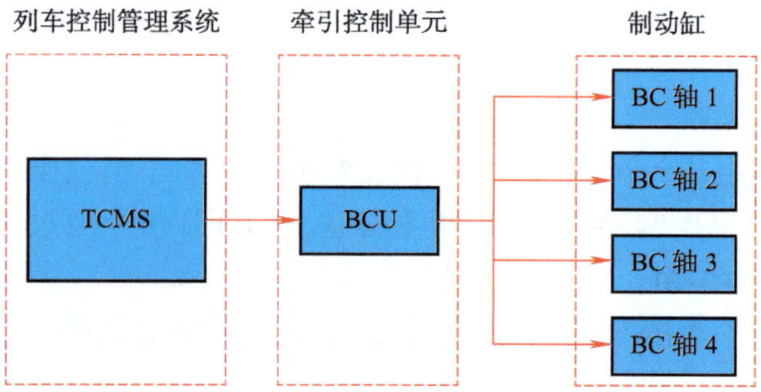

图 10.3　电空制动控制原理

理如图 10.4 所示。

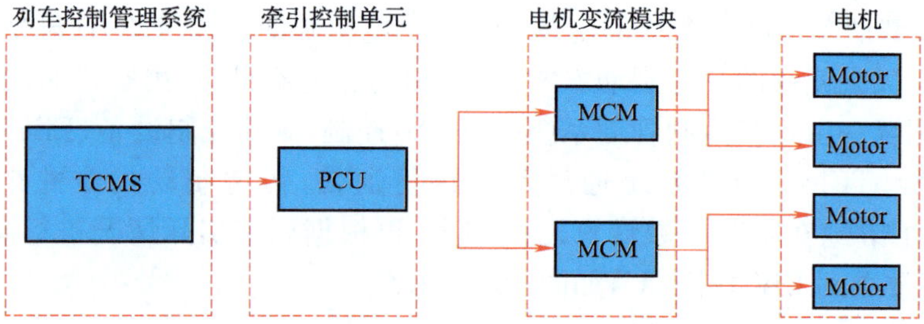

图 10.4　动力制动控制原理

10.4.3　撒砂控制原理

CRH1A-A 型动车组的撒砂控制可以实现撒砂系统手动撒砂控制、自动撒砂控制、砂箱干燥控制和伴热控制。所有控制由列车控制系统(TCMS)完成,撒砂控制箱接收 TCMS 的指令后,控制压缩空气到撒砂单元的通断,进而控制撒砂喷嘴砂撒。撒砂控制原理如图 10.5 所示。

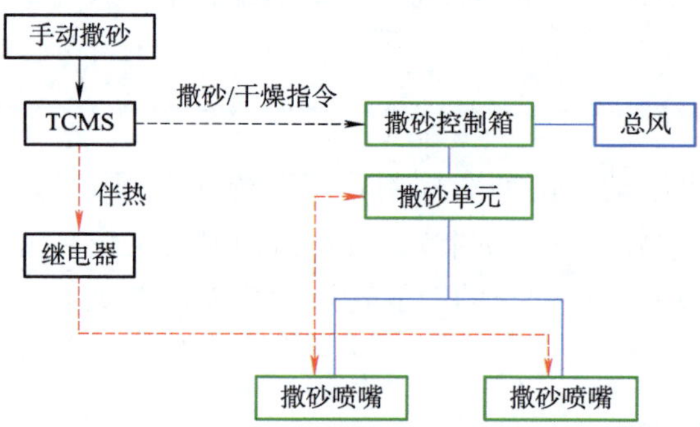

图 10.5　撒砂控制原理

10.4.4　防滑控制原理

车轮防滑保护系统包含速度传感器、车轮防滑保护控制模块,防滑控制阀。车轮防滑保护控制模块采取每轴单独控制的原理,即通过解读分别来自每个车轴的速度信号和制动力,以制动力最大时的轮周速度为控制防滑的临界速度,启动或者缓解相应制动缸压力,提供最佳的制动黏着系数,保持最大的制动力,防滑控制原理如图 10.6 所示。

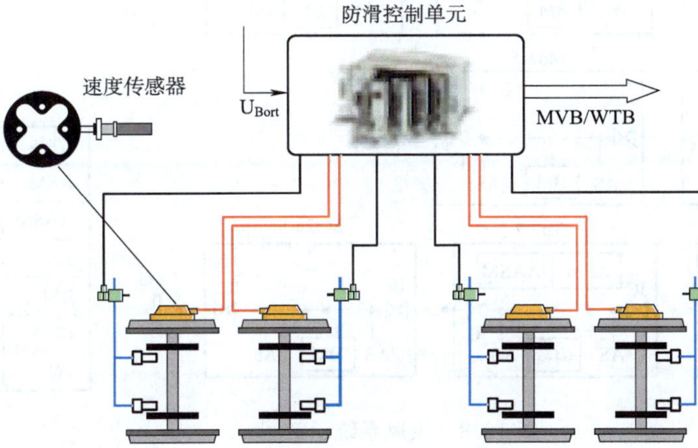

图 10.6 防滑控制原理

车轮不旋转检测系统简称 DNRA,与防滑系统相互独立。CRH1A-A 型动车组是通过临车 BCU 进行监控,如图 10.7 所示。DNRA 系统符合 UIC 541-05 的设计要求,通过解读来自每个车轴的速度信号,判断动车组在运行过程中是否存在轴抱死故障。如果动车组在运行过程中检测到不旋转轴,则制动控制单元 BCU 会报给 TCMS。

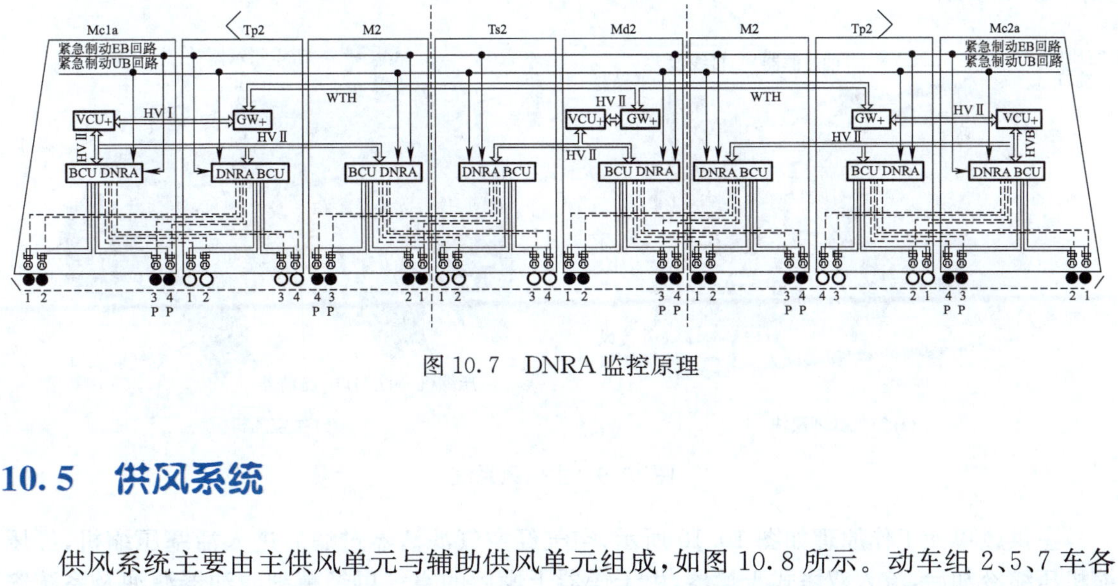

图 10.7 DNRA 监控原理

10.5 供风系统

供风系统主要由主供风单元与辅助供风单元组成,如图 10.8 所示。动车组 2、5、7 车各设置一套主供风单元,TCMS 通过读取动车组的总风压力传感器读取总风压力,控制主压缩机的启停,控制总风压力保持在 850~1 000 kPa 之间。动车组 2、7 车各设置一套辅助供风单元,在动车组主空气压缩机组不能供风且总风压力不足时,可利用动车组蓄电池启动辅助空气压缩机组为受电弓升降弓装置提供风源。

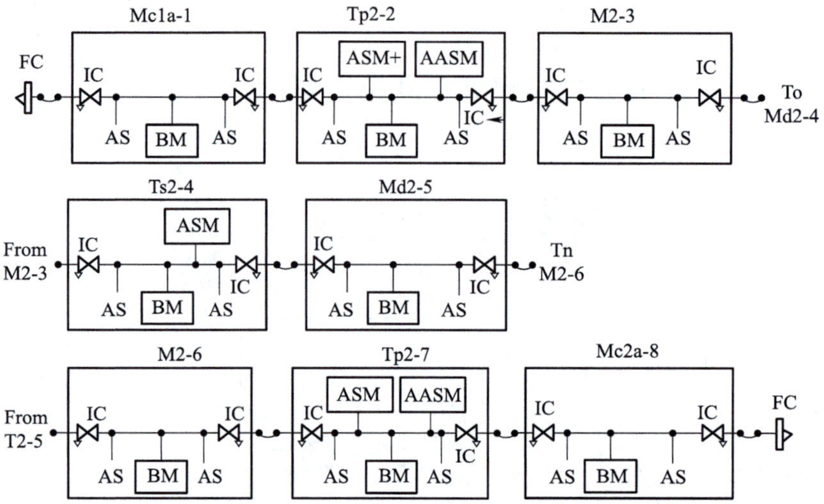

件号	描述
ASM	供风系统模块
AASM	辅助供风模块
AS	空气悬挂
BM	制动模块
IC	截至阀
FC	前部车钩

图 10.8　供风系统示意图

10.5.1　主供风单元

CRH1A-A 型动车组供风系统采用模块化设计，分为两个模块，一个是主空压机模块，一个是空气处理模块。空压机模块负责输出压缩空气，主要由电机、空压机、冷却装置等组成；空气处理模块负责对压缩空气进行干燥及过滤处理，主要由干燥器、油过滤器、风缸等组成，如图 10.9 所示。

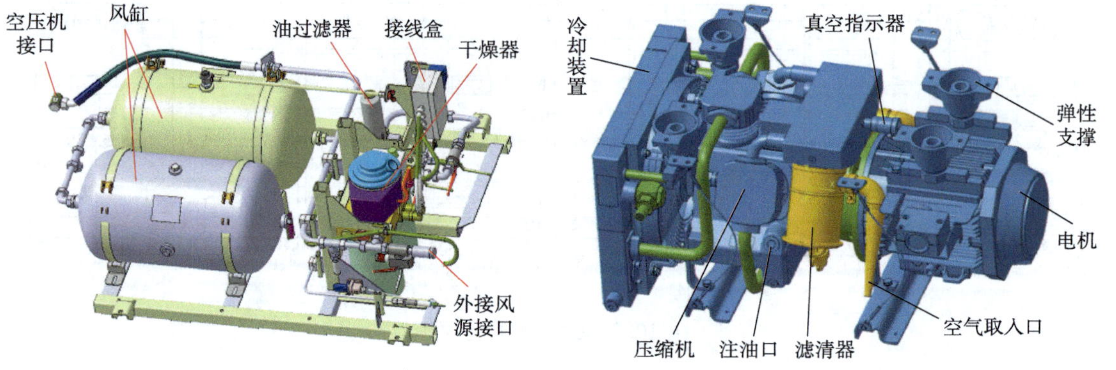

(a) 空气处理模块　　(b) 主空压机模块

图 10.9　主供风系统

主供风单元工作原理如图 10.10 所示，空气经空气滤清器过滤后进入活塞压缩机，经压缩机压缩冷却后，流入双塔式干燥器，由干燥器干燥后的空气再经精细滤油器滤油及系统安全阀等装置，进入到总风储风缸，为全列主风管提供合格的风源。

主压缩机的启动和停止由 TCMS 控制。当压力低于 850 kPa(8.5 bar)，压缩机开始工作。当压力高于 1 000 kPa(10 bar)，压缩机停止工作。列车刚启动时，所有的压缩机同时运行以在尽可能短的时间内达到给车加压的效果。在正常运行中，只有一个压缩机处于工作

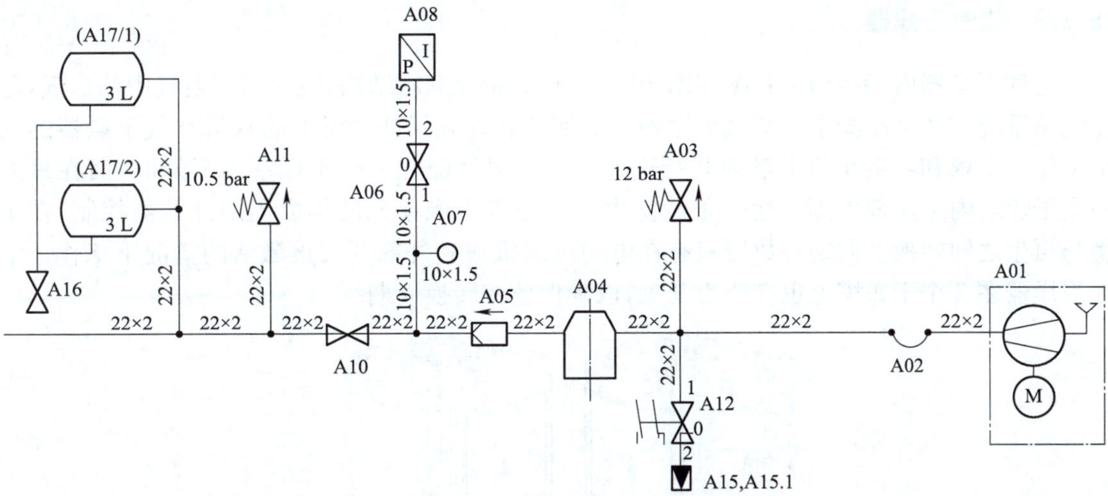

图 10.10　主供风单元原理

A01—压缩机模块；A02—软管；A03—安全阀(1 200 kPa)；A04—空气干燥器；
A05—精密油滤器；A06—截断塞门；A07—测试接口；A08—压力传感器；A10—截断塞门；
A11—安全阀(1 050 kPa)；A12—带电开关的截断塞门；A15—快速接头(外接风源接口)；
A15.1—防尘堵；A16—排水塞门；A17—风缸

状态。但是如果压力低于 800 kPa(8.0 bar)的话，第二压缩机开始工作，如果压力进一步降到 750 kPa(7.5 bar)，第三压缩机也将启动。

10.5.2 主压缩机

主压缩机为活塞式压缩机，二级压缩 W 型三缸装置，供风量为 920 L/min，供电方式为三相交流 400 V/50 Hz，如图 10.11 所示。压缩机分两个阶段工作，在低压阶段上用两个汽缸，高压阶段上用一个汽缸，被吸入低压气缸的空气先由一个干式空气过滤器进行过滤，当被在预压缩之后，再通过冷却装置调节温度，然后将冷却后的预压缩空气送至高压气缸做进一步压缩，高压缸二次压缩出来的压缩空气再经冷却装置冷却后对外输出压缩空气。

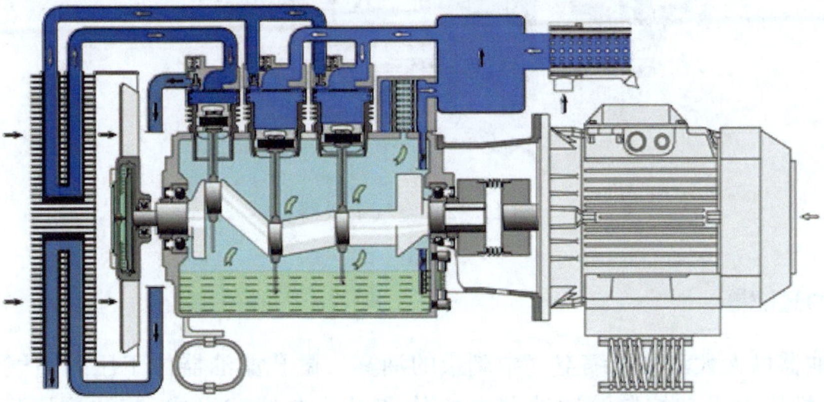

图 10.11　主压缩

10.5.3 空气干燥器

空气干燥器内部结构示意图如图 10.12 所示，采取双塔结构，吸收压缩空气中的水气，避免气路系统中产生冷凝水。空气干燥器带电加热装置以保证低温下的双塔空气干燥器的正常工作。干燥和再生在两个塔内并行进行。当主风气流在一个干燥室内干燥时，而在另外一个干燥塔内干燥剂得到再生。干燥室由一个空气干燥单元的集成周期计数器控制，在干燥与再生之间转换。周期计数器只有在电动压缩机或者外部开关被激活的情况下工作。空气干燥器在 2 个干燥塔上也有压力开关，以确保监控转换周期。

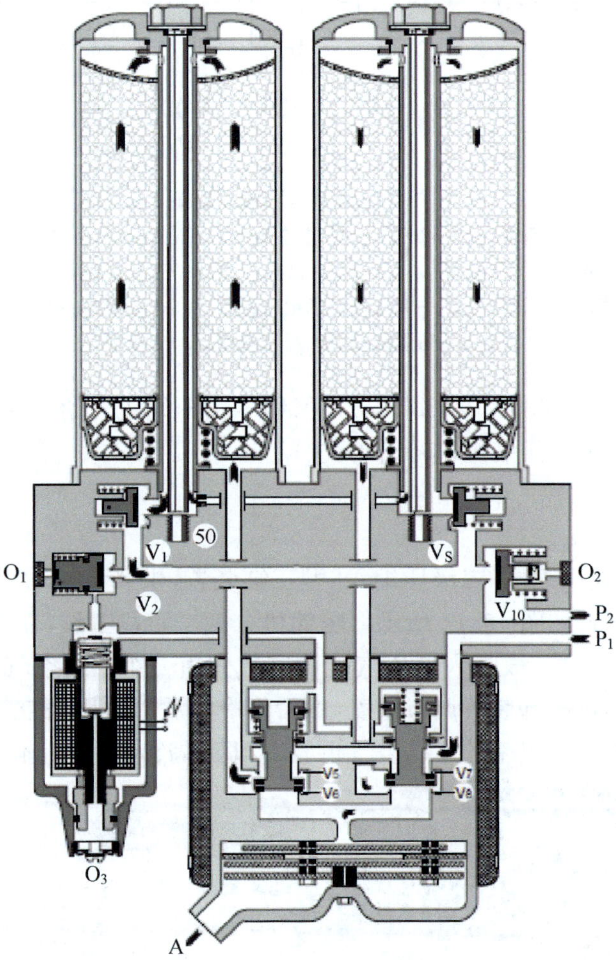

图 10.12 空气干燥器

10.5.4 微油过滤器

微孔滤油器可大大消减压缩空气中剩余的油雾。微孔滤油器位于压缩空气通路上干燥装置的下游，排放由手动控制。滤油器由机体和过滤器滤芯组成，其结构原理如图 10.13 所示。

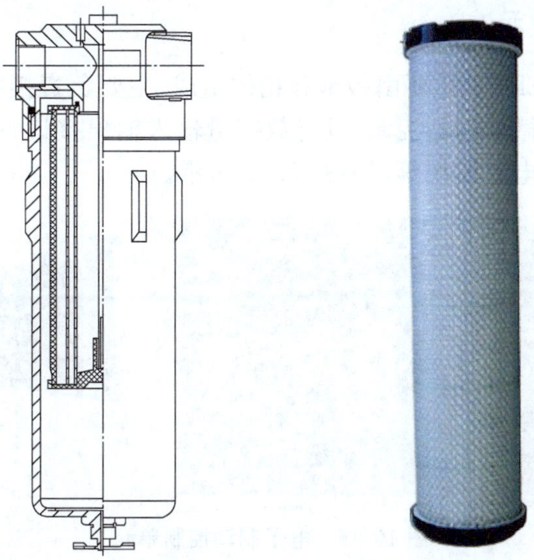

图 10.13 微孔滤油器和滤芯结构示意图

10.6 制动控制装置

制动控制装置由气动制动控制单元(PBCU)和电子制动控制单元(EBCU)两部分组成,CRH1A-A 动车组制动控制模块采用模块化设计,将气动制动控制单元、电子制动控制单元及风缸等设备集成于一个框架式模块,如图 10.14 所示。安装在底架设备舱内,可通过裙板侧面的指示标签快速找到,具有模块更换简便快捷、快速处理故障的优点。

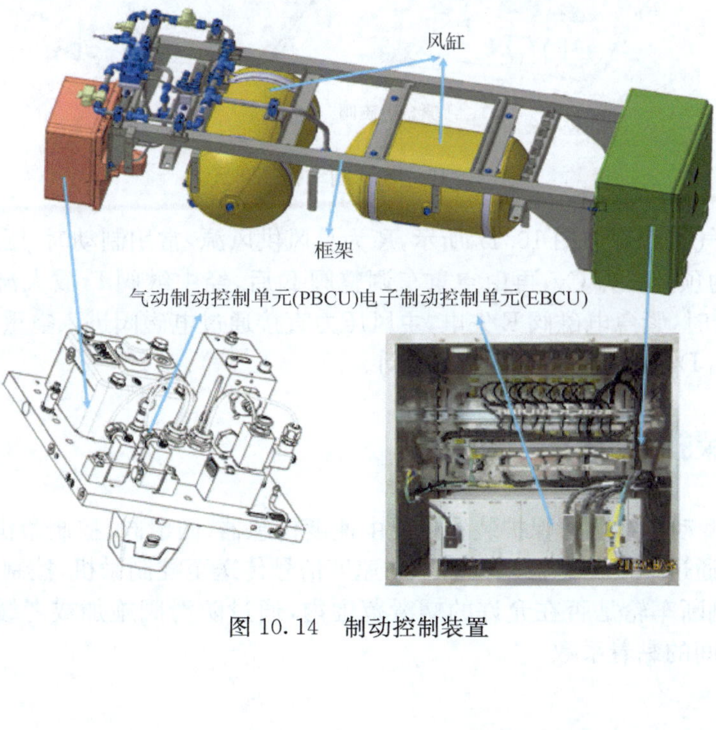

图 10.14 制动控制装置

10.6.1 电子制动控制单元

电子制动控制单元 EBCU 主要由板卡和箱体组成，主要负责接收与处理制动指令，并控制各车的空气制动，采用微处理器控制，具有数字量输入输出接口、模拟量输入输出接口、网络信号接口、驱动模块及电源模块等，如图 10.15 所示。

图 10.15 电子制动控制单元

10.6.2 气动制动控制单元

气动制动控制单元又叫制动控制面板，各种阀类集成在一块气路板上，用于控制制动缸压力，外部增加了一个罩板以提高防尘性，如图 10.16 所示。

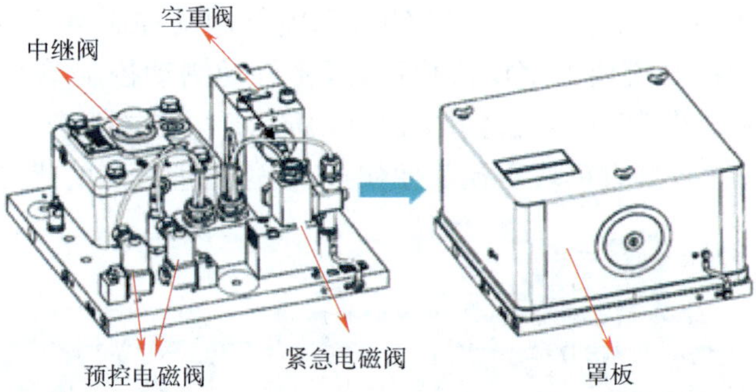

图 10.16 气动制动控制单元

制动施加的气路原理如图 10.17 所示，R 为总风供风源，常用制动时，压缩空气通过 A1、A2 阀控制所需的预控压力 Cv，再由空重车调整阀 F 后，经中继阀 D 放大流量，控制施加制动；紧急制动 UB 时，紧急电磁阀 E 失电，主风压力直接通过电磁阀进入空重车调整阀进行调节，然后经中继阀 D 放大流量，控制施加制动。

10.7 防滑保护装置

CRH1A-A 型动车组防滑保护装置主要由速度传感器、防滑阀、控制微机等部件组成，如图 10.18 所示。通过速度传感器采集列车的速度信号传送至控制微机，控制微机解读每个车轴的速度信号，判断车轮是否在允许的蠕滑范围内，通过防滑阀施加或者缓解相应制动力，最大化利用轮轨间的黏着系数。

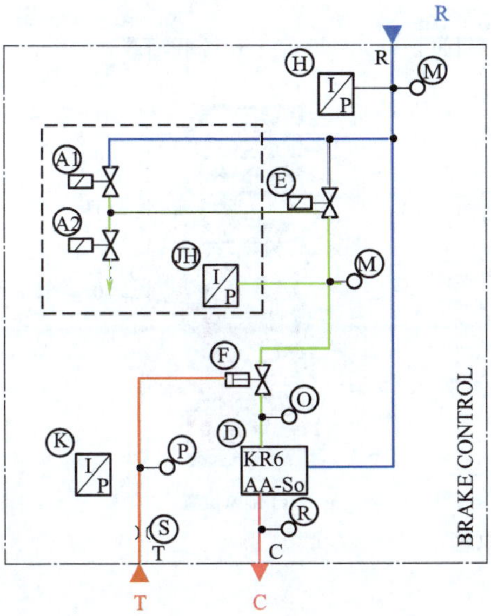

图 10.17　气动控制原理

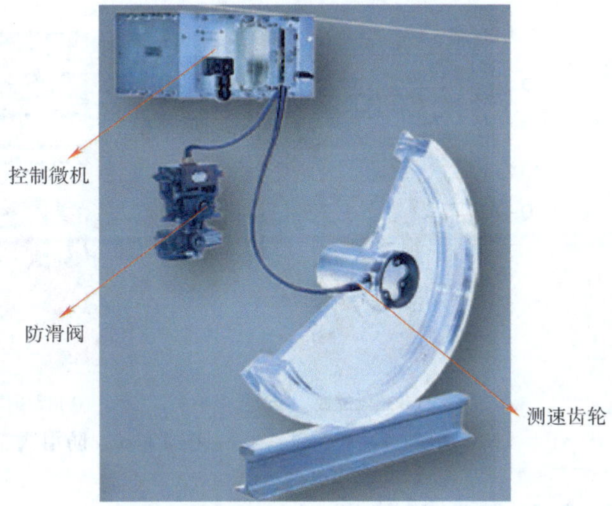

图 10.18　防滑系统部件组成

10.7.1　速度传感器

速度传感器的输出是防滑控制中速度计算的基础，CRH1A-A 型动车组采用霍尔式速度传感器，由检测线圈及感应齿盘所组成，安装在车轴的端部，如图 10.19 所示。当齿盘旋转时，齿顶齿谷交替通过检测线圈，切割磁力线，即在传感器输出线圈上感应出相应的脉冲信号(感应电压)如下图所示，根据感应齿盘的齿数和车轮的直径，计算出车轮的转速。

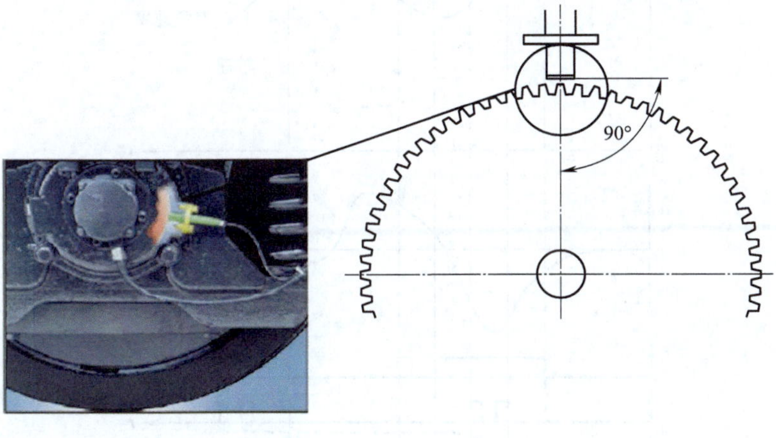

图 10.19　速度传感器

10.7.2　防 滑 阀

当滑行发生时，防滑阀在滑行控制微机的控制下产生排风、保压和充风等动作，使制动缸压力产生相应的变化，以有效控制滑行擦伤，并最大限度地利用轮轨间的黏着。防滑阀在制动时的工作原理如图 10.20 所示。

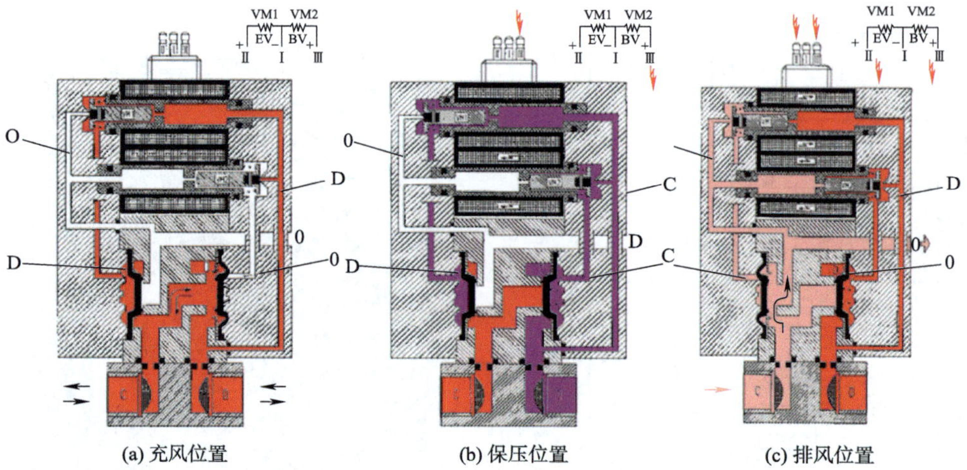

图 10.20 防滑阀工作原理

10.7.3 防滑控制微机

CRH1A-A 型动车组放滑控制微机集成在电子制动控制装置(EBCU)上，防滑控制微机对速度传感器传来的车轮转动脉冲信号进行计算分析和逻辑判断，根据当前轴速判断滑行情况，根据滑行情况控制防滑阀按照“缓解—保压—……—再制动”的模式精确地进行控制，防滑控制原理示意图如图 10.21 所示。

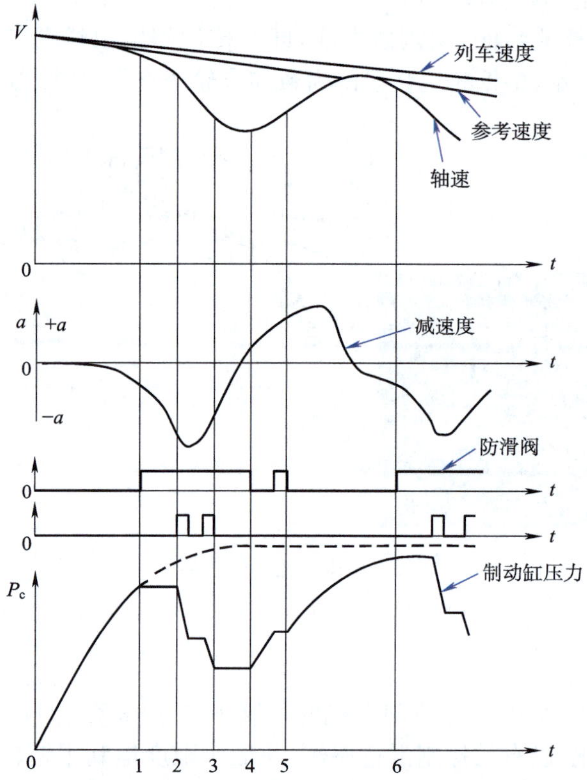

图 10.21 防滑控制原理示意图

10.8 辅助供风

辅助供风单元用以在总风压力太低时，给受电弓的起升提供压缩空气，以升起受电弓使动车组接受电网供电。辅助供风单元主要包括空气压缩机、干燥器、安全阀、再生风缸等装置，辅助供风模块如图 10.22 所示。

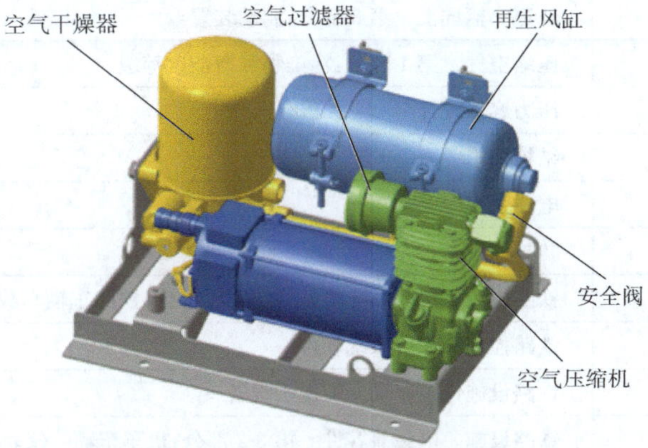

图 10.22 辅助供风模块

辅助压缩机为单活塞压缩机，空气经空气过滤器过滤后进入辅助压缩机，经压缩机压缩和干燥器干燥后流入再生风缸及辅助风缸。空气干燥器是一个单塔干燥器，可净化空气，当压缩机停止工作，被压缩的干燥空气通过空气干燥器的干燥塔使干燥剂再生。当压力开关显示压力超过设定值时，电动压缩机将停止工作，以保护单元部件不受高压的损害。辅助供风单元气路原理如图 10.23 所示。

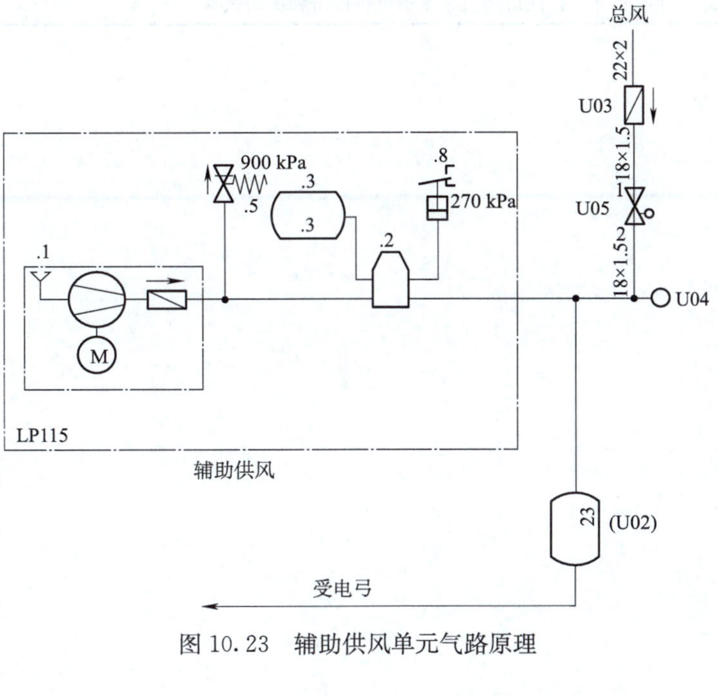

图 10.23 辅助供风单元气路原理

10.9 主要引用标准

制动系统主要引用标准见表10.2。

表10.2 制动系统主要引用标准

标准编号	标准名称
GB/T 4549.3	轨道车辆词汇　第3部分:制动装置
ISO 8573-1	压缩空气　第1部分:污染物和清洁度等级
EN 286	压力容器设计
EN 12663	结构要求
EN 50121	电磁兼容
EN 60529	防护等级
EN 50125-1	铁路应用—设备的环境条件　第1部分:铁路车辆车载设备
EN 50128	铁路控制和保护系统软件
EN 50155	铁路设施铁道车辆上的电子设备
EN 50121-3-2	铁路设施　电磁兼容性　第3-2部分:机车车辆　仪表
UIC 541-1	制动零部件设计规章
UIC 541-5	制动机　制动机部件制造规程　车轮防滑装置
IEC 332-3	火灾情况下的电缆试验　第3部分　成束电线电缆燃烧试验
IEC 60571	机车车辆电子装置
IEC 61133	车辆组装和运行前的整车试验
IEC 61375	列车通信网络
IEC 61373	铁路应用机车车辆设备冲击和振动试验

11

旅客信息及娱乐系统

11.1 概　　要

旅客信息及娱乐系统是分布式的列车信息服务系统。旅客信息系统具有通告广播、通信和信息显示的功能，为乘客旅行相关信息服务，为司乘人员提供内部通信服务，为乘客和司机之间提供紧急语音通信服务。娱乐系统为乘客提供音视频播放服务。

旅客信息系统和娱乐系统间紧密结合，娱乐系统使用旅客信息系统音频播放设备，旅客信息系统将信息和视频显示于信息显示器和娱乐系统液晶电视上。

(1)全车设置列车级 CAN 通信总线、UIC568 音频总线及双百兆以太网通信总线。

(2)由列车广播与通信子系统、乘客信息显示子系统、音视频娱乐子系统组成。

(3)旅客信息系统控制器、娱乐系统控制器、通过以太网总线与车厢控制器通信。

(4)车厢控制器通过以太网接口与车内联络电话、乘客紧急报警装置等通信。

(5)通过 UIC568 音频总线获取广播音频信号；通过音频功放放大后驱动本车扬声器进行广播；通过车厢级 RS-485 总线与车内外信息显示器通信。

11.2 旅客信息系统

旅客信息系统由列车广播与通信子系统、乘客信息显示子系统等组成。有关乘客信息系统(PIS)的名词定义见表 11.1。

表 11.1　有关乘客信息系统(PIS)的名词定义

英文缩写	英文名称	中文名称
SC	System Controller	系统控制器
CC	Car Controller	车厢控制器
DVA	Digital Voice Announcer	数字语音广播
PECU	Passenger Emergency Communication Unit	乘客应急通信单元
ID	Internal Display	车内信息显示器
ED	External Display	车外信息显示器

续上表

英文缩写	英文名称	中文名称
HS	Handset	手持机
GNM	Goose Neck Microphone	鹅颈麦克风
CIB/C	Communication Interface Box	通信接口盒
PIS	Passenger Information System	乘客信息系统
TCMS	Train Control Management System	列车控制管理系统
GPS	Global Positioning System	全球定位系统
PA	Public Address	公共广播

11.2.1 系统功能

广播与通信子系统可以实现以下主要功能：

(1)公共广播：由司乘人员通过广播设备对乘客进行广播、通过选择预定义的语音和文本信息进行广播，也可通过音频接口播放来自外部设备的音频信号。

(2)内部通信：提供司乘人员之间的通信服务。司乘人员可以在司机室、机械师室、乘务员室及动车组其他服务区域之间进行对讲。当选择紧急对讲时，将中断正在进行的对讲并优先执行。

(3)乘客紧急通信：提供乘客与司机之间的紧急通信服务。在车厢通过台区域设有乘客紧急通信单元，乘客可以在紧急情况下与司机进行通话。

(4)报站和列车信息显示：从列车信息控制系统接收广播所需要的信息，通过自动广播装置进行播放。

(5)通过扬声器播放娱乐系统音频。

旅客信息系统为旅客提供旅行相关的信息，文字显示在LED信息显示器上，声音通过扬声器广播；提供列车司乘人员之间的内部通信；提供司机与乘客之间的紧急语音通信；提供乘客对乘务员的紧急呼叫。100M冗余网络干线具备链路聚合功能和旁路功能。

乘客信息显示子系统可以实现主要功能有：将来自旅客信息系统控制器的文字信息通过通信总线经由各车车厢控制器，发送至各车的信息显示器显示，向乘客显示必要的列车信息和旅途相关的服务信息。

信息显示器分为车内信息显示器及车外信息显示器。车外信息显示器位于车门附近，给乘客提供的信息有：车厢号、车次号、始发站及终点站。车内信息显示器位于客室内，给乘客提供的信息有：车厢号、车次号、始发站及终点站、前方到站、中间站、时间和日期、车内外温度、车速等信息，此外还有固定显示的欢迎词信息。车内信息显示器还能根据需要提供宣传用语以及临时信息的显示。

乘客信息显示子系统采用中英文两种语言交替显示。

11.2.2 系统组成及网络

旅客信息系统由系统控制器、车厢控制器、操作屏、鹅颈麦克风、手持机、通信接口盒、乘客紧急通信单元、扬声器、信息显示器和SOS呼叫按钮控制盒等组成，如图11.1所示。

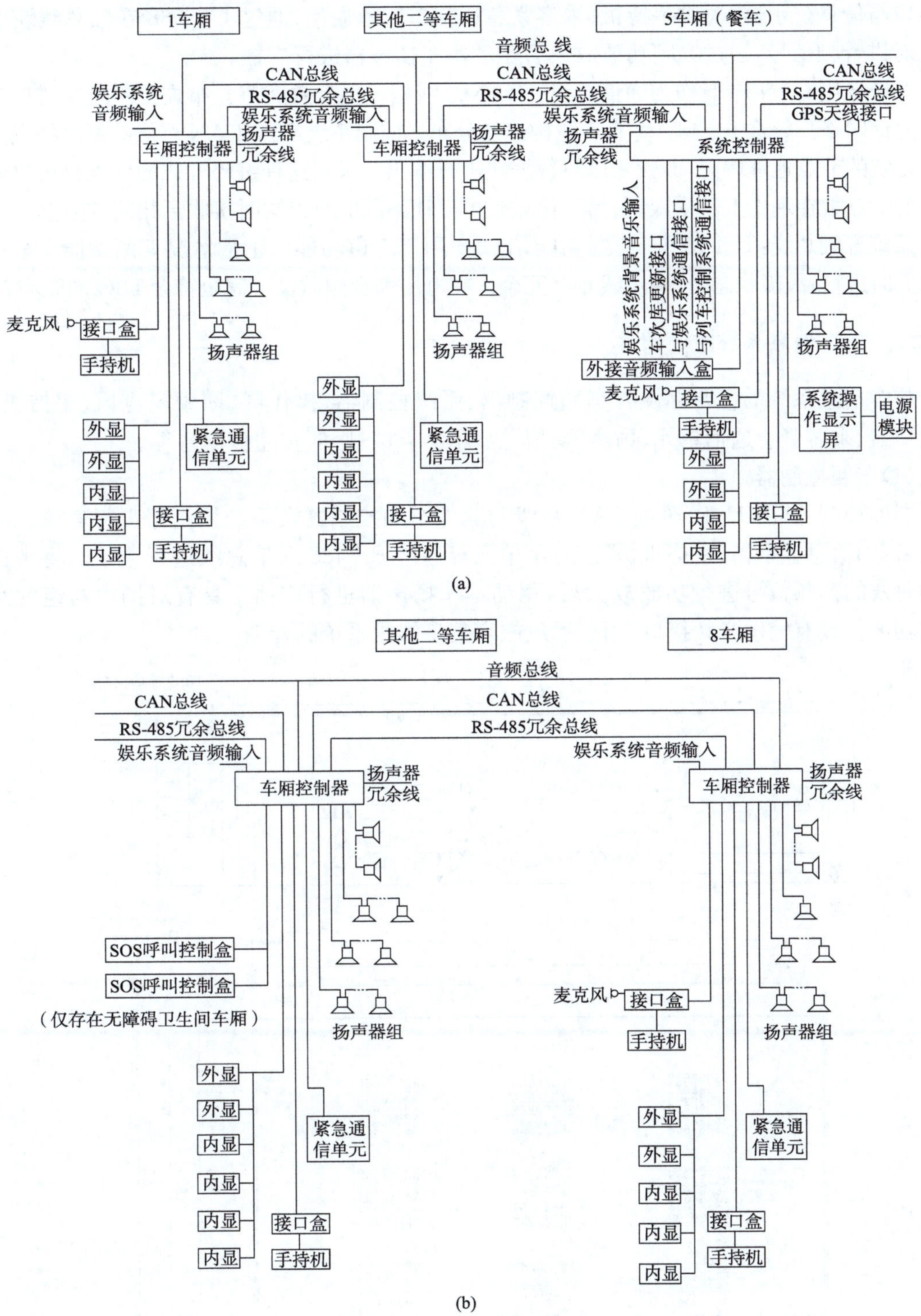

图 11.1　旅客信息系统构成图

全车设置列车级 CAN 通信总线、RS-485 冗余通信总线及 UIC568 音频总线。旅客信息系统控制器、车厢控制器通过 CAN 通信总线通信。车厢控制器通过车厢级 RS-485 通信总线接口与信息显示器、对讲手持机、乘客紧急通信单元等通信；通过UIC568音频总线获取广播及对讲音频信号，通过音频功放放大后驱动本车扬声器进行广播。

系统选用CAN BUS作为通信总线。CAN总线是一种有效支持分布式控制或实时控制的串行通信网络。较之RS-485基于R线构建的分布式控制系统而言，CAN总线的最大特点是废除了传统的节点地址编码，而代之以对数据块进行编码。采用这种编码方式的优点是可以使网络内的节点数在理论上不受限制；另一优点是可以让不同的节点同时接收到相同的数据。

系统音频总线：TL1-2用于广播功能，TL3-4用于对讲功能。正常情况下两功能完全独立可以同时进行；故障状态时，两总线相互冗余。在电压和音频质量上完全符合UIC 568标准。

11.2.3 旅客信息系统主要部件

旅客信息系统的主要部件有车厢控制器、系统控制器、操作屏、鹅颈麦克风、手持机、通信接口盒、乘客紧急通信单元、扬声器、信息显示器、SOS呼叫按钮控制盒等。

(1)车厢控制器

车厢控制器(图11.2)通过CAN总线与其他车厢控制器及系统控制器进行通信。与本地设备，如信息显示器、手持机、紧急通信单元等通过RS-485通信总线进行通信。将来自于音频总线的音频信号进行功放放大后，驱动本车扬声器进行广播。具有对扬声器组的冗余控制功能。具有辅助音频接口，用于播放旅客信息娱乐系统的音频。

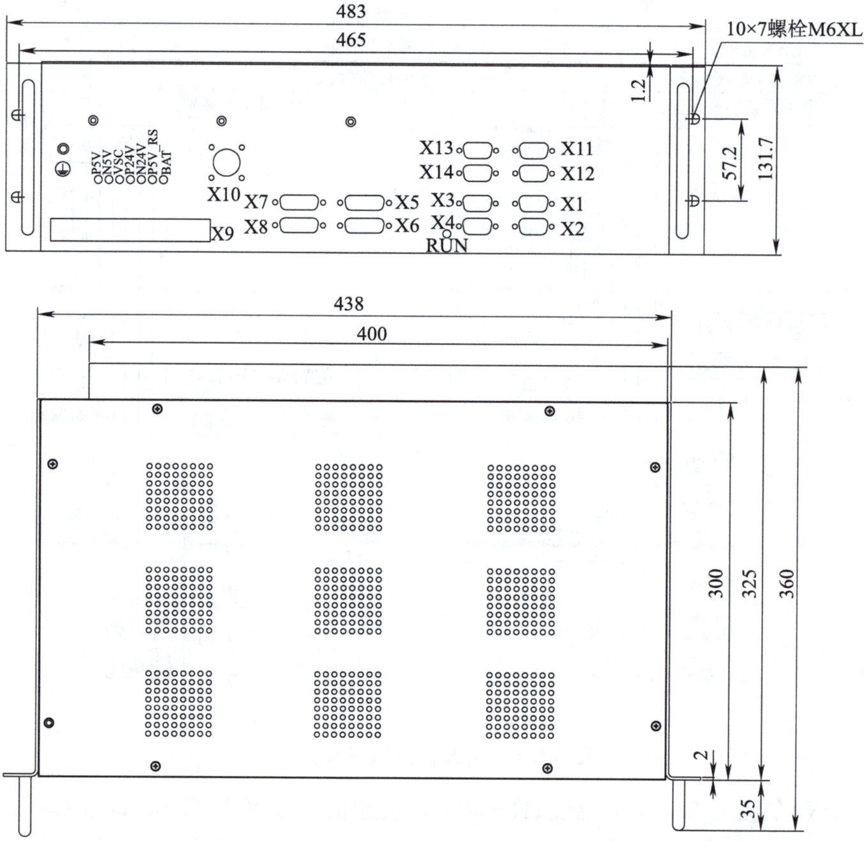

图11.2 车厢控制器

技术参数：

主频 266 MHz，RAM 64 MB，Flash 256 MB；

操作系统：嵌入式 Linux；

额定输入电压：DC 110 V(77～137.5V)；

待机功耗大约是 40 W，最大功率为 120 W；

功放模块：2×40 W；

扬声器组：可独立控制的 4 组＋不可独立控制的 1 组；

机箱材质：不锈钢；

控制器的重量大约：12 kg。

(2)系统控制器

系统控制器(图 11.3)是旅客信息系统的主控制器，被安装在餐车机械师室内，提供系统的控制管理功能、报站功能、以及旅客信息系统对外的功能接口。系统控制器还集成了车厢控制器的功能。

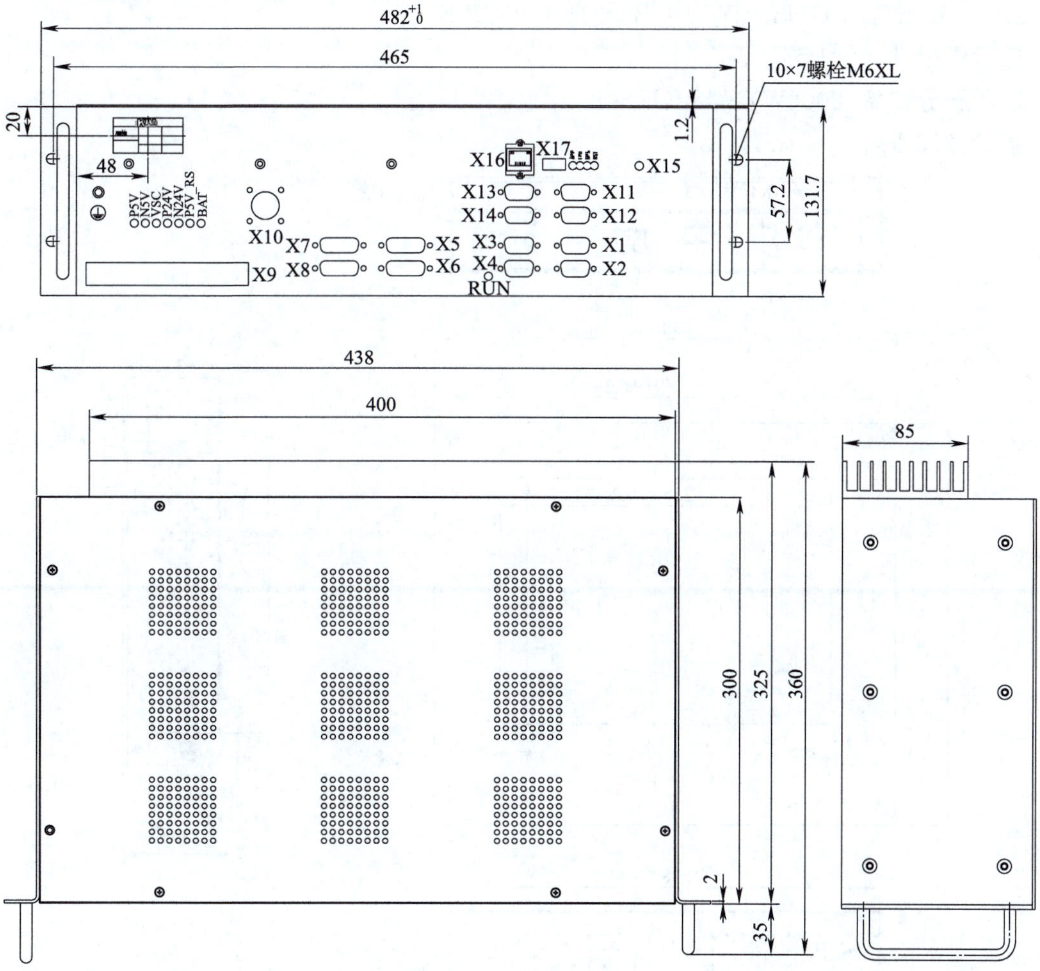

图 11.3　系统控制器

技术参数：

主频 266 MHz，RAM 64 MB，Flash 256 MB，16 GB 扩展存储；

操作系统：嵌入式 Linux；

额定输入电压：DC 110 V(77～137.5 V)；

待机功耗大约是 50 W，最大功率为 120 W；

功放模块：2×40 W；

扬声器组：可独立控制的 4 组＋不可独立控制的 1 组；

机箱材质：不锈钢；

控制器的重量大约：13 kg。

(3)系统操作屏

系统操作屏(图 11.4)用于操作和监控 PIS 系统、车次输入、预定义消息播放、更细数据库和软件、系统维护、系统诊断，它安装在机械师室内。

技术参数：

Atom Z520 1.4 GHz，内存 1 GB，硬盘 120 GB SSD；

显示屏尺寸：10.1 英寸；

显示屏分辨率：800(W)×480(H)；

重量：2.3 kg。

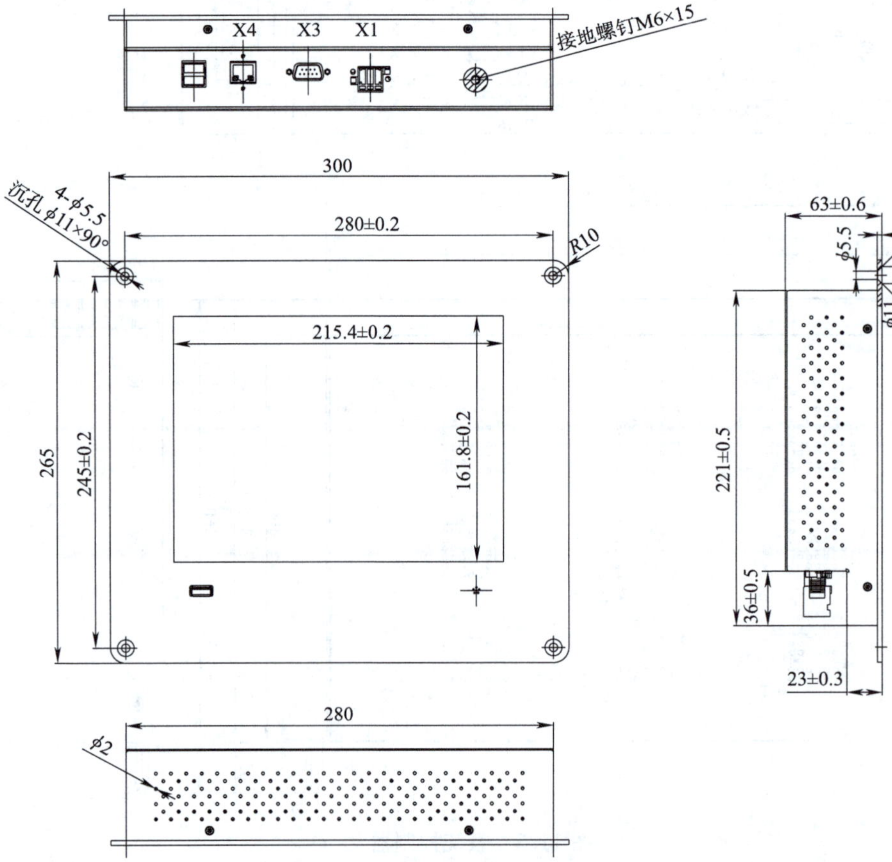

图 11.4　系统操作屏

(4)鹅颈麦克风

鹅颈麦克风(图 11.5)安装在司机室和乘务员室,用来做全车广播。

技术参数:

重量:0.4 kg;

灵敏度:1.8 mV/Pa;

阻抗:200×(1±20%)Ω;

频率:200～10 000 Hz。

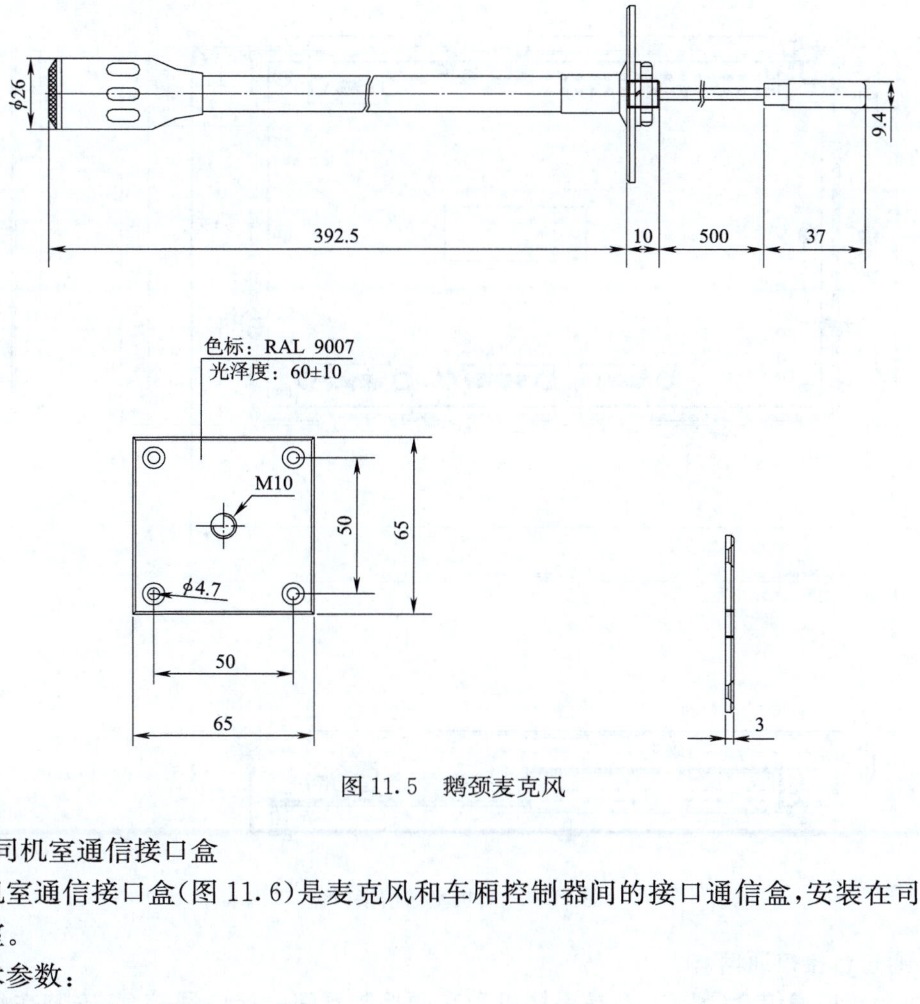

图 11.5 鹅颈麦克风

(5)司机室通信接口盒

司机室通信接口盒(图 11.6)是麦克风和车厢控制器间的接口通信盒,安装在司机室和乘务员室。

技术参数:

额定电压:DC 24 V;

功耗:5 W;

重量:0.5 kg;

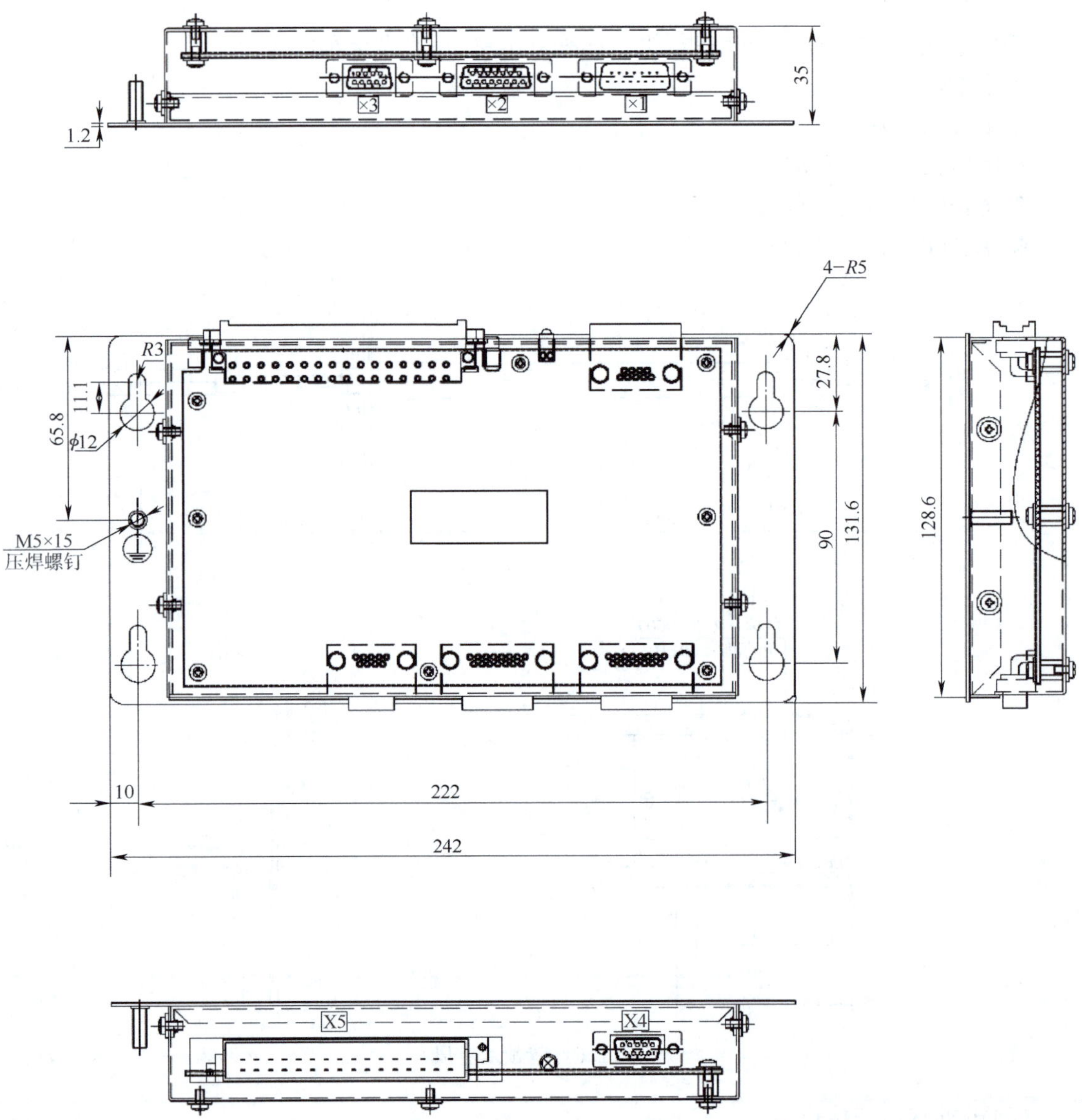

图 11.6　司机室通信接口盒

(6)通过台接口通信盒

通过台接口通信盒(图 11.7)是手持机和车厢控制器间的接口通信盒,安装在每个车厢的通过台。

技术参数:

额定电压:DC 24 V;

功耗:5 W;

重量:0.5 kg。

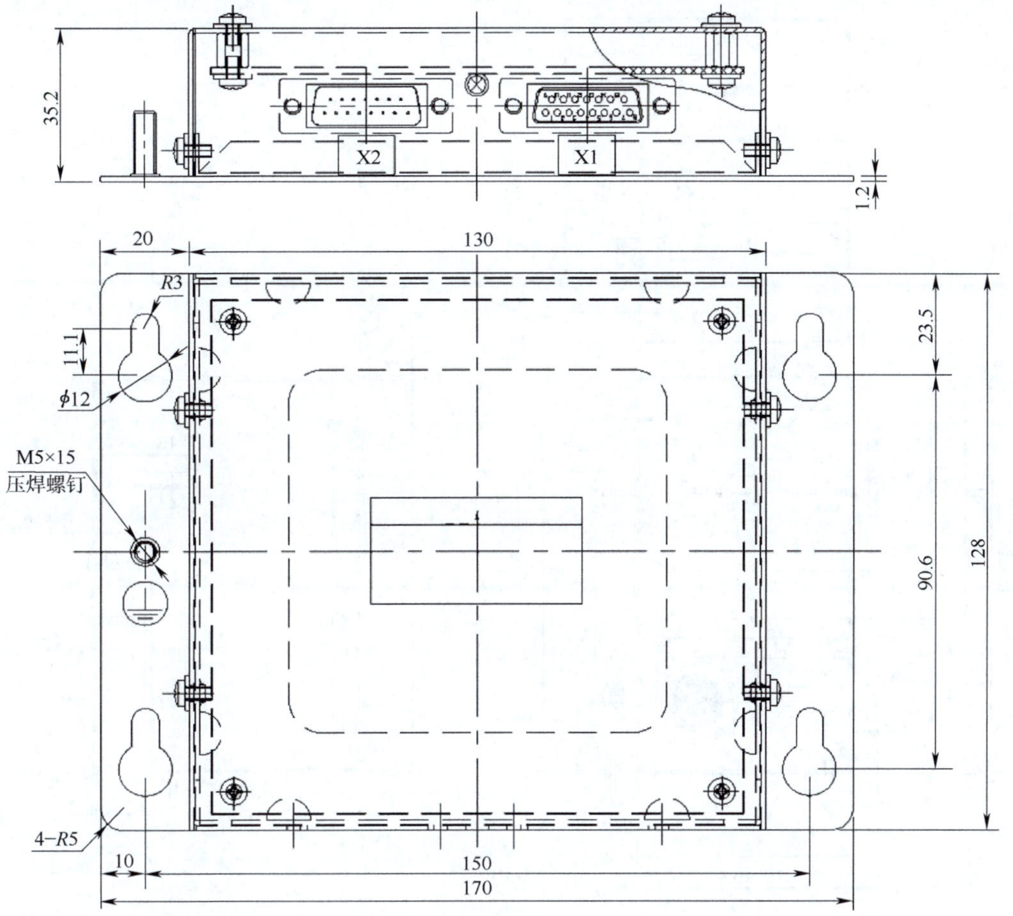

图 11.7　通过台通信接口盒

(7)乘客紧急通信单元

乘客紧急通信单元(图 11.8)是一个紧急通信装置,安装在每节车厢的通过台,在乘客和司机间建立半双工紧急通话。

技术参数:

额定电压:DC 24 V;

功耗:5 W;

重量:1.0 kg。

(8)手持机

手持机(图 11.9)安装在司机室、乘务员室及每个车厢的通过台,提供广播、对讲、车厢号设定等功能。

技术参数:

额定电压:DC 11 V;

功耗:5 W;

重量:0.25 kg。

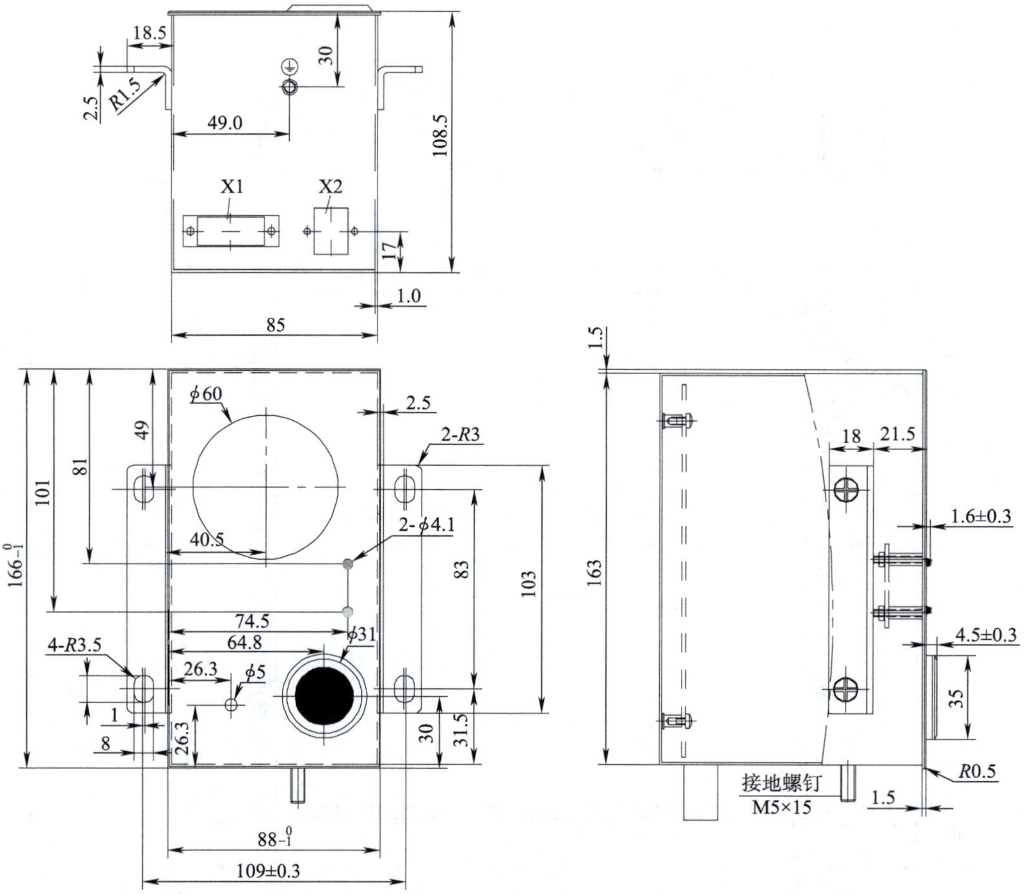

图 11.8　乘客紧急通信单元

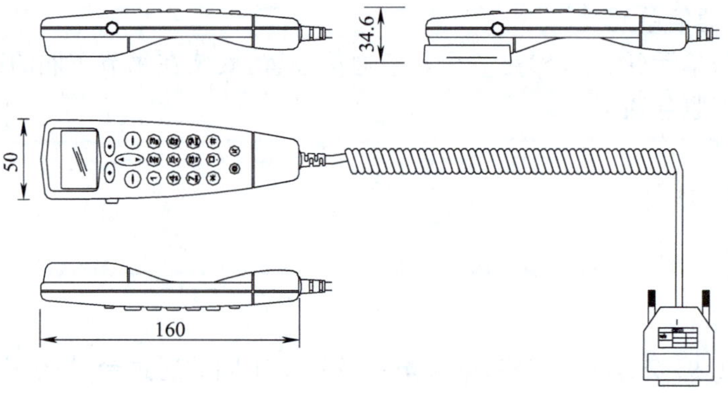

图 11.9　手持机

(9) Ⅰ型扬声器

Ⅰ型扬声器(图 11.10)用于音频播放,安装在除行李架功能板外的其他公共区域。

技术参数:

阻抗:4 Ω;

电压类型:100 V;
额定功率:2.5 W;
频率响应:100～13 000 Hz;
灵敏度:90 dB/1 W/1 m;
重量:0.45 kg。

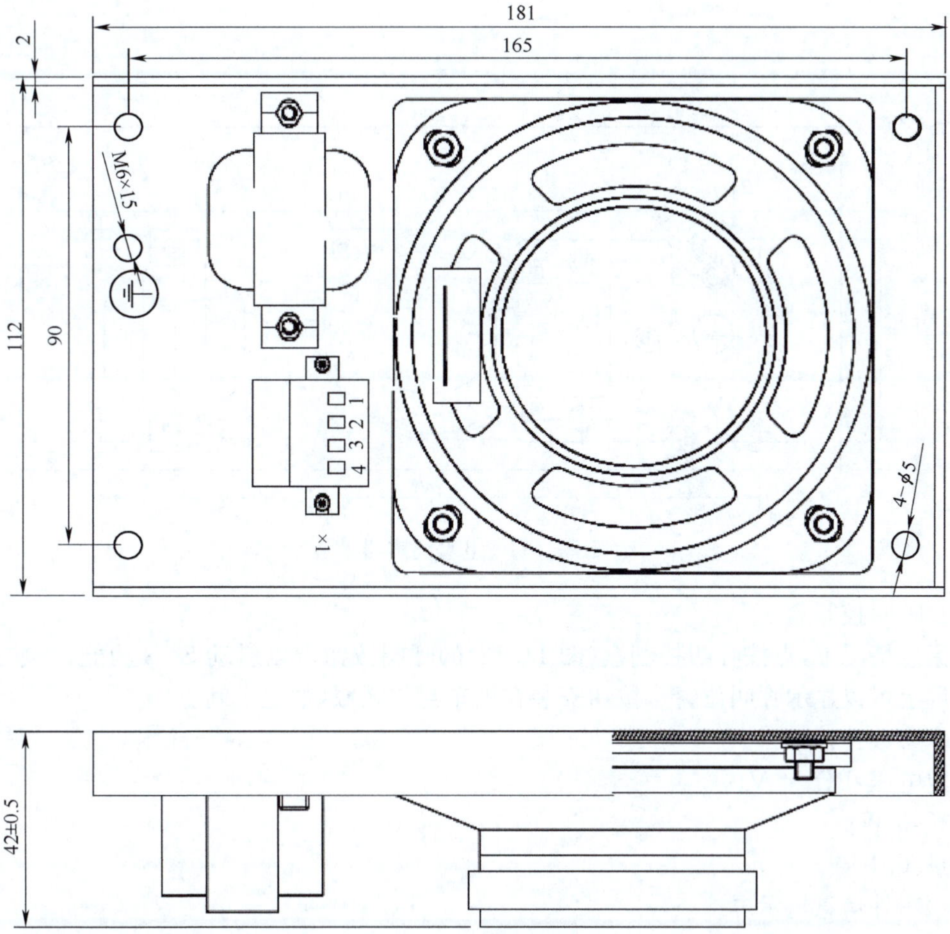

图 11.10　I 型扬声器

(10) Ⅱ型扬声器

Ⅱ型扬声器(图 11.11)用于音频播放,安装在行李架和功能板。

技术参数:
阻抗:8 Ω;
电压类型:100 V;
额定功率:1.25 W;
频率响应:100～13 000 Hz;
灵敏度:90 dB/1 W/1 m;
重量:0.3 kg。

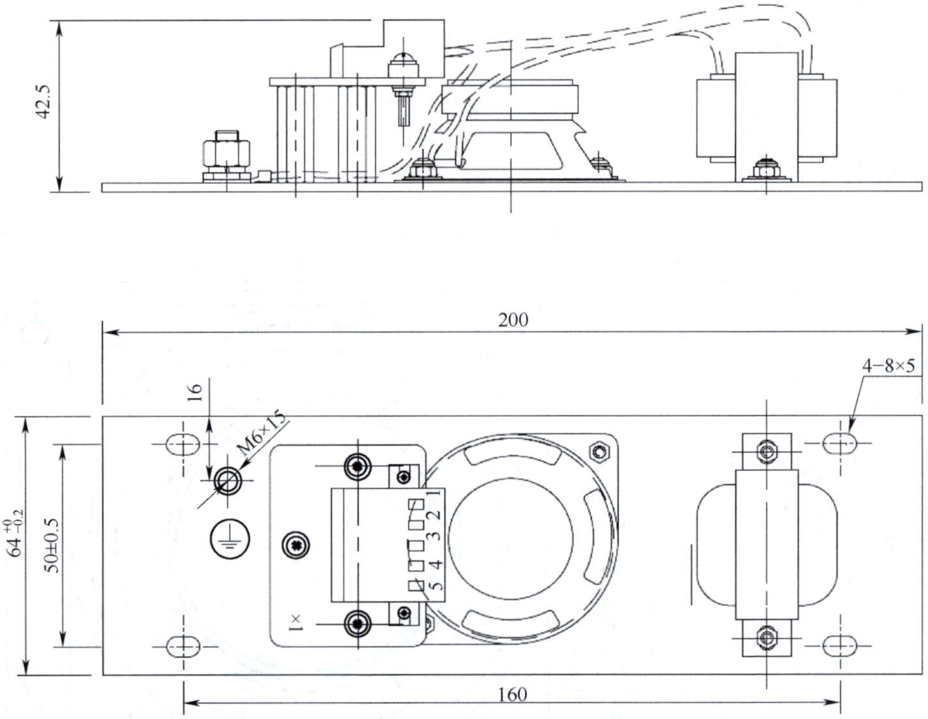

图 11.11　Ⅱ型扬声器

(11)呼叫控制盒

在紧急情况下,点按呼叫控制盒(图 11.12)的呼叫按钮可以启动 SOS 功能,在乘务员室的监控屏上可以显示呼叫位置。按钮安装在列车封闭区域,如卫生间。

技术参数:

额定电压:DC 24 V;

功耗:3 W;

重量:0.1 kg。

(12)车外信息显示屏

车外信息显示屏(图 11.13)安装在车体两侧,提供车厢号、车次号、始发站和终点站信息。

技术参数:

LED 显示区域:576 mm×115.2 mm;

点阵:160×32;

LED 颜色:黄色;

电压:DC 110V;

功率:≤50 W。

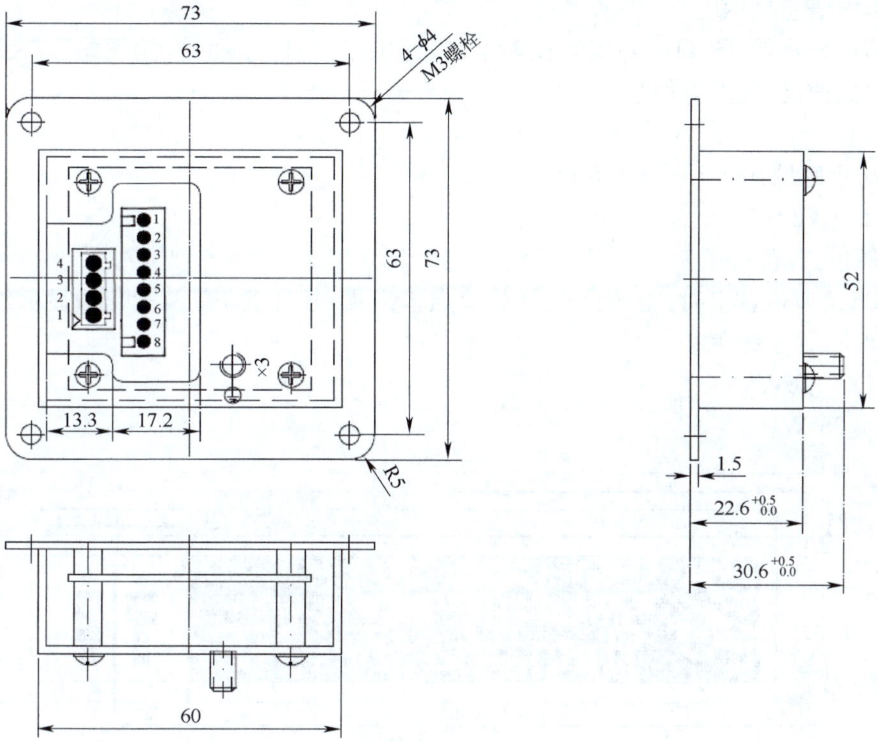

图 11.12 呼叫控制盒

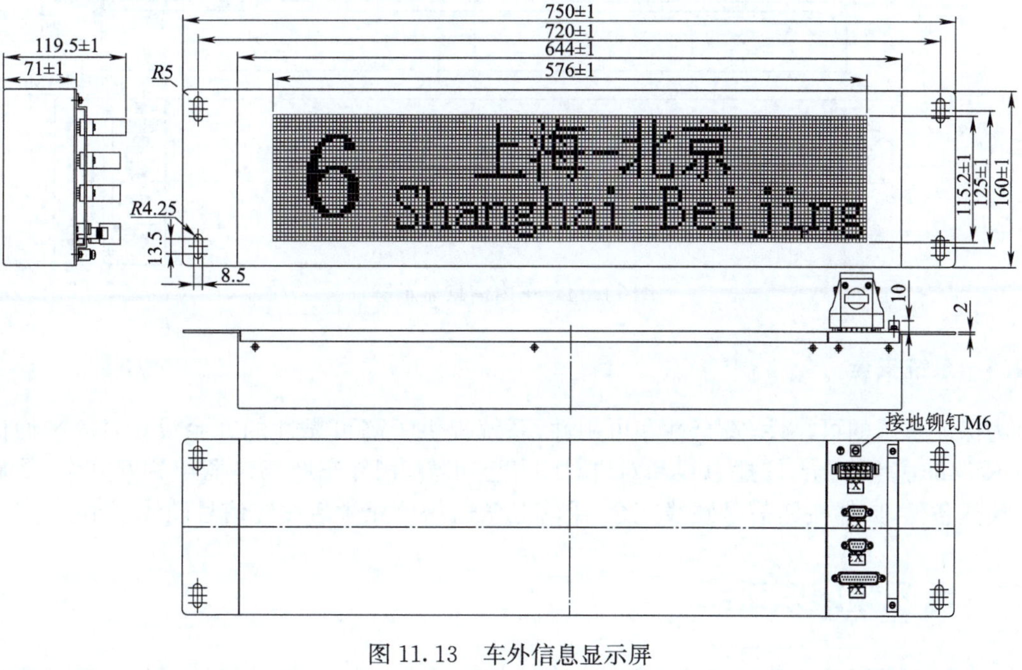

图 11.13 车外信息显示屏

(13)车内信息显示屏

车内信息显示屏(图 11.14)安装在客室区，提供车次号、车厢号、始发站和终到站、经停站、宣传信息、速度、温度等信息。

技术参数：

LED 显示区域：640 mm×128 mm；

点阵：160×32；

LED 颜色：黄色；

厕显：当调节位悬空时：卫生间门开关节点输入端：短路为“有人”状态，显示红色；开路为“无人”状态，显示绿色；

电压：DC 110 V；

功率：≤25 W。

图 11.14　车内信息显示屏

11.2.4　系统安全

为保证系统的可靠性、安全性和可用性，系统提供了高可靠性的冗余设计，CAN 通信总线被 RS-485 总线冗余，广播总线和对讲总线相互冗余，相邻车厢扬声器组相互冗余，功放电源模块热备份，广播按钮信号硬线冗余，乘客紧急通信单元激活按钮信号硬线冗余。

11.3　音视频娱乐系统

音视频娱乐系统为旅客提供音视频服务、提供商务座椅呼叫功能。有关娱乐系统的名词定义见表 11.2。

表 11.2 有关娱乐系统的名词定义

英文缩写	英文名称	中文名称
VES	Video Entertainment System	音视频娱乐系统
CC	Car Controller	车辆控制器
ADU	1st seat Audio Distribution Unit	一等座椅音频分配单元
ACP	1st Class Seat Audio Receiver	一等座椅接收器
DAS	Video Entertainment Server	一等双座椅娱乐控制单元
VES Server	External System Server	娱乐系统服务器
AVCP	AV Control Panel	音视频控制面板

11.3.1 系统功能

音视频娱乐系统在旅途中为乘客提供视频和音频节目,营造轻松舒适的环境。系统具有视频播放,3 个 MP3 音乐频道播放,1 个 FM 频道播放,具有背景音乐播放功能。系统还提供指示商务座椅的呼叫位置的功能。

娱乐系统音频在本地车厢被解码并送给本车的 PIS 车辆控制器,后者将此音频分配到 PIS 扬声器输出。

娱乐系统的媒体源和预定义节目单都在地面由专业人员进行编辑和管理。数据可通过 CF 卡、USB 接口或以太网口下载到服务器,装车后自动播放。

安装在乘务员室的 12.1 英寸的音视频控制面板以简洁、图形化的界面提供监听、预览、播放、设置各频道节目源的功能;显示整个系统的运行状态,各设备的版本信息等,如图 11.15 所示。

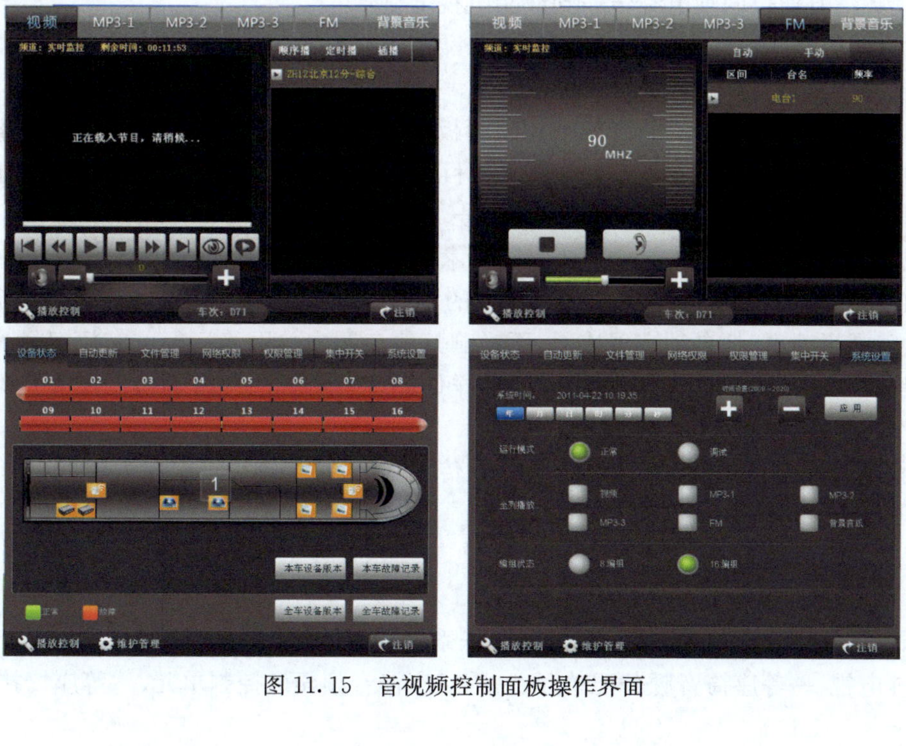

图 11.15 音视频控制面板操作界面

11.3.2 系统组成及网络

娱乐系统在每节车厢配有车厢控制器，负责以太网络管理和娱乐系统 IP 包的传输，该网络系统具有冗余功能，能够保证系统的稳定、高效工作，如图 11.16 所示。

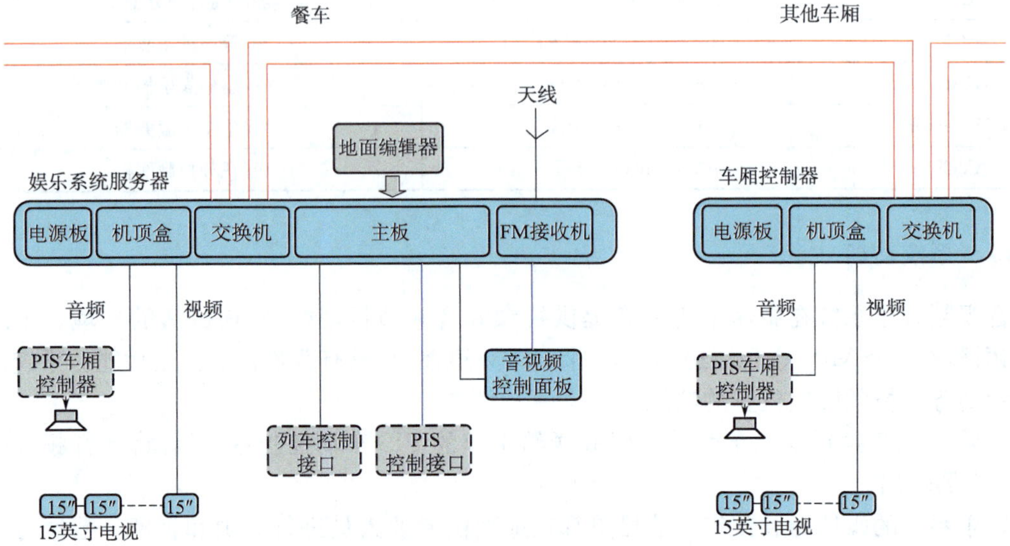

图 11.16　娱乐系统列车网络图

车厢控制器的机顶盒，负责接收服务器或者编码器发送的 IP 包并解出娱乐系统音视频信号。音频信号由机顶盒直接传送给 PIS 系统车辆控制器，后者将此音频分配到 PIS 的扬声器播出；视频信号通过同轴电缆传输到液晶电视上显示。

在设有一等车座椅和商务座椅的车厢，车厢控制器内置 PA 模块负责接收 PIS 的广播及 DVA 信号并传送到对应车厢的耳机输出。

餐车设有娱乐系统服务器、音视频控制面板及 FM 天线。娱乐系统服务器作为整个系统的中央控制设备，主要用于存储、播放媒体节目源。音视频控制面板为触摸屏，用于操作娱乐系统服务器。FM 天线用于接收收音机信号。

音视频娱乐系统采用 PORT TRUNK 技术组成列车主干网，列车采用级连方式，且具备故障导向安全功能。主干网是两条互为冗余的 100 Mbit/s 网络干线，当网络中某个车厢的交换机故障或者断电时，自动实现连通，不影响其他车厢内的网络运行。车辆级预留多个可自由拓展的 100 Mbit/s 网络端口，以满足多样化的客户需求。网络端口使用完全符合车载要求的 M12 网络连接器。

车辆内的视频利用 RG6 的同轴电缆级联传输，在电视端进行级连放大处理，自动补偿衰减，并采取抗干扰措施。

11.3.3 娱乐系统主要部件

娱乐系统的主要部件有车厢控制器、娱乐系统服务器、音视频控制面板、FM 天线、吊顶电视、壁挂电视、一等座椅音频分配单元、一等双座椅音频娱乐控制单元、一等座椅接收器等。

(1)车厢控制器

娱乐系统车厢控制器(CC)是列车级总线之间、列车总线和车厢总线之间的连接和转换。根据使用需要分为两种型号：

①CC1：用于 VIP 车和一等座车，由电源模块、机顶盒模块、交换机模块、PA 转换模块组成，如图 11.17 所示；

②CC2：用于二等座车，由电源模块、机顶盒模块、交换机模块组成，如图 11.18 所示。

技术参数：

CPU 700 MHz，RAM 512 MB，ROM 512 MB；

网络接口 12×10/100 Mbit/s M12 网口，端口 1～4 具备旁路、链路聚合功能；

电视接口：1 路视频输出，1 路音频输出；

额定输入电压：DC 110 V(77～137.5 V)；

最大功率：100 W；

控制器的重量大约：5 kg。

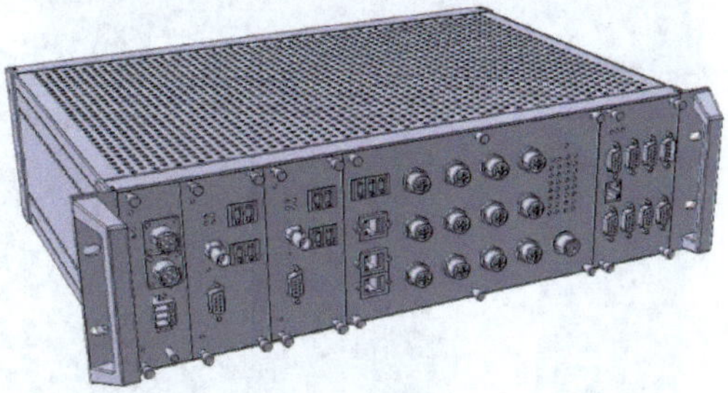

图 11.17 车厢控制器(CC1)

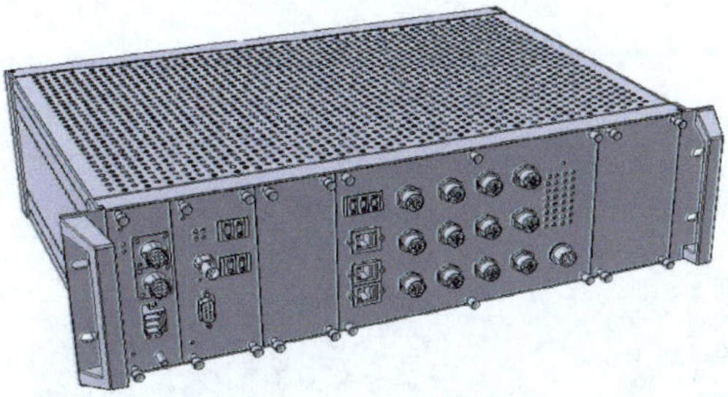

图 11.18 车厢控制器(CC2)

(2)娱乐系统服务器

娱乐系统服务器(图 11.19)被安装在餐车，可以向系统终端提供调频收音、影视资讯等服务。同时还提供与其他系统的外部接口。面板上的转换开关，可以控制整个娱乐系统电源："ON"—通电；"OFF"—断电。多媒体服务器由电源模块、服务器主板模块、FM 模块、IO 模块、机顶盒模块、交换机模块等组成。

技术参数：

额定输入电压：DC 110 V(77～137.5 V)；

最大功率：100 W；

CPU 1.6 GHz，内存 2 GB，硬盘 128 GB SSD；

FM 接收器调频范围 70～110 MHz，信噪比 64 dB，灵敏度 1.6 μVEMF；

网络接口：5×10/100 Mbit/s M12 网口；

电视接口：1 路视频输出，1 路音频输出；

音频接口：1 路高频输入+1 路音频输出；

辅助接口：1×1 000 Mbit/s RJ45 接口、1×VGA 接口、3×USB 2.0 接口，1×CF 卡插槽，1×BNC 接口(连接 FM 天线)；

控制器的重量：约 7 kg。

(3)音视频控制面板

音视频控制面板(AVCP)是一台带有触摸功能的12英寸显示器,如图11.20所示,用于监视、监听、控制娱乐系统的运行。乘务员操作音视频控制面板可以选择车次,从FM和3路MP3中选择一个背景音乐,即时插入指定节目,控制音视频的播放、音量等。维护人员操作AVCP,可以添加、删除资讯素材,参看系统各个设备的运行状态、历史故障等信息。

技术参数:

输入电压:DC 110 V(77~137 V);

功率:32 W;

分辨率:1 024×768;

亮度:500 cd/m^2;

重量:约3.2 kg。

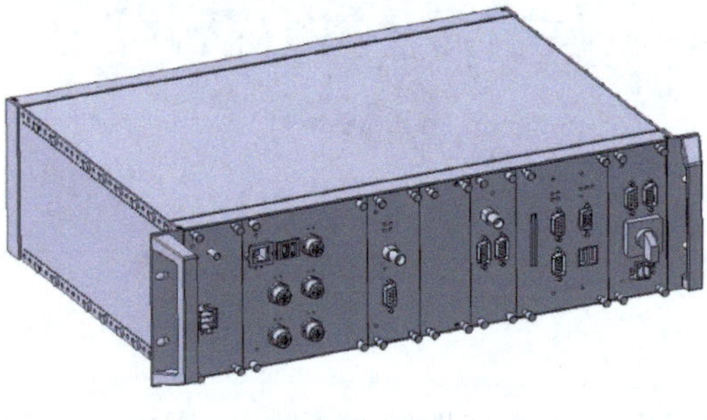

图11.19 娱乐系统服务器

图11.20 音视频控制面板

(4)FM天线

FM天线(图11.21)为调频收音机提供信号,安装在车体外。

技术参数:

频率范围:80~120 MHz

带宽80 MHz时:200 kHz

增益80 MHz时:−5 dB;120 MHz时:−2 dB

电压驻波比>1.5∶1

极化:竖直方向

额定功率:100 W

阻抗:50 Ω

(5)吊顶电视

吊顶电视(图11.22)是显示图像的终端设备。吊顶电视的亮度、色度、对比度等LCD参数可以通过遥控器来调节。

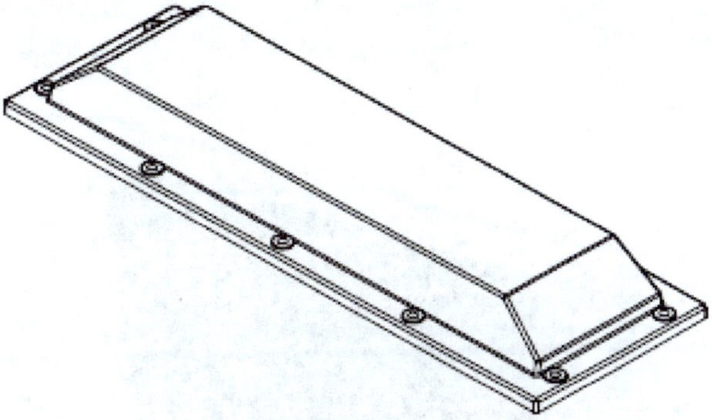

图 11.21 FM 天线

技术参数：
外观比例：15 英寸，4∶3 液晶屏；
分辨率：1 024×768；
亮度：400 cd/m^2；
额定输入电压：DC 110 V(77～137.5 V)；
最大功率：20 W；
重量：约 4.5 kg(单个电视)。

图 11.22 吊顶电视

(6)壁挂电视

壁挂电视是显示图像的终端设备。壁挂电视的亮度、色度、对比度等 LCD 参数可以通过遥控器来调节。

技术参数：
外观比例：15 英寸，4∶3 液晶屏；
分辨率：1 024×768；
亮度：400 cd/m^2；
额定输入电压：DC 110 V(77～137.5 V)；

最大功率：20 W；

重量：约 4.5 kg。

图 11.23 壁挂电视

(7)一等座椅音频分配单元

一等座椅音频分配单元(图 11.24)对网络上的多路音频(3 路 MP3、1 路电视机伴音、1 路 FM)数据流进行解码，按一定规则进行二次编码成一路复合数字音频，以 RS-485 的通信方式传送给一等座椅音频娱乐单元。

技术参数：

额定输入电压：DC 110 V(77～137.5 V)；

最大功率为 100 W；

重量：约 9 kg。

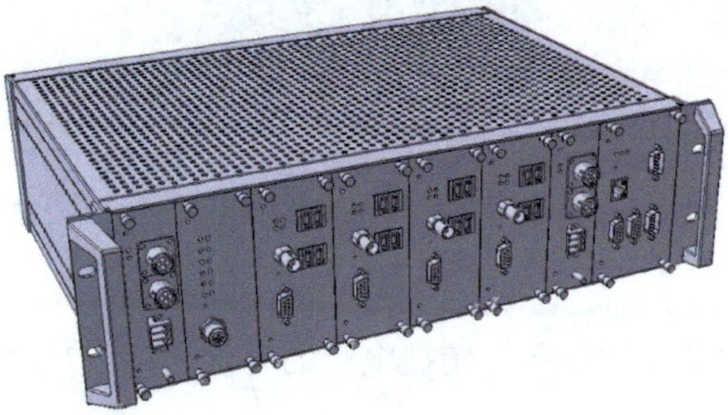

图 11.24 一等座椅音频分配单元

(8)一等双座椅音频娱乐控制单元

一等双座椅娱乐控制单元(DAS)是车体与一等座椅信息娱乐系统的接口转换，如图 11.25 所示，它将数字音频总线隔离后输出，并将数字音频解码成模拟音频放大后输出给 ACP；检测 ACP 的键盘输入，控制 LED 显示状态。

技术参数：
电压输入：DC 24 V；
输入功率：2.8 W；
重量：约 0.5 kg。

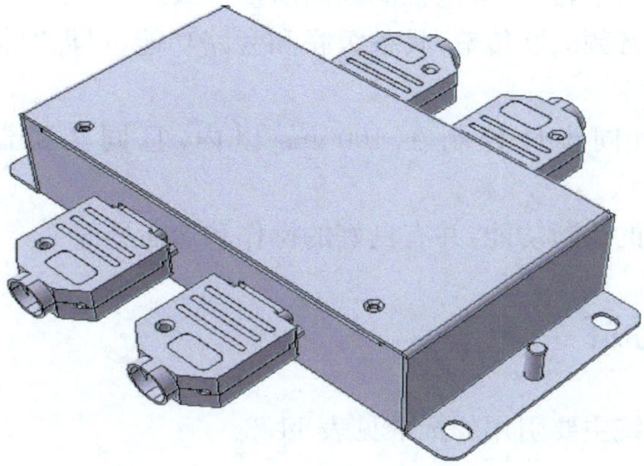

图 11.25 一等双座椅音频娱乐控制单元

(9)一等座椅接收器

一等座椅接收器(图 11.26)是控制和收听一等座椅信息娱乐系统的终端设备。一等座椅接收器设有两个频道按钮、两个音量调节按钮、一个显示当前频道号的红色数码管和一个标准耳机音频输口。

技术参数：
电压输入：DC 5 V(9～36 V)；
功率：0.3 W；
重量：0.5 kg。

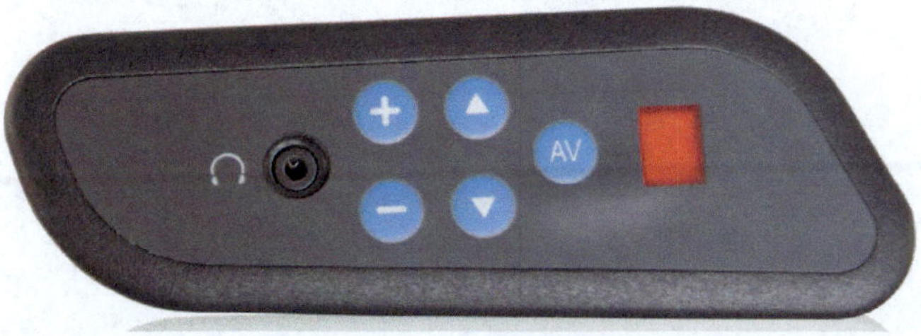

图 11.26 一等座椅接收器

11.3.4 系统安全

冗余设计的网络干线具备链路聚合和旁路功能。当任何一根主干网线断开的时，另一根线依然能保持网络通信。当两根主干网同时工作时，它能提供 200 Mbit/s 的带宽。当某个车厢的交换机故障时，由于具备旁路功能，下一个车厢的交换机依然能得到信号而且正常工作。

视频同轴级联传输，在每个视频显示器都有对视频信号的补偿电路和阻抗匹配电路，以保证每个视频显示器所接收到的信号都是完整的，进而保证它们所显示图像是完整性、清晰的、无色差的。当某一个显示器出现故障时，视频信号会被自动旁路到下一个显示器，不会影响下一显示器的正常工作。

画面质量达到标清水平，且所有电视的画面质量一致。

一等座椅采用数字音频级联传输，具备级联和旁路功能，可即时插入旅客信息系统的广播音频。

音视频播放同步。同步性控制在 100 ms 以内，且同步机制的作用频率不大与 0.25 次/h。

系统具备完善独立的诊断功能，并有良好的操作和诊断界面

11.4 主要引用标准

旅客信息及娱乐系统主要引用的标准见表 11.3。

表 11.3 旅客信息及娱乐系统主要引用标准

标准编号	标 准 名 称
EN 50155	铁路设施 铁道车辆上使用的电子设备
EN 50121-3-2	铁路设施 电磁兼容性 第 3-2 部分：车辆设备
IEC 61373	铁道车辆设备冲击和振动试验
UIC 568	铁道客车中的广播和电话系统的标准技术特性

12

车内环境控制系统

12.1 概　　述

车内环境控制系统主要是为司、乘人员提供舒适的工作和生活环境条件，并在列车出现危险的时候，能为司、乘人员提供紧急逃生的必要条件。车内环境控制系统主要包括空调系统、采暖系统、压力波保护系统、照明系统、噪声控制系统。

空调系统是一种将空气冷却、空气加热、强迫通风、应急通风、自动控制以及压力波保护装置集成于一体的新型空调系统。通过自动控制调节车内温湿度，同时过滤循环空气，为旅客以及司乘人员提供安全、卫生、舒适的车内旅行环境。

采暖系统是一种车内温度补偿系统，由于车内设备的布置及风道布置的局限性，车内部分区域温度无法达到相关标准的要求，需要在侧墙、地板、通过台等区域布置电加热器，补偿车内部分温度。

压力波保护系统可以保证车内的压力波动在人类可以接受的范围之内的系统。列车交会及通过隧道时，车内的压力在短时间内波动较大，导致耳膜内外压力变化率较大，造成不适感，因此高速列车需要设有压力波保护系统。目前压力波保护系统可分为两类：主动式压力保护系统和被动式压力保护系统。

照明系统为司、乘人员提供在列车上活动的必要条件，列车照明系统分为一般照明、应急照明。

列车高速运行时，车内噪声愈发显著，噪声控制系统可以有效降低车内噪声水平，为乘客提供舒适的乘坐环境。

12.2 客室空调系统

12.2.1 客室空调机组

客室空调机组主要部件由压缩机、冷凝器、冷凝风机、蒸发器、蒸发风机、电加热器、废排风机（头车客室空调机组中集成废排单元，中间车废排单元独立安装）等组成。空调机组将经过处理后的空气经送风口送出，并通过送风道送到整个车厢的各个部分，如图 12.1、图

12.2 和图 12.3 所示。

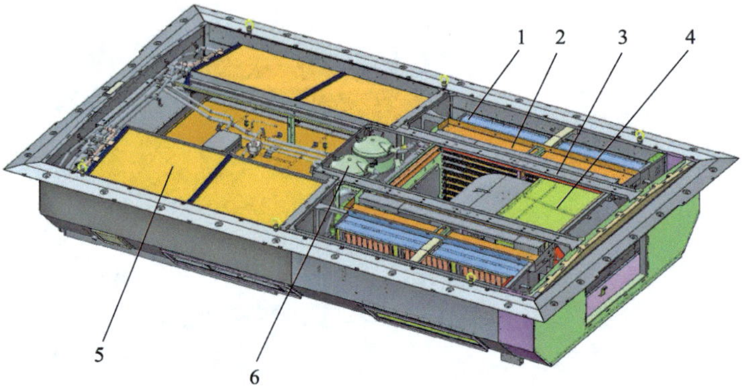

图 12.1　客室空调机组结构

1—混合风滤网；2—蒸发器；3—电加热器；4—蒸发风机；5—冷凝器；6—压缩机

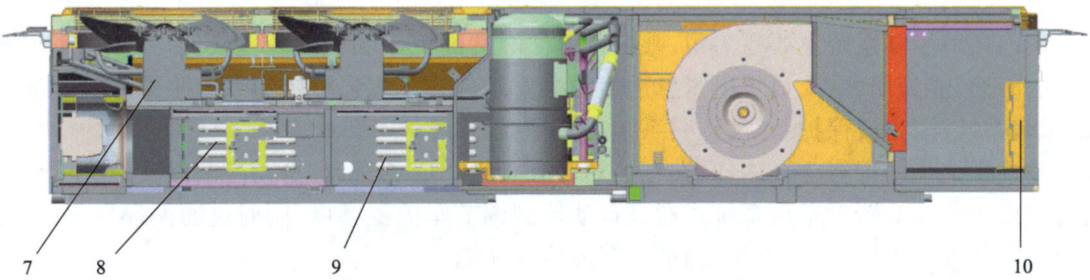

图 12.2　头车客室空调机组结构(剖视)

7—冷凝风机；8—废排压力保护阀；9—新风压力保护阀；10—冷风风门

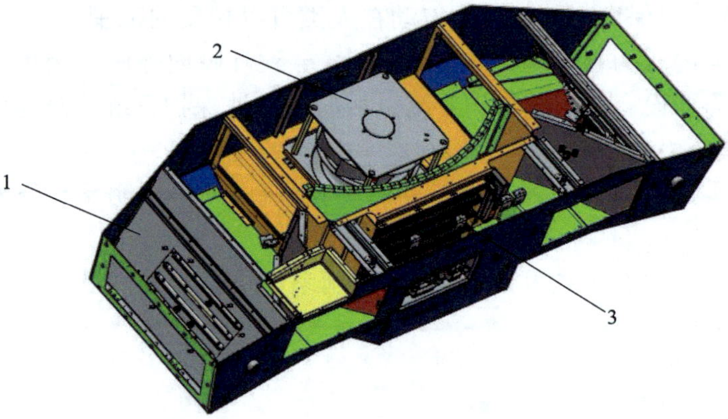

图 12.3　CRH1A-A 型客室废排单元结构

1—废排压力保护阀；2—废排风机；3—废排风门

12.2.2　客室空调机组基本技术参数

客室空调机组基本技术参数见表 12.1。

表 12.1 客室空调机组基本技术参数

制冷能力	46 kW (40℃/50%)
制热能力	40 kW
送风量	制冷:5 100 m^3/h,制热:3 300 m^3/h
新风量	(1 820/1 395/910) m^3/h
应急通风量	1 350 m^3/h
主电源	3AC 400×(1±10%)V 50×(1±2%)Hz
控制电源	DC 110 V
制冷剂	R134 a

12.2.3 客室通风系统结构

空调及通风系统风道采用将冷送风道与热送风道完全分开布置,冷风采用上送侧回,热风采用下送上回的气流组织形式,如图 12.4 和图 12.5 所示。

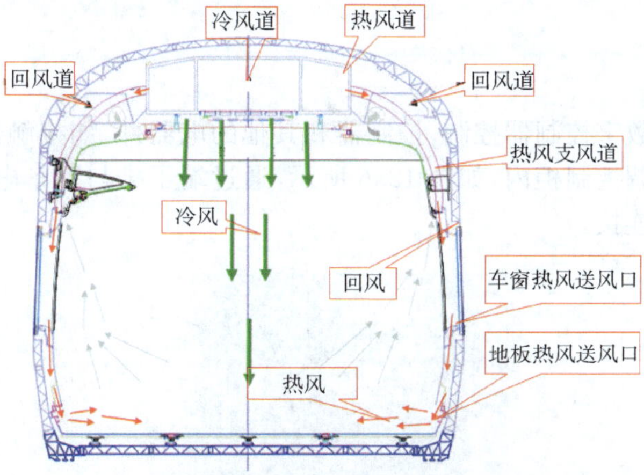

图 12.4 客室空调系统风道组成及气流组织示意图

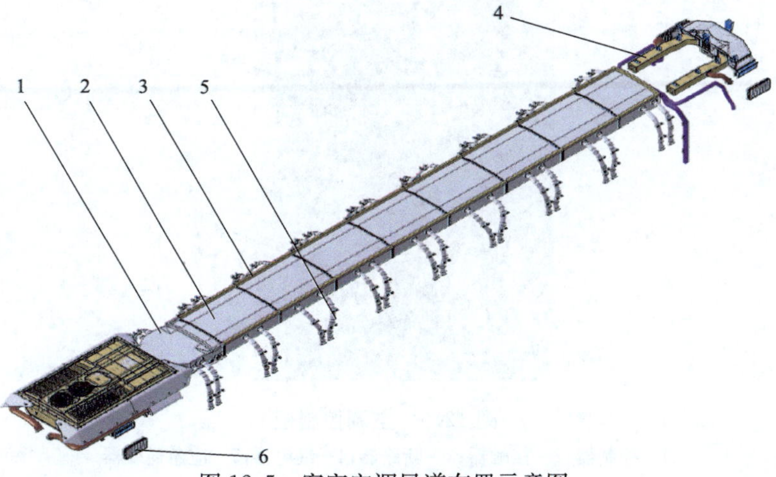

图 12.5 客室空调风道布置示意图

1—消音风道;2—冷风道;3—热风道;4—废排风道;5—窗间热风道;6—新风道及新风格栅

客室空调系统送风道分为冷风道和热风道，冷风道、热风道集成于一体，布置在客室内中心轴沿车体纵向铺设，热送风道通过送风软管与窗下送风口以及侧墙底部的送风口相连；冷风通过车顶孔板送入客室；热风通过车窗送风口以及侧墙底部的送风口送入客室；为了降低客室内噪声，与空调机组相连的主风道以及在车顶风道每个送风口下部采用了消声结构设计。

新风道位于机组新风口与车体钢结构侧墙之间，车体钢结构上安装迷宫式新风格栅，空调机组通过新风格栅吸入新风。

回风通过行李架上方的弯顶板与车体形成的风道，到达机组回风口，进入机组内进行再循环。

头车废排单元与空调机组集成一体布置在列车端部，电器柜、卫生间和厨房区的废气通过车顶板上的废排风道连接到废排单元的进风口，最后经由废排单元直接排出车外。

中间车废排单元为单独装置，布置在列车的端部，与空调非同侧。电器柜、卫生间和厨房区的废气通过车顶板上的废排风道连接到废排单元的进风口，最后经由废排单元直接排出车外。

12.2.4 空调控制柜

客室空调系统由数字控制器控制，控制器和其他的电器件，如接触器、继电器、断路器等安装在位于通过台空调控制柜内，如图 12.6 所示，通过端子排与列车电缆连接，列车电缆通过电气连接器与机组连接。

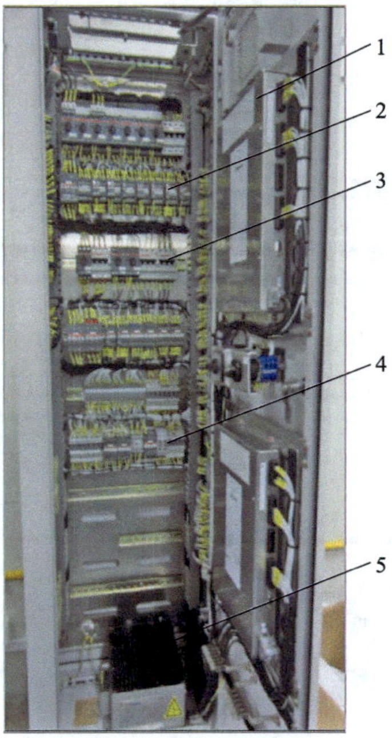

图 12.6 空调控制柜

1—控制器；2—接触器；3—断路器；4—继电器；5—应急逆变器

12.3 司机室空调系统

12.3.1 司机室空调机组

司机室空调机组主要由压缩机、冷凝器、冷凝风机、蒸发器、蒸发风机、电加热器、新风机等组成，如图 12.7 所示。司机室空调机组基本参数见表 12.2。

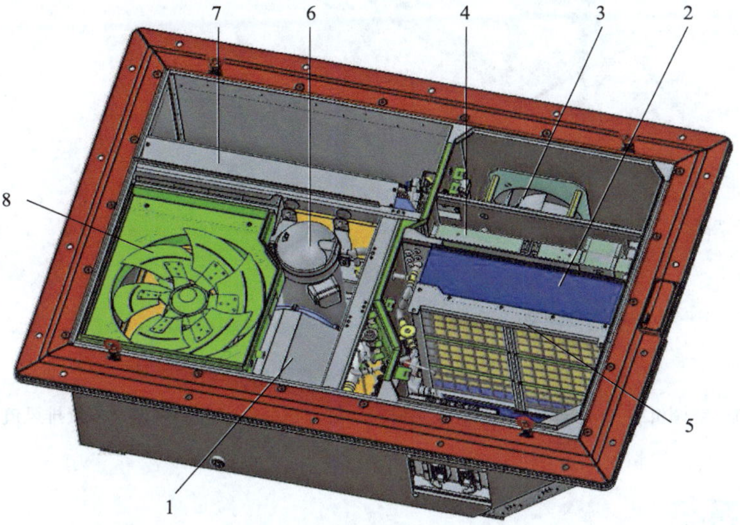

图 12.7　司机室空调机组结构

1—新风机；2—蒸发器；3—蒸发风机；4—电加热器；5—混合风滤网；6—压缩机；7—冷凝器；8—冷凝风机

表 12.2　司机室空调机组基本参数

制冷能力	5.3 kW (40℃/50%)
制热能力	5 kW
送风量	(900/750/600/450) m^3/h
新风量	60 m^3/h
主电源	3 AC 400×(1±10%) V　50×(1±2%)Hz
控制电源	DC 110 V
制冷剂	R134 a

12.3.2 司机室通风系统结构

经处理过的空气，通过分风盒由各个送风支道向顶部、前风挡、司机腿部、地板以及司机室操纵台送冷风和热风，顶部，操纵台出的送风口风量及送风方向可调，另外还设有从客室至司机室的送风道，在司机室空调故障的情况下，依然能够给司机室供风。回风口位于司机室后墙的顶部，通过顶部风道回到司机室空调机组进行循环。司机室废排通过防火风门与客室废排相连，通过客室废排单元排出车外，如图 12.8 所示。

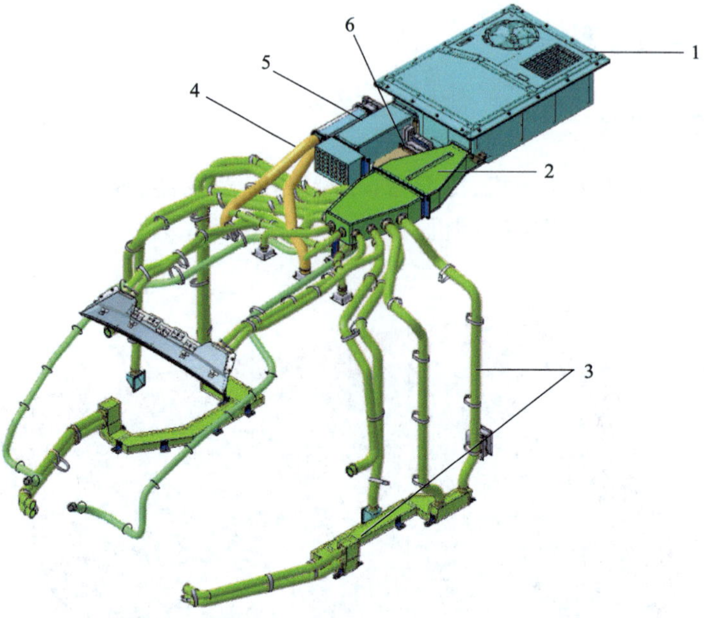

图 12.8　司机室空调风道布置示意图

1—空调机组；2—分风盒；3—送风支道；4—客室送风道；5—回风道；6—废排风道

12.4　采暖系统

为了补充局部区域的热量损失，在通过台外端墙以及厨房内部，残疾人卫生间内部安装了独立的强制对流电加热，满足该区域的温度要求；每个电加热安装有独立超温保护装置以确保安全要求，超温保护装置分两级控制，一级能够自动复位，二级需要手动复位；空调控制器根据该区域的温度控制该电加热的自动运行，通过台电加热示意图如图 12.9 所示。

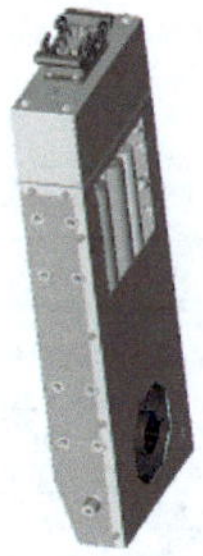

图 12.9　通过台电加热装置

12.5　空调系统控制

CRH1A-A 型动车组每辆车的乘客区域及每个司机室区域各配有一套空调系统，控制器位于每辆车通过台区域的空调控制柜中，对空调系统进行本地控制；TCMS 与空调控制器之间采用 MVB 进行通信，空调的运行模式由 TCMS 发送给空调控制器，空调控制器将按照 TCMS 要求控制空调系统运行在相应的工作模式，并将工作模式反馈给 TCMS。

客室空调可从机械师室进行温度调节，司机室空调可以通过司机室的 IDU 显示屏进行风量和温度调节。司机室操作台侧面控制板上设有可以关闭整列空调的“紧急关闭”按钮，实现在紧急情况下可以关闭全列客室和司机室空调系统运行，在司机室操纵台面板上设有隧道模式按钮，空调系统的控制按钮布置如图 12.10 所示。

对于客室空调系统，通过空调控制柜上模式选择转换开关，客室空调工作可在“自动”

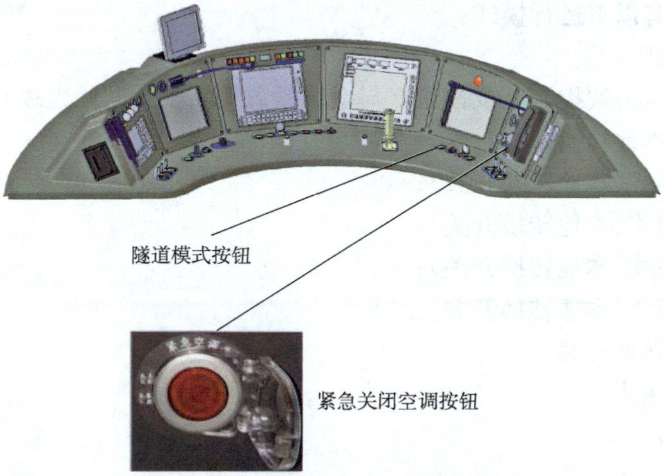

图 12.10　空调系统控制按钮布置

“测试”“手动通风”“关闭”“应急通风”“手动半冷”“手动全冷”模式下工作；司机室空调未设有手动转换开关控制，完全由控制器自动控制。

当按照以下工作模式设置时，客室区域空调系统将按设定的相应模式工作，CRH1A-A型动车组空调系统控制逻辑概念框图如图 12.11 所示。

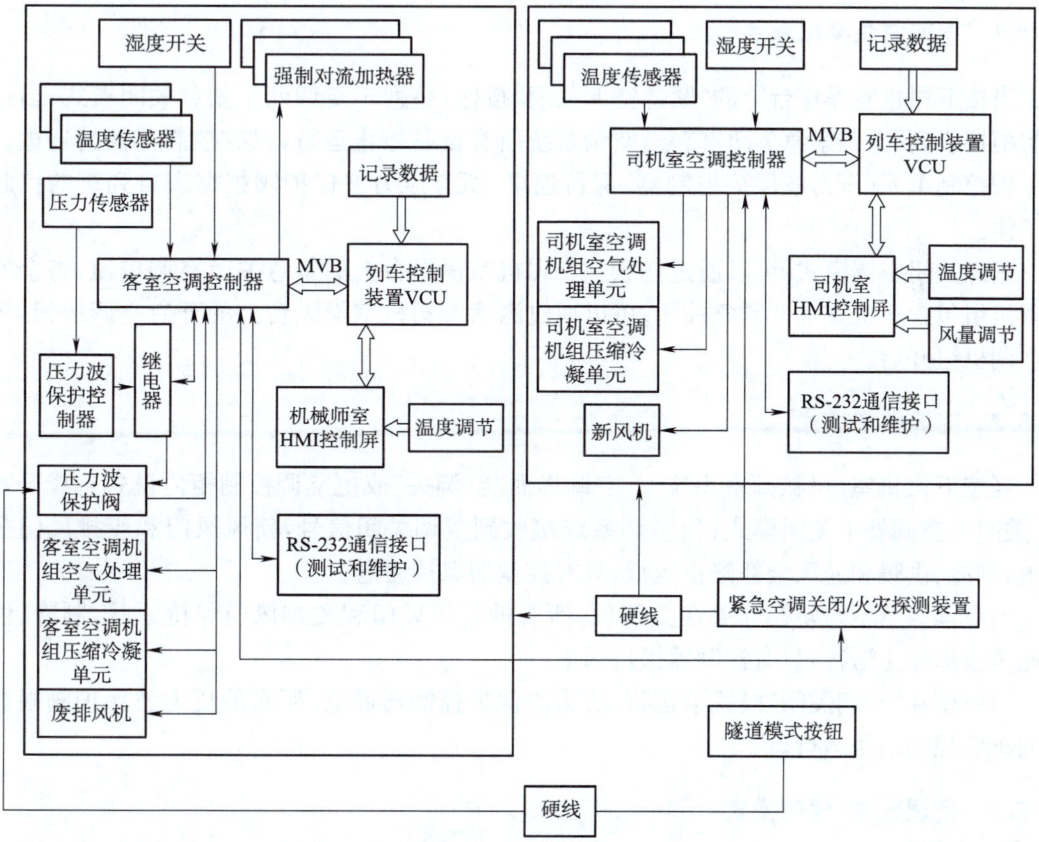

图 12.11　空调系统控制逻辑概念框图

12

客室空调系统有以下运行模式：

(1)空调紧急关闭；

(2)隧道模式(压力波控制其或按钮)(与空调紧急关闭模式同优先级)；

(3)空调关闭(本地转换开关)；

(4)应急通风模式(本地转换开关)；

(5)手动通风模式(本地转换开关)；

(6)手动半冷模式(本地转换开关)；

(7)手动全冷模式(本地转换开关)；

(8)测试(本地转换开关)；

(9)MVB 通信丢失；

(10)空调关闭；

(11)应急通风；

(12)站台模式(包括降级模式)；

(13)餐车强制废排通风模式；

(14)预热/预冷(包括降级模式)；

(15)防冻保护模式(包括降级模式)；

(16)自动运行(通风—制冷—加热)(包括降级模式)。

12.5.1 空调紧急关闭模式

当按下司机室操作台上的“紧急空调关闭”按钮，整列车空调处于紧急关闭模式；当空调控制柜接收到“空调紧急关闭”信号，空调系统所有设备停止运行，只有控制器保持通电。压力保护控制单元(压力波保护控制器)保持通电，所有压力波保护阀根据来自列车的控制信号工作。

紧急关闭空调模式，可以通过任意一个司机室操纵台上的紧急关闭空调按钮，将全列车空调机组包含司机室空调紧急关闭；可以通过激活端司机室操纵台上的开启空调按钮，将全列空调机组开启。

12.5.2 空调关闭模式

当按下司机室/机械师室 IDU 上空调界面“空调关”或把空调控制柜内模式选择开关置于“关闭”，空调处于关闭模式；当空调系统接收到空调关闭信号，新风风门和废排风门全部关闭，制冷、供暖和通风全部停止运行，只有控制器保持通电。

当空调控制柜内转换开关在关闭位，所有的新风风门和废排风门保持原状，制冷、供暖和通风全部停止运行，只有控制器保持通电。

当空调在“空调关闭”模式下运行，压力波保护控制器通电，所有的压力波保护阀根据来自列车的控制信号运行。

12.5.3 空调预冷/预热模式

在列车外门关闭状态下，当按下司机室或机械师室 IDU 上空调界面“预备条件”开关可以使空调处于预工作模式；空调根据车厢内目标温度与实际温度对比选择进入“预热”模式还是“预冷”模式；

当在“预热”子模式下操作，空调系统的部件将按照以下功能逻辑运行：

(1)新风风门和废排风门关闭。

(2)通过台和厨房的强制对流加热器处于自动控制模式下的运行状态。

(3)空调机组中所有加热器运行。

当在“预冷”的子模式下运行，空调系统的部件将按照以下功能逻辑运行：

(1)根据室外温度以及室内温度差异，风门运行将做相应的变化，当室外温度低于室内初始温度，新风风门，废排风门和废排风机会打开。当室外温度高于室内初始温度，新风风门，废排风门和废排风机会关闭。

(2)两台空调压缩机运转。

当车厢温度达到设定值或达到预冷时间，空调系统退出预冷模式。

12.5.4 站台模式

当列车停靠站台，司机按下司机室操作台上释放外门按钮后，TCMS 给空调发送站台模式命令。在此模式下，冷凝风机根据制冷管路压力的高低进行高低速的切换。其他功能会根据“自动模式”操作。

12.5.5 空调自动运行模式

当空调控制柜内模式选择开关置于“自动”位，并且空调没有收到其余空调模式命令，则空调工作在自动运行模式，空调单元会完全被控制器控制，使空调系统自动运行在制冷，制暖和通风模式；控制车内温度在 EN 13129-1:2002《铁路应用　主干线铁路车辆用空调　第 1 部分:舒适度参数》规定的车内温度范围内，如图 12.12 所示，乘客车厢温度设定值可以在 ±1 K、±2 K 范围内进行手动调节。

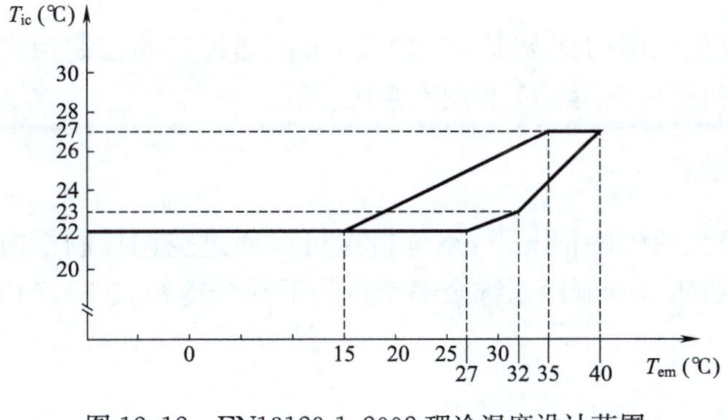

图 12.12　EN13129-1:2002 理论温度设计范围

司机室内温度调节曲线基于 EN 14813-1:2006 标准的温度曲线进行设定。

根据空调控制器计算的制冷、制热需求，空调控制器设定其工作在相应的子模式，控制空调机组自动运行在以下模式：通风模式、半暖模式、全暖模式、半冷模式、全冷模式。

12.5.6 空调隧道模式

当列车上压力保护装置检测到车内压力剧烈变化或按下司机室操作台上“隧道模式”按钮，空调工作在隧道模式，废排和新风压力波保护阀将被激活关闭，隧道模式为压力波保护控制器硬线独立控制，不受空调系统其他工作模式的影响。

隧道模式按钮主要作为备份，安装在司机室操纵台上，如果压力保护系统由于故障不能工作，在过隧道时可以通过按下该按钮使空调系统工作在隧道模式。

12.5.7 应急通风模式

当列车无 AC 400 V 电后，TCMS 给空调发送应急通风指令，空调工作在应急通风模式，空调机组蒸发风机、压缩机、冷凝风机停止运行，风门完全打开，所有的辅助加热装置关闭，废排风机将由直流—交流应急逆变电源直接供电运行，该逆变电源由车辆蓄电池供电。当运转在应急通风模式时，所有的压力波保护阀停止运行，应急通风模式为硬线控制，不受空调控制器控制。

12.5.8 MVB 通信丢失模式

当空调控制器检测到 MVB 信号丢失后，空调系统会停止所有压缩机、机组内电加热的运转，只进行通风，运行送风机和废排风机。

12.5.9 手动通风模式

在空调控制器发生故障的情况下，空调机组可以通过空调控制柜内模式开关来切换到手动通风模式，在此模式下，空调机组的压缩机、冷凝风机以及电加热器不会运行，只有送风机和废排风机运行。

12.5.10 手动半冷模式

在空调控制器发生故障的情况下，空调机组可以通过空调控制柜内模式开关来切换到手动半冷模式，空调机组将只运行 1 套制冷系统。

12.5.11 手动全冷模式

在空调控制器发生故障的情况下，空调机组可以通过空调控制柜内模式开关来切换到手动全冷模式，空调机组 2 套制冷系统全部运行。手动全冷模式下，车内实际温度受手动温控开关控制。

12.5.12 测试模式

通过空调控制内的模式开关切换到“测试”，则测试模式被激活。在测试模式下，空调单元在规定时间内完成采暖和制冷模式的自动运行。

运行结束之后，如果没有其他优先信号，空调单元将停止所有操作，通过开关转到其他位置来激活。

12.5.13 功率降级模式

空调系统通过 TCMS 进行供电管理，当一个或多个辅助电源逆变器故障，TCMS 将发送功率降级模式给空调，此时旅客区域采暖和制冷供电将受到限制，但司机室空调不受限制。

12.6 压力波保护系统

12.6.1 列车速度的影响及系统适应性

高速运行的车辆，对气密性要求提高，所以空调系统的气密性和机械强度要求相应的提高：车内压力从 4 000 Pa 下降到 1 000 Pa，时间大于 50 s。

车辆高速运行，会使车体的外部换热系数提高，进而影响车体传热量，因此，机组制热量做了相应的提高；车辆高速运行时，车体表面的空气温度会有所提高，在空调机组制冷系统的设计时增大了冷凝风量，提高换热效率。

高速运行的车辆，车辆外形采用近似流线型设计以降低动车组运行中的空气阻力及气动噪声，因此，空调机组的外形设计中增加了导流罩。

在设计的过程中，进行了压力载荷的模拟计算和气密性试验进行验证，空调机组的气密性以及安装之后的整车的气密性都已成功验证，通过采用不同密封胶条反复试验，满足了空调系统气密性指标的要求。

12.6.2 客室压力波保护系统

CRH1A-A 型动车组的客室采用被动式压力波保护系统，使用快速动作的压力波保护阀隔离新风进口以及废排进口，当压力波保护系统被压力保护控制单元触发，压力波保护阀关闭，空调系统进入全回风模式；当压力波保护阀重新打开后，新风量提高，客室内的 CO_2 含量会迅速下降，压力波保护系统控制框图如图 12.13 所示。

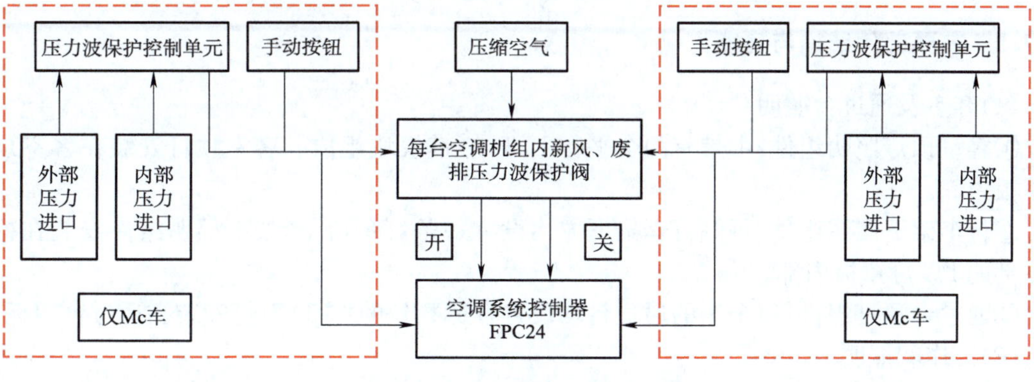

图 12.13 压力保护系统控制框图

12.6.3 司机室压力波保护系统

司机室采用主动式压力波保护系统,在空调机组内部安装了一台高静压的新风机,当外部压力变化时,该风机依然能够吸入足够的新风,满足司机室内新风量的要求,同时可以保证司机内压力波动在允许的范围之内。为了满足车辆的气密性要求,在空调机组冷凝水的排水管加装了防压力反冲装置,保证空调机组在车辆高速会车或过隧道时气密性,又能够顺利地将冷凝水排出车外。

12.7 照明系统

照明系统的作用是给列车上的乘客、乘务员和维护人员提供必要的照明条件。

12.7.1 组成及原理

照明系统根据功能需求不同由一般照明系统和应急照明系统组成。

一般照明系统为列车内的乘客和列车乘务人员提供日常使用照明。

应急照明系统为乘客和列车乘务人员的处理应急情况、疏散、撤离时提供照明。

一般照明包括:

(1)客室顶部 LED 灯带;

(2)行李架下部 LED 灯带;

(3)非客室区域 LED 射灯。

应急照明包括:

(1)客室顶部 LED 灯带;

(2)非客室区域 LED 射灯。

12.7.2 照明设备布置

照明设备布置如图 12.14 所示:

12.7.3 主要部件结构与功能

(1)客室及通过台照明

①客室顶灯照明组件:由带有两个平行 LED 灯带模块组成。客室顶灯安装在客室顶板灯罩板内部。

②行李架下照明组件:每侧行李架下方均设有一条灯带,行李架下照明组件安装在行李架下部的 PC 灯罩板内部。

③通过台顶灯组件:每个车的通过台均设置合适数量的 LED 射灯安装在通过台顶板上。

(2)工作间照明

①司机室照明:司机室内部设有 LED 射灯,LED 射灯安装在司机室顶板上。

②机械师室照明:机械师室内部设有 LED 射灯,LED 射灯安装在机械师室顶板上。

③乘务员室照明:乘务员室内部设有 LED 射灯,LED 射灯安装在乘务员室顶板上。

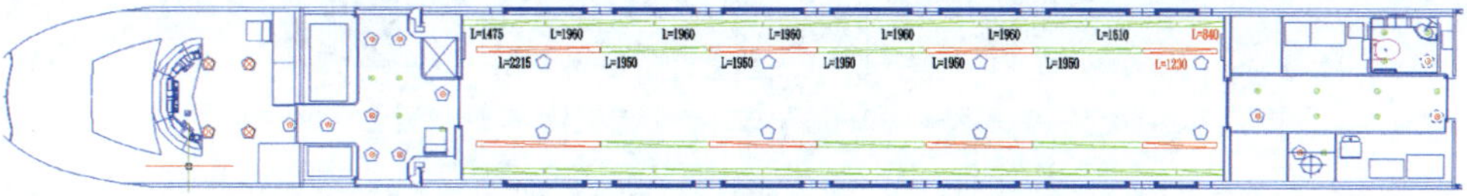

(a) Mc1a、Mc2a车

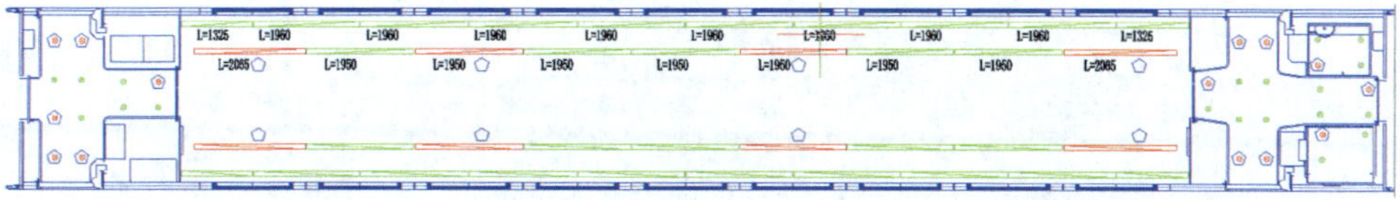

(b) Tp2、M2车

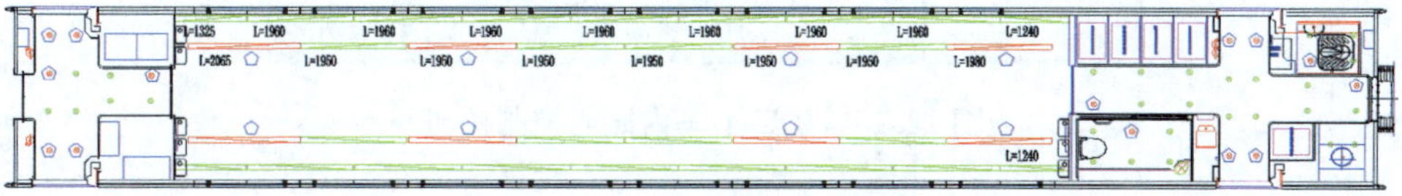

(c) Ts2车

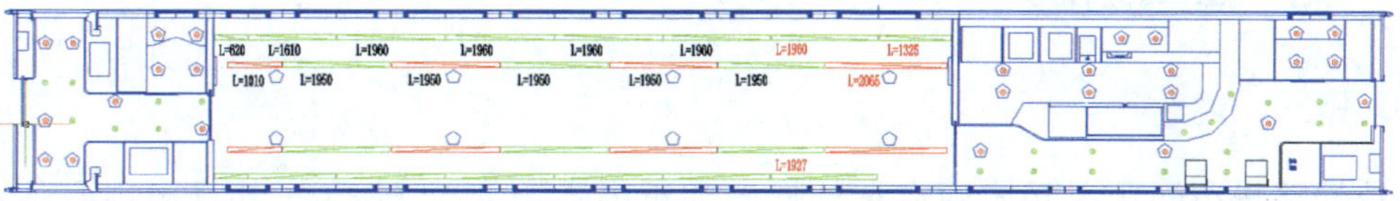

(d) Md2车

图 12.14 照明设备布置

④厨房照明：

厨房内部、水盆上方及吧台上方设有 LED 射灯，LED 射灯安装在厨房顶板、水盆上方及吧台顶板上。

(3)盥洗设施照明

①卫生间顶灯：卫生间内设有 LED 射灯，安装在卫生间顶板上。

②洗手盆顶灯：每个洗手盆上方设有 LED 射灯，安装在顶板上。

12.7.4 照明控制

在列车任意端司机室激活列车后照明自动启动，可通过司机室或机械师室内的任一 IDU 触发按钮(图 12.15)控制照明系统。

照明系统开启后，可通过操作厨房内的照明旋钮开关控制厨房照明。

照明系统开启后，可通过操作司机室内的开关控制司机室照明。

如果一般照明系统或电源电压发生故障，应急照明会自动开启，为乘客和列车乘务员提供疏散、撤离照明。

一般照明关闭时，当列车在隧道模式时，一般照明会自动打开，退出隧道模式后一般照明自动返回到进入隧道模式之前的状态。

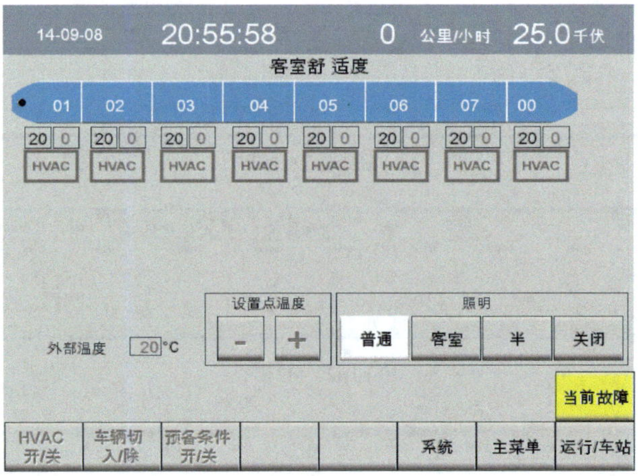

图 12.15　IDU 上车内照明控制按钮

12.8　噪声控制系统

12.8.1　概　　述

高速铁路噪声问题主要体现在车外噪声和车内噪声两个方面，车外噪声主要是对铁路沿线环境造成污染，而车内噪声则主要影响车内司乘人员的乘坐舒适性，随着高速列车技术的深入发展，噪声控制也逐渐成为制约高速列车发展的关键技术问题之一。

CRH1A-A 型动车组作为时速 250 km 新一代铝合金动车组，全焊接的铝合金车体气密性更好、隔音性能更佳，可以最大限度地降低车内噪声，且 CRH1A-A 型动车组通过进一步优化升级，其降噪效果更佳、运行噪声更低、乘坐舒适性更高、车内外噪声达到表 12.3 和表 12.4 的指标要求。

表 12.3　车外噪声

列车状态		测点位置	噪　　声
静止状态	列车静置，所有系统正常运行	距轨道中心 7.5 m 距轨面高度 1.2 m	≤ 60 dB(A)
加速状态	加速至 30 km/h	距轨道中心 25 m 距轨面高度 3.5m	≤69 dB(A)
运行状态	v=250 km/h	距轨道中心 25 m 距轨面高度 3.5m	≤ 91 dB(A)

表 12.4　车内噪声

列车状态		噪　　声
列车运行于空旷场所	v=250 km/h	≤68 dB(A)（客室端部） ≤ 66 dB(A)（客室中部）
		≤75 dB(A)（司机室）

12.8.2 噪声控制措施

CRH1A-A 型动车组噪声控制主要围绕着设备减振与降噪设计、整车车内声学包优化升级、降低气动噪声几大主要方向，根据高铁噪声源分布特点有针对性地进行噪声控制。同时因为高铁噪声的复杂性，减振降噪不可能孤立进行，需要综合考虑车体轻量化设计、气密性研究、转向架设计、轮轨摩擦、等与列车噪声息息相关的设计方向，从而将减振降噪融入列车结构及部件设计的每一方面，其中 CRH1A-A 型动车组主要的降噪措施如下：

(1)全焊接铝合金车体结构有效提高车体密封性，提高车内舒适度；

(2)整车流线型设计，避免凹槽或突出，降低表面风阻及气动噪声；

(3)优化的车头设计，采用优化的细长比，有效降低气动噪声；

(4)降低车顶空调突起高度，降低气动噪声且提高车辆运行空气动力学性能；

(5)车辆间用高压螺旋线替代支架结构，降低车间气流扰动，有效降低风阻；

(6)车下吸音板结构设计，不但可以有效降低噪声，同时可以保护车下管路；

(7)全新的弹性地板支撑结构，有效降低振动传递，提高客室噪声舒适度；

(8)约束阻尼层的使用，有效提高整车阻尼，降低结构噪声；

(9)考虑静置状态设备噪声的影响，根据设备运行噪声幅值及频率特征，识别关键设备、有效规划措施；

(10)优化的声学包设计，既考虑关键噪声源的影响区域，同时结合空间限制及轻量化要求，以整车车内噪声计算为依据，科学合理地进行声学包选择及设计。

12.9 主要引用标准

车内环境控制系统主要引用标准见表 12.5。

表 12.5 车内环境控制系统主要引用标准

标准编号	标准名称
TB/T 1804	铁道车辆空调 空调机组
EN 13129-1	轨道应用 主干线轨道车辆空调 第 1 部分：舒适度参数
EN 13129-2	轨道应用 主干线轨道车辆空调 第 2 部分：型式试验
EN 14813-1	轨道应用 司机室用空调 第 1 部分：舒适度参数
EN 14813-2	轨道应用 司机室用空调 第 2 部分：型式试验
ISO 3381	铁路客车车内噪声测量
ISO 3095	铁路客车辐射噪声测量
TB/T 2917	铁路客车及动车组照明

13

车端连接系统

13.1 概　　述

车端连接系统分为机械、电路、气路、通道连接，实现编组、车辆功能、缓冲振动，为乘客提供安全舒适通道，满足列车的正常运行。

13.1.1 车端连接系统的作用

车端连接系统在动车组中具有重要的作用，它不仅要实现车辆间或动车组间的机械连接，还要实现车辆间或动车组间的电路和气路连接，保证动车组的单编组运行、重联运行和救援回送。机械连接的作用主要是使各车辆彼此间保持一定的距离，并且传递与缓冲动车组在运行过程中及在调车过程中产生的纵向力及其冲击和振动；电路连接的作用主要是为车辆间提供高压供电、中低压供电、控制和通信、等电位保护接地的安全连接；气路连接的作用主要是连通压缩空气管路；相邻列车通过密封内风挡连接，防止风、雨等侵入车辆内部，为车辆间的人员提供安全、舒适的通道连接；车辆间采用与车体轮廓一致的导流外风挡连接，降低风噪和空气阻力。

13.1.2 车端连接系统的组成

CRH1A-A 型动车组的车端连接系统主要由前端开闭机构、前端自动车钩、紧急过渡车钩、中间车钩、内风挡、外风挡、车间跳线、压缩空气连接等部件组成，如图 13.1 所示。

动车组两端的前端自动车钩、车辆之间的中间车钩和紧急情况下用于救援的紧急过渡车钩，统称为车钩缓冲装置。

动车组内风挡为密封式结构，外风挡为分体式结构，统称为风挡装置。

电路连接可分为高压跳线和其他车间跳线，高压跳线主要为 25 kV 高压供电的连接，其他车间跳线包括 AC 400 V 中压供电线、DC 110 V 低压供电线、控制和通信连接线、等电位保护接地线。

压缩空气管路连接可分为：制动空气管路连接、总风管路连接、解钩空气管路连接。

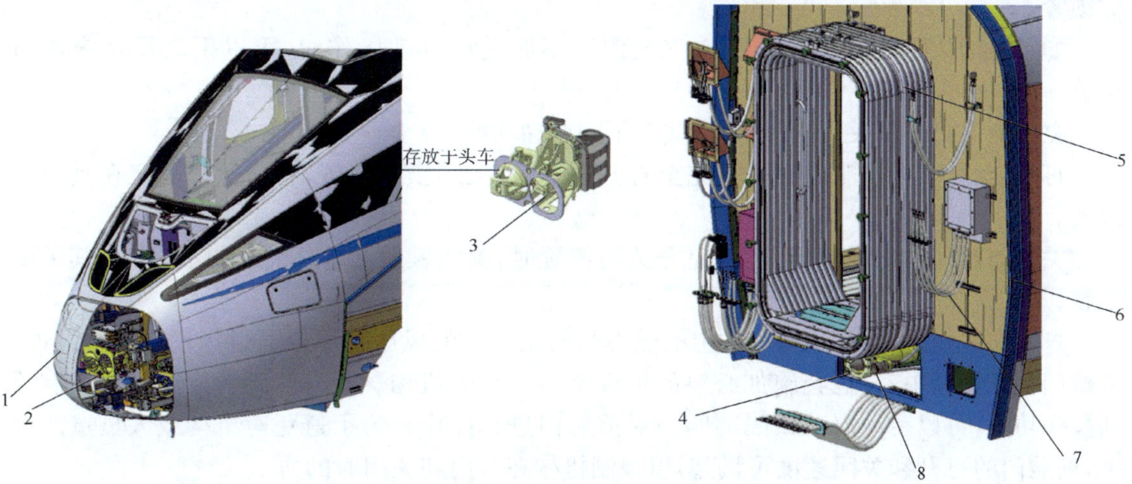

图 13.1　车端连接系统位置

1—前端开闭机构；2—前端自动车钩；3—紧急过渡车钩；4—中间车钩；5—内风挡；
6—外风挡；7—车间跳线；8—压缩空气管路连接

13.2　前端开闭机构

CRH1A-A 型动车组前端开闭机构位于动车组司机室前端，是一种通过气缸驱动实现左右舱门打开、关闭及解锁、锁闭功能的装置，如图 13.2 所示。

图 13.2　前端开闭机构

13.2.1　前端开闭机构功能

CRH1A-A 型动车组采用电控气动前端开闭机构，可以从司机室内操作完成前舱门的打开和关闭。

整个开闭机构采用两扇水平移动的前舱门设计，前舱门通过双作用气压缸打开和关闭，并通过导轨控制前舱门打开和关闭的运动轨迹，当到达其打开和关闭位置时，双作用气压缸可以将前舱门锁定。锁止气缸包括一个额外弹簧，用于确保在压缩空气压力异常时也可确保锁紧。

如果机构故障或者失去压缩空气气源而不能进行自动操作时，可以手动操作来进行开关。

在前舱门打开和关闭期间，可以实现下列单独功能：

打开前舱门：当前舱门到达其完全打开位置时，关闭锁紧装置，将前舱门固定在其打开位置。

关闭前舱门：当前舱门到达其完全关闭位置时，关闭锁紧装置，将前舱门固定在其关闭位置。

打开和关闭过程中，运动部件上的受力和前舱门上的风压力可以通过运动机构来缓冲。前舱门打开过程中，气缸会施加必要的可调整力给开闭机构。所有前舱门控制阀均具有手动操作功能，可以手动启动或隔离阀门对前舱门进行操作。为了避免对机构或人员造成损害，前舱门的打开和关闭速度可调整，以限制机构在开启和关闭时的力。

13.2.2 前端开闭机构结构

CRH1A-A 型动车组前端开闭机构包括玻璃钢舱门、金属支撑构架、运动机构、气动元件以及电气元件，如图 13.3 所示。

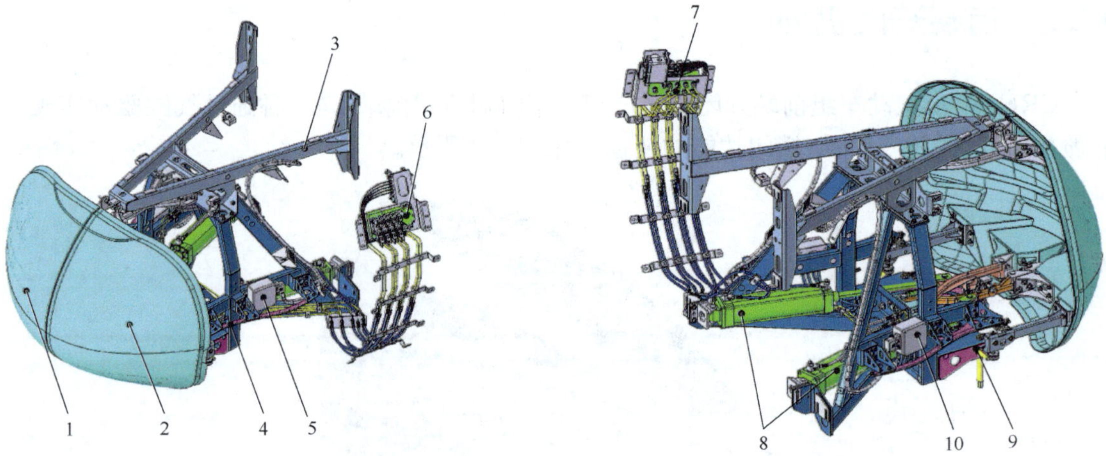

图 13.3 前端开闭机构结构

1—右侧前舱门；2—左侧前舱门；3—金属支架构架；4—运动机构；5—电气元件；6—气动元件；7—阀组；8—开闭气缸；9—锁止气缸；10—接线盒

13.3 前端自动车钩

CRH1A-A 型动车组的前端自动车钩采用密接式车钩，其结构形式为欧洲标准 10 型车钩头，连接中心线距轨面 1 000 mm。

CRH1A-A 型动车组的前端自动车钩安装于 Mc 车的 CE1 端前端开闭机构内，用于连接其他列车组，如图 13.4 所示。当需要与其他动车组重联或者救援时，打开前端开闭机构舱门，从而与其他动车组对应车钩连挂或通过过渡车钩与机车连挂。

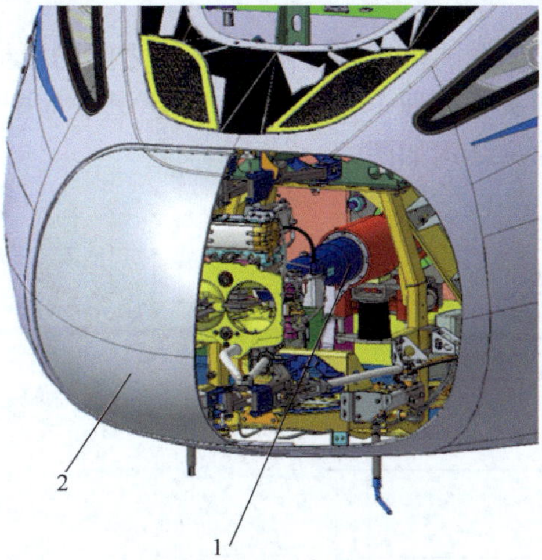

图 13.4 前端自动车钩位置

1—前端自动车钩；2—前端开闭机构

重联时前端自动车钩能实现两列动车组之间的机械连接、电路连接和气路连接。两列动车组的重联和解编可以自动控制，整个过程由一个司机单独完成。司机选择连挂功能时，控制程序将控制列车进行低速连挂。动车组的连挂和解钩也可手动操作完成。

13.3.1 结构组成

CRH1A-A 型动车组前端自动车钩主要由机械钩头、电气钩头、缓冲装置、对中装置、压溃装置等组成，其结构如图 13.5 所示。

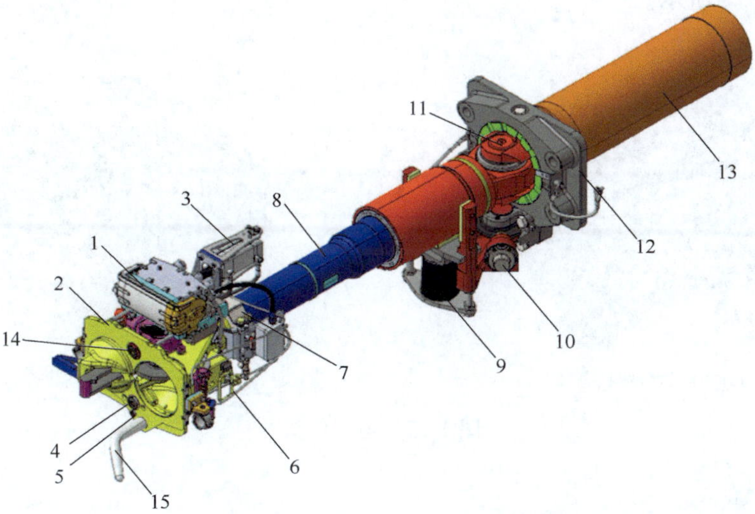

图 13.5 前端自动车钩结构

1—电气钩头；2—机械钩头；3—推送气缸；4—总风管连接；5—解钩风管连接；6—解钩手柄；7—连接卡环；8—缓冲装置；9—支撑机构；10—对中装置；11—旋转机构；12—安装座；13—压溃装置；14—制动管连接；15—导向杆

(1)机械钩头

机械钩头可以实现相邻车辆的机械连挂,用于车钩之间的机械和气路的连挂。CRH1A-A 型动车组前端自动车钩钩头为欧洲 10 型连杆式车钩,其表面配有一个凸锥和一个凹锥,使车钩可以自动对正。机械钩头结构如图 13.6 所示。

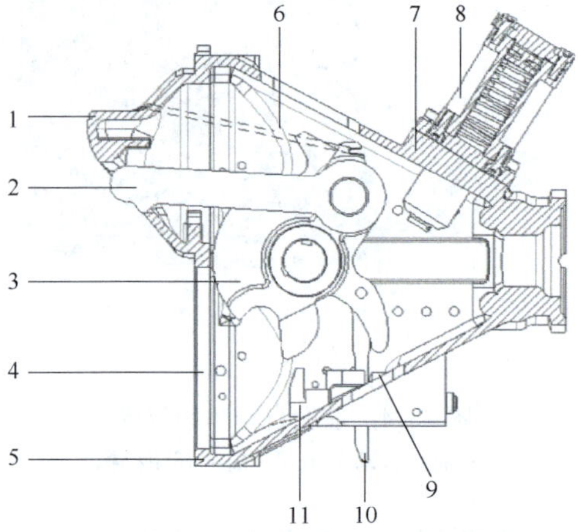

图 13.6 机械钩头结构

1—凸锥;2—连接杆;3—钩舌;4—凹锥;5—连挂面;6—拉簧;7—钩体;8—解钩气缸;9—顶筒组成;10—定位杆;11—触发器

(2)电气钩头

电气钩头位于机械钩头上方,是用于实现动车组之间电气信号连接的装置。当收到连挂信号后,电气钩头自动推出实现电气连挂;当收到解编信号后,电动钩头自动推回实现电气分解,如图 13.7 所示。

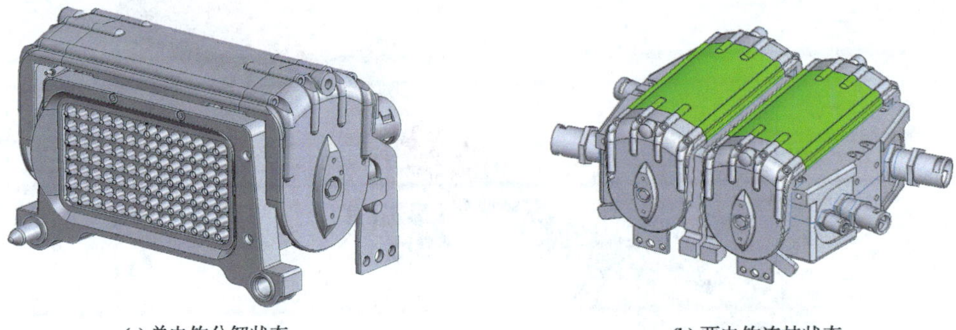

(a) 单电钩分解状态　　(b) 两电钩连挂状态

图 13.7 电气钩头

(3)缓冲装置

缓冲装置的作用是缓冲车辆连挂或列车运行过程中产生的纵向冲击力和振动力,提高列车运行的平稳性。缓冲装置的结构如图 13.8 所示。

(4)风管连接

前端自动车钩上部安装有制动管连接器,下部安装有总风管连接器、解钩风管连接器。

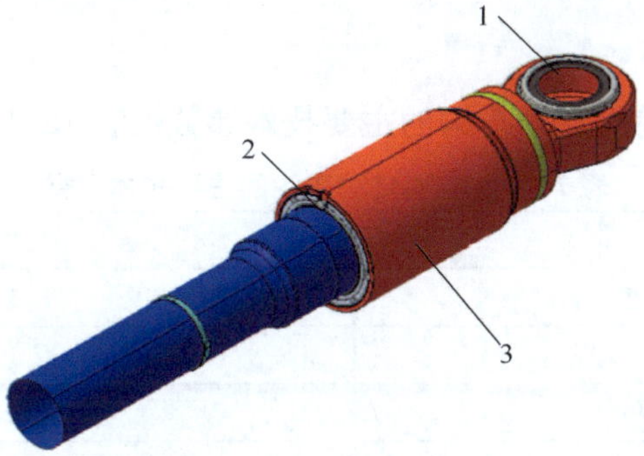

图 13.8 缓冲装置结构

1—拉环；2—环簧；3—气液缓冲器

制动管连接器主要用于列车被普通机客车连挂牵引时提供制动信号。同时，在列车运行过程中，如果车钩出现意外分离，该阀可以保持打开状态，列车管中的空气压力会被迅速释放，实现列车的停车制动。总风管连接器用于实现两列车之间的总风连接，解钩风管连接器可以实现两车钩之间解钩气路的连通。

(5)压溃装置

压溃装置在安装座的后部，分别由加压座、加压锥、膨胀管等零部件组成。当列车正常运行时，车钩力小于压溃装置的触发力，压溃装置不发生动作，车钩的缓冲装置正常工作；当列车在剧烈的冲击等突发工况时，缓冲装置行程用完，压溃管将吸收大量冲击能量以保护车体。

(6)安装结构

安装系统将自动车钩连接到车体从而传递牵引力，使用悬臂结构支撑起整个自动车钩，当自动车钩在水平方向偏离中心线时，自动将其回复到中间位置，便与车钩的连挂。对中装置的固定弹力使解钩后的车钩与车辆纵轴保持一致，并在一定的对中角度内保持车钩对中。它还支撑车钩，并使横向运动得到缓冲。其结构如图 13.9 所示。

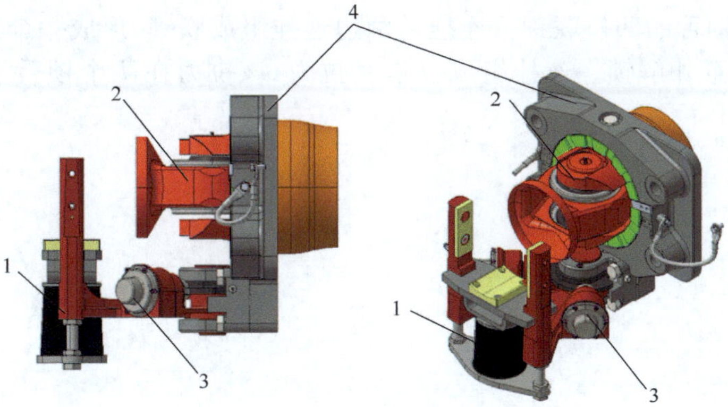

图 13.9 安装结构

1—支撑机构；2—旋转机构；3—对中装置；4—安装座

13.3.2 技术参数

CRH1A-A 型动车组前端自动车钩的主要技术参数见表 13.1。

表 13.1 前端自动车钩的主要技术参数

项 目	指 标
车钩距轨面高度	1 000 mm
车钩长度	1 908 mm
压缩载荷(屈服)	1 500 kN
拉伸载荷(屈服)	1 000 kN
车钩摆角	水平:±16°
	垂直:±6°
缓冲装置参数	拉伸行程:23 mm
	压缩行程:50 mm
压溃装置参数	工作力:1 500 kN
	行程:800 mm
电气车钩	安装方式:上置式
	IP 等级:单体 IP55/连挂 IP56

13.3.3 连挂和解钩

前端自动车钩有待连挂、连挂和解钩三种状态。

(1)待连挂状态

待连挂状态为车钩连挂前的准备状态,此时连挂杆缩回至凸锥边缘,定位杆被钩锁块锁住。拉簧处于拉伸状态,拉住锁舌,如图 13.10 所示。

(2)连挂状态

在连挂过程中,车钩的凸锥导入相对车钩的凹锥,触发器将定位杆推出钩锁块,在拉簧作用下,连挂杆与锁舌的凹口联锁。连挂后两边连挂组成联锁,形成一个平行四边形,保持作用力平衡,避免意外解锁。连挂组成仅承受拉力,该拉力在两个锁舌上平均分布,如图 13.11 所示。

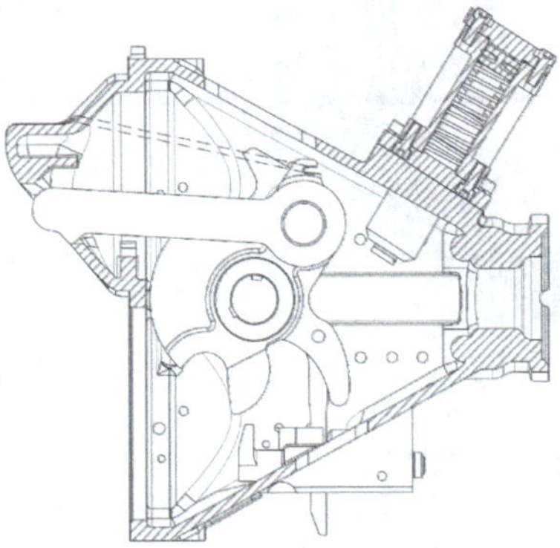

图 13.10 待连挂状态

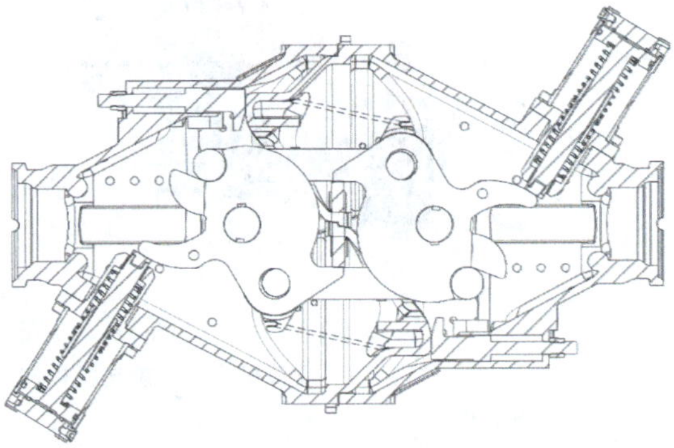

图 13.11 连挂状态

(3)解钩状态

解钩装置通过转动锁舌使连挂杆与锁舌分离。到达锁定位置后,定位杆与触发器啮合,并使连挂机构锁定。车辆移动分离时,弹簧拉动定位杆和触发器向前移动,定位杆与钩锁块啮合,拉簧作用下连挂杆重新回到凸锥边缘,连挂机构回到待连挂状态,如图 13.12 所示。

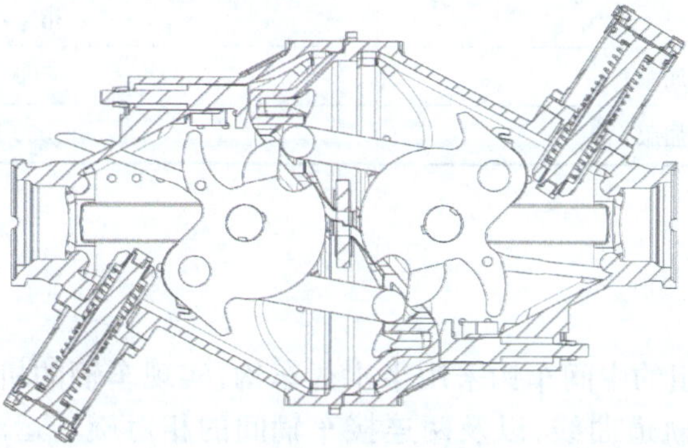

图 13.12 解钩状态

13.4 紧急过渡车钩

在紧急情况下动车组救援时,可将紧急过渡车钩手动安装在前端自动车钩上,实现与其他车辆连挂。该装置存放于头车车内通过台专用柜内,位置如图 13.13 所示。

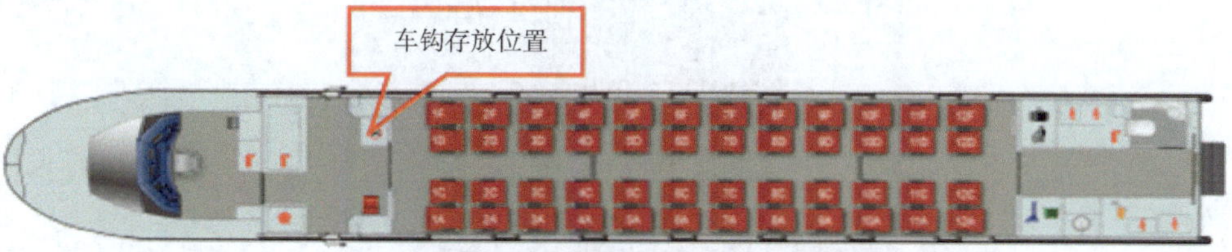

图 13.13 过渡车钩存放位置

13.4.1 结构组成

CRH1A-A 型动车组紧急过渡车钩共包括 2 种模块:1 000 mm 钩高的 10 型过渡钩模块和 880 mm 钩高的机车过渡钩模块,实现与救援或被救援车的连挂,结构如图 13.14 所示。

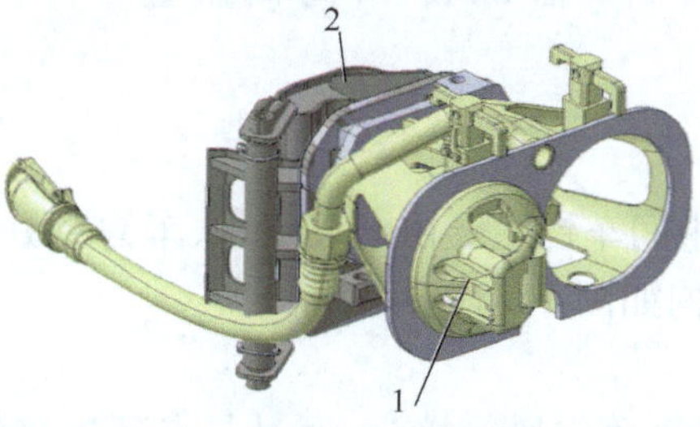

图 13.14 过渡车钩模块

1—1 000 mm 钩高过渡钩模块;2—880 mm 机车过渡钩模块

13.4.2 技术参数

CRH1A-A 型动车组紧急过渡车钩的主要技术参数见表 13.2。

表 13.2 紧急过渡车钩主要技术参数

项　目	指　标
拉伸载荷(屈服)	500 kN
压缩载荷(屈服)	550 kN

13.5 中间车钩

CRH1A-A 型动车组的中间车钩采用半永久车钩,实现车辆的机械连接以及气路连接。车钩能够适应车辆通过轨道曲线,以及两连接车辆间的相对旋转运动。在发生碰撞受力超过 1 500 kN 时,可以通过压溃管吸收一定的能量。半永久车钩使用在动车组内部车辆之间,如图 13.15 所示。

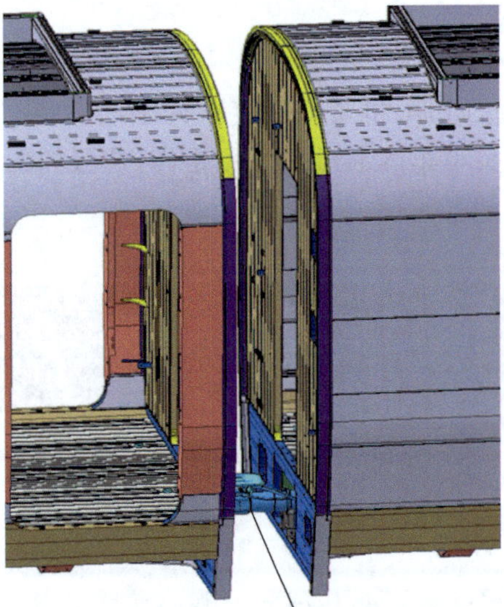

图 13.15 中间车钩位置

13.5.1 结构组成

CRH1A-A 型动车组的中间车钩主要由卡环组件、车钩牵引杆、压溃管、缓冲器、安装座、接地线、风管接头等组成,结构如图 13.16 所示。

(1)车钩牵引杆

车钩牵引杆与压溃管连接,固定风管接头,通过与卡环连接件实现车辆间的机械和气路连接。

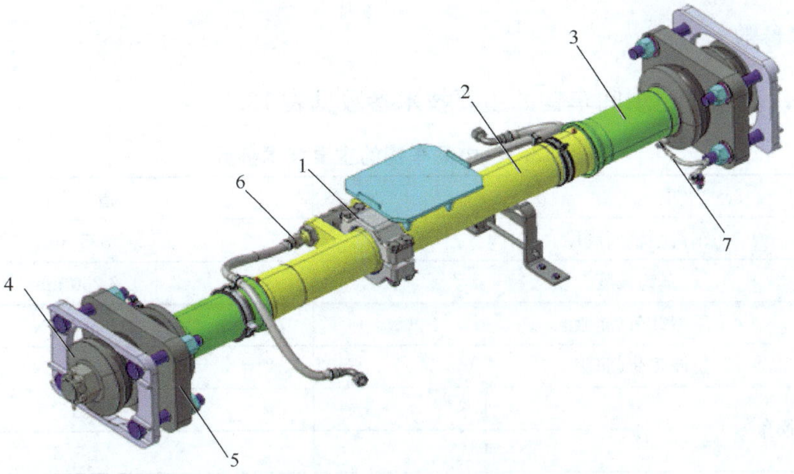

图 13.16　中间车钩结构

1—卡环组件；2—车钩牵引杆；3—压溃管；4—缓冲器；
5—安装座；6—风管接头；7—接地线

(2)压溃管

压溃管介入车钩牵引杆和安装座之间，组成一体结构，为不可恢复的能量吸收装置。

(3)缓冲器

缓冲器安装在安装座的两端，该装置上的环形橡胶元件可以吸收连挂及运用过程的冲击，具备垂向和横向的旋转功能，为可恢复的能量吸收装置。

(4)风管接头

风管接头用于气路连接，连挂时，通过橡胶垫片形成气密性连接。

(5)卡环连接件

卡环分为两部分，与钩身牵引杆轴肩相连接，通过螺栓将两中间车钩的牵引杆连在一起，实现手动连挂和解钩，结构如图 13.17 所示。

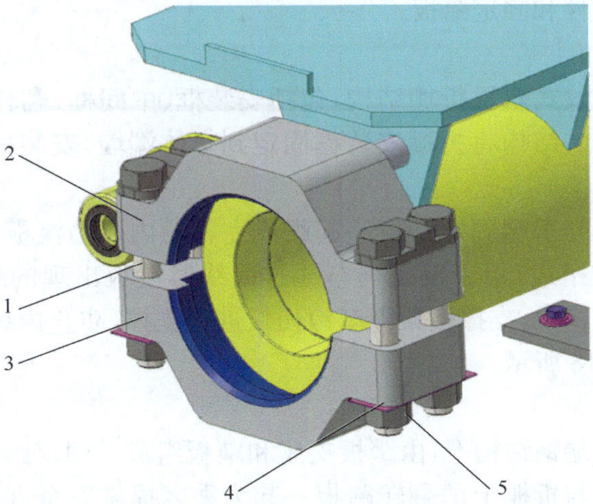

图 13.17　卡环连接件结构

1—连接螺栓；2—上卡环；3—下卡环；4—垫圈；5—螺母

13.5.2 技术参数

CRH1A-A型动车组中间车钩的主要技术参数见表13.3。

表13.3 中间车钩的主要技术参数

项　　目		指　　标
车钩距轨面高度		895 mm
车钩长度		2 250 mm
压缩载荷(屈服)		1 500 kN
拉伸载荷(屈服)		1 000 kN
车钩摆角	水平	±15°
	垂直	±6.8°
缓冲器参数	压缩行程	40 mm
	拉伸行程	30 mm
压溃管参数	行程	275 mm

13.6 内风挡

CRH1A-A型动车组内风挡系统安装在各车辆之间,为各车辆之间提供通行通道,可以使乘客安全舒适地在各车厢之间通行。

CRH1A-A型动车组内风挡为折棚式结构,采用搭接式渡板,渡板表面与通过台地板之间的高度差平滑过渡,方便乘客、行李车和小推车通过。内风挡具有隔热性能、隔声性能、水密性能和气密性能。

13.6.1 结构组成

内风挡包含折棚组件和固定踏板。

(1)折棚组件

内风挡折棚采用波纹式双层折棚结构,包括安装框、中间框、翻转踏板、扶手、裙边和接地线组成。通过螺栓安装结构将折棚安装框固定到车体端墙,安装框上的橡胶条可实现安装密封。

折棚上的翻转踏板与车端固定踏板一起组成完整的内风挡渡板,翻转踏板材质为花纹铝板。渡板的两侧设有裙边,用于覆盖列车通过曲线时渡板出现的缝隙,确保乘客通过安全。折棚底部设有支撑横梁,支撑横梁由车钩托板进行支撑,防止内风挡折棚下垂。内风挡折棚组件结构如图13.18所示。

(2)固定踏板

固定踏板安装于车端钢结构上,由踏板支座和踏板组成。固定踏板为不锈钢喷砂处理,具有耐磨、防滑的特性,与折棚上的翻转踏板一起为乘客提供安全可靠的车间通道,其结构如图13.19所示。

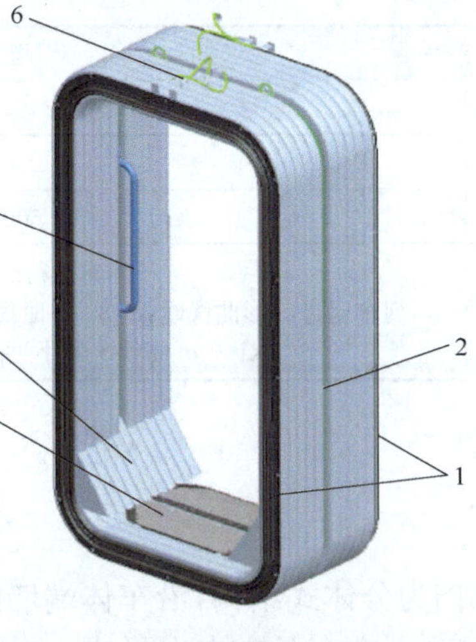

图 13.18 内风挡折棚组件结构

1—安装框；2—中间框；3—翻转踏板；4—扶手；5—裙边；6—接地线

图 13.19 内风挡渡板结构

1—翻转踏板；2—固定踏板

13.6.2 技术参数

CRH1A-A 型动车组内风挡的主要技术参数见表 13.4。

表 13.4 内风挡主要技术参数

项 目	指 标
总长度(两车端部之间距离)	650 mm
净通过高度	1 999 mm
净通过宽度	996 mm
隔热性能	≤3.5 W/(m^2·K)

续上表

项　目	指　标
隔音性能	≥38 dB
气动载荷	±6 000 Pa
渡板载荷能力	600 kg/m^2
曲线通过能力	列车运行时:$R$180 m 曲线 列车通过 S 形曲线时:$R$180 m 曲线+最小过渡直线 10 m+$R$180 m 曲线 $R$190 m 曲线+最小过渡直线 0 m+$R$190 m 曲线

13.7 外风挡

CRH1A-A 型动车组外风挡为分体式结构,沿车体端墙的外轮廓布置于车体两端,如图 13.20 所示。列车在行驶时,整列车在车长方向上形成一个平滑连续的整体,车体两侧的气流被平稳地沿车体表面流动,从而避免了空气在车端形成湍流,降低了空气阻力和空气噪声。

CRH1A-A 型动车组外风挡位于车辆端部的外风挡可以防止列车组各车体之间相互扰动,保护车间连接器。外风挡由挤压 EPDM(三元乙丙橡胶)橡胶制成。通过压板和紧固件固定在车体端部型材上,如图 13.21 所示。

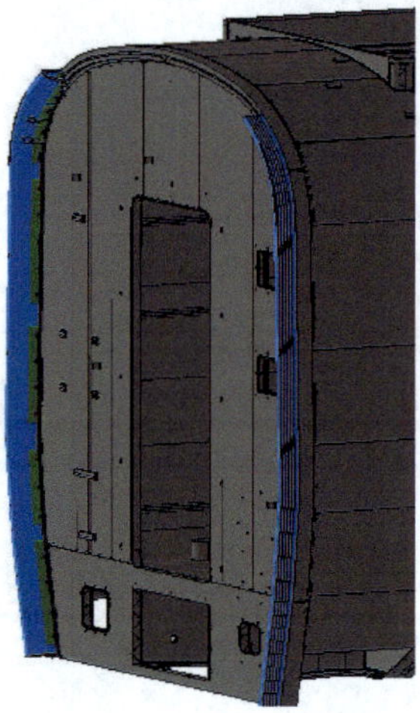

图 13.20　外风挡位置

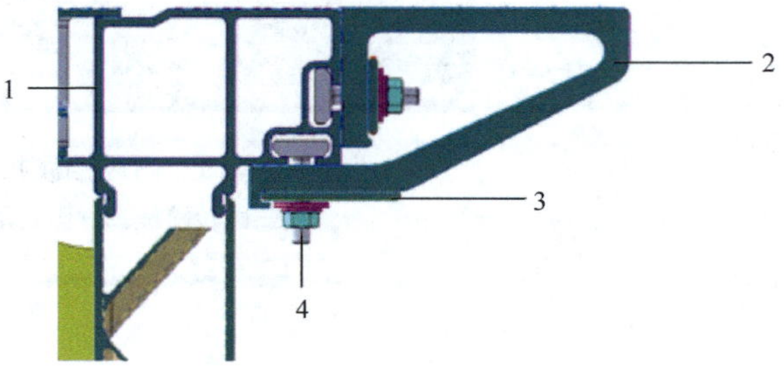

图 13.21　外风挡截面及安装

1—车体型材;2—外风挡;3—压板;4—紧固件

13.8 车间跳线

车间跳线按位置分为相邻车辆之间电气连接和动车组之间电气连接。动车组之间电气连接通过前端自动车钩实现,具体介绍见 13.3 章节。本章节主要阐述相邻车辆之间电气连接,包括高压跳线、中低压供电连接线、控制和通信连接线、等电位保护接地线。

13.8.1 高压跳线

CRH1A-A 型动车组上的相邻两车之间的高压跳线连接位于车辆顶部，用于将列车的高压电路连接起来。高压跳线每列共 5 根，分别位于 Tp2-M2、M2-Ts2、Ts2-Md2、Md2-M2、M2-Tp2 车之间，如图 13.22 所示。

图 13.22 高压跳线位置

13.8.2 其他车间跳线

CRH1A-A 型动车组中低压供电连接线和等电位保护接地线两端为冷压端子，控制和通信连接线两端为连接器，位于车辆端墙处，如图 13.23 所示。

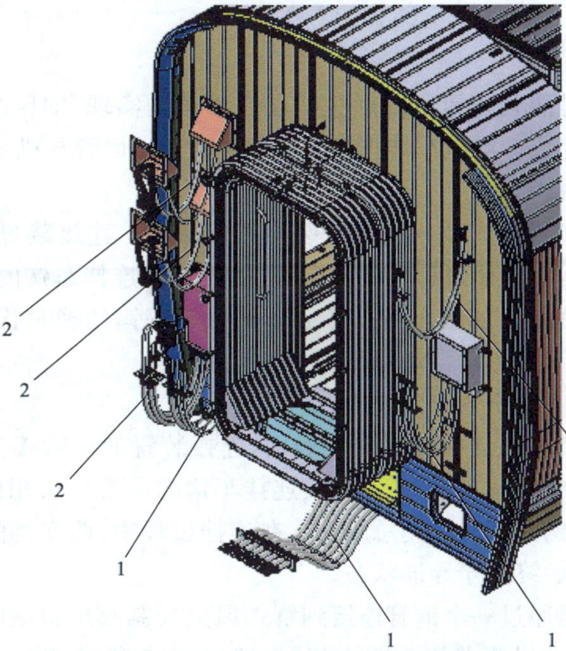

图 13.23 相邻车辆之间电气连接

1—中低压供电连接线；2—控制和通信连接线；3—等电位保护接地线

(1)中低压供电连接线

相邻车辆之间的中低压供电连接线包括：AC 900 V 单芯 150 mm^2 变压器次级连挂线，位于车钩下方，线管外部用金属编织网和不锈钢弹簧防护；AC 400 V 单芯70 mm^2 中压交流供电母线用冷压端子和螺栓固定连接在端墙接线盒内的接线端子上，电缆采用电缆接头进入接线盒；DC 110 V 单芯 95 mm^2 低压直流供电母线用螺栓固定连接在端墙接线盒内的接线端子上，电缆采用电缆接头进入接线盒。

(2)控制和通信连接线

相邻车辆之间设有电气控制和通信连接线，通过车端的连接器插座之间的连挂线连接相邻的两个车辆，完成控制和通信信号传输。控制和通信连接线外套保护用尼龙软管，采用电缆管接头进入接线盒，主要传输整列车之间的通信信号。控制和通信连接线采用 Hybrid 电缆时，电缆接头进入端墙密封盒，密封盒和车体之间涂波士胶 7003 密封。

(3)等电位保护接地线

相邻车辆之间连接有两根 150 mm^2 接地电缆，位于风挡外侧上方，通过螺栓固定在两车端墙的接地块上，实现整列车等电位。

13.9 压缩空气管路连接

压缩空气是 CRH1A-A 型动车组制动系统的主要动力源，同时也是其他一些辅助设备的气源。CRH1A-A 型动车组车端压缩空气管路连接按照位置可分为前端压缩空气管路连接和中间车压缩空气管路连接。按照压缩空气的用途可分为：制动空气管路连接、总风管路连接和解钩空气管路连接。

13.9.1 前端压缩空气连接

前端压缩空气连接是两列车重联时通过前端自动车钩实现，即压缩空气管路在机械车钩连挂完成时自动连接完成。与机车连挂救援或回送时通过风管与机车管路连接。

(1)制动空气管路连接

制动空气管路连接布置在车钩表面并安装在车钩头内。连接装置的风管接头(包括接头和垫圈)突出车钩表面，在连接过程中将其压下，使其与被连挂车钩的风管接头相接触，可实现空气连接装置良好密封。如果车钩损坏或车钩处于解钩的瞬时状态，制动空气管路将会保持打开状态，同时列车会启动自动停车。

(2)总风管路连接及解钩空气管路连接

总风管路和解钩空气管路连接位于车钩表面，连接装置的风管接头包括接头和垫圈突出车钩表面，在连接过程中将其压下，使其与被连挂车钩的风管接头相接触。总风管路连接装配有压力阀，保证在车钩断开时关闭总风管。在连挂过程中，两车钩的阀门推杆在弹簧的作用下，可保证总风管路始终处于导通状态。

解钩空气管路连接是通过一个铜管连接到解钩风缸控制阀出口端的空气管路上。接头的结构与制动空气管路、总风管路接头基本相同。解钩空气管路连接只有在解钩时才导入压缩空气，所以不需要压力阀门，但有一个压缩弹簧。

13.9.2 中间压缩空气连接

中间车钩上设有压缩空气管路接头，两车辆间的压缩空气需使用软管与风管接头连接，在中间车钩连挂完成后自动对接，连接形式如图 13.5 所示。

13.10 主要引用标准

车端连接主要引用的标准见表 13.5。

表 13.5 车端连接主要引用标准

标 准 编 号	标 准 名 称
GB/T 191	包装储运图示标志
GB/T 1220	不锈钢棒
GB/T 2423.3	环境试验 第 2 部分:试验方法 试验 Cab:恒定湿热试验
GB/T 2423.4	电子电工产品环境试验 第 2 部分:试验方法 试验 Db:交变湿热(12 h+12 h 循环)
GB/T 2423.22	环境试验 第 2 部分:试验方法 试验 N:温度变化
GB/T 4208	外壳防护等级(IP 代码)
GB/T 4237	不锈钢热轧钢板和钢带
GB/T 4549.4	铁道车辆词汇 第 4 部分:车钩缓冲及风挡装置
GB/T 5095.2	电子设备用机电元件 基本试验规程及测量方法 第 2 部分:一般检查、电连续性和接触电阻测试、绝缘试验和电压应力试验
GB/T 5095.3	电子设备用机电元件 基本试验规程及测量方法 第 3 部分:载流容量试验
GB/T 6892	一般工业用铝及铝合金挤压型材
GB/T 7233.1	铸钢件 超声波检测 第 1 部分:一般用途铸钢件
GB/T 7759	硫化橡胶或热塑性橡胶常温、高温和低温下压缩永久变形的测定
GB/T 9174	一般货物运输包装通用技术条件
GB/T 9444	铸钢铸铁件 磁粉检测
GB/T 11211	硫化橡胶或热塑性橡胶 与金属粘合强度的测定 二板法
GB/T 1173	铸造铝合金
GB/T 12361	钢制模锻件 通用技术条件
GB/T 15822	无损检测 磁粉检测
TB/T 1961	铁道车辆缓冲器
TB/T 1941	铁路货车篷布
TB/T 2942	机车车辆用铸钢件
TB/T 3139	机车车辆内装材料及室内空气有害物质限量
EN 15085	轨道应用 轨道车辆和车辆部件的焊接认证体系
DIN 5510-2	轨道车辆防火措施 第 2 部分:材料和构件的燃烧特性和燃烧并发现象

13

14

给排水及卫生系统

14.1 概　　述

车辆给排水及卫生系统是在列车运行期间保证司乘人员正常工作和生活所必备的系统设备。CRH1A-A 型动车组为司乘人员、旅客提供了方便使用的给排水及卫生系统。

给排水及卫生系统由供水系统、饮水装置、排水系统和卫生系统组成。供水系统主要向动车组提供各种用水，如洗漱用水、饮水装置用水、便器冲洗用水、盥洗用水；饮水装置的主要功能是提供饮用开水；卫生系统为旅客及司乘人员提供如厕环境（隐私区域）、洗漱等服务设施，并收集来自便器的污物。

CRH1A-A 型动车组为 8 辆编组列车，设置有标准蹲式卫生间、坐式卫生间、无障碍卫生间，3 种不同类型共 12 个卫生间；每个车厢设有饮水装置，共 8 个；此外，还设有 3 个盥洗室。图 14.1 为车内用水集便设备布置。

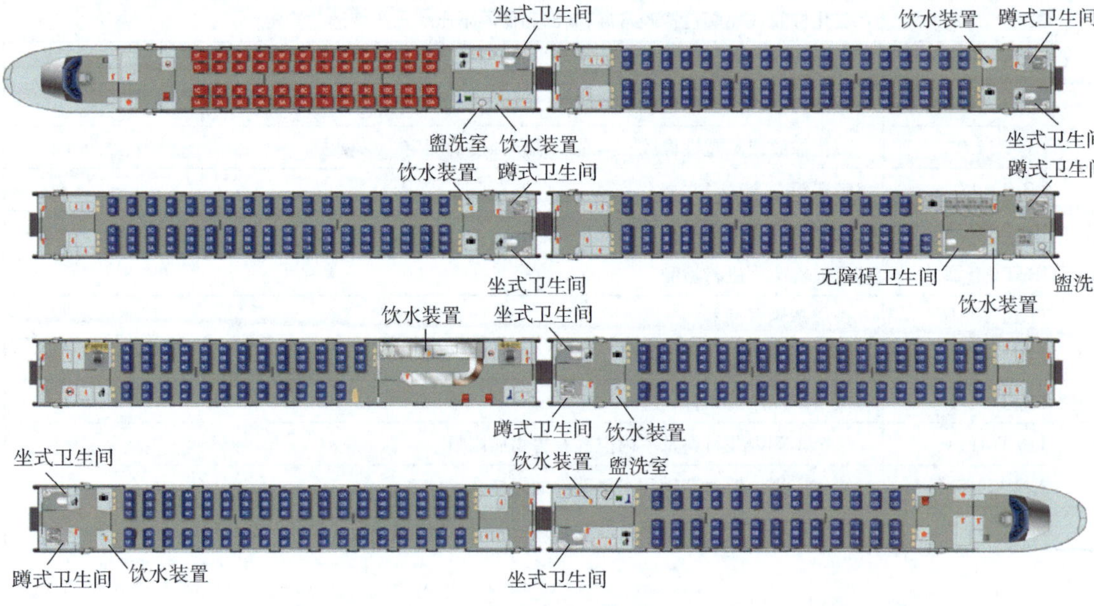

图 14.1　车内用水集便设备布置

14.2 供水系统

14.2.1 系统组成及工作原理

(1)基本组成

CRH1A-A 型动车组每个车厢都设置有供水系统，主要由注水装置、车下水箱、水泵装置、管道系统、阀、车内中间水箱和管道加热装置等组成。CRH1A-A 型动车组中间车典型的供水系统组成示意图如图 14.2 所示。

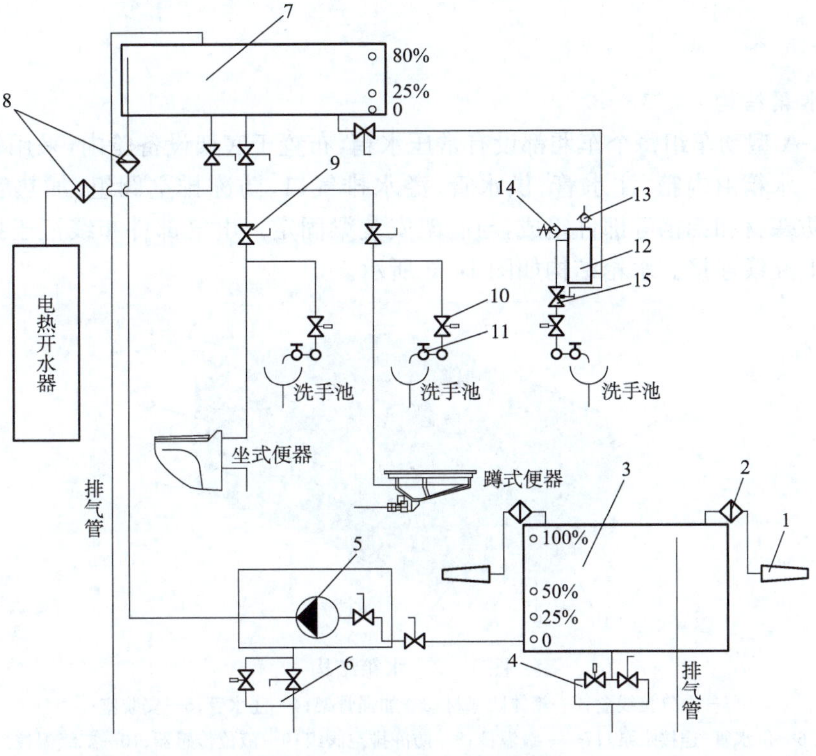

图 14.2 供水系统组成示意图

1—注水装置；2—过滤器(车下)；3—水箱(车下)；4—水箱防冻排空阀组；5—水泵装置；6—水泵防冻排空阀组；7—中间水箱(车内)；8—过滤器(车内)；9—截至阀；10—电磁阀；11—感应式水阀；12—温水器；13—通气阀；14—安全阀；15—混合阀

(2)工作原理

供水采用压力和重力混合供水方式，基本原理为净水由注水口注入车下水箱，车下水箱通过水泵将净水输送到车上中间水箱，中间水箱中的水在重力作用下输送到各用水设备。

供水系统的工作原理包括以下几个方面：

①带溢水排气口的具备相当容量的清洁水箱为系统储备水源，净水通过水箱两侧连接的注水口注入水箱，注水口符合 TB/T 1720 的有关规定，每节车厢裙板两侧设有防护注水口的滑道结构注水盒。水箱设置有水位探测仪，可以探测 90%、50%、25% 和 0%的水位，将水位信息传递给车厢本地控制单元，当缺水时以提醒乘务员加水。位于车下的供水系统设施

设置有电加热装置,具有防冻功能。

②水泵的启动和停止由供水控制单元控制,激活信号由中间水箱的高液位和低液位传感器输出。当中间水箱液位低于低液位传感器,可编程控制器收到信号后向水泵发送启动指令,当液位升到高液位传感器,控制器收到信号后向水泵发送停止指令。

③在洗手盆的正上方设置有控制出水的光电元件,既能保证乘客清洗又能自动节约用水。

④盥洗室设置有温水器和混合阀,以保证乘客能用上温度适宜的清洁水。

⑤每个车厢的供水系统和排水系统是相连的,也就是说供水系统要为排水系统提供清洗水源;防冻排空时,供水系统可通过排水系统实现完全排空避免结冻风险。

14.2.2 水　箱

14.2.2.1 水箱结构

CRH1A-A 型动车组每个车厢都设有常压水箱,布置于底架设备舱内,采用轻量化、集成化设计理念。水箱由内箱、注水管、供水管、溢水排气口、防冻排空阀组、加热管、液位传感器、接线盒、防寒材和铝箔等部件组成,与底架安装梁固定。电气部件布线汇于接线盒,通过连接器与车上配线连接。水箱结构如图 14.3 所示。

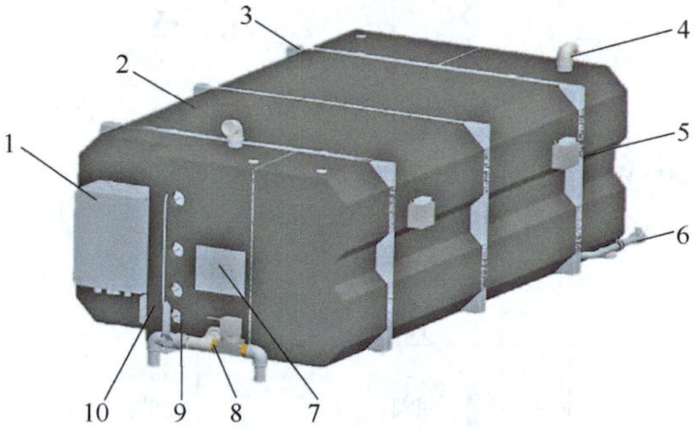

图 14.3　水箱结构

1—电气接线盒;2—箱体防寒材;3—加强骨架;4—注水管;5—安装座;
6—供水管(连接水泵);7—一级温控;8—防冻排空阀组;9—液位传感器;10—二级温控

各车清水箱容量为均 600 L,安装于车下设备舱内,为车厢内设置的卫生间、盥洗室、电热开水器以及餐车厨房区域的洗池和饮水机提供水源。

14.2.2.2 水箱主要性能及参数

(1)内箱材料为不锈钢。

(2)水箱包裹隔热防寒材。

(3)带有 4 个液位传感器,可显示零液位、中间液位(两挡)、满液位的相关状态。

(4)一级温控:当温度低于设定的启动温度 T_1 时,温控器控制系统加热;当液体温度高于设定停止温度 T_2 时,温控器将控制系统停止加热。

(5)二级温控:当温度高于设定停止温度 T_3 时,控制加热棒停止工作,该温控器只能通过手动复位($T_1 < T_2 < T_3$)。

(6)接线盒密封满足防水防尘要求。

(7)带有 2 根加热管,满足低温防冻的需求。

14.2.3 水泵装置

14.2.3.1 水泵装置结构

水泵装置是由一套水泵、自动排水阀及手动球阀、管路保温系统、水泵控制系统和箱体等组成,其结构如图 14.4 所示。

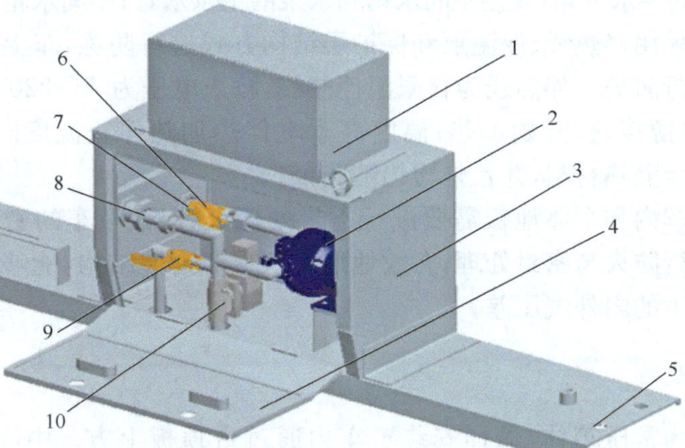

图 14.4 水泵装置结构

1—电气控制箱;2—水泵;3—泵箱;4—检查门;5—安装座;6—过滤器;7—进水管路;8—出水管路;9—防冻排空球阀;10—防冻排空电磁阀

14.2.3.2 水泵装置控制原理及功能

(1)水泵的启动和停止

当车下水箱无水时,水泵不工作;当车下水箱有水,并且车上中间水箱低水位低时,水泵开始工作,向车上中间水箱注水;当车上中间水箱内达到高水位后,水泵停止工作。

(2)防冻排空

当车辆停用并且控制器有防冻排空集控信号输入时,水泵开始工作,同时泵箱、电开水炉上的电磁阀(餐车含洗池排水阀、洗池出水阀)打开进行排水,持续排水一段时间直至排空后,排空过程中当车下水箱有 0 水位信号输入时,水泵延时停止工作,以确保水箱排空,待防冻排空结束后系统复位。

(3)故障报警及状态指示

正常运行时,水泵出现故障或连续工作超过设定时间时,控制器向 TCMS 输出故障。

(4)故障报警信号

水泵故障未排除,水泵不工作。所有故障排除一定时间后,按故障复位按钮复位,排除故障报警,系统重新检测信号并输出指令。

(5)其他功能

水泵的启动次数将被记录并存储。

14.2.4 供水管路

车辆供水系统中的供水管路主要由不锈钢管及阀门、过滤器、管接头、伴热线和防寒材等组成。

供水管路主要采用不锈钢材质水管，满足标准《流体输送用不锈钢无缝钢管》(GB/T 14976)要求。供水管路包括:注水口与车下水箱间的注水管;中间水箱通气管(溢水管)和车下水箱与水泵间的供水管路;连接中间水箱和水泵的主供水管;中间水箱至用水设备的供水管。

车下管路采用伴热线、保温层和保护层结构方式进行防冻，车上管路采用保温层和保护层结构方式进行防护。伴热线为自限温伴热线，输入电压为 AC 220 V，温度低于电伴热加热启动温度时，电源接通，开始加热;温度高于电伴热加热停止温度时，电源断开，停止加热。保温层选取安全隔热材料，并且外覆铝箔胶带。

管路穿过车内和车体地板需要进行密封处理，以保证整车的密封要求。在车体和车内地板开口处进行防火与密封处理，有效地形成双重气密性结构，能够有效地抵御车辆在高速运行过程中产生的内外气压差。

14.2.5 中间水箱

中间水箱为常压箱体，悬挂安装于车内通过台顶板上方。中间水箱主要由内箱、注水管、供水管、溢水排气口、液位传感器、接线盒、防寒材和铝箔等部件组成;内胆为不锈钢，用防寒材包裹保温并且外包铝箔。电气部件布线汇于接线盒，通过连接器与车内配线连接。图 14.5 为中间车中间水箱的典型结构。

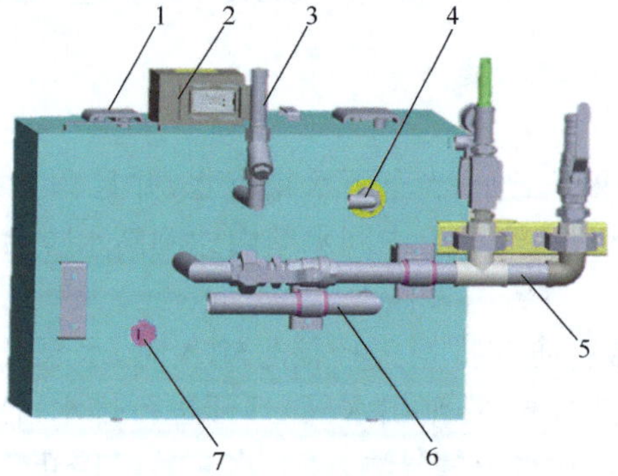

图 14.5 中间水箱结构

1—安装座;2—接线盒;3—进水管(连接水泵);4—液位传感器;
5—供水管(连接用水设备);6—溢水排气口;7—清洗口

水箱主要性能及参数:

(1)内箱材料为不锈钢;

(2)带有 2 个液位传感器，指示低液位和满液位。

14.2.6 温水器装置

盥洗室设有温水器装置，温水器装置可将冷水加热到设定温度的热水，混合阀将热水与冷水混合到一起，用于盥洗池中水阀的供水，为乘客提供温度合适的盥洗用水。温水器装置结构如图 14.6 所示。

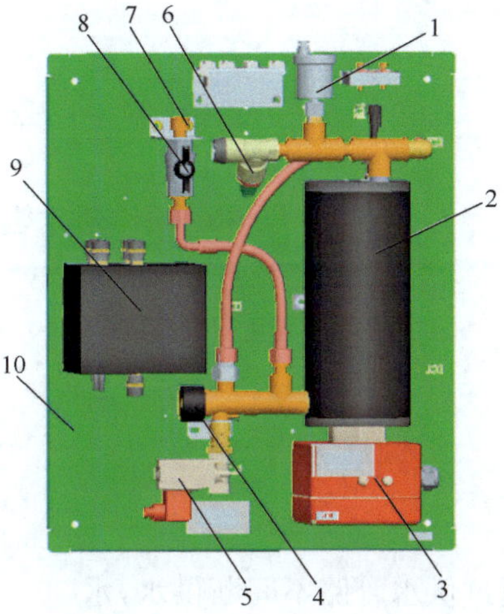

图 14.6 温水器装置结构

1—通气阀；2—温水箱；3—温水器；4—混合阀；5—电磁阀(接盥洗室出水阀)；6—安全阀；7—进水口；8—截止阀；9—接线盒；10—固定板

(1)温水器装置工作原理

温水箱内设有满水液位传感器，当温水箱满水时，液位传感器激活，温水器内加热管开始加热，当水温度达到一级温控限制温度时，加热管停止加热，混合阀将热水与冷水混合到一起，可以调节到舒适温度。温水器还设有二级温控用于超温保护，当一级温控失效时，加热管持续加热，当温水箱内温度升高到二级温控限制温度时，二级温控开关断开，加热管停止加热，二级温控开关只能通过手动复位。

(2)主要性能及参数

①温水箱为不锈钢材质，外包隔热防寒材料。

②带有 1 个液位传感器，用于满水位探测。

③一级温控：用于控制加热管正常得电工作，工作当水温低于一级温控限温，温控器控制加热管加热；反之，温控器将控制加热管停止加热；二级温控：当温度高于二级温控限温时，控制加热管停止工作，该温控器只能通过手动复位。

④接线盒满足防水防尘防护要求。

14.3 饮水装置

CRH1A-A 型动车组每个车厢都设有饮水装置，能够提供饮用开水。饮水机位置的设计有两种方案：

(1)饮水装置布置在通过台区域，Mc 车中间通过台区域，Tp 和 M 车 1 位端通过台区域。

(2)Md 车设置有厨房，饮水装置放置在厨房区域展示柜与洗池之间。

饮水装置采用水电隔离高频逆变感应加热，非接触水检测液位，利用沸腾翻水原理将开水翻到储水箱，有效将生水和热水分开，设有保温装置，以保证能连续提供符合卫生标准的饮用热水，保证乘客饮用水的供用。

14.3.1 主要技术参数

主电路额定电压	AC 400 V/50 Hz 三相四线制
额定功率	4.5 kW
产开水量	≥40 L/h (进水温度 18℃)
降温速率	≤5 ℃/h
进水方式	重力供水
电热开水器表面的温度	≤60 ℃

14.3.2 工作与控制原理

(1)工作原理

饮水机水源由中间水箱通过供水管路不间断供水，水经饮水机过滤装置与进水电磁阀到达产水箱，当水位到达产水箱上水位时进水电磁阀关闭，停止补水。并开始由加热水箱的电磁线圈进行加热消毒。水沸腾后从翻水膨胀筒上端跃出，进入储水箱，使产水箱水位下降，当降至产水箱的中水位时进水电磁阀打开补水，至上水位时，电磁阀关闭，停止补水。当储水箱内水位升至上水位时，产水箱停止加热，自动进入保温状态。当取用热水使储水箱的水位低于下限水位时，再次开始加热，如此即可连续不断地供应热水。饮水机的饮水机内部结构如图 14.7 所示。

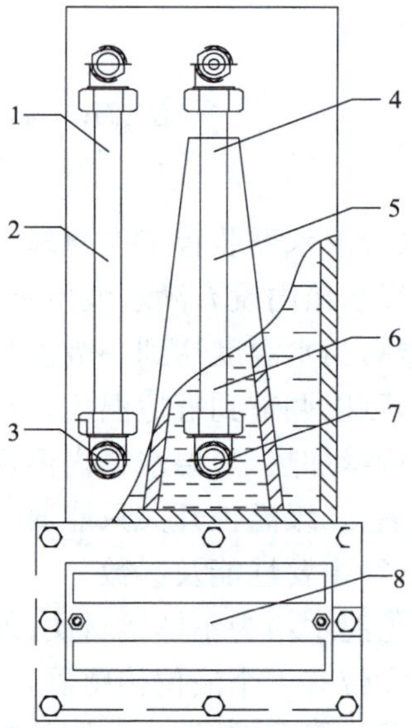

图 14.7 饮水机内部结构

1—储水箱上水位；2—储水箱中水位；3—储水箱磁控管；4—产水箱上水位；5—产水箱中水位；6—产水箱下水位；7—产水箱磁控管；8—加热装置

(2)电气控制原理

饮水机电器主回路主要由空气开关、整流桥、逆变器、感应线圈等部件组成，三相交流电源经空气开关进入电控箱，再经三相整流桥把三相交流电整流成直流电，由功率模块组成的全桥逆变器把直流电转变成高频交流电供给感应线圈，在产水箱腔体产生涡流效应，使之发热将水烧开。

控制电路主要由控制器及外围数字电路、驱动电路、水位传感器、逆变器、温度传感器、稳压电源、指示灯、继电器及控制进水的电磁阀等部分组成，控制器能根据产水箱水位的变化，控制电磁阀的开/关，逆变器的启/停，进行断水保护、缺水自动进水、水位显示等功能，并且当发生过流、过热等异常情况时自动保护停机。

14.3.3 主要功能

(1)自动保温功能

饮水机的控制器设置了自动保温程序，在储水箱满水位时能自动进入保温状态：即电加热装置自动间续起停工作，这样保证储水箱中的水始终是可饮用开水。

(2)防干烧功能

饮水机具有二次缺水保护装置,即当产水箱水位下降至下水位时,迅速进入补水程序,停止加热;饮水机加热腔处装置了压力温度控制器,即使在水位传感器失灵或发生器件损坏等突发情况下:产水箱内缺水、甚至加热腔迅速升温,这时装在加热腔中的温度控制器能立即进入保护状态,把控制箱面板上防干烧保险丝熔断,防止加热线圈损坏。

(3)解锁保护功能

为了防止儿童操作烫伤,饮水机设有解锁保护功能,首先按压面板上的解锁按钮(红色),在 3 s 内再按压出水按钮,开水流出,供饮用。饮水机操作面板如图 14.8 所示。

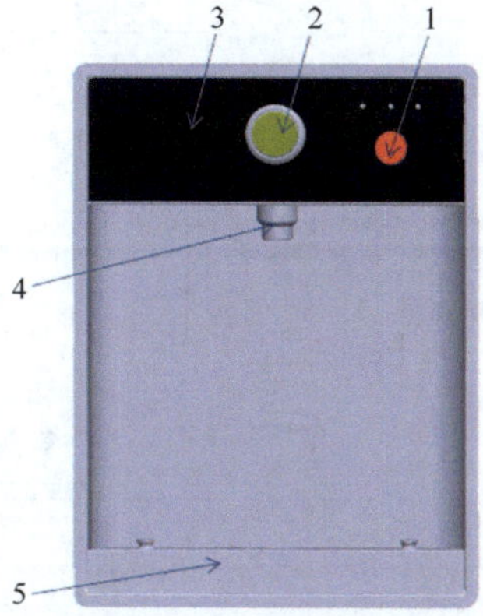

图 14.8 饮水机操作面板

1—解所按钮;2—热水出水按钮;3—面板;4—出水嘴;5—接水盘

(4)漏电保护功能

空气开关至整流桥部分为交流电源,当电器线路中出现漏电现象超过 30 mA 时空气开关立即动作。

(5)防冻排水功能

饮水机设有整机排水电磁阀,当控制器接收到排空信号时,排水电磁阀打开,也可同时打开安装在进水管路的球阀排,排空进水管内的水;开水炉水箱内的水通过打开产水箱手动和储水箱球阀进行排空。

14.4 排水系统

14.4.1 系统组成及工作原理

(1)基本组成

排水系统主要由卫生间、盥洗室、饮水机和厨房的排水装置、排水管路、双气压保护装置、地漏装置,以及整车防冻排空功能等组成。图 14.9 为 CRH1A-A 型动车组的排水系统组成示意图。

(2)工作原理

卫生间、盥洗室、饮水机和厨房的废水,在重力作用下通过各自排水管路经压力保护装置直接排到列车外部。

由于动车组在高速运行时,特别是在会车和进出隧道时,会引起车厢内气压波动,为了给乘客提供舒适的乘车环境,必须保证车内气密性。排水系统采用压力保护装置灰水单元或水封,保证在气压波动影响下能正常排水。

14

14.4.2 灰水单元

灰水单元主要由进水口、鸭嘴阀、通风阀和出水口组成。鸭嘴阀和通风阀为气压保护装置,鸭嘴阀只允许废水单向流动,车外气压高车内时,防止水倒流;通风阀用于保护车气压外流,当车内气压高于车外时,通风阀自动关闭。灰水单元能承受一定气压波动而保证车内和车外气体不交换。灰水单元内部结构如图 14.10 所示。

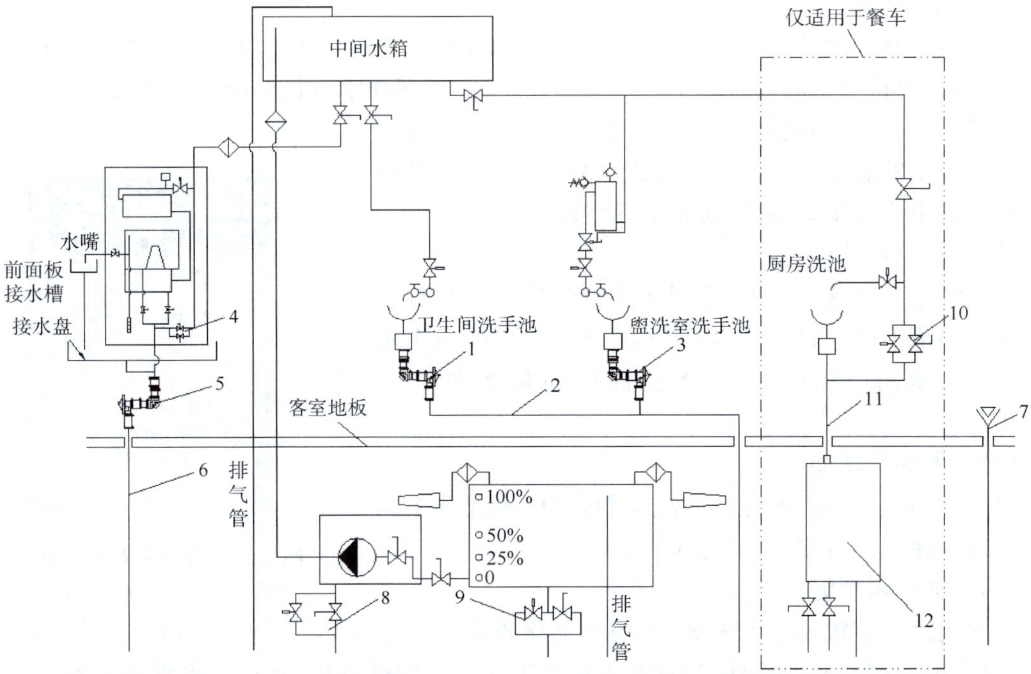

图 14.9　排水系统组成

1—卫生间灰水单元；2—卫生间和盥洗室排水管；3—盥洗室灰水单元；4—饮水机防冻排空阀组；5—饮水机灰水单元；6—饮水机排水管；7—地漏及排水管；8—泵箱防冻排空阀组；9—水箱防冻排空阀组；10—餐车中间水箱防冻排空阀组；11—厨房洗池排水管；12—水封

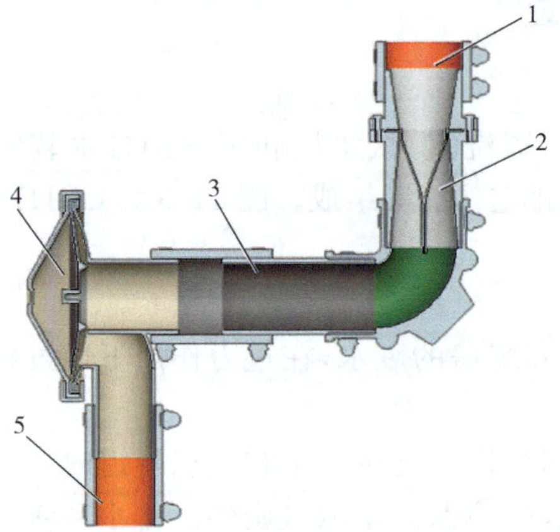

图 14.10　灰水单元内部结构

1—进水口；2—鸭嘴阀；3—过渡管；4—通风阀；5—出水口

14.4.3　水　　封

厨房废水含有油污，因此废水排放使用耐污油污的水封作为压力保护装置。水封安装于底架设备，水封主要由进水管、虹吸腔、排水管、伴热线、防寒材、防护层、安装座、接线盒和防冻排空阀等组成，水封结构如图 14.11 所示。

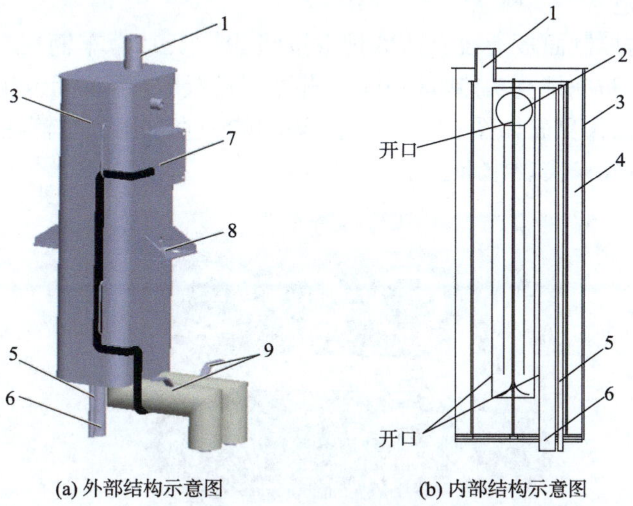

图 14.11 水封部结构

1—进水管；2—虹吸腔；3—防护层；4—防寒材和伴热线；5—通气管；6—排水管；7—接线盒；8—安装座；9—防冻排空阀组

水封利用水柱和虹吸腔的空气压力变化实现气密性。列车运行过程中，水封能满足车内外气压差波动时，废水在重力作用下正常排出车外，且不发生车内和车外气体交换。

水封内腔和保护层采用不锈钢材质，伴热线为自限温伴热，温度低时加热启动，温度高时加热停止，水封外部包裹保温层。水封下部设有手动排空球阀时，防冻排空时可以将水封内水排空。

14.4.4 排水管路

车辆排水系统中的排水管路主要由不锈钢管、管接头、伴热线和防寒材料等组成。

排水管路主要采用不锈钢材质水管，满足标准《流体输送用不锈钢无缝钢管》(GB/T 14976)要求。排水管路主要包括：卫生间、盥洗室和餐车废水排水管；电热开水器排水管路；与地漏连接的排水管路。

车下管路采用伴热线、保温层和保护层结构方式进行防冻，车上管路采用保温层和保护层结构方式进行防护。伴热线为自调温伴热，温度低于电伴热加热启动温度时，电源接通，开始加热；温度高于电伴热加热停止温度时，电源断开，停止加热。管路保温层为无机发泡隔热材料，保护层外覆铝箔胶带。

管路穿过车内和车体地板需要进行密封处理，以保证整车的密封要求。在车体和车内地板开口处进行防火与密封处理，以期形成有效地双重气密性结构，能够有效地抵御在高速运行过程中，尤其是过隧道时产生的内外气压差。

14.4.5 防冻排空功能

为了防止系统在低温环境、没有加热条件下被冻坏，CRH1A-A 型动车组设有手动和自动防冻两种排空方案。

(1)手动防冻排空

司机室电气柜内控制面板上设有防冻排空按钮(图 14.12),车辆在有电状态下按压该按钮至少 3 s,启动整车防冻排空功能,该功能一直可用;智能显示单元卫生设施上设有排空选定车辆或整车选项,操作界面如图 14.13 所示,该功能一直可用。车辆在无电状态下,可以通过打开设备的手动球阀来实现排水。

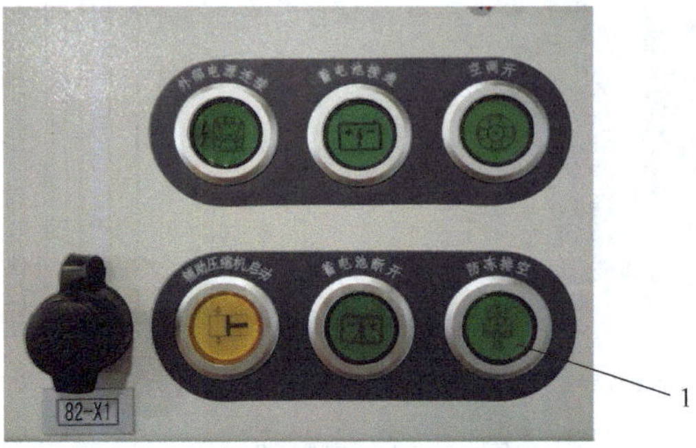

图 14.12 司机室电气柜控制面板

1—防冻排空按钮

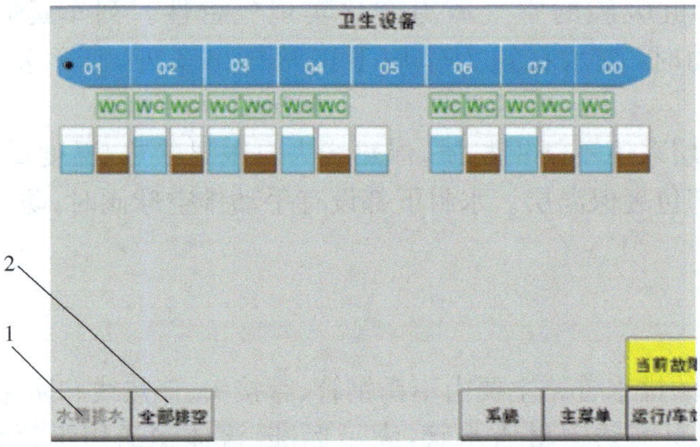

图 14.13 智能显示单元上卫生设备操作界面

1—排空选定车辆选项;2—排空整列车选项

(2)自动防冻排空

自动防冻排空功能由 TCMS 控制,在受电弓降弓及无外接电源情况下,外温度低于设定温度,并且蓄电池电压低于预设值,防冻排空功能激活,排将整列车的水箱、供排水管、用水设备、便器等排空。

14.5 卫生系统

卫生系统为司乘人员提供盥洗、如厕以及婴儿护理等服务设施。CRH1A-A 型动车组为除餐车外的每辆车都设有卫生系统。卫生系统包括卫生间模块、盥洗室模块、卫生设施附件和集便装置。其中,卫生设施附件包括纸巾盒、扶手、镜子、垃圾桶、衣帽钩、水阀、SOS 呼叫按钮和婴儿护理台等,集成于卫生间及盥洗室模块内部;集便系统包括集便器、控制板、污物箱及排污管路等。

14.5.1 卫生间模块

卫生间采用模块化设计结构方便实现在车上模块化安装,通过接头或连接器即可实现电路、气路和水路的连接,方便安装更换。

卫生间外壳采用不饱和聚酯树脂玻璃钢材料,粘接铝型材框架补强的整体结构,具有自承载、轻量化的特点。各功能部件采用模块化设计,采用标准接头实现快速连接,方便维护更换;各服务功能区域按照人体工程学,进行合理布置,使用方便。水阀采用感应式出水控制,卫生方便,节约用水。

卫生间地面采用防滑防水结构,带防滑突起,拐角圆滑过渡,提高了安全性;便器具有防异味水封功能,卫生间模块顶部设有废排,底部有新风功能,及时将异味排除,提高了如厕的舒适性;卫生间冲洗采用按钮方式,标识清晰,操作方便。

卫生间内部空间满足如厕活动需求,外部造型根据整车的风格确定。为了满足乘坐轮椅的旅客如厕需求,设置有满足轮椅活动空间的多功能卫生间。卫生间模块分为标准坐式卫生、标准蹲式卫生间和无障碍多功能卫生间三种类型。

(1)标准坐式卫生间

标准坐式卫生间配置不锈钢坐便器、洗面台、LED 射灯、烟感探头(位于卫生间顶板中部)、纸巾盒、镜子、厕纸盒、水阀、坐垫纸盒、垃圾箱、方便插座、一个扶手、衣帽钩等辅助设施,以及烟火报警等设施。标准坐式卫生间结构如图 14.14 所示。

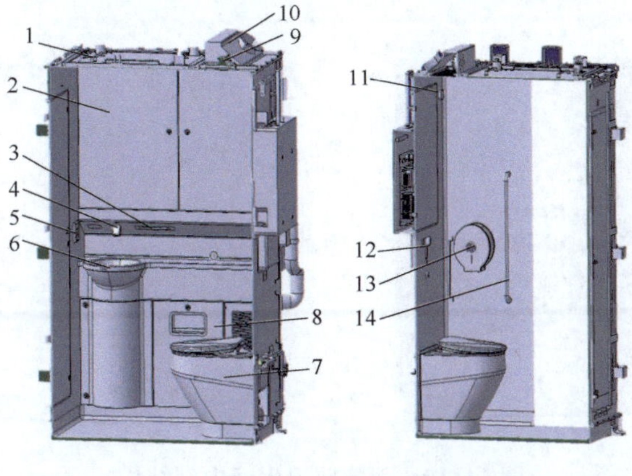

图 14.14 标准坐式卫生间内剖结构

1—LED 射灯;2—镜子;3—纸巾盒;4—水阀;5—插座;6—洗手盆;7—坐便器;8—垃圾桶;9—扬声器;10—废排风盒;11—温度传感器;12—坐垫纸盒;13—厕纸盒;14—扶手

(2)标准蹲式卫生间

标准蹲式卫生间配置不锈钢蹲便器、洗面台、LED 射灯、烟感探头(位于卫生间顶板中部)、纸巾盒、镜子、厕纸盒、水阀、垃圾箱、方便插座、一个扶手、衣帽钩等辅助设施,以及烟火报警等设施。标准蹲式卫生间结构如图 14.15 所示。

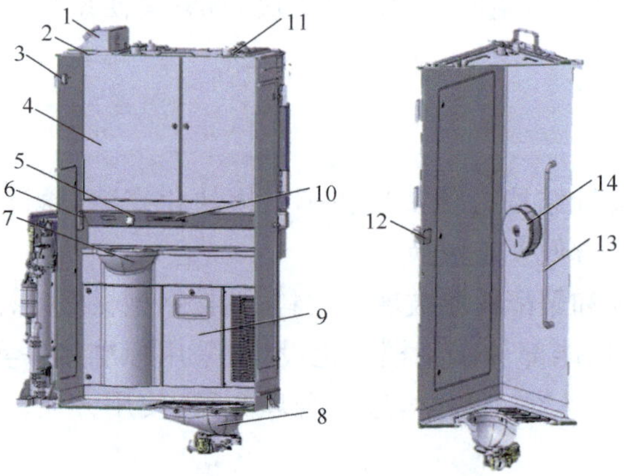

图 14.15　标准坐式卫生间内剖结构

1—废排风盒；2—扬声器；3—温度传感器；4—镜子；5—水阀；6—插座；7—洗手盆；
8—蹲便器；9—垃圾桶；10—纸巾盒；11—LED 射灯；12—冲洗按钮；13—扶手；14—厕纸盒

(3)无障碍卫生间

无障碍卫生间具有比标准卫生间更大的室内空间，以满足轮椅活动空间。卫生间内主要设施与标准坐式卫生间的基本相同，不仅设置坐式便器、洗面台、纸巾盒、镜子、水阀、厕纸盒、坐垫纸盒、垃圾箱、插座、衣帽钩等辅助设施，卫生间内还设置了婴儿护理台，电加热器，用于控制加热器工作的温度传感器，两个 SOS 呼叫按钮(一个在洗面台和便器附近，另一个在门位置处，防止乘客因紧急情况跌倒时使用)，用于控制电动拉门的开关门按钮。无障碍卫生间结构如图 14.16 所示。

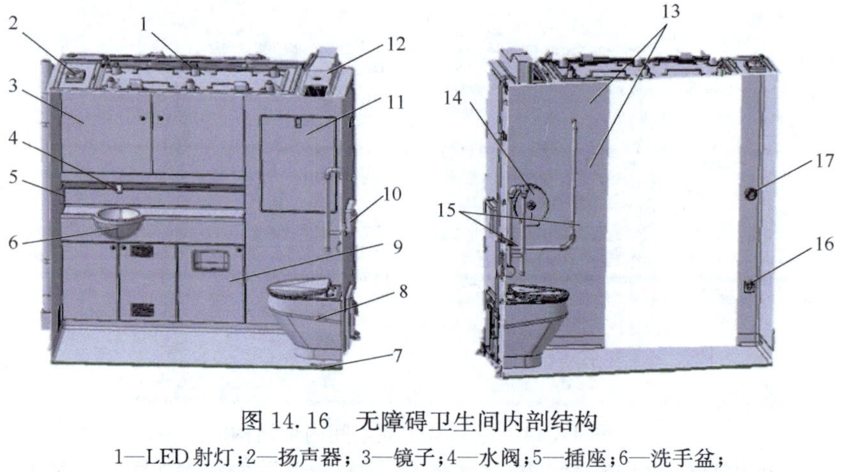

图 14.16　无障碍卫生间内剖结构

1—LED 射灯；2—扬声器；3—镜子；4—水阀；5—插座；6—洗手盆；
7—地漏；8—坐便器；9—镜子；10—垃圾桶；11—婴儿护理桌；12—废排风盒；
13—衣帽钩；14—便纸盒；15—扶手；16—SOS 呼叫按钮；17—开关门控制按钮

14.5.2　盥洗室模块

盥洗室采用开敞式结构，内设有温水器，通过调节混水阀设定水阀出水温度，水阀由光感应器控制出水，为乘客提供方便舒适的盥洗环境。盥洗室设有纸巾盒、插座、镜子、射灯、衣帽钩等。盥洗室结构如图 14.17 所示。

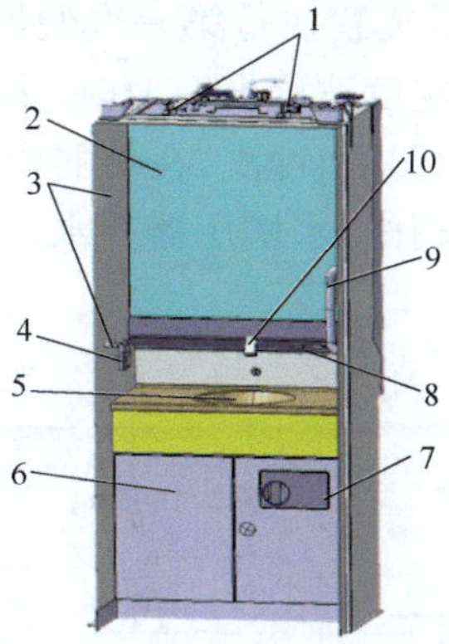

图 14.17 盥洗室结构示意图

1—射灯;2—镜子;3—衣帽钩;4—插座;5—洗盆;6—洗面台柜;7—垃圾箱;8—纸巾盒;9—扶手;10—水阀

14.5.3 集便系统

14.5.3.1 基本组成及工作原理

(1)基本组成

集便系统采用紧凑式真空集便装置,该系统主要由集便器、污物箱、控制面板和排污管等组成,集便器装置分为坐式便器装置和蹲式便器装置,蹲式便器装置由蹲式便器和基本单元组成。图 14.18 为 CRH1A-A 型动车组的集便系统组成示意图。

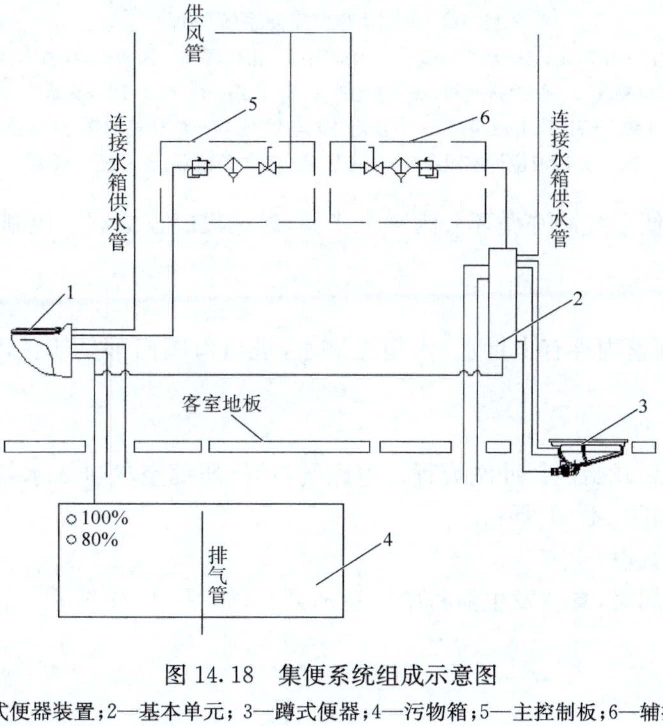

图 14.18 集便系统组成示意图

1—坐式便器装置;2—基本单元; 3—蹲式便器;4—污物箱;5—主控制板;6—辅控制板

(2)工作原理

按压冲洗按钮后,系统控制便器装置执行第一次便器冲洗,同时真空发生器工作,在中转箱内产生真空。当中转箱内的真空度达到设定值时,出口阀打开,便器内的污物在负压的作用下吸入中转箱内。随后便器进行二次冲洗,在便器内形成小水封,系统控制压缩空气进入中转箱将中转箱内污物排入污物箱内,水增压器补水,冲洗循环结束。紧凑式集便原理如图 14.19 所示。

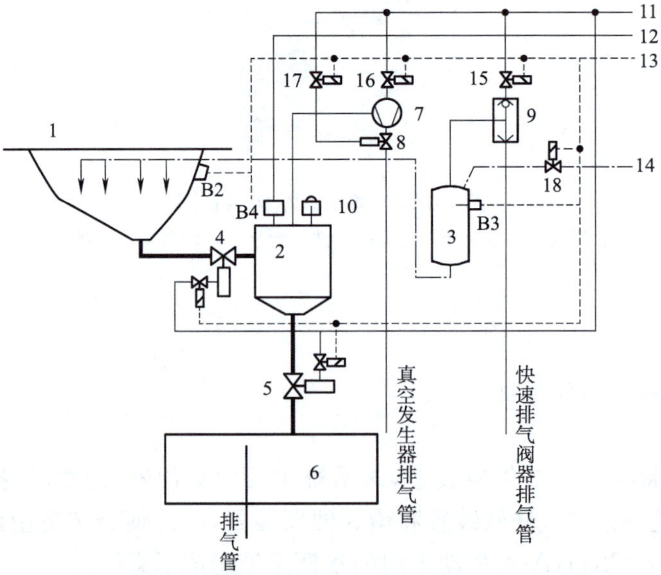

图 14.19　紧凑式集便系统原理

1—便盆;2—中转箱;3—水增压罐;4—入口阀;5—出口阀;6—污物箱;7—真空发生器;8—真空发生器开关电磁阀;9—快速排气阀;10—安全阀;11—压缩空气入口;12—测试口;13—电气线路接口;14—清水入口;15—水增压罐进风电磁阀;16—中转箱进风电磁阀;17—中转箱抽真空电磁阀;18—供水电磁阀;B2—盆满液位传感器;B3—水增压灌高液位传感器;B4—压力开关

紧凑式真空集便系统冲洗循环分为 6 个步骤,通过集成在便器上控制单元控制冲洗循环冲顺序。

①待命状态

待用状态时,便盆内存有少量水,水箱充满水,进出口阀门都处于关闭状态,如图 14.20 所示。

②冲洗便盆

按下冲洗按钮后开始执行冲洗流程。电磁阀打开,压缩空气进入水箱,水在压缩空气的作用下冲洗便盆,如图 14.21 所示。

③中转箱产生真空

在冲洗便盆的同时,真空发生器将中转箱抽真空,如图 14.22 所示。

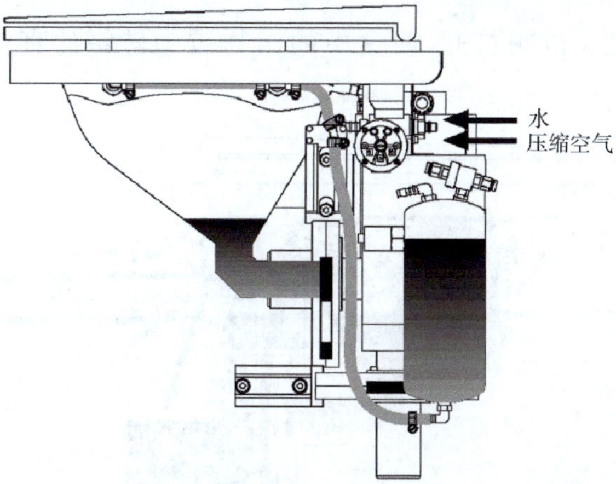

图 14.20 待命状态

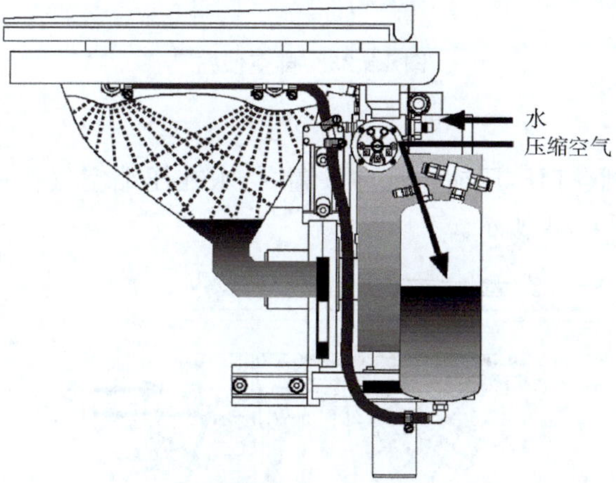

图 14.21 冲洗便盆

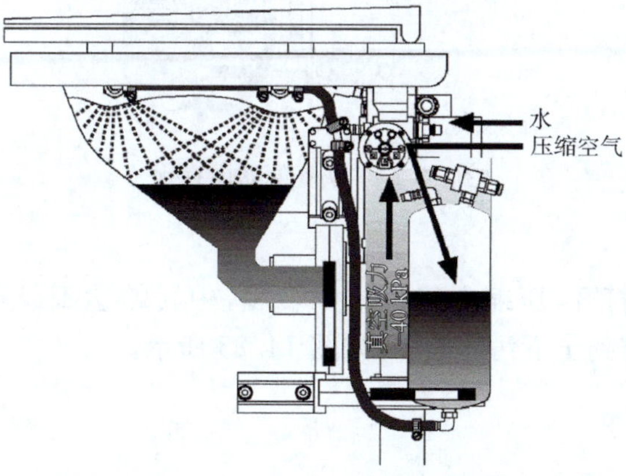

图 14.22 中转箱产生真空

④排空便盆

便盆与中转箱间的入口阀打开，便盆中的污物被中转箱的真空吸到吸入箱内，如图 14.23 所示 。

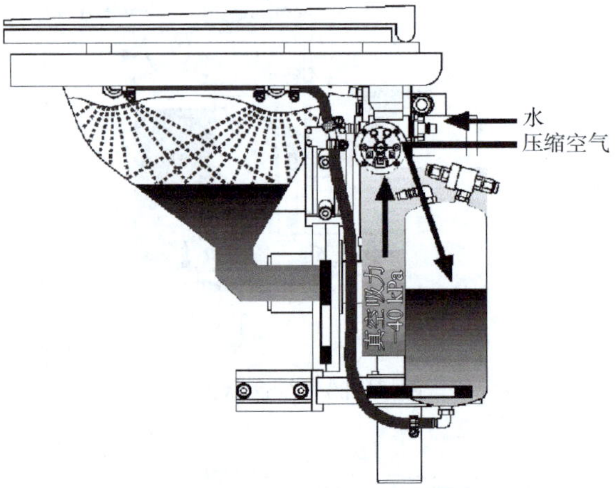

图 14.23　排空便盆

⑤恢复便器内存水

水增压罐进风电磁阀打开，压缩空气进入罐内，水在压缩空气作用下冲洗便器并在便器中重新形成水湾，如图 14.24 所示。

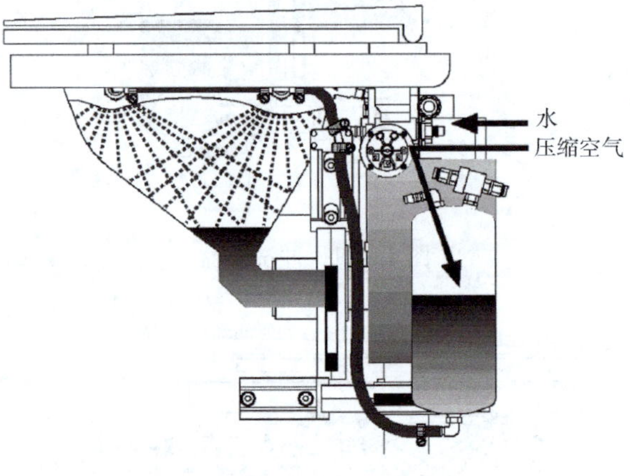

图 14.24　恢复便器内存水

⑥排空中转箱

中转箱进风电磁阀打开，压缩空气进入中转箱，中转箱达到设定压力后出口阀暂时打开，中转箱里的污物被排到车下污物箱中，如图 14.25 所示。

14.5.3.2　集便器装置

(1)坐式便器装置

坐式便器装置安装于坐式卫生间模块内，其主要由坐便器、中转箱、水增压器、真空发生器、控制单元、电磁阀和管接头等组成，其结构如图 14.26 所示。

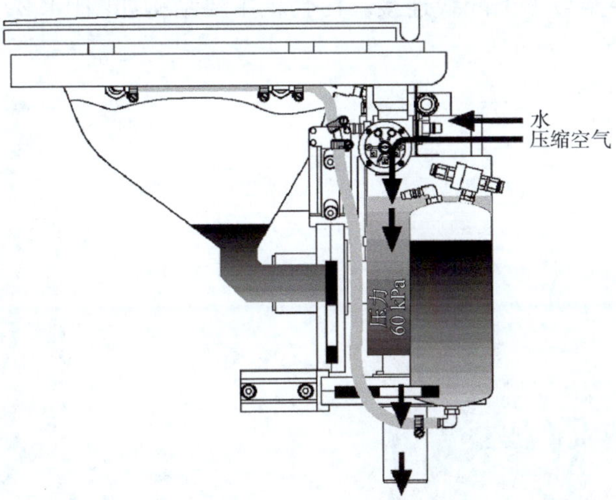

图 14.25 排空中转箱

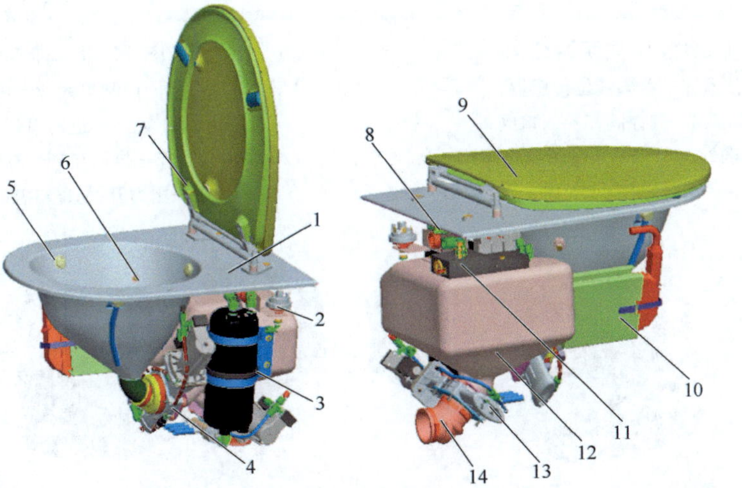

图 14.26 坐式便器装置结构

1—便盆；2—压力开关；3—水增压罐；4—入口阀；5—喷嘴；6—盆满液位；7—座垫；8—快速排气阀；
9—便器盖；10—控制单元；11—真空发生器；12—中转箱；13—出口阀；14—排污口

(2)蹲式便器装置

蹲式便器装置因安装的要求，分为蹲式便器和基本单元。蹲式便器主要由便盆、入口阀、气控阀和喷嘴等组成，安装蹲式卫生间模块内，其结构如图 14.27 所示；基本单元主要由中转箱、真空发生器、水增压罐、控制单元和出口阀等组成，安装于蹲式卫生间模块外地板上，其结构如图 14.28 所示。

14.5.3.3 污物箱

CRH1A-A 型动车组除餐车外的每辆车都设有污物箱，污物箱为常压箱体，布置于底架设备舱内，采用轻量化、集成化设计理念。污物箱主要由内箱、液位传感器、排气口、加热管、液接线盒、清洗口、卸物口、防寒材和铝箔等部件组成，固定于底架安装梁上。电气部件布线汇于接线盒，通过连接器与车上配线连接。污物箱主要结构如图 14.29 所示。

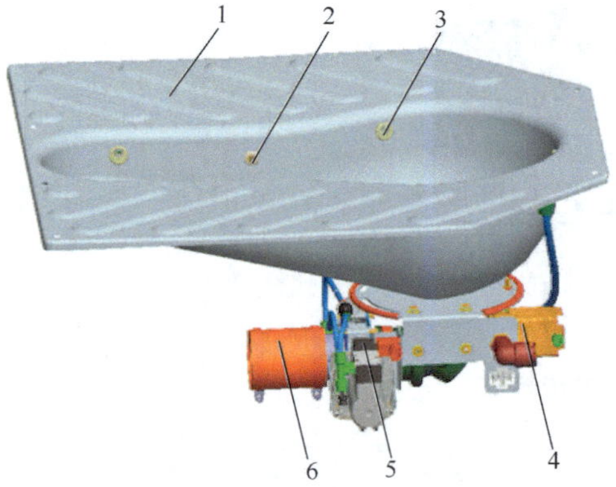

图 14.27　蹲式便器结构

1—便盆；2—盆满液位传感器；
3—喷嘴；4—气控阀；5—入口阀；
6—排污口(与基本单元进污口连接)

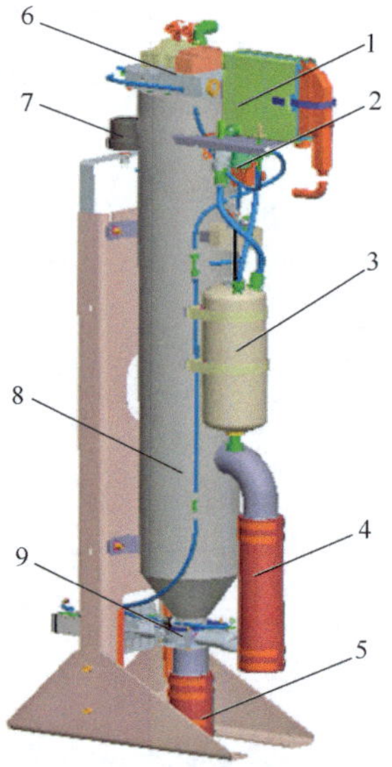

图 14.28　基本单元结构

1—控制单元；2—快速排气阀；
3—水增压罐；4—进污口(与便器排污口连接)；
5—排污口；6—真空发生器；
7—压力开关；8—中转箱；9—出口阀

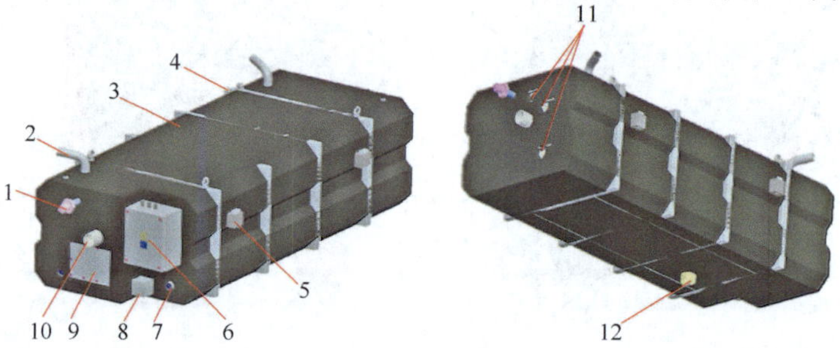

图 14.29　污物箱结构图

1—清洗口；2—进污口；3—箱体防寒材；4—加强骨架 1；5—安装座；6—接线盒；
7—电加热棒；8—二级温控；9—一级温控；10—卸污口；11—液位传感器；12—通气口

污物箱箱体容量为 600 L 污物箱，收集 Mc1a、Mc2a 、Tp2、M2 和 Ts2 车卫生间产生的污物，其位置处于车下设备舱内。

14.5.3.4　污物箱主要性能及参数

(1)内箱及外箱体加强骨架材料为不锈钢。

(2)箱体防寒材料为无机发泡隔热材料，导热系数为 0.031 W/(℃·m)。

(3)带有 3 个液位传感器，用于显示低液位、中间液位、满液位状态。

(4)一级温控：当温度低于设定的启动温度 T_1时，温控器控制系统加热；当液体温度高于设定停止温度 T_2时，温控器将控制系统停止加热。

(5)二级温控：当温度高于设定停止温度 T_3时，控制加热棒停止工作，该温控器只能通过手动复位($T_1 < T_2 < T_3$)。

(6)接线盒满足防水防尘防护要求。

(7)带有 2 根加热管,满足保温防冻需求。

(8)污物箱在两端分别设有 2.5"卸物口和 1"清洗口。

14.6 主要引用标准

给排水及卫生系统主要引用的标准见表 14.1。

表 14.1 给排水及卫生系统主要引用的标准

标准编号	标准系统
GB/T 14976	流体输送用不锈钢无缝钢管
TB/T 1720	铁道客车及动车组给水装置
TB/T 3337	铁道客车及动车组整体卫生间
TB/T 3338	铁道客车及动车组集便装置
Q/CR 277	铁道客车电热开水器技术条件
UIC 563	客车卫生和清洁设备
EN 15085	铁路设施 铁路车辆和部件的焊接
GB/T 25119	轨道交通 机车车辆电子装置
TB/T 3138	机车车辆用材料阻燃技术条件
TB/T 3139	机车车辆内装材料及室内空气有害物质限量
TB/T 3237	动车组用内装材料阻燃技术条件
IEC 61373	轨道交通 铁路车辆设备 冲击和振动试验

15

行车安全设备

15.1 概　　述

行车安全设备是铁路运输的基础设施，是保证列车运行安全、提高运输效率、实现铁路统一指挥调度的关键技术装备，也是铁路信息化技术的重要技术领域。

CRH1A-A 型动车组上行车安全设备主要包含列车运行控制系统车载设备（ATP）、列车运行监控装置（LKJ2000）、机车综合无线通信设备（CIR）及动车组司机操作分析系统车载设备（EOAS）四部分。

列车运行控制系统车载设备（ATP），是保障列车运行安全的自动控制设备，可以接收轨道电路信息、应答器信息、生成运行控制曲线。也可以实时监测列车速度并计算列车行走距离，防止列车无行车许可运行，防止列车超速等，同时具备显示和提示功能，实时显示列车速度，记录列控车载设备的输入输出及运行状态信息，动态监控系装置（DMS）也可收集车次、车号、ATP 记录的故障等信息，并可根据需要传输到地面进行分析，对车载设备的故障分析起到重要的指导意义。

列车运行监控装置（LKJ2000）是保障列车运行安全的速度控制装置，在实现监控列车安全运行的同时，采集并记录与列车安全运行有关的各种列车运行状态信息，为列车运行管理自动化提供数据支撑。同时具备显示和提示功能，实时显示列车速度，记录列车运行监控车载设备的输入输出及运行状态信息。

CTCS 车载设备是基于安全计算机的控制系统，通过与地面子系统交换信息来控制列车运行。按照速度等级主要分为 CTCS-0、CTCS-1 和 CTCS-2。在 CTCS-2 线路上，主要由 ATP 进行列车运行安全防护。在 CTCS-0 线路上，主要由 LKJ 进行列车运行安全防护，ATP 与 LKJ 之间可以根据地面信息自动进行切换，也可以在 ATP 的 DMI 上手动切换。

机车综合无线通信设备（CIR）是在原有铁路模拟无线列调通信系统平台的基础上升级换代而成的，安装在动车组上，供司机使用。在新线路上主要采用铁路 GSM-R 通信制式，在既有线采用 450 MHz 模拟通信制式，为动车组司机和地面提供语音和数据传输通道。

动车组司机操作分析系统(EOAS)车载设备是分析动车组司机操作的技术平台,是实现司机操作规范化管理的重要技术手段。EOAS 系统全程记录动车组运行过程中的司机操控相关的信息,并采集记录司机室音视频信息和动车组运行前方视频信息。关键信息实时传输、其他大量数据通过记录卡带至地面数据中心,经处理后实现对动车组司机操控全过程分析。EOAS 系统对于规范司机操作具有重要意义。

15.2 列车运行控制系统车载设备(ATP)

15.2.1 概　　述

CTCS-2-200H 型列控车载设备为中国高速铁路重要技术装备,是保证列车运行安全、可靠、高效的关键设备之一。系统采用先进的技术手段对列车运行速度、运行间隔等实时监控和超速防护,以目标距离连续速度控制模式、设备制动优先的方式监控列车安全运行,并满足列车跨线运营的要求。

每列车的头尾车各安装一套 ATP,两套系统分别独立运行,激活端的 ATP 可以进行安全防护,未激活端的 ATP 不上电。

15.2.2 系统框架及功能

15.2.2.1 CTCS-2-200H 型列控车载设备系统框架

CTCS-2-200H 型列控车载设备具有多种控制模式,能够接收轨道电路信息、点式传输信息,可以测量车辆运行的速度,基于从地面获得的信息进行速度控制。

15.2.2.2 CTCS-2-200H 型列控车载设备主要功能

(1)VC1、VC2 单元

以故障导向安全的原理动作的安全计算机 VC1、VC2 是由双系构成的。采用的是冗余结构。通过和 BTM 单元通信输入 BTM 报文,通过和 TCR 的通信输入轨道电路信息,输入来自速度分配盘的速度信号,生成速度核查模式,将制动指令输出给 RLU;通过和 DMI 的通信可以接收输入的按键信息,也可以通过 DMI 输出显示信息、声音信息等。

(2) DRU 单元

DRU 通过和 VC1、VC2、BTM、LKJ2000 通信收集各个部分的信息,还有输入来自 RLU 的继电器接点信息,将各种信息记录在 PC 卡上。

(3) RLU 单元

RLU 将来自 VC1、VC2 的制动指令、过分相指令经继电器接点中转后输出给车体。如果 VC 单系出现故障,将隔离故障系统,从而使 ATP 整体工作正常。

(4) TCR 单元

解读 TCR 天线收到的轨道电路信号,通过 RS-422 向 VC1、VC2 发送。利用 RS-422 通信向 LKJ2000 传送轨道电路信号。

(5) BTM 单元

解读 BTM 天线接收到的报文信号,将报文传送给 VC1、VC2、DRU;

(6)速度分配盘

将速度传感器输出的速度信号分配给 VC1、VC2。

(7) ATP 隔离开关

ATP 隔离开关将来自 ATP 设备的制动指令(ATP 制动指令)、牵引切除指令、过分相相关指令等进行隔离。

(8) LKJR

LKJR 继电器对来自 ATP 设备的制动指令(ATP 制动指令)和来自 LKJ 的制动指令(LKJ 制动指令)进行切换。

(9)风扇

风扇用来对 ATP 控制设备内部进行强行制冷,通过 DRU 读取风扇故障信号可进行监控。

(10)滤波器盘

DC 110 V 输入电源用的噪声过滤器。

15.2.3 系统组成

CTCS-2-200H 型 ATP 由 ATP 主机、DMI 显示器、NFB 盘、BTM 天线、TCR 天线、TCR 接线盒、速度传感器及相关电缆等几部分组成。ATP 与车辆的接口框图如图 15.1 所示。

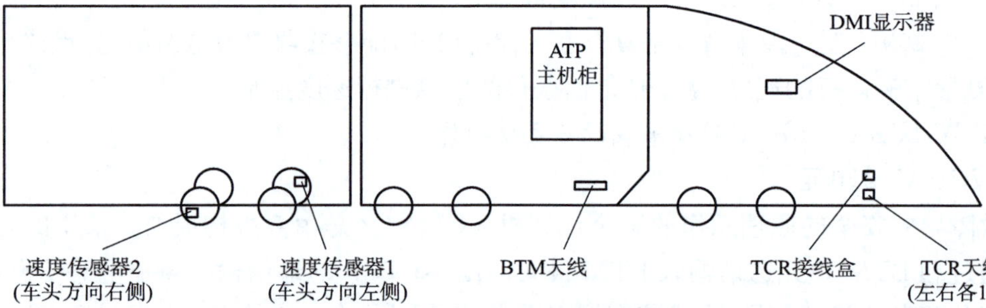

图 15.1 ATP 与车辆的接口框图

(1)ATP 主机

ATP 主机是安装 ATP 设备的各个功能单元,并为各单元之间通信连接器,建立 ATP 控制设备运行环境,主要包括 VC1、VC2、RLU、DRU、TCR 单元、BTM 单元及隔离开关等几部分。ATP 主机外形尺寸约为 1 070 mm×1 250 mm×615 mm(高×宽×深)。ATP 主机安装在列车头一位端通过台区域。ATP 机柜整机外形如图 15.2 所示。

(2)显示装置(DMI)

显示装置 DMI 将速度信息、显示信息通过图像、声音输出,也可接收模式切换等司机的输入指令。在 DMI 的画面上会以文本信息的形式表示出 ATP 控制设备的动作状态。在文本信息中也包括 ATP 控制设备的故障信息。显示装置(DMI)外形尺寸为 250 mm×340 mm ×77 mm(高×宽×深),显示装置(DMI)外形如图 15.3 所示。

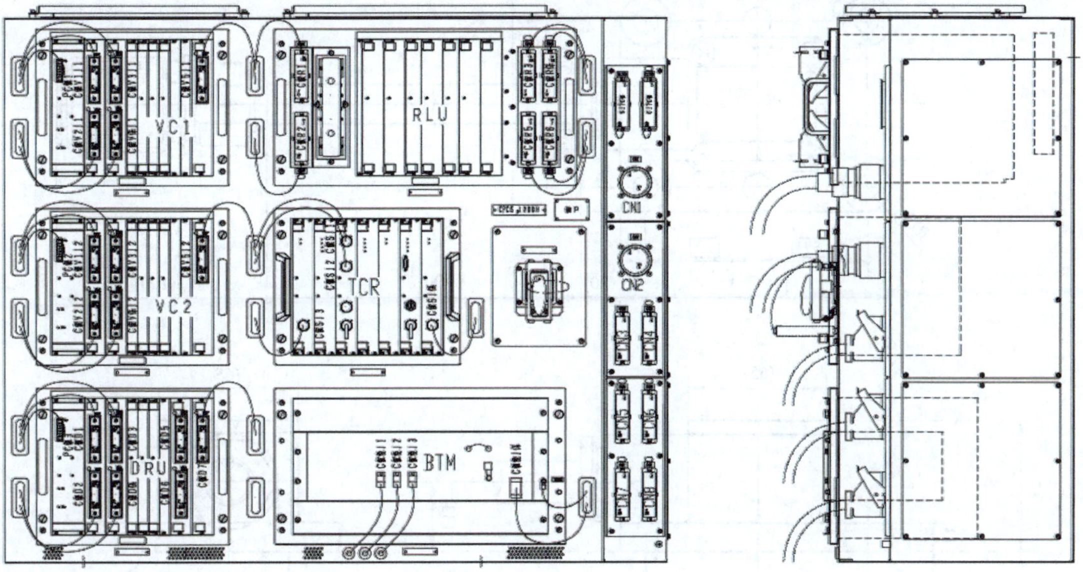

图 15.2 ATP 机柜整机外形图

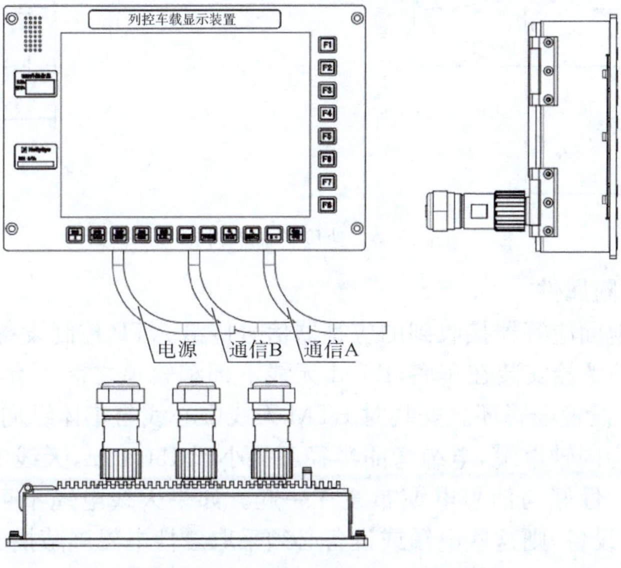

图 15.3 显示装置(DMI)外形

DMI 电缆包含 DMI 电源电缆、通信 A 电缆，通行 B 电缆三部分，由 ATP 主机柜连接到操纵台上的显示装置(DMI)对应的接口上。

(3)速度传感器及附属件

将车轮的旋转速率转换为速度脉冲(速度信号)，传给 ATP 控制设备。采用 2 个速度传感器互备冗余的方案。两个速度传感器分别安装在 2、7 车 1、2 轴上。速度传感器车上电缆带车下端的连接器插座，连接器插座安装固定在车下，与速度传感器自带的连接器插头对接。速度传感器外形如图 15.4 所示。

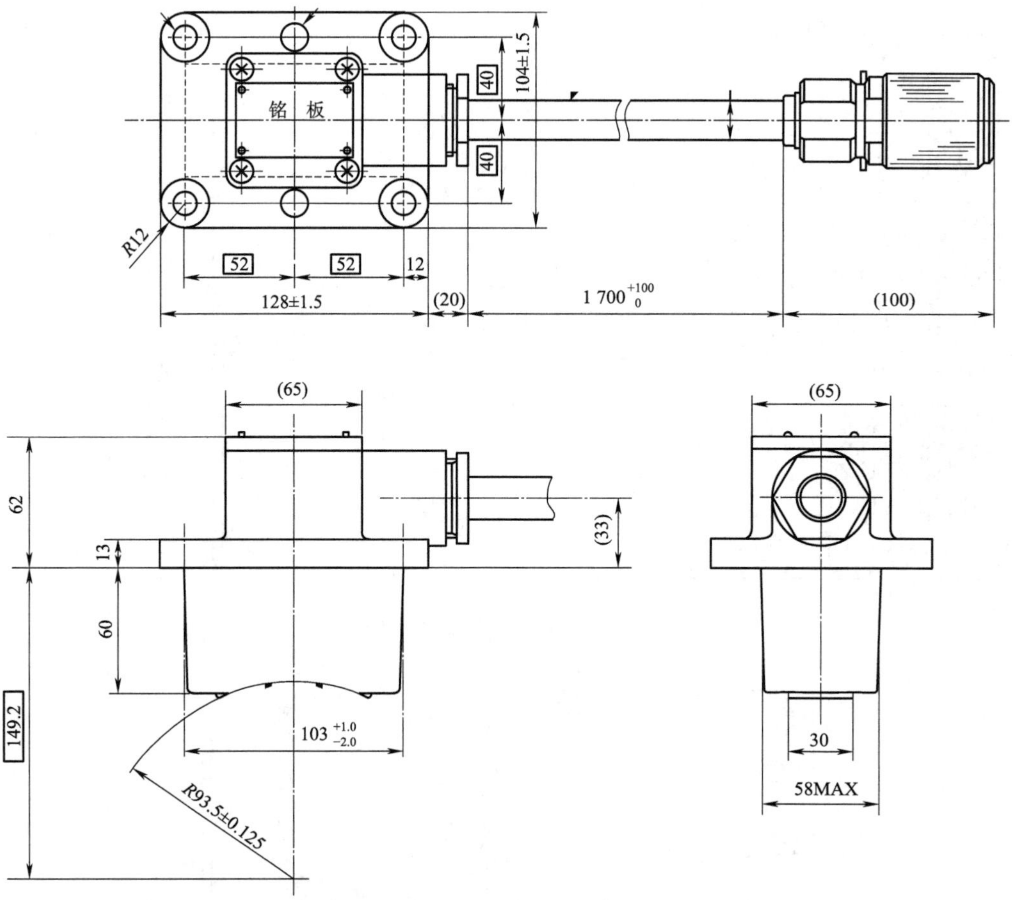

图 15.4　速度传感器外形

(4)BTM 天线及附属件

BTM 天线将从地面应答器接收到的应答器信号传给 ATP 控制设备的 VC1、VC2 单元。BTM 天线采用 M8 的螺栓安装在车底，BTM 天线下部和轨道之前不允许有金属物体，须避免天线周围 0.5 m 内设置金属环。安装时 BTM 天线中心线与车体纵向中心线重合。

BTM 天线电缆为同轴电缆，电缆弯曲半径不得小于 150 mm，天线电缆不允许和产生噪声的电缆在一起布置，最好与信号电缆布置在一起。如果天线电缆不可避免地靠近了可能产生噪声的电缆或者设备，则这些电缆或设备必须采取磁性电磁屏蔽措施。

BTM 天线最大尺寸为 445 mm×303 mm×120 mm(长×宽×高)，BTM 天线及电缆外形如图 15.5 所示。

(5)TCR 天线及附属件

TCR 天线将轨道电路的轨道电路信号传给 ATP 控制设备，安装完成后 TCR 天线距轨面高度为(155±5) mm。一列车配备两个 TCR 天线，两个 TCR 天线安装在头车第一轴的前方，每个 TCR 天线安装在钢轨的正上方，前端 TCR 天线的箭头方向与列车运行方向一致。TCR 接线盒的 CNSAC-1/2 连接器与左右的 TCR 天线相连，TCR 接线盒的 CNSAC-3/CNSAC-4 连接器通过 TCR 电缆与 ATP 主机相连，将轨道电路的轨道电路信号传给 ATP 主机的 VC 单元。同步将轨道电路信号共享给 LKJ 和 DMS 设备。

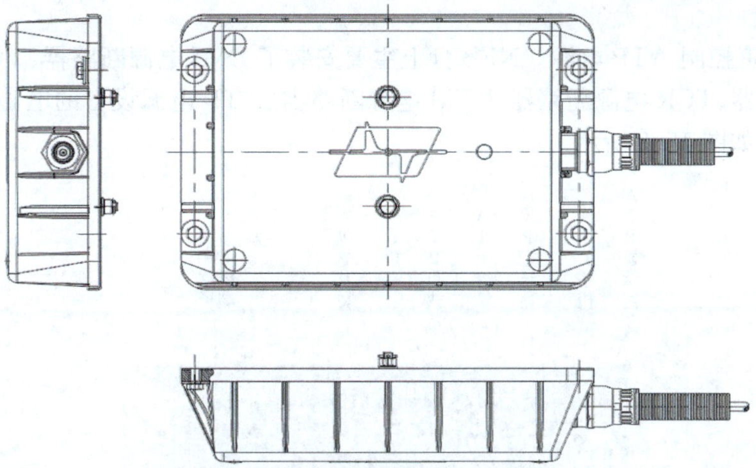

图 15.5　BTM 天线及电缆外形

TCR 为 JXG-S 型天线，其外形如图 15.6 所示；TCR 接线盒为 CTCS3-S-C. BOX 型，其外形如图 15.7 所示。

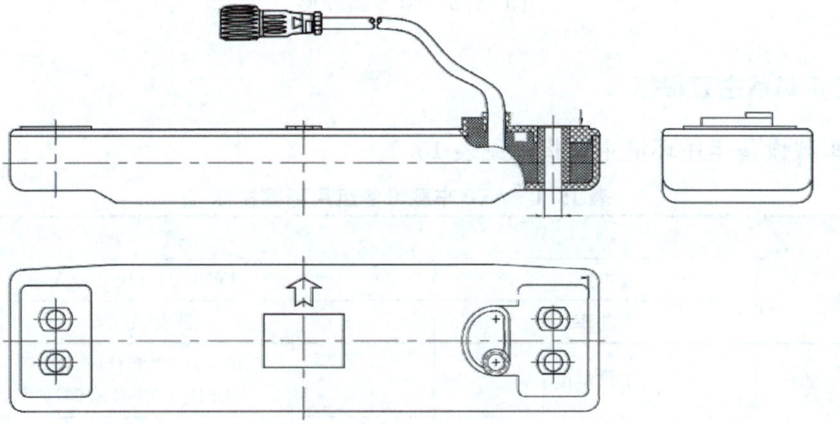

图 15.6　TCR 天线外形

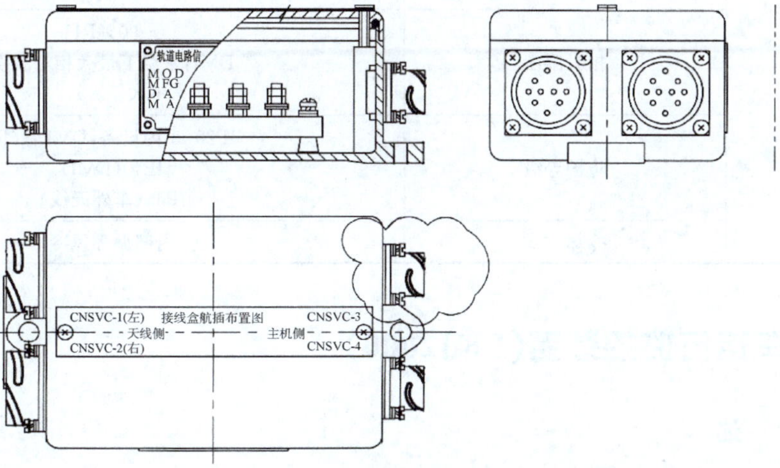

图 15.7　TCR 接线盒外形

(6)NFB 盘

NFB 盘负责控制 ATP 电源。NFB 盘上主要安装了 DMI 电源断路器、VC 电源断路器、DRU 电源断路器、TCR 电源断路器、BTM 电源断路器、ATP 电源设备的电磁接触器及接线端子排等，外形如图 15.8 所示。

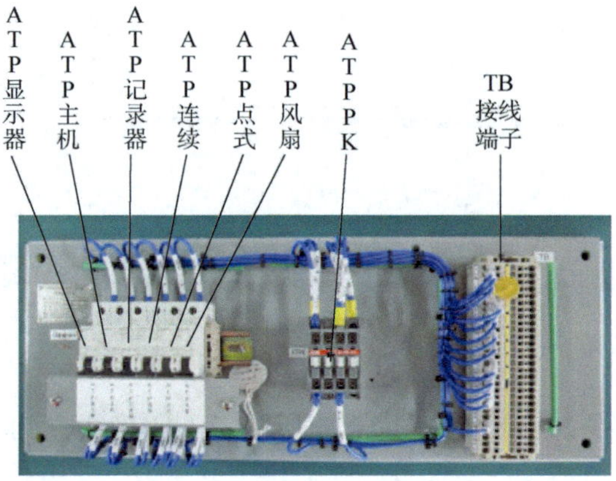

图 15.8　NFB 盘外形

15.2.4　运用环境主要指标

ATP 车载设备运用环境主要指标见表 15.1。

表 15.1　ATP 车载设备运用环境指标

项　目		指　标
主电源	电压	DC $110\times(1^{+25\%}_{-30\%})$ V
	功率	最大 500 W
环境	工作温度	−25～ +70 ℃(DMI 除外) (DMI:−10～+55℃)
	存储温度	−40～+70℃ (DMI:−25～70℃)
	相对湿度	～90%RH DMI:常温下最大相对湿度 不大于 95%
	防护等级	IP20(车内设备,DMI 除外) IP40(DMI) IP65(车外天线)
	冷却方式	内部循环风冷

15.3　列车运行监控装置(LKJ2000)

15.3.1　概　　述

列车运行监控装置(LKJ2000)是列车运行控制系统体系的组成部分，是用于防止列车冒进信号、运行超速事故和辅助司机提高操纵能力的重要行车设备。

每列车的头尾车各安装一套 LKJ，两套系统分别独立运行，激活端的 LKJ 可以进行安全防护，未激活端的 LKJ 不上电。

15.3.2 系统框架及功能

列车运行监控装置具有多种控制模式，能够接收 ATP 的轨道电路信息及速度传感器的速度信息。基于获得的轨道电路信息、速度信息及存储卡的信息进行速度控制。采用 32 位微处理器及数字信号处理等技术来保证列车行车安全的控制；设备可靠性高（双机热备冗余），易用性强（采用简洁、丰富、交互性的屏幕显示器）和稳定性高（通过电磁兼容性设计）。

LKJ2000 具有如下主要功能：

监控功能：实时监测列车运行速度，依据行车指令等条件对列车速度进行监控，防止列车超速。

记录功能：记录列车实时运行情况和司机的操作情况。

人机界面功能：显示动车组实际速度、限制速度、时间、公里标等信息；具备语言提示、人机操作等人机交互功能。

15.3.3 系统组成

列车运行监控装置（LKJ2000）主要由 LKJ2000 主机、人机界面单元（屏幕显示器）、GPS 信息接收装置、速度传感器、LKJ2000 总线扩展盒及专用连接线缆等组成，还包括机车安全信息综合监测装置（TAX2）、TAL93 通信接线盒、列车运行状态信息系统车载设备（TSC2）及组合天线、铁路车号自动识别系统车载编程器（TMIS 插件）、机车标签及标签电缆等。

（1）LKJ2000 主机

LKJ2000 主机是列车运行监控装置的组成部分。采用安全计算机、安全数据传输技术，遵循“故障—安全”的设计原则，可靠性高。主机箱采用背部对外出线方式，其主机箱宽度尺寸为 84R（1 R=5.08 mm），插件尺寸为 6U（高度）×160（深度）标准插件。主机箱为系统控制中心，其内部由 A、B 二组完全相同的控制单元组成（左边为 A 组，右边为 B 组），每组有 8 块插件位置，各插件位置以机箱中心线为基准对称排列，从中心线开始往左、右，各插件排列顺序依次为：监控记录、地面信息、通信、模拟量输入/出、扩展通信、数字量输入、数字量输入/出、电源。主机箱通过 4 个 M8 螺栓安装固定在司机室左侧的电气柜内。主机外形尺寸为 534 mm（宽）×300 mm（深）×420 mm（高）；LKJ2000 主机的外形如图 15.9 所示。

（2）HMI 显示器

人机界面单元采用 10 英寸 TFT 高亮度彩色液晶显示器，以动态图形方式预显示前方线路的弯道、坡道、桥梁、隧道、道岔以及信号机布置情况，随列车运行滚动显示 LKJ 控制模式限速曲线。

HMI 屏幕显示器采用嵌入式安装方式，将屏幕显示器镶嵌在司机操纵台的面板上。外形尺寸为：340 mm（宽）×135 mm（深）×250 mm（高）；四个安装孔尺寸为 ϕ6 mm（沉孔尺寸为 ϕ10 mm），采用 4 个 M5 螺钉固定。屏幕显示器外形如图 15.10 所示。

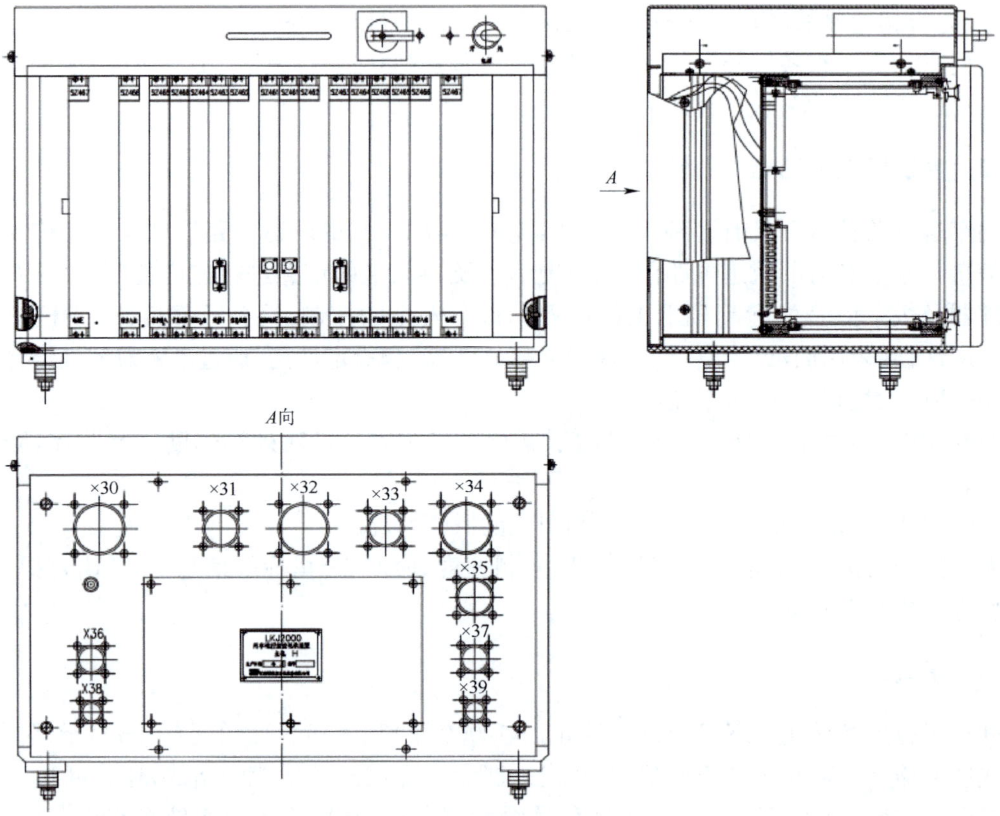

图 15.9　LKJ2000 主机外形

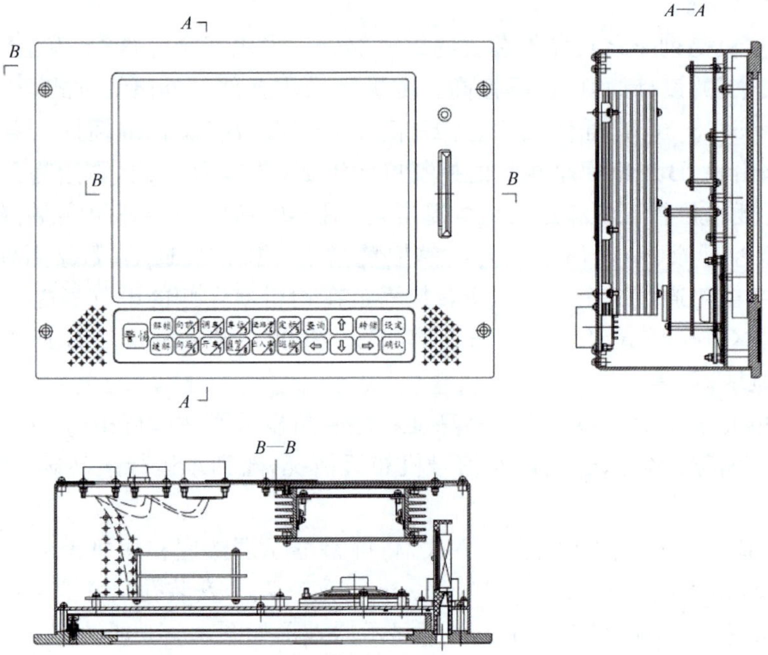

图 15.10　屏幕显示器外形

(3)GPS2000 装置主机

GPS2000 信息接收装置主机为 LKJ 提供卫星信息，安装在司机室左侧的电气柜内，外形尺寸为 240mm(长)×150mm(宽)×66mm(高)。GPS 装置主机外形如图 15.11 所示。

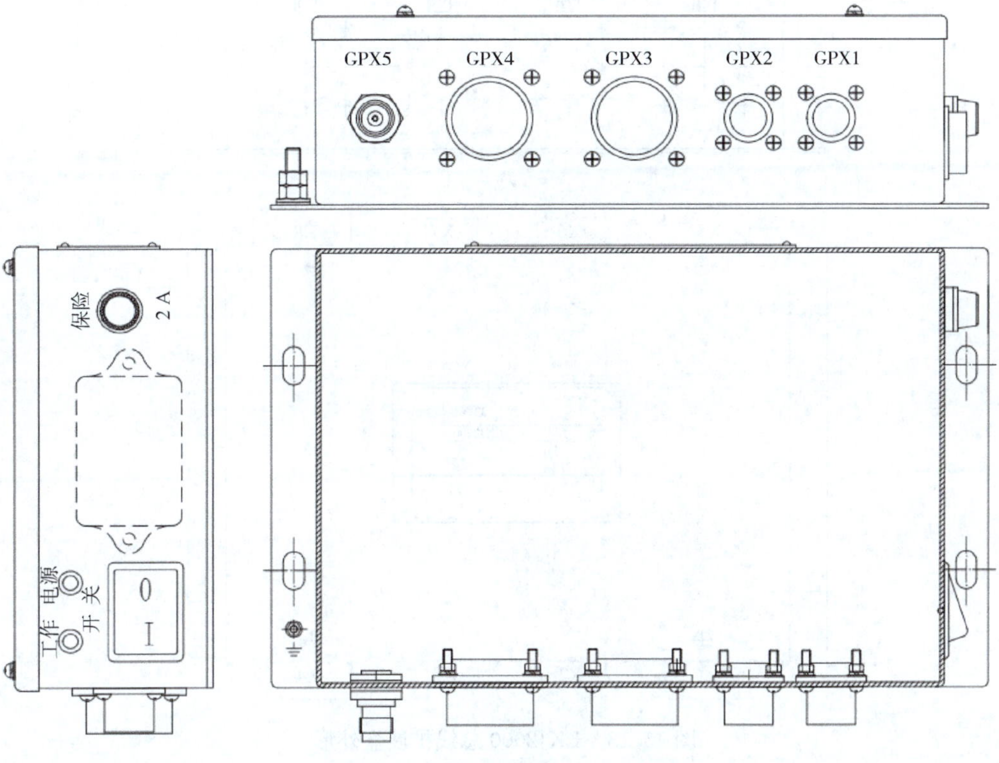

图 15.11　GPS2000 装置主机外形

(4)速度传感器

LKJ 通过速度传感器检测动车组轮对转速，并转换为与车轮转数成比例的电脉冲信号。采用霍尔式转速传感器。速度传感器外形如图 15.12 所示。

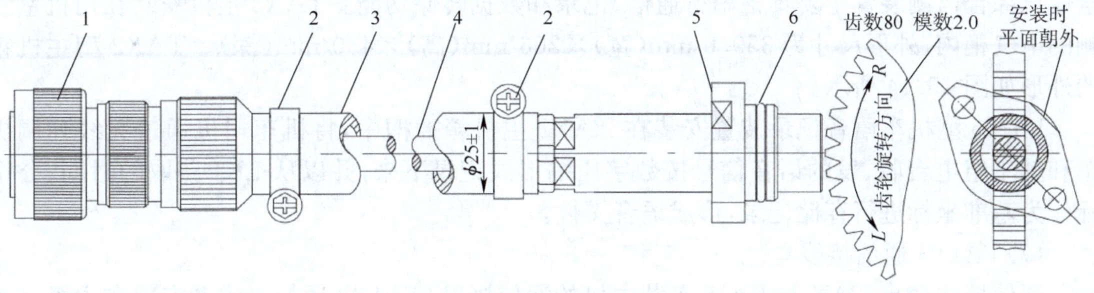

图 15.12　速度传感器外形

1—连接器插头(JL5-7TJ 镀镍)；2—卡箍；3—橡胶软管；4—电缆；5—传感器外壳；6—O 形密封圈

(5)LKJ2000 总线扩展盒

总线扩展盒是 LKJ 主机与 LAIS 车载主机、GPS 接收主机的通信接口盒，安装在司机室左侧的电气柜内，外形尺寸为 227 mm(宽)×69 mm(高)×174 mm(深)。LKJ2000 总线扩展盒外形如图 15.13 所示。

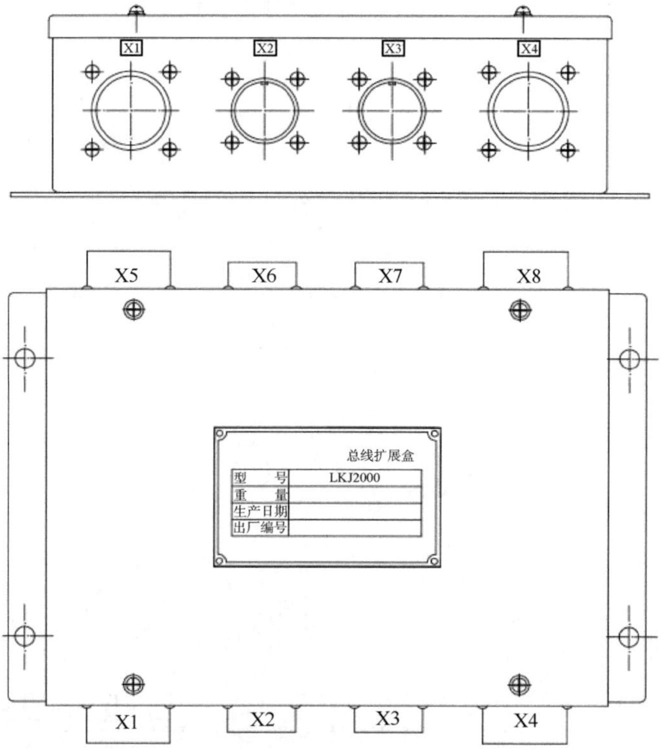

图 15.13　LKJ2000 总线扩展盒外形

(6)TAX2 主机

机车安全信息综合监测装置(以下简称 TAX)是一种集与列车运行有关的检测设备和信息传输设备于一体的信息共享工作平台。TAX 以电源单元、通信记录单元作为基本单元配置，预留单元位置用于备用功能单元的扩展。TAX 设备型号为 TAX2 型。TAX2 型机车安全信息综合监测装置主要具备串行通信、记录和数据转储功能。TAX2 主机安装在司机室左侧的电气柜内，外形尺寸为 359.6 mm(宽)×206 mm(高)×450 mm(深)。TAX2 型主机箱的外形如图 15.14 所示。

LY-05 型机车语音记录装置安装在 TAX2 主机箱插槽中，将机车司机通过无线列调机车和动车组电台收、发的语音信号按数字压缩形式记录下来，并以从 LKJ 获取的时间、公里标作为基准坐标进行存储记录，形成语音文件。

(7)TAL93 通信接线盒

通信接线盒是 TAX 与 LAIS 车载主机的通信接口，TAL93 通信接线盒安装在司机室左侧的电气柜内，外形尺寸为 130mm(宽)×65mm(高)×110mm(深)，接线盒外形如图 15.15 所示。

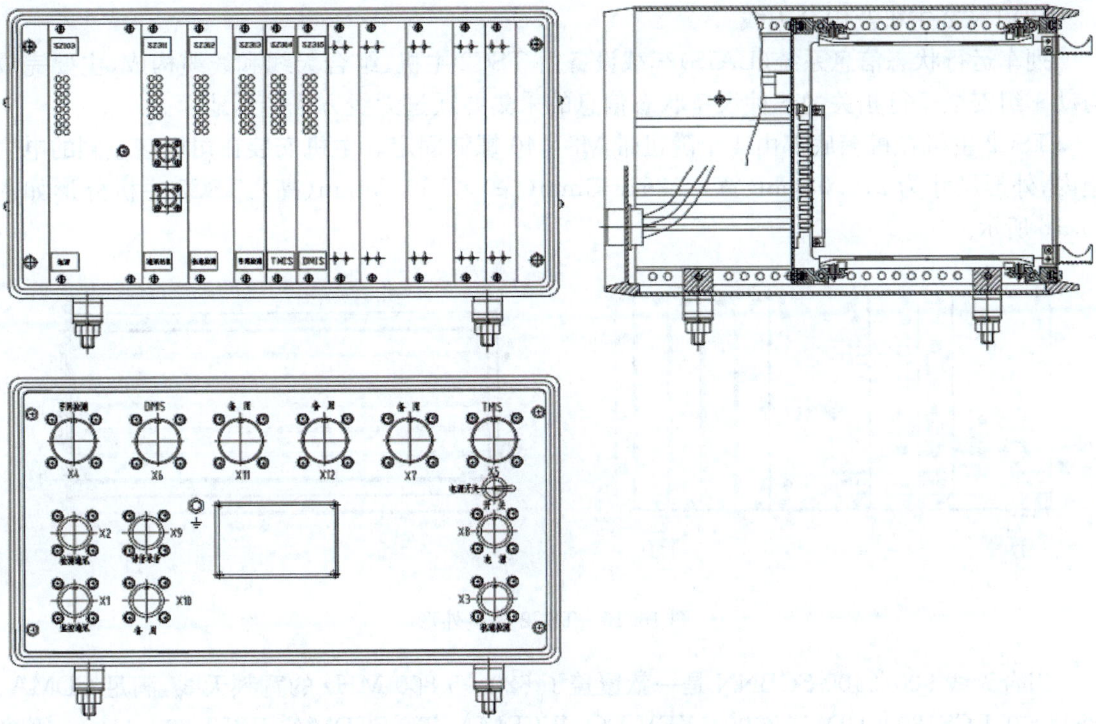

图 15.14　TAX2 型主机箱外形

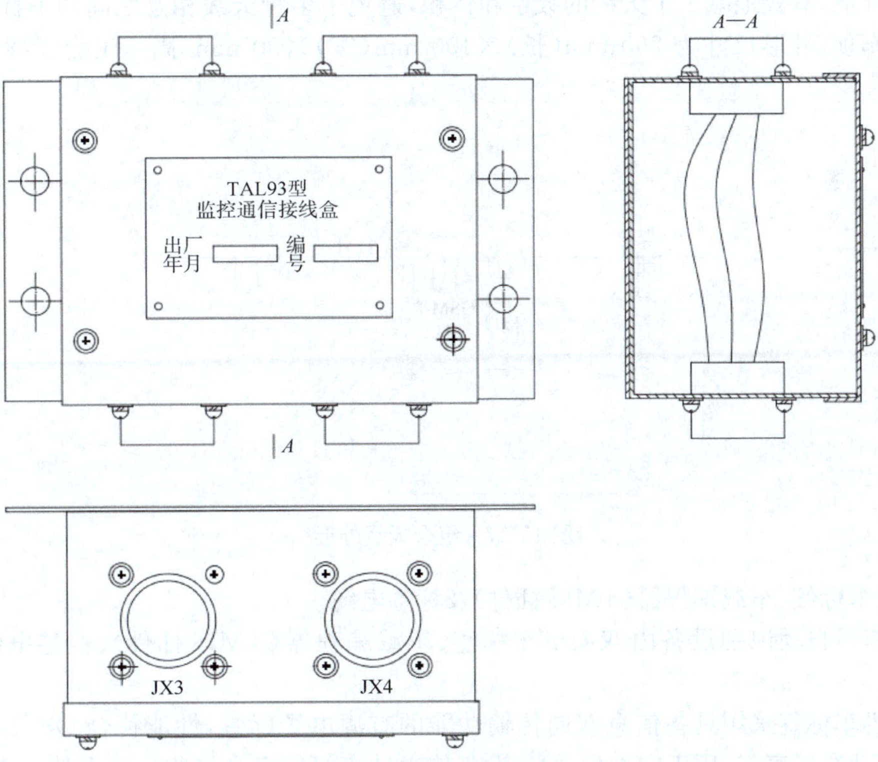

图 15.15　接线盒外形

(8)TSC2 主机及组合天线

列车运行状态信息系统(LAIS)车载设备由 TSC2 主机、组合天线和线缆构成,主要完成与动车组安全运行相关的各种设备状态信息的采集并通过无线方式传到地面。

TSC2 主机在机箱底部由 4 个随机带 M8×40 螺钉固定。主机安装在司机室左侧的电气柜内,外形尺寸为 276.08mm(宽)×261.45mm(深)×166.75mm(高),TSC2 主机外形如图 15.16 所示。

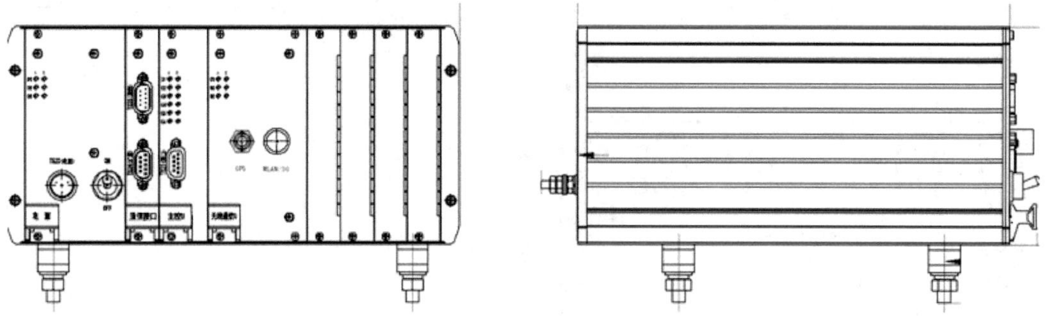

图 15.16 TSC2 主机外形

组合天线 900/2400-SGBNN 是一款覆盖了 820～5 800 MHz 的宽频天线,满足 CDMA、GSM900、DCS1800、CDMA2000 1XEV-DO、WCDMA、TD-SCDMA、WIFI 802.11b/g 等多种无线通信制式,同时该天线还集成了 GPS 天线及放大器。本天线因高集成度非常适用于各种车载环境,有效地减少了天线的数量和体积,避免了多种天线相互之间的干扰。组合天线安装在车顶,外形尺寸为 260 mm(长)×100 mm(宽)×90 mm(高),组合天线外形如图 15.17 所示。

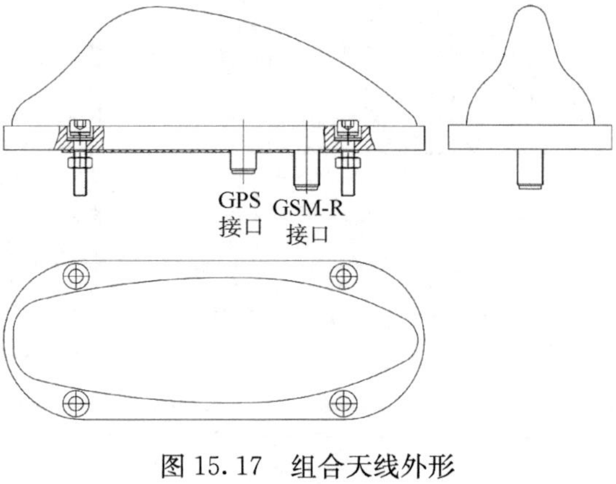

图 15.17 组合天线外形

(9)机车标签、车载编程器(TMIS 插件)及标签电缆

铁路车号自动识别设备由双向机车标签、车载编程器(TMIS 插件)、标签电缆三部分组成。

双向机车标签采用具备信息双向传输功能的有源电子标签,性能符合 GB/T 25340 要求,安装在动车组底部,用于向地面 AEI 设备传送动车组信息和接收地面上传的有关信息,外形尺寸为 330 mm(长)×140 mm(宽)×100 mm(高),机车标签外形如图 15.18 所示。

车载编程器(TMIS 插件)采用支持信息双向传输功能的车载编程器,性能符合 GB/T 25340 要求,安装在 TAX 中,用于存储动车组有关信息、向电子标签写入信息和接收地面上传到电子标签中的信息、与 LKJ 进行通信接收车次等信息。

标签电缆用于连接机车标签和车载编程器,在机车标签端的电缆连接器为 7 芯防水航空插头,其最大外径为 30 mm;连接车载编程器端的电缆连接器为 8 芯航空插头,其最大外径为 40 mm。

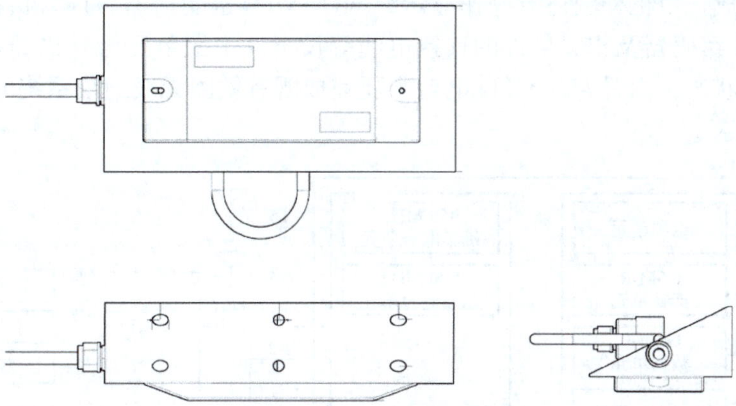

图 15.18 机车标签外形

15.3.4 运用环境主要指标

列车运行监控装置车载设备运用环境主要指标见表 15.2。

表 15.2 LKJ 车载相关设备运用环境主要指标

项目		指标
主电源	电压	DC 110×($1^{+25\%}_{-30\%}$) V
	功率	不大于 800 W
环境	环境温度	−25～+70℃(车内设备) −40～+70℃(车外设备)
	相对湿度	95%(25℃)
	防护等级	IP52
	冷却	无需主动冷却
	振动与冲击	GB/T 21563

15.4 机车综合无线通信设备(CIR)

15.4.1 概 述

无线电通信系统的主要任务是,为司机和列车运行控制中心之间提供一条通信线路。在列车激活后,司机可以用手持机和数字键盘"拨打"所需的号码来建立与列车运行控制之间的联系。

每列车的头尾车各安装一套 CIR，两套系统分别独立运行，只有激活端的 CIR 可以供司机通信使用，未激活端的 CIR 不上电。

15.4.2 系统框架及功能

CIR 主机由主控单元、电池单元、数据处理单元、电源单元、GSM-R 语音单元、GSM-R 数据单元、GSP 定位单元、记录单元、450 MHz 机车电台单元、800 MHz 预警车载单元及接口单元等几部分组成。主机外围还有操作显示终端(MMI)，送受话器、打印机、扬声器、天馈单元、机车数据采集编码器及相关部件的连接电缆等设备。主控单元为整机的控制单元，控制整个系统的工作状态。内置 450 MHz 电台主要完成既有铁路无线通信系统的兼容。设备框架如图 15.19 所示。

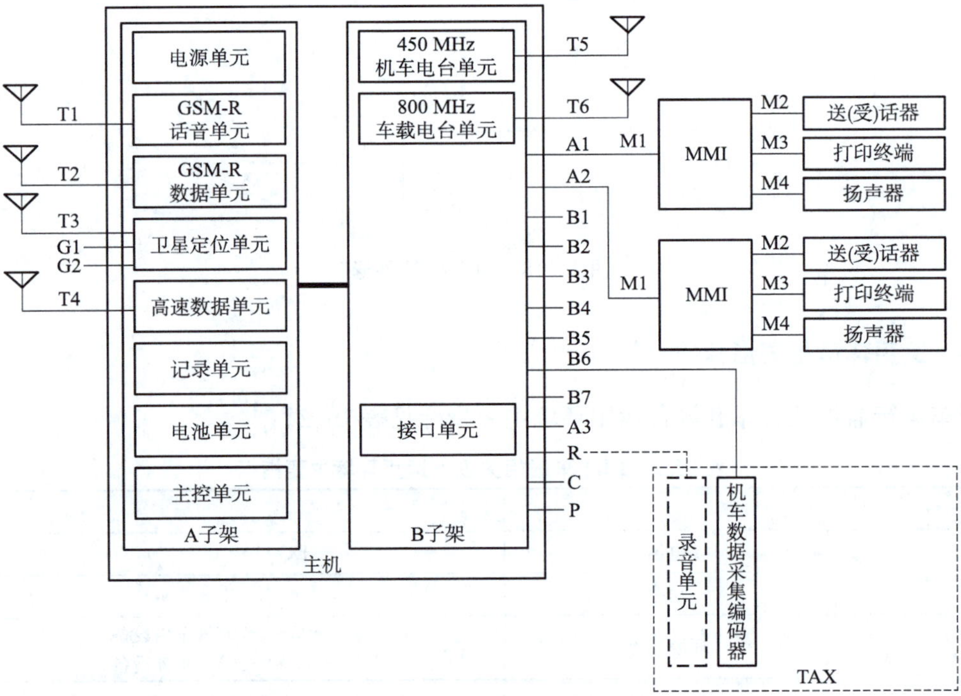

图 15.19　列车无线电通信系统框架

设备具有如下主要功能：

(1)具有现有 450 MHz 通用电台的所有功能。

(2)具有 450 MHz 机车电台承载的列车尾部风压、无线车次号、调度命令等数据信息的传输功能。

(3)具有 GSM-R 调度通信功能。

(4)具有 GSM-R 通用数据传输功能，并应根据承载业务的需要提供 GPRS 或电路方式数据传输链路。

(5)具有 800 MHz 天线传输列尾风压信号和列车安全预警车载电台的功能。

(6)具有 GSM-R 工作模式与 450 MHz 工作模式自动切换和手动切换功能。

(7)具有向用户提供 GPS 原始信息、公用位置信息的功能(周期 2 s)。

(8)操作显示终端具有 GSM-R 调度通信、通用数据传输、应用的操作、状态显示以及语音提示的功能。

(9)主机具备信息存储和导出功能。

(10)具备与 DMS 主机通信接口,通信采用 RS-422 接口,主要向 EOAS 设备发送车次号、司机编号等信息,同时接受 EOAS 的速度、里程标等信息。

(11)具备与 EOAS 主机通信接口,通信采用 RS-422 接口,主要向 EOAS 车载设备实时转发调度通信话音信号,向 EOAS 车载设备输出与司机操控相关的通信及操作信息,向 EOAS 车载设备输出 CIR 工作状态信息等。

15.4.3 系统组成

列车综合无线通信设备由 CIR 主机及合路器,MMI 显示器,手持机、打印机、送受话器、扬声器、车顶天线等组成。

(1)CIR 主机及合路器

CIR 主机由机柜、A 子架、B 子架及合路器四部分组成。机柜外形尺寸为 340 mm(高)×537 mm(宽)×405 mm(深)。CIR 主机及合路器外形如图 15.20 所示。

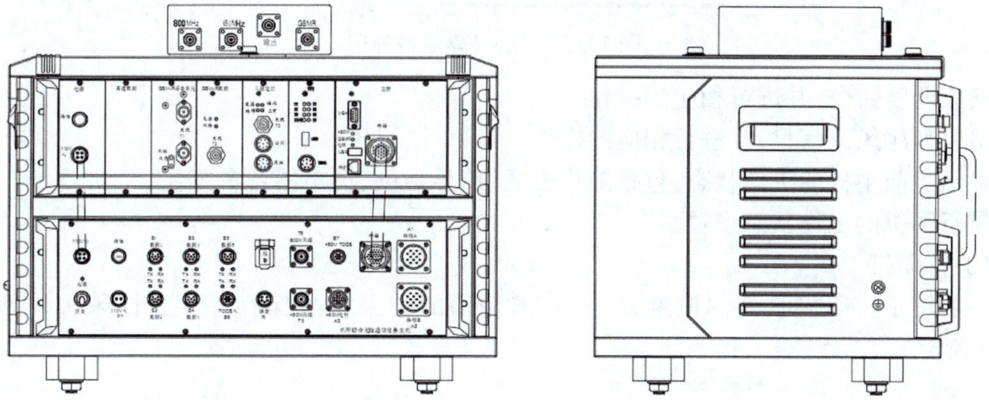

图 15.20 CIR 主机及合路器外形

B 子架高度为标准 3U,单独装入机柜。两个子架即可组合安装在一起,也可分别单独安装。合路器安装在机柜顶部,随着主机一起交货,用于分频发送接收宽频天线信号(450 MHz/800 MHz/GPRS)。

(2)MMI 显示器

采用横屏,外壳颜色为黑色,MMI 显示器后面具有与主机、送(受)话器、扬声器、打印终端连接的接口。MMI 显示器外形如图 15.21 所示。显示器面板按键采用标字透光的接触式按键,MMI 内部应有透光光源,按键尺寸不小于 10 mm×11 mm。按键标字和 MMI 界面显示清晰明了。

MMI 显示器的主要功能:

发送或接收 GSM-R 调度通信,并显示相应的状态。

发起或接收 450 MHz 调度通信,并显示相应的状态。

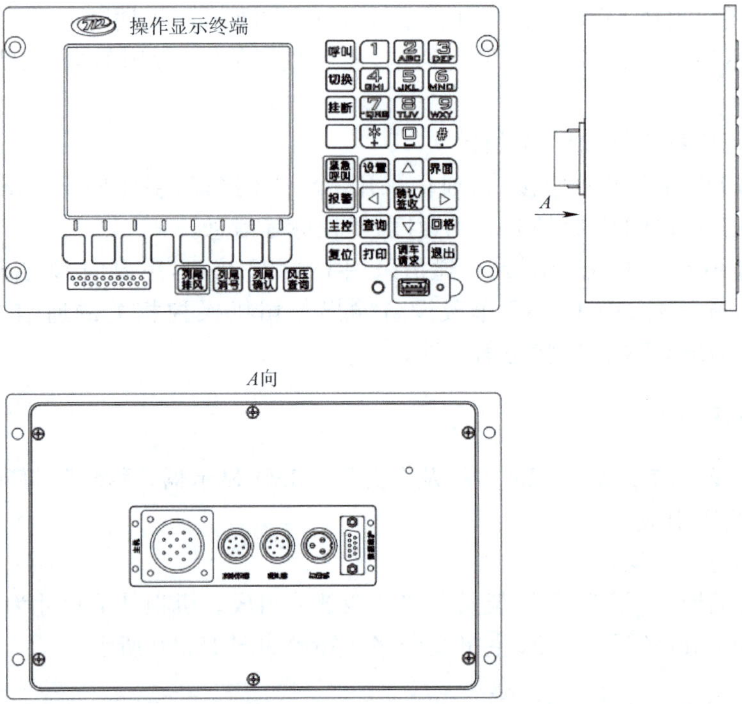

图 15.21　MMI 显示器外形

接收调度命令，并进行相应的操作。

接收列尾风压信息，并进行相应的操作。

显示当前主机的工作状态，包括工作模式、信号强度、扬声器音量等。

进行主机的工作状态设置。

(3)打印机

主要用于打印接收到的调度命令，要求打印的结果至少保存一年。打印机外形如图 15.22 所示。

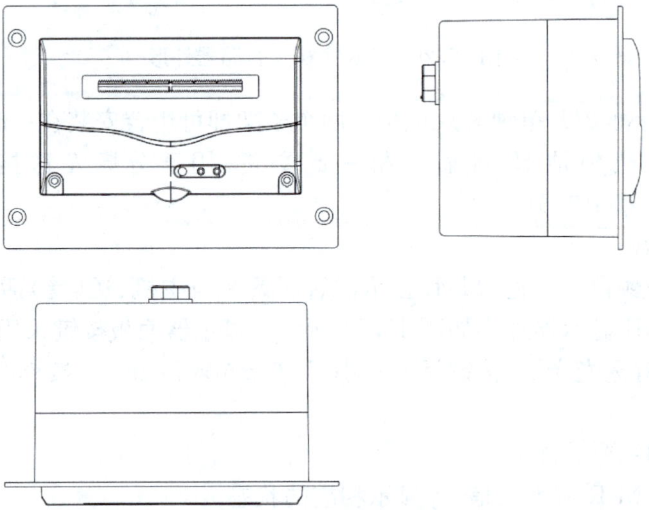

图 15.22　打印机外形

(4)送受话器

送受话器具有 MIC、耳机、摘/挂机开关、PTT 用于实现通话，被呼时摘机接通通话，挂机结束通话。组呼或 450 MHz 通话时，必须按 PTT 才能进行通话。送(受)话器应有两个呼叫按键，当 CIR 在 GSM-R 工作模式时，按键Ⅰ定义为“调度”，按键Ⅱ定义为“车站”；当 CIR 工作在 450 MHz 工作模式时，按键Ⅰ定义为“隧道车站”，按键Ⅱ定义为“平原车站”。

送受话器连接电缆的根部应有防止磨损折断措施，折弯次数不小于 10 万次。

送受话器底座外形长×宽尺寸不大于：72 mm×60 mm。送受话器采用底部螺钉固定方式，安装螺钉为 M5 的沉头螺钉。送受话器外形如图 15.23 所示。

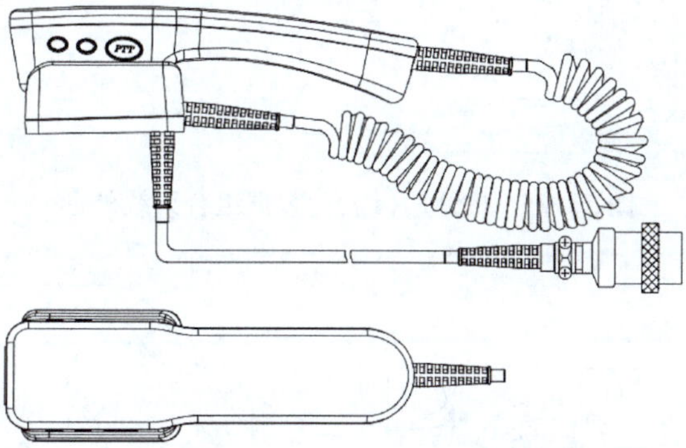

图 15.23　送受话器外形

(5)扬声器

显示器自带扬声器分贝比较小时，可以配置外置的扬声器，外置扬声器可以提高语音输出的分贝，以方便司机获得相关信息。用户通过设置，可以实现通话未接通时扬声器开启发声，也可在通话过程中扬声器开启发声。扬声器外形如图 15.24 所示。

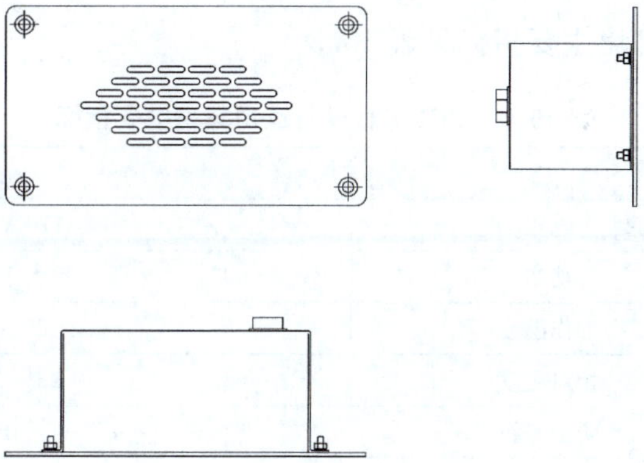

图 15.24　扬声器外形

(6)车顶天线

CIR 系统设置有三组天线，分别为 GSM-R 语音/数据组合天线、宽频天线。宽频天线用于接收发送 450 MHz/800 MHz 信号，并同步为 DMS 系统提供 GSM-R 信号通道。GSM-R 语音/GPS 组合天线为 CIR 系统提供语音及 GSP 通信通道。GSM-R 数据/GPS 组合天线为

CIR 系统提供数据通信通道，并同步为 DMS 系统提供 GPS 信号通道。GSM-R 语音/数据组合天线外形如图 15.25 所示，宽频天线外形如图 15.26 所示。

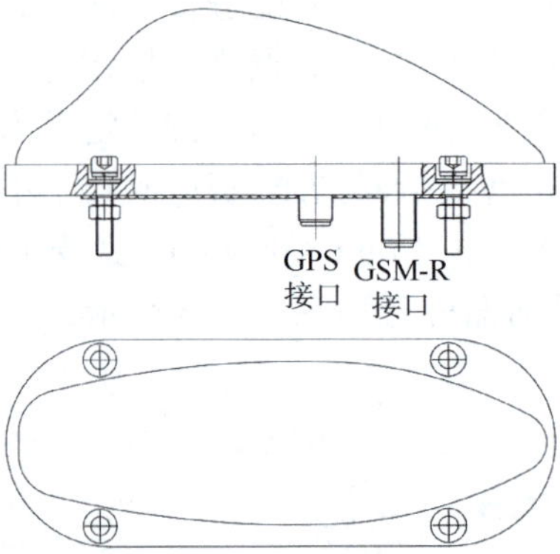

图 15.25　GSM-R 语音/数据组合天线外形

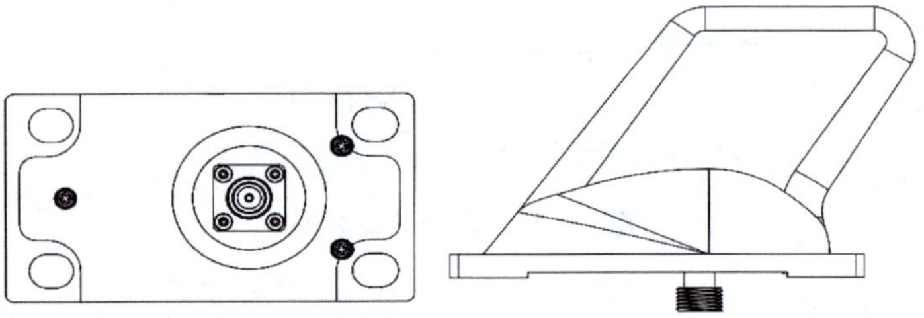

图 15.26　宽频天线外形

15.4.4　运用环境主要指标

CIR 车载设备运用环境主要指标见表 15.3。

表 15.3　CIR 车载设备运用环境主要指标

项目		指标
主电源	电压	DC 110 V(1$^{+25\%}_{-30\%}$)V
	功率	不大于 200 W
环境	工作温度	−25～+55℃
	相对湿度	95%(30℃)
	防护等级	IP52
	冷却	无需主动冷却
	冲击	加速度 35g，脉冲 18 ms，冲击 18 次
	振动	10～30 Hz，0.75 mm， 30～55 Hz，0.25 mm， 三个方向

15.5 动车组司机操作分析系统车载设备(EOAS)

15.5.1 概　　述

动车组司机操作分析系统(EOAS)车载设备安装在列车上,由司机值乘时插入数据转储卡,在列车运行中完成相关信息采集,并存储在转储卡中,司机值乘结束后将数据转储卡拔出。将数据上传至服务器。

每列车的头尾车各安装一套 EOAS,两套系统分别独立运行,只有激活端车的 EOAS 可以采集相关信息,未激活端车的 EOAS 不采集。

EOAS 车载系统由主机、数据转储装置、线路摄像机、摄像头、拾音器及相关电缆等组成。主机是系统的核心处理单元,负责收集 DMS、CIR、WTD 等外部数据并进行核心处理后发送给数据转储装置。数据转储装置负责接收并存储 EOAS 主机发送的各类信息,对采集的音视频数据编码处理及存储。线路摄像机负责采集动车组运行前方线路状态的视频信息,并将数据发送给转储装置。拾音器、摄像头负责采集司机室的音视频信息,并将数据发送给转储装置。EOAS 车载设备原理如图 15.27 所示。

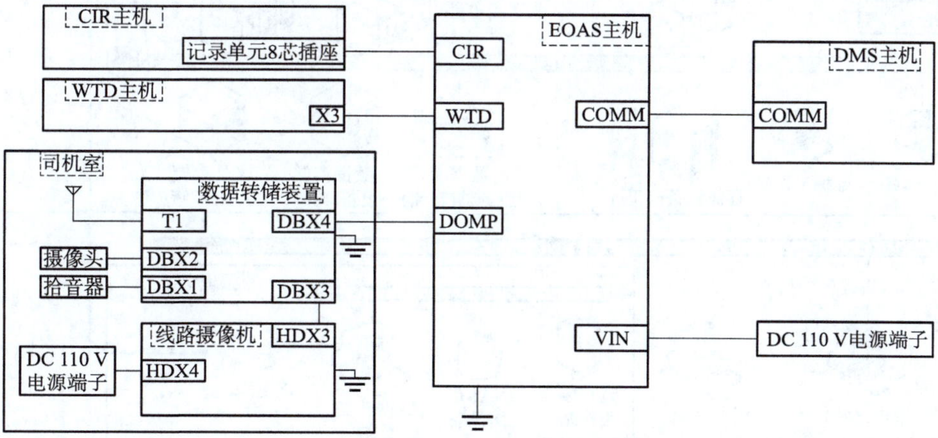

图 15.27　EOAS 车载设备原理图

15.5.2 系统框架及功能

15.5.2.1 EOAS 系统框架

EOAS 由车载设备和地面设备两部分组成。EOAS 车载设备包括主机、数据转储装置、司机室摄像头、线路摄像机、拾音器和 3G 天线等。地面设备包括国铁集团数据中心,铁路局数据中心,机务段数据转储终端、音视频文件处理工作站及存储设备、用户分析终端、转储卡和读卡器等。EOAS 系统框架如图 15.28 所示。

15.5.2.2 EOAS 车载设备功能

EOAS 通过与 DMS、CIR、WTD 等其他设备接口,完成司机操控相关信息的采集、处理和信息交互,同时向动车组电子标签车载编程器提供车次号信息。EOAS 车载设备各接口电

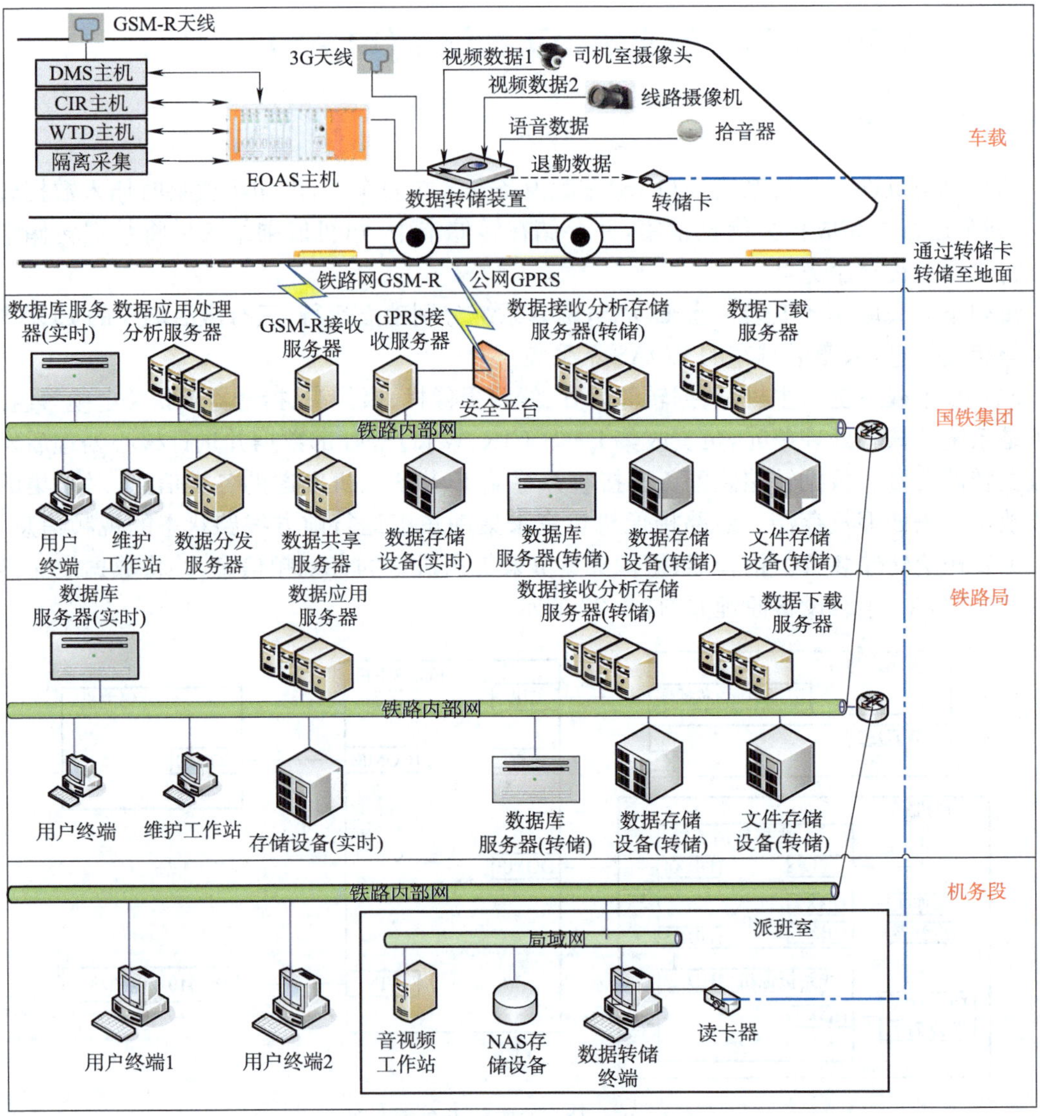

图 15.28　EOAS 系统框架

路中均设计了通信隔离电路，使各设备接口间互不影响，保证各设备的正常工作。

(1)与 DMS 设备接口

①接口方式：EOAS 车载设备与 DMS 中的专用接口进行信息交互，采用 Ethernet 通信接口。

②交互内容：DMS 向 EOAS 车载设备发送包括列控设备的时间、里程、速度、状态、文本等与司机操控相关的列控设备数据；EOAS 车载设备向 DMS 发送司机操作的开关量信息，包括：受电弓状态、主断路器状态、车门状态、牵引和制动手柄级位、恒速投入切除状态及设置目标速度、停放制动施加、缓解操作等司机操控相关的关键信息。

(2)与 WTD 设备接口

①接口方式：EOAS 车载设备与 WTD 设备中的专用接口进行信息交互，根据 WTD 设

备接口类型不同可采用 RS-232、RS-485、MVB、Ethernet 等通信接口。

②交互内容：WTD 向 EOAS 车载设备发送司机操控相关的动车组信息，EOAS 车载设备向 WTD 发送时间、运行速度、常用限速、紧急限速、里程信息。

(3)与 CIR 设备接口

①接口方式：EOAS 车载设备与 CIR 设备专用接口进行信息交互，采用 RS-422 通信接口。

②交互内容：CIR 向 EOAS 车载设备发送与司机操控相关的无线通信信息。

(4)与铁路动车组电子标签车载编程器接口

①接口方式：EOAS 车载设备与铁路动车组电子标签车载编程器专用接口进行信息交互，采用 RS-485 通信接口。

②交互内容：EOAS 车载设备向铁路动车组电子标签车载编程器发送车次信息。

15.5.3　系统组成

EOAS 车载设备由 EOAS 主机、数据转储装置、摄像头、拾音器、线路摄像机、3G 天线及相关电缆组成。

(1)EOAS 主机

通过在 DMS 主机中扩展 EOAS 专用通信接口，与 EOAS 主机上 COMM 插板连接，将 ATP 信息转发给 EOAS 主机，实现动车组司机对 ATP 操作和 ATP 控制信息的采集；通过 WTD 设备中扩展 EOAS 专用通信接口，与 EOAS 主机上 WTD 插板连接，将动车组信息转发给 EOAS 主机，实现司机对动车组操控信息的数据采集和记录；通过在 CIR 设备中扩展 EOAS 专用通信接口，与 EOAS 主机连接，将 CIR 信息转发给 EOAS 主机，实现动车组司机操控信息分析系统(EOAS)CIR 信息的采集。EOAS 主机外形如图 15.29 所示。

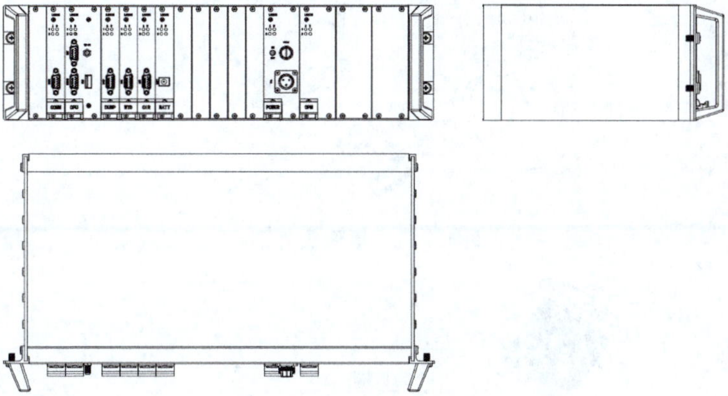

图 15.29　EOAS 主机外形

(2)数据转储装置及 3G 天线

通过在司机室安装摄像头、拾音器，将摄像头和拾音器连接至数据转储装置，在数据转储装置中实现音视频数据的编码及处理，实现动车组司机操控信息分析系统(EOAS)音视频信息的采集。3G 天线安装在数据装置的后部。数据转储装置及 3G 天线的外形如图 15.30 所示。

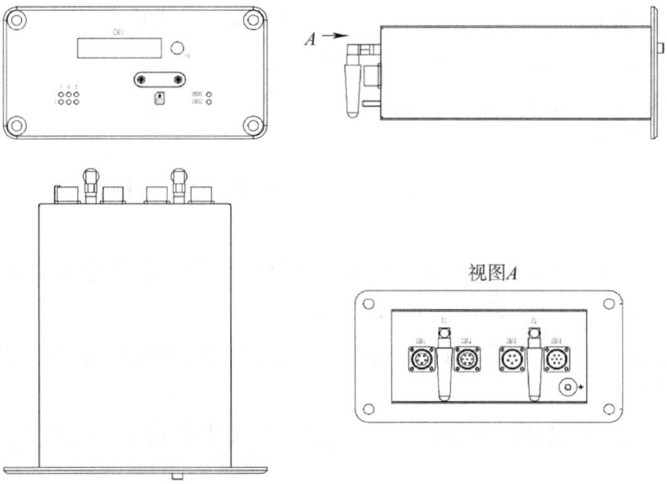

图 15.30　数据转储装置及 3G 天线的外形

(3)摄像头、拾音器

通过摄像头、拾音器采集司机室视频和音频，并通过转储装置存入数据转储卡中，由司机将数据转储卡带至地面，进行分析。摄像头的外形如图 15.31 所示，拾音器的外形如图 15.32 所示。

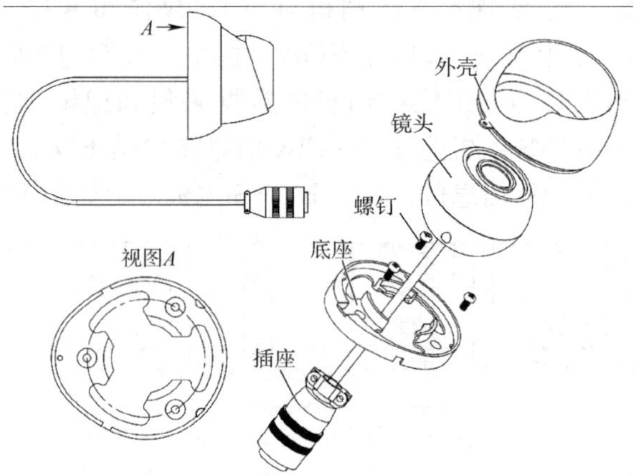

图 15.31　摄像头外形

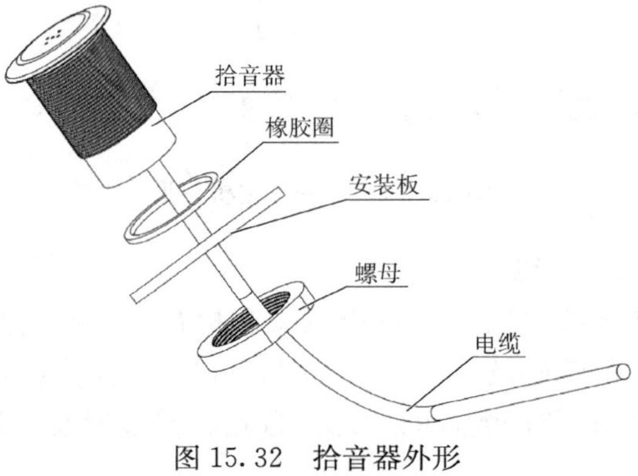

图 15.32　拾音器外形

(4)线路摄像机

通过在司机室安装摄像机,在列车实时运行过程中,对列车运行前方的线路状况、接触网状况实时进行视频采集、存储。线路摄像机的外形如图 15.33 所示。

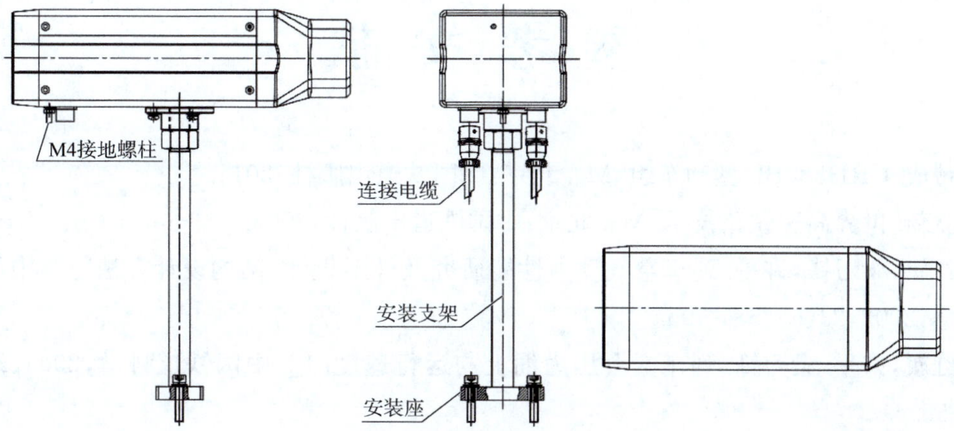

图 15.33　线路摄像机外形

15.5.4　运用环境主要指标

EOAS 车载设备运用环境主要指标见表 15.4。

表 15.4　EOAS 车载设备运用环境主要指标

项　目		指　标
主电源	电压	DC 110×($1^{+25\%}_{-30\%}$) V
	功率	不大于 60 W
环境	工作温度	−25～+70℃
	环境湿度	25%～90%
	防护等级	EOAS 主机中的安全存储单元:IP67 其他:IP20
	冷却	无需主动冷却
	大气压力	海拔高度不超过 3 000 m
	冲击振动	GB/T 25119A 级

参 考 文 献

[1] 孙帮成. CRH380BL 型动车组[M]. 北京:中国铁道出版社,2014.

[2] 钱立新. 世界高速铁路技术[M]. 北京:中国铁道出版社,2003.

[3] 田红旗,梁习锋,许平. 列车空气动力性能研究及外形设计、结构设计方法[J]. 中国铁道科学,2002,23(5):581-595.

[4] 田红旗,许平,梁习锋. 列车交会压力涌上与运行速度[J]. 中国铁道科学,2006,27(3):47-55.

[5] C. J. Baker, J. Jones, F. Lopez-Calleja. Measurem ents of the cross wind force on train [J]. Journal of Wind Engineering and Industrial Aerodynamics, 2004,92(7):547-563.

[6] Kirkpatrick SW, Schroeder M, Simons JW. Evaluation of passenger rail vehicle crashworthiness [J]. International Journal of crashworthiness, 2001,6(1):95-106.

[7] 贾德民,林东. 高速列车轻量化技术[J]. 机车电传动,2004(4):1-2.

[8] 单宝珠. 底架设备舱裙板结构及其焊接加工方法[J]. 煤矿机械,2016,37(5):102-103.

[9] 李海虹. 动车组裙板设计特点分析[J]. 甘肃科技,2016,32(11):68-70.

[10] 章曲. 人体工程学[M]. 北京:北京理工大学出版社,2009.

[11] 刘盛璜. 人体工程学与室内设计[M]. 北京:中国建筑工业出版社,2004:92-103.

[12] 倪礼忠,周权. 高性能树脂复合材料[M]. 上海:华东理工大学出版社,2010.

[13] 胡用生. 现代轨道车辆动力学[M]. 北京:中国铁道出版社,2009:15-20.

[14] 严隽耄. 车辆工程[M]. 北京:中国铁道出版社,2004:28-90.

[15] 饶忠. 列车牵引计算[M]. 北京:中国铁道出版社,2010:1-9.

[16] 路小娟. 动车组控制技术[M]. 成都:西南交通大学出版社,2011:134-136.

[17] 宋雷鸣. 动车组传动与控制[M]. 北京:中国铁道出版社,2007:97-255.

[18] 尹克宁. 变压器设计[M]. 北京:中国电力出版社,2003:152.

[19] 高峰阳,庄圣贤,杜亚江,韩竺秦. 牵引移相变压器网侧谐波消除研究[J]. 机车电传动,2009,(5):13-15.

[20] 邵丙衡. 电力电子技术[M]. 北京:中国铁道出版社,1997:90-203.

[21] 沈本荫. 牵引电机[M]. 北京:中国铁道出版社,2010:77.

[22] 徐宗祥. 牵引电机转矩脉动对机车黏着利用的影响[J]. 机车电传动,2009(3):14-16.

[23] 黄济荣. 电力牵引交流传动与控制[M]. 北京:机械工业出版社,1998:40-75.

[24] 周凯,吴广宁,邓桃,等. PWM 脉冲电压下电磁线绝缘老化机理分析[J]. 中国电机工程学报. 2007,(24):24-29.

[25] 王厚余. 低压配电系统的接地 [J]. 建筑电气,1998,(2):54-60.

[26] 洪宗辉，潘仲麟. 环境噪声控制工程[M]. 北京：高等教育出版社，2002：108-223.